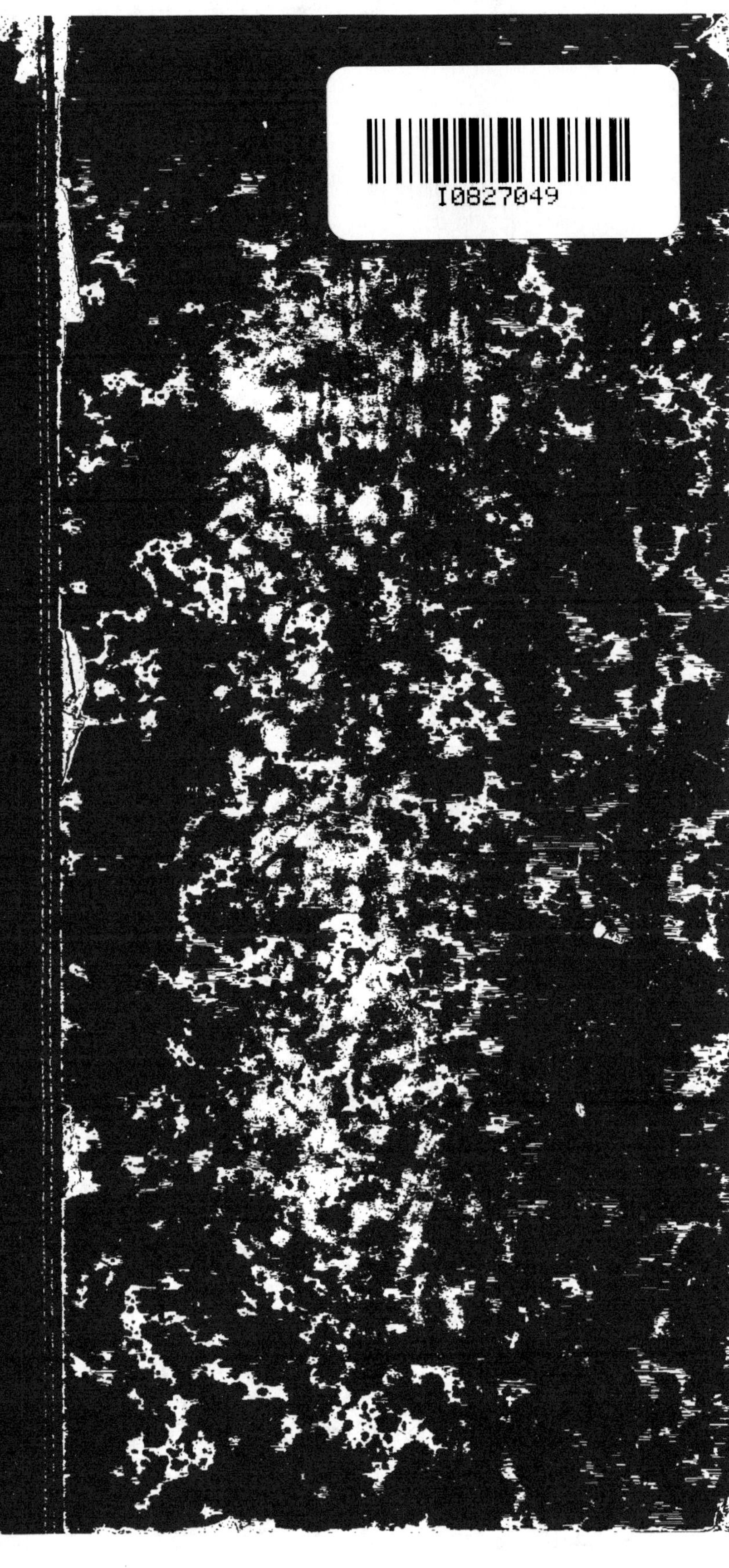

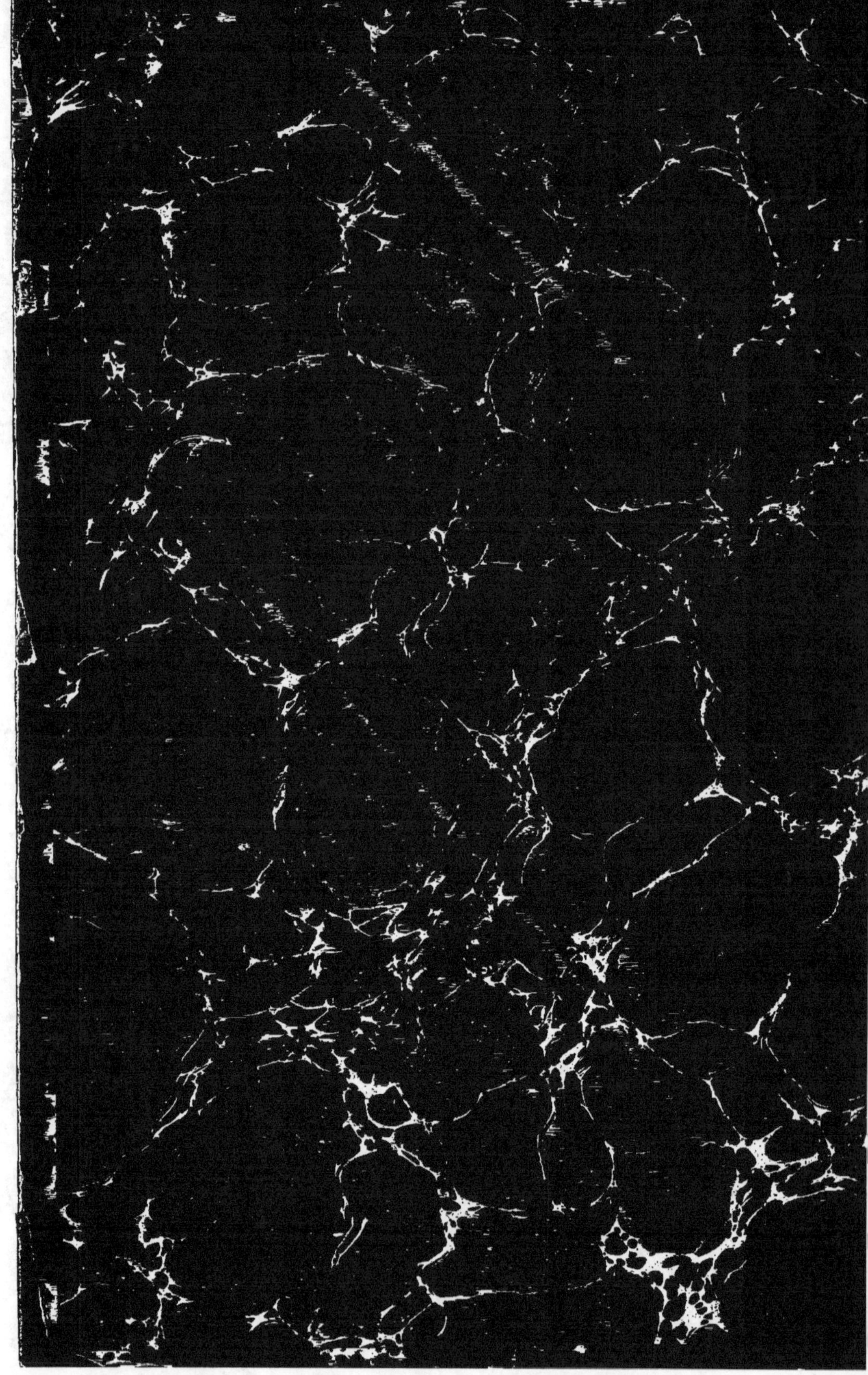

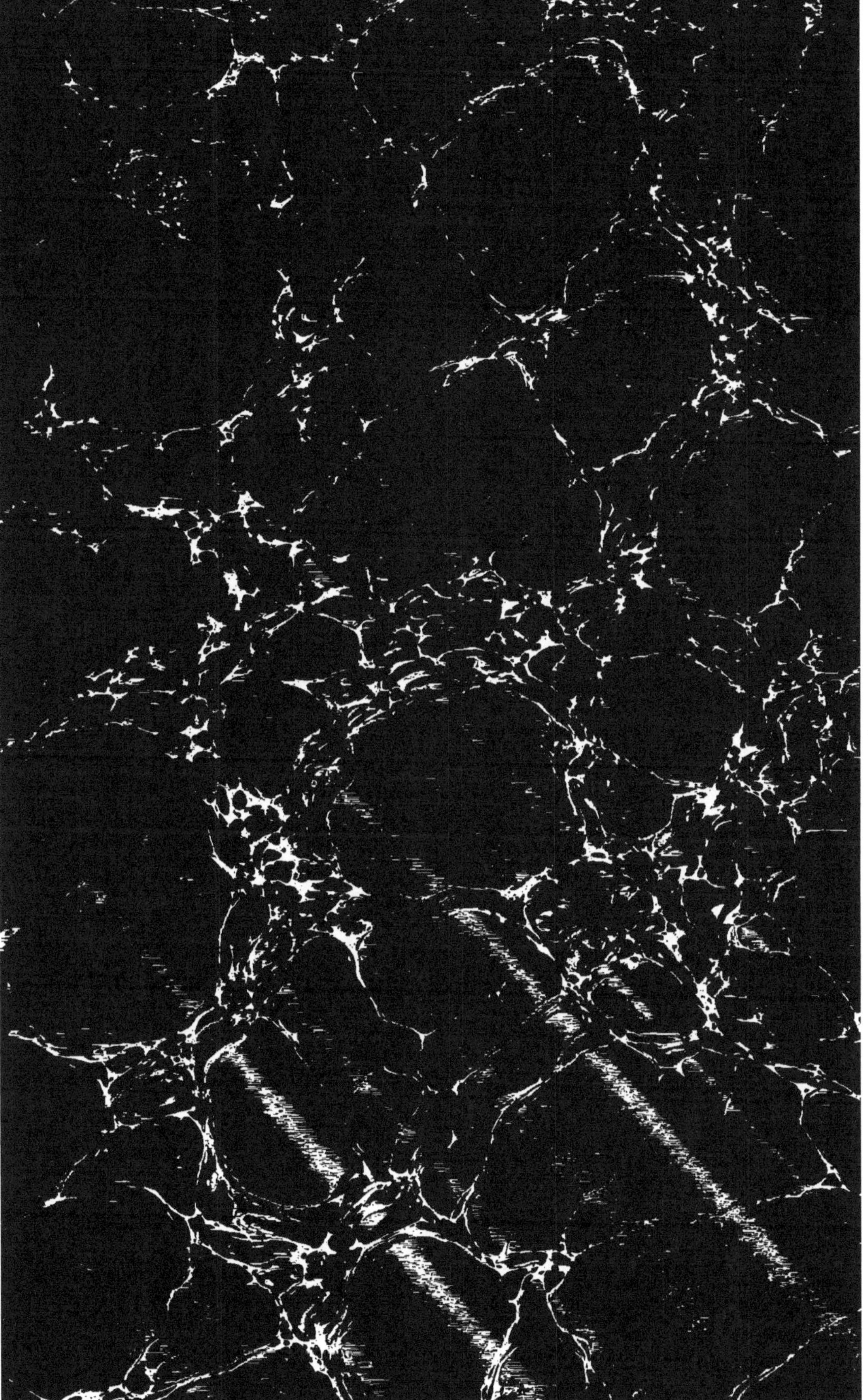

LA

PHOTOGRAPHIE.

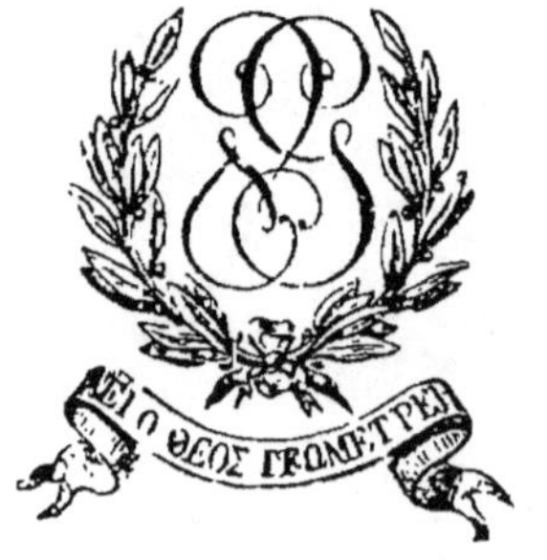

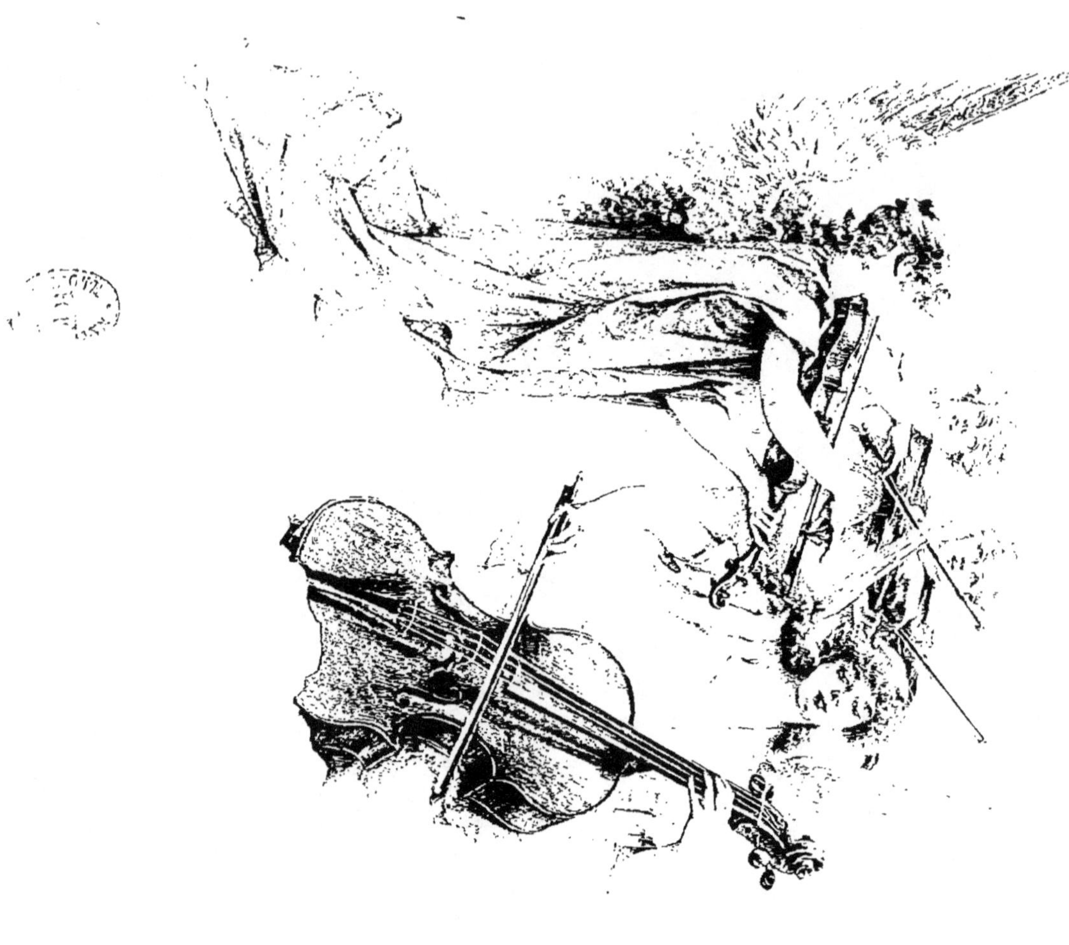

Frontispice

PHOTOGRAVURE.

Proc. é de M. Manzi.

PHOTOGRAVURE.

Procédé de M. Manzi.

LA

PHOTOGRAPHIE.

TRAITÉ

THÉORIQUE ET PRATIQUE,

PAR

A. DAVANNE,

Vice-Président de la Société française de Photographie.

TOME SECOND.

ÉPREUVES POSITIVES
AUX SELS D'ARGENT, DE PLATINE, DE FER, DE CHROME.
ÉPREUVES PAR IMPRESSIONS PHOTO-MÉCANIQUES.
LES COULEURS EN PHOTOGRAPHIE. — ÉPREUVES STÉRÉOSCOPIQUES.
PROJECTIONS, AGRANDISSEMENTS, MICROGRAPHIE. — RÉDUCTIONS, ÉPREUVES MICROSCOPIQUES.
NOTIONS ÉLÉMENTAIRES DE CHIMIE, VOCABULAIRE.

PARIS,
GAUTHIER-VILLARS ET FILS, IMPRIMEURS-LIBRAIRES
DU BUREAU DES LONGITUDES, DE L'ÉCOLE POLYTECHNIQUE,
Quai des Grands-Augustins, 55.

1888

TABLE DES MATIÈRES

DU TOME SECOND.

OBSERVATIONS GÉNÉRALES.

ÉPREUVES POSITIVES.

Pages.

Préliminaires 5

1re PARTIE. — Épreuves positives par impression chimique.

I. Épreuves aux sels d'argent.

Chapitre I. — **Photographie sur plaque d'argent (Daguerréotypie)** 11

Historique et théorie 11
Préparation et emploi des plaques daguerriennes 14
Dorure de l'épreuve daguerrienne 22

Chapitre II. — **Épreuves positives directes** 25

Épreuves directes par réflexion 25
» sur verre 26
» sur toile cirée 30
Ferrotypes 31
Épreuves directes transparentes 34
Images amphitypes 34
Transformation de la négative en positive 35

Chapitre III. — **Épreuves positives transparentes (d'après les négatifs)** 45

Dispositions générales 46
Positives copiées à la chambre noire 46
Positives par contact 49
Opérations

Emploi des procédés à l'albumine 52
» » au collodion humide 54
» » au collodion sec 56
» » au gélatinobromure d'argent 57

Pages.
Épreuves transparentes au chlorure d'argent 60
» au collodiochlorure d'argent..... 60
» au gélatinochlorure d'argent..... 62
» au gélatinochlorure sur papier... 66
» au gélatinochlorure sur verre, par contact..................... 71

Montage des épreuves obtenues sur verre 76

Chapitre IV. — **Épreuves sur papier au chlorure d'argent (Procédé courant des photographes)** 79

Fabrication du papier 80
Préparation du papier albuminé salé.................... 82
» du papier salé.............................. 86
Sensibilisation.. 87
Conservation... 92
Soins à donner aux bains d'argent 94
Exposition... 95
Action de la lumière 99
Virage (formules diverses)............................... 101
Fixage à l'hyposulfite de soude 105
» aux sulfocyanures alcalins 107
Lavage... 108
Séchage.. 109
Altération des épreuves.................................. 109
Taches et accidents...................................... 110
Économies.. 114
Ciels dégradés, vignettes, fonds teintés................. 117
Montage des épreuves 122

Coupage.. 122
Papiers et bristols...................................... 125
Collage 126
Cylindrage... 133
Encausticage... 135
Gélatinage (dit émaillage)............................... 136

II. Épreuves aux sels de platine (Platinotypie).

Premiers essais.. 143
Platinotypie... 144

III. Épreuves aux sels de fer.

Procédé dit *au ferro-prussiate* 155
» *cyanofer* et *gommoferrique* 158
Épreuves au gallate de fer............................... 164
Calques négatifs... 166
Épreuves par saupoudrage................................. 168

IV. ÉPREUVES AUX SELS DE CHROME.

Pages.
Observations générales ... 173

CHAPITRE I. — **Procédé dit « au charbon »** ... 177

Épreuves au trait ... 177
Épreuves modelées ... 180
Préparation de la surface colorée ... 181
Sensibilisation ... 187
Séchage ... 190
Exposition ... 191
Développement ... 193
Procédés sans transfert ... 196
Procédés par transfert simple et définitif ... 197
Procédés par double transfert ... 201

CHAPITRE II. — **Procédés par saupoudrage** ... 211

Émaux ... 211
Contre-types ... 218

IIe PARTIE. — IMPRESSIONS PHOTOMÉCANIQUES.

PHOTOGLYPTIE.

Historique et généralités ... 223
Moulage à la presse hydraulique ... 224

Obtention des reliefs ... 224
Moulage par pression ... 228
Impression des épreuves ... 230

Moulage galvanoplastique ... 238
Filigranes photographiques ... 243

IMPRESSIONS AUX ENCRES GRASSES.

Généralités ... 245

CHAPITRE I. — **Lithographie photographique** (et analogues) ... 249

Généralités ... 249
Impressions sur gélatine ... 252

Historique ... 252
Préparation des glaces ... 255
Exposition ... 259
Impression ... 261

Pages.
Variantes ... 269
Impression directe sur pierre ou sur zinc ... 276
Procédé de A. Poitevin ... 276
» de M. Rodrigues ... 278
Emploi du bitume de Judée ... 280
Impressions par report ... 284
Procédés du colonel James ... 286
» anastatique ... 287
» de M. de la Follye ... 289
» de M. Rodrigues ... 292

CHAPITRE II. — **Gravure photographique en creux (Photogravure)** ... 297

Généralités ... 297
Photogravure par réserve ... 300
Emploi du bitume de Judée ... 301
Emploi des solutions bichromatées ... 305
Photogravure par moulage ... 312
Procédés de M. Placet ... 313
» de M. Rousselon ... 313
» de M. Michaud ... 314
Photogravure mécanique au burin ... 314
Procédé de M. Sartirana ... 314
Du grain et des réseaux ... 316

CHAPITRE III. — **Photogravure en relief (Phototypographie)** ... 318

Généralités ... 318
Phototypographie des teintes continues ... 321
Mise au trait ... 322
Gillotage ... 323

DIVERS.

LES COULEURS EN PHOTOGRAPHIE.

Généralités ... 339

CHAPITRE I. — **Obtention directe des couleurs** ... 341

Travaux de M. Ed. Becquerel ... 341
» de Niepce de Saint-Victor ... 344
» de Poitevin ... 345
» de M. de Saint-Florent ... 347

Pages.
CHAPITRE II. — **Épreuves colorées obtenues indirectement** 349
Héliochromie 349
Méthode de M. Ducos du Hauron 352
» de M. Cros 357
Photochromie de M. Vidal 359

CHAPITRE III. — **Déplacement de l'actinisme** 362

STÉRÉOSCOPIE.

Théorie 371
Dispositions des appareils 375
Disposition des épreuves 378
Stéréoscopes 379

AGRANDISSEMENTS. — RÉDUCTIONS.

Principes généraux 381

CHAPITRE I. — **Projections** 385
Appareils de projections 386
Éclairages 392
Écran 396
Épreuves pour projections 397

CHAPITRE II. — **Agrandissements** 399
Agrandissements des sujets opaques 400
Agrandissement par transparence 402
» à la chambre solaire 406
» à la chambre noire 407
» par les appareils de projection 408
Agrandissement direct 410
Clichés destinés à l'agrandissement 411

CHAPITRE III. — **Micrographie photographique** 413
Généralités 413
Projections micrographiques 415
Microscope solaire 416
Éclairages 418
Photographie des images microscopiques 420
Dispositions diverses des microscopes 422
Stéréoscopie micrographique 442

Pages.
Chapitre IV. — **Réductions** 449
Dépêches 450
Épreuves microscopiques 455

NOTIONS ÉLÉMENTAIRES DE CHIMIE.

Définitions 462
Nomenclature 469

Vocabulaire 483

TABLE DES FIGURES

DU TOME SECOND.

Numéros.		Pages.
1.	Polissage des plaques daguerriennes	15
2.	Boîte à ioder et bromer	19
3.	Boîte à mercure pour développer l'image	20
4.	Dorure de l'épreuve daguerrienne	23
5.	Batterie d'objectifs	33
6.	Images dites *timbres-poste*	33
7.	Disposition de chambres noires pour positives transparentes	47
8.	» » »	48
9.	Préparation du papier albuminé	84
10.	Séchage des feuilles de papier	85
11.	Triangle de verre	86
12.	Séchage des papiers sensibilisés	89
13.	Châssis positif	96
14.	Disposition pour ciels dégradés	117
15.	Écran pour vignettes	119
16.	» »	120
17.	Calibres en glace pour le coupage	124
18.	Ovale des jardiniers	124
19.	Collage des épreuves	128
20.	Planchette pour le collage	129
21.	Appareil de séchage	131
22.	Presse à satiner	133
23.	Presse à satiner à chaud	134
24.	Couteau à couper les bristols	141
25.	Développement à chaud de l'épreuve au platine	150
26.	Préparation du papier gélatiné	184
27.	» »	185
28.	Photomètre de M. Léon Vidal	192
29-30.	Échelle photométrique de M. Warnercke	193
31.	Cuve de développement pour épreuves au charbon	204
32.	Mise de niveau des glaces gélatinées	225
33.	Autre appareil	226
34.	Rouleau	227

Numéros. Pages.
35. Cuve de lavage pour les glaces 228
36. Presse hydraulique 229
37. Presse photoglyptique 231
38. Laminoir 233
39. Bain-marie pour l'encre photoglyptique 234
40. Table tournante chargée de presses photoglyptiques 235
41. Calage des glaces pour impressions aux encres grasses 257
42. Étuve et ensemble pour la préparation des glaces 258
43. Mise de niveau 259
44. Presse pour impression aux encres grasses (modèle allemand) 262
45. Modèle de M. Poirier 263
46. Presse. Modèle à cylindre 264
47. » Modèle de la Compagnie autotype 265
48. » Modèle de presse mécanique à vapeur 266
49. Étuve pour sécher les épreuves vernies 269
50. Dispositions des appareils de reproduction de M. Gillot 331
51-52. Châssis positif à circulation d'eau de M. Gillot 333
53. Cuve pour sensibiliser les plaques d'argent par l'électrolyse 343
54. Diagramme des spectres d'absorption de diverses teintures 366
55. Théorie de la vision binoculaire 372
56. » » 372
57. » » 373
58. Planchette pour la stéréoscopie 376
59. Chambre noire stéréoscopique (positions) 377
60. Stéréoscope 379
61. Lanterne magique 386
62. » Disposition des verres 387
63. Appareil de projection de M. Molteni pour lumière oxhydrique 387
64. » » pour lampe à pétrole 388
65. Lampascope 389
66. Appareil de projection pour lampe ordinaire 390
67. Mégascope 391
68. Chalumeau pour lumière oxhydrique 393
69. » » 394
70. Chalumeau pour la lumière oxycalcique 395
71. Éclairage de l'écran 409
72. Lanterne à projections de M. Laverne 410
73. Appareil à projection de micrographie 415
74. Microscope solaire 416
75. Héliostat de Prazmowski 417
76. Microscope vertical de M. Moitessier 418
77. » horizontal de M. Moitessier 419
78. » vertical de M. Nachet 421
79. » inclinant de Prazmowski 422
80. » à miroir ou à prisme de M. Moitessier 423
81. » photographique de M. Dumaige 424
82. » » de M. Verick 425
83. » » de M. Moitessier 426

Numéros. Pages.
84. Microscope photographique de M. Chevalier 427
85. Physiographe de M. Donadieu 428
86. Microscope photographique de M. Moitessier (autre modèle).......... 429
87. » » de M. Dumaige.......................... 430
88. » » modèle inclinant de M. Nachet.......... 431
89. » » » » 432
90. » » modèle perfectionné de M. Nachet........ 433
91. Microscope photographique. Disposition du prisme..................... 434
92. » » pour épreuves instantanées.............. 434
93. » » Ensemble de l'appareil vertical.......... 435
94. Disposition générale de l'appareil photomicrographique de M. Aimé Girard.......... 438
95. Stéréoscope micrographique 442
96. » » 443
97. Bascule stéréoscopique de M. Moitessier 445
98. » » montée sur le microscope 446
99. Projection des dépêches par pigeons voyageurs 452
100. Loupe Stanhope.. 456
101. Collage des épreuves microscopiques.................................. 457
102. Préparation du nitrate d'argent 495
103. Analyse des bains d'argent.. 500
104. Préparation du chlore... 510
105. Distillation de l'eau.. 524
106. Distillation avec un alambic 525
107. Préparation de l'éther.. 527
108. Préparation de l'acide fluorhydrique 530
109. Gravure sur verre 531
110. Préparation de l'hydrogène 534
111. » » 535
112. » » (appareil pour les grandes quantités)..... 536
113. Préparation de l'oxygène (appareil pour les grandes quantités)...... 545
114. Préparation de l'acide pyrogallique 550

PLANCHES.

Photogravure, par M. Manzi.. *Frontispice*
Impression sur gélatine (Phototypie), par M. Quinsac...................... 201

FIN DES TABLES DU TOME SECOND.

LA PHOTOGRAPHIE.

OBSERVATIONS GÉNÉRALES.

Nous croyons utile de rappeler les grandes divisions de ce Volume indiquées déjà dans notre Préface. La première, qui est la plus importante, est consacrée à l'étude, trop souvent négligée, des épreuves positives. La Photographie comprend un ensemble d'opérations dont le but final est justement cette image positive que l'on conserve, que l'on encadre ou dont on dispose; et, depuis le choix du sujet, jusqu'au coupage et au collage de l'épreuve, celui qui a réellement l'amour de son art fera converger toutes les opérations vers ce résultat principal : obtenir *une belle épreuve positive* rendant l'effet qu'il a compris et cherché. Un opérateur soigneux sait diriger toutes les manipulations vers cet effet; alors, malgré les dénégations contraires, il reproduit ce qu'il voit comme il le sent, et il fait œuvre d'artiste.

L'étude de l'épreuve positive a donc autant d'importance que celle de la négative; cette dernière donne le type créateur, mais l'image positive n'en rendra la perfection qu'à la condition de recevoir également tous les soins recherchés qui lui sont nécessaires.

Le cliché obtenu peut être traduit en épreuve positive par un grand nombre de méthodes différentes. Quelques-unes, comme celles des impressions photomécaniques, échappent presque toujours au photographe parce qu'elles se rattachent à une industrie voisine et exigent des connaissances et des machines spéciales; mais toutes les autres sont basées sur des réactions chimiques;

elles ont entre elles de grandes analogies, elles demandent à peine quelques modifications dans les appareils, d'ailleurs très simples, dont il faut faire emploi; et l'opérateur qui voudra en étudier les principes pourra obtenir lui-même toutes les applications diverses dont ses clichés sont susceptibles. N'étant plus en présence du modèle, si ce n'est exceptionnellement, il n'a plus besoin de procédés rapides et il peut mettre à contribution, pour l'impression des épreuves positives, un grand nombre de préparations sensibles dont nous avons dû faire la classification par parties, groupes et chapitres; cette classification, qui, peut-être, paraîtra exagérée à nos lecteurs, nous a paru nécessaire pour qu'ils puissent retrouver les principes de chaque méthode et en suivre le développement.

L'ensemble est classé sous cette rubrique générale : *Épreuves positives.*

Notre œuvre n'eût pas été complète si, après l'étude des procédés positifs, nous n'avions indiqué dans une deuxième Division, sous le nom de *Divers*, quelques applications spéciales qui ne pouvaient se placer dans l'ensemble précédent sans en rompre l'ordre logique : tels sont les essais pour la reproduction des couleurs, la stéréoscopie, les modifications de format, depuis l'agrandissement et la micrographie jusqu'aux épreuves microscopiques.

Enfin, notre Ouvrage étant surtout destiné à l'opérateur studieux qui, non content de produire, veut savoir pourquoi il produit bien ou mal et connaître le rôle des substances qu'il met en œuvre, ainsi que les lois qui les régissent et leur essence même, nous avons voulu lui faciliter cette étude, qu'il eût pu faire dans les Traités de Chimie, en lui rappelant des notions dégagées de toute formule scientifique et en lui présentant sous forme de Vocabulaire la majeure partie des substances mentionnées dans l'Ouvrage avec l'explication de leurs principales propriétés. Nous avons réuni ces renseignements dans la troisième et dernière Division, sous le titre de *Notions élémentaires de Chimie* et *Vocabulaire.*

ÉPREUVES POSITIVES.

PRÉLIMINAIRES.

1. En Photographie on désigne sous le nom d'*Épreuves positives* les images dont les effets d'ombre et de lumière sont semblables à ceux de la nature. Cette dénomination est donnée par opposition à celle d'*Épreuves négatives* dont les effets sont renversés, c'est-à-dire dont les clairs sont accusés par les ombres et les ombres par les clairs. Nous avons décrit dans notre premier Volume les différentes méthodes qui servent à produire l'épreuve négative; lorsque celle-ci est terminée, elle constitue le cliché, avec lequel on doit pouvoir faire tel nombre d'images positives que l'on désire. Ce cliché, en effet, est interposé entre la lumière et une surface sensible; il n'agit pas en cédant quelque chose de sa substance, ce qui limiterait forcément la quantité d'épreuves qu'il pourrait donner; ce n'est qu'un simple écran avec des opacités et des transparences qui laissent plus ou moins tamiser la lumière. Celle-ci agit donc en raison de l'intensité des rayons qui ont traversé le cliché, laissant la couche sensible inaltérée sous les grands noirs, la modifiant profondément sous les grandes transparences, accusant proportionnellement les demi-teintes et donnant ainsi une contre-épreuve dont les effets sont ceux du modèle. Théoriquement, cette opération peut être renouvelée un nombre de fois indéfini; la lumière ne détériore nullement le cliché s'il a été bien fait, il pourra fournir une quantité illimitée d'épreuves; les accidents seuls le mettent hors de service.

Les opérations photographiques le plus souvent employées comprennent donc, dans leur ensemble, deux phases successives nettement séparées l'une de l'autre : l'obtention de l'épreuve négative et le tirage des épreuves positives; cependant on peut aussi, par certains procédés, obtenir du premier coup à la chambre noire des images positives prises directement sur le modèle : elles sont appelées *Positives directes;* telles sont les épreuves daguerriennes et certaines positives sur verre ou sur métal; mais dans ces conditions l'image est unique, elle ne constitue pas un type dont on pourrait tirer de nombreux exemplaires. Si l'on désire la multiplier, on devra la reprendre comme un modèle dont on fera, par l'un des procédés connus, un négatif auquel on demandera ensuite le nombre d'exemplaires que l'on voudra.

Les méthodes pour produire les images positives sont très nombreuses; elles varient suivant le but que l'on se propose d'atteindre, suivant les réactifs employés, et il est nécessaire d'en faire une classification méthodique. Les unes, qui sont exclusivement du domaine photographique, comprennent des procédés dans lesquels chaque épreuve est le résultat d'une action lumineuse sur une surface sensible; nous les réunissons dans une première Partie sous le nom d'épreuves positives *par impression chimique*. Il faut en effet pour chacune d'elles une série de manipulations qui rentrent dans les opérations chimiques et n'ont aucun rapport avec les tirages faits mécaniquement à la presse. Les autres se relient aux impressions par procédés mécaniques; l'intervention de la lumière sert alors à produire avec le cliché négatif un type nouveau, tel qu'une planche gravée en relief ou en creux ou une image analogue au dessin lithographique, et ce type livré à l'ouvrier imprimeur est tiré mécaniquement, sans qu'il y ait lieu de recourir aux expositions lumineuses; nous comprenons ces procédés dans une deuxième Partie sous le nom d'épreuves positives *par impressions photomécaniques*.

PREMIÈRE PARTIE.

ÉPREUVES POSITIVES PAR IMPRESSION CHIMIQUE.

2. Nous avons réuni sous ce titre d'*Épreuves par impression chimique* les procédés donnant une image par le fait d'une réaction chimique due à l'intervention de la lumière. Ces procédés sont pratiqués de préférence lorsqu'il s'agit de faire un tirage à petit nombre d'exemplaires, ainsi qu'il arrive le plus souvent pour les photographes et les amateurs; ils ne demandent ni le matériel considérable ni les soins de mise en train exigés pour les impressions photomécaniques; celles-ci répondent aux besoins de l'éditeur pour un tirage à grand nombre.

Nous savons déjà que beaucoup de substances naturelles ou artificielles sont impressionnables par la lumière. Toutes n'ont pas cette exquise sensibilité qui rend certains sels d'argent, et plus particulièrement l'iodure et le bromure, si précieux pour l'obtention d'épreuves prises directement sur le sujet; mais, lorsqu'il s'agit d'images exécutées avec l'intermédiaire d'un négatif, la rapidité n'est plus une condition indispensable, puisqu'on n'opère pas sur un modèle mobile ou fugitif. On peut donc choisir parmi les substances sensibles celles qui conviennent le mieux au but que l'on se propose, soit au point de vue artistique, soit au point de vue économique.

Les préparations dont on fait actuellement usage dans la pratique sont celles qui ont pour bases les sels d'argent, de platine, de fer ou de chrome; ce qui, pour notre étude, constitue autant de groupes comprenant chacun divers modes d'emploi et autant de procédés différents.

Les préparations aux sels d'argent fournissent des épreuves d'une coloration, d'un éclat, d'un charme que l'on obtient difficilement par les autres moyens, et, malgré le prix élevé et l'altération rapide des images, ce sont encore les procédés à l'argent qui sont le plus fréquemment employés.

L'emploi des sels de platine résulte d'essais assez récents. Les épreuves présentent des garanties de solidité, mais elles n'ont pas la variété de tons des précédentes; elles sont encore un peu sourdes, quoique d'un beau noir de gravure. Les opérateurs sont plutôt dans la période des tâtonnements que dans celle de l'application courante.

Les sels de fer répondent surtout aux besoins des grandes administrations, pour la reproduction rapide et économique des plans, des calques et des graphiques.

L'étude des sels de chrome additionnés de substances organiques a été le point de départ de progrès considérables pour la Photographie. Les mélanges de bichromates solubles et de matières gélatineuses ou albumineuses forment la base du procédé au charbon ou autres principes colorants inertes. Ce procédé est classé dans les méthodes d'impression chimique, mais les mêmes réactions ont fait naitre des applications bien plus importantes; c'est sur elles, en effet, que sont fondées la plupart des méthodes d'impression photomécanique.

I.

ÉPREUVES AUX SELS D'ARGENT.

3. Nous avons expliqué (t. I, 18) que la lumière agissait de deux manières sur les sels d'argent : tantôt cette action est rapide, mais invisible, elle produit sur la surface sensible l'image dite latente qui est développée ensuite par un révélateur énergique; tantôt elle est beaucoup plus lente, elle est visible et due à l'action lumineuse seule qui colore plus ou moins le composé argentique. L'une et l'autre de ces actions peuvent être utilisées pour le tirage des positives; lorsqu'on veut faire des épreuves directes à la chambre noire (daguerréotype, images directes sur verre ou sur tôle émaillée), on procède toujours par développement de l'image latente, puisqu'on est en face du modèle et qu'il faut une impression rapide; on emploie aussi le procédé par développement pour obtenir les épreuves transparentes destinées au stéréoscope ou aux projections, et l'on fait actuellement de nombreux essais pour l'appliquer à la production des épreuves sur papier. En effet, l'extension de plus en plus considérable que prennent les nombreuses applications de la Photographie exige une production rapide de l'épreuve finale et, si l'on ne veut pas employer les impressions photomécaniques, il devient nécessaire de substituer aux irrégularités et aux lenteurs de la lumière du jour la fixité des lumières artificielles; mais on doit alors compenser leur faiblesse d'action, qui ne donne qu'une image latente, par l'emploi d'un révélateur qui développe l'image. Les tentatives faites dans cette voie donnent déjà de beaux résultats, qui cependant n'offrent pas encore la variété et la richesse des tons que l'on obtient par l'insolation continue du chlorure d'ar-

gent; aussi dans la pratique courante des photographes utilise-t-on d'une manière générale le procédé du papier albuminé au chlorure d'argent.

Nous aurons donc à étudier dans les Chapitres suivants les diverses méthodes employées pour produire les épreuves aux sels d'argent :

Chapitre I. — *Daguerréotype.*
» II. — *Épreuves directes.*
» III. — *Épreuves transparentes.*
» IV. — *Épreuves au chlorure d'argent (procédé courant des photographes).*

Les procédés compris dans les trois premiers Chapitres ont une complète analogie avec les méthodes négatives auxquelles ils font suite; c'est pourquoi nous les plaçons en tête, bien que le procédé au chlorure d'argent (Chap. IV) soit beaucoup plus important et généralement employé.

CHAPITRE I.

PHOTOGRAPHIE SUR PLAQUÉ D'ARGENT (DAGUERRÉOTYPIE).

4. **Historique et Théorie.** — On a donné le nom de *Daguerréotype* ou mieux *Daguerréotypie* au premier procédé pratique de Photographie, qui fut divulgué par Daguerre en 1839. Nous avons revendiqué pour Nicéphore Niepce la gloire des premières recherches faites pour fixer l'image de la chambre noire et celle des premières épreuves obtenues, mais nous pensons qu'il faut laisser à Daguerre sa large part dans l'invention commune, car les documents connus donnent lieu de croire que c'est à lui principalement que revient la découverte de l'image latente.(1)

Le procédé sur plaqué d'argent, donnant à la chambre noire une épreuve immédiatement positive, diffère tout à fait des autres dans la pratique ; il est basé sur l'action de réactifs agissant à l'état de vapeurs, et si l'on peut aujourd'hui en expliquer plus facilement les diverses phases par la comparaison avec les procédés qui suivirent, on n'en reste pas moins étonné de la patience, des connaissances scientifiques et de l'ingéniosité que l'inventeur a dû développer pour parvenir au succès.

Nicéphore Niepce obtint ses épreuves au moyen d'une couche mince de bitume de Judée étendue sur une plaque d'étain et plus tard sur une plaque d'argent poli; les fonds, les noirs ne ressortant pas suffisamment, il employa successivement, d'accord avec Daguerre, l'action des sulfures, puis celle de l'iode, pour leur donner plus d'intensité; l'iode formait à la surface de la plaque d'argent une couche d'iodure d'argent sensible à la lumière, et l'on ne peut être surpris que les deux inventeurs aient cherché à en tirer parti. Niepce mourut en 1833, Daguerre continua ses recherches. Comment eut-il l'idée qu'une image invisible formée par la lumière pouvait être révélée par les vapeurs condensées

(1) Ces documents ne signifient rien, Niepce seul est l'inventeur du Daguerréotype.

d'un agent gazeux réducteur? C'est ce que nous ne saurons sans doute jamais; en 1839 il communiqua à François Arago son procédé complet, qui peut se résumer en ces quelques lignes :

Une feuille de plaqué d'argent parfaitement polie est exposée aux vapeurs d'iode jusqu'à ce qu'il se forme à la surface une couche jaune assez intense d'iodure d'argent; on fait agir sur cette plaque l'image lumineuse de la chambre noire; après quelques minutes l'action de la lumière est suffisante, pourtant on ne voit rien à la surface de la préparation; mais, en l'exposant aux faibles vapeurs émises par le mercure chauffé à 50° C., l'épreuve se dessine peu à peu. Ces vapeurs mercurielles agissent soit comme un réducteur achevant l'ébranlement moléculaire commencé par la lumière, soit comme une buée venant se condenser de préférence sur les parties que la lumière a influencées, tandis que, dans les noirs, l'iodure d'argent reste intact; il en résulte une différence dans les teintes et surtout dans les effets de réflexion, ce qui rend l'image apparente. Un fixateur, qui fut d'abord le chlorure de sodium et peu après l'hyposulfite de soude, arrête la sensibilité de la couche d'iodure d'argent.

Ce procédé de Daguerre donna immédiatement lieu à une foule de recherches et de perfectionnements; on connaissait déjà l'étroite parenté qui unit scientifiquement l'iode, le brome et le chlore, ainsi que les propriétés analogues des iodure, bromure et chlorure d'argent, et pendant que Claudet, en Angleterre, utilisait les vapeurs données par un liquide renfermant, sous le nom de *bromure d'iode*, un composé de ces deux corps, M. Fizeau et M. Foucault soumettaient la surface argentée à l'action de l'iode, puis à celle du brome émanant d'une petite quantité d'eau bromée; les irrégularités de ces modes de préparations firent adopter d'une manière générale, sous le nom de *procédé américain*, l'exposition de la plaque d'argent aux vapeurs émises d'abord par une large couche d'iode en paillettes, ensuite par une couche d'un réactif appelé à tort *bromure de chaux*, qui n'était en réalité qu'un mélange intime de chaux éteinte et de brome; celui-ci, retenu par la chaux, n'émet que lentement de faibles quantités de vapeurs.

Dans ces conditions, la plaque exposée se couvre d'une couche infiniment mince d'iodure et de bromure d'argent, et la sensibilité, qui, dans le procédé primitif de Daguerre, était relativement faible, puisqu'il fallait environ cinq minutes en bonne lumière pour obtenir une épreuve avec l'iodure d'argent seul, se trouva plus que décuplée par l'adjonction du bromure d'argent; le but était même dépassé, car sous l'action trop énergique du brome le révélateur voilait les plaques et, pour obvier à ce défaut, il fallait que l'exposition aux vapeurs de brome fût suivie d'un nouveau passage aux vapeurs d'iode qui atténuait cet excès de sensibilité; peut-être aussi n'avait-on pas encore reconnu que le bromure d'argent était sensible aux plus faibles rayons lumineux et ne prenait-on pas les précautions suffisantes contre leur action. Ces manipulations, que la pratique avait reconnues nécessaires, trouvent aujourd'hui leur explication; nous savons que l'iodure d'argent n'est sensible à la lumière que s'il est en présence d'un corps capable d'absorber l'iode : l'argent de la plaque remplit ce but, mais dans ces mêmes conditions le bromure d'argent est devenu si facilement réductible qu'il n'est plus besoin de l'action lumineuse pour opérer la réduction : il suffit de l'agent révélateur, et il fallut, dans la pratique, combattre le voile par une nouvelle dose d'iodure d'argent agissant comme modérateur.

L'exposition à la chambre noire se faisait comme on la fait aujourd'hui, et déjà des manipulations bien réussies permettaient d'obtenir des épreuves instantanées; nous avons souvenir d'avoir vu, il y a une trentaine d'années, des marines très remarquables sur plaques daguerriennes.

Après l'exposition à la chambre noire, l'épreuve apparaît sous l'influence de la vapeur de mercure, qui agit probablement à la fois comme un réducteur et comme un renforçateur. Nous pouvons admettre que, comme réducteur, le mercure termine l'action commencée par la lumière et que les parties insolées sont ramenées à l'état métallique, puis la vapeur mercurielle se condense de préférence sur ces parties réduites, avec lesquelles elle forme un amalgame, tandis qu'elle ne se dépose qu'en moindre quantité à l'état de fine poussière sur les noirs de l'épreuve.

Le fixage est fait dans un bain d'hyposulfite de soude comme dans les procédés actuels, et l'épreuve lavée pourrait alors être séchée et considérée comme terminée; mais M. Fizeau a indiqué une dernière manipulation, d'une théorie aussi savante qu'ingénieuse, d'une grande facilité d'exécution, qui donne à l'image un éclat beaucoup plus vif : elle consiste à déposer chimiquement sur la plaque une légère couche d'or. Nous pouvons considérer cette opération comme l'origine des virages pour les épreuves positives; par cette dorure superficielle les clairs prennent un éclat plus vif, parce que l'or s'allie au mercure pour faire un amalgame blanc, tandis que les ombres s'accentuent plus chaudement : l'épreuve traitée par l'or gagne à la fois en beauté et en solidité.

Ainsi, entre la formation des images daguerriennes et celle des images actuelles, la pratique est différente, mais la théorie reste la même et les réactions sont semblables : formation d'iodure et de bromure d'argent en présence d'un excès d'argent, celui de la plaque; voile des images, si, dans ces conditions, la proportion du bromure est trop considérable; action modératrice par l'addition d'une plus forte quantité d'iodure d'argent; développement de l'image par un réducteur; éclat plus considérable par l'intervention de l'or.

5. **Préparation et emploi des plaques daguerriennes.** — Les plaques pour daguerréotype, que l'on se procurait autrefois couramment chez les marchands de produits pour photographie, ne s'y trouvent plus aujourd'hui; cependant, comme il s'agit seulement de feuilles de cuivre recouvertes d'argent, on peut les demander chez les fabricants de plaqué ou d'argenture galvanoplastique; celles obtenues par dépôt électrique étaient réputées supérieures au plaqué ordinaire dont l'argent est toujours allié de cuivre. Les plaques employées avaient un demi-millimètre d'épaisseur, leur dimension était relativement restreinte, car on ne s'aventurait guère au delà du format $0^{m},18 \times 0^{m},24$, dénommé alors *plaque entière;* le plus souvent on s'arrêtait à la demi-plaque et même au quart de plaque. Ces dénominations primitives se sont perpétuées jusqu'à nos jours pour diverses grandeurs de glaces. La cause de ces dimensions restreintes était la nécessité d'un polissage parfait sur toute la surface de la plaque, polissage dont la difficulté croissait avec l'étendue.

6. *Polissage des plaques.* — La plaque étant livrée par le fabri-

cant, on commence par en abaisser légèrement les quatre arêtes en la posant sur une règle de fer dont le bord est arrondi en biseau et en passant fortement sur la tranche un brunissoir qui lui donne la pente de ce biseau, puis avec une pince plate on courbe les coins pour pouvoir les entrer sous les boutons de la planchette à polir; on doit avoir autant de planchettes que de grandeurs de plaques.

La planchette A (*fig.* 1) étant bien fixée sur le rebord d'une

Fig. 1.

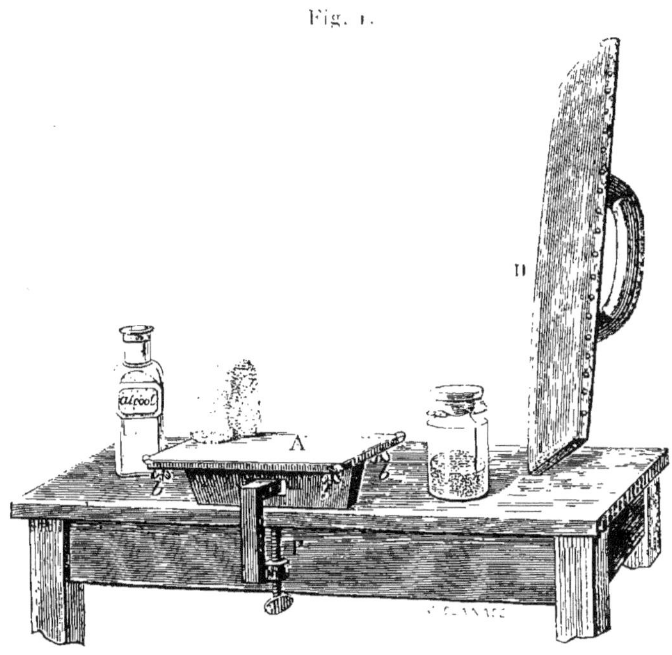

table au moyen d'une petite presse en fonte P, on y ajuste la plaque à l'aide des boutons à écrou *b*, *b*, *b*, destinés à la maintenir, et l'on commence le polissage.

On prend un tampon de beau coton cardé, assez gros pour que les doigts ne touchent pas la plaque que l'on saupoudre avec du tripoli très fin ne contenant aucun grain pouvant la rayer, car elle serait perdue par une seule forte rayure; avec le coton mouillé d'alcool pur on frotte ce tripoli sur toute la surface, en formant de petits ronds successifs, empiétant les uns sur les autres, et on l'avive ainsi complètement. On laisse sécher le tripoli et avec un second tampon de coton on enlève toute la poudre; on projette l'haleine sur la plaque : elle doit y former une buée d'un blanc mat très régulier; s'il n'en est pas ainsi, on recommence le polissage autant de fois qu'il est nécessaire pour qu'il soit parfait. Le succès dépend en grande partie de cette première opération; il faut que les vapeurs d'iode et de brome qui donnent à la plaque sa sensibilité puissent être réparties avec une complète uniformité. Si la plaque a servi à des essais antérieurs, surtout si elle a reçu des vapeurs mercurielles, il est nécessaire de la polir avec plus de soin encore, sans quoi on pourrait voir reparaître la première image; l'opération devient très difficile, si l'épreuve a passé au bain d'or.

Ce premier nettoyage étant terminé d'une manière satisfaisante, on donne un dernier poli très fin et très vif au rouge d'Angleterre; le polissoir D servant à cette opération est une planchette longue et étroite munie d'une poignée et garnie d'une peau de daim dégraissée et bien tendue; on y étale un peu de rouge à polir, on fait tomber tout l'excédent avec une brosse à bijoux et l'on s'en sert pour frotter vigoureusement la surface de la plaque en tous sens jusqu'à ce qu'elle soit nette et brillante comme un miroir; le dernier coup de polissoir est donné perpendiculairement au sens de l'épreuve.

Les cotons, poudres à polir, polissoirs et autres objets quelconques servant au polissage doivent être posés avec soin sur du papier propre et, après le service, renfermés de manière à ne recevoir aucun corps étranger qui pourrait rayer les plaques et les mettre hors de service. Lorsque le tripoli contient quelques grains grossiers qui altéreraient la surface d'argent, il faut le purifier par la lévigation (t. I, 81); on le mélange avec une quantité d'eau suffisante, on l'agite pour mettre en suspension les parties fines; après quelques secondes, les grains lourds et grossiers sont tombés au fond, on recueille le liquide boueux sur un filtre; cette opération plusieurs fois répétée donne des poudres très fines avec lesquelles on obtient un excellent polissage.

7. *Sensibilisation des plaques.* — On sensibilise les plaques en les exposant alternativement aux vapeurs d'iode et de brome.

On se sert pour cette opération de deux cuvettes en porcelaine à bords rodés et fermées par des glaces dépolies ; dans l'une on met une couche d'iode en paillettes garnissant tout le fond et, pour mieux régulariser l'action des vapeurs, on couvre l'iode avec un papier buvard ; dans l'autre cuvette on met une couche assez abondante du mélange dit *bromure de chaux*. Ce mélange est préparé à l'avance en plaçant d'abord dans la cuvette une couche de chaux éteinte en poudre très légèrement humide, d'une épaisseur d'environ $0^{m},02$; on place au centre une petite capsule de porcelaine dans laquelle on verse quelques centimètres cubes de brome; on recouvre le tout avec la glace dépolie. La vapeur de brome est rapidement absorbée par la chaux qui prend une belle coloration rouge; quand tout le brome est évaporé, on remue la chaux avec une spatule; si la teinte rouge n'est pas assez accentuée, on ajoute une nouvelle quantité de brome; si, au contraire, l'expérience montre que cette composition émet trop facilement les vapeurs bromées, on l'abandonne pendant quelques minutes à l'air libre. Nous rappelons que les vapeurs de brome sont délétères, leur odeur très désagréable est tenace; on évitera donc de faire la préparation autrement qu'au dehors. Ces deux réactifs étant disposés chacun dans sa cuvette, on pose la plaque polie sur un cadre en bois qui la maintient seulement par les quatre angles et qui couvre entièrement la cuvette; on a autant de cadres que de dimensions de plaques. On fait une première exposition sur la cuvette à l'iode; la surface argentée se colore assez rapidement suivant la température et la quantité d'iode; elle prend successivement les teintes jaune clair, jaune plus accentué, rouge, violet, bleu et vert; on juge ces teintes en opérant dans une pièce peu éclairée par le jour ordinaire et en faisant refléter un carton blanc sur la plaque. On arrête l'action des vapeurs d'iode lorsqu'on a atteint la coloration jaune foncé, en ayant soin de compter le nombre de secondes nécessaires pour arriver à ce point; on porte alors la plaque sur la cuvette garnie de bromure de chaux et on l'y laisse jusqu'à ce qu'elle passe à la couleur fleur de pêcher, soit rose violacé. A cet état, il y a excès de bromure d'argent : les épreuves que donnerait la plaque ainsi préparée seraient voilées; il faut au bromure d'argent un modérateur, qui sera une nouvelle dose d'iodure d'argent, que l'on obtient en reportant la plaque sur la cuvette à l'iode et en l'y laissant la moitié du temps compté pour la première ioduration; on ferme alors le laboratoire à toute lumière actinique : dans les opérations premières on n'a pas pris de précautions minutieuses contre l'action de la lumière, parce que les dernières vapeurs d'iode anéantissent toute influence lumineuse antérieure.

La plaque sensible est alors prête pour l'exposition; toutefois, on a remarqué qu'elle était plus sensible lorsqu'on attendait dix à quinze minutes avant de l'exposer; on peut, en effet, admettre que les dernières traces de vapeurs de brome et d'iode restent adhérentes à la surface, mais ne se sont pas encore combinées à l'argent : leur présence ne peut que s'opposer à l'action des rayons lumineux. Après quelques instants, ces vapeurs disparaissent soit par combinaison, soit par évaporation, et la couche prend alors son maximum de sensibilité; mais, pour une raison analogue, cette sensibilité ne se maintient que pendant quelques heures, car l'iodure et le bromure d'argent sont en présence de l'argent métallique qui joue le rôle d'un réducteur énergique, comme le fait le nitrate d'argent dans les préparations humides, et les images ont alors une tendance au voile.

On a construit des boîtes jumelles très commodes pour ces expositions successives aux vapeurs d'iode et de brome (*fig.* 2); les cuvettes à bords rodés C, C sont placées côte à côte dans la boîte A et reposent sur des ressorts; un couvercle spécial B, portant deux glaces dépolies G, G qui se meuvent à coulisse, presse sur les cuvettes et les ferme; en tirant les glaces on découvre chaque cuvette à volonté; au-dessus des glaces glisse un cadre H qui peut ainsi passer de l'une à l'autre cuvette, et dans l'ouverture de ce cadre se place la plaque à sensibiliser; un second couvercle plein D ferme le tout. La manœuvre est très simple : la plaque posée sur l'ouverture du châssis est amenée au-dessus de la cuvette à l'iode, on ouvre celle-ci en tirant la glace dépolie et on laisse la surface d'argent exposée aux vapeurs pendant le temps nécessaire pour qu'elle prenne la teinte jaune un peu foncé; on repousse la glace dépolie, on fait glisser le cadre au-dessus de la cuvette au bromure de chaux, et l'on opère de même; on ramène le cadre sur l'iode, on ferme toute la boîte pour n'avoir à craindre aucune action de la lumière et, la plaque étant sensibilisée, on la met au châssis de la chambre noire. La construction de ce châssis est la même que celle adoptée pour l'emploi des glaces sensibles; sou-

Fig. 2.

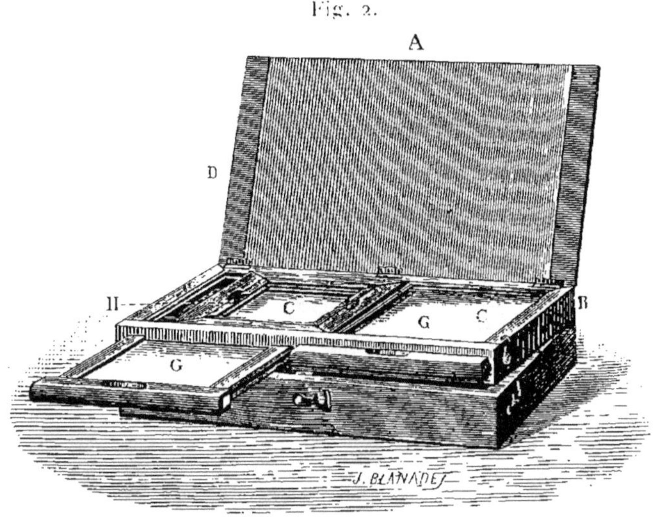

vent, pour éviter le contact répété des doigts sur les tranches de la plaque, celle-ci est fixée dans un intermédiaire représenté *fig.* 3; elle n'en sort qu'après le développement, pour être plongée dans le bain fixateur d'hyposulfite de soude.

Les dispositions à prendre pour l'exposition des plaques daguerriennes sont exactement les mêmes que celles décrites pour obtenir les épreuves négatives. On devra donc se reporter au Tome I, Chapitre des principes communs à tous les procédés, et y puiser les renseignements relatifs aux objectifs, au temps de pose, etc., etc.

8. *Exposition.* — Le temps de pose est infiniment variable, comme pour tous les autres procédés; il peut être comparé à celui qui est nécessaire pour le collodion humide, soit environ cinquante fois plus lent que pour des préparations très sensibles au gélatino-bromure d'argent.

Il y a dans l'opération même de la sensibilisation des différences très difficiles à contrôler, qui influent sur la sensibilité de chaque plaque : ce n'est donc que par une grande habitude et des essais successifs que l'on peut se rendre compte du temps d'exposition.

9. *Développement de l'image.* — L'image se révèle par la condensation sur la surface sensible des faibles vapeurs émanant d'une nappe de mercure chauffée entre 50° et 70° C. Pour faire cette opération régulièrement, on a construit des boîtes spéciales (*fig.* 3); la partie inférieure est formée par un tiroir A dont le

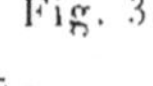

Fig. 3.

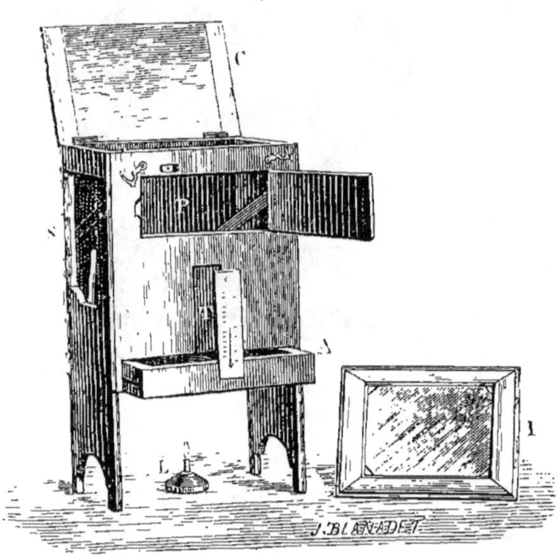

fond est une capsule de tôle munie d'un thermomètre à mercure T. Dans cette capsule, on met la quantité de mercure suffisante pour avoir une large surface d'évaporation ; ce mercure doit être pur, tel qu'il résulte d'une bonne distillation ; la présence de métaux inférieurs amalgamés est très préjudiciable, parce que la surface se couvre d'une couche d'oxyde qui empêche l'évaporation. Sous le tiroir de tôle on place une petite lampe à alcool L ou autre, on règle la hauteur et la force de la flamme de manière à ne chauffer que très doucement et à ne pas dépasser la température de 70° C. au plus, ce que l'on vérifie facilement par les indications du thermomètre coudé dont la boule plonge dans le mercure.

Dès le début des opérations, on installe la boîte à mercure dans le laboratoire sombre et l'on commence à chauffer, en ayant soin de laisser le couvercle supérieur C ouvert pour éviter l'accumulation des vapeurs.

Après la pose on rapporte le châssis dans le laboratoire, on vérifie la température du mercure, on prend dans le châssis l'intermédiaire I qui porte la plaque à découvert et on le place dans la boîte, sur deux petits tasseaux S faisant avec la nappe de mercure un angle de 45° environ, à une hauteur moyenne de $0^m,15$. La plaque est tournée vers le fond; on attend une minute ou deux, puis, par une petite porte P ménagée dans la boîte et dont l'ouverture est garnie d'un verre jaune, on regarde le développement de l'image, en s'aidant, s'il est nécessaire, de la lumière d'une bougie.

Une action incomplète des vapeurs mercurielles laisse aux clairs de l'image une coloration bleutée; si cette action est dépassée, les ombres se cendrent, il se fait à leur surface un dépôt de globules mercuriels. C'est en suivant le développement de l'image que l'on se rend compte de la précision du temps de pose; une épreuve trop posée vient blanche, blafarde, avec des contours indécis : elle est solarisée; si, au contraire, la pose a été trop courte, l'image manque de détails et reste noire dans les parties ombrées.

Aussitôt que le développement paraît complet, on retire la plaque. Dans ce procédé, on n'a pas la précieuse ressource de conduire ce développement d'une manière plus ou moins énergique pour réparer ainsi les écarts de pose ou produire des effets plus ou moins vigoureux; il faut accepter l'épreuve telle qu'elle se présente, sans pouvoir la modifier.

10. *Fixage.* — Lorsque l'épreuve a été développée au mercure, elle peut déjà supporter sans altération l'action momentanée de la lumière; cependant il est nécessaire de la fixer définitivement en dissolvant les iodure et bromure d'argent qui sont à la surface; ce fixage s'effectue, comme nous l'avons déjà indiqué pour les procédés négatifs, au moyen de l'hyposulfite de soude en solution à 15 ou 20 pour 100 d'eau. On recommande expressément des solutions très propres et bien filtrées, ne contenant pas traces de soufre ou de poussières qui, si elles adhéraient à la surface d'argent, seraient la cause d'une foule de points noirs lors du passage de la plaque au bain d'or. Le fixage est en quelque sorte immédiat et, après quelques secondes d'immersion dans le bain, la plaque est relevée, lavée avec soin à l'eau distillée filtrée; on peut alors l'exa-

miner tout à loisir et décider si elle est suffisamment réussie pour être conservée. Jusqu'à ce moment, en effet, la surface argentée est à peine altérée, l'image est toute superficielle, le moindre attouchement l'efface et il serait facile, en recommençant un bon polissage, de faire servir la plaque pour une nouvelle épreuve; cela devient plus difficile lorsqu'elle a passé au bain de dorure et l'on ne fait cette opération que pour celles qu'on a l'intention de conserver.

11. Dorure de l'épreuve daguerrienne. — Cette opération donne à la fois à l'image l'éclat et la solidité; elle est due à M. Fizeau qui, par une application très simple des principes scientifiques, compléta la beauté de la plaque daguerrienne, comme il en avait augmenté la sensibilité par ses recherches sur l'emploi du brome.

On prépare le bain de dorure en dissolvant 1^{gr} de chlorure d'or dans 500^{cc} d'eau distillée, et, d'autre part, 4^{gr} d'hyposulfite de soude dans la même quantité d'eau distillée, puis on verse la solution d'or dans celle d'hyposulfite de soude; on doit se garder de faire le contraire, parce qu'il se produirait au début une décomposition de l'hyposulfite de soude par l'excès d'or et une sulfuration de ce métal : la préparation serait perdue. Le liquide est ensuite bien filtré au papier; on ne doit l'employer que parfaitement clair et incolore. On peut utiliser dans le même but 1^{gr} du sel d'or de Fordos et Gelis (hyposulfite double d'or et de soude) dissous dans un litre d'eau distillée, sans autre addition.

La plaque est posée sur le pied à caler (*fig.* 4); on verse à la surface une quantité de bain d'or aussi grande qu'elle peut en conserver en la mettant bien de niveau, puis, au moyen d'une forte lampe à alcool, on chauffe en dessous et on porte vivement ce liquide à l'ébullition. Au moment où il se produit des bulles sur toute la surface, il se fait un dépôt d'or qui forme un amalgame blanc avec les clairs de l'épreuve et leur donne plus d'éclat, tandis qu'il communique aux ombres une teinte chaude qui accentue les oppositions. Mais, durant cette très courte ébullition, il faut qu'il n'y ait aucune partie de la surface qui vienne à sécher : ce serait une cause de tache irrémédiable; si l'on prolongeait trop l'opération, il se détacherait de petites écailles qui entraîneraient l'image.

La dorure étant terminée, on fait tomber la plaque d'un coup dans une cuvette d'eau fraîche, on l'y agite, on la retire, on la rince à l'eau distillée à plusieurs reprises et, prenant un coin avec une pince, on la redresse obliquement et on la chauffe fortement avec la même lampe à alcool en commençant par le coin du haut et en

Fig. 4.

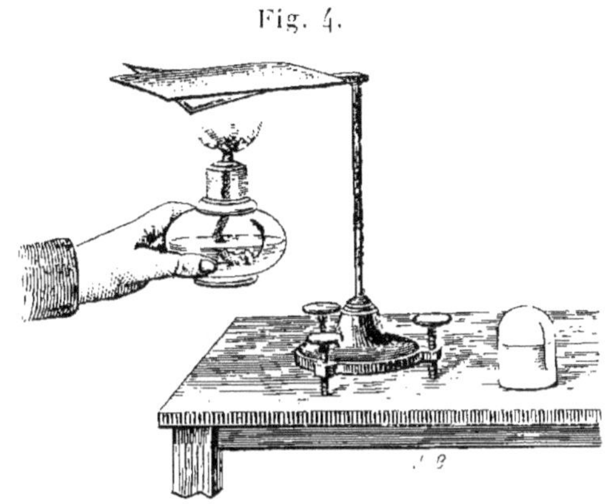

soufflant sur l'épreuve pour faire descendre l'évaporation d'une manière rapide, sans temps d'arrêt, jusqu'au coin inférieur. L'épreuve est alors terminée : la dorure lui a donné, avec l'éclat, une plus grande solidité ; un très léger frottement ne paraît pas l'altérer.

12. L'image ainsi obtenue sur métal poli peut être merveilleuse de finesse et de détails, mais faite directement à la chambre noire elle est renversée, ce qui est un inconvénient grave pour un portrait et une impossibilité pour la plupart des reproductions ; l'intervention d'un prisme ou d'une glace parallèle pour remédier à ce défaut est une complication et une cause de ralentissement ; en outre, cette surface est miroitante : on voit, en même temps que l'image, les reflets des objets environnants ; on est obligé de chercher à la présenter sous l'angle le plus favorable pour bien la distinguer ; enfin, cette épreuve est unique : pour en obtenir une seconde, il faut recommencer toutes les opérations. On ne doit donc pas être surpris si les procédés de Daguerre, malgré leurs perfectionnements, ont été abandonnés pour la Photographie actuelle. Nous devions cependant donner toutes les indications nécessaires afin de simplifier les recherches pour de nouvelles applications.

13. *Conservation de l'image.* — Les épreuves daguerriennes s'altèrent facilement; elles sont en effet sur plaqué d'argent et toutes les actions sulfurantes de l'air atmosphérique y apportent la même cause de détérioration que sur nos pièces d'argenterie; on les conservera dans des boîtes bien fermées, ou mieux en les mettant sous verre et en interceptant le passage de l'air par des feuilles de papier ou de baudruche collées. On peut constater sur les rares épreuves qui ont survécu à l'abandon de ce procédé un envahissement noir, marchant des bords vers le centre, et quelquefois des taches sur la surface. On ramène ces épreuves sensiblement à leur état primitif en les lavant d'abord à l'alcool pendant quelques instants, puis en les immergeant dans une solution de cyanure de potassium à 2 pour 100 d'eau ou d'alcool; lorsque les taches ont disparu, on lave la plaque à grande eau, on la rince à l'eau distillée et on la fait sécher comme il est dit ci-dessus.

Cette opération est absolument nécessaire lorsqu'on veut reproduire une vieille épreuve daguerrienne par les procédés photographiques ordinaires. On commence par rendre la plaque aussi pure que possible, puis on la dispose de manière à éviter les diverses causes de reflet; généralement on l'applique sur la planchette que porte le chevalet et on l'entoure avec un large cône de papier dioptrique diffusant partout une lumière égale; on empêche la chambre elle-même et les parties brillantes de l'objectif de se refléter sur la plaque, en les couvrant d'un voile de velours noir qui ne laisse passer que l'ouverture de l'objectif. En observant ces conditions, on peut obtenir des reproductions très nettes des images daguerriennes, mais ce travail devient de plus en plus rare, presque tous les originaux ayant disparu.

CHAPITRE II.

ÉPREUVES POSITIVES DIRECTES.

On appelle épreuves positives *directes* celles que l'on obtient à la chambre noire immédiatement sur le modèle sans passer par le cliché négatif; suivant les procédés employés, ces images se voient par réflexion ou par transparence.

ÉPREUVES DIRECTES PAR RÉFLEXION.

14. L'opérateur qui a fait quelques épreuves au collodion humide n'a pas été sans remarquer que, une fois terminées, ses clichés présentent deux aspects, surtout lorsqu'ils sont très purs et ne sont couverts d'aucun voile; ils ont l'aspect négatif quand on les regarde par transparence en les interposant entre l'œil et la lumière et, au contraire, l'aspect positif si, les mettant sur un fond sombre, on les regarde par réflexion; c'est qu'en effet l'argent réduit qui forme l'image garde son opacité par transmission de la lumière et conserve son reflet métallique plus ou moins blanc par réflexion; les parties transparentes deviennent indifféremment ou très lumineuses sur un fond clair, ou très noires sur un fond obscur. Il est donc facile de produire ainsi immédiatement à la chambre noire des épreuves positives. Les conditions générales pour faire ce genre d'images sont les suivantes :

Les préparations seront conduites de manière à éviter la production d'un voile, quelque léger qu'il soit, ce que l'on obtiendra le plus souvent par l'emploi d'un vieux collodion assez fortement coloré par l'iode libre, par l'acidulation du bain d'argent, par un temps de pose assez court pour avoir des effets nettement tranchés entre les clairs et les ombres sans aucun empâtement; les réducteurs et les fixateurs à employer seront ceux qui peuvent donner à l'argent son maximum d'éclat, aussi se servira-t-on toujours du bain de fer acidulé, on y ajoutera même quelques gouttes d'acide sulfurique; la raison chimique de cette addition est de dissoudre un sous-sulfate de peroxyde de fer insoluble dans l'eau, qui ne nuit en rien pour les épreuves négatives, mais qui donne aux positives un ton ocreux; l'argent précipité en présence d'un peu d'acide sulfurique n'est plus mélangé de ce sous-sulfate jaunâtre, il est en grains plus gros, d'un reflet plus chatoyant. Par exception, nous recommandons le fixage au cyanure de potassium et non à l'hyposulfite de soude : ce dernier réactif a une tendance à sulfurer, donc à noircir le dépôt d'argent, surtout en présence des faibles traces acides que conserve la couche de collodion en raison des bains qui ont précédé; le cyanure de potassium n'a pas cet inconvénient; en outre, par son action dissolvante de l'argent, il tend à enlever les voiles légers qui peuvent harmoniser les épreuves négatives, mais qui seraient d'un très mauvais effet pour les positives.

Les épreuves positives directes ne prennent leur aspect que sur un fond noir ou très foncé; il est donc nécessaire ou de les exécuter sur un subjectile de cette couleur, tel qu'un verre noir ou une tôle émaillée, etc., ou de les recouvrir d'un enduit noir, ou de les doubler d'un fond noir. Ces variantes ont été présentées sous des noms divers, comme des procédés différents, bien que le mode de faire reste toujours le même.

15. Épreuves directes sur verre. — Ce fut en 1852 que M. Ad. Martin [1] donna la première et la meilleure méthode pour faire les positives directes; nous rappelons ici les formules exactes communiquées par l'auteur, dont la publication a été trop oubliée depuis trente-cinq ans.

La pureté des verres ou glaces a une grande importance; il faut éviter qu'un défaut de nettoyage ne produise au développement une buée ou voile qui, invisible par transparence, se montrerait d'une manière fâcheuse par réflexion. Nous avons donné (t. I, 110) les indications nécessaires pour bien nettoyer les glaces.

---

(1) Mémoire déposé le 20 juillet 1852 à la Société d'encouragement pour l'industrie nationale.

Le collodion est composé d'après la formule suivante :

1° Éther	70^{cc}
Alcool	30^{cc}
Coton-poudre	$0^{gr},75$

On fait la solution comme nous l'avons indiqué, en mettant d'abord l'éther et le coton dans le flacon et en ajoutant l'alcool peu à peu en agitant chaque fois jusqu'à distension puis dissolution du coton-poudre.

2° Alcool	18^{cc}
Iodure d'ammonium	$1^{gr},60$

et, après solution,

Nitrate d'argent	$0^{gr},16$

L'addition du nitrate d'argent dans la solution alcoolique d'iodure d'ammonium (ou de potassium) produit d'abord un précipité jaune clair d'iodure d'argent qui ne tarde pas à se dissoudre, et le liquide devient parfaitement limpide.

On ajoute alors la seconde solution dans la première et, après le temps de repos nécessaire pour l'éclaircir, le collodion est prêt à servir.

L'une et l'autre de ces solutions peuvent être préparées à l'avance en quantités plus considérables, mais on ne fait le mélange dans les proportions indiquées ci-dessus que pour les besoins de deux ou trois jours, ce collodion perdant rapidement ses bonnes qualités quand il est ioduré.

On remarquera que la dose de coton-poudre employée est relativement faible : il est nécessaire en effet que le collodion soit fluide pour bien s'étendre sur les glaces sans faire ni stries ni moutonnages et pour former des couches très transparentes.

On peut aussi employer des collodions de toutes autres formules, pourvu qu'ils donnent des images très pures; il sera toujours bon de les additionner de la quantité d'iode nécessaire pour leur communiquer une teinte rouge; un excès de bromure serait un défaut.

Le bain d'argent pour la sensibilisation sera fortement acidulé, pour que les images soient à la fois légères et sans voile; il est composé de :

Eau distillée très pure	100^{cc}
Nitrate d'argent cristallisé	8^{gr}
Acide azotique	2 à 3 gouttes.

La glace collodionnée est sensibilisée dans ce bain, exposée et développée avec les précautions que nous avons indiquées pour le collodion humide (t. I, 130 à 142). Nous n'avons pas besoin de les répéter ici.

Le bain de développement sera une solution à peu près saturée de sulfate de fer additionné, pour 100^{cc}, de 5 à 10^{cc} d'alcool et de 4 à 5 gouttes d'acide sulfurique; on peut étendre cette solution d'une même quantité d'eau; on doublera alors la dose d'alcool dont le but est de faciliter l'extension du liquide sur les glaces et d'éviter les veines d'apparence huileuse qui empêchent la régularité de l'action; l'acide sulfurique donne au dépôt d'argent un reflet franchement métallique.

On peut aussi se servir des autres formules de développement au fer qui sont employées dans les procédés du collodion humide, telles que

	cc
Eau ordinaire	1000
Acide acétique cristallisable	25
Alcool à 36°	50
Acide sulfurique	5
Sulfate double de fer et d'ammoniaque	50

Lorsque l'épreuve est développée, elle reste encore avec l'apparence négative; ce n'est que par le fixage qu'elle se transforme et prend l'aspect positif.

On pourrait employer pour le fixage une simple solution de cyanure de potassium, à la dose de 2^{gr} ou 3^{gr} de cyanure pour 100^{cc} d'eau, mais M. Ad. Martin préfère couvrir la glace avec une solution de cyanure double de potassium et d'argent faite d'après la formule :

Eau	100^{cc}
Cyanure blanc de potassium	$2^{gr},5$
Azotate d'argent	$0^{gr},4$

On fait dissoudre l'azotate d'argent dans une très petite quantité d'eau et l'on verse cette solution dans celle du cyanure de potassium ; le précipité caséeux de cyanure d'argent qui se forme d'abord est rapidement dissous par l'agitation du liquide et le bain est prêt à servir.

Sous l'influence de ce bain l'iodure d'argent disparaît, la glace prend sa transparence et, si on la place sur un fond noir, on voit l'image positive par réflexion avec les effets blancs de la poudre d'argent qui la forme.

On lave l'épreuve avec soin, on la fait sécher, elle prend alors tout son éclat et il est regrettable de ne pas la conserver ainsi ; mais le dépôt d'argent serait altéré par le moindre contact et l'on préfère presque toujours la protéger au moyen d'un vernis qui sera soit une simple solution de gomme arabique, soit un vernis blanc à l'essence ou à l'alcool, ce qui atténue un peu l'éclat de l'argent.

L'épreuve vernie est appliquée sur un fond noir ou brun, ou de telle couleur qui plaît à l'opérateur, en prenant la précaution de mettre le côté de l'épreuve en contact avec le fond parce qu'elle est ainsi ramenée dans son véritable sens et mise à l'abri de tous frottements extérieurs.

Il est plus simple encore d'employer un vernis coloré versé directement sur l'image, qui se présente intacte lorsqu'on retourne le verre ; on peut utiliser à cet effet le vernis des graveurs, préparé d'après la formule :

	gr
Essence de térébenthine	100
Bitume de Judée pulvérisé....................	20
Cire blanche..............................	4

Faites fondre et laissez digérer sur un feu doux jusqu'à ce que le bitume et la cire soient dissous ; filtrez sur un morceau de flanelle et étendez sur la glace du côté de l'épreuve en chauffant légèrement le verre et versant dessus le vernis tiède, comme si on collodionnait. Ce vernis donne au fond une belle teinte brune ; si l'on préfère un fond noir, on ajoute dans la formule ci-dessus 1^{gr} ou 2^{gr} de noir de bougie.

On peut encore remplacer le vernis coloré par du papier teinté : on prendra de préférence les papiers à la gélatine que l'on trouve maintenant dans le commerce des produits photographiques sous le nom de *papiers au charbon* ou *papiers mixtionnés*. On trempe dans l'eau, jusqu'à parfait ramollissement, un morceau de ce papier de la grandeur de l'image à couvrir, on plonge la glace et le papier dans une même cuvette, on met sous l'eau le papier sur l'épreuve et l'on retire les deux ensemble, de manière à appliquer le papier sur l'image sans froissements et sans interposition de bulles d'air; on superpose un ou deux doubles de buvard, on assure le contact par un coup de raclette légèrement donné et on laisse sécher. Il arrive quelquefois, en opérant ainsi, lorsqu'on n'a pas ajouté dans le bain un peu de glycérine, que la gélatine du papier décolle le collodion en se desséchant et enlève l'image de la glace; on peut même employer ce procédé pour avoir les positives directes sur papier noir ou de couleur, il faudrait seulement prendre la précaution préalable de talquer la glace avant de la collodionner; si l'on veut au contraire que l'image reste bien adhérente au verre et que le papier serve seulement comme fond, on pourra soit préparer la glace par une couche préalable d'albumine ou de gélatine (t. I, **114**), soit, lorsque l'épreuve a été fixée et lavée, la couvrir, avant qu'elle sèche, avec une solution de gélatine à 5 pour 100 : celle-ci pénètre dans la couche encore spongieuse jusqu'à la surface du verre et lui donne une adhérence extrême, ce qui n'aurait pas lieu si l'on avait laissé sécher le collodion.

16. Transport des positives directes sur toile cirée. — Ce procédé, qui eut quelque vogue il y a plusieurs années, est exactement le même que celui que nous venons de décrire, sauf les indications suivantes :

La couche collodionnée, devant être détachée du verre, a besoin d'une plus grande solidité; on emploiera donc de préférence un coton-poudre résistant fait à basse température et l'on augmentera la dose que l'on portera à 1^{gr} au moins pour 100^{cc} de collodion; la sensibilisation, la pose, le fixage seront exécutés comme nous l'avons indiqué ci-dessus (**15**). Après lavage on immergera l'épreuve dans un bain légèrement acidulé par l'acide sulfurique (2^{cc} à 3^{cc} pour 100^{cc} d'eau) ou par l'acide chlorhydrique (5^{cc} pour 100^{cc} d'eau), et on l'y laissera jusqu'à ce que l'essai fait sur un angle montre que le collodion est disposé à se séparer du verre; on lave de nouveau l'épreuve avec précaution, on l'égoutte et on la couvre d'une couche épaisse de gomme arabique bien pure; d'autre part, on coupe un morceau de belle toile cirée noire ou brun foncé, de dimensions un peu plus petites que celles de la glace, on en nettoie la surface à l'eau avec soin, on la couvre également d'une couche de même gomme arabique et, courbant la toile, on l'applique avec précaution sur la glace de manière à éviter les bulles d'air; on pose sur le tout une feuille de buvard, puis, avec le bord de la main ou avec une raclette, on expulse l'excès de gomme en procédant d'abord doucement pour éviter d'érailler le collodion; lorsque l'adhérence est parfaite, on soulève un coin en faisant suivre le collodion qui quitte le verre et l'on continue de détacher le tout. Si l'on remarquait quelques adhérences, on faciliterait le décollage en faisant glisser un mince filet d'eau entre la glace et le collodion. Il est bon de prendre la précaution préalable de détacher le collodion sur les bords en le repoussant sur lui-même vers la toile cirée; si l'on voulait couper une bande mince sur les côtés, on risquerait de voir la pellicule se déchirer sur une trop grande étendue.

On laisse sécher l'épreuve sur la toile cirée en la suspendant avec une épingle; on peut ensuite l'encadrer ou la monter de telle façon que l'on voudra.

17. **Ferrotypes.** — Le procédé de positives sur verre dont nous venons de donner la description est simple, facile, rapide; il permet de livrer l'épreuve presque aussitôt après la pose; aussi, pendant plusieurs années, fut-il employé de préférence par les photographes nomades qui vont, de village en village ou de fêtes en fêtes, exécuter les portraits à bon marché dont on ne demande qu'une ou deux épreuves aussitôt exécutées soit par le multiplicateur, soit par deux objectifs jumeaux. Cependant le vernissage, la mise sur fond noir, le coupage au diamant de chaque exemplaire apportaient encore quelques complications, qui sont simplifiées par l'emploi de plaques très minces de tôle vernie substituées au verre, ce qui a fait donner à ces épreuves le nom de *ferrotypes*.

En avril 1853 (*Comptes rendus de l'Académie des Sciences*), M. Ad. Martin communiquait un procédé pour obtenir directement des épreuves photographiques sur métal, cuivre, acier, zinc, etc.; la feuille métallique, préalablement couverte d'un vernis résistant à la gomme laque ou simplement du vernis de graveur, était traitée exactement comme une feuille de verre. L'épreuve obtenue pouvait être conservée comme image photographique; elle pouvait aussi servir au graveur comme un dessin parfait exécuté directement sur la planche à graver et grâce auquel il lui était donné de grandes facilités pour l'éxécution de son travail. Pour cette application spéciale, voir le *Manuel de Photographie et de Calcographie* de M. Roux (¹).

Les premières épreuves sur métal nous sont revenues beaucoup plus tard des États-Unis, où l'on fabrique ces plaques de tôle dont le vernis brun foncé ou noir, et parfaitement lisse, résiste suffisamment aux différents bains photographiques; on leur donna alors le nom de *ferrotypes* ou d'*ambrotypes*.

La tôle coupée de grandeur, sur les tranches de laquelle il est bon de passer un vernis soit à la gomme laque, soit au caoutchouc, soit au collodion, ou même simplement de la cire, afin que le fer mis à nu n'altère pas le bain d'argent, est d'abord bien nettoyée à l'alcool puis traitée exactement comme on traiterait une plaque de verre d'après la méthode que nous avons indiquée (15) pour le collodionnage, la sensibilisation, le développement et le fixage. Lorsqu'elle est terminée et séchée, il suffit de la couvrir avec un vernis bien transparent; il n'est plus besoin de s'occuper du fond, puisque celui-ci est formé par la plaque elle-même.

Ce procédé est généralement employé pour les portraits à 1^fr la douzaine, sur lequel le photographe fait encore un très notable bénéfice pour peu que la clientèle se succède. La chambre noire porte six, neuf ou douze petits objectifs de même longueur focale (*fig.* 5), à la suite desquels une sorte de trémie forme autant de petites chambres séparées qu'il y a d'objectifs; l'exposition assez rapide donne sur une seule plaque le même nombre de petits portraits ou le double avec un chassis multiplicateur; aussitôt développés, fixés, séchés et vernis, ils sont coupés avec des ciseaux;

(¹) *Manuel dePhotographie et de Calcographie* à l'usage des graveurs sur bois, sur métaux, sur pierre et sur verre, par V. Roux, 1886. Gauthier-Villars, éditeur.

la feuille de tôle est assez mince pour que cette opération soit très facile. Moyennant un léger surcroît de prix, chaque épreuve est

Fig. 5.

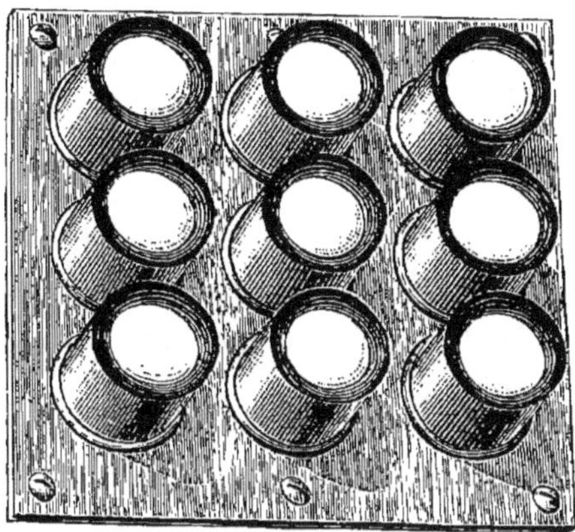

mise dans un petit cadre de cuivre estampé, et si l'opération est bien faite, ce qui est facile mais rare, le résultat est assez satisfaisant; le moins fortuné peut se donner ainsi le luxe de collectionner et même de distribuer ses portraits de famille. En multipliant les

Fig. 6.

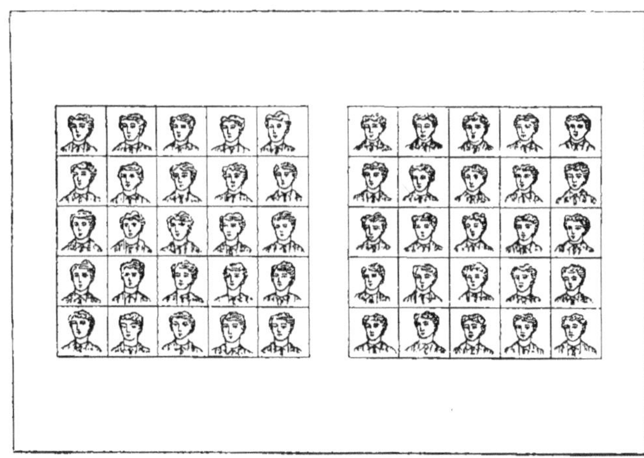

objectifs on fait aussi des séries de petites images, dites *timbres-poste,* qui s'expédient en tête des lettres (*fig.* 6).

ÉPREUVES DIRECTES TRANSPARENTES.

Les procédés que nous venons de décrire pour faire les épreuves directes donnent les images destinées à être vues par réflexion ; quelquefois il y a intérêt à produire immédiatement à la chambre noire une épreuve positive par transparence, ce que l'on peut obtenir par l'une des méthodes suivantes.

18. Images amphitypes. 1° *Procédé de M. Sabatier.* — Ces images sont ainsi nommées parce qu'elles présentent à la fois l'effet négatif par réflexion et l'effet positif par transparence. Il suffit de faire une épreuve négative au collodion selon les formules ordinaires du collodion humide ; après l'exposition, on commence par un développement très léger ; aussitôt que l'image apparaît, on lave parfaitement la glace et on la recouvre avec une solution faible de nitrate d'argent ammoniacal que l'on prépare en dissolvant 3^{gr} de nitrate d'argent dans 100^{cc} d'eau et ajoutant peu à peu de l'ammoniaque jusqu'à dissolution du précipité formé ; au lieu de nitrate d'argent ammoniacal, on pourra employer plus simplement de l'eau rendue alcaline par un peu d'ammoniaque ou de carbonate de soude, ou autre alcali. On recommence ensuite le développement qui se porte entièrement sur les parties restées claires et les noircit ; après fixage, l'image vue par transparence est devenue positive. On obtient le même effet, si, après le premier développement, on expose la glace à une faible lumière blanche ; ou encore si la lumière du laboratoire n'est pas suffisamment anti-actinique ; enfin il suffit aussi que l'eau de lavage que l'on emploie lors du développement possède naturellement une faible réaction alcaline. Le renversement de l'épreuve lors du développement se produit assez souvent d'une façon accidentelle et contre la volonté de l'opérateur, qui devra en chercher la cause dans l'une des réactions que nous venons d'énumérer : un mauvais éclairage ou une eau de mauvaise qualité.

19. 2° *Procédé Poitevin.* — Ce procédé découle des premières expériences faites par M. Bayard avant la divulgation du procédé de Daguerre. M. Bayard obtenait directement des images positives à la chambre noire, en prenant une feuille de papier au chlorure et au nitrate d'argent qu'il faisait préalablement noircir en plein jour; après lavage, il recouvrait cette feuille d'une solution concentrée d'iodure de potassium; sous l'influence assez prolongée de la lumière, l'iode de l'iodure de potassium réagissait sur la couche argentique et transformait la teinte noire en teinte claire due à l'iodure d'argent formé : cette action, proportionnelle à l'intensité lumineuse, donnait une image positive directe.

Poitevin appliqua cette réaction à l'image latente, ce qui permet d'opérer beaucoup plus vite : une glace collodionnée et sensibilisée est exposée en plein pendant un instant très court à une faible lumière actinique; si à ce moment l'on procédait au développement, il est certain que toute la surface noircirait d'une manière égale; mais, au lieu d'y verser le révélateur, on la lave et on la couvre avec une solution d'iodure de potassium ou d'ammonium faite à la dose de 3 pour 100 d'eau; on met cette glace au châssis et on l'expose à la chambre noire. L'action inverse se produit alors : partout où la lumière agit plus ou moins énergiquement, il se fait sur l'impression latente générale, c'est-à-dire sur la couche qui aurait dû se teinter uniformément en noir, une réaction due à l'iode de l'iodure soluble, et alors, sous le révélateur, apparaît une image positive au lieu d'une négative. Seulement il faut remettre la couche sensible en état de recevoir ce développement, c'est-à-dire lui rendre l'excès de nitrate d'argent qu'elle n'a plus; on commencera donc par la bien laver pour enlever l'iodure soluble, on la couvrira d'une solution faible de nitrate d'argent et ensuite on développera par les moyens ordinaires, soit au sulfate de fer, soit à l'acide pyrogallique.

20. Transformation de l'image négative en positive. — Nous venons de voir comment on obtient immédiatement l'image positive directe sans passer par l'épreuve négative (15, 16, 17); comment on arrête l'image négative en cours de formation pour la changer en positive [*images amphitypes* (18, 19)]. On peut aussi terminer complètement la négative et la transformer en positive, ce qui est intéressant pour certains procédés de gravure.

Sutton et M. le capitaine Biny ont décrit, pour arriver à ce résultat, des méthodes différentes, bien qu'elles soient fondées sur le même principe : lorsque l'épreuve négative est vigoureusement accusée, *et avant le fixage*, on l'utilise comme écran pour obtenir sur la même couche, qui fait corps avec elle et qui est encore sensible, une impression positive par l'action directe de la lumière : au moyen d'un réactif énergique, on dissout l'image négative première, mais ce réactif n'enlève pas l'impression positive qui peut ensuite être développée par les révélateurs.

21. 1° *Procédé de Sutton*. — Sutton commençait par faire une épreuve négative sur collodion au bromure d'argent et, après l'avoir développée par les procédés alcalins qui réduisent l'argent dans l'épaisseur de la couche et produisent une image par profondeur au lieu de l'image par le dépôt superficiel que donnent les révélateurs acides (t. I, 99 et 153), il lavait bien la surface, la couvrait d'acide nitrique suffisamment concentré pour dissoudre tout l'argent réduit ; l'image négative disparaissait alors pour faire place à une positive jaune pâle résultant d'une diminution proportionnelle dans l'épaisseur du bromure d'argent resté sur la plaque. Après un nouveau et énergique lavage, ce bromure d'argent resté sensible et exposé en plein à la lumière était soumis à un révélateur alcalin qui le noircissait complètement ; mais les épaisseurs n'étaient plus égales, elles avaient diminué proportionnellement à l'intensité du négatif premier : il se produisait donc une image positive par transparence, rentrant dans l'espèce des amphitypes ou caméléons comme les épreuves que l'on obtient par les procédés Sabatier et Poitevin.

22. 2° *Procédés de M. le capitaine Biny*. — Ce sont justement ces images caméléons ou amphitypes que M. le capitaine Biny, qui dirige le service photographique du Dépôt des fortifications commandé par M. de la Noë, a voulu éviter pour arriver à des épreuves franchement positives, et il y est parvenu « avec l'aide, dit-il, de tout le personnel de photographes expérimentés de la brigade topographique ». Cette méthode ayant été prématurément décrite par l'un des opérateurs [1], M. le capitaine Biny l'a communiquée

---

(1) *Traité pratique de la transformation des négatifs en positifs*, par V. Roux, opérateur au Ministère de la Guerre. Paris, Gauthier-Villars ; 1881.

à la Société française de Photographie [1], au *Bulletin* de laquelle nous l'empruntons textuellement :

« Qu'il s'agisse de clichés au trait ou aux demi-teintes, sur collodion ou gélatine bromurée, la méthode est, au fond, toujours la même et ne varie que par l'emploi de bains et de réactifs différents, dont la composition est, en partie, indiquée dans le petit *Traité pratique* mentionné plus haut. Nous nous bornerons ici à décrire le procédé.

» Il se résume ainsi :

» 1° Produire un bon négatif à la chambre noire ;

» 2° Le bien développer, en le renforçant au besoin ;

» 3° Ne pas le fixer ;

» 4° L'exposer, sur un fond noir, à la pleine lumière diffuse, pour attaquer les sels d'argent non réduits dans le négatif et dont l'ensemble doit, par différence avec la totalité des sels sensibles de la plaque, constituer un bon positif ;

» 5° Ne pas développer, pour le moment, cette image positive produite sous la négative par la seule lumière ;

» 6° Mais faire disparaître la négative, qui n'est plus utile, à l'aide d'un bain transformateur, de manière que l'argent, complètement réduit par les développateurs qui ont produit le négatif, soit converti en composés d'argent, insolubles dans l'eau pure, mais solubles dans les fixateurs : hyposulfite ou cyanure ;

» 7° Monter maintenant l'image positive latente, produite sur la plaque par la pleine lumière, avec un bain approprié, développateur et renforçateur en même temps ;

» 8° Fixer le positif définitif dans l'hyposulfite ou le cyanure, en dissolvant les sels d'argent reconstitués de l'ancien négatif.

» Si, au lieu de fixer ce *positif* en l'état où il se trouve après la septième opération, on le traitait successivement comme il est dit aux n°s 4°, 5°, 6° et 7°, on le *retransformerait en négatif*, et ainsi de suite. Nous en avons maintes fois fait l'expérience.

» Nous ferons remarquer ici, pour la théorie, que le point capital de cette méthode est l'*inaction singulière* du bain transformateur

---

(1) *Bulletin de la Société française de Photographie*, 6 mai 1881, pages 130 et suivantes.

dont nous parlons plus haut sur les composés *non réduits* d'argent formant les *blancs* du négatif. Ceux-ci, en effet, conservent, après que le bain a effacé les noirs du négatif, toute l'impression physique (?) ou chimique (?) qu'ils ont subie de la pleine lumière. Aussi, ils se réduisent finalement et fixent de l'argent réduit apporté par le dernier développateur, qui fait apparaître le positif. C'est là, nous le répétons, le phénomène qui nous a le plus frappés quand nous avons trouvé que l'acide nitrique, *non pas seul, comme l'a dit M. Sutton*, mais additionné de *brome*, de *chromates*, d'*acide chromique*, d'*hypermanganates* ou de *bichlorures* solubles, et *après une exposition convenable à la pleine lumière*, transformait les négatifs en clichés positifs.

» Cela posé, examinons les trois cas suivants :

» I. Clichés positifs au trait sur collodion.

» II. Clichés positifs aux demi-teintes sur collodion.

» III. Clichés positifs aux demi-teintes sur gélatinobromure.

I. — *Clichés de dessins au trait.*

» Employer un collodion pulvérulent, tenant bien sur les glaces (que l'on caoutchoutera sur les bords, avant de les collodionner, si c'est nécessaire) et très perméable à l'eau et aux bains, plutôt fluide qu'épais et contenant des chlorures et des iodures.

» Poser *largement* à la chambre noire pour avoir un bon négatif, *avec un léger excès de pose*.

» Développer ce négatif au fer, sans insister trop sur ce premier développement.

» Laver à grande eau et développer de nouveau à l'acide pyrogallique, seul d'abord, puis additionné de quelques gouttes d'argent, mais ces liqueurs renforçatrices étant largement étendues d'eau ordinaire.

» Arrêter ce développement renforçateur à l'acide pyrogallique et à l'argent quand on s'aperçoit qu'en le continuant il rongerait les traits fins du négatif.

» Laver suffisamment le cliché, *mais pas trop*, sous une pomme d'arrosoir, de façon *à laisser dans la couche de collodion perméable quelques traces d'acide pyrogallique*.

» Porter le cliché, en cet état, en le posant sur un plateau en bois recouvert de drap noir, à la pleine lumière, mais non au soleil cependant, comme si l'on voulait, avec le bon négatif non fixé, obtenir un positif à l'aide des sels d'argent restant sur la glace et non altérés dans la chambre noire ou par les développateurs précédents.

» Laisser le cliché, le côté exposé à la chambre noire face à la lumière, pendant trente à soixante secondes, suivant l'activité de cette pleine lumière.

» Observer les variations de teinte des traits négatifs du cliché pendant cette exposition : on n'aperçoit rien sur les fonds noircis et rougeâtres du négatif, mais les traits gris bleus, non développés, se foncent petit à petit et acquièrent le ton violet franc sur la couleur brique foncée de l'argent réduit qui les entoure.

» A ce degré de coloration du négatif, on arrête l'exposition à la pleine lumière; on rapporte le cliché dans le laboratoire éclairé avec des verres jaunes *assez clairs*.

» On met la plaque dans une cuvette contenant l'un des deux bains suivants :

1.	Eau (en volume)	500
	Acide nitrique pur	300
	Eau saturée de bichromate de potasse	200
2.	Eau (en volume)	500
	Acide nitrique pur	300
	Acide chromique pur	20

et l'on observe ce qui se passe derrière le châssis vitré du laboratoire.

» Le cliché se transforme à vue d'œil : tout l'argent réduit repasse à l'état de nitrate d'argent, lequel, en présence du bichromate ou de l'acide chromique, donne lieu à un dépôt pulvérulent de chromate d'argent sur la couche blanche opaline du fond du cliché transformé. Ce chromate d'argent adhère assez fortement sur divers points, mais principalement sur les anciens traits négatifs du dessin. Il est rouge brique foncé sur ces traits et montre dès ce moment l'image positive, qui va maintenant se développer seule.

» Pour débarrasser le cliché du chromate d'argent qui est attaché à ses fonds et qui pourrait gêner, on projette à sa surface, avec un verre à bec, une solution formée de volumes égaux d'acide nitrique, d'alcool et de bichromate de potasse à saturation, le tout étendu d'eau.

» On lave alors le cliché ainsi nettoyé et l'on verse à sa surface une solution étendue d'acide pyrogallique. On laisse la couche de collodion se bien imprégner, puis on recueille l'excès d'acide pyrogallique dans un verre; on y ajoute quelques gouttes d'argent et l'on reverse ce renforçateur sur le cliché, qui a commencé déjà à prendre par réflexion un aspect positif.

» Petit à petit cet aspect devient la réalité sous le mélange d'acide pyrogallique et d'argent; l'image monte *positive* par *réflexion* et par transparence.

» Tous les défauts de l'original s'y montrent, et surtout le grain du papier, si c'est un dessin ou une gravure.

» Il y a intérêt à ne pas renforcer ce positif outre mesure.

» On peut sortir du laboratoire et le fixer au cyanure; puis on le lave bien, et on le monte, s'il y a lieu, au bichlorure de mercure et ensuite à l'ammoniaque, ou bien encore de nouveau à l'acide pyrogallique et à l'argent.

» Ce procédé, appliqué rigoureusement, comme il vient d'être dit, est infaillible; il est sujet à des *voiles de fond* si la pose primitive est *insuffisante :* c'est donc sur ce point surtout qu'il faut veiller.

» Il s'applique plus difficilement aux portraits ou aux demi-teintes de paysages, parce que celles-ci *se rongent* ou *se couvrent de trop d'argent* avec l'acide pyrogallique; mais, pour les clichés au trait, il est tout à fait remarquable.

II. — *Clichés de portraits ou de demi-teintes.*

» On prend un collodion toujours très pulvérulent et très perméable à l'eau, ne contenant pas exclusivement des bromures, mais aussi un peu de chlorure de zinc ou de cadmium.

» On fait un négatif peu posé du sujet, mais suffisamment, cependant, pour qu'au développement toutes les demi-teintes viennent bien.

» On développe au fer et *l'on renforce au fer et à l'argent, à outrance*, dans le laboratoire. Puis on porte, sur un fond de drap noir et mat, le cliché, *sans être lavé,* et recouvert par conséquent de fer, en pleine lumière diffuse.

» Au bout de dix à soixante secondes, sans qu'un changement bien appréciable se soit opéré dans l'apparence du cliché, qui tourne un peu au violet cependant, on rentre dans le laboratoire ; on lave le cliché et on le plonge dans une cuvette contenant le bain suivant :

Eau (en volume)	100
Acide nitrique pur	25
Eau saturée de bichromate de potasse	25
	150

» Dès que l'image négative a disparu, on retire vivement le cliché et on le lave à grande eau sous une pomme d'arrosoir, *laissant tomber l'eau un peu fortement.* On entraîne ainsi tout le chromate d'argent qui a pu rester visible sur le collodion ; s'il en subsiste par places, on verse sur le cliché un peu du mélange d'acide nitrique, d'alcool et de bichromate, qui nettoie très bien la couche de la plaque.

» On reprend ensuite le développement avec de l'argent très étendu et du fer, *petit à petit, dans une cuvette au besoin ;* l'image positive apparaît avec toutes ses finesses et *sans le secours de l'acide pyrogallique,* qui donnerait trop de crudité aux diverses teintes.

» Finalement on fixe à l'hyposulfite, et l'on renforce, s'il est nécessaire, avec le bichlorure de mercure, suivi d'un bon lavage et d'un bain d'ammoniaque à 20 pour 100.

III. — *Clichés de demi-teintes au gélatinobromure.*

» Pour ceux-ci, disons tout de suite que, si l'on veut les transformer directement en positifs, il faut opérer très lentement, sans se presser, parce que la gélatine bromurée mouillée est infiniment moins perméable aux divers réactifs que le collodion, même le moins pulvérulent. Il faut donc de la *patience* pour exécuter les manipulations suivantes :

» 1° On pose le gélatinobromure à la chambre noire le temps

juste qu'il faut pour avoir un bon négatif, avec beaucoup de demi-teintes détaillées.

» 2° On le développe à l'oxalate de fer, dans une cuvette à fond noir (les fonds blancs des cuvettes en porcelaine voilent la gélatine bromurée, même dans un laboratoire à verres rouges) jusqu'à ce que les grands noirs du négatif *se voient bien en dessous de la couche*, à travers la glace support.

» 3° On lave rapidement le cliché avec *un tout petit filet* d'eau de pluie, exempte de sels calcaires, de manière *à laisser, malgré ce lavage, beaucoup d'oxalate de fer dans l'épaisseur de la couche de gélatine*.

» 4° On pose le cliché sur une planchette couverte de drap noir et on le porte tout humide à la pleine lumière, même au soleil, si l'on veut.

» 5° On suit les variations de teinte du cliché ainsi exposé au grand jour : au bout de deux à trois minutes, ses divers tons foncent de plus en plus, en tirant sur le violet, puis sur le rouge-brique. Il est très important d'arrêter l'action de la lumière au moment où les parties blanches des angles de la plaque, qui sont les projections des rebords d'appui du cliché dans le châssis de la chambre noire, sont devenues couleur lilas foncé. Si on laissait continuer l'action de la lumière au delà de cette coloration violette, on aurait, plus tard, un mélange de négatif et de positif dans le cliché (cela prouve bien que la grande lumière fait successivement passer les sels d'argent du négatif au positif et inversement, comme l'a signalé M. Janssen).

» 6° Avant donc que la couleur rougeâtre se manifeste aux angles du cliché (qui a pu complètement sécher au grand jour et à l'air avec son oxalate de fer emprisonné dans la gélatine, cela ne fait rien), on le porte dans le laboratoire et on le lave à grande eau, pendant un quart d'heure, pour le débarrasser de tout son oxalate.

» 7° Ce lavage effectué, on plonge la glace dans le bain transformateur suivant :

Eau (en volume)	100
Acide nitrique pur	10
Eau saturée de bichromate de potasse	30
Eau saturée de brome	10
	150

» Si l'on craint que l'acide nitrique ne fasse dissoudre la gélatine dans les lavages subséquents (ce qui nous est arrivé quelquefois), on n'en met que 5 parties au lieu de 10.

» 8° Le négatif, ainsi plongé, disparaît petit à petit, et puis, brusquement, apparaît sur la plaque une image positive. On observe alors la couche de gélatine par le verso, à travers l'épaisseur de la glace, en soulevant celle-ci par un angle, et on ne retire le cliché du bain qu'autant que l'on voit bien en positifs *par réflexion* et *par transparence, en regardant les deux faces de la gélatine*, tous les détails de l'image. Ils seront, à un moment donné, assez intenses pour montrer aux yeux une image vigoureuse, d'un modelé extraordinaire.

» 9° On lave alors la plaque dans une cuvette, à l'aide d'un petit courant d'eau continu, pendant une demi-heure au moins, jusqu'à ce que toute trace de bichromate de potasse (qui pénètre si bien la gélatine et la souillerait après coup à la lumière) ait complètement disparu.

» 10° Quand ce résultat est obtenu (et l'on peut s'en assurer facilement en entr'ouvrant légèrement la porte du laboratoire et laissant tomber un filet de lumière blanche sur le cliché, *qui ne doit plus être jaune serin* en aucun de ses points), on fixe l'image positive avec de l'hyposulfite à 20 pour 100.

» Cette image, ainsi obtenue, est, au grand jour, lilas tirant sur le violet (comme le bromure d'argent neutre surexposé en plein soleil). Elle est d'une douceur et d'un velouté extrêmes : il est peu de lithophanies qui en approchent. Malheureusement, elle n'a pas toujours l'intensité désirable.

» 11° On la fait monter cependant *très sensiblement* dans un bain de bichlorure de mercure. Quand elle a blanchi complètement, on la lave pendant un quart d'heure au moins, pour la débarrasser de l'excès de bichlorure, et on la plonge dans un bain d'ammoniaque à 20 pour 100. Le positif sur gélatine est ainsi terminé.

» Jusqu'à présent, nous n'avons pas réussi à faire monter ses tons un peu faibles avec de l'argent mélangé au fer ou à l'acide pyrogallique; mais on doit reconnaître que, telles qu'on les obtient, ces images positives directes conviennent à merveille pour les agrandissements. »

23. Ces derniers modes de faire les épreuves positives directes pourraient être rangés dans le Chapitre suivant; car ces images sont en réalité des positives résultant de l'exposition des négatifs à la lumière, avec cette différence toutefois que l'on utilise une seule et même couche sensible pour les deux opérations et que le négatif est détruit en ne donnant qu'une seule épreuve : c'est pour cela qu'il nous a semblé préférable de comprendre ces procédés dans le Chapitre II.

CHAPITRE III.

ÉPREUVES POSITIVES TRANSPARENTES

(D'APRÈS LES NÉGATIFS).

24. Les épreuves positives destinées à être vues par transparence sont presque toujours obtenues sur verre ou sur glace, rarement sur pellicules quant à présent; le plus souvent aussi elles sont exécutées par développement de l'image latente, c'est-à-dire par l'un ou l'autre des procédés négatifs que nous avons décrits (t. I); quelquefois cependant, la couche sensible est formée par une préparation de chlorure d'argent et l'impression peut être faite par la seule action de la lumière, sans qu'il soit nécessaire de recourir au développement; enfin on obtient aussi de très belles épreuves transparentes, ainsi qu'il est expliqué plus loin, par les procédés dits *au charbon* et même par les moyens mécaniques de la Photoglyptie.

Lorsqu'on fait une épreuve transparente, on peut chercher soit la copie fidèle du cliché négatif, soit son agrandissement, soit sa réduction; dans le premier cas, l'impression a lieu presque toujours en mettant en contact aussi immédiat que possible la face du cliché et la surface sensible; si l'on veut modifier les dimensions, on opère à la chambre noire en reproduisant le modèle, qui est l'image négative, exactement comme on ferait une reproduction d'après un dessin quelconque, mais en prenant quelques précautions et dispositions que nous allons indiquer. Le modèle étant négatif, l'image obtenue sera positive.

Les épreuves stéréoscopiques sur verre, les épreuves pour projections (dites *lanternes*), les vitraux photographiques qui ne sont pas cuits au feu de moufle, forment la partie la plus importante de ce genre de photographies dont les amateurs ne s'occupent pas suffisamment malgré le charme des résultats.

Nous indiquerons d'abord les dispositions à prendre pour obtenir la meilleure impression lumineuse, quel que soit le mode d'opérer, et ensuite les divers procédés qui peuvent être employés.

DISPOSITIONS GÉNÉRALES.

25. *Positives sur verre copiées à la chambre noire.* — La principale condition lorsqu'on veut faire la reproduction positive d'un négatif par l'intermédiaire de la chambre noire est d'éliminer, pour l'objectif, toute lumière autre que celle qui éclaire le sujet par transparence; sans cette précaution, on aurait facilement un voile qui atténuerait le brillant de l'épreuve. Le négatif à copier, de préférence non verni, sera donc seul éclairé en recevant par derrière une bonne lumière diffuse, telle que celle du ciel côté Nord; on interposera entre la lumière et le négatif une glace finement doucie pour former un fond uniforme; en outre, la chambre noire sera disposée bien parallèlement au sujet à copier, pour ne pas avoir de déformation. On se servira d'un objectif donnant des images très nettes et on le diaphragmera en conséquence; les triplets, les aplanétiques, les objectifs de Steinheil, de Prazmowski et en général les instruments servant à la reproduction des plans conviendront parfaitement pour ce genre de travail, qui demande des objectifs d'une longueur focale restreinte, afin que le tirage de la chambre noire ne devienne pas excessif lorsqu'il s'agit d'agrandissement. Les dimensions de l'image sont réglées, ainsi qu'il a été expliqué (t. I, 48 et 54), par la distance qui sépare l'objectif du sujet à reproduire; en faisant varier cette distance avec laquelle coïncidera le tirage plus ou moins long de la chambre noire, on obtiendra à volonté l'agrandissement, la grandeur égale ou la réduction.

26. Ces conditions peuvent être réalisées assez facilement. Si l'on veut faire seulement quelques épreuves, la méthode la plus simple, conseillée autrefois par M. Bayard, consiste à disposer deux chambres noires, de grandeur égale ou inégale, et de les mettre bout à bout, les glaces dépolies étant aux deux extrémités, l'objectif de celle qui servira pour la reproduction pénétrant dans

l'espace vide laissé par la planchette porte-objectif de l'autre chambre que nous appellerons la *chambre secondaire;* les deux chambres se toucheront ainsi face à face, ce qui assure presque immédiatement le parallélisme. Les *fig.* 7 et 8 montrent l'ensemble

Fig. 7.

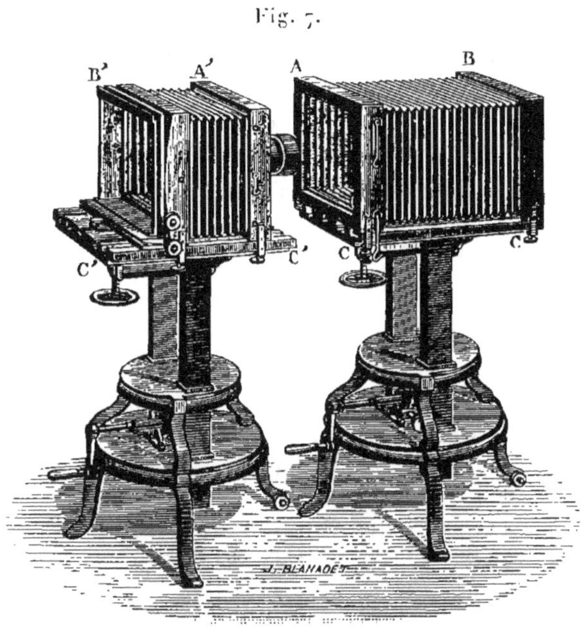

de cette disposition; les hauteurs sont réglées de telle sorte que l'axe de l'une coïncide avec l'axe de l'autre. Cette disposition étant prise, soit en réunissant les deux appareils sur une planche, soit en les mettant chacun sur un pied qui permet de les amener à la hauteur voulue, on couvre la jonction avec un voile noir et on a l'obscurité demandée. On retire la glace dépolie de la chambre secondaire; sur cette glace, côté intérieur, on place le négatif à reproduire, la face tournée vers l'objectif si l'on veut que l'épreuve soit redressée ou, au contraire, la face vers le dépoli de la glace si l'on veut une épreuve retournée; on écarte un peu ce négatif du verre dépoli par un cadre ou quelques cales, on le maintient par des bandes de papier gommé ou par des intermédiaires en bois ou en carton lorsque l'on doit reproduire une série de clichés de même grandeur, et on délimite le sujet à copier avec des bandes de papier noir, de manière à intercepter toute lumière latérale. On remet alors la glace dépolie dans sa feuillure; il est facile, en se servant de la crémaillère, d'éloigner ou de rapprocher le cliché de l'objectif suivant la dimension cherchée. A l'autre extrémité du système on vérifie la mise au point et l'on examine si l'ensemble est bien parallèle en mesurant deux à deux les côtés opposés de l'image et voyant s'ils sont égaux ainsi qu'ils doivent l'être sur le modèle.

27. S'il y a lieu de croire qu'on fera souvent ce genre de travail, on modifiera quelque peu ce système primitif en se procurant une chambre spéciale pour épreuves transparentes, qui n'est autre qu'une chambre à soufflet ordinaire complètement ouverte sur l'un de ses côtés, ainsi que le représentent les *fig.* 7 et 8. La partie BC

Fig. 8.

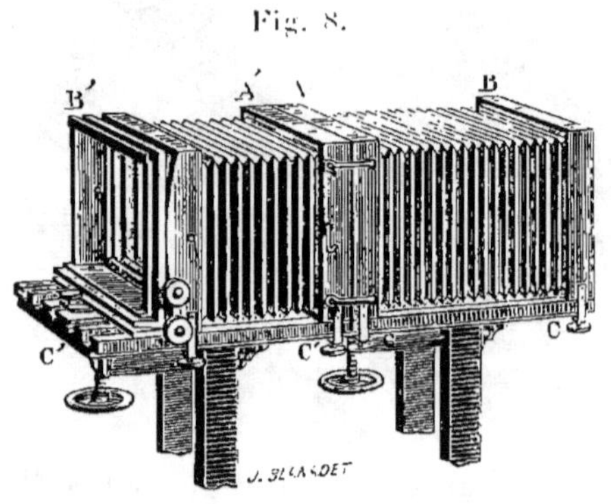

porte un châssis, disposé pour recevoir les principales grandeurs de cliché; on met ensemble dans les feuillures l'épreuve à reproduire et la glace doucie; on encadre l'image avec un découpe de papier noir qui garantit l'objectif contre toute lumière directe; on unit cette chambre avec celle de l'atelier au moyen de crochets, ce qui assure en même temps le parallélisme et l'obscurité. Au lieu de mettre cet ensemble sur deux pieds, il serait préférable de le disposer sur une planche longue et étroite, de former ainsi un tout solidaire qui, posé sur un seul pied, peut être plus facilement transporté et manœuvré de manière à se placer suivant l'exposition la plus convenable.

28. Si ce mode de reproduction constitue un travail courant de

l'atelier et si la disposition du local s'y prête, une installation encore plus commode sera de faire une ouverture dans le volet de la fenêtre condamnée d'une pièce obscure, de mettre à cette ouverture une glace doucie et de disposer tout contre celle-ci les feuillures nécessaires pour recevoir des intermédiaires analogues à ceux des châssis négatifs; ces feuillures et celles du châssis seront continues et non arrêtées dans les angles, afin que les glaces portent en plein et ne laissent pas un filet de lumière passer entre les bords, ce qui nécessiterait l'application d'un découpe de papier opaque. La chambre noire sera placée bien parallèlement à cette ouverture, ce qu'il sera facile de régler en l'installant sur de petits rails en bois.

Ces dispositions étant prises, on opérera comme il est expliqué plus loin (31 et suivants).

29. *Positives sur verre obtenues par contact.* — Lorsqu'on veut des épreuves positives du même format que l'épreuve négative, le moyen le plus simple est d'opérer par contact, c'est-à-dire par la juxtaposition du cliché négatif et de la couche sensible, suivie d'une rapide exposition et du développement. Pour cette opération, on se sert généralement du châssis positif (*fig.* 13, p. 96); après l'avoir ouvert dans le cabinet obscur, on place le cliché négatif sur la glace qui en forme le fond, l'image en dessus faisant face à l'opérateur; sur le cliché on pose le côté sensible de la glace préparée, puis un morceau de drap ou de velours noir et, s'il est nécessaire, quelques doubles de molleton ou de buvard souple pour assurer une légère pression. Van Monckhoven a recommandé avec raison de couper un morceau de molleton un peu plus petit que n'est le cliché, de sorte que la pression des ressorts du châssis porte bien sur la surface des glaces et non sur leurs bords; on assure mieux ainsi leur contact, lorsque la planchette brisée et les barres de fermeture sont mises en place.

La pression ne doit pas être exagérée, pour éviter la rupture des verres qui sont rarement suffisamment plans, surtout dans les grandes dimensions.

On retourne alors le châssis, on le recouvre avec une planchette ou un carton fort sur lequel on a collé un drap noir pour empêcher les reflets lumineux, et l'on porte le tout à une lumière plus ou moins intense; on découvre la glace du châssis et l'on expose pendant un temps toujours très court, qui varie néanmoins, suivant la sensibilité des préparations employées et la transparence du négatif, depuis l'instantanéité jusqu'à plusieurs secondes et plus : il est impossible de donner de règle à cet égard, les premiers essais servent à fixer le temps de pose des opérations qui suivent.

Quelques opérateurs ont conseillé d'opérer comme nous venons de le dire en remplaçant le châssis positif par le châssis négatif, puis en ouvrant et fermant rapidement la planchette. Ce mode d'opérer serait mauvais dans les conditions de la pleine lumière, surtout avec des préparations très sensibles, parce qu'il y a inégalité dans l'exposition, un côté étant découvert le premier et recouvert le dernier, l'autre au contraire découvert le dernier et recouvert le premier; cette méthode est bonne quand on a soin, comme nous le préférons, de régler la lumière de manière à avoir une longue pose, même avec des préparations très sensibles. On doit alors conduire l'opération comme nous allons l'expliquer.

Lorsqu'on procède avec le châssis positif, on peut remarquer que l'image est d'autant plus nette que la lumière est moins diffuse, la préparation moins sensible et les couches plus minces; aussi obtient-on de bons résultats avec les glaces à l'albumine et au collodion sec; mais avec le gélatinobromure d'argent en pleine lumière générale, l'épreuve positive est loin de présenter la même finesse que la négative : cela tient à l'action des rayons obliques qui passent en tous sens sous l'image négative et influencent la couche sensible dans son épaisseur. L'impression serait très différente si, au lieu de la lumière diffuse, on n'avait qu'un point lumineux, tel que celui d'une lampe électrique, d'un bec de gaz, même d'une lampe ordinaire ou d'une bougie. Aussi peut-on réussir les positives au gélatinobromure d'argent avec la lumière artificielle, mais avec la lumière du jour il est nécessaire de prendre quelques précautions qui ont pour but d'éliminer la majeure partie des rayons obliques et d'utiliser surtout la lumière tombant perpendiculairement; ces précautions seront bonnes pour tous les tirages d'épreuves. Pour les réaliser, il suffit de placer le châssis positif au fond d'une boîte dont la hauteur sera proportionnée à sa dimension; plus elle sera haute, mieux on évitera la lumière oblique, mais plus la pose sera longue. Pour l'exposition on enlève le couvercle de la boîte, ou, si l'on veut des poses plus prolongées; on fera au centre de ce couvercle une ouverture que l'on pourra élargir ou rétrécir par une série de planchettes supplémentaires faisant office de diaphragmes : on règlera ainsi à volonté l'intensité lumineuse, en observant toutefois que, pour ne pas former d'auréole dégradée sur les bords de l'image, le cône lumineux admis à l'intérieur doit éclairer également toute la surface du cliché, et que, par conséquent, plus cette ouverture sera petite, plus elle devra être éloignée, ce qui est une double cause de ralentissement dans l'impression.

30. Nous avons expliqué, il y a quelques années, qu'il était possible de remplacer avantageusement un appareil de ce genre et de réaliser les conditions ci-dessus pour les préparations très sensibles avec une simple chambre noire d'atelier, et nous conseillons le mode d'opérer suivant aux personnes qui veulent faire les épreuves transparentes à la lumière du jour avec des plaques au gélatinobromure d'argent.

Au lieu du châssis positif, on prend le châssis négatif; on place d'abord le cliché dans l'intermédiaire correspondant à sa dimension, le côté de l'image tourné vers l'opérateur; on met la préparation sensible en contact immédiat, ce que l'on assure par une légère pression : le plus souvent le ressort de la planchette est suffisant; on ferme le châssis et on le porte à la chambre noire. Celle-ci a été préalablement disposée en retirant l'objectif, et en laissant la planchette et la rondelle; la quantité de lumière qui viendra agir sur la surface sensible dépendra de deux dispositions : la longueur du tirage et le diamètre d'ouverture. On règle le tirage de manière à produire, selon l'ouverture, un éclairage uniforme sur une superficie plus grande que celle des épreuves, ce que l'on vérifie facilement par l'examen sur la glace dépolie que l'on substitue au châssis; on règle l'entrée de la lumière par des cartons ou des planchettes percés d'ouvertures de différents diamètres. On peut même se servir de la monture de l'objectif dont on enlève les lentilles; les diverses ouvertures sont alors représentées par les diaphragmes, seulement la longueur du tube rétrécit considérablement le cône lumineux.

OPÉRATIONS.

31. Que l'épreuve positive par transparence soit faite à la chambre noire en reproduisant l'image au moyen de l'objectif, ou par contact immédiat avec le cliché, la série des manipulations nécessaires pour préparer la surface sensible, faire le développement et fixer l'épreuve reste la même, et nous sommes ramenés à toutes les opérations et à tous les procédés négatifs décrits dans le premier Volume. Ces divers procédés peuvent être employés presque indifféremment au gré de l'opérateur, qui devra cependant en être suffisamment maître pour les diriger dans les conditions nécessaires pour les épreuves par transparence; ces conditions sont une grande pureté générale, l'absence complète de voile, la limpidité dans les clairs, la vigueur dans les ombres sans opacité absolue et une coloration agréable.

32. **Emploi des procédés à l'albumine.** — Le procédé à l'albumine et celui au collodion albuminé (procédé Taupenot) seraient préférables à tous autres pour les épreuves transparentes : ils permettent d'obtenir la très grande finesse nécessaire pour des épreuves presque toujours destinées à être amplifiées soit par la projection, soit par les lentilles du stéréoscope, et ils donnent la pureté, la transparence et la vigueur que l'on désire pour ces images; mais les praticiens reculent le plus souvent devant les soins qu'exige l'emploi de l'albumine.

Les manipulations des procédés à l'albumine peuvent être un peu simplifiées, lorsqu'il s'agit de petites épreuves pour *lanternes* ou pour stéréoscopes; on peut employer le verre au lieu de la glace; l'albumine, préparée comme il est indiqué (t. I, 118 à 124) est mise dans une petite cuvette très propre, légèrement relevée du côté opposé à l'opérateur, de manière à présenter un plan incliné. On ne verse dans cette cuvette que la quantité de liquide nécessaire pour couvrir à peu près la moitié du fond. Après avoir enlevé toutes les bulles et toutes les poussières en raclant la surface avec la tranche d'un papier buvard, on met la glace debout dans le liquide, la face nettoyée et époussetée tournée du côté du fond de la cuvette, et avec un crochet on l'abaisse doucement sur le bain qui, par capillarité, glisse entre les deux plans et mouille toute la surface sans passer au dos, si ce n'est au bord inférieur qui est complètement immergé. La glace relevée lentement, de manière à ne pas produire de bulles, est égouttée en laissant tremper un angle dans le liquide et on la reprend par une ventouse suspendue à un fil pour régulariser la couche d'albumine par la force centrifuge; les bords étant essuyés, on la met à sécher bien de niveau en prenant, ainsi qu'il est dit, les plus grandes précautions contre les grains de poussières. Ces manipulations, la sensibilisation, le développement, le fixage seront faits comme nous l'avons expliqué: si l'on emploie le collodion albuminé, on se reportera aux alinéas 156 et suivants du tome I.

Pour le développement on emploie l'acide pyrogallique de préférence à l'acide gallique : ce dernier donne à l'image une coloration verdâtre, excellente pour les négatifs, mais peu agréable pour les positives par transparence, tandis que l'acide pyrogallique, surtout en solution chaude, leur communique une couleur plus agréable; soit la formule suivante :

Acide pyrogallique	5^{gr}
Acide citrique	1^{cc}
Acide acétique cristallisable	25^{cc}
Eau	500^{cc}

Au moment de développer, on chauffe la quantité nécessaire de ce bain à 50° ou à 60° C. environ dans une capsule de porcelaine ou dans un petit ballon de verre; la glace, préalablement mouillée, est mise dans une cuvette, on ajoute au liquide révélateur pour 20^{cc} une goutte d'une solution de nitrate d'argent à 3 pour 100 et l'on verse le tout sur la glace; l'image apparaît rapidement si la pose est exacte. le ton sera d'autant plus rouge, qu'on aura ajouté moins de nitrate d'argent dont l'excès donne au contraire la coloration noire.

Lorsque l'épreuve est bien développée et un peu au-dessus de la valeur nécessaire appréciée par transparence, on la lave et on la fixe en même temps qu'on la fait virer dans un bain d'or et d'hyposulfite de soude composé de :

1° Eau	950^{cc}
Hyposulfite de soude	50^{gr}
2° Eau	100^{cc}
Chlorure double d'or et de potassium	0,50

On mélange les deux solutions en versant la seconde dans la première, et, après repos et filtration, on met l'épreuve dans la quantité nécessaire de ce bain de fixage. Le fixage se fait rapidement; le virage est beaucoup plus long; on laisse la glace dans le bain jusqu'à ce que l'on ait obtenu le ton désiré, on lave et on laisse sécher; une trop longue immersion dans le bain d'hyposulfite de soude et d'or amène la coloration bleue. La partie du bain qui a servi sera mise aux résidus; on peut utiliser un même bain pour plusieurs épreuves successives, mais non le conserver.

On emploie aussi comme bain de virage, avant ou après fixage, les diverses préparations indiquées plus loin pour les positives sur papier, mais on procédera avec ménagement et dans des solutions étendues pour ne pas arriver au ton bleu froid. M. Brooks [1] indique comme procédé de virage l'immersion de l'épreuve, fixée au cyanure de potassium et bien lavée, dans un bain très étendu de bichlorure de platine, $0^{gr},50$ à $0^{gr},75$ pour 1000^{cc} d'eau (le chlorure de palladium qui donne de beaux tons noirs veloutés pourrait aussi être essayé).

D'autres opérateurs préfèrent aux bains d'or une solution d'hyposulfite de soude déjà chargée d'argent ou légèrement sulfurée par quelques gouttes soit de sulfhydrate d'ammoniaque, soit de monosulfure de sodium. Le virage des épreuves à l'albumine est délicat, et jusqu'ici nous n'avons pas vu que les formules données réalisent ce ton chaud qui caractérise les épreuves de M. Lévy, et qui est obtenu par un procédé particulier encore inconnu.

33. **Emploi du collodion humide.** — Le collodion humide ne convient que pour les copies à la chambre noire, et ce n'est qu'exceptionnellement qu'on peut essayer de faire avec ce procédé une épreuve par superposition, puisque la couche est encore toute spongieuse et imprégnée de nitrate d'argent. Si cependant on voulait opérer ainsi, on commencerait par vernir parfaitement le cliché à la gomme laque, le nitrate d'argent ayant peu d'action sur cette résine; puis on l'encadrerait tout autour d'un rebord de papier un peu épais pour éviter un contact trop immédiat des deux surfaces qu'il serait difficile de décoller sans cette précaution. Le cliché

---

(1) *Bulletin de la Société française de Photographie*, année 1880, page 15.

ainsi préparé sera mis dans le châssis positif; on superposera la glace sensible bien égouttée; on mettra quelques doubles de buvard pour éponger le nitrate d'argent qui pourrait s'écouler; on exposera de préférence à une lumière artificielle, comme celle d'un bec de gaz ou d'une lampe, pendant une minute ou deux; le reste des opérations sera exactement celles du collodion humide; on aura la précaution de bien laver ensuite le cliché, pour éviter les taches que donnerait le liquide qui le souille. Ce mode d'opérer n'est pas à recommander.

34. Lorsqu'on se sert de la chambre noire pour les positives au collodion humide, les manipulations sont d'un bout à l'autre celles indiquées pour faire les négatifs; seulement on utilisera de préférence les collodions anciens, contenant peu de bromure; le bain d'argent sera légèrement acidulé par l'acide nitrique et bien dépouillé de toutes matières organiques par une exposition prolongée à la lumière; on développera avec un bain révélateur au fer plus étendu et additionné d'une proportion d'acide acétique plutôt exagérée qu'insuffisante, de telle sorte que l'épreuve obtenue sorte parfaitement limpide et sans traces de voile.

34 *bis*. On peut obtenir au collodion humide une preuve ayant de beaux tons noirs, en suivant les indications données par M. Ad. Martin ([1]).

Après développement au sulfate de fer, l'image apparaît avec les reflets grisâtres de l'argent. On verse alors sur l'épreuve non fixée une solution non acide et saturée de bichlorure de mercure; il se fait immédiatement sur l'argent un précipité noir de mercure. On lave avec soin, on couvre la glace avec une solution de cyanure de potassium saturé d'argent, préparée d'après la formule :

1° Cyanure de potassium	10gr
Eau	100cc
2° Nitrate d'argent	10gr
Eau	100cc

Versez peu à peu la seconde solution dans la première, jusqu'à ce

([1]) *Bulletin de la Société française de Photographie*, année 1861, pages 147 et suivantes.

qu'il se fasse un précipité permanent de cyanure d'argent; filtrez.

Sous cette solution les noirs prennent une grande intensité; on fixe à l'hyposulfite de soude et on lave avec soin. On obtient ainsi soit une belle épreuve transparente sur verre, soit, par le transport sur papier-porcelaine, une image positive d'un grand éclat.

M. Martin conseille aussi de laisser l'épreuve sur le verre; on la recouvre avec de la gouache lorsqu'elle est sèche : l'image apparaît noire sur fond blanc comme si l'on avait fait le transport sur papier.

35. **Emploi du collodion sec.** — Le collodion sec est supérieur au collodion humide lorsqu'il s'agit de faire des positives transparentes par contact; les procédés les plus simples seront employés de préférence. Au laboratoire de la brigade topographique on utilisait principalement le collodion à la résine (t. I, 175 et suivants); les préparations au café et au thé sont aussi très commodes par leur simplicité. On peut se servir du révélateur acide pour développer l'image, si la couche sensible ne contient que peu de bromure; si, au contraire, la proportion de bromure est considérable, on emploiera le révélateur alcalin. Dans ce second cas, le temps de pose sera diminué de moitié.

1° *Révélateur acide.*

Eau	1000^{cc}
Acide acétique cristallisable	10^{cc}
Alcool	15^{cc}
Acide pyrogallique	5^{gr}

On commence par mouiller la glace avec de l'eau distillée; on la couvre avec la solution pyrogallique; lorsque celle-ci s'étend bien uniformément, on la reverse dans un verre dans lequel on a mis quelques gouttes d'une solution d'argent à 3 pour 100, additionnée de 8^{cc} pour 100 d'acide acétique; on reverse le tout sur la plaque et l'on suit le développement jusqu'à la vigueur nécessaire.

2° *Révélateur alcalin.*

A.	Eau	1000^{cc}
	Sesquicarbonate d'ammoniaque	10^{gr}
	Bromure de potassium	0,1
B.	Eau	1000^{cc}
	Acide pyrogallique	10.

Mélangez la quantité nécessaire des solutions A et B par parties égales et versez immédiatement le mélange sur la glace, qui a été préalablement mouillée avec de l'eau distillée, l'image apparaît très rapidement; quand les détails sont venus, rejetez la solution alcaline; remplacez-la par la solution acide n° 1, à laquelle vous ajoutez, après quelques instants, les gouttes de nitrate d'argent nécessaires pour faire monter l'épreuve à la vigueur voulue.

36. **Emploi des plaques au gélatinobromure d'argent.** — Il est certain qu'actuellement on préfère à l'albumine ou au collodion les préparations au gélatinobromure d'argent que l'on trouve si facilement toutes prêtes dans le commerce. On devra pour cette application spéciale chercher à éviter deux écueils du gélatinobromure : le grain trop accentué et le voile qui se manifeste presque toujours lorsqu'il y a excès de sensibilité. On peut éviter ce dernier défaut par l'addition du bromure de potassium à fortes doses dans le révélateur; on remédie aux deux en faisant, pour les positives transparentes, une préparation spéciale dans laquelle on ne recherche pas la rapidité, soit par la coction, soit par l'adjonction de réactifs alcalins. Dès que l'émulsion sera produite par le mélange de la solution bromurée de gélatine avec le nitrate d'argent (*voir*, t. I, la préparation du gélatinobromure d'argent), on laissera refroidir, et lorsqu'elle aura fait suffisamment prise, on la lavera, on suivra la série des manipulations telles qu'elles sont décrites et l'on couvrira les glaces en diminuant un peu l'épaisseur de la couche indiquée pour les épreuves négatives.

La grande sensibilité des couches de gélatinobromure d'argent nécessite des précautions exceptionnelles. Si l'on veut produire des épreuves positives transparentes dont les traits ne soient ni grossis ni estompés, il est nécessaire de n'opérer qu'avec une faible lumière tombant presque perpendiculairement sur le cliché, en se garantissant de la lumière oblique. Il est donc préférable d'exposer à la lumière artificielle, si l'on veut se servir du châssis positif ordinaire, ou d'employer le châssis négatif avec les précautions que nous avons indiquées (29 et 30). On ménagera alors la lumière de manière à avoir des poses de trente à soixante secondes, ce qui permet d'évaluer le temps d'exposition beaucoup mieux que si l'on opérait rapidement.

Le révélateur que l'on emploiera de préférence sera l'oxalate de fer, qui donne un ton agréable sans coloration générale de la couche gélatineuse; le révélateur alcalin à l'acide pyrogallique pourrait aussi être utilisé; mais avec ce mode de développement, agissant lentement, les épreuves prennent souvent une légère teinte jaune, tandis que l'oxalate de fer leur laisse une plus grande pureté.

Le bain de développement sera composé de :

	gr
Oxalate neutre de potasse à saturation................	100
Sulfate de protoxyde de fer à 30 pour 100 d'eau acidulé par un peu d'acide tartrique ou quelques gouttes d'acide sulfurique....................................	30
Eau ordinaire..	25
Solution de bromure de potassium à 5 pour 100 d'eau..	1

Si le développement se fait rapidement dans toutes ses parties, la pose a été trop longue; on y remédie de suite le mieux possible en soulevant la glace et en ajoutant dans le bain 5 à 10 gouttes de la solution de bromure de potassium, même plus si on le croit nécessaire; on mélange bien et l'on replace l'épreuve dans le bain. On pousse le développement de manière à avoir une image vigoureuse : les grands clairs devraient rester assez blancs pour que l'image, vue par réflexion dans la cuvette, gardât son apparence positive.

Si l'épreuve s'accuse difficilement, c'est que la pose a été trop courte; on peut essayer de la faire sortir en employant le bain d'oxalate de fer ordinaire sans addition d'eau et en supprimant le bromure de potassium; mais le plus simple est de recommencer.

On connaîtra de suite le temps de pose nécessaire en sacrifiant sous le négatif une première glace que l'on découvre par quarts en quatre temps successifs, laissant entre chacun écouler dix secondes, de sorte que la première bande aura posé 40 secondes, la seconde 30, la troisième 20, la quatrième 10. On pousse le développement à fond sur cette épreuve et, après le fixage, on est renseigné pour les opérations suivantes. (Nous supposons que l'éclairage a été réglé de manière à permettre ces longues poses.)

A partir du moment où l'épreuve est développée, on doit s'efforcer de n'avoir, soit dans l'épaisseur, soit à la surface de la couche de gélatinobromure, aucun dépôt d'oxalate de chaux résultant de l'action de l'oxalate de potasse sur les eaux calcaires; on y parviendrait en faisant usage d'eau distillée pour toutes les opérations, y compris les lavages, mais cela serait souvent difficile et toujours coûteux. On arrivera sensiblement au même résultat en prenant quelques précautions, qui consistent à ne mettre la plaque dans l'eau ordinaire qu'après l'avoir débarrassée le plus possible de son oxalate de potasse dans les bains précédents. Ainsi, après le développement, on immergera l'épreuve immédiatement, et sans lavage préalable, dans une solution d'alun à 5 pour 100 d'eau déjà purifiée de ses sels calcaires par 1^{cc} ou 2^{cc} de la solution d'oxalate de potasse ou par l'immersion précédente d'une ou de deux plaques. Cette solution peut servir très longtemps; elle sera filtrée chaque fois. L'épreuve est agitée à plusieurs reprises dans le bain et on l'y laisse le temps nécessaire pour développer la suivante qui viendra l'y remplacer.

Au sortir de l'alun, toujours sans laver et dans l'obscurité, on fait passer la glace dans la solution d'hyposulfite de soude pour le fixage :

Eau	1000^{cc}
Hyposulfite de soude	150^{gr}
Alun ordinaire	50^{gr}
Solution d'oxalate de potasse	1^{cc} à 2^{cc}

Après solution et filtration, le bain est prêt à servir; il peut être utilisé jusqu'à ce que le fixage ne se fasse plus que lentement. Il est toutefois préférable que ce fixage soit rapide : les parties trop longues à fixer, ainsi qu'il arrive quelquefois dans les inégalités d'épaisseur, ont une tendance à prendre un léger voile azuré.

Le fixage est fait à l'abri de la lumière actinique, pour éviter toute réduction sur les blancs de l'image.

Une épreuve bien réussie est tout à fait transparente dans les clairs, vigoureuse dans les noirs avec les demi-teintes bien dégradées. Si, malgré les précautions ci-dessus, elle présentait un léger voile d'oxalate de chaux, on l'enlèverait par une immersion dans un bain conseillé par M. Simon, préparateur de Physique à la Faculté de Lille, et composé de :

Eau	1000^{cc}
Sulfate de protoxyde de fer	200^{gr}
Alun	80^{gr}
Acide tartrique	20^{gr}

ou par un bain d'alun acidifié par un peu d'acide chlorhydrique (3^{cc} à 4^{cc} pour 100 d'eau).

Dans ces bains successifs, l'oxalate de potasse qui imprégnait la couche spongieuse de gélatine est éliminé pour la majeure partie, et l'on peut passer les épreuves dans l'eau ordinaire et les laver avec le même soin que les épreuves négatives. Il est préférable de les mettre verticalement dans les cuves à rainures : s'il se fait un précipité d'oxalate de chaux, il tombe au fond du vase, au lieu de se déposer sur la surface de la plaque, ainsi que cela a lieu lorsqu'on fait le lavage dans des cuvettes plates. Si, malgré ces précautions, on craint que la surface ne soit pas suffisamment nette, on passe sur la plaque, en plein bain d'eau, soit un blaireau très doux, soit une large touffe de coton complètement mouillé. En procédant avec douceur, il n'y a aucune crainte d'altérer l'image, qui n'est pas seulement à la surface, mais bien dans toute l'épaisseur de la couche de gélatine.

Après un dernier lavage, les épreuves sont abandonnées à la dessiccation sur le chevalet, ce qui demande souvent six et huit heures, ou plus; elles sont ensuite nettoyées au dos, puis montées. Si une dessiccation plus rapide est nécessaire, on commence par bien les égoutter, on les passe dans deux bains successifs d'alcool qui enlèvent la majeure partie de l'eau et accélèrent le séchage.

37. **Épreuves transparentes au chlorure d'argent.** — On a donné plusieurs méthodes pour faire les épreuves positives transparentes au chlorure d'argent, soit par l'action seule de la lumière, soit par le développement de l'image latente. Dans l'un et l'autre cas, on préfère généralement employer la gélatine comme milieu retenant les molécules sensibles et préparer une émulsion dite *de gélatinochlorure d'argent;* mais, antérieurement aux recherches faites avec cette préparation, on avait déjà indiqué l'émulsion au collodion dite *collodiochlorure d'argent*.

38. **Collodiochlorure d'argent.** — Nous rappelons la formule un peu compliquée donnée par Van Monckhoven ; elle peut servir, sauf une légère modification dans le dosage du coton-poudre, pour couvrir soit des glaces, soit du papier. On a peu utilisé cette

préparation pour produire l'image par développement; elle a surtout été essayée pour obtenir les images par la seule action de la lumière.

Faites les solutions suivantes :

1°	Alcool chaud, à 36°	500cc
	Chlorure de magnésium cristallisé	5

Filtrez après dissolution et laissez refroidir.

2°	Solution n° 1	100cc
	Éther sulfurique	100cc
	Pyroxyle (pour épreuves sur verre)	3gr
	» (pour épreuves sur papier)	4gr à 5gr

Laissez déposer ce collodion au moins pendant quinze jours.

3°	Alcool à 36°	200cc
	Eau	8gr
	Nitrate d'argent fondu et pulvérisé	8gr

Dissolvez d'abord le nitrate dans l'eau; ajoutez successivement l'alcool; filtrez, laissez refroidir.

Ajoutez :

Éther sulfurique	200cc
Pyroxyle	6gr

Laissez ce collodion dit *à l'argent* au moins huit jours en repos.

4°	Acide citrique	18gr
	Eau bouillante	18cc
	Puis alcool à 36°	160cc

Ces quatre préparations séparées étant faites, on prépare le collodiochlorure d'argent en mélangeant :

N° 2	200cc
N° 3	200
N° 4	4
Ammoniaque pure	8 gouttes

Agitez avec force; conservez dans un flacon de verre jaune, pour l'usage.

Si l'on sert de ce collodion pour obtenir une épreuve sur glace, celle-ci est préalablement couverte d'une couche mince d'albumine, séchée, collodionnée avec une couche épaisse, séchée de nouveau, exposée aux vapeurs d'ammoniaque, placée sous le cliché et insolée le temps nécessaire.

L'épreuve est virée au sulfocyanure d'ammonium :

Eau	1000^{cc}
Sulfocyanure d'ammonium	15^{gr}
Hyposulfite de soude	1^{gr}

On ajoute ensuite dans cette solution et goutte à goutte 1^{gr} de chlorure double d'or et de potassium préalablement dissous dans 10^{cc} d'eau distillée.

Le fixage est fait à l'hyposulfite de soude ordinaire. La glace bien lavée donne un beau positif, très transparent.

Le même collodiochlorure, un peu renforcé en pyroxyline, peut servir pour les épreuves sur papier. La feuille de papier est préalablement encollée en l'appliquant sur un bain formé de :

Gélatine très blanche et très fine	100
Eau	1200
Oxyde de zinc ou sulfate de baryte précipité	50

Sur la feuille sèche, on verse doucement le collodiochlorure pour avoir une couche très épaisse, et l'on fait subir à l'épreuve venue sur papier les mêmes opérations que nous venons de décrire ci-dessus.

39. **Gélatinochlorure d'argent.** — Ce procédé a été étudié théoriquement avec beaucoup de soins par MM. Eder et Pizzighelli. On trouvera la traduction (¹) de leur Mémoire dans le *Bulletin de l'Association belge de Photographie* (1881) et dans celui de la *Société française de Photographie* (1881-1882). Cette méthode n'a peut-être pas encore toute la régularité que l'on doit demander dans la pratique courante; elle donne lieu actuellement à des essais industriels intéressants par son application sur papier et sur verre;

(¹) *De la Photographie par émulsion au chlorure d'argent et par développement chimique*, par MM. le Dr J.-M. Eder et le capitaine G. Pizzighelli. Traduction par MM. G. de Vylder et Th. d'Hauw.

la réussite facilitera le tirage rapide des épreuves positives et les opérations d'agrandissements.

MM. Eder et Pizzighelli ont déduit de leurs travaux les formules suivantes :

PRÉPARATION DU GÉLATINOCHLORURE D'ARGENT.

Première formule.

Eau distillée	200^{cc}
Gélatine	20^{gr} à 25^{gr}
Chlorure de sodium	7^{gr}
(ou Chlorure d'ammonium	$6^{gr},40$)

Lorsque la gélatine a été gonflée par le séjour d'une demi-heure à une heure dans la solution de chlorure de sodium, on la dissout au bain-marie à la température de 50° C. environ et, la portant dans le cabinet noir, on ajoute la solution de nitrate d'argent composée de :

Eau distillée	100^{cc}
Nitrate d'argent	15^{gr}

que l'on mélange goutte à goutte en se servant de l'appareil déjà indiqué (*fig.* 91, t. I, p. 310).

On obtient ainsi une fine émulsion de chlorure d'argent; on laisse immédiatement faire prise, sans chercher la maturation par la coction comme pour le gélatinobromure; on divise la masse au filet, on lave à plusieurs eaux, on laisse égoutter, on fond la préparation au bain-marie, on filtre sur un tampon de coton et l'on couvre les glaces, en répétant ainsi toute la série des manipulations que nous avons expliquées pour le gélatinobromure d'argent (t. I, 203, 204 et 211).

Deuxième formule. — Après avoir préparé, d'une part, la gélatine chlorurée et, d'autre part, la solution de nitrate d'argent comme il est dit pour la première formule, on ajoute peu à peu de l'ammoniaque concentrée dans le nitrate d'argent et en quantité nécessaire pour redissoudre le précipité qui se forme d'abord, puis on verse la gélatine encore tiède dans cette solution ammoniacale d'argent. On laisse refroidir et faire prise et l'on traite la masse gélatineuse comme la précédente; le précipité de chlorure d'argent se forme en donnant une très fine émulsion.

Les résultats des deux formules diffèrent un peu au développement : avec la première on est assuré de ne pas avoir les soulèvements qui se présentent quelquefois avec la seconde dans le bain révélateur, mais le ton reste plus clair; avec la seconde, on a des images plus sombres et plus agréables, mais, si la gélatine n'est pas de très bonne qualité, elle se soulève sur la glace. On peut obvier à cet inconvénient en remplaçant la préparation préliminaire au silicate de potasse par une couche très mince de gélatine alunée, soit :

Gélatine	1^{gr}
Eau......................................	300^{cc}
Solution d'alun de chrome à 2 pour 100.....	6^{cc}

On ajoute quelques gouttes d'acide phénique à cette préparation, que l'on peut conserver pendant plusieurs semaines. On couvre la glace avec cette gélatine alunée, exactement comme si l'on collodionnait, et l'on met à sécher verticalement sur le séchoir.

En faisant digérer le gélatinochlorure d'argent non ammoniacal (première formule) pendant douze à vingt-quatre heures à la température de 30° à 40° C., on obtient sensiblement les mêmes qualités que si on l'avait additionné d'ammoniaque.

Les plaques couvertes avec l'une ou l'autre de ces préparations sont mises à sécher; la couche doit être assez mince, jaune rouge par transparence si l'on a employé la première formule, gris bleuâtre si l'on s'est servi de la seconde.

Dans l'une et l'autre de ces formules, la quantité de chlorure soluble indiquée est supérieure à celle nécessaire pour précipiter tout l'argent; il ne reste donc pas d'excès de nitrate d'argent, et les plaques peuvent être conservées indéfiniment à l'abri de la lumière et de l'humidité. Lorsque l'argent est en excès, les plaques s'altèrent en quelques semaines, elles brunissent comme le papier albuminé; les premières sont bonnes pour opérer par développement, les secondes pour produire les épreuves par l'action seule de la lumière.

L'exposition pour développement ne dure que quelques secondes à la lumière diffuse; on opère comme nous l'avons indiqué, mais en admettant une assez large lumière : le gélatinochlorure d'argent est en effet beaucoup moins sensible que le gélatinobromure.

40. **Développement.** — Le meilleur révélateur pour les plaques au gélatinochlorure d'argent est le citrate de fer ammoniacal, pour lequel on doit commencer par préparer le citrate acide d'ammoniaque tel que le conseille M. Eder, savoir :

Eau..	1000^{gr}
Acide citrique cristallisé du commerce......	300^{gr}

Faites dissoudre à chaud; après refroidissement, ajoutez :

Ammoniaque liquide......................	130^{cc}

On plonge dans le liquide un papier rouge de tournesol; s'il ne change pas de couleur, on ajoute peu à peu de l'ammoniaque, jusqu'à ce qu'il devienne bleu; on chauffe de nouveau pour chasser l'excès d'ammoniaque, puis on dissout dans la liqueur 200^{gr} d'acide citrique; on porte le volume total à 2^{lit}. Pour assurer la conservation de la préparation, on l'additionne de quelques gouttes d'acide phénique et on la divise en flacons de 200^{cc} à 250^{cc}, que l'on remplit complètement et que l'on bouche avec soin.

D'autre part, on fait une solution de sulfate de fer à 30 pour 100 d'eau, additionnée d'un peu d'acide tartrique ou de quelques gouttes d'acide sulfurique.

Pour l'emploi, on mélange :

Solution de citrate d'ammoniaque ci-dessus.	90^{cc}
Solution de sulfate de fer à 30 pour 100....	30
Eau..	40
Solution de chlorure de sodium à 3 pour 100 d'eau..................................	6

Le mélange a une couleur verte, il doit rester parfaitement clair. S'il se formait un précipité, c'est que le sulfate de fer serait en excès.

L'épreuve est immergée dans ce bain; elle se révèle rapidement, il suffit de cinq à six minutes; trop de pose donne une image sans vigueur, le manque de pose donne une image heurtée. On arrête l'action, quand les grands blancs commencent à se voiler.

On peut aussi employer l'oxalate de fer, comme pour les plaques au gélatinobromure d'argent, mais avec addition notable de bromure soluble.

L'épreuve bien lavée est fixée dans un bain d'hyposulfite de soude à 10 pour 100 d'eau : une solution plus concentrée tendrait à soulever la couche de gélatine; si cet inconvénient se manifestait, on l'arrêterait immédiatement par une immersion dans un bain d'alun à saturation; on lave de nouveau avec une eau fréquemment renouvelée et on laisse sécher.

Lorsqu'on veut faire virer les épreuves, on emploie de préférence un bain au sulfocyanure d'ammonium (ou de potassium), soit :

1°	Eau	500^{cc}
	Sulfocyanure d'ammonium...............	20^{gr}
	Hyposulfite de soude..................	$1^{gr},50$
2°	Eau	500^{cc}
	Chlorure double d'or et de potassium (solution à 3 pour 100).................	30^{cc} à 40^{cc}

L'épreuve virée est lavée et séchée. Ce virage, s'il est trop prolongé, donne un ton bleuté un peu froid.

Les épreuves positives obtenues par les moyens qui précèdent peuvent donner, à leur tour, par les mêmes procédés, des épreuves négatives, ce qui permet de multiplier les tirages lorsqu'il est nécessaire.

Le même positif, copié à la chambre noire ou par les divers systèmes d'agrandissement, peut fournir un grand négatif avec un grain très peu visible.

41. Gélatinochlorure sur papier. — Le même mode de préparation conviendra aussi bien sur papier que sur glace : il suffira de très légères modifications aux formules données; les épreuves sur papier, devant être vues par réflexion et non par transparence, n'ont plus besoin d'un développement aussi énergique. Le révélateur sera donc étendu d'une quantité d'eau plus considérable, qui peut aller jusqu'à volume égal; et, pour conserver à l'image toute la pureté dans les blancs, on augmentera la dose du chlorure de sodium.

Lorsqu'il s'agit d'une grande fabrication, on peut préparer le papier au gélatinochlorure d'argent à la machine, comme on le fait pour le papier au charbon; mais on peut aussi faire la préparation feuille à feuille d'une manière très simple, en étendant l'émulsion sur des glaces préalablement bien nettoyées et talquées. Lorsque la couche a fait prise, on y applique une feuille de papier humide, on racle très légèrement pour expulser les bulles d'air et, après parfaite dessiccation, on coupe à $0^{m},005$ des bords et l'on enlève d'un coup le papier; le gélatinochlorure y reste adhérent et présente une surface unie et brillante comme la glace. Pour éviter que ce papier ne soit cassant, on ajoute à la gélatine une petite quantité de glycérine, environ 5 pour 100.

On trouve ce genre de papier tout préparé dans le commerce, sous les noms de *papiers Hutinet, Marion, Morgan, Warnecke* (¹).

(¹) 41 *bis*. Les recherches des diverses formules pour la préparation et le développement des émulsions au chlorure d'argent prouvent que les premières tentatives pour produire des positives avec gélatinobromure d'argent n'avaient pas réussi; le ton était généralement gris, froid et peu artistique : les essais n'avaient pas été poussés assez loin.

Actuellement, on trouve dans le commerce, sous le nom de *papiers Eastman*, des papiers sensibles importés des États-Unis et pouvant convenir les uns pour les épreuves positives, les autres pour les épreuves négatives; les images sont développées par les procédés ordinaires, à peine modifiés. Nous ne pouvons rien dire de la fabrication, qui n'est pas encore connue et qui doit différer très peu des préparations ordinaires au gélatinobromure d'argent; nous nous bornerons donc à en indiquer le mode d'emploi, tel qu'il nous a été communiqué par M. Nadar fils.

Papier positif instantané Eastman. — On retire la feuille de papier de son étui, en se mettant à l'abri de toute lumière actinique; on reconnaît le côté sensible en pressant un coin de la feuille avec deux doigts légèrement humides : la surface gélatinée reste adhérente. On met le papier en contact avec le négatif, face contre face, dans le châssis, en prenant les mêmes précautions qu'avec le papier positif ordinaire, afin qu'il y ait contact parfait entre les deux surfaces, et l'on expose. Il suffit d'une seconde d'exposition à la lumière diffuse ou de dix secondes environ à $0^{m},30$ d'un bon bec de gaz; nous savons que le temps d'exposition est forcément variable suivant la lumière et la transparence du cliché, Si l'on cherche une action moins rapide et par cela même plus facile à calculer, on se reportera aux indications que nous avons données (29 et 30).

Le châssis étant rapporté dans le laboratoire à lumière rouge, on retire la feuille : on l'immerge dans un bain d'eau pure pendant deux ou trois minutes pour la ramollir et enlever les bulles d'air, en s'aidant d'un blaireau très doux: on l'égoutte et on la pose à plat sur le fond d'une seconde cuvette. On verse alors à froid sur toute la surface la quantité nécessaire du révélateur composé de :

	cc
Solution A.	100
» B.	15
» C.	2

Aux renseignements donnés par MM. Eder et Pizzighelli, nous ajoutons quelques variantes dans les formules de développement :

Première formule:

Solution A.

Eau	100^{cc}
Oxalate neutre de potasse	25^{gr}
Bromure d'ammonium	1^{gr}, 20

Filtrez.

---

ces solutions sont les suivantes :

A.	Oxalate neutre de potasse	25^{gr}
	Eau	100^{gr}
	Acide sulfurique ou citrique, quantité nécessaire pour donner la teinte rouge au papier de tournesol	
B.	Sulfate de fer pur	30^{gr}
	Eau	100^{gr}
	Acide sulfurique	5 gouttes.
	ou acide citrique ou tartrique	2^{gr}
C.	Bromure de potassium	2^{gr}
	Eau	100^{gr}

On voit, d'après ces formules, qu'il est nécessaire que ce révélateur ait une réaction franchement acide.

On promène le liquide sur l'épreuve, qui ne tarde pas à se montrer; on arrête dès que les noirs ont acquis toute leur valeur. Une pose trop longue, un développement trop prolongé donnent une image grise et terne; au contraire, l'insuffisance de pose donne une épreuve à contrastes heurtés.

Dès que l'image est complète, on la passe sans lavage dans un bain d'acide acétique très faible (2 parties d'acide pour 100 parties d'eau). On renouvelle ce bain trois fois pendant deux minutes chaque fois, on élimine ainsi les sels de fer et on arrête le développement; on lave à l'eau pure et l'on fixe dans une solution d'hyposulfite de soude à 15 pour 100, suivie de la série de lavages nécessaires pour enlever les dernières traces du bain de fixage. L'hyposulfite de soude doit être changé pour chaque série d'épreuves.

La feuille portant l'image est ensuite séchée en la suspendant avec des épingles: il ne faut pas l'éponger entre des buvards. Le collage et le satinage se font comme pour les autres épreuves.

Papier négatif Eastman. — Ce papier, très sensible, est livré tout coupé suivant les diverses dimensions acceptées dans la pratique; on peut se procurer en même temps des planchettes sur lesquelles on le fixe au moyen d'un léger cadre métallique, de manière à faire l'exposition exactement comme s'il s'agissait d'une préparation sur glace. La maison Eastman livre également le papier sous forme de bobines ou rouleaux qui se mettent dans un châssis spécial et permettent d'obtenir 24 ou 48 épreuves sur une bande continue. Ce châssis est disposé de manière à maintenir le papier toujours tendu et à éviter toute superposition d'épreuves.

Le développement peut être fait par les diverses méthodes déjà connues. L'in-

Solution B.

Eau	100^{cc}
Sulfate de fer pur	$6^{gr},50$

Mélangez par parties égales au moment de développer.

---

struction qui accompagne la livraison donne de préférence la formule suivante :

Solution A.	Sulfite de soude pur	15^{gr}
	Acide pyrogallique	3
	Eau	100
Solution B.	Carbonate de soude	10
	Eau	100

Pour développer, on mélange :

Solution A	30^{gr}
Solution B	30
Eau	30

On commence par immerger le négatif à développer dans l'eau pure pour chasser les bulles d'air, en s'aidant, s'il est nécessaire, d'un blaireau très doux ; on remplace l'eau pure par la solution révélatrice. Si l'épreuve est trop lente à venir, on augmente la dose de carbonate de soude ; si elle s'accuse trop rapidement, ce qui donnerait un cliché gris, on ajoute un peu d'une solution de bromure de potassium à 10 pour 100.

Lorsque le développement est terminé, on fixe le cliché dans la solution d'hyposulfite de soude à 15 pour 100, additionnée d'alun si la température est élevée. On lave ensuite avec soin à plusieurs eaux, et la feuille tout humide est posée face contre face sur une plaque d'ébonite polie ; on la recouvre avec une toile caoutchoutée, on passe la raclette et on la laisse sécher. Elle se détache seule en présentant une surface brillante et tout à fait plane.

Si l'on est pressé de connaître l'effet du négatif, au lieu de le laisser sécher, on l'applique tout mouillé, face en dessus, sur la glace d'un châssis positif ; on superpose face contre face une feuille du papier positif Eastman, on donne un coup de raclette et, fermant le châssis, on expose pendant quelques secondes à une lumière diffuse. On développe immédiatement comme il est dit ci-dessus pour les images positives.

Lorsque le cliché est sec, on pourrait l'employer tel quel ; mais le plus souvent on le passe à la vaseline pour obtenir une plus grande transparence. Cette opération est indispensable pour les épreuves trop vigoureuses ; on s'en abstiendra au contraire pour les négatifs légers. On applique le cliché sur une glace et, avec un pinceau plat, on étend sur le dos une couche de vaseline ; on laisse le tout ainsi à une douce température pendant plusieurs heures. L'épreuve prend la même transparence que si elle avait été faite sur une glace doucement dépolie ; on essuie alors la vaseline et l'on peut procéder au tirage.

Les clichés vaselinés seront conservés à plat entre des feuilles de papier végétal ou de papier légèrement huilé, afin d'empêcher le grenu qui pourrait se produire par une dessiccation trop complète. Si cet accident se présentait, on y remédierait par une nouvelle couche de vaseline.

Deuxième formule :

Solution A.

	gr
Eau	1000
Oxalate neutre de potasse	150
Bromure d'ammonium	10

Solution B.

	gr
Eau	1000
Sulfate de fer pur	25
Acide citrique	10

Mélangez par parties égales au moment de développer.

Lorsque le développement paraît suffisant et que l'on voit bien les détails de l'épreuve par réflexion sans voiler les grands blancs, on arrête l'action par un lavage à l'eau ordinaire; on passe les feuilles dans un bain d'alun à 5 pour 100; on les fait virer dans un des bains de virage indiqués pour les épreuves positives sur papier, à l'acétate de soude ou autre :

	cc
Eau	1000
Acétate de soude fondu	60
Chlorure de chaux	3

Faites dissoudre, filtrez et ajoutez dans la solution 10^{cc} d'une solution de chlorure d'or à 1 pour 100 d'eau.

Après le virage, lavez, fixez dans un bain d'hyposulfite de soude à 15 pour 100, lavez de nouveau avec soin et laissez sécher.

Troisième formule (indiquée par M. Warnecke) :

Solution A.

	gr
Acide citrique cristallisé	200
Eau	500
Carbonate d'ammoniaque	100

On fera d'abord la solution d'acide citrique et l'on ajoutera peu à peu le carbonate d'ammoniaque, pour que le dégagement d'acide carbonique ne soit pas trop tumultueux et ne projette pas le liquide mousseux hors du vase.

Solution B.

	gr
Eau	500
Sulfate de protoxyde de fer	100
Acide citrique cristallisé	1

Solution C.

	gr
Eau	100
Sel ordinaire (chlorure de sodium)	5

Pour l'emploi, on mélangera parties égales des solutions A et B et l'on dirigera un développement plus ou moins rapide par l'addition de quelques gouttes de la solution C, suivant le temps de pose et le ton que l'on désire.

Les lavages, virage et fixage sont toujours faits de la même manière, quel que soit le mode de développement.

42. **Épreuves positives au gélatinochlorure d'argent imprimées par la lumière seule.** — Avec les préparations au chlorure d'argent, collodiochlorure ou gélatinochlorure, il n'est pas toujours nécessaire d'avoir recours au développement : on peut opérer simplement au châssis positif en pleine lumière et laisser l'image se former par la coloration relativement lente de la couche sensible, jusqu'à ce qu'on ait obtenu l'intensité que l'on désire. Le chlorure d'argent et la combinaison argentico-organique se prêtent à cette méthode et se colorent d'une manière régulière, suffisamment intense pour donner de bons résultats.

MM. Eder et Pizzighelli, dans leur travail sur les épreuves positives au gélatinochlorure, ont fait observer avec raison que, si l'on veut opérer par développement de l'image latente, l'émulsion doit être faite en présence d'un excès de chlorure soluble qui élimine toutes traces de nitrate d'argent. Si, au contraire, on veut agir par l'action seule de la lumière, il est préférable qu'il y ait un léger excès d'argent.

C'est qu'en effet l'excès de nitrate d'argent forme avec la gélatine une combinaison argentico-organique qui prend, sous l'influence de la lumière, une riche coloration, d'autant plus rouge que la proportion d'argent est plus considérable, et il y a lieu de croire que c'est surtout cette combinaison, colorée par la lumière, qui vire très facilement avec de belles colorations dans les bains d'or ([1]).

Pour que l'opérateur puisse rester dans cette théorie lorsqu'il prépare ses émulsions, il lui faut connaître les poids équivalents des chlorures solubles et du nitrate d'argent; il se rendra compte ainsi des proportions dans lesquelles il faut les mélanger, pour qu'il reste un excès soit de chlorure soluble, soit de nitrate d'argent après la double décomposition.

Ces poids équivalents sont :

Nitrate d'argent	170
Chlorure de potassium	74
Chlorure de sodium	58
Chlorure d'ammonium	53

c'est-à-dire qu'en mélangeant 170 parties de nitrate d'argent avec 74 de chlorure de potassium, ou 58 de chlorure de sodium, ou 53 de chlorure d'ammonium, ces divers corps étant supposés absolument purs, il se fera, d'une part, du chlorure d'argent, d'autre part, du nitrate de potasse de soude ou d'ammoniaque; cette décomposition sera si exacte qu'il ne restera plus ni nitrate d'argent ni chlorure soluble. Quelles que soient les quantités employées de ces corps, la réaction est exactement la même, si ces quantités restent dans les proportions indiquées, et, pour plus de facilité, nous les donnons en nombres ronds beaucoup plus simples :

		Nitrate d'argent.
1 chlorure de potassium est décomposé par		2,30 (2,297)
1 chlorure de sodium	»	3,00 (2,93)
1 chlorure d'ammonium	»	3,20 (3,207)

Dans la préparation de gélatinochlorure d'argent donnée (39) pour épreuves par développement, les auteurs indiquent 15gr de nitrate d'argent pour 7gr de chlorure de sodium, c'est-à-dire seulement le double lorsque la proportion théorique eût été le triple : ils sont donc sûrs d'avoir, comme ils le recommandent, un excès de chlorure soluble. Dans les formules ci-après, destinées aux prépa-

([1]) Davanne et Girard, *Recherches théoriques et pratiques sur la formation des épreuves photographiques positives*. In-8°; 1864. (Paris, Gauthier-Villars.)

rations qui donnent l'image par la seule action de la lumière sans développement, les quantités d'argent sont cinq fois et même huit fois plus considérables que celles du chlorure d'ammonium, tandis que la théorie nous montre qu'il suffit d'un peu plus de trois fois (3,20); l'excès d'argent en présence est donc relativement énorme et se portera sur la gélatine pour former la combinaison argentico-organique, et ce sera la plus riche en argent qui virera avec la plus grande facilité.

Formules (¹) :

		gr
I.	Chlorure d'ammonium	10
	Nitrate de potasse	15
	Gélatine	80 à 100
	Eau	1920
	Nitrate d'argent	50

Cette émulsion se fait à la manière ordinaire, en dissolvant d'abord le chlorure d'ammonium, appelé le plus souvent *chlorhydrate d'ammoniaque,* et le nitrate de potasse (dont nous ne comprenons pas bien l'utilité) dans la majeure partie de l'eau, soit 1600^{cc}, et en y laissant gonfler la gélatine; on chauffe ensuite au bain-marie; on filtre, s'il y a lieu, et l'on ajoute la solution de nitrate d'argent dans les 320^{cc} d'eau restant disponibles. On chauffe le tout au bain-marie pendant une demi-heure ou une heure. Lorsque la température du liquide s'est abaissée vers 25° C., on précipite la masse par l'alcool: on rince le précipité dans l'eau pendant quelques minutes, on le fait fondre de nouveau et l'on porte le volume total à 2^{lit},500. Nous pensons qu'au lieu de précipiter par l'alcool, ce qui est toujours une assez lourde dépense, on peut laisser cette émulsion faire prise, la passer trois fois au filet, la laver rapidement par deux ou trois décantations ou lavages sur un tamis ou sur une mousseline. On couvre soit les glaces, soit les papiers avec la préparation. Cette émulsion donne une couleur pourpre très riche avant le virage; l'addition de quelques traces d'acide nitrique libre ou d'ammoniaque dans la préparation fait varier cette coloration.

(¹) *Bulletin de l'Association belge de Photographie*, n° 2, p. 91; 1883.

		gr
II.	Chlorure d'ammonium	10
	Oxalate neutre de potasse	15
	Gélatine	80 à 100
	Eau	1920
	Nitrate d'argent	50

On suit le mode de préparation indiqué pour la formule I, et l'émulsion donne une couleur rouge-brique peu agréable, mais qui vire facilement avec très peu d'or.

		gr
III.	Chlorure d'ammonium	6
	Nitrate de potasse	15
	Oxalate neutre de potasse	10
	Gélatine	80 à 100
	Eau	1920
	Nitrate d'argent	50

On procède toujours comme ci-dessus. Avant le virage, la couleur est d'un rouge cerise tenant le milieu entre celles que donnent les formules I et II.

Le n° I est le plus rapide, le n° III le plus lent et le n° II est d'une rapidité moyenne.

L'application de l'émulsion sur le verre se fera comme pour les plaques au gélatinobromure d'argent pour négatifs (t. I, **211**).

Les méthodes pour préparer le papier peuvent varier, soit qu'on étende la préparation sur glaces bien talquées et que l'on superpose la feuille de papier pour détacher le tout après dessiccation, soit qu'on opère comme il sera dit plus loin pour le papier au charbon.

La surface sensible sur verre ou sur papier sera employée dans les quelques jours qui suivront la préparation : nous savons en effet que la présence du nitrate d'argent en excès en empêche la conservation. On met en contact les deux surfaces négative et positive dans le châssis à reproduction et l'on expose en pleine lumière.

Lorsqu'on opère sur papier, il est facile de vérifier la venue de l'image : il suffit d'ouvrir un seul côté du châssis, de relever la partie libre du papier pour connaître l'intensité de l'impression ; mais il n'en est pas de même quand on opère sur verre : on ne peut séparer les deux glaces et les remettre exactement dans la même position sans un repérage rigoureux, presque impossible à réaliser. On a inventé, il est vrai, pour y parvenir des châssis à ventouse, mais mieux vaut éviter cette complication et recourir au photomètre dont l'emploi pour les positifs devient aussi précieux et commode qu'il nous paraît délicat pour les négatifs.

Le photomètre le plus simple sera l'échelle du sensitomètre de M. Warnecke (t. I, *fig.* 105); à son défaut, rien ne sera plus facile que d'en construire un comme nous l'avons indiqué (t. I, 213), en superposant quelques bandes de papier dioptrique et numérotant chaque différente épaisseur. L'un ou l'autre de ces photomètres, placé dans un petit châssis sur un morceau de papier positif sensible, dont la préparation a été donnée (t. I, 86, note 1), est exposé en même temps et à la même lumière que les châssis positifs. Un ou deux essais montrent rapidement à l'opérateur à quel numéro du photomètre correspond une impression juste de l'image positive; on note ce numéro sur le négatif et l'on peut opérer ensuite en toute certitude; on se contente de vérifier le photomètre et l'on enlève au fur et à mesure chaque châssis correspondant au numéro qu'il indique. Nous recommandons cette application du photomètre pour tous les tirages des épreuves positives. L'échelle de M. Warnecke pourrait être remplacée par le photomètre de Woodbury (t. I, *fig.* 57), mais l'application en est moins facile.

On pousse l'impression au châssis de manière à dépasser un peu l'intensité que l'on veut obtenir, mais sans exagération; puis les épreuves sont lavées, de manière à les débarrasser de tout le nitrate d'argent libre qu'elles ont dû conserver; on ajoute même dans ce but un peu de sel marin dans l'eau de lavage (1 à 2 pour 100).

On fait virer les épreuves dans les mêmes bains que pour le papier albuminé ordinaire, en se servant de solutions d'or très étendues, soit :

Eau	5000 cc
Borax (borate de soude)	5
Chlorure double d'or et de potassium	1

On fixe dans l'hyposulfite de soude à 20 pour 100; on lave avec soin; on passe dans un bain d'alun à saturation pendant quelques minutes; on lave de nouveau et on laisse sécher.

43. Montage des épreuves obtenues sur verre. — Les épreuves pour projections seront montées de manière à conserver toute leur transparence. Il est seulement nécessaire de protéger leur surface pour les mettre à l'abri des éraillures; un vernis, quelque pur qu'il soit, donnera toujours des granulations visibles par un agrandissement considérable : on doit donc s'en abstenir; de même il est préférable de ne pas vernir les *clichés* qui doivent servir à produire ce genre d'épreuves : le mieux est de les recouvrir avec un verre mince.

Si l'on n'a pas employé des verres de grandeur, on commence par couper l'épreuve à la dimension généralement adoptée de o,10 × o,085 (t. I, **108**); on la recouvre d'un verre mince de même format que l'on trouve tout préparé dans le commerce; on interpose le plus souvent entre les deux verres un papier noir découpé qui délimite la dimension de l'image en l'encadrant et l'on maintient le tout par une bordure étroite de papier noir : l'image est donc entre les deux verres, elle est également visible des deux côtés et l'on peut toujours la placer dans l'appareil à projections, de manière à la présenter dans son véritable sens.

Les épreuves pour stéréoscopes ou celles plus grandes destinées également à être vues par transparence sont placées entre deux verres minces : l'un finement dépoli fait un fond de lumière diffuse, l'autre sert à protéger l'image. Le verre dépoli n'est pas absolument nécessaire pour les épreuves stéréoscopiques, parce que l'instrument dans lequel on les regarde est lui-même muni de ce fond. Cette manière de monter les vues transparentes, bien qu'elle présente l'ennui de réunir trois verres, est encore la plus simple. Cependant on pourrait faire la préparation sensible sur la face lisse d'un verre dépoli; mais alors, après montage, le dépoli reste à l'extérieur : il est facilement sali, ne fût-ce qu'en le touchant, et difficile à nettoyer; on pourrait également mettre la préparation sur le côté dépoli. Il est toujours préférable de faire le montage de telle sorte que la face de l'image et le dépoli soient intérieurs, afin d'éviter les éraillures et les taches.

Lorsque, au lieu d'opérer par contact, on fait la reproduction à la chambre noire, on tourne le cliché dans le sens voulu pour que la positive soit renversée; on met alors l'image en contact avec le dépoli du second verre, elle se trouve replacée dans son vrai sens, et il n'est pas besoin d'un troisième verre pour la garantir.

Il ne faut pas oublier que, pour le stéréoscope, il est nécessaire de transposer les images et de mettre celle de droite à gauche, celle de gauche à droite : sans cela on aurait l'effet du pseudoscope, c'est-à-dire que les derniers plans viendraient en avant, tandis que les premiers fuiraient au loin, l'image d'une boule deviendrait celle d'une sphère creuse. Chaque glace positive devra donc être coupée en son milieu pour faire la transposition, à moins que cette opération n'ait été faite sur le négatif, ce qui sera plus simple si l'on doit tirer un grand nombre d'exemplaires. On pourrait aussi faire la reproduction au moyen de deux chambres noires jumelles, ainsi que Bertsch l'avait conseillé autrefois, au lieu d'opérer par contact : les images sont ainsi immédiatement en place. (*Voir* Stéréoscopie.)

44. Le verre dépoli ou douci peut être remplacé par le verre opale; les manipulations varieront alors un peu, selon que l'on voudra regarder l'image par transparence ou par réflexion. Dans le premier cas, il est nécessaire de pousser le développement assez loin pour que les demi-teintes légères ne disparaissent pas lorsqu'elles sont traversées par la lumière. Dans le second cas, il suffit qu'elles soient accusées et visibles simplement par réflexion, et l'on recherchera avant tout l'absence de voile et une coloration agréable. que l'on obtiendra par les procédés de gélatinochlorure d'argent. Les positifs par réflexion sur verre opale rentrent dans les conditions des positifs sur papier; l'absence de grain leur donne plus de finesse.

45. A défaut de verre opale ou de verre dépoli, on peut couvrir le verre ordinaire, ou même plus simplement encore le dos de l'épreuve, avec une préparation de gélatine et de sulfate de baryte qui lui en donne sensiblement l'aspect et qui a été indiquée par M. Chardon (¹).

On prépare au bain-marie les deux solutions A et B.

(¹) A. Chardon, *Photographie par émulsion sensible*. In-8°; 1880. (Paris, Gauthier-Villars.)

Solution A.

	cc
Eau	100
Gélatine	5
Chlorure de baryum	6

Solution B.

	cc
Eau	100
Gélatine	5
Sulfate de soude	15

On mélange les deux solutions encore chaudes; il se forme aussitôt du sulfate de baryte blanc, d'un grain très fin, qui reste en émulsion dans la gélatine; on laisse faire prise, on passe au filet, on lave pour enlever le chlorure de sodium qui s'est formé par la double décomposition et l'on couvre les glaces.

On pourrait encore ajouter directement l'émulsion barytique dans l'émulsion sensible de gélatinobromure, l'image obtenue serait comme sur un verre opale.

Divers essais du même genre ont été faits par MM. Audra, de Villecholes, pour mettre dans l'émulsion sensible de la fécule cuite et obtenir l'effet d'un verre dépoli.

46. Les épreuves au gélatinochlorure d'argent développées sur papier sont coupées, collées comme les positives ordinaires, ainsi qu'il sera dit plus loin.

CHAPITRE IV.

ÉPREUVES SUR PAPIER AU CHLORURE D'ARGENT
(PROCÉDÉ COURANT DES PHOTOGRAPHES).

47. Le chlorure d'argent se colore et noircit assez rapidement sous l'influence de la lumière. Cette propriété, reconnue presque aussitôt qu'il fut découvert, le fit servir aux premières tentatives de reproductions photographiques; mais, par cela même qu'il se colore d'autant plus vite que la lumière est plus vive, il donne des effets inverses de la nature. Ce ne fut donc qu'après l'invention des négatifs qu'il put être utilement employé; le papier fut le premier et resta le principal support du chlorure d'argent.

Les préparations du papier positif sont simples dans la pratique, bien que la théorie en soit assez complexe. Si l'opérateur veut faire une étude plus approfondie des diverses réactions auxquelles donne lieu l'obtention d'une épreuve au chlorure d'argent, nous le renverrons aux recherches que nous avons faites sur ce sujet avec M. Aimé Girard (¹). Nous nous bornerons ici à indiquer les opérations, en mentionnant seulement, d'une manière rapide et sommaire, la théorie des réactions auxquelles elles donnent lieu.

Dans la production de l'épreuve sur papier, toutes les matières mises en œuvre ont leur importance : le chlorure d'argent seul ne suffirait pas, il ne donnerait qu'une image terne et inacceptable. Ces matières se composent du papier lui-même, c'est-à-dire des fibres de cellulose plus ou moins pure qui en forment la feuille feutrée; de l'encollage qui les agglutine; de l'encollage additionnel dont presque toujours on couvre une des faces de la feuille; du chlorure soluble qui, par double décomposition, donne le chlorure

---

(¹) DAVANNE et GIRARD, *Recherches théoriques et pratiques sur la formation des des épreuves photographiques positives*. In-8°; 1864. (Paris, Gauthier-Villars.)

d'argent; du nitrate d'argent qui sert à former ce dernier, qui se combine en outre avec les encollages additionnels ou de fabrication, avec la fibre même du papier et qui reste en excès sur la feuille à l'état de liberté. Lorsque la feuille est préparée, on a à examiner l'action de la lumière qui forme l'image, celle du virage qui lui donne une teinte agréable, celle du fixage qui anéantit sa sensibilité, sans oublier les divers modes de montage qui présentent l'épreuve sous son aspect le plus favorable. Nous suivrons l'ensemble de ces opérations, bien que maintenant l'opérateur prenne rarement le papier tel qu'il sort de la fabrique pour faire lui-même l'albuminage et le salage; l'industrie des produits photographiques livre en effet de très bonnes qualités de papier albuminé et salé, tout prêt à être sensibilisé. Nous pensons qu'il y a avantage à se procurer ce papier albuminé salé, parce que la préparation en est un peu délicate, comme toutes celles pour lesquelles on emploie l'albumine.

48. **Fabrication du papier.** — *Causes de taches.* — Le choix exceptionnel du papier pour épreuves positives s'impose d'une manière si rigoureuse que cette fabrication est presque monopolisée et représentée en France par le papier dit *de Rives,* de la maison Blanchet et Kléber, à laquelle il faut ajouter les essais de la fabrique de Renage, et en Allemagne par le papier dit *de Saxe* ou *de Steinbach*. Outre le choix, la pureté des matières premières employées et la qualité de l'encollage, le fabricant doit apporter tous ses soins à l'élimination des particules métalliques qui, même à l'état microscopique, causent, lors de la sensibilisation et du fixage, des taches dites à tort *de fer* et qui sont en réalité des taches produites par d'invisibles particules de bronze, de cuivre ou de zinc. Ces métaux réduisent le nitrate d'argent et donnent un point noir souvent invisible à l'œil, qui s'entoure d'une auréole blanche; lorsque la particule est un peu forte, il se forme des arborescences d'argent réduit, l'auréole s'élargit beaucoup, souvent même elle s'allonge à l'état de comète. Nous pouvons affirmer, à la suite d'expériences multiples, que toutes les taches blanches qui se manifestent soit sur le papier positif préparé, soit sur les épreuves terminées, sont dues à la réaction de particules métalliques. Dans le premier cas, ces particules proviennent de la fabrication; dans le second, d'une

cause accessoire qui, le plus souvent, est déterminée par des poussières ambiantes, surtout par les poudres de bronze qui, depuis l'atelier du fabricant de bristol jusqu'à l'atelier du photographe, sont venues, volontairement ou non, en contact avec les épreuves. Aussi, dans les fabriques de papier photographique, les chiffons seront triés un à un pour enlever toutes les attaches métalliques; la pâte sera préparée dans des appareils broyeurs dont les cylindres et les platines seront en fonte, fer ou acier, et non pas en bronze; l'ouvrier qui nettoie l'immense appareil formant la machine à papier aura soin de ne pas passer sur les cylindres les mêmes chiffons qui servent à essuyer l'huile métallisée par le frottement sur les coussinets de bronze: la moindre trace invisible de cette huile métallisée sur le papier donnerait des taches métalliques; le papier sera satiné entre des plaques d'acier et non entre des plaques de zinc comme on le fait couramment.

Le fabricant des bristols destinés au collage des épreuves photographique devra s'abstenir d'imprimer par saupoudrage avec des poudres de bronze qui s'attachent, invisibles, dans les pores du papier et voltigent de toutes parts dans l'atelier; car ces particules réagissent après quelques jours de la face du bristol, à travers la feuille positive, sur l'épreuve même, et chacune d'elles marque sa présence par une auréole blanche. Nous donnons ces explications pour prévenir les fabricants, les opérateurs et les amateurs que, depuis le choix du chiffon qui deviendra papier jusqu'au collage et même la mise en album, la particule métallique, sous quelque forme qu'elle se présente, est une des principales et des plus fréquentes causes des taches qui se manifestent sur les épreuves.

49. Le papier choisi peut être préparé sous deux formes différentes. Tantôt il sera simplement salé : la couche sensible est alors principalement formée par du chlorure d'argent en présence d'un excès de nitrate et d'un peu de combinaison de ce dernier avec l'encollage; on obtient avec cette préparation d'assez bonnes épreuves d'aspect mat, mais un peu sourd, parce que l'image semble s'enterrer dans la couche au lieu de rester à la surface ; on emploiera le papier salé pour les épreuves qui sont destinées à être entièrement retouchées soit par le crayon, soit par la peinture. Tantôt on appliquera sur le côté satiné de la feuille de papier un encollage additionnel qui, maintenant l'image à la surface, lui donnera plus de finesse et qui, par sa combinaison avec le nitrate d'argent, prendra une coloration plus vive. Cet encollage additionnel peut être formé par les diverses variétés d'amidon (fécule, arrow-root, tapioca, etc.) ou par une couche de gélatine, mais cette substance agit sur les bains de nitrate d'argent qui sont rapidement mis hors de service. Ces deux moyens ne sont pas adoptés dans la pratique; on préfère l'albumine; le papier albuminé salé est fabriqué industriellement par quantités considérables et débité par les marchands de produits photographiques.

Le papier albuminé sensibilisé donne des épreuves très riches de ton; leur aspect brillant choque, il est vrai, le sentiment artistique de quelques personnes, mais d'autres cherchent au contraire à développer cet éclat le plus possible : c'est une question de goût que nous n'avons pas à discuter. Nous croyons toutefois que, pour les petites épreuves, on ne saurait trop se rapprocher des qualités de l'émail et rechercher un brillant et une finesse qui sont au contraire à éviter pour les grandes dimensions.

On trouve dans le commerce des papiers plus ou moins brillants légèrement teintés de diverses nuances; c'est à l'opérateur à faire son choix. Les teintes un peu roses sont recherchées pour le portrait; mais on devra s'en abstenir pour le paysage, auquel conviendra mieux un papier blanc ou très peu coloré en mauve bleuté.

50. **Préparation du papier albuminé salé.** — Bien que le plus souvent l'opérateur achète le papier albuminé en fabrique, nous avons cru devoir donner la méthode à employer lorsqu'on veut faire cette préparation soi-même.

On achètera du papier de Rives pour photographie à 8^{kg} la rame pour les épreuves de petite dimension, et 10^{kg} pour celles de $0,21 \times 0,27$ et au delà. Ce papier est fait avec des soins exceptionnels et, sauf des accidents de fabrication qu'on ne peut toujours prévoir, il n'a pas de taches métalliques.

Pour l'albuminage on commence par prendre une quantité de blancs d'œufs suffisante pour obtenir, après leur préparation, une couche de liquide de 1^{cm} à 2^{cm} d'épaisseur dans la cuvette qui servira à l'albuminage. Pour 1^{lit} de blancs d'œufs, on ajoute de 20^{gr} à 40^{gr} de chlorure soluble — le sel commun (chlorure de sodium), le chlorhydrate d'ammoniaque sont généralement employés; — on obtiendrait le même résultat avec les chlorures de potassium, de baryum, de strontium, etc., qui ne semblent présenter aucun avantage sur les autres. On peut faire dissoudre le chlorure dans une quantité d'eau d'autant moins grande, qu'on voudra une albumine plus brillante; le plus souvent même, on met le sel directement dans les blancs d'œufs, pour laisser à l'albumine toute sa force.

La dose de chlorure soluble que l'on ajoute n'a rien de précis, car les diverses formules la font varier de 2 pour 1000 à 10 pour 100. Ce dernier dosage est tout à fait exagéré : la couche de chlorure d'argent qui en résulte est trop épaisse, elle donne des images lourdes et le bain de nitrate d'argent qui sert à la sensibilisation s'appauvrit très rapidement et inutilement. L'excès contraire de 2 pour 1000 est encore plus préjudiciable; si l'on ne met dans l'albumine que quelques millièmes de chlorure soluble, ainsi que l'ont demandé par économie quelques photographes et que l'ont pratiqué quelques fabricants de papier albuminé, on peut, il est vrai, employer des bains sensibilisateurs de nitrate d'argent n'ayant qu'un titre peu élevé et ne s'affaiblissant que lentement; mais les épreuves sont pauvres, lentes à venir, dures et sèches, et le papier est souvent taché de gouttes et de traînées dont nous expliquons la production plus loin à l'article *Sensibilisation* (52). Il est préférable de rester dans la moyenne indiquée de 20 à 40 parties de chlorure soluble pour 1000 parties d'albumine.

Le liquide et le sel sont réunis dans une terrine vernissée beaucoup plus grande qu'il n'est nécessaire pour les contenir; avec un petit balai d'osier, et non de métal, on bat les blancs d'œufs en mousse consistante que l'on prend avec une écumoire et que l'on déverse sur un tamis de crin placé sur une autre terrine; après douze heures de repos on trouve l'albumine claire dans la seconde terrine. On peut l'utiliser immédiatement; cependant l'emploi sera plus facile après une attente de quelques jours et même, suivant quelques praticiens, il est préférable de laisser vieillir l'albumine jusqu'à ce qu'un commencement de fermentation lui donne une odeur putride; mais cette odeur, des plus désagréables, reste inhérente au papier préparé; elle peut être plus tard une cause d'altération des images : il ne nous semble donc pas que ce moyen soit à recommander.

L'albumine préparée est filtrée dans une cuvette préalablement bien nettoyée et de la grandeur nécessaire pour la dimension des feuilles; la filtration s'opère non sur du papier dont les pores sont trop serrés, mais à travers une petite éponge placée, sans trop la tasser, dans la douille d'un entonnoir; après filtration, on racle la surface du liquide avec une tranche de papier qui enlève ainsi les poussières et les bulles d'air; on place près de soi les feuilles à préparer, coupées s'il y a lieu, mais mieux vaut utiliser la feuille entière lorsqu'on a pris l'habitude de ce travail. On a eu soin d'examiner chaque feuille une à une, de rejeter celles qui semblent défectueuses, de reconnaître l'envers de l'endroit et de les placer toutes dans le même sens. L'envers d'une feuille de papier est le côté qui a porté sur la toile métallique, lors de la fabrication; il en a gardé une empreinte de trame que l'on reconnaît en examinant la surface à un jour frisant tout à fait oblique; si l'on a quelque doute on mouille un coin de la feuille et l'on fait ressortir l'empreinte, tandis que l'autre côté reste satiné.

Les choses étant ainsi préparées, on prend une feuille le côté

Fig. 9.

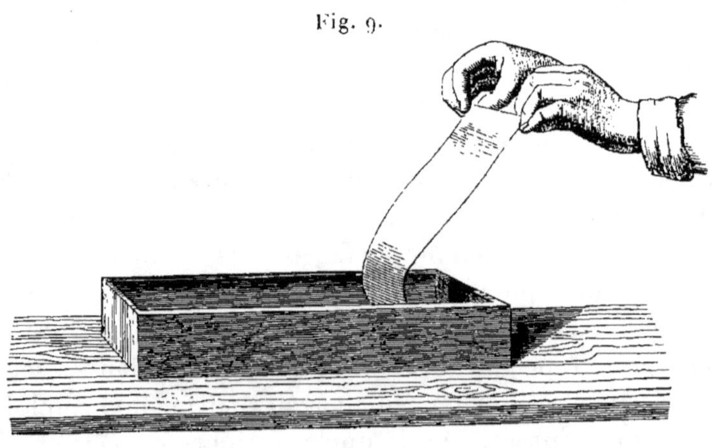

satiné en dessous; on la tient droite par les deux coins supérieurs; on applique le bord inférieur contre la cuvette et, courbant légèrement le papier vers soi, on l'abaisse d'un mouvement lent et régulier jusqu'à ce qu'il porte entièrement sur le liquide qu'il ne faut pas laisser passer au dos (*fig.* 9). On évite autant que possible les bulles d'air et les temps d'arrêt qui formeraient des fils; on relève doucement la feuille, on voit si le liquide la mouille uniformément et on la replace sur le bain pendant le temps nécessaire pour qu'elle se détende et devienne tout à fait plane. Deux ou trois minutes suffisent généralement, cependant cela dépend de la qualité et de la force du papier; on relève alors la feuille lentement et régulièrement, on l'égoutte et on la suspend pour sécher.

51. Toutes les fois qu'on emploie le papier, cette opération de suspension pour séchage se répète après les différents bains qui servent aux opérations. Les modes de suspension sont infiniment

Fig. 10.

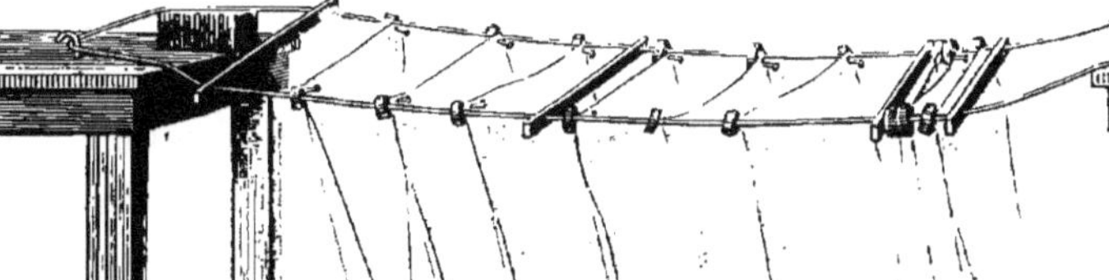

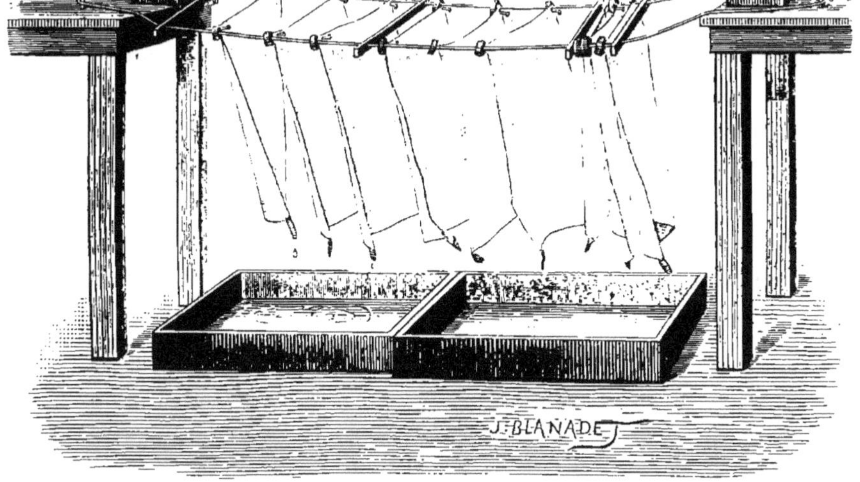

variés, ils dépendent du local et de la fantaisie de l'opérateur; ils seront bons si les feuilles, en séchant, ne peuvent se coller ni sur elles-mêmes ni sur leurs voisines, et si les deux points de suspension sont placés l'un plus haut que l'autre, de sorte que l'écoulement du liquide se fasse par l'angle du bas auquel on accole un petit morceau de papier conducteur des gouttes; on évite ainsi une agglomération qui se ferait au bord inférieur du papier; des cuvettes ou autres récipients sont disposés au-dessous pour recevoir le liquide qui s'écoule. Un système simple (*fig.* 10) consiste à tendre deux ficelles que l'on maintient séparées l'une de l'autre aux deux extrémités et dans la partie médiane par de petites tringles de bois; l'écartement des deux ficelles doit être un peu plus grand qu'un des côtés du papier préparé; des séries de rondelles de liège sont enfilées et courent librement sur les ficelles tendues. La feuille relevée du bain est placée entre les deux ficelles; on pique un de ses angles sur un liège, puis l'autre sur le liège correspondant; pour faciliter le piquage on a traversé à l'avance l'épaisseur du liège par de bonnes épingles noires vernies, contre lesquelles il suffit de présenter le coin du papier. Par ce moyen on règle à volonté l'écartement des feuilles entre elles; on peut les serrer l'une contre l'autre à mesure qu'elles sèchent et en préparer un grand nombre sans perdre de place. Malgré l'inclinaison donnée, les liquides visqueux comme l'albumine s'agglomèrent encore au bas du papier; on passe de temps à autre un agitateur, une baguette quelconque sur la tranche inférieure de la feuille pour enlever le bourrelet liquide qui s'est formé. Les feuilles sèches sont relevées, mises les unes sur les autres et emmagasinées à l'abri de l'humidité.

Le papier albuminé se conserve indéfiniment.

52. Préparation du papier salé. — La préparation du papier salé est des plus simples; on dissout le chlorure de sodium ou d'ammonium à la dose de 2 ou 3 pour 100 dans la quantité d'eau

Fig. 11.

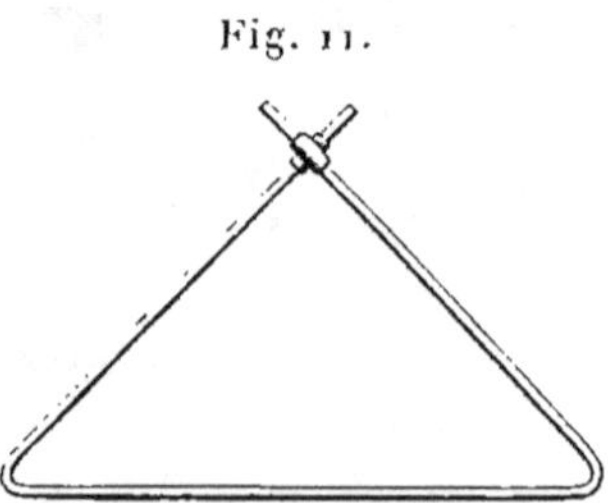

nécessaire pour avoir un ample bain; on immerge complètement chaque feuille dans le liquide, en évitant les bulles d'air. L'emploi du triangle de verre (*fig.* 11) sera très commode pour cette immersion. Lorsqu'on a trempé une dizaine de feuilles, on retire celle qui a été mise la première, on la suspend comme il a été dit pour le papier albuminé; on en immerge une autre, on retire celle du dessous et l'on continue ainsi jusqu'à épuisement de la quantité de feuilles à préparer. L'opération est à la fois facile et rapide. Lorsque les feuilles sont sèches, on les met les unes sur les autres dans le même sens, il est alors facile de distinguer l'envers de l'endroit; on les resserre à l'abri de la poussière; elles se conservent indéfiniment. On pourra aussi préparer le papier en mettant chaque feuille sur le bain au lieu de l'immerger; on choisit alors le côté satiné pour l'affleurer sur le liquide, en évitant que celui-ci ne passe partiellement au dos, car l'endroit doublement salé recevrait plus tard une sensibilisation inégale, ce qui occasionnerait une tache sur l'épreuve terminée.

Si, accidentellement, on a besoin d'une feuille de papier salé, on peut prendre une feuille de papier albuminé et la sensibiliser du côté opposé à l'albumine : le chlorure soluble qui était dissous dans l'albumine s'est suffisamment infiltré dans l'épaisseur pour donner une couche sensible sur le côté non albuminé.

53. **Sensibilisation.** — *Bain d'argent.* — Lorsqu'on veut sensibiliser soit le papier albuminé, soit le papier simplement salé, on prend le nombre de feuilles dont on prévoit l'emploi dans la journée, le papier fraîchement sensibilisé étant toujours meilleur; on fait flotter successivement chaque feuille sur un bain de nitrate d'argent préparé dans la proportion suivante :

Eau distillée	100^{gr}
Azotate d'argent	10^{gr} à 12^{gr}
Solution de carbonate de soude	1^{cc} à 2^{cc}

La solution de carbonate de soude n'a pas besoin d'être titrée, on en ajoute au bain d'argent les quelques gouttes nécessaires pour qu'il se forme un faible précipité blanc permanent de carbonate d'argent. Ce précipité est suffisant pour enlever au bain toute trace d'acidité et même lui donner une légère réaction alcaline; l'excès de carbonate d'argent est laissé au fond du flacon; on filtre le liquide surnageant dans une cuvette propre et le bain est prêt à servir.

Pour des raisons déjà données, nous préférons toujours l'emploi du nitrate d'argent cristallisé pur et nous rejetons tous les produits soi-disant économiques, dont le bon marché n'est obtenu qu'aux dépens de la pureté.

On pose la feuille albuminée sur le bain d'argent comme nous l'avons recommandé pour le bain d'albumine; on met le bord inférieur de la feuille contre la paroi de la cuvette qui est du côté de l'opérateur; on courbe le papier vers soi et on l'applique doucement, régulièrement, sur la surface du liquide (voir *fig.* 9), sans temps d'arrêt et en évitant les bulles d'air quelquefois très larges qui se formeraient certainement si l'on ne prenait ces précautions. Chaque temps d'arrêt dans l'apposition sur le liquide serait marqué par des fils irisés apparaissant plus tard dans les noirs de l'épreuve; il en serait de même pour les bulles qui équivalent à des temps d'arrêt, s'entourent de ces mêmes fils et apparaissent soit par de plaques irisées si la bulle s'est peu à peu réduite, soit par des plaques blanches lorsque le nitrate d'argent n'est pas venu en contact du papier. Pour éviter ce dernier inconvénient, on a la précaution de relever la feuille aussitôt qu'elle a été mouillée et, si l'on aperçoit quelques bulles malgré les soins donnés, on les fait disparaître par le contact du doigt et l'on repose le papier sur le bain. On aura également soin, dans ces opérations, que le nitrate d'argent ne passe pas sur le dos des feuilles, ce qui amènerait une double sensibilisation dans les parties mouillées et produirait des taches. On évite facilement cet inconvénient en ne mettant qu'une couche mince de liquide dans la cuvette : il nous paraît préférable d'employer la solution de nitrate d'argent en couches minces, pour n'en préparer que les quantités nécessaires et éviter les masses de liquide dans lesquelles viennent inutilement se concentrer les produits accessoires résultant des opérations successives.

Lorsque la feuille est bien détendue, ce qui ne demande que deux à trois minutes, on la relève, on l'égoutte, et, si l'on est bien installé, on la suspend provisoirement et toujours obliquement pendant le temps nécessaire pour en préparer une seconde, et de manière à ramener dans la cuvette les gouttes qui s'écoulent; puis on suspend les feuilles les unes après les autres soit au moyen des ficelles garnies de liège, comme il est dit pour l'albuminage (*fig.* 10), soit au moyen des barres de bois (*fig.* 12). On applique toujours à l'angle inférieur le petit morceau de buvard qui facilite l'égouttage; on place soit des cuvettes, soit des papiers pour recevoir les gouttes et éviter autant que possible les taches irrémédiables que pro-

Fig. 12.

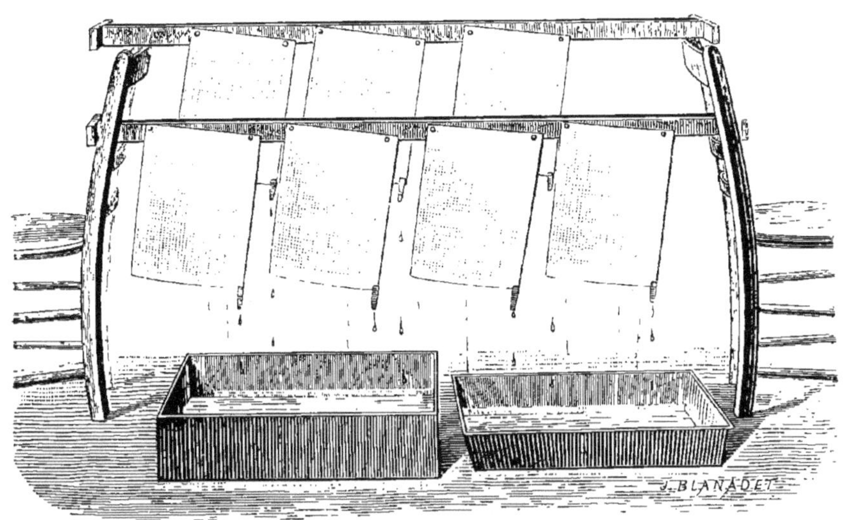

duit le nitrate d'argent sur les parquets, et surtout pour récolter un liquide riche dont on retrouvera l'argent par le traitement des résidus.

La sensibilisation du papier sera faite évidemment dans le laboratoire obscur ou dans toute autre pièce éclairée par des verres jaunes orangés; on y laissera le papier jusqu'à complète dessiccation, et c'est seulement alors qu'on en fera usage. Si l'on se servait de papier positif encore humide, on perdrait immédiatement les clichés non vernis, surtout ceux faits aux émulsions à la gélatine, et, par une dessiccation imparfaite, il arriverait, au moment des grandes chaleurs, qu'en ouvrant le châssis pour vérifier la venue de l'épreuve l'albumine se contracterait et ferait un retrait qui doublerait l'image.

Autant que possible, on emploiera le papier le jour même de sa préparation; car il jaunit rapidement, surtout lorsque la température est élevée; il perd alors beaucoup de ses qualités et de sa sensibilité. Lorsqu'on prévoit qu'il y aura lieu de conserver le papier, on modifiera le bain d'argent et on lui donnera une légère réaction acide par quelques gouttes d'acide nitrique ou d'une solution concentrée d'acide citrique ; mais nous ferons observer que les épreuves obtenues avec des papiers préparés sur des bains acides, virent moins régulièrement que celles dont le papier a été sensibilisé sur des bains à réaction alcaline.

Il arrive assez souvent que l'on trouve, en examinant les feuilles sèches, des veines marquées dans le sens de l'écoulement du liquide ou des taches ovoïdes provenant de gouttelettes longues à sécher. Cet inconvénient se produit surtout lorsque la richesse du bain d'azotate d'argent est en complet désaccord et trop énergique pour la quantité de chlorure soluble mise dans l'albumine. Les papiers soi-disant économiques qui contiennent à peine de sel présentent plus particulièrement ce défaut; lorsqu'on les met sur un bain d'argent dont la richesse dépasse 8 à 10 pour 100, le premier effet est la coagulation énergique de l'albumine qui devient comme une toile cirée sur laquelle le liquide coule sans la pénétrer; le séchage se fait d'une manière irrégulière, les gouttes se forment et ne sont pas absorbées par imbibition, elles laissent des placards de nitrate d'argent qui causent autant de taches. Si l'albumine avait été additionnée de chlorure soluble dans une proportion convenable, le chlorure d'argent se serait formé en quantité suffisante pour s'interposer dans les pores et faire en quelque sorte éponge; la surface resterait perméable et le séchage serait régulier. Lorsqu'on voudra utiliser des papiers présentant ce grave défaut, on abaissera le titre du bain peu à peu jusqu'à 7 et même 6 pour 100, s'il est nécessaire; il réagira moins énergiquement sur la face albuminée, qui gardera la porosité nécessaire pour l'absorption du liquide sensibilisateur. Il est probable que les épreuves obtenues dans ces conditions seront pauvres; on améliorera la qualité par les fumigations ammoniacales.

54. Variantes. — La méthode que nous avons décrite, bien appliquée avec de bon papier, réussit régulièrement; toutefois, comme on a préconisé les fumigations ammoniacales, nous devons en dire quelques mots. Ces fumigations augmentent notablement la sensibilité d'un papier qui, sans elles, donnerait des images trop pauvres.

Il suffit pour les fumigations d'avoir une boîte de la grandeur des feuilles à employer, on la divise dans sa hauteur en deux parties inégales par un châssis sur lequel on a tendu une grosse mousseline, ou même plus simplement un entre-croisement de ficelles; dans la partie inférieure, qui est la plus profonde, on met soit une assiette, soit une cuvette contenant un peu d'ammoniaque liquide, ou du carbonate d'ammoniaque, ou un mélange de chaux et de chlorhydrate d'ammoniaque pour obtenir un dégagement de vapeurs ammoniacales qui, aussitôt la boîte fermée, enveloppent la feuille sensible déposée sur la mousseline du châssis. Après quatre à cinq minutes, cette feuille est fumigée et prête à servir; elle s'imprimera plus facilement, donnera des tons plus noirs et se comportera mieux au virage que si elle n'avait pas reçu cette préparation, mais elle s'altère et jaunit rapidement. On doit fumiger le papier feuille à feuille, à mesure de l'emploi.

55. On peut aussi faire un bain économique à 8 pour 100, en opérant d'après la formule suivante, que nous donnons sans en conseiller l'emploi.

Faites les solutions composées de :

1°	Eau distillée	1000^{cc}
	Azotate d'argent	80^{gr}
2°	Eau distillée	1000^{cc}
	Soude caustique	100^{gr}

Mélangez les deux; il se produit un abondant précipité d'oxyde brun d'argent qui se dépose rapidement au fond du vase; on le lave par huit ou dix décantations successives, et lorsqu'un peu du liquide évaporé dans une petite capsule ne laisse qu'un résidu insignifiant, on rejette toute l'eau qui surnage et l'on verse peu à peu sur le précipité une solution de nitrate d'ammoniaque faite à la dose de :

Eau	1000^{gr}
Nitrate d'ammoniaque pur	500^{gr}

Après dissolution de tout l'oxyde d'argent, on complète le volume d'un litre; on ajoute, s'il est nécessaire, quelques gouttes d'acide nitrique pour obtenir un liquide parfaitement clair, et l'on sensibilise le papier sur ce bain : pour employer ce papier, il est nécessaire de le passer aux fumigations ammoniacales.

56. *Conservation du papier sensible.* — La présence du nitrate d'argent libre, réagissant sur la matière organique, est la principale cause de l'altération rapide des papiers positifs. Nous avons démontré, avec M. A. Girard, que l'humidité favorisait cette fâcheuse réaction et qu'il était possible de conserver les papiers positifs pendant un temps beaucoup plus long en les enfermant dans une boîte dont l'atmosphère est desséchée par le chlorure de calcium.

Quoique la sensibilisation du papier soit une opération des plus simples, elle demande une installation, une perte de temps pour la préparation et le séchage ; chaque goutte tombée est une tache pour les parquets, chaque contact avec les doigts forme une combinaison qui noircit à la lumière (¹), aussi a-t-on cherché à préparer du papier sensible se conservant assez longtemps pour que l'opérateur puisse l'acheter dans le commerce et l'utiliser au moment du besoin. Jusqu'ici ces papiers ne sont pas exactement dans les mêmes conditions que ceux qu'on obtient par les préparations ordinaires, ils donnent des images plus sèches et se comportent moins bien dans les bains de virage ; on en trouve cependant qui peuvent être utilement employés.

Plusieurs formules ont été données pour la préparation de ces papiers.

1° Eau	100^{gr}
Nitrate d'argent	6^{gr} à 10^{gr}
Acide citrique	3^{gr} à 5^{gr}

Le papier préparé sur ce bain sera conservé à l'abri de la lumière

(¹) Au contact du nitrate d'argent avec la peau, il se produit une combinaison incolore analogue à celle qui se forme avec l'albumine. La place nitratée noircit d'une manière intense par l'action de la lumière. Cette combinaison résiste au lavage, mais elle est annulée par l'eau salée (chlorure de sodium) qui transforme le nitrate d'argent en chlorure. Celui-ci noircirait à son tour; on s'en débarrasse par l'hyposulfite de soude. Aussi, toutes les fois qu'on a touché du nitrate d'argent solide ou en solution, il faut d'abord se laver les mains avec un peu d'eau salée et aussitôt après avec de l'hyposulfite de soude.

dans un endroit sec. L'emploi de l'acide citrique et de tous les acides en général a l'inconvénient d'altérer l'encollage du papier, de le rendre très mou et facile à déchirer, surtout pour les grandes dimensions.

2° On a conseillé de préparer le papier suivant les formules ordinaires et, avant qu'il soit sec, de le faire flotter de nouveau, mais seulement par le côté opposé à celui de l'albumine, sur un bain très faible d'acide chlorhydrique, ce qui revient à décomposer le nitrate d'argent, par l'imbibition de l'acide, en formant du chlorure d'argent et mettant en liberté l'acide nitrique qui agira sur l'encollage comme nous venons de le dire.

Autre formule indiquée par M. Léon Vidal dans la *Photographie des débutants :*

On fait dissoudre 30gr de gomme arabique dans un litre d'eau, on ajoute :

	gr
Acide citrique	20
Acide tartrique	20
Acide chlorhydrique	20

On applique sur ce bain l'envers de la feuille déjà nitratée comme il est dit ci-dessus, on la relève après cinq minutes, et on laisse sécher.

Nous rappellerons que tous les acides libres altèrent rapidement la cellulose du papier et la transforment en hydrocellulose friable (Aimé Girard). Les papiers conservés par une réaction acide seront donc altérés dans leurs fibres mêmes plus ou moins rapidement.

Van Monckhoven a conseillé d'ajouter au bain d'argent une forte proportion d'un sel neutre, le nitrate de magnésie ; il donne la formule :

3° Eau	100cc
Nitrate d'argent	12gr
Nitrate de magnésie	12gr

Ce bain servira jusqu'à épuisement, à la condition de le remonter de 2gr de nitrate d'argent pour chaque grande feuille $0,44 \times 0,57$ sensibilisée. On n'ajoutera de nitrate de magnésie qu'autant qu'on ramènerait le bain à son volume premier après l'avoir remonté, ce qui équivaut à faire une nouvelle préparation en suivant exactement la formule 3°.

57. *Soins à donner aux bains d'argent.* — Le bain d'argent qui sert à sensibiliser le papier positif, surtout le papier albuminé, réagit sur l'albumine, sur l'encollage, sur le chlorure soluble, et il subit l'influence de ces différents corps. Les matières organiques, telles que l'albumine, et celles qui forment l'encollage donnent souvent à la solution de nitrate d'argent une coloration brune dont l'intensité varie avec les qualités des papiers albuminés. Si l'on a suivi la formule que nous avons donnée (52), cette coloration disparaît rapidement, surtout à la lumière, parce que le bain a une réaction légèrement alcaline due au carbonate d'argent; elle se maintient, au contraire, beaucoup plus longtemps lorsque le bain est acide : il est alors nécessaire de le décolorer.

Les moyens de décoloration sont nombreux; le plus généralement employé est l'addition d'une petite quantité de kaolin que l'on dissémine par l'agitation dans toute la masse du liquide : le kaolin s'empare de la matière colorante, on filtre et le bain reprend sa limpidité. On peut aussi y ajouter une minime quantité d'eau salée; il se forme aussitôt du chlorure d'argent qui agit de la même manière que le kaolin. On emploie également une solution d'acide citrique, mais alors la nature du bain est modifiée : il prend une réaction d'autant plus acide que l'addition d'acide citrique est plus souvent renouvelée et la proportion plus considérable. Si la coloration résiste à ces traitements, on ramène le liquide à l'état alcalin par un peu de carbonate de soude et l'on expose au jour; après filtration, on le rend de nouveau acide par quelques gouttes d'acide nitrique, si on préfère l'employer avec cette réaction; lorsque l'action de la lumière ne suffit pas pour amener la décoloration, on le fait bouillir dans une capsule de porcelaine et on le filtre après refroidissement.

Le titre du bain d'argent s'abaisse par la sensibilisation du papier : le chlorure soluble contenu dans chaque feuille se transforme en chlorure d'argent, l'albumine et l'encollage forment une combinaison argentico-organique qui absorbe une certaine quantité de nitrate d'argent; en même temps les nitrates de soude et d'ammoniaque résultant de la double décomposition restent en solution dans le liquide, ainsi que les matières colorantes : ce sont autant de causes d'appauvrissement et d'altération. L'expérience nous a démontré que la sensibilisation d'une main de papier albuminé, de préparation ordinaire, absorbe, tant par combinaison que par imbibition de liquide, environ 100^{gr} de nitrate d'argent, soit 4^{gr} par feuille de $0^{m},44 \times 0^{m},57$, sur lesquels moitié reste à l'état liquide sur la feuille et diminue le volume de la solution, moitié entre en combinaison et en abaisse le titre. On peut utiliser longtemps un même bain en le ramenant à son volume primitif par l'addition d'une solution neuve au même titre que la précédente, à laquelle on ajoute autant de fois 2^{gr} d'azotate d'argent qu'on a préparé de feuilles. Cette méthode empirique est moins bonne que celle qui consiste à titrer le bain en recourant à l'analyse telle que nous l'indiquerons plus loin; nous rejetons d'une manière absolue les indications données par l'aréomètre ou le pèse-sel, indications qui sont toujours erronées avec un bain ancien. L'aréomètre, en effet, n'indique que la densité; or celle d'un vieux bain d'argent n'est pas due seulement à la quantité d'azotate d'argent qu'il contient en solution, mais aussi aux diverses substances que les préparations successives y ont apportées.

Ces substances, qui s'accumulent dans le bain à mesure qu'on le remonte pour le maintenir plus longtemps en usage, finissent par en altérer la qualité, et il arrive un moment où un très vieux bain donne des épreuves molles, inférieures à celles que l'on obtiendrait en faisant usage d'une solution neuve. On ne doit pas hésiter alors à précipiter tout l'argent à l'état de chlorure, au moyen d'une solution de sel commun que l'on ajoute peu à peu en agitant jusqu'à ce que le liquide surnageant ne se trouble plus par une addition nouvelle ; on recueille ce précipité de chlorure d'argent sur un filtre et on le met aux résidus; le liquide qui s'écoule ne contient plus d'argent s'il ne se trouble pas par l'eau salée : on le laisse perdre.

58. **Exposition.** — Avant de commencer l'exposition sous le cliché pour obtenir l'épreuve positive, on examine le négatif, on le nettoie au dos avec un tampon de coton mouillé d'alcool ou d'ammoniaque pour enlever les taches de vernis ou de graisse, avec de

l'eau pour enlever celles de gélatine; on le prépare comme nous l'avons indiqué à l'article *Retouche des clichés* (t. I, 104); on nettoie également la face et le revers de la glace du châssis positif. Ce châssis se compose d'un fort cadre en bois dans la feuillure du-

Fig. 13.

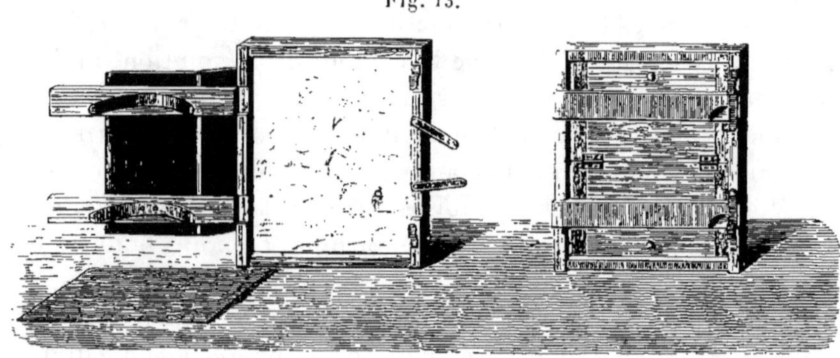

quel est placée une glace épaisse; une planchette brisée à charnières et garnie de drap noir appuie sur la glace, sur les clichés et sur le papier sensible; un contact un peu énergique est maintenu par des barres à ressorts ou à vis de pression qui font corps avec le cadre; ces barres se rabattent sur la planchette brisée et sont fixées dans leur position, d'un côté par des charnières et, de l'autre, par des taquets mobiles : la simple inspection de la *fig.* 13 suffit pour faire comprendre cette construction.

On place le châssis ouvert dans une pièce qui ne soit pas éclairée par un jour trop vif; on applique le dos du cliché contre la glace, le côté de l'image étant tourné vers l'opérateur; puis sur ce cliché on place le papier préparé et coupé de grandeur (il est bon que le papier dépasse un peu le négatif, au moins d'un côté, afin d'avoir une marge sur laquelle porteront les doigts dans les manipulations suivantes); on étend sur le papier quelques feuilles de buvard et l'on superpose un morceau de molleton ou de feutre pour mieux ménager une pression régulière; on place sur le tout la planchette brisée et l'on ferme les barres dont les ressorts assurent un contact suffisant entre la face du négatif et le papier sensible. En plaçant le cliché dans le châssis, il est bon de faire correspondre la partie la plus importante de l'image, la plus intéressante à surveiller, telle, par exemple, la tête d'un portrait, avec le haut de la planchette brisée, de telle sorte qu'en ouvrant la moitié du châssis et en soulevant le côté correspondant de la planchette, on puisse examiner facilement cette partie de l'image. Le châssis étant fermé, on regarde si le papier ne fait pas de plis, s'il se superpose immédiatement au cliché; sinon, toutes les parties soulevées viendraient floues dans l'épreuve positive.

L'exposition se fait toujours en pleine lumière du jour, soit à l'ombre, soit au soleil. Si le cliché est trop uniforme dans ses effets, on exposera à la lumière diffuse dont on diminuera même l'action, s'il le faut, par l'interposition d'un verre dépoli ou d'un papier dioptrique; si, au contraire, le cliché a des contrastes très accentués entre les clairs et les ombres, on recherchera la lumière vive, même celle du soleil, qui pourra percer des opacités contre lesquelles la lumière diffuse ne pourrait agir. Souvent aussi on adoucit les contrastes exagérés que donneraient des clichés trop durs, en commençant par exposer le papier seul en pleine lumière pendant quelques secondes, jusqu'à ce qu'il ait pris une légère teinte générale, et on le met ensuite sous l'épreuve négative : le résultat est une image sur papier n'ayant plus la crudité des grands blancs.

La première question de l'opérateur novice se renouvelle ici. Quelle est la durée de l'exposition? Nous ferons la même réponse que pour toutes les opérations photographiques qui dépendent de la lumière : il est impossible de déterminer ce temps puisqu'il varie suivant l'intensité lumineuse, la transparence du cliché, la sensibilité du papier, la nature du sujet, le goût et l'intention de l'opérateur qui peut désirer une image plus ou moins foncée. Il peut y avoir pour un même cliché une différence de dix minutes à un jour; il n'est donc pas possible de donner des règles certaines, l'examen réitéré peut seul indiquer quand l'épreuve positive est au point voulu.

Déjà l'on peut suivre la marche de l'action lumineuse sur les marges qui débordent le cliché : le papier se colore en prenant successivement les teintes lilas, brique, mordorée. Ces marges doivent être de couleur très foncée avant qu'il soit nécessaire de consulter à quel point en est l'image. Lorsqu'on pense qu'il y a lieu de le faire, on rapporte le châssis à une faible lumière diffuse et on n'ouvre qu'une seule des barres de pression, on soulève la partie de la planchette rendue mobile et, relevant la partie correspondante de la feuille positive, on regarde à quelle valeur de ton est arrivée l'impression de l'image; les opérations de tirage et de fixage devant l'éclaircir notablement, on la tirera toujours plus foncée qu'elle ne doit rester. Si l'épreuve n'a pas encore atteint la vigueur nécessaire, on laisse retomber le papier positif qui, maintenu par la partie non ouverte, reprend exactement sa place primitive; les papiers et molleton qui forment coussins retombent également avec la partie de la planchette; on ferme de nouveau le châssis et l'on recommence l'exposition.

Quelquefois, sous l'influence de températures élevées et surtout des rayons ardents du soleil, l'albumine se dessèche énergiquement. Tant qu'elle est maintenue dans le châssis fermé, elle ne bouge pas; mais, aussitôt qu'il est ouvert, elle se contracte sur elle-même, la feuille de papier rétrécie ne prend plus son repérage exact, l'image est doublée et perdue. Dans ces conditions, on évite l'exposition en plein soleil et l'on a recours à l'actinomètre [1] ou photomètre.

L'examen successif et plusieurs fois renouvelé de chaque épreuve est une occupation fatigante. Il serait plus commode de ne rentrer le châssis et de ne l'ouvrir qu'une seule fois lorsque l'impression est terminée, ce que l'on peut obtenir facilement par l'emploi d'un actinomètre, soit que l'on utilise l'échelle du sensitomètre de M. Warnercke, soit que l'on construise celui que nous avons indiqué avec des bandes superposées de papier dioptrique. On place sous l'actinomètre un fragment de ce même papier sensible qui sert au tirage des épreuves; par un ou deux essais on connaît à quel numéro de l'instrument correspond l'image suffisamment venue; on note ce numéro sur le négatif et il suffit alors d'exposer en même temps les châssis et l'actinomètre. A mesure que les numéros de ce dernier indiquent un temps de pose suffisant, on rentre les châssis correspondants; on arrive ainsi à une

---

[1] Nous rappelons que nous avons exprimé le désir que le nom de *photomètre* fût laissé aux instruments qui mesurent l'intensité de la lumière, et celui d'*actinomètre* à ceux qui en mesurent l'activité chimique.

très grande régularité dans les tirages, puisqu'on opère avec les mêmes réactifs, sous la même lumière et dans des conditions identiques.

L'image sortant du châssis doit avoir une belle couleur violacée; si cette couleur tire trop sur le rouge, c'est que le chlorure d'argent n'est pas en quantité suffisante et que la combinaison avec l'albumine et avec l'encollage prédomine, ou que le bain d'argent est trop acide. On corrigera ce défaut en employant les fumigations ammoniacales avant l'exposition, en neutralisant l'acidité du bain pour les préparations suivantes, en recherchant des papiers mieux préparés. La coloration finale des épreuves positives est le plus souvent une question de mode; on exige des images tantôt rouges, tantôt noires, tantôt violacées; on utilisera les données ci-dessus pour répondre, si on le veut, à l'engouement du public.

Les positives terminées seront toutes réunies dans une boîte, et c'est seulement après le tirage de la journée que l'on procédera aux opérations de virage et de fixage.

59. **Action de la lumière sur la surface sensible.** — Nous avons expliqué que le papier doit sa sensibilité au chlorure d'argent et aux combinaisons du nitrate d'argent avec l'albumine, avec l'encollage et même avec la fibre du papier. Aussitôt après la préparation, ces divers composés sont parfaitement blancs, mais si nous faisons intervenir la lumière, ils se colorent; cette coloration est due à un phénomène de réduction, c'est-à-dire à un retour du composé argentique vers l'état métallique. On admet généralement qu'à mesure qu'il noircit le chlorure d'argent perd la moitié du chlore avec lequel il était combiné et se transforme en sous-chlorure d'argent violet. Cette théorie, qui peut être vraie lorsqu'il s'agit du chlorure d'argent absolument pur, bien que nos expériences avec M. Girard nous aient démontré que, dans ces conditions, on obtient aussi de l'argent réduit, ne l'est certainement pas dans les conditions pratiques du tirage des épreuves positives, puisque dans ce cas on est généralement en présence d'un excès de nitrate d'argent. Le sous-chlorure d'argent n'est qu'à l'état transitoire, s'il existe; car la réduction opérée par la lumière est, selon nous, plus profonde : l'argent passe à l'état métallique, tandis que

le chlore dégagé, se trouvant en présence d'un excès de nitrate d'argent, forme successivement de nouvelles proportions de chlorure sur lesquelles la lumière continue d'exercer son action. Ces décompositions et recompositions expliquent facilement pourquoi on obtient des noirs plus profonds s'il se trouve dans le papier un sel d'argent facilement décomposable par le chlore, et pourquoi, au contraire, les épreuves restent pauvres lorsqu'on opère sur du chlorure d'argent non mélangé de nitrate.

Les composés argentico-organiques forment une espèce de laque à laquelle la lumière donne une riche coloration, probablement par suite de l'extrême division du composé argentique réduit. Ici encore, on doit croire que cette réduction se rapproche beaucoup de l'état métallique, si elle n'est complète, puisque dans le bain de virage il s'opère une substitution et que l'or y vient prendre la place de l'argent. Toutefois, comme nous ne savons pas encore exactement quelle est la composition de ces combinaisons organico-métalliques avant et après l'insolation, nous ne pouvons être aussi affirmatif que pour le chlorure d'argent.

60. **Virage.** — L'agréable coloration que possède le plus souvent l'épreuve au sortir du châssis positif disparaît au lavage et au fixage, la teinte violacée est remplacée par une couleur jaune rougeâtre désagréable ; on a cherché et trouvé divers moyens de modifier cette dernière couleur par une réaction chimique à laquelle on a donné le nom de *virage*. Parmi les divers modes de virage, un seul est actuellement employé : c'est celui qui, basé sur les substitutions métalliques, remplace une partie de l'argent libre ou combiné formant l'image par une quantité d'or équivalente.

Les formules de bain d'or pour virage sont excessivement nombreuses ; chaque opérateur a pour ainsi dire la sienne ou son mode d'emploi, mais toutes se résument en ce même principe (1) : faire une solution très étendue d'un perchlorure d'or, depuis 1^{lit} jusqu'à 3^{lit} d'eau pour 1^{gr} du sel d'or, et additionner cette solution d'un autre composé pouvant absorber du chlore et ramener le persel

(1) DAVANNE et AIMÉ GIRARD, *Recherches sur les épreuves photographiques positives*; 1864. Paris, Gauthier-Villars.

d'or à l'état de protosel : la craie, l'acétate de soude, le phosphate de soude, le borate de soude, une minime quantité de carbonate de soude, etc., etc., remplissent ces conditions surtout, pour les premiers, lorsqu'ils sont aidés par l'action du temps, de la chaleur et de la lumière. Nous ne donnerons que quelques-unes de ces formules.

61. *Formules diverses.* — Celle que nous préférons, après les recherches faites en commun avec M. A. Girard, est basée sur l'emploi de la craie. Elle est très simple, peut-être même est-ce à cause de cette simplicité qu'elle n'a pas été adoptée d'une manière générale.

Première formule.

Eau distillée ou de pluie........................	1^{lit} à 3^{lit}
Chlorure double d'or et de potassium.............	1^{gr}
Blanc d'Espagne (carbonate de chaux) en poudre...	4^{gr} à 5^{gr}

On agite de manière à disséminer le blanc d'Espagne dans toute la masse, et sans filtrer on laisse reposer jusqu'au lendemain ; le liquide perd sa couleur jaune clair et devient presque incolore ; le persel d'or coloré se transforme en protosel : à cet état, il est bon pour le virage.

Si l'on fait la préparation le matin même du tirage des épreuves positives, on mettra le flacon pendant deux ou trois heures en pleine lumière pour activer la réduction. Si, par oubli ou pour toute autre cause, le bain de virage n'est pas prêt au moment de l'utiliser, on met le quart du volume d'eau dans une capsule de porcelaine ; on y ajoute la totalité du chlorure double d'or et de potassium et de la craie en poudre que l'on doit employer ; on chauffe vers 100° en remuant le mélange avec un agitateur jusqu'à décoloration très sensible du liquide ; on ajoute alors les trois quarts d'eau restants ; la température est immédiatement abaissée ; après quelques instants de repos, on décante ou l'on filtre le liquide, et le bain est prêt à servir.

Si la dose a été portée à 1^{gr} de sel d'or pour 1^{lit} d'eau, les épreuves plongées dans le liquide vireront rapidement, il suffira de quelques secondes ; on ne devra donc en mettre qu'un petit nombre dans le bain et les surveiller attentivement. Si l'on veut agir plus lentement, ce qui est plus commode, on doublera ou triplera le volume d'eau pour la même quantité d'or.

La craie à employer est celle qui constitue le blanc d'Espagne que l'on trouve en gros pains chez tous les épiciers et marchands de couleurs; une dépense de $0^{fr},15$ fournit la quantité nécessaire pour plusieurs années. La craie en bâtons, destinée à l'écriture sur les tableaux noirs de l'enseignement, est trop compacte et d'un moins bon usage.

Le perchlorure double d'or et de potassium est un sel qui se présente en cristaux nets, séparés et secs; il est préférable au chlorure double d'or et de sodium qui est plus hygrométrique. Le produit appelé simplement *chlorure d'or* est un composé acide, toujours impur, très déliquescent; il est préférable de ne pas l'employer.

Deuxième formule (*due à l'abbé Laborde*).

	gr
Eau distillée ou de pluie....................	1000
Acétate de soude *fondu*....................	30
Chlorure double d'or et de potassium........	1

Ajoutez l'or lorsque l'acétate de soude est dissous et abandonnez la préparation à elle-même pendant quelques heures jusqu'à décoloration. Un bain déjà un peu ancien agit moins rapidement, mais donne encore de bons résultats.

Il est nécessaire d'employer l'acétate de soude fondu au feu; cette sorte se trouve toute prête dans le commerce. L'acétate de soude simplement cristallisé renferme souvent des impuretés qui précipitent l'or immédiatement en donnant au bain une coloration brune; au contraire, avec l'acétate fondu le bain d'or prend rapidement ses bonnes qualités : on peut admettre que la fusion détruit les substances réductrices de l'or et qu'il se forme en même temps de petites quantités de carbonate de soude, dont l'action se fait aussitôt sentir sur le sel d'or.

Troisième formule (*due à M. Maxwell Lyte*).

	gr
Eau distillée ou de pluie..................	1000
Phosphate de soude (ou borate de soude)..	20
Perchlorure double d'or et de potassium....	1

Nous croyons inutile de donner un plus grand nombre de formules : on trouvera des variantes multiples des trois précédentes dans les divers Traités de Photographie. L'opérateur doit parfaitement réussir avec l'une quelconque de celles indiquées ci-dessus.

Nous rejetons d'une manière absolue toutes les formules de virage qui seraient basées sur une sulfuration de l'argent ; telles sont celles qui pourraient amener une décomposition de l'hyposulfite de soude. On obtient ainsi, il est vrai, rapidement et économiquement, des images avec des tons agréables ; mais il suffit de quelques mois, même de quelques jours, pour que les épreuves s'altèrent complètement.

Beaucoup d'opérateurs trouvent préférable de ne préparer que la quantité de bain de virage utilisable pour le travail de la journée ; mais, le sel d'or étant presque toujours livré par petits flacons d'un gramme, il serait nécessaire de faire des pesées méticuleuses, si l'on ne procédait plus simplement en préparant de suite une liqueur mère contenant 1^{gr} de sel d'or pour 100^{cc} d'eau distillée : chaque centimètre cube égalant un centigramme, il devient facile de remplacer la pesée par la mesure. On n'ajoutera aucune autre substance dans cette solution mère.

62. Le bain de virage étant prêt, on prend deux ou trois cuvettes bien propres ne servant jamais pour l'hyposulfite de soude, afin d'éviter des taches irrémédiables ; dans l'une on filtre ou l'on décante le bain d'or, dans les deux autres on verse abondamment de l'eau ordinaire. On place ces bains dans la partie la moins claire d'une pièce recevant une bonne lumière diffuse, car on ne peut juger convenablement le virage avec une lumière artificielle ou une lumière colorée ; on prend ensuite les épreuves une à une, on les immerge successivement dans les cuvettes contenant l'eau ordinaire, de manière à les bien laver à deux eaux, et on les passe ensuite dans le bain de virage, dont on suit l'action. On voit la coloration se modifier plus ou moins vite suivant la quantité d'or contenue dans le bain : la teinte briquetée passe au rouge, au violacé, au noir bleuâtre. Au moment où l'épreuve a pris la teinte que l'on désire, on la retire, on l'égoutte, on la met dans une cuvette pleine d'eau fraîche. Lorsque toutes les épreuves sont virées, on procède au fixage.

Si le papier positif a été sensibilisé sur un bain de nitrate d'argent acide, le virage est plus difficile; il a une tendance à rester rouge. Il est préférable d'anéantir cette acidité en mettant un peu de bicarbonate de soude dans la deuxième eau de lavage qui précède le virage, et de procéder à un troisième lavage pour enlever cet excès d'alcalinité avant de passer les épreuves dans le bain d'or.

Chaque épreuve qui passe dans le bain de virage lui enlève une petite quantité d'or, environ $0^{gr},04$ à $0^{gr},05$ pour la surface d'une feuille entière $0,44 \times 0,57$; le bain est seulement appauvri, mais non sensiblement modifié dans sa composition (le chlore qui était combiné à l'or se porte sur l'argent, qu'il transforme en chlorure), et il suffira de lui restituer approximativement la quantité de chlorure d'or qu'il a perdu pour le ramener à son état primitif. Il sera de nouveau prêt à servir lorsqu'il aura perdu la couleur jaune que lui a rendue l'addition du perchlorure d'or.

Un même bain d'or, particulièrement celui de notre première formule, pourrait donc servir indéfiniment, et, en fait, nous avons eu des bains d'or à la craie qui ont marché pendant plus de dix-huit mois, à la condition de prendre les soins suivants :

Après le virage des épreuves, on remet le bain dans son flacon où on l'abandonne jusqu'à nouvel emploi, il continue de s'appauvrir un peu au contact de la craie; le matin ou la veille du jour où l'on veut faire un nouveau tirage et virer des épreuves, on agite le liquide et l'on en prélève la quantité nécessaire pour le nombre de feuilles préparées; on y ajoute $0^{gr},05$ de chlorure double d'or par grande feuille, ce qui est facile lorsqu'on a fait une solution mère à 1^{gr} pour 100^{cc} d'eau, et l'on met ce bain en plein jour : il sera prêt pour le travail de l'après-midi.

63. **Virage aux sulfocyanures alcalins.** — On emploie quelquefois les virages au sulfocyanure d'ammonium ou de potassium; ils donnent souvent aux épreuves deux teintes se dégradant l'une vers l'autre. Les parties foncées prennent une coloration bleue, tandis que les demi-tons restent rosés. La formule est :

	gr
Eau	1000
Sulfocyanure d'ammonium ou de potassium..	15
Chlorure double d'or et de potassium	1

Le chlorure d'or est préalablement dissous dans 10^{cc} à 20^{cc} d'eau distillée, et versé goutte à goutte dans le sulfocyanure, en agitant.

Une autre formule indique l'adjonction d'un gramme d'hyposulfite de soude au sulfocyanure d'ammonium; nous pensons, au contraire, qu'on doit s'en abstenir complètement. On aura également soin de ne pas se servir de cuvettes dans lesquelles il y aurait eu de l'hyposulfite de soude pour y mettre les solutions de sulfocyanure, car la décomposition sulfurante se ferait sentir sur les épreuves, qui prendraient un ton jaunâtre désagréable.

Ce bain de virage est loin d'être suffisamment concentré pour fixer les épreuves : il faudra les passer ensuite dans une solution de sulfocyanure à 40 pour 100 (*voir* 65).

64. Fixage. — Le fixage est l'opération qui a pour but d'anéantir la sensibilité des feuilles qui portent l'image. Ces feuilles, bien qu'ayant subi les opérations qui précèdent, sont encore altérables par la lumière, car le chlorure d'argent et les composés argentico-organiques n'ont pas été éliminés; ils se teinteraient rapidement au jour, et l'image disparaîtrait.

Théoriquement, on pourrait employer pour le fixage tous les réactifs qui dissolvent le chlorure d'argent, tels que l'ammoniaque, les hyposulfites, les sulfites, les sulfocyanures et les cyanures alcalins, mais la pratique a démontré que les meilleurs résultats avaient été obtenus jusqu'ici avec l'hyposulfite de soude, généralement adopté, et remplacé quelquefois par les sulfocyanures.

64 *bis*. Emploi de l'hyposulfite de soude. — Le bain de fixage employé est composé de :

Eau ordinaire	1000^{gr}
Hyposulfite de soude	200^{gr}

On fait à l'avance une abondante provision de cette solution, que l'on trouve ainsi toujours prête au moment nécessaire. Elle ne s'altère pas avec le temps; mais, pour des raisons que nous expliquons plus loin, un bain d'hyposulfite de soude ne sert qu'une fois : son prix très peu élevé, à peine $0^{fr},10$ le litre, permet de l'employer abondamment sans parcimonie. Lorsqu'il a servi on le met aux résidus pour retirer la quantité d'argent assez considérable qu'il a enlevée aux épreuves.

L'opération du fixage est très simple; cependant elle demande quelques précautions qu'on ne peut négliger, sous peine de taches indélébiles sur les épreuves. On doit éviter que la moindre trace d'hyposulfite de soude vienne au contact des feuilles avant de les immerger dans le bain de fixage. Toutes les fois, en effet, qu'il y a un peu d'hyposulfite de soude, quelque minime qu'en soit la quantité, en présence d'un *excès* de sel d'argent, il se produit une décomposition rapide; il y a formation de sulfure d'argent brun ou noir, et l'épreuve est perdue; si, au contraire, l'hyposulfite de soude est en excès sur le sel d'argent, celui-ci est dissous et, le sulfure ne se formant pas, les taches ne sont plus à craindre.

L'opérateur, après avoir préparé le bain de fixage dans la cuvette, se lavera les mains et, seulement alors, il prendra une à une les épreuves à fixer; il les égouttera et les immergera successivement dans l'hyposulfite de soude, en s'aidant d'un pinceau ou d'un triangle de verre pour faciliter l'immersion, et en prenant soin que le liquide ne touche pas ses mains : si cela arrivait, il les laverait de nouveau avant de prendre d'autres épreuves.

Pour la même raison, le bain sera abondant, de sorte que les feuilles puissent y nager librement sans s'arrêter les unes sur les autres et sans interposition de bulles d'air; en effet, si les épreuves se collaient les unes sur les autres, ou s'il y avait des bulles d'air interposées, le liquide fixateur n'y serait plus en excès et il se ferait des taches.

Aussitôt que l'épreuve positive est plongée dans l'hyposulfite de soude, la riche coloration du virage se modifie, elle revient plus ou moins vers la teinte rouge suivant la nature du papier; mais bientôt elle reprend son premier aspect.

La durée du fixage varie suivant la quantité du chlorure d'argent contenu dans le papier, la concentration du bain d'hyposulfite de soude, la température du liquide. Il suffit généralement de dix minutes. Il est facile de se rendre compte si l'opération est terminée : on examine la feuille au jour par transparence, elle ne doit montrer ni parties opaques ni points qui seraient dus au chlorure d'argent non dissous. Si ces parties opaques existent encore, on se hâte de remettre l'épreuve dans le bain de fixage ; car, si on la lavait en cet état, le sel d'argent restant ne serait plus en présence d'un excès d'hyposulfite de soude ; la décomposition produisant un sulfure coloré se ferait aussitôt, l'image prendrait une apparence poivrée et serait perdue.

Lorsqu'on est certain que le fixage est terminé, on reprend les feuilles une à une, on les égoutte et on les porte au lavage. On peut faire servir un même bain d'hyposulfite de soude pour deux ou trois fixages successifs et immédiats, surtout si la quantité de liquide est considérable (1^{lit} au titre indiqué de 20 pour 100 est suffisant pour 6 à 8 grandes feuilles), mais on ne conservera pas le bain pour l'utiliser les jours suivants, n'eût-il servi à fixer qu'un petit nombre d'épreuves ; car, sous l'influence des sels d'argent qu'il a dissous, il change de nature, il devient sulfurant, et les épreuves qu'on y fixerait seraient exposées à une rapide détérioration.

65. Fixage aux sulfocyanures alcalins. — Pour éliminer les causes d'altération des épreuves résultant de l'emploi de l'hyposulfite de soude, M. Meynier (de Marseille) a proposé de le remplacer par les sulfocyanures de potassium ou d'ammonium, qui, à l'état très concentré, dissolvent les sels d'argent et peuvent servir de fixateurs. On prépare une solution à la dose de :

Eau....................................	1000^{cc}
Sulfocyanure d'ammonium..................	400^{gr}

L'immersion dans ce bain donne à l'épreuve un ton rouge, qui ne tarde pas à se modifier pour revenir à la coloration première du virage ; après dix minutes on examine par transparence, comme pour le fixage à l'hyposulfite de soude, si tout le chlorure d'argent a été dissous, puis on passe chaque feuille fixée dans un large bain d'eau. Il se produit alors dans l'eau de lavage et, par conséquent, dans la pâte même du papier, un abondant précipité blanc de sulfocyanure d'argent, celui-ci n'étant plus soluble dans les solutions étendues ; comme ce corps est sensible à la lumière qui le teinterait en noir, il est important d'en débarrasser les épreuves par un second fixage de quelques minutes dans un bain neuf au même titre de sulfocyanure d'ammonium, suivi de la série des lavages nécessaires. Le premier bain est mis aux résidus : il suffit de l'additionner d'eau pour précipiter tout l'argent qu'il contient; le second bain remplacera le premier dans la prochaine opération.

Les sulfocyanures alcalins ont l'avantage de former avec les composés argentiques des combinaisons beaucoup plus stables que celles résultant de l'emploi de l'hyposulfite de soude et de ne pas présenter les mêmes dangers de sulfuration; mais le prix encore élevé de ces produits, la concentration forcée des solutions, la nécessité de faire usage de deux bains successifs, sont des complications qui, jusqu'à ce jour, ont empêché l'adoption de ces procédés.

66. **Lavage.** — Il est absolument nécessaire d'éliminer par un lavage parfait tout l'hyposulfite de soude qui imprègne les feuilles et dont les moindres traces seraient une cause de prochaine destruction des épreuves. Les lavages sont faits à grande eau, très fréquemment renouvelée, dans de larges bassines. Une méthode théorique excellente serait de maintenir les épreuves en agitation constante dans de l'eau courante; mais, dans la pratique, l'application de cette méthode est difficile : si l'on se borne à faire passer un courant d'eau dans une bassine, les feuilles, d'abord agitées, ne tardent pas à se coller les unes sur les autres et l'eau passe sans les séparer, donc sans les laver. Le système le plus simple et le plus pratique pour les amateurs est d'avoir deux cuvettes dans lesquelles on fait passer alternativement les épreuves de demi-heure en demi-heure, en renouvelant l'eau chaque fois; après sept ou huit changements, l'élimination de l'hyposulfite de soude est presque toujours complète; il est facile de s'en assurer, et l'on ne cessera le lavage qu'après avoir fait l'expérience suivante :

On déverse et l'on jette à l'évier l'eau de la cuvette, en maintenant les épreuves sur le fond; on recueille dans une petite capsule ou dans une soucoupe de porcelaine blanche les dernières gouttes résultant de la pression qu'elles font les unes sur les autres, et l'on projette dans cette eau quelques grains de nitrate d'argent. On a préparé à cet effet un petit flacon dans lequel on a mis 1^{gr} ou 2^{gr} de nitrate d'argent en poudre; cette provision est suffisante pour plusieurs centaines d'essais. Sans agiter, on regarde le fond de la capsule. S'il reste des traces d'hyposulfite de soude, ce sel est rapidement décomposé ; car, quelque peu qu'on ait mis d'argent, ce dernier est en excès sur le point où il se dissout ; la sulfuration se produit aussitôt, et chaque grain de nitrate d'argent s'entoure d'une auréole d'abord jaunâtre, qui fonce de plus en plus. Cette réaction très nette accuse facilement 3^{mgr} à 4^{mgr} d'hyposulfite de soude pour 1^{lit} d'eau.

Si la coloration ne se montre pas, les épreuves sont suffisamment lavées ; on les passe à une dernière eau et on les fait sécher.

67. **Séchage.** — Le séchage des épreuves demande quelques précautions. On peut les sécher à l'air libre en tendant une ficelle sur laquelle on les pique l'une après l'autre, en retournant un coin du papier que l'on traverse avec une épingle ; ou en plaçant à cheval sur la ficelle quelques doubles de buvard sur lesquels on pose les épreuves. Ces deux moyens ont l'inconvénient de laisser les feuilles s'enrouler par la contraction de l'albumine ; on a ensuite beaucoup de peine à les rendre planes lorsqu'on veut les couper. Nous préférons employer des cahiers de gros buvard blanc qui ne servent qu'à cette opération ; chaque épreuve est égouttée, mise à plat entre deux feuilles de buvard. Lorsque toutes ont été ainsi épongées, on les met de la même manière dans un second cahier, et le lendemain on les retrouve sèches, planes et prêtes pour le coupage et le collage. Si l'on est pressé, on change rapidement trois ou quatre fois de buvard. On aura la précaution, même après les avoir mises les unes sur les autres, de les conserver à plat.

68. **Altération des épreuves.** — L'expérience a malheureusement prouvé que peu d'épreuves positives obtenues sur papier par les procédés au chlorure d'argent dont nous venons de donner la description résistent à l'action du temps. Celles qui ont été faites avec tous les soins qu'on devrait y apporter s'altèrent moins rapidement, mais on ne peut leur assurer une conservation indéfinie. Il est difficile de les défendre contre de nombreux agents destructeurs, qui sont surtout : le soufre et les composés sulfurés, les composés chlorés, l'humidité, etc. Les quantités d'argent qui constituent l'image sont très faibles, surtout dans les demi-teintes légères, qui

s'effacent les premières; il suffit pour les détruire de quantités aussi faibles d'agents destructeurs. Or l'atmosphère contient toujours de l'acide sulfhydrique, des sulfures, de l'humidité, du chlorure de sodium, même à de grandes distances de la mer; l'épreuve elle-même garde souvent de minimes traces d'hyposulfite de soude; les cartons, les bristols, par le seul fait de la fabrication, contiennent des impuretés et, à coup sûr, des combinaisons chlorées, par suite du blanchiment des pâtes. Ces agents se condensent dans la texture poreuse du papier; or, si nous pouvons porter tous les soins nécessaires sur la préparation de l'épreuve, nous ne saurions ensuite la défendre contre ces causes de destruction qui l'entourent de toutes parts. Aussi, toutes les fois qu'il s'agira de collections artistiques ou scientifiques importantes et d'épreuves auxquelles on désire assurer une longue conservation, on emploiera les procédés, décrits plus loin, de la photographie inaltérable, soit au charbon, soit à l'encre grasse, réservant les tirages au chlorure d'argent pour celles auxquelles peut suffire la durée de quelques dizaines d'années.

69. **Taches et accidents.** — Pendant la série des opérations de sensibilisation, de virage et de fixage, et souvent même lorsque l'épreuve est terminée, on constate une série d'insuccès, de taches, de défauts dont nous avons déjà indiqué les principales causes en expliquant les opérations. Nous les réunissons ici dans un même paragraphe.

Certaines causes de taches dépendent de la fabrication même du papier. Ce sont surtout les points blancs avec un petit noyau central noir, souvent microscopique, ou des comètes avec arborescences d'argent réduit rayonnant autour du point central; on rejettera le papier qui présentera un trop grand nombre de ces accidents dus aux particules métalliques : il n'y a aucun autre remède. Nous avons expliqué ci-dessus (48) la provenance de ces particules. Quelquefois la comète part du point de suspension de la feuille lors du séchage après la sensibilisation; elle provient de la réduction du nitrate d'argent qui mouille la feuille par le métal de l'épingle qui la soutient. On fera donc usage d'épingles noires vernies que l'on rejettera dès que ce défaut apparaîtra, ou mieux, avec un petit double de buvard pincé entre les doigts, on épongera le coin de la feuille mouillée avant de la suspendre : la réduction se fera encore autour de la piqûre, mais la tache ne s'étendra plus dans le sens de l'écoulement du liquide.

Si les points blancs ne se sont pas montrés après le fixage et le séchage et s'ils viennent seulement quelques jours après le collage sur bristol, c'est qu'il y a des particules métalliques microscopiques soit sur les bristols, soit sur les papiers servant à éponger après le collage. Ces particules proviennent le plus souvent des lettres ou des filets dits *dorés* qui servent à l'ornementation du bristol et qui sont imprimés par saupoudrage ; alors, non seulement les bristols, mais tous les papiers qui les touchent, en sont remplis, et ces molécules métalliques agissent aussi bien à travers le papier positif que sur l'épreuve même.

Si l'albumine est de mauvaise qualité, on constate souvent une difficulté de virage qui se traduit sur l'épreuve sèche par un picotage général de points plus rouges que le fond, donnant comme l'aspect d'une rougeole : on devra changer le papier.

Les fils irisés ou les plaques métalliques de même aspect, que l'on trouve sur l'image, proviennent de temps d'arrêt lors de la sensibilisation de la feuille albuminée sur le bain d'argent, ou de bulles d'air qui se sont résorbées peu à peu. Avec un peu d'attention et d'habileté manuelle, on évitera ces défauts dans les préparations suivantes et l'on atténuera notablement ceux qui existent au moyen de l'encaustique étendue sur l'épreuve montée et terminée.

Quelquefois les premières feuilles préparées sur le bain d'argent sont couvertes de lignes sales moirées : ce sont des réductions qui flottent à la surface du bain et que l'albumine a fixées. Ces réductions peuvent être dues à une cuvette mal nettoyée, à une filtration insuffisante; avec quelques soins il est facile d'éviter cette cause de taches : il suffit de passer une bande de papier sur le liquide, avant de commencer la sensibilisation des feuilles.

Nous avons expliqué que si la quantité de chlorure soluble incorporé à l'albumine est trop minime, celle-ci devient imperméable, comme une toile cirée, par l'action du nitrate d'argent; le liquide ruisselle alors ; il se sépare, en séchant, en veines et en gouttes qui, mal absorbées par le papier, donnent des inégalités de répartition du bain d'argent et se traduisent par des raies et de petites taches ovoïdes. Il suffit d'abaisser le titre du bain d'argent pour que cet accident ne se produise plus, mais souvent alors les images n'ont pas la richesse que donnent les préparations à un titre plus élevé; ce sera le cas d'essayer les fumigations ammoniacales. La conservation du papier albuminé non sensible dans un endroit trop sec produirait, dit-on, également les mêmes défauts; le remède facile serait de laisser le papier passer la nuit à la cave avant de le sensibiliser.

Quelquefois les épreuves sont loin de rendre ce que l'on pouvait légitimement attendre du cliché : elles sont lourdes, sans éclat, sans cette richesse de ton que donne le procédé à l'argent. On peut attribuer cette non-réussite à la mauvaise qualité du papier mal encollé et trop spongieux; mais elle se présente aussi avec des bains d'argent trop vieux et surchargés des matières inutiles qu'y apporte la sensibilisation successive d'un trop grand nombre de feuilles. C'est pour cela que nous n'avons pas voulu recommander de remonter indéfiniment le bain sensibilisateur. Lorsqu'un bain d'argent sera dans ces conditions, on trouvera toujours un grand écart entre son titre réel, donné par l'analyse, et sa densité donnée par l'aréomètre (ou pèse-sel, argentomètre, etc.).

Les épreuves se sont mal comportées au virage : au lieu de prendre la riche teinte habituelle, elles sont rongées, affadiées. Ce défaut provient presque toujours de ce que le bain de virage est dans de mauvaises conditions; le sel d'or est resté à l'état de perchlorure, l'action réductrice des réactifs avec lesquels on le mélange (craie, acétate, borate, phosphate de soude) n'est pas accomplie, il n'a pas été décoloré ou le papier, trop acide, a détruit cette action. Dans le premier cas, on prépare le virage plus longtemps à l'avance; on a recours à la lumière ou même à la chaleur pour activer la réaction. Dans le second cas, on met dans l'eau de lavage qui précède le virage quelque peu de bicarbonate de soude pour saturer l'acidité de la préparation du papier.

Les épreuves portent à la surface ou au dos de sales taches, jaune-sépia, plus ou moins foncées, quelquefois miroitantes, ou même tout le papier est jaune sale. Ces accidents sont dus à coup sûr à de petites quantités d'hyposulfite de soude qui ont réagi sur les composés argentiques avant l'immersion dans le bain de fixage, soit que les lavages aient été faits dans des cuvettes ayant servi à l'hyposulfite de soude dont on enlève difficilement les dernières traces, même par un nettoyage soigné, soit que les doigts aient touché de l'hyposulfite de soude en solution ou en cristaux et se soient ensuite portés sur les feuilles sans lavage préalable, soit qu'une cause quelconque (éclaboussures, etc.) ait apporté une petite quantité d'hyposulfite de soude au contact du papier positif. Nous le répétons : toutes les fois qu'un peu d'hyposulfite de soude arrive au contact d'un excès d'argent, il se produit un hyposulfite d'argent aussitôt décomposé en sulfure jaune ou noir ; il y a tache irrémédiable. Si, au contraire, l'hyposulfite de soude est en excès sur le sel d'argent, il se produit un sel double soluble d'hyposulfite de soude et d'argent, qui, ne se décomposant pas, ne donne pas de taches.

L'épreuve terminée se couvre de points noirs comme si l'on y avait semé du poivre ; le fixage a été incomplet, on ne l'a pas laissé agir pendant un temps suffisant ; ou l'on a cru l'action terminée, alors qu'une température trop basse l'a ralentie ; ou la solution d'hyposulfite de soude était trop faible, ce qui n'arrive jamais si on la fait à 20 pour 100 comme nous l'avons indiqué ; ou encore les épreuves sont restées collées les unes sur les autres dans le bain de fixage, au lieu de nager librement ; ou l'on a voulu fixer un trop grand nombre d'épreuves dans un même bain. Ces diverses causes empêchent la dissolution complète du chlorure d'argent qui, de blanc, devient brun par cette même réaction de l'hyposulfite de soude expliquée plus haut, puisque, par le fait des lavages, il arrive un moment où le sel d'argent est en excès sur l'hyposulfite de soude. D'ailleurs, même en l'absence de cette réaction, le chlorure d'argent resté dans le papier noircirait par la seule action de la lumière.

Quelquefois, en sortant de l'hyposulfite de soude et en passant dans les bains de lavage, toute la surface du papier se couvre de petites ampoules dues au soulèvement de l'albumine ; on dirait volontiers que les épreuves *ont la petite vérole.* Ces ampoules se présentent surtout avec des albumines très brillantes et très desséchées, n'ayant pas une adhérence suffisante avec la surface du papier qu'elles recouvrent. Nous attribuons volontiers cet accident aux mêmes causes qui produisent les raies et les gouttes de nitrate d'argent, à l'imperméabilité de l'albumine, à une trop faible quantité de chlorure soluble et à la sensibilisation sur un bain de nitrate d'argent relativement trop fort; ajoutons, peut-être à un salinage trop énergique du papier et à une albumine trop visqueuse, trop épaisse, ce qui empêche la pénétration du liquide dans les pores et l'adhérence à la surface du papier. A la suite de ces prédispositions, le passage d'une solution concentrée d'hyposulfite de soude dans un bain d'eau ordinaire, d'une densité beaucoup moindre, produit un effet d'endosmose; les vésicules absorbent l'eau sans laisser dégager l'hyposulfite de soude, elles se gonflent et restent gonflées pendant tout le temps du lavage, qui s'opère très mal; après séchage, il ne reste quelquefois plus trace de ces ampoules, mais le plus souvent elles sont encore appréciables par une coloration un peu différente du fond, ou bien elles sont indiquées par une rapide altération de l'image, le lavage n'ayant pu enlever complètement l'hyposulfite de soude.

Il n'est pas facile d'empêcher cette tendance de certains papiers à donner des ampoules. On a proposé le passage des épreuves, préalablement bien égouttées, dans un bain d'alcool après le virage et avant le fixage; l'addition d'alcool dans le bain fixateur, ce qui revient à diminuer sa densité; ou celle d'un peu d'ammoniaque liquide dont le rôle est sans doute de ramollir la couche d'albumine, mais l'alcalinité qui en résulte pour le bain peut modifier le ton de l'image. On pourrait aussi réduire le titre du bain d'hyposulfite de soude de 20 pour 100 à 10 pour 100 et faire passer successivement les épreuves dans un bain à 6 pour 100, puis à 3 pour 100, avant de les immerger dans l'eau pure : on atténuerait ainsi très notablement les ampoules, si l'on n'y portait complètement remède.

70. Économies. — Nous avons dit que chaque feuille de papier albuminé salé enlevait au bain sensibilisateur environ 4^{gr} de nitrate d'argent, tant par combinaison que par imbibition; or l'analyse nous a prouvé (DAVANNE et A. GIRARD) que sur les épreuves terminées il restait au plus 5 pour 100 de l'argent employé; les autres $\frac{95}{100}$ passent dans les bains de fixage et de lavage. Il est facile de récupérer la majeure partie de cet argent en prenant quelques soins pour le recueillir et, lorsqu'on fait des tirages un peu suivis, le rendement des résidus est considérable.

On se procure deux grands vases en grès commun, un peu hauts, du type connu sous le nom de *pots à beurre*. Dans l'un (n° 1) on versera tous les liquides contenant du nitrate d'argent; dans l'autre (n° 2) on réunira les bains d'hyposulfite de soude après le fixage, puis on procédera de la manière suivante pendant le cours des opérations.

Lorsque le bain sensibilisateur est remis dans son flacon, on rince la cuvette avec une première eau que l'on met dans le vase n° 1; on laisse perdre les rinçages suivants. Avec des papiers joseph ou buvards de rebut, on essuie la place de la cuvette, les gouttes tombées sur la table ou sur le sol; on joint à ces papiers les petits morceaux qui ont été pendus au coin inférieur de chaque feuille et l'on met le tout dans un même coin avec les vieux filtres, les rognures provenant des coupages et autres papiers pouvant contenir de l'or et de l'argent.

Le premier lavage des épreuves avant le virage entraîne presque tout le nitrate d'argent libre que contiennent les feuilles; on met également cette eau dans le vase n° 1, on jette les autres eaux de lavage.

Lorsque ce vase n° 1 est presque plein, on y ajoute peu à peu de l'eau salée à 10 pour 100, jusqu'à ce qu'il ne se fasse plus de précipité. Tout l'argent est transformé à l'état de chlorure et tombe au fond : on décante et l'on jette le liquide clair; on recommence la précipitation chaque fois que le vase est de nouveau plein de liquide argentifère. Lorsque la quantité de chlorure d'argent amassée paraît assez considérable, on recueille le précipité sur un filtre, on le laisse sécher pour le traiter ou le faire traiter ainsi qu'il sera expliqué pour les résidus.

D'autre part, le bain d'hyposulfite de soude dissout les sels d'argent insolubles non colorés par la lumière, désormais inutiles et même nuisibles pour l'image; lorsque le fixage est terminé, on met cet hyposulfite de soude dans le vase n° 2. Si l'on veut être très économe, on y ajoute la première eau de lavage, que l'on a soin alors de ne pas faire trop abondante; on met dans ce même pot n° 2 les rinçages et lavages qui ont suivi le virage et qui contiennent quelque peu d'or. On ne peut traiter ces liquides par l'eau salée, l'hyposulfite de soude y est en trop grand excès. On remplace l'eau salée par une dissolution de foie de soufre (pentasulfure de potassium) au titre de 10 pour 100 : l'argent et l'or sont précipités à l'état de sulfures; la quantité de foie de soufre ajoutée est suffisante si le liquide prend une franche odeur sulfhydrique ou si, prélevant un échantillon que l'on filtre dans un verre, le liquide filtré ne donne plus de précipité noir en y ajoutant quelques gouttes de la solution de foie de soufre.

On recueille également les sulfures sur un filtre. Lorsque la quantité en est assez considérable, on les laisse sécher pour être grillés plus tard et traités comme résidus. Ce grillage, c'est-à-dire le chauffage au rouge sombre en plein air, s'impose obligatoirement pour cette sorte de résidus, parce qu'il s'est précipité une proportion considérable de soufre libre dont la présence nuirait à la fonte et rendrait l'opération dangereuse.

Lorsque les tirages ne sont pas très multipliés, on peut n'avoir qu'un seul pot dans lequel on réunit tous les résidus, et on les précipite par le foie de soufre comme il est dit plus haut.

71. Ciels dégradés, rapportés, vignettes, fonds teintés, etc. — Au moyen de tours de main plus ou moins compliqués, on modifie, sur l'épreuve positive, l'aspect que le cliché donnerait par un simple tirage en plein; les opérateurs [1] obtiennent ainsi des transformations et même des substitutions surprenantes. Nous donnons ici quelques explications sur les opérations les plus courantes, qui sont à la portée de tous.

72. *Ciels.* — Nous avons expliqué plus haut que si le cliché présente des oppositions trop vives, on expose préalablement le papier positif à la lumière pour lui donner une légère teinte générale qui atténue la crudité des blancs. Par une méthode analogue, on fait une teinte dégradée sur des ciels uniformément blancs et crus, tels qu'ils résultent des caches que l'on s'est trouvé obligé de mettre lorsque le ciel du négatif est trop faible ou rempli de

---

[1] LIÉBERT, *La Photographie en Amérique*; 1878.

défauts, ainsi que cela se présente quelquefois (t. I, 104, p. 186).

Dans ce cas, on commence par tirer l'épreuve positive et, lorsqu'elle est à point, on la met sur un carton ou sur une planchette, on pose dessus un bristol qui la couvre entièrement; puis, portant le tout en plein jour, on découvre et l'on recouvre la partie blanche en glissant le bristol d'un mouvement lent et régulier, de sorte que le haut du ciel soit toujours découvert et reçoive le maximum de lumière, tandis que le bas reste toujours masqué. On produit ainsi une fine dégradation de teinte qui atténue heureusement le mauvais effet d'un ciel trop blanc.

On obtient le même résultat en enlevant le négatif, en mettant l'épreuve positive imprimée la face contre le côté intérieur de la glace du châssis; après avoir fermé le châssis, on place sur le côté extérieur de la glace un bristol dont une partie a été relevée, comme si on l'avait enroulé (*fig.* 14), et on porte l'ensemble à

Fig. 14.

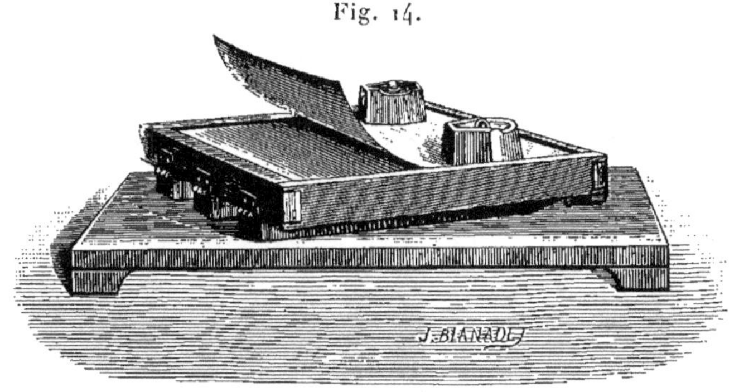

Disposition pour ciels dégradés.

la lumière diffuse. Ce bristol cache les parties de l'image qui ne doivent plus recevoir l'action du jour, et il ne laisse arriver sur le ciel blanc qu'une lumière qui va s'affaiblissant et donne le dégradé cherché.

Ces moyens atténuent le défaut; mais, dans un paysage, ils sont loin de valoir un effet de nuages habilement disposé. Un artiste saura faire derrière son cliché des nuages en harmonie avec son épreuve; il commencera par tendre au dos, sur toute la surface, une feuille de papier dioptrique, il dessinera les nuages sur ce papier, et l'épreuve sortira complète par une seule exposition à la lumière. Il serait préférable de se servir de nuages pris sur nature ; l'opérateur pourra se faire une collection de nuages sous des éclairages divers sans chercher des effets trop accidentés ; un ciel simple sera souvent préférable. S'il veut l'exacte vérité, il prendra immédiatement deux épreuves négatives, l'une assez posée pour avoir un négatif complet du sujet, l'autre n'ayant que moitié de ce temps de pose afin d'obtenir l'effet du ciel, si celui-ci se présente dans des conditions favorables. Il vaudrait certainement mieux que tout l'ensemble vînt d'un seul coup sur le même cliché, et l'on peut y parvenir actuellement avec de bonnes préparations au gélatinobromure d'argent. Ce résultat est facilité par l'emploi d'obturateurs qui démasquent le ciel le dernier et le recouvrent le premier ; tels sont les obturateurs de M. Guerry, ou autres, basés sur la manœuvre d'un simple volet. Lorsqu'on se sert de très petits diaphragmes, on a le temps de faire manœuvrer ces volets à volonté ; mais il peut arriver souvent que le ciel naturel soit sans nuages, ou entièrement couvert, ou d'un aspect inacceptable ; alors il y aura encore lieu d'opérer avec un ciel rapporté.

Dans ce cas, il faut deux impressions successives, d'abord celle de l'image principale, ensuite celle des nuages. On commence par tirer une première épreuve positive bien accentuée ; sur cette première épreuve on découpe avec soin tout le ciel, que l'on enlève. Le découpage sera particulièrement soigné dans les parties de demi-teintes sur lesquelles un nuage superposé serait du plus mauvais effet ; il y a moins à craindre pour les parties foncées, une teinte légère qui s'y superposerait ne se verrait pas. Il est inutile, par exemple, de découper les branchages d'un arbre se projetant dans le ciel, on les supprime. Cet écran découpé étant fait, on imprime l'épreuve positive comme d'ordinaire, on la retire du châssis, on la met sur un carton rigide et plan, on place dessus l'écran découpé en le repérant bien exactement, on maintient le repérage par deux épingles qui traversent les marges, on applique le cliché de nuages et l'on expose le tout pendant quelques instants en pleine lumière afin d'avoir une impression légère, mais suffisante cependant pour ne pas disparaître au fixage. Le même écran sert pour toutes les épreuves d'un même cliché. La réussite dépend beaucoup de l'habileté de l'opérateur; on complète ainsi d'une manière très heureuse des vues de paysages ou des scènes de genre.

Nous n'avons pas à insister sur la nécessité d'harmoniser l'éclairage du ciel et celui du cliché principal et sur ce qu'il y a de choquant à voir, comme il arrive quelquefois, le ciel éclairé à l'est et le paysage à l'ouest. Pour les études artistiques, nous renvoyons nos lecteurs à l'Ouvrage de M. Robinson, déjà cité (1). Ces impressions au moyen de découpages et de caches peuvent être appliquées également pour les photographies de personnages et de portraits, soit que l'on veuille mettre les personnages dans un paysage, soit que l'on substitue un fond à un autre. Dans tous les cas, ces changements demandent, pour être acceptables, une main très habile et beaucoup de tact de la part de l'opérateur.

73. *Vignettes.* — Le tirage des portraits à fond dégradé, genre vignette, se fait couramment dans les ateliers; on ne laisse imprimer par la lumière que la tête et le buste dont les bords s'estompent en se perdant sur le fond clair.

Le négatif du portrait est fait en entier à la manière ordinaire, de

Fig. 15.

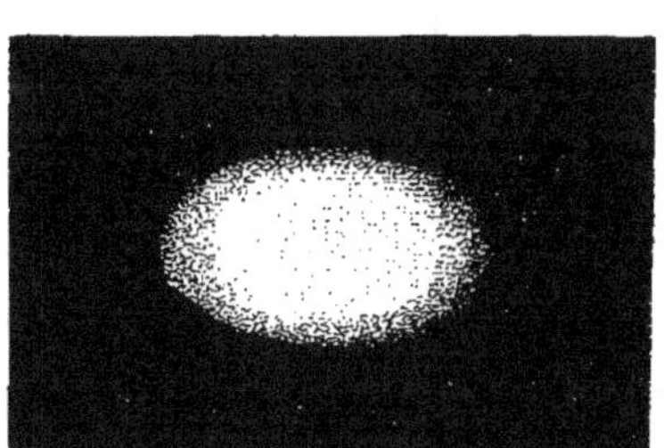

Écran pour vignettes.

préférence sur un fond clair; tout portrait peut être tiré en dégradé. On imprime l'épreuve sous une cache dont l'ouverture a la forme de l'image que l'on veut laisser paraître, et les bords de cette ouverture ont une opacité qui va croissant du centre à l'extérieur; on

(1) ROBINSON (H. P.), *De l'effet artistique en Photographie.* Traduit de l'anglais par M. H. Colard. Grand in-8; 1885. Paris, Gauthier-Villars.

trouve dans le commerce des verres tout disposés pour cette opération. On peut employer les verres doublés dont la face jaune a été usée au centre de manière à former un ovale de teinte plus claire se fondant avec la couleur foncée qui l'entoure (*fig.* 15), on peut aussi acheter ou faire soi-même un découpage dentelé avec des doubles de papier dioptrique que l'on interpose entre deux verres (*fig.* 16) ou tailler dans un fort bristol une ouverture

Fig. 16.

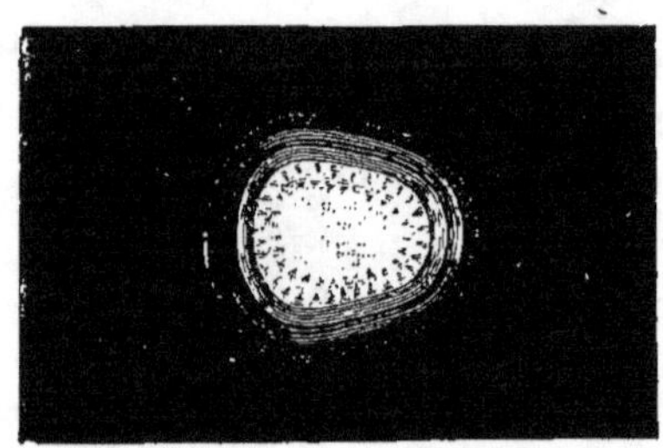

Écran pour vignettes.

franche de la dimension de la vignette que l'on veut obtenir et la rétrécir par trois papiers dioptriques superposés et découpés, le premier à 2^{mm} ou 3^{mm} des bords de l'ouverture, le deuxième à 2^{mm} ou 3^{mm} des bords du premier et le troisième dans les mêmes conditions, ou plus simplement encore on pratique dans le bristol une ouverture à longues dentelures; ces caches ou écrans à dégrader sont toujours séparés du cliché par un intervalle assez grand pour que la lumière se diffuse en tous sens et ne donne sur les bords aucun trait arrêté. On les met généralement sur le côté extérieur de la glace du châssis positif, dont l'épaisseur ajoutée à celle du cliché constitue un écartement suffisant.

Le cliché à tirer en vignette est posé dans le châssis positif et fixé sur la glace par quelques bandes de papier gommé, afin de ne plus être déplacé; après l'avoir couvert du papier sensible, on ferme le châssis, on le retourne, on ajuste sur le côté extérieur de la glace l'écran à dégrader en lui donnant la meilleure position, on le fixe également et l'on expose à la lumière diffuse, dont on répartit l'action en tous sens d'une manière égale en tournant souvent le châssis ([1]). On vérifie si la position de l'écran est bonne, si sa dimension et la forme de son ouverture correspondent à l'image qu'on veut obtenir; on rectifie ce qui n'est pas correct en sacrifiant, s'il le faut, une ou deux épreuves positives et, lorsque le négatif ainsi que l'écran sont bien fixés dans les positions correspondantes, on peut tirer une série d'épreuves toutes semblables, surtout en faisant usage de l'actinomètre. Si l'écran ne couvre pas la surface entière du châssis positif, on a la précaution d'intercepter toute lumière oblique au moyen d'un carton largement ouvert dans la partie qui correspond à l'image.

74. *Épreuves sur marges blanches, sur fonds teintés, etc.* — Il arrive souvent qu'on veut tirer des épreuves sur marges blanches en les limitant à diverses formes, telles que les ovales, les coins ronds, etc. Il suffit de faire des calibres en bristol ou plutôt en zinc, découpés en leur milieu suivant la dimension et la forme que l'on destine à l'épreuve; avec ce calibre et en se servant d'une pointe très tranchante, on découpe d'un trait net une feuille de papier noir mince posée sur une glace; le morceau vide en son milieu est convenablement ajusté sur le cliché du côté de l'épreuve et maintenu par un peu de gomme ou de papier gommé. Si l'on tire l'épreuve avec cette cache, on obtient l'image parfaitement délimitée sur marges blanches; mais le plus souvent on désire des marges teintées : on utilise alors le second morceau de papier noir qu'on a découpé dans la cache, on le colle sur une glace en ayant grand soin de ne pas le déformer et, lorsque l'épreuve positive a été tirée sous le premier découpage, on la recouvre complètement avec le second; si le repérage est exact, la superposition sera parfaite. On expose alors les marges blanches au jour jusqu'à ce qu'elles aient la teinte désirée.

On peut interposer avec le second découpage un négatif pelliculaire, ou coller ce découpage sur une glace portant un négatif qui représente soit un fond chagriné, soit un encadrement, soit une légende ou un nom, et le tout s'imprimera du même coup sur les marges.

([1]) Notre collègue M. Pector emploie à cet effet un plateau tournant qui reçoit son mouvement par un tournebroche.

75. Montage des épreuves ([1]). — Les épreuves terminées, bien séchées, sont conservées à plat les unes sur les autres dans des cahiers, sous une légère pression et à l'abri de l'humidité qui est une des causes les plus actives de la détérioration qu'elles subissent par l'action du temps. Elles doivent être ensuite coupées pour éliminer les parties inutiles et rafraîchir les marges, collées sur papier très fort et présentées enfin sous leur aspect le plus favorable. Cependant il arrive aussi que les voyageurs préfèrent acheter des photographies non montées, parce que le collage sur bristol rend le transport des collections plus lourd et plus encombrant; mais alors les images perdent beaucoup de leur aspect, et nous pensons qu'il serait toujours préférable de les contre-coller sur un bon papier mince avec une colle de pâte contenant un peu de glycérine pour empêcher la contraction de l'albumine et la torsion désagréable qui en est la conséquence. Ainsi préparées, ces épreuves pourraient être satinées et auraient un meilleur aspect.

Le montage est la toilette de l'image; c'est seulement alors qu'on peut la bien juger : nous avons pensé qu'il n'était pas inutile de donner un peu de développement à ce sujet.

76. *Coupage.* — L'habitude est de couper les épreuves en leur donnant un format régulier correspondant soit aux grandeurs des glaces, soit à des dimensions déterminées à l'avance. C'est une conséquence presque forcée de l'extension générale de l'industrie photographique, surtout pour les portraits. Le commerce livre en effet les bristols, les cadres, les albums tout préparés pour les formats dits *cartes de visite*, *cartes-albums*, etc.; des bristols teintés à fond de chine sont faits à l'avance pour les dimensions plus grandes, et il est évidemment commode de trouver ces accessoires tout préparés. En outre, au point de vue commercial, cette régularité facilite l'établissement des prix, et nous ne pouvons nous élever contre cette nécessité industrielle. Cependant nous conseillerons aux nombreux amateurs qui font de belles épreuves de ne pas suivre exactement cette voie toute tracée : ils pourront adopter une cer-

---

([1]) Les conseils et renseignements que nous donnons ici s'appliquent pour toutes les épreuves, quel que soit le procédé employé pour les obtenir.

taine uniformité dans les dimensions des bristols ou des forts papiers à gravure employés pour le collage; mais, au lieu de couper les images à une grandeur fixée à l'avance, ils choisiront les dimensions qui conviennent au sujet. C'est ainsi que pour une vue panoramique il faut éliminer beaucoup de ciel et de terrain : elle doit être longue et étroite; telle autre gagnera à la suppression d'une partie de l'épreuve : il y a là une question de goût plus importante qu'on ne pense pour donner à l'image toute sa valeur, et nous appelons sur ce sujet l'attention de nos lecteurs. La grande facilité du travail photographique a pour les amateurs une conséquence que nous déplorons, on s'attache moins à bien faire qu'à faire vite et beaucoup. Nous espérons qu'on en reviendra à soigner le travail d'un bout à l'autre; et lorsqu'on aura trouvé un beau sujet, après avoir choisi l'emplacement, l'éclairage, *recommencé* le négatif jusqu'à complète satisfaction, tiré les épreuves positives à leur valeur, on portera encore ses soins sur la forme la meilleure pour le coupage et le collage : on évitera ainsi dans les collections cette monotone régularité qui ne tarde pas à engendrer la fatigue et l'ennui pour celui qui les feuillète.

Le coupage se fait sur un grand verre plan de rebut; le verre, plus dur que la glace, est préférable pour ce travail, il résiste mieux au tranchant de l'outil et ne l'émousse pas. On emploie, pour couper, la pointe bien affilée d'un canif sacrifié pour cet usage, ou mieux une lame mince bien trempée, telle que l'échoppe des graveurs, emmanchée comme les lames de cartonnier (*fig.* 17); on l'affûte d'abord au moyen d'une meule ou d'un grès, on termine sur une pierre plus douce et l'on maintient toujours le tranchant vif qui est nécessaire pour ne pas faire d'arrachement.

Lorsqu'on a un grand nombre d'épreuves à couper suivant un format uniforme, le plus simple est de préparer un calibre en verre ou en glace : tels sont les calibres pour cartes de visite ou cartes-albums que l'on trouve tout faits chez les marchands de produits pour photographie, ou que l'on fait soi-même en coupant au diamant un morceau de verre dont on use les arêtes sur un grès. Pour les autres dimensions, on se servira d'une équerre plutôt que d'une règle, afin d'être certain du parallélisme des côtés. Nous préférons l'usage de calibres ou d'équerres en verre ou en glace (*fig.* 17), d'abord on se rend mieux compte des parties que l'on veut enlever ou laisser; en outre on peut tracer à leur surface un réseau de lignes horizontales et verticales qui facilitent beaucoup la mise

Fig. 17.

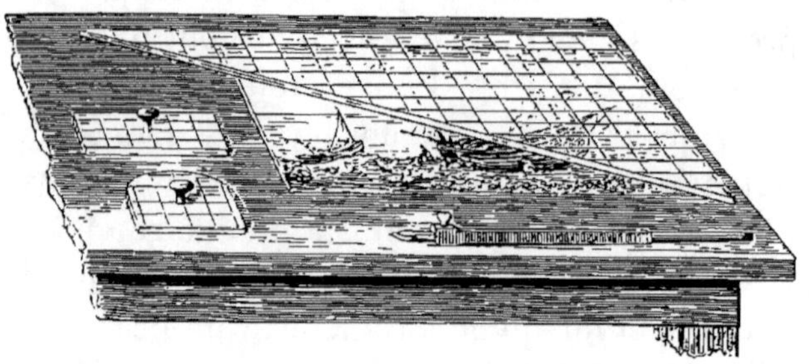

Calibres en glace pour le coupage.

d'aplomb. Pour les ovales ou les coins arrondis, il sera plus commode de faire les calibres en zinc, qui se travaille plus facilement que le verre.

Lorsqu'on veut faire un ovale, à défaut d'un outil spécial assez compliqué, on construira l'ovale dit *des jardiniers*, au moyen d'un bout de fil et de deux fortes épingles. On commence par tracer sur un bristol deux lignes se coupant à angle droit en O (*fig.* 18);

Fig. 18.

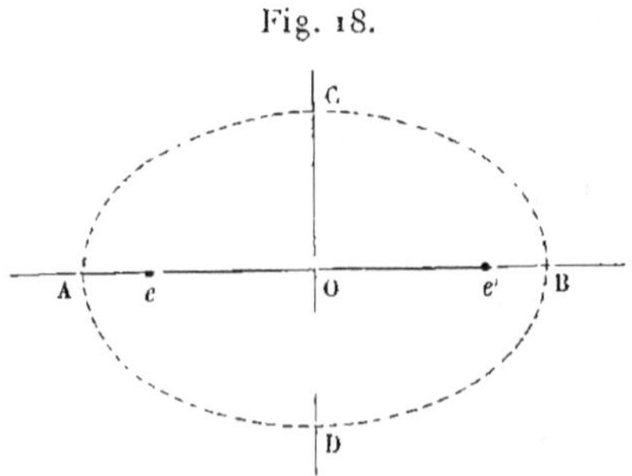

Ovale des jardiniers.

sur l'une, par les points A et B, également distants de O, on marque le grand diamètre de l'ovale; on marque de même sur l'autre, en D et en C, le petit diamètre et, prenant un compas avec une ouverture égale à AO, on porte une pointe en C et l'autre sur la ligne AB, en déterminant e d'un côté, e' de l'autre. Aux points e et e' on plante deux fortes épingles auxquelles on attache un fil assez lâche pour que la pointe d'un crayon maintenu droit arrive en C : en faisant marcher le crayon avec le fil toujours tendu, on tracera correctement l'ovale ADBC. La distance plus ou moins grande qui sépare les épingles du centre O détermine l'allongement plus ou moins grand de l'ovale. Lorsque ce tracé a été fait sur bristol, on le découpe très exactement et on l'utilise pour couper directement quelques épreuves ou pour faire un calibre plus résistant.

Les épreuves de petites dimensions peuvent être facilement coupées a ec de longs ciseaux rasant les bords du calibre; pour les grandes dimensions, il est préférable de se servir de la lame affilée, en prenant la précaution de la tenir toujours bien plaquée contre les bords de l'équerre ou de la règle.

Les épreuves coupées sont empilées les unes sur les autres jusqu'au moment du collage, et les rognures, dont les cendres sont très riches en argent et en or, sont amassées pour être ensuite brûlées et traitées avec les résidus.

77. *Papiers et bristols pour monter les épreuves.* — Pour les petits formats, comme celui des cartes de visite ou des cartes-albums, on emploie le plus souvent des bristols à filets ou à biseaux dorés dont la grandeur dépasse très peu celle de l'épreuve et ne laisse que des marges très étroites; on les trouve tout préparés dans le commerce suivant la mode du jour. L'opérateur soigneux devra tenir compte de la dilatation inégale des épreuves mouillées, il fera le coupage en conséquence, de manière à ne pas couvrir les filets du bristol lors du collage; en plaçant l'image, il tiendra une distance égale entre les marges du haut et des côtés, et donnera plus de largeur à celle du bas. Les épreuves ainsi montées sont presque toujours destinées à prendre place dans de petits cadres, dans des albums spéciaux ou dans des passe-partout faits à l'avance; il est donc nécessaire de se conformer au format adopté. Mais les photographies qui doivent être tenues à la main sont montées sur grandes marges; l'habitude est de les coller sur de très forts bristols blancs ou teintés. Pour ces derniers, la teinte gris

bleu est généralement adoptée comme une des plus avantageuses pour faire valoir l'image. Souvent aussi on aime à la faire ressortir sur une teinte de papier de Chine; on trouve des bristols sur lesquels le chine est imité par une impression lithographique, mais alors la forme et la dimension sont imposées, et nous avons expliqué plus haut qu'il nous semble préférable de laisser à l'opérateur une plus grande liberté dans la disposition de ses œuvres, lorsqu'il veut leur donner tous ses soins.

La meilleure méthode et la plus rarement employée sera de remplacer le bristol, qui est sec et froid à l'œil, par le papier très fort que l'on emploie pour l'impression en taille-douce. On trouvera également dans le commerce, et probablement chez le même fournisseur ou chez les imprimeurs lithographes, du papier faux chine tout encollé; on le choisira de teinte très douce et on le taillera de la grandeur nécessaire pour avoir une marge proportionnée à la photographie qu'il doit recevoir. Dans le cas où le faux chine ne serait pas encollé à l'avance, on le préparera soi-même en le mettant sur une glace et en passant sur le dos une éponge ou un pinceau très doux, abondamment chargé d'une bonne colle d'amidon froide, bien battue et passée deux ou trois fois dans une mousseline, de manière à la rendre homogène et facile à étendre. Pour le collage chaque feuille de ce chine sera intercalée dans des feuilles de gros buvard humide, mais non trempé d'eau, et on la laissera pendant une heure environ; le chine se détend et paraît tout gondolé; on le soulève, avec une brosse douce on le rend parfaitement plan, on le laisse encore pendant quelque temps dans son papier d'intercalle : la colle dont un des côtés est imprégné devient également humide; on place alors le chine bien au milieu du papier, on le porte sous la presse à satiner et il suffit d'un tour à une faible pression pour obtenir l'adhérence. On peut préparer ainsi des papiers ou bristols avec chine de toutes les dimensions désirables, et lorsque la photographie sera collée et sèche, on donnera le satinage avec une planche de cuivre ou de zinc à bords biseautés qui marquera tout autour sur le papier le coup de planche, en laissant ressortir sur les grandes marges le grain très accentué du papier.

78. *Collage.* — On commence par préparer soi-même une

colle de bonne qualité et on n'utilisera pas les diverses variétés de colle de pâte, de gomme arabique, de colle forte soluble, etc., que l'on trouve dans le commerce, parce qu'elles sont le plus souvent nuisibles pour les épreuves, ne fût-ce que par le seul fait de la fermentation. On peut employer la dextrine, la gomme arabique, la gélatine, l'amidon. Nous préférons la colle d'amidon, qui est plus blanche et plus pure; la dextrine est colorée; la gomme arabique laisse des brillants sur les marges, elle est longue à préparer; la gélatine a trop de force de retrait et elle est d'une manipulation moins facile.

Pour préparer la colle d'amidon, on prend 15^{gr} d'amidon (empois) que l'on délaye dans 50^{cc} d'eau et que l'on verse dans 250^{cc} d'eau bouillante; on continue l'ébullition en tournant avec une cuillère jusqu'au moment où le blanc mat de l'amidon prend une transparence bleutée, et on laisse refroidir; d'après le conseil déjà donné ci-dessus, on fera bien d'ajouter dans l'eau qui sert à délayer l'amidon 2 pour 100 de glycérine. Si l'on veut une colle plus adhérente on y mélange 3^{gr} à 4^{gr} de belle gélatine blanche préalablement ramollie dans l'eau; on obtient le même résultat en faisant bouillir 10^{gr} de dolage de peau blanche pendant dix minutes dans les 250^{gr} d'eau destinés à faire la colle.

Après refroidissement, la colle a pris un peu de cohésion; on la passe deux fois à travers une mousseline, on la malaxe avec un pinceau ordinaire plat un peu large, dit *queue de morue*, et elle est prête à être employée.

Les épreuves à coller sont mises dans l'eau ordinaire filtrée, retirées aussitôt, entassées les unes sur les autres et fortement pressées à la main entre deux buvards pour expulser tout l'excès d'eau; le paquet est porté sur une glace, face en dessous. L'épreuve du dessus, préalablement épongée avec une feuille de papier buvard, est couverte d'une couche de colle au moyen du pinceau que l'on promène en long et en large; on insiste particulièrement sur les bords, puis, la détachant avec une pointe, on la met en place sur le bristol. On pose dessus un papier buvard; avec la main ou un tampon de linge on assure le contact entre les deux surfaces et l'on chasse les bulles d'air interposées. Souvent on se sert d'un rouleau (*fig.* 19) que l'on promène une ou deux fois sur le buvard;

on pourrait également utiliser la raclette, mais avec légèreté pour ne pas expulser toute la colle. Si l'on a des bavures s'étendant sur les marges, ce qu'il faut tâcher d'éviter, on les enlève aussitôt avec une petite éponge bien propre que l'on met près de soi dans un bol d'eau fraîche. On facilite le transport des épreuves sur bristol, surtout s'il s'agit de grandes images, en prenant la précaution de les replier sur elles-mêmes, lorsque la colle est bien étalée, de manière à ne laisser libre qu'un quart environ ou moins du côté collé; on peut ainsi toucher l'épreuve sans enlever la colle avec les doigts et choisir plus facilement la place exacte où l'on fait adhérer cette bande encollée. On relève alors doucement la feuille, que l'on déplie, et on l'étend sur le bristol; on n'a plus qu'à intercaler le buvard et à passer la main ou le rouleau (*fig.* 19).

Fig. 19.

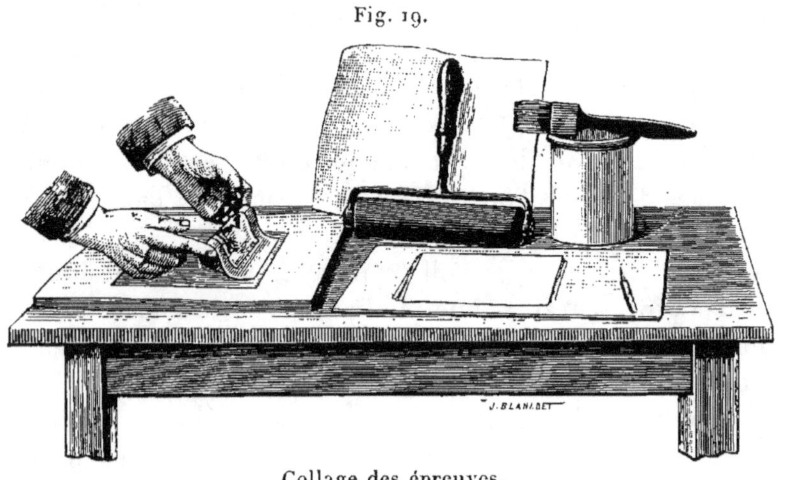

Collage des épreuves.

Une des difficultés du collage sur grandes marges est de poser l'épreuve juste à point sur le bristol; il est rare qu'on y parvienne du premier coup et, si on la fait glisser pour corriger la position, une partie de la colle est enlevée, on a des décollages partiels sur les bords après le séchage: on les répare, il est vrai, mais ils laissent presque toujours des traces. Aussi, lorsqu'on doit coller un assez grand nombre d'épreuves sensiblement de même taille, le plus simple est de prendre dans les bristols de rebut une feuille de même dimension, d'y faire un découpage, un peu plus large que les images à coller, dans la position que celles-ci doivent prendre et l'on se sert de ce guide pour les placer correctement (*fig.* 19).

Lorsque les épreuves sont de dimensions très différentes, l'usage de ce calibre n'est plus possible ; nous nous servons alors d'une planchette spécialement disposée pour le collage. Cette planche (*fig.* 20)

Fig. 20.

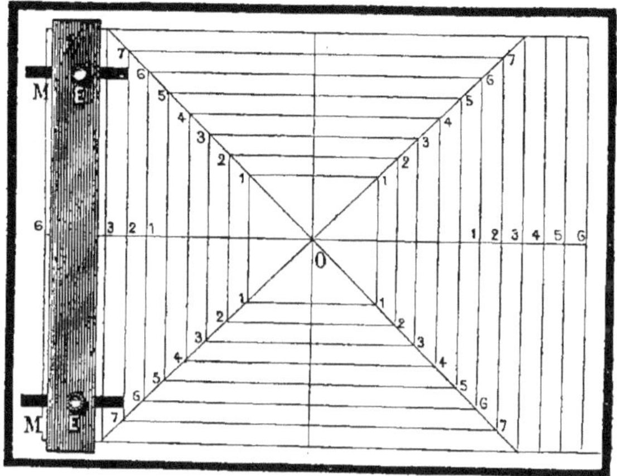

Planchette pour le collage.

a la dimension des plus grands bristols ; sur le côté gauche deux rainures permettent de manœuvrer une règle-butoir qui s'avance parallèlement du bord vers le centre ; elle est fixée à volonté par deux écrous. Par cette manœuvre on peut se servir de bristols de dimensions diverses, en faisant coïncider leur milieu avec celui de la planchette ; sur celle-ci on collera en plein une feuille de papier blanc, on tracera les deux diagonales qui marquent le centre O et, de ce centre, on tirera vers le haut et vers le bas une série de lignes horizontales équidistantes, que l'on numérotera à leurs intersections avec les diagonales de sorte que les quatre numéros semblables indiquent une égale distance du centre O. Cela fait, on donne à ce tableau une couche d'encollage à la gélatine, puis une bonne couche de vernis à la gomme laque, et la planche est prête à servir. Pour procéder au collage, on commence par déterminer la position de la règle-butoir, on couvre de colle le dos de l'épreuve et on l'applique sur la planche face en dessous, colle en dessus ; on se sert des lignes et des numéros pour le repérage. On bute le bristol contre la règle à la place déterminée par les lignes horizontales et verticales, on le courbe légèrement et on le descend sur l'épreuve à laquelle il adhère immédiatement, rien qu'en appuyant la main; on le retourne, on termine le collage en passant le rouleau ou la raclette et ainsi l'on est certain d'une bonne mise en place.

Lorsque, au lieu de bristol, on emploie de fort papier non collé, celui-ci fait office de buvard, il boit la colle et l'on a beaucoup de peine à faire adhérer l'épreuve. Dans ce cas, on ne doit pas hésiter à encoller le papier, opération très simple qui consiste à mettre abondamment, avec un large pinceau plat (queue-de-morue), une couche de la composition suivante :

Encollage pour papier sans colle.

Colle de Flandre...........................	20gr
Eau..	1lit

faites gonfler puis dissolvez au bain-marie.

Ajoutez :

Savon de Marseille.........................	2gr

Faites bouillir pendant cinq minutes et, dans la colle froide, faites dissoudre :

Alun.......................................	20gr

Le papier sec ne boit plus : on peut l'utiliser comme le meilleur bristol. Cet encollage préalable ne sera pas nécessaire si l'on commence par rendre le papier sans colle régulièrement humide et si l'on emploie sur l'épreuve une bonne couche d'une colle d'amidon plus épaisse que celle indiquée ordinairement.

Les épreuves collées sont entassées les unes sur les autres, et quand tout le collage est terminé on les sépare, en ayant soin de ne pas les frotter, car la pellicule d'albumine qui porte l'épreuve est très délicate quand elle est humide; elle se déchire et se sépare du papier en s'enroulant sur elle-même. Lorsque cette éraillure se produit, on met de suite un peu de colle sur la place dénudée et l'on rabat le morceau déchiré. Le séchage des petites épreuves est commode : on se borne à les isoler les unes des autres en les abandonnant sur une table; les grandes demandent plus de place; presque toujours on les suspend à une corde tendue dans la partie supérieure de la pièce, au moyen de l'épingle de bois dite *de blanchisseuse,* ou avec la pince américaine, mais elles se gondolent en même temps qu'elles sèchent. Nous avons vu chez M. Anfossi, photographe à Menton, un appareil aussi simple que commode pour sécher les grandes vues; il se compose de deux montants reliés en haut et en bas par une traverse au moyen de laquelle ils peuvent glisser et se fixer par un écrou, suivant l'écart qu'on veut leur donner (*fig.* 21). Ces montants portent chacun sur leur face

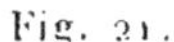
Fig. 21.

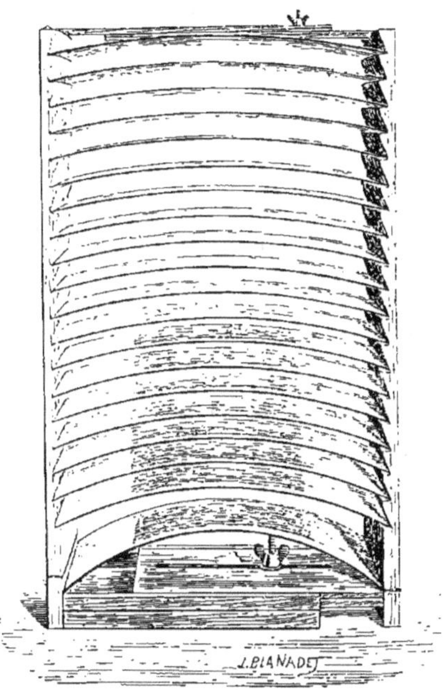

Appareil de séchage.

intérieure une crémaillère de bois comme celle des meubles à planches mobiles. On établit la distance des deux montants de telle sorte que les bristols de même taille ne peuvent porter sur les crémaillères qu'après avoir reçu une courbure assez accentuée, l'épreuve étant à l'extérieur de la courbe. On garnit ainsi l'appareil du haut en bas avec les épreuves collées; elles sont séparées les unes des autres par un espace suffisant pour la circulation de l'air; la courbe donnée empêche le gondolage et le tout forme un pilier qui prend peu de place, tout en assurant un séchage régulier et rapide.

Les épreuves sèches sont mises à plat les unes sur les autres, recouvertes d'une planche sur laquelle on accumule des poids, ou pressées sous la presse à percussion du papetier si l'on en a une à s disposition : elles reprennent ainsi peu à peu leur *planité*, ce qui facilite le cylindrage.

78 *bis*. — Le meilleur procédé de collage sera le suivant, si on a les instruments nécessaires à sa disposition.

Après la série des lavages qui suivent le fixage, les épreuves sont égouttées, épongées entre des feuilles de buvard sec; on les place les unes sur les autres et l'on étend sur l'envers une bonne couche de colle d'amidon (78); on les fait sécher séparément, puis on les conserve en paquets jusqu'au moment du coupage que l'on fait ensuite à sec. Lorsqu'on veut procéder au collage, on commence par détendre à l'humidité tous les papiers à employer : d'abord le bristol ou le papier à gros grains qui doit recevoir l'épreuve; on interpose successivement une feuille sèche de ce papier, puis une feuille mouillée en plein et on laisse en tas; on prépare de même une série de feuilles de gros buvard blanc, ce qu'on appelle le *papier d'intercale;* ces papiers sont laissés ainsi pendant six à huit heures; l'humidité se répand également, toutes les feuilles deviennent souples sans excès d'eau. On place les images, préalablement coupées, entre ces feuilles humides d'intercale; on fait de même pour les chines, qui ont été à l'avance coupés de grandeur déterminée; deux ou trois heures après, on régularise l'extension de toutes ces feuilles avec une brosse douce.

On met alors sur le plateau de la presse pour impression en taille-douce ou, à défaut de celle-ci, sur le plateau de la presse à satiner : 1° la planche métallique, cuivre ou zinc, à bords biseautés et à surface polie, qui doit donner en même temps le satinage et le coup de planche; 2° l'image à coller, face en dessous, colle en dessus; 3° le chine, également colle en dessus : on reconnaît facilement le côté encollé en prenant la feuille entre deux doigts;

4° le papier fort, bristol ou gros grain, qui doit servir de support à l'image. L'ensemble est repéré exactement pour que tout soit bien en place, et l'on fait passer sous le cylindre qui, d'un coup, assure le collage. On peut diviser cette opération en collant d'abord le chine par un premier passage sous le rouleau et ensuite l'image avec le coup de planche.

Il arrive assez souvent que l'albumine, restée adhésive, s'attache à la planche métallique polie; on remédie à cet inconvénient en graissant légèrement la surface de la plaque et en l'essuyant à fond.

Le collage terminé, on place chaque image entre de gros cartons lisses et secs; on les y laisse sous une très légère pression. On renouvelle les cartons pour terminer le séchage et l'on a ainsi des épreuves d'un bel aspect, se maintenant parfaitement planes.

79. *Cylindrage.* — Les épreuves sont d'abord reprises une à

Fig. 22.

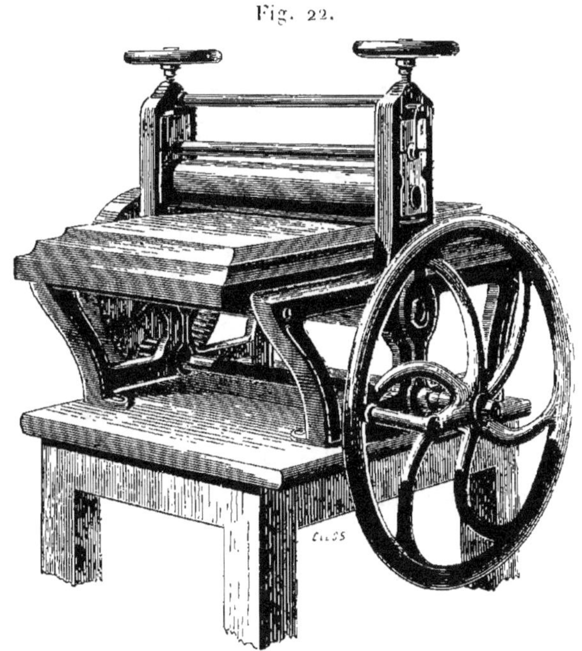

Presse à satiner.

une; on retouche les points blancs ou autres légers défauts avec l'encre de Chine additionnée de carmin ou autre couleur, mélangée de gomme arabique pour se rapprocher du brillant de l'albumine. Nous ne parlons pas des grandes retouches qui sont en réalité du dessin : c'est un art à part, qui n'est plus de la photographie. Sur les épreuves collées, on constate que le grain du papier, les poussières, les inégalités de la colle ressortent beaucoup trop et nuisent à la finesse et à la pureté de l'image; on fait disparaître ces défauts par le cylindrage ou satinage.

La presse à satiner (*fig.* 22) est un instrument composé de deux cylindres entre lesquels passe une table de fonte portant une pierre lithographique, ou une glace très forte, ou une plaque d'acier à surface parfaitement polie. L'image est appliquée sur cette surface et,

Fig. 23.

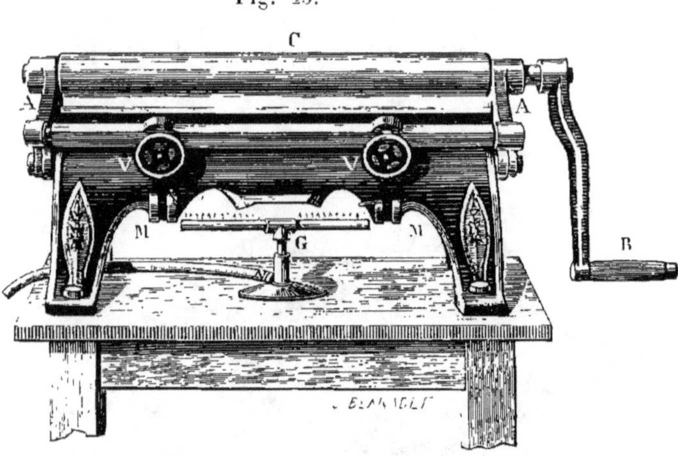

Presse à satiner à chaud.

lorsqu'elle passe sous le cylindre supérieur par le mouvement donné à la manivelle, elle est presque écrasée et prend le poli du plan avec lequel elle est en contact. On doit cependant éviter les trop fortes pressions et plutôt faire deux ou trois passages en rapprochant chaque fois le cylindre. Cet instrument, très nécessaire pour donner à l'épreuve tout le fini qu'elle peut avoir, est dispendieux et encombrant; si l'opérateur ne l'a pas à sa disposition, il s'entendra avec un photographe de profession pour faire cette opération.

Depuis quelques années, on emploie le cylindrage à chaud qui donne un brillant supérieur à celui obtenu par le cylindrage ordinaire. Avec cet appareil (*fig.* 23), l'épreuve est entraînée par le cylindre C légèrement cannelé que l'on met en mouvement par la manivelle B, elle glisse sur une barre d'acier poli AA, fortement chauffée par une lampe à alcool ou par une grille à gaz G; les vis V, V, en se rabattant dans les entailles M, M, règlent la pression contre le cylindre C; l'épreuve prend un éclat très vif, recherché surtout pour les petites images.

80. *Encausticage.* — L'épreuve satinée n'est pas encore complètement terminée, elle présente souvent des points mats, des métallisations, des parties qui sont comme *embues*, surtout dans les grands noirs; on les améliore en les passant à l'encaustique qui est, pour l'image photographique, ce que le vernis est pour un tableau.

On préparera une excellente encaustique d'après la formule suivante, donnée autrefois par M. Mailand; elle doit ses qualités supérieures au mastic en larmes qui entre dans sa composition.

Dans essence de térébenthine 250gr

faites dissoudre à chaud

Mastic en larmes 25gr

puis ajoutez

Cire blanche 250gr

Mélangez bien après fusion et filtrez le liquide encore chaud dans de petits flacons à large ouverture; bouchez avec soin, couvrez même avec un parchemin mouillé et ficelé pour éviter l'évaporation de l'essence, et conservez pour l'usage.

Avec un petit tampon de flanelle on prend un peu de cette encaustique qui doit avoir une consistance de pommade; on l'étend régulièrement sur l'image en réservant les marges et, avec un tampon de flanelle plus gros, on frotte en tous sens pour en enlever l'excès et donner le brillant.

81. **Épreuves gélatinées, dites émaillées.** — Le gélatinage des épreuves a pour but de leur donner une surface aussi lisse, aussi polie que la glace et de faire disparaître les embus mieux que par les encaustiques et les vernis; les finesses et les demi-teintes les plus délicates deviennent ainsi apparentes. Ce brillant trop vif n'est généralement pas apprécié des artistes, mais la douceur communiquée à l'image plaît assez au public, surtout pour les portraits. On donne souvent à ce procédé le nom d'*émaillage* et celui d'*épreuves émaillées* aux images ainsi terminées, parce qu'elles prennent l'aspect des émaux cuits au feu. C'est une dénomination fausse pouvant induire le public en erreur; le nom d'*émail* doit être réservé uniquement aux épreuves obtenues au feu de moufle au moyen de produits vitrifiables.

Le principe général du gélatinage est de mettre sur l'image une couche de gélatine, protégée elle-même par une couche de collodion; on fait ces préparations au contact d'une glace, dans des conditions telles que l'épreuve sèche et détachée de la glace en ait tout le brillant. Les tours de main pour obtenir ce résultat sont assez nombreux : nous mentionnerons seulement ceux que nous avons employés et qui nous paraissent les plus simples, parce que les opérations peuvent être scindées et faites à temps perdu. On trouvera d'excellents renseignements sur ce sujet dans l'Ouvrage de M. Piquepé (¹).

82. *Préparation des glaces.* — Il est nécessaire de se servir de glaces bien polies, ne présentant aucun accident à la surface; on peut les remplacer par des feuilles de verre très bien choisies. On les prend de dimension un peu supérieure aux épreuves à gélatiner, soit 0,15 × 0,21 pour épreuves de 0,13 × 0,18, ou 0,21 × 0,27 pour épreuves de 0,15 × 0,21, et ainsi de suite; on peut mettre plusieurs épreuves sur une grande glace. Après un bon nettoyage, on passe les glaces au talc (T. I, 110, 111, 112, 113), puis on essuie les bords avec un petit tampon de coton préalablement enduit d'albumine que l'on pose à cheval, en le maintenant entre le

(¹) Piquepé, *Traité pratique de la retouche des clichés photographiques,* suivi d'une Méthode très détaillée d'émaillage. 2ᵉ tirage. In-18; 1881. Paris, Gauthier-Villars.

pouce et l'index. On peut remplacer l'albumine par un peu de gélatine tiède, ou par une solution de caoutchouc dans la benzine. On trace ainsi sur les quatre bords une bande d'environ un demi-centimètre de largeur sur laquelle le coton enlève le talc et lui substitue une couche plus adhérente qui fixera le collodion, lui donnera la force de résister au mouvement de traction de la gélatine et empêchera le soulèvement avant parfaite dessiccation.

Lorsque les glaces ont été talquées et bordées, on les couvre d'une couche de collodion normal formé de :

Coton-poudre (de qualité résistante)........	1^{gr}
Éther..............................	50^{cc}
Alcool..............................	50^{cc}

Si, à l'essai, ce collodion donne des couleurs irisées, on peut y ajouter trois à cinq gouttes de glycérine, ou augmenter un peu la dose du coton : ces irisations proviennent d'une couche trop mince.

Les glaces collodionnées sont abandonnées sur le chevalet jusqu'à complète dessiccation et renfermées dans des boîtes pour servir ensuite à tel moment que l'on voudra.

83. *Gélatinage.* — Les épreuves sont immergées dans un bain de gélatine plus ou moins concentré suivant le procédé que l'on emploie; la proportion peut varier de 5^{gr} à 30^{gr} pour 100^{cc} d'eau; nous préférons beaucoup les proportions faibles pour la facilité du travail.

Pour une cinquantaine d'épreuves $0,15 \times 0,21$, on prend 25^{gr} de gélatine blanche en feuilles que l'on immerge dans 250^{cc} d'eau ordinaire; il n'est pas nécessaire de rechercher des gélatines extra : nous avons employé avec succès les feuilles brisées que l'on vend au kilogramme comme déchet. Lorsque la gélatine est ramollie, on la fait dissoudre au bain-marie dans un vase de verre ou de porcelaine; après dissolution complète et abaissement de la température, on ajoute 10^{cc} d'ammoniaque liquide, on agite et l'on filtre à chaud, sur une petite éponge ou sur un tampon de laine ou de coton, ou mieux sur du papier. On suivra pour ce traitement de la gélatine les indications déjà données (T. I, 195, 196, 197) pour la préparation du gélatinobromure d'argent.

L'addition de l'ammoniaque a pour but de réagir sur les acides libres et sur les matières grasses que pourrait contenir la gélatine, et de faciliter son extension sur l'épreuve albuminée, sans qu'il se forme ni bulles ni dépressions qui seraient autant de causes de manques et de taches.

On reçoit le liquide filtré dans une cuvette de porcelaine ou de tôle émaillée que l'on place sur un autre vase (cuvette de fer battu, ou même une simple casserole) contenant de l'eau que l'on porte à l'ébullition : la vapeur qui s'échappe maintient la gélatine à la température nécessaire pour qu'elle ne fasse pas prise.

Une glace inclinée plonge par sa partie inférieure dans le bain de gélatine pour y ramener les égouttures.

Tout étant ainsi préparé, on passe en plein dans la gélatine toutes les épreuves les unes après les autres, ne laissant chacune dans le liquide que pendant le temps nécessaire pour enlever la précédente et l'égoutter, ce qui va très vite. L'épreuve retirée est placée sur le verre incliné; on la remplace dans le bain, on la relève et on la pique contre une tringle de bois pour la laisser sécher, et l'on suit ainsi jusqu'à ce que le paquet d'épreuves soit épuisé.

Lorsque ces épreuves sont sèches, on les reprend; on fait avec un pinceau les retouches nécessaires, qui se seraient effacées dans le bain de gélatine si on les avait faites précédemment, et on les garde ainsi jusqu'au jour où l'on aura un moment disponible pour les mettre sur les glaces collodionnées.

84. *Mise sur glace.* — Les glaces ayant été collodionnées et les images gélatinées à temps perdu, on procède, lorsqu'on le veut, à la mise sur glace; pour cela, on remplit avec de l'eau froide bien filtrée deux cuvettes très propres, de préférence en porcelaine ou en tôle couverte d'émail blanc, parce que l'on aperçoit mieux les corps étrangers, les poussières qui nageraient dans l'eau et dont l'interposition entre l'épreuve et la couche collodionnée amènerait forcément des bulles d'air.

Dans l'une des cuvettes on fait tremper cinq ou six des épreuves gélatinées, dans l'autre on met une des glaces collodionnées face en dessus; on prend une des épreuves trempées, on l'immerge face en dessous sur la glace en évitant les bulles d'air; on retire ensemble la glace et l'épreuve, en maintenant celle-ci avec deux doigts appuyés sur les deux angles supérieurs; on laisse écouler l'eau et l'image est plaquée sur le collodion. On retourne la glace pour voir s'il y a des bulles d'air interposées, auquel cas on replonge le tout dans la cuvette, et l'on recommence l'opération avec plus de précautions. Puis l'ensemble est égoutté, mis sur un plan légèrement incliné, tel qu'une glace forte de châssis, relevé d'un côté et, posant sur le tout une toile cirée ou une feuille de caoutchouc vulcanisé, on donne un léger coup de raclette pour expulser l'eau.

On a préparé, d'autre part, des feuilles de papier blanc ordinaire coupé de même grandeur que l'épreuve; après les avoir mouillées et essorées, on les dispose en trois paquets; on encolle la feuille supérieure de chaque paquet, on superpose ces feuilles l'une après l'autre sur l'épreuve, à laquelle on constitue ainsi un bristol assez résistant; on met une dernière feuille plus grande, que l'on colle également et dont on rabat les marges jusque sur l'envers de la glace, après avoir donné sur le tout et en tous sens quelques bons coups de raclette. Les glaces ainsi garnies sont mises sur le chevalet en les espaçant assez pour faciliter la dessiccation.

85. *Autre méthode.* — Cette seconde méthode est également très simple. Elle permet d'employer la gélatine en couches minces et d'arriver ainsi plus rapidement à la dessiccation.

Les glaces sont d'abord nettoyées, talquées, collodionnées à l'avance comme il est dit ci-dessus; les épreuves terminées, sèches et prêtes pour le gélatinage, mais non gélatinées à l'avance comme nous l'avons indiqué (83), sont rassemblées. On prépare alors un bain de gélatine assez abondant pour remplir une cuvette dans laquelle on pourra plonger en même temps une glace et l'épreuve qu'on doit y faire adhérer.

Ce bain est composé dans les proportions suivantes :

Eau....................................	1000gr
Gélatine..................................	50

Après solution de la gélatine au bain-marie et refroidissement jusqu'à 30° C. environ, on ajoute :

Ammoniaque..............................	20cc

Le liquide chaud filtre rapidement sur le papier; on le reçoit dans une cuvette de porcelaine assez grande pour y faire la manipulation, on entretient la température en plaçant cette cuvette sur un vase dont l'eau est chauffée jusqu'à l'ébullition, et l'on opère sensiblement comme nous l'avons indiqué (84). On immerge une glace collodionnée dans la solution de gélatine, face en dessus; on y plonge ensuite une épreuve face en dessus pour bien examiner s'il n'y reste aucune bulle d'air adhérente, on la retourne, on l'applique sur le collodion de la glace; on relève l'ensemble doucement, on laisse écouler l'excès de gélatine; on superpose deux ou trois feuilles de papier garnies de colle ou de gélatine, ce qui est facile puisqu'il suffit de les affleurer sur le bain; on en met une dernière plus grande, on donne quelques coups de raclette, on rabat les bords de la grande feuille sur l'envers de la glace et on laisse sécher.

86. *Séchage, coupage, collage et bombage.* — Pour obtenir le meilleur brillant, il est nécessaire que la dessiccation soit parfaite avant que l'épreuve se détache de la glace; s'il reste la moindre humidité, le grain du papier reparaît; c'est pour cela qu'on obvie aux soulèvements partiels par la bordure d'albumine ou de caoutchouc qui fait mieux adhérer le collodion et par la feuille de papier dont on rabat et colle les bords sur l'envers de la glace.

Le plus souvent, après un complet séchage, on met les glaces près d'un poêle en hiver, en plein soleil en été : la contraction de la gélatine est alors tellement forte qu'elle casse le papier qui la retient et que l'épreuve se détache d'un coup.

Le *coupage* peut se faire avec un calibre et des ciseaux pour les petites dimensions, ou une pointe affilée que la dureté de la gélatine émousse très rapidement. Pour les dimensions plus grandes, il est préférable d'employer la cisaille de cartonnier (*fig.* 24). La feuille à couper placée sur la table de la cisaille est mise d'équerre au moyen de la règle D qui forme un angle droit avec le tranchant inférieur que rase le couteau. La lame C est mobile et soulevée par le ressort *r*; un étrier sur lequel on fait agir le pied est attaché dans le prolongement de la tringle E, et sert à abaisser la lame C sur le papier ou bristol à couper de manière à maintenir la feuille, quand on abaisse le couteau A; au moyen d'une tige filetée t, on fixe la hauteur de cette lame, suivant les épaisseurs à couper; un large butoir B s'écarte plus ou moins du couteau et règle les largeurs à couper. Cet instrument est d'un

Fig. 24.

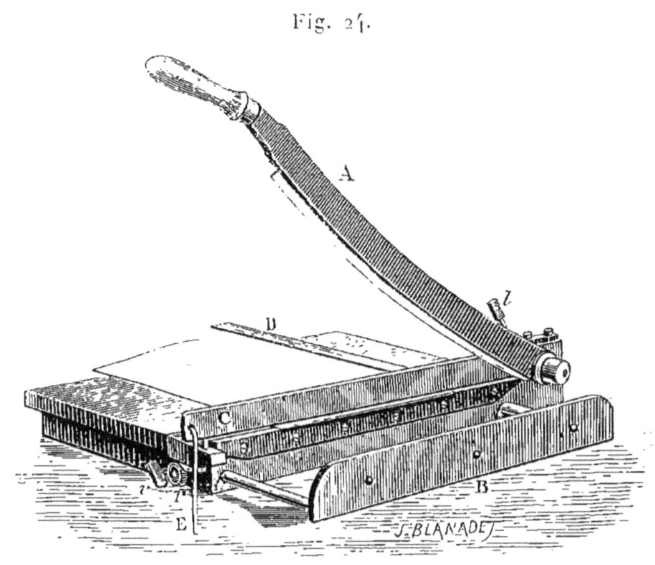

prix un peu élevé, mais il rend de nombreux services dans l'atelier du photographe pour la régularité du coupage des bristols, des papiers et même des épreuves.

Le *collage* des épreuves gélatinées est une opération délicate. On ne peut en effet couvrir le dos de l'épreuve avec de la colle, puisque l'humidité, passant dans les pores du papier, en ferait ressortir le grain, perdrait la pureté du gélatinage et gondolerait toute la surface; on se borne à enduire les bords avec de la colle forte chaude, sur une bande de 4^{mm} à 5^{mm} et l'on met aussitôt l'image sur son bristol juste en place, car on ne peut la faire glisser pour modifier une mauvaise position. On superpose un verre plus grand, on le charge d'un poids assez lourd; on place de même la seconde épreuve sur le verre de la première, on pose un second verre et l'on remet le poids; on continue ainsi jusqu'à la dernière, et on laisse le tout sous une pression de 4^{kg} à 5^{kg} jusqu'au lendemain. Avec ces précautions, le bord seul du gélatinage est légèrement altéré et l'on a peu de décollages.

Le *bombage* a pour but de mieux imiter encore l'aspect d'un véritable émail; on l'emploie pour les petits formats ne dépassant pas la carte-album. Cette opération se fait avant le collage, au moyen de presses et de calibres que l'on trouve dans le commerce des fournitures pour photographie. Elle est surtout appliquée aux portraits; on utilise les divers calibres pour faire les caches nécessaires aux tirages sur marges réservées (62), de manière à obtenir un repérage exact et à ne bomber que l'image en laissant les marges planes. Les épreuves bombées ne pouvant être pressées, on assure le collage des marges sur les bristols avec de petits cadres de bois dont l'épaisseur dépasse la hauteur du bombage.

---

87. Les images obtenues par le chlorure d'argent avec virage au chlorure d'or sont altérables et, en outre, assez coûteuses, surtout si l'on n'a pas le soin de recueillir convenablement les résidus. On ne peut donc employer couramment ce procédé que pour des épreuves de luxe. La nécessité de produire des images durables, les conditions économiques nécessaires pour les applications administratives et industrielles ont fait utiliser diverses réactions que produit la lumière sur des composés autres que ceux d'argent, tels que certains sels de platine, de fer, de chrome, etc.

II.

ÉPREUVES AUX SELS DE PLATINE.

(PLATINOTYPIE).

88. Premiers essais. — L'emploi du platine en Photographie est mentionné pour la première fois en 1856 par M. de Caranza, qui, pour obtenir des épreuves plus solides, moins coûteuses et d'un ton plus artistique, proposa de substituer dans le virage le bichlorure de platine au chlorure d'or, d'après la formule suivante :

Eau distillée..............................	2000^{cc}
Chlorure de platine à l'état sirupeux........	1^{gr}
Acide chlorhydrique.........................	30^{cc}

Cette solution, très franchement acide, ronge les épreuves ; aussi est-il nécessaire de les tirer très foncées, jusqu'à ce que les blancs soient arrivés à une teinte violacée et que les noirs soient métallisés. Au sortir du châssis, on plonge l'épreuve dans ce bain de virage, où elle devient gris bleu ; on la lave à plusieurs eaux, puis dans un léger lait de craie pour saturer toute acidité ; on la rince de nouveau et on la fixe dans l'hyposulfite de soude : les parties foncées gardent un ton noir très vigoureux et les demi-teintes prennent un agréable ton rosé.

Dans ces conditions, le sel de platine n'agit pas comme un réactif sensible à la lumière, il opère une substitution métallique semblable à celle qui est obtenue par le virage au chlorure d'or. Il n'en est plus de même dans le procédé auquel on a donné le nom de *Platinotypie*, présenté par M. Willis et modifié par MM. Pizzighelli et le baron Hübl [1].

[1] Pizzighelli et Hübl, *La Platinotypie. Exposé théorique et pratique d'un*

89. Platinotypie. — L'action réductrice de la lumière sur les sels de platine était connue longtemps avant la divulgation des procédés photographiques. La première observation, faite par Herschel, remonte à 1832 ; mais ce fut seulement en 1873 que M. Willis proposa d'utiliser cette action pour obtenir des épreuves positives. Son procédé, breveté en Angleterre à cette époque, fut décrit en janvier 1875, dans le *Bulletin de la Société française de Photographie;* il est basé sur la sensibilité à la lumière d'un mélange d'un chlorure double de platine et de potassium avec un oxalate de peroxyde de fer. Le platine, dit M. Willis, peut être remplacé par un des métaux avec lesquels il est le plus souvent associé, tels que l'iridium et le palladium. Ce procédé, étudié et amélioré par M. le capitaine Pizzighelli et M. le baron Hübl, donne de remarquables résultats lorsqu'il est habilement conduit; il peut être considéré comme pratique, puisque déjà plusieurs photographes ont imprimé ainsi un grand nombre de portraits : l'image photographique obtenue sur papier non brillant se rapproche beaucoup de la gravure en taille-douce par ses tons gris et noirs. Il est toutefois probable que cette méthode prendra plus d'extension lorsque les opérateurs auront toute liberté pour chercher à simplifier les préparations, trop compliquées quant à présent.

En effet, la préparation du sel double de protochlorure de platine et de potassium et celle de l'oxalate de peroxyde de fer, telles que les indiquent MM. Pizzighelli et Hübl, demandent l'habitude des manipulations chimiques. Nous les résumons brièvement, mais il sera plus simple de se procurer ces produits chez MM. Poulenc frères, représentants des inventeurs.

90. *Préparation de la liqueur sensibilisatrice.* — Pour obtenir le protochlorure de platine, on fait passer un courant de gaz acide sulfureux bien lavé dans une solution de 50^{gr} de bichlorure de platine pour 100^{cc} d'eau ; aussitôt qu'une goutte du liquide ne donne plus de précipité par son mélange avec une goutte de chlorhydrate

---

procédé photographique aux sels de platine permettant d'obtenir rapidement des épreuves inaltérables. Traduit de l'allemand par Henry Gauthier-Villars. 2e édition. In-8; 1887. Paris, Gauthier-Villars.

d'ammoniaque, on arrête le courant gazeux; on ajoute au protochlorure de platine formé 25^{gr} de chlorure de potassium dissous dans 50^{cc} d'eau, puis on laisse refroidir et reposer pendant vingt-quatre heures.

Le sel double de platine et de potassium se précipite à l'état pulvérulent; on le recueille sur un filtre sans plis, on le lave d'abord avec quelques gouttes d'eau, puis avec de l'alcool jusqu'à ce qu'il n'ait plus de réaction acide; on l'étale sur un peu de papier buvard et on le laisse sécher à l'abri de la lumière; on le dissout ensuite dans six fois son poids d'eau froide et l'on a ainsi la solution normale de platine.

On prépare la solution d'oxalate de peroxyde de fer d'après les indications suivantes : on commence par dissoudre 500^{gr} de perchlorure de fer dans 5^{lit} à 6^{lit} d'eau, on ajoute dans ce liquide filtré une dissolution de 250^{gr} de soude caustique dans environ 1^{lit} d'eau et l'on continue de verser jusqu'à ce qu'un papier rouge de tournesol devienne nettement bleu, ce qui indique un excès d'alcali; on lave par décantation, avec de l'eau chaude, le volumineux précipité de peroxyde de fer qui s'est formé, et l'on continue le lavage jusqu'à ce que le papier rouge de tournesol ne bleuisse plus, ce qui indique que tout l'excès de soude est éliminé. Le précipité est alors recueilli sur un linge, pressé, puis additionné de 200^{gr} d'acide oxalique avec lequel on le mélange, et on l'abandonne pendant quelques jours; on obtient ainsi un liquide vert brun que l'on filtre. Il faudrait à ce moment déterminer exactement la richesse de la solution d'oxalate de fer et l'amener au titre de 20 parties d'oxalate de fer pour 100 parties d'eau. On ne peut apprécier cette valeur que par une analyse chimique quantitative, laquelle demande des connaissances chimiques supérieures à celles de la plupart des photographes. Ce sont ces difficultés qui, jusqu'à nouveaux progrès, rendent préférable l'acquisition des produits prêts à être employés.

91. La liqueur sensibilisatrice se compose du mélange, dans les proportions convenables, de la liqueur normale de platine avec l'oxalate de peroxyde de fer, additionné quelquefois de chlorate de fer. On doit trouver ces solutions dans le commerce au titre voulu pour l'emploi : soit pour le chlorure double de platine et de potassium, 1 partie de sel pour 6 d'eau ; pour l'oxalate de fer, 1 partie pour 5 d'eau, et pour le chlorate de fer, 100 parties de la solution d'oxalate de peroxyde de fer à laquelle on ajoute 0gr,40 de chlorate de potasse.

Ces diverses solutions se conservent parfaitement lorsqu'elles sont séparées ; on peut donc en faire provision à l'avance. On ne fait le mélange que par petites quantités, lorsqu'on veut sensibiliser le papier. A cet état, la liqueur est altérable par la lumière ; on la préparera et on l'emploiera à l'abri du jour, sans cela, la réduction étant commencée dans la liqueur même, on aurait des épreuves voilées; il en serait de même si l'on faisait le mélange trop longtemps à l'avance. Les dosages varient suivant les teintes que l'on désire.

92. *Dosages*. — 1° Pour obtenir des teintes douces et des noirs intenses :

	cc
Solution normale de platine....................	24
» d'oxalate de peroxyde de fer...........	22
Eau distillée..................................	4

2° Pour avoir des images un peu plus brillantes que celles obtenues avec la formule ci-dessus :

	cc
Solution normale de platine....................	24
» d'oxalate de fer......................	18
» de chlorate de fer....................	4
Eau distillée..................................	4

3° La troisième formule donnera des résultats comparables à ceux du chlorure d'argent :

	cc
Solution normale de platine....................	24
» d'oxalate de fer......................	14
» de chlorate de fer....................	8
Eau distillée..................................	4

4° Formule à employer pour les négatifs très faibles ou les reproductions de gravure :

	cc
Solution normale de platine....................	24
» de chlorate de fer......................	22
Eau distillée..................................	4

La liqueur sensibilisatrice a une grande tendance à pénétrer dans l'épaisseur du papier; alors les images sont embues et sourdes, elles perdent toute leur valeur. Aussi prend-on une série de précautions, telles que l'encollage additionnel du papier et la parfaite dessiccation des feuilles préparées, pour s'opposer le mieux possible à cette pénétration et pour retenir l'image à la surface.

93. *Préparation du papier.* — On choisit la meilleure qualité de papier photographique de Rives de la force correspondant à 10^{kg} environ la rame. On essaye un morceau par l'acide chlorhydrique dilué à 1 ou 2 pour 100 d'eau : s'il jaunit, c'est qu'il a été additionné de bleu d'outremer, on le rejette; s'il garde toute sa blancheur, c'est qu'au lieu d'outremer on a employé le bleu cobalt pour le blanchiment des pâtes, ce qui est préférable. Bien que la fabrication du papier de Rives soit particulièrement soignée, l'encollage n'est pas encore suffisant pour l'emploi des liqueurs de platine, il faut un encollage additionnel d'amidon ou de gélatine; celui à l'albumine ne conviendrait pas : l'albumine trop fortement coagulée par le contact des sels métalliques s'opposerait si complètement à la pénétration des réactifs que l'image, toute superficielle, n'adhérerait plus au papier.

L'encollage à la gélatine se fait par une immersion en plein dans un bain composé de :

Gélatine	10^{gr}
Eau	800^{cc}

Lorsque la gélatine, préalablement gonflée dans cette eau, est liquéfiée au bain-marie, on ajoute 3^{gr} d'alun dissous dans un peu d'eau et 200^{cc} d'alcool; cette solution reste liquide à la température de 18° C., on la filtre dans une cuvette bien propre et elle est prête pour l'usage.

On plonge les feuilles une à une dans le liquide, on enlève les bulles d'air qui peuvent se produire et, après deux ou trois minutes d'immersion, on suspend les feuilles pour les faire sécher rapidement; puis on procède à une seconde immersion des feuilles sèches dans le même bain et on les suspend dans le sens contraire à celui de la première fois, pour être certain d'avoir une couche bien régulière. L'alun contenu dans la gélatine l'insolubilise suffisamment lorsqu'elle se dessèche, pour qu'elle ne soit dissoute ni par le second bain ni par la solution révélatrice, qui cependant est employée très chaude.

L'encollage à l'arrow-root (amidon) s'effectue de la même manière, en faisant gonfler 10gr d'arrow-root dans 800cc d'eau bouillante; après refroidissement on ajoute 200cc d'alcool, on filtre la solution dans une mousseline, on la reçoit dans une cuvette, puis on passe les feuilles en plein bain. Si l'on a trop de difficulté à faire ce passage en plein bain d'arrow-root, on fera seulement flotter l'endroit de la feuille à la surface. On pourrait, sans doute, employer une colle d'arrow-root plus épaisse et l'étendre avec beaucoup de soin en se servant d'un pinceau plat dit *queue-de-morue,* de manière à obtenir une surface très régulière.

Il est nécessaire de faire sécher le plus rapidement possible les feuilles encollées, en les suspendant dans une pièce assez fortement chauffée.

94. Pour sensibiliser le papier, on met dans une soucoupe une petite quantité du mélange préparé, on trempe un pinceau dans le liquide que l'on étend sur la feuille de papier préalablement fixée sur une planchette de bois au moyen de punaises; on intercale une ou deux feuilles de buvard entre le bois et le papier. L'opération doit être faite à la lumière du jour très atténuée. Lorsque la surface est bien également mouillée avec la liqueur sensibilisatrice, on régularise la couche avec un autre pinceau rond. On a soin que le liquide ne touche aucun point métallique qui amènerait la réduction du sel de platine. Pour la même raison, il faut rejeter tous les papiers qui retiendraient des particules de métal par le fait de la fabrication ou du satinage, faire attention à ne pas étendre le liquide jusqu'aux points d'attache des punaises et n'employer que des pinceaux montés avec du fil sur des manches de bois. On pourrait aussi étendre la solution avec un petit triangle de verre, comme on le faisait pour les préparations du procédé F. Talbot (T. I, 260).

La feuille préparée est suspendue par les deux angles et mise à sécher à une température de 30° à 40° C., afin d'éviter que, par une dessiccation trop lente, le liquide ne pénètre dans l'épaisseur du papier.

Pour la même raison, on conservera le papier sensible dans une boîte ou dans un étui à chlorure de calcium; sans cela l'humidité l'altérerait rapidement. Cependant, malgré toutes les précautions prises, la préparation sensible chemine doucement dans le papier; aussi les épreuves seront-elles d'autant mieux réussies qu'il s'écoulera moins de temps entre la sensibilisation et l'emploi.

95. *Exposition.* — On expose le papier sensible sous le cliché dans le châssis positif, comme pour les tirages à l'argent; la sensibilité est trois fois plus grande environ qu'avec le chlorure d'argent. L'image est visible en brun, mais il ne faut pas qu'elle soit trop accentuée; l'emploi de l'actinomètre déjà conseillé (57) sera d'un excellent secours.

Les épreuves insolées seront mises dans la boîte à chlorure de calcium, pour les conserver à l'abri de l'humidité jusqu'au moment du développement. L'image, en effet, ne s'obtient pas par la seule action de la lumière, elle est due à la précipitation facile du sel de platine par le proto-oxalate de fer, qui se forme sous l'influence de la lumière par la réduction du peroxalate.

96. *Développement.* — Le bain de développement est une solution d'oxalate neutre de potasse légèrement acidulée par un peu d'acide oxalique; on filtre le liquide dans une cuvette de porcelaine ou de tôle émaillée que l'on met dans une seconde cuvette faisant office de bain-marie (*fig.* 25). On chauffe jusqu'à ce que le thermomètre placé dans l'oxalate de potasse indique une température de 80° en moyenne; s'il y a lieu de croire que les épreuves ont trop posé, on abaisse la température; on l'élève au contraire jusqu'à 100°, si la pose a été trop courte.

Prenant alors une épreuve par les deux angles, on l'immerge complètement et on la fait passer doucement à travers le bain révélateur sans la quitter, on la relève, et l'image est développée. Si quelques parties n'avaient pas été mouillées, ce qui occasionnerait des taches blanches, on recommencerait l'immersion. On répète successivement cette opération pour chaque épreuve, en modifiant comme nous l'avons dit la température du bain, suivant le plus ou moins de pose. M. Chalot réussit parfaitement en se servant de ce révélateur à froid : l'image plongée dans le bain s'accentue doucement; on la retire quand on la juge à point.

Le révélateur est conservé dans un flacon, et peut servir indéfiniment; il est même meilleur après un usage répété, sans doute

Fig. 25.

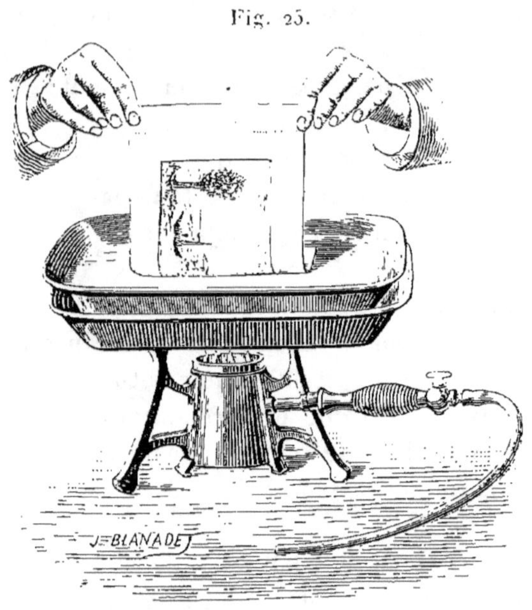

parce qu'il s'y dissout de petites quantités du mélange sensibilisateur. Lorsqu'il s'y forme des cristaux par suite de l'évaporation du liquide, on ajoute la quantité d'eau nécessaire pour les liquéfier; si le volume n'est plus suffisant, on le complète par l'addition d'une solution neuve d'oxalate de potasse.

97. *Lavage. Élimination des sels de fer.* — Le papier des épreuves est imprégné des sels de fer et de platine en excès qui lui donnent une coloration jaune désagréable; on le ramène à sa blancheur première en plongeant toutes les épreuves ensemble dans un large bain acide, composé dans la proportion de :

Acide chlorhydrique ordinaire........	10^{cc} à 15^{cc}
Eau commune........................	1000^{cc}

On renouvelle ce bain deux ou trois fois, jusqu'à ce que le papier ait perdu toute coloration jaune, puis on rince à l'eau pure plusieurs fois renouvelée jusqu'à complète disparition de toutes traces acides, ce qu'il est facile de constater avec un papier bleu de tournesol.

On ne peut conseiller d'ajouter aux eaux de lavage aucun réactif alcalin (carbonate de soude ou de potasse, ammoniaque, etc.); car, s'il restait encore du chlorure de fer dans le papier, il serait précipité dans la pâte à l'état de carbonate ou d'oxyde de fer ocreux. Il faut seulement multiplier assez les lavages pour être certain que la réaction acide a disparu et ne menace plus d'altérer à la longue la fibre même du papier qu'elle transformerait en hydrocellulose (Aimé Girard).

Les épreuves terminées sont montées comme nous avons dit ci-dessus (75). Leur coloration générale se rapproche beaucoup du ton de la gravure; l'illusion sera plus grande encore si elles sont collées sur chine, sur gros papier fort, en donnant par le satinage l'impression du coup de planche.

III.

ÉPREUVES AUX SELS DE FER.

98. Les impressions photographiques basées sur l'emploi des sels de fer sont surtout utilisées dans l'industrie et dans les administrations. Celles-ci demandent, en effet, pour la reproduction des plans et des graphiques, la simplicité, l'économie et la facilité de faire de grandes épreuves sans qu'il soit nécessaire de recourir aux immenses chambres noires, aux objectifs coûteux et à tous les impedimenta qu'entraîneraient les procédés photographiques ordinaires.

Le but poursuivi est généralement de produire avec le calque, ou même avec le travail original du dessinateur, une série de copies rigoureusement exactes, destinées à être distribuées économiquement soit dans les conseils pour l'examen des projets, soit sur les chantiers pour l'exécution des travaux. L'étude de l'action lumineuse sur les sels de fer a donné des procédés qui sont aujourd'hui courants, qui répondent justement à ces besoins et qui sont utilisés dans presque toutes les grandes administrations.

Les sels de fer (sulfates, chlorures, oxalates, etc.) se présentent, au point de vue chimique, sous deux états : les sels de protoxyde ou mieux les protosels de fer, et les sels de peroxyde ou persels de fer. Sous ces deux états, leurs propriétés sont très différentes, et tous les opérateurs photographes qui emploient ou ont employé le sulfate de fer ordinaire (sulfate de protoxyde de fer) ont pu observer que la solution de ce sel, qui d'abord est d'une belle couleur verte, ne tarde pas à rougir et à prendre la couleur rouille avec un dépôt ocreux ; le sulfate de protoxyde de fer passe à l'état de sulfate de peroxyde et, tandis que le premier est un réducteur puissant, capable de développer les épreuves, parce qu'il ramène certains composés d'argent (ou d'autres métaux) à l'état métallique, le second reste inerte par cela même que, étant peroxydé, il n'a plus d'action réductrice.

Une réaction inverse montre que les persels de fer peuvent être ramenés à l'état de protosels sous l'influence de la lumière, s'ils sont mélangés à certaines matières organiques facilement oxydables. Ainsi, en additionnant d'une petite quantité d'acide tartrique le sulfate de fer jauni et en l'exposant au grand jour, on le fait revenir à une belle couleur émeraude; si cette solution eût été dès le début mélangée avec quelques centigrammes d'acide tartrique, elle se fût conservée intacte à l'état de sulfate de protoxyde pendant un temps beaucoup plus long.

Dans ces transformations de l'état des sels de fer sous l'influence de la lumière nous trouvons les éléments d'applications photographiques; elles peuvent être rendues visibles par des réactifs qui amènent des colorations différentes. Ainsi le prussiate jaune de potasse (cyanoferrure de potassium) précipite immédiatement les persels de fer en bleu de Prusse; son action est beaucoup moins vive sur les protosels. Le prussiate rouge de potasse (cyanoferride de potassium), au contraire, ne colore pas sensiblement les persels de fer, mais il donne avec les protosels une coloration bleu intense, analogue au bleu de Prusse (bleu de Turnbull). La décoction de noix de galle, le tannin, l'acide gallique donnent avec les persels de fer une couleur noire intense : c'est la teinture noire et l'encre ordinaire lorsqu'elle a pris toute sa coloration. Avec les protosels, cette coloration est beaucoup plus claire; elle ne se ferait même pas, s'il n'y avait toujours un peu de fer peroxydé. Enfin les protosels précipitent de leurs dissolutions les métaux moins oxydables, entre autres l'argent, l'or, le platine; les persels ne provoquent pas ces précipités. C'est sur cette dernière réaction que sont basées les diverses manipulations de la *Platinotypie* que nous avons expliquées ci-dessus.

On retrouve dans les Mémoires publiés par Hunt et par Herschel les premières applications de ces propriétés des sels de fer. Elles portent sur les précipitations métalliques et sur l'emploi des prussiates jaune et rouge de potasse; mais elles sont plus théoriques que pratiques; et ce fut seulement après les études de Poitevin et lorsque ce savant chercheur eut indiqué quelques réactions nouvelles, telles que la coagulation des mucilages par les sels de fer, les différences d'état hygrométrique entre le protochlorure et le perchlorure, que se sont développés les procédés actuels dits *cyanofer, gommo-ferrique,* procédés *au ferro-prussiate, au gallate de fer,* etc. Ils ont été réunis dans un excellent opuscule récemment publié par M. Fisch, opérateur émérite en ce genre et auquel nous empruntons les diverses formules ([1]).

99. Procédé dit au ferro-prussiate. — *Papier Marion.* — Ce procédé, qui a été indiqué pour la première fois par M. de Motileff (*Bulletin de la Société française de Photographie,* t. IX, p. 210), consiste à étendre sur le papier un mélange de prussiate rouge de potasse (cyanoferride de potassium) et de citrate de fer ammoniacal d'après la formule :

1°	Citrate de fer ammoniacal................	27^{gr}
	Eau ordinaire filtrée.....................	100^{cc}
2°	Cyanoferride de potassium...............	23^{gr}
	Eau ordinaire filtrée.....................	100^{cc}

On mélange les deux liquides, on filtre et l'on étend sur le papier. On choisit de préférence un papier un peu fort, très encollé pour empêcher la pénétration; on pourrait même lui donner un encollage supplémentaire, comme il a été indiqué pour la Platinotypie (91); mais, comme il s'agit de faire des copies tout à fait courantes, n'ayant aucune prétention artistique, on prend rarement ce soin.

La sensibilisation du papier se fait en fixant la feuille sur une planchette et en étendant la liqueur en couche mince et régulière, soit avec une petite éponge, soit avec un pinceau doux. Aussitôt que la couche est régularisée, on fait sécher le papier et on le conserve enroulé à l'abri de la lumière et de l'humidité.

On peut obtenir une sensibilité plus grande, mais une conser-

---

([1]) Fisch, *La Photocopie, ou Procédés de reproductions industrielles par la lumière*; 1886. Paris, Michelet.

vation moins longue du papier sensibilisé, en remplaçant la formule précédente par la suivante :

1° Acide tartrique........................	25gr
Eau..................................	100cc
2° Cyanoferride de potassium..............	21gr,50
Eau..................................	100cc

On commence par mélanger à la solution d'acide tartrique 80cc d'une solution de perchlorure de fer liquide marquant 45° au pèse-sel Baumé, et l'on ajoute, toujours en agitant, d'abord 175cc d'ammoniaque, puis la solution de cyanoferride de potassium ; on laisse refroidir le liquide qui s'est échauffé par le seul fait du mélange, et l'on conserve pour l'usage bien à l'abri de la lumière. Ce liquide est étendu sur le papier exactement comme nous venons de l'expliquer.

Le papier sensible, quelle que soit sa préparation, est impressionné dans le châssis positif ordinaire, soit sous un cliché en mettant la face du négatif en contact avec le côté préparé du papier, soit sous un calque, mais alors la face du calque doit être appliquée sur la glace du châssis et le dos en contact avec la surface sensible, sans quoi l'épreuve serait en sens inverse.

Sous l'influence de la lumière et en présence de la matière organique, représentée dans la première formule par l'acide citrique du citrate de fer ammoniacal, dans la seconde par l'acide tartrique, le persel de fer est ramené à l'état de protosel. Or, nous avons expliqué que le cyanoferride de potassium (prussiate rouge de potasse) donne une coloration bleu intense avec les protosels de fer; aussi voit-on la coloration verdâtre du papier devenir bleue partout où la lumière peut agir, c'est-à-dire à travers les grands clairs du négatif ou à travers les grandes transparences du calque dont les lignes noires seront alors rendues par des lignes blanches sur le fond uniformément bleu de l'épreuve terminée.

Le temps de pose est très variable suivant la lumière, la transparence du modèle, la sensibilité du papier. Il est facile de s'en rendre compte en faisant sur les marges du calque quelques traits qui s'imprimeront et donneront sur la feuille sensible des témoins que l'on prélèvera et que l'on essayera avant d'arrêter l'exposition ;

celle-ci doit être plutôt dépassée qu'insuffisante; car une épreuve trop foncée peut être ramenée à bien par un lavage prolongé, tandis qu'une épreuve trop claire est irrémédiablement perdue.

Après avoir constaté si l'exposition est suffisante, on sort le papier du châssis et on le plonge entièrement dans une grande bassine d'eau fraiche; le précipité bleu formé par la lumière reste adhérent à la feuille, tandis que tout le reste de la préparation se dissout dans l'eau en laissant à nu le blanc du papier. Quand l'aménagement de l'atelier le permet, on facilite le dégorgement en projetant sur l'épreuve une abondante quantité d'eau sous pression au moyen d'une pomme d'arrosoir; on lave ainsi rapidement et énergiquement l'épreuve préalablement étendue sur une glace ou sur le fond de la cuvette. Si l'image est un peu faible, on se hâte de terminer le lavage; si, au contraire, elle paraît trop vigoureuse, on l'abandonne dans un large bain jusqu'à ce qu'elle soit affaiblie au point voulu. On peut aviver la coloration bleue en ajoutant à l'eau de lavage soit un peu d'eau chlorée, soit une minime quantité d'acide chlorhydrique; on lave de nouveau et l'on suspend pour sécher.

Les papiers tout préparés que l'on trouve dans le commerce donnent rarement d'une manière suffisante les demi-teintes des négatifs; ils ne sont pas sensibilisés dans cette prévision, puisqu'on leur demande au contraire une grande opposition entre les lignes et le fond. La couche sensible qui les recouvre, souvent additionnée de gomme, est relativement trop épaisse; la lumière ne la traverse complètement, pour arriver jusqu'à la feuille, qu'autant que l'insolation est très vigoureuse; les impressions légères restent à la surface et sont enlevées par les lavages. Aussi obtient-on avec ces préparations épaisses des traits nets et des fonds purs, ainsi qu'il convient pour les reproductions de plans. Si l'on veut reproduire des négatifs à demi-teintes avec le procédé du *ferro-prussiate*, il est nécessaire que la couche sensible, moins épaisse, soit bien adhérente à la pâte du papier; mais, sauf quelques rares exceptions, on ne cherche pas ce résultat.

Ce procédé, si simple dans ses manipulations, a, dans la pratique, l'inconvénient de renverser l'effet du modèle, il donne l'inverse du sujet à copier. Il est nécessaire d'employer un négatif pour obtenir une image positive ; or nous savons que la confection de très grands négatifs apporterait une grave complication aux applications industrielles. Aussi le plus souvent utilise-t-on directement le calque en guise de cliché ; on obtient ainsi un dessin dont les traits sont blancs sur un fond bleu : cela peut suffire pour les travaux sur chantiers, mais pour les examens de projet dans les commissions on refuse généralement de semblables copies, qui fatiguent la vue, dérangent les habitudes et ne se prêtent ni aux corrections ni à la distribution des teintes conventionnelles. Il faut alors avoir recours au procédé décrit ci-après (100), qui est un peu plus compliqué, ou faire une première épreuve aussi foncée que possible et s'en servir comme d'un négatif pour produire les suivantes, ou obtenir avec le calque et par superposition un négatif au moyen du papier au chlorure d'argent (Chap. IV), ou dessiner le calque lui-même d'après une méthode donnée par M. Cheysson (*voir* 103) et permettant de le transformer en négatif.

100. **Procédés dits cyanofer et gommo-ferrique.** — *Réactions.* — Ces deux noms, bien que différents, désignent des préparations du même genre, basées sur les mêmes réactions, que nous expliquons d'abord d'une manière générale avant de donner les formules.

Ces réactions sont les suivantes :

1° Le perchlorure de fer additionné d'acide tartrique est ramené par la lumière à l'état de protochlorure.

2° Le prussiate jaune de potasse (cyanoferrure de potassium) donne avec les persels de fer une coloration bleu intense due à la formation du bleu de Prusse.

3° Le même prussiate jaune de potasse forme avec les protosels un composé beaucoup moins coloré, mais qui, sous l'action de l'air, tournerait rapidement au bleu de Prusse. Il faut donc empêcher cette réaction secondaire.

4° Les protosels de fer coagulent énergiquement, insolubilisent certains mucilages (gomme, dextrine, albumine, gélatine) et les rendent assez imperméables pour qu'ils résistent pendant quelque temps à la pénétration d'un réactif. Cette quatrième propriété est la plus importante.

Donc, si l'on étend sur une feuille de papier un mélange de perchlorure de fer additionné d'acide tartrique et d'un mucilage ; si on l'expose à la lumière sous un calque et si, après insolation, on le passe dans un bain concentré de cyanoferrure de potassium, on obtient les réactions suivantes :

Sous les traits du calque, la préparation est restée telle qu'on l'a étendue sur le papier, le mucilage n'est pas imperméabilisé par l'action de la lumière ; aussi la solution de cyanoferrure de potassium le pénètre, le gonfle, rencontre un persel de fer, le perchlorure, et, d'après la réaction n° 2, elle accuse le trait par la formation d'un bleu de Prusse intense. Dans toutes les transparences du modèle, la lumière a agi ; en présence de l'acide tartrique, elle a ramené le perchlorure de fer à l'état de protochlorure, le mucilage a été imperméabilisé d'après la réaction n° 4. La solution de cyanoferrure ne pénètre pas, surtout si elle est épaisse et concentrée ; il ne se fait pas de coloration, et le fond reste blanc. On a donc immédiatement la reproduction du calque en traits bleus foncés sur fond blanc, sans qu'il soit nécessaire, comme avec le procédé dit *au ferro-prussiate* (96), de faire un négatif. Les épreuves, facilement lisibles, peuvent recevoir les corrections et les teintes conventionnelles comme les calques ordinaires. Les procédés cyanofer et gommo-ferrique seraient donc préférables, s'ils n'entraînaient des manipulations un peu plus compliquées, parce que, au lieu d'un simple bain d'eau et d'une seule cuvette, on est obligé de procéder au développement de l'image, à l'élimination des sels de fer par un bain acide et à des lavages plus multipliés.

101. *Préparation du papier sensible.* — M. Pellet utilisant les données ci-dessus, que l'on trouve indiquées dans les travaux d'Herschel et de Poitevin, les a appliquées d'une manière tout à fait pratique, avec des formules qui sont siennes et que nous ne connaissons pas, à la préparation industrielle et mécanique d'un papier qu'il livre par rouleaux à la consommation.

M. Fisch, dans le Traité ci-dessus mentionné, et M. Pizzighelli, d'autre part, ont publié les deux formules suivantes pour la préparation d'un papier sensible présentant les conditions que nous venons d'énumérer.

1° Formule donnée par M. Fisch :

A. Gomme arabique de bonne qualité........	170^{gr}
Eau distillée ou de pluie.................	600^{cc}

Facilitez la dissolution de la gomme en l'agitant dans l'eau avec une spatule.

B. Acide tartrique......	40^{gr}
Eau distillée ou de pluie.................	100^{cc}

Après solution, mélangez les deux liqueurs, filtrez et ajoutez :

C. Perchlorure de fer liquide à 45°B.........	110^{cc} à 120^{cc}

Le perchlorure de fer liquide acide se trouve tout prêt dans le commerce des produits chimiques : il faut seulement avoir soin de vérifier avec un pèse-sel Baumé s'il titre bien 45° (soit, au densimètre, 1,45).

Lorsque le mélange est ainsi fait, on ajoute de l'eau de pluie ou de l'eau distillée, jusqu'à ce que la totalité du liquide marque seulement 11° Baumé ($D = 1,083$).

M. Fisch conseille de mélanger à la solution ci-dessus du sulfate de peroxyde de fer en quantité de :

Sulfate de peroxyde de fer..................	20^{gr}
Eau de pluie ou distillée....................	100^{cc}

Il ajoute toutefois qu'il ne considère pas cette addition comme indispensable.

Lorsque tout ce mélange est préparé à l'abri de la lumière, on le filtre de nouveau et on le conserve pour l'usage.

2° Formule donnée par M. Pizzighelli :

A. Gomme arabique........................	100^{gr}
Eau..	550^{gr}
B. Ammonio-citrate de fer.................	250^{gr}
Eau...............	550^{gr}
C. Perchlorure de fer.......................	250^{cc}
Eau..	550^{cc}

Pour l'usage on mélange :

		cc
Solution	A	100
»	B	40
»	C	25

On a soin de ne pas intervertir l'ordre indiqué, sans cela la gomme se coagulerait. Le mélange, d'abord épais, devient parfaitement fluide en quelques heures; il se conserve bon pendant plusieurs jours.

L'extension de l'une ou de l'autre solution sur le papier, que l'on choisit fortement encollé à l'amidon, se fait au moyen d'une petite éponge ou mieux avec un blaireau chargé du liquide que l'on étend de long en large, en revenant à plusieurs reprises pour bien égaliser la couche. Les feuilles préparées sont séchées et conservées à l'abri de l'humidité, elles restent bonnes pour l'emploi pendant très longtemps. Ces dosages sont donnés pour les préparations faites à la main; il y aurait probablement lieu de les modifier pour une fabrication mécanique.

102. *Exposition.* — L'exposition se fait sous le calque mis à l'envers dans le châssis positif, de telle sorte que le dessin soit en contact avec la glace et le dos du calque avec la surface sensible. Par cette disposition, le sens de l'image ne sera pas interverti; mais on comprend :

1° Que le papier calque ne doit pas être trop épais, afin que sa transparence soit suffisante et que la lumière puisse agir sur la surface sensible et aussi pour que cette épaisseur interposée ne donne pas une image tout à fait floue ;

2° Que plus cette épaisseur sera grande, plus il sera nécessaire d'exposer le châssis perpendiculairement aux rayons solaires, afin d'éviter les lumières obliques qui occasionneraient le flou des traits. La lumière diffuse donnera toujours des résultats médiocres avec les calques épais.

L'expérience seule détermine le temps de pose, qui peut varier de quelques secondes à une heure et plus, suivant la lumière, la sensibilité et l'âge des papiers. Il est toutefois facile de se rendre compte de la marche de l'exposition en faisant avec la même encre sur les marges du calque, ou sur un fragment de papier semblable, quelques traits que l'on recouvre avec des bandelettes de la même feuille de papier sensible. On retire de temps à autre un de ces témoins, on le plonge dans le bain de cyanoferrure de potassium. Si le fond se teint en bleu avant que le trait soit suffisamment accentué, la pose est insuffisante; si le trait seul se colore énergiquement sur le fond jaunâtre, la pose est juste; si le trait se montre difficilement et paraît brisé, la pose a été trop prolongée. Ce contrôle devra porter de préférence sur des traits fins que leur légèreté rend moins résistants à l'action lumineuse.

103. *Développement de l'épreuve.* — Le bain de développement se compose d'une solution saturée de prussiate jaune de potasse (cyanoferrure de potassium); il est nécessaire d'employer cette solution très concentrée, parce qu'à cet état elle pénètre plus difficilement dans les parties imperméabilisées, ce qui assure la propreté des fonds; en même temps, elle agit plus énergiquement et plus rapidement sur les traits, qu'elle colore en bleu foncé; elle peut servir indéfiniment. Si, par suite de l'évaporation, il se forme des paillettes cristallines de cyanoferrure nageant dans le liquide, il suffit d'ajouter de petites quantités d'eau pour les dissoudre, ou de les séparer par filtration ou décantation.

Lorsque l'insolation est terminée, on retire l'épreuve du châssis; on la met à plat, face en dessous, sur une feuille de papier bien propre; on relève tout autour les bords du papier, sur un centimètre environ de largeur, de manière à former comme une cuvette dont la face extérieure correspond au côté de l'épreuve, et on l'applique doucement sur le bain de cyanoferrure en évitant les bulles d'air; on la relève aussitôt pour vérifier s'il s'en est formé quelques-unes, auquel cas on les fait disparaître avec le doigt. On l'applique de nouveau sur le bain pour la relever presque immédiatement et, la tenant suspendue par les deux angles, égouttant dans la cuvette, on examine la venue de l'image qui est déjà formée; les traits bleus se marquent de plus en plus en prenant un peu de relief, le fond doit rester très pur. Dès que le dessin est bien accentué et surtout dès qu'on voit apparaître quelques points bleus sur le fond, on immerge l'épreuve et on l'agite dans une cuvette pleine d'eau fraîche, chaque fois renouvelée; on abaisse les plis que l'on avait relevés au début pour empêcher le révélateur de passer au dos de l'épreuve, sur lequel il aurait développé de larges taches bleues; puis, après un lavage sommaire dans cette eau, on porte la feuille dans un bain faible d'acide sulfurique à 3 pour 100 pour enlever les sels de fer inutiles. Cette cuvette doit être en verre, en gutta-percha ou en porcelaine pour que la solution acide ne l'attaque pas. Aussitôt que l'épreuve est dans ce bain, elle se couvre d'un précipité bleu plus pâle que les traits, mais sans adhérence au papier; on le fait disparaître rien que par l'agitation ou la projection du liquide sur l'image, ou même par le passage d'une grosse touffe de coton mouillé ou d'un large blaireau. Après quatre à cinq minutes d'immersion, on retire la feuille, on la reporte sur le fond de la cuvette de zinc dont on a rejeté l'eau et, avec la pomme d'arrosoir, on fait en aspergeant un premier lavage énergique, pour éviter que la solution acide n'attaque la cuvette de zinc. Mieux vaudrait étendre la feuille sur un grand verre double ou sur une glace au-dessus de l'évier et la laver ainsi à plusieurs reprises; on termine enfin par un lavage un peu prolongé en plein bain d'eau fréquemment renouvelée, et l'on suspend pour sécher.

Une épreuve bien réussie montre un dessin dont les traits bleu foncé ressortent sur un fond parfaitement blanc; elle est facilement lisible sans fatiguer la vue, on peut y faire les corrections et y ajouter les teintes conventionnelles nécessaires. Pour les corrections, on efface les traits, comme les taches, avec une solution que l'on trouve dans le commerce sous le nom de *blue solving*, ou avec une solution concentrée d'oxalate de potasse à laquelle on ajoute un peu de carbonate de soude ou de potasse, si l'on veut une action plus rapide. Le liquide est étendu avec un pinceau : la couleur bleue disparaît aussitôt. On peut se servir de cette solution avec une plume neuve, pour écrire sur les épreuves à fond bleu dites *ferro-prussiate* (96).

Nous rappelons aux opérateurs que tout papier mouillé, après s'être étendu, se resserre d'une manière irrégulière et variable suivant les diverses qualités. Par conséquent, les proportions d'un plan ne sont plus rigoureuses et, lorsque les calques sont destinés aux reproductions photographiques, il est préférable d'établir des cotes chiffrées et non de se reporter à des échelles de proportion qui n'auraient pas toujours la précision nécessaire.

104. Épreuves au gallate de fer. — On peut transformer les épreuves bleues en épreuves noires, en les soumettant d'abord à une solution alcaline telle que solution de potasse, ou de carbonate de potasse, ou de carbonate de soude (cristaux de soude), à la dose de 4 pour 100. L'effet est de détruire la couleur bleue du prussiate de fer pour laisser seulement sur le papier l'oxyde ou le carbonate ferrique dont la coloration rouille clair est à peine visible. L'épreuve est donc effacée, mais cet oxyde ferrique est un des principes constituants de l'encre ordinaire (gallate ou tannate de fer); il suffira de faire intervenir les autres principes de l'encre, tels que la décoction de noix de galle, les solutions de tannin ou d'acide gallique, pour qu'immédiatement l'image, qui semblait détruite, reparaisse en noir.

Pour avoir une épreuve très pure par ce procédé, il est nécessaire que l'image primitive ait été très soignée dans tous ses détails : exposition juste, pour obtenir un trait vigoureux sur un fond tout à fait net; immersion suffisamment prolongée dans le bain faible d'acide sulfurique, pour bien dissoudre tous les composés ferriques autres que ceux formant les traits de l'image; lavages très soignés, en aiguisant l'eau par quelques gouttes d'acide chlorhydrique qui empêchent les sels calcaires de précipiter les sels de fer dans la pâte du papier.

Lorsqu'on a pris tous ces soins, on met l'épreuve dans un bain de carbonate de soude à 4 pour 100, où on la laisse jusqu'à ce que toute coloration bleue ait complètement disparu et ait été remplacée par une couleur rouille clair. Après un léger lavage, on la plonge dans une solution filtrée d'acide gallique à saturation, additionnée d'un peu d'acide oxalique ($0^{gr},1$ environ par litre de liquide.) Le dessin se montre aussitôt en noir d'encre; on surveille l'action; les blancs doivent rester très purs, si les préparations précédentes ont été bien faites. Si l'on s'aperçoit que les fonds se colorent, on se hâte d'enlever la feuille. On termine par un lavage plusieurs fois répété.

105. *Impression immédiate à l'encre noire* — M. Colas, ingénieur, a préparé un papier sensible qui se vend au rouleau et qui, exposé sous un calque, permet d'obtenir directement le trait noir sur fond blanc. Ce papier, qui a une coloration jaune assez accentuée, placé dans le châssis positif sous le modèle, est décoloré par la lumière, ce qui permet d'en suivre facilement l'action; les traits se détachent en jaune sur fond blanc. On retire alors la feuille et on la plonge en plein dans une solution d'acide gallique acidulé. Cette solution ou les produits pour la faire sont livrés avec le papier.

106. Dans l'Ouvrage de M. Fisch, nous trouvons les formules d'une préparation de papier donnant des résultats semblables, d'après le procédé primitivement décrit par A. Poitevin.

Sur un papier parfaitement encollé on étend, soit à l'éponge, soit au blaireau, une solution sensibilisatrice composée de :

1° Persulfate de fer........................	15gr
Eau de pluie ou distillée..................	100gr
2° Acide tartrique..........................	25gr
Eau de pluie ou distillée..................	100gr
3° Gomme arabique........................	25gr
Eau de pluie ou distillée..................	250gr

On opère le mélange dans l'ordre ci-dessus, c'est-à-dire en versant le persulfate de fer dans l'acide tartrique et les deux réunis dans la gomme arabique, puis on ajoute dans le tout 50cc de perchlorure de fer liquide marquant 45° B. (soit $D = 1,45$). Cette solution, filtrée, conservée à l'abri de la lumière, ne s'altère pas.

L'inconvénient de ce procédé est la difficulté de conserver le papier sensible pendant plus d'une quinzaine de jours; on ne doit le préparer qu'à mesure des besoins.

On fait l'exposition sous le calque ordinaire et l'on suit les progrès de l'insolation par la seule inspection de l'image et la décoloration des fonds. Quand l'épreuve est assez venue, on la retire et on la plonge dans un bain composé de :

Acide gallique..........................	3gr
Acide oxalique..........................	0gr,10
Eau ordinaire............................	1000cc

Tous les traits jaunes qui ont résisté à l'action de la lumière sont immédiatement accusés en noir d'encre. On ne peut prolonger pendant longtemps l'action de ce bain, parce que les fonds se teinteraient, les protosels de fer dont ils sont imprégnés ayant une grande tendance à revenir à l'état de persels et, par conséquent, à se colorer fortement par l'acide gallique.

On peut aussi obtenir des images en traits noirs par le procédé Artigues (111), qui rentre dans l'emploi des sels de chrome.

107. Calques négatifs. — Nous avons expliqué que les procédés ci-dessus avec développement par le cyanoferrure de potassium ou par l'acide gallique (97 à 102) avaient l'avantage de donner une épreuve immédiatement positive sous un calque ordinaire; mais que cet avantage était compensé par quelques manipulations chimiques demandant plus de soins, plus d'eau et un plus large emplacement. L'usage du papier au ferro-prussiate (papier Marion) est plus facile, puisqu'il ne demande qu'un simple lavage (96), seulement l'image s'imprime en traits blancs sur fond bleu, ce qui la rend inadmissible pour quelques services. Cet inconvénient serait évité par l'emploi d'un calque négatif, tel qu'on l'obtiendrait, par exemple, si l'on pouvait tracer des traits blancs transparents sur un papier noir; cette difficulté a été tournée d'une manière très heureuse dans l'atelier que M. Cheysson avait organisé au Ministère des Travaux publics pour le service de la Direction des Cartes et Plans. Il serait à désirer que la méthode indiquée (p. 9) dans l'Instruction distribuée par ses soins dans le service des Ponts et Chaussées fût plus connue et plus souvent employée [1].

Nous la transcrivons ici *in extenso* :

« On peut échapper à la nécessité d'employer un négatif, en transformant le calque lui-même en négatif.

» A cet effet, il suffit de dessiner le calque avec de l'encre lithographique, de le couvrir ensuite de brun d'aniline et, après séchage, de le laver à l'essence de térébenthine qui dissout l'encre lithographique sans toucher à la teinte du fond. Les traits apparaissent en blanc sur le fond brun imperméable à la lumière ; le

(1) Manuel des procédés de reproductions d'écriture et de dessins à employer dans le service des Ponts et Chaussées. Ministère des Travaux publics, Direction des Cartes et Plans; août 1880.

dessin est transformé en négatif et peut donner des positifs avec les papiers sensibilisés aux sels d'argent, au ferro-prussiate ou au bichromate de potasse. L'encre lithographique dont on se sert doit être très noire et les traits bien nourris.

» Il faut avoir bien soin de ne pas entamer le papier avec le tire-ligne et de n'y pas percer de trous.

» Lorsque le dessin est terminé, on colle ce calque sur une planche, comme une feuille de papier à dessin, en interposant une feuille de papier buvard entre le calque et la planche; puis on étend sur tout le dessin, à l'aide d'un petit blaireau, une couche de brun d'aniline. On laisse sécher; enfin, avec un petit tampon de coton ou de linge imbibé d'essence de térébenthine, on frotte doucement la surface de la feuille jusqu'à ce qu'on ait dissous et enlevé les traits du dessin. »

107 *bis. Conseils pour la confection des calques ordinaires.* — Nous empruntons au même Manuel d'excellents conseils pour la bonne confection des calques ordinaires destinés aux reproductions photographiques.

« Le papier calque doit être bien blanc ou légèrement bleuté, frais, transparent, exempt de taches noires ou blanches; on évitera d'employer de vieux papiers, qui sont généralement jaunes et cassants.

» Le dessin ayant à jouer le rôle de cliché (d'écran), il convient de le faire avec de l'encre bien noire et des traits nourris, surtout en ce qui concerne les lignes fines. Pour obtenir une opacité complète, tout en gardant la fluidité de l'encre, qui donne de grandes facilités au dessinateur, on additionnera dans le godet de la gomme gutte à l'encre de Chine. On peut employer avec succès l'encre *Bourgeois,* qui contient du jaune dans sa composition et qui se délaye aussi facilement que l'encre de Chine ordinaire.

» Il convient de remplacer autant que possible les traits de couleur, qui désignent les lignes d'axe, de construction ou de cote, par des lignes différemment ponctuées faites à l'encre de Chine. Toutefois, si l'emploi des couleurs est obligatoire sur la minute, on y tracera les traits rouges en vermillon très épais ou en terre de Sienne, les lignes jaunes avec de la gomme gutte, les traits bleus et verts à l'aide d'un mélange de bleu de Prusse foncé et de jaune de chrome en proportions différentes.

» On s'abstiendra de passer sur les calques les teintes de toute nature qui ne doivent être posées qu'après les reproductions faites, et qu'on peut souvent remplacer par des hachures plus ou moins serrées.

» On recommande le papier calque de préférence à la toile, qui, en raison de son épaisseur et de son grain, donne des résultats moins satisfaisants au point de vue de la transparence du fond et de la continuité du trait.

» Quand le papier du dessin n'est pas trop épais, on parvient à le rendre translucide en passant sur sa face postérieure une dissolution d'huile de ricin dans l'alcool (200^{gr} d'huile pour 1^{lit} d'alcool à 90° C.). »

Actuellement on emploie souvent les divers produits vendus sous le nom de *vaseline*, pour donner plus de transparence au papier.

108. Épreuves par saupoudrage. — A. Poitevin, dans ses recherches sur les applications des réactions des sels de fer à la Photographie, a indiqué un procédé basé sur les propriétés hygrométriques différentes qui existent entre un mélange de perchlorure de fer et d'acide tartrique et ce même mélange modifié par la lumière, qui a ramené le perchlorure à l'état de protochlorure. Ce dernier s'empare de l'humidité de l'air plus rapidement que le premier; si l'on étend ce mélange sur une surface et si l'on expose à la lumière sous un négatif, les parties plus ou moins insolées seront ramenées plus ou moins à l'état de protochlorure, et elles deviendront plus ou moins hygrométriques. On projette alors une poudre impalpable quelconque sur cette surface et on la promène avec une touffe de coton ou avec un blaireau très doux : la poudre glisse sur les parties sèches, elle s'attache aux parties humides et dessine ainsi l'épreuve avec telle couleur que l'on aura choisie. Si l'on substitue une poudre d'émail aux poudres colorées, on a les éléments d'une image vitrifiable au feu de moufle. Ce procédé est jusqu'à présent peu pratiqué, parce qu'il a son analogue, plus connu, dans les réactions inverses que les bichromates solubles font éprouver aux matières adhésives et poissantes. La différence entre les deux procédés est nettement tranchée. Avec les sels de fer, la lumière provoque l'hygrométrie des surfaces, c'est-à-dire la cause d'adhérence des poudres colorantes : par conséquent, on devra exposer la surface sensible sous un négatif; avec les sels de chrome, au contraire, la lumière dessèche les surfaces adhésives et empêche les poudres colorantes d'adhérer aux parties insolées : on devra faire l'exposition sous une épreuve positive

Le mode d'opérer avec les sels de fer est assez délicat; il demande beaucoup de soin pour bien réussir.

Voici les formules primitivement données par Poitevin :

Eau	100^{cc}
Perchlorure de fer sec	12
Acide tartrique	6

M. Gobert, qui a fait avec ce procédé des copies de gravures parfaitement réussies, indique les modifications suivantes [1] : le perchlorure de fer du commerce n'étant pas suffisamment pur, on le prépare soi-même en traitant d'abord par un excès d'acide nitrique une quantité indéterminée (soit 50^{gr} ou 100^{gr}) de sulfate de protoxyde de fer préalablement dissous dans l'eau. On le transforme ainsi en sulfate de peroxyde de fer. Puis on précipite par l'ammoniaque en excès jusqu'à coloration bleue d'un papier de tournesol. On lave ce précipité par décantation jusqu'à ce que l'odeur de l'ammoniaque ne soit plus appréciable; on le recueille sur un filtre et on le fait sécher. Pour préparer la liqueur sensible, on prend 9^{gr} de ce peroxyde de fer sec, on le dissout complètement par l'acide chlorhydrique que l'on ajoute peu à peu pour qu'il n'y ait pas excès d'acide, on y verse la quantité d'eau nécessaire pour faire le volume de 100^{cc}, dans lequel on fait dissoudre 9^{gr} d'acide tartrique.

La préparation est étendue sur un verre bien nettoyé ; on égoutte et l'on fait sécher rapidement dans l'obscurité. On expose ensuite à la lumière sous le cliché, comme pour les épreuves ordinaires ;

---

(1) *Bulletin de la Société française de Photographie*, p. 303; 1863.

puis la glace sortie du châssis est laissée à l'air pendant quelques instants dans une partie peu éclairée du laboratoire. L'image, d'abord invisible, s'indique à mesure que l'humidité se fixe sur la glace ; il est nécessaire pour l'apercevoir de la chercher sous différents angles. On prend alors avec un blaireau doux la couleur en poudre avec laquelle on veut développer l'épreuve, et on la passe légèrement sur toute la surface. On attend de nouveau pendant quelques instants, puis on recommence en insistant sur les parties trop peu colorées, soufflant même légèrement sur celles qu'on veut développer davantage, parce que l'humidité de l'haleine facilite l'adhérence de la poudre ; et, lorsqu'on trouve le développement à point, on époussette bien la glace pour enlever toute poussière inutile, puis on procède au transport, car le but que l'on s'est proposé n'est généralement pas d'obtenir une image sur glace, mais sur papier.

Pour emprisonner la poudre colorante et l'enlever de la glace, on verse sur celle-ci une couche de collodion normal, et sans laisser sécher on la lave dans une bassine contenant de l'eau acidulée par l'acide chlorhydrique ou sulfurique à 3 pour 100, si la matière colorante n'est pas altérable par cette réaction acide. On lave ensuite à l'eau pure : le collodion ne tarde pas à manifester une tendance à se détacher de la glace, ce que l'on facilite par une douce agitation ; la pellicule flotte alors dans le bain, on glisse par-dessous une feuille de papier gélatiné sur laquelle on la fait reposer, on retire le tout du bain et on laisse sécher. On pourrait plus simplement et plus facilement, quand le collodion tend à se détacher, mettre dans le même bain une feuille de papier gélatiné, relever le tout ensemble, laisser égoutter, avec une raclette que l'on passe légèrement expulser l'eau interposée en faisant mieux adhérer les surfaces et enlever doucement le collodion de la glace. Avec la première méthode l'image reste dans son vrai sens, avec la seconde elle est retournée ; mais rien n'empêche de recevoir d'abord l'image collodionnée sur une feuille de papier sans préparation, puis de la contrecoller sur une feuille enduite d'une substance adhésive quelconque. On évitera de laisser sécher le papier gélatiné sur la glace avant d'enlever l'épreuve, parce que, dans le mode d'opérer indiqué ci-dessus, le collodion est resté spongieux : un peu de gélatine peut le traverser et rendre le tout adhérent. Si l'on voulait n'enlever le papier qu'après dessiccation, il faudrait, après le bain acide et les lavages qui le suivent, laisser le collodion sécher sur la glace; pour appliquer le papier gélatiné on plongerait de nouveau celle-ci dans une bassine d'eau et l'on y ferait adhérer le papier en évitant les bulles d'air.

Au collodion normal on pourrait substituer la solution de caoutchouc et suivre les manipulations indiquées (t. Ier, 257). Il y a toute une série de tours de main et d'opérations diverses décrits soit pour le transport des clichés (t. Ier, 244), soit pour les épreuves sur émail (*voir* plus loin), qui sont applicables à ce procédé et pourraient lui donner dans la pratique une extension qu'il n'a pas prise jusqu'ici.

IV.

ÉPREUVES AUX SELS DE CHROME.

109. **Observations générales.** — L'emploi des sels chromiques, à l'état de bichromate de potasse ou d'ammoniaque, a pris une importance considérable en Photographie. C'est surtout à l'étude des réactions qu'ils font subir, sous l'influence de la lumière, aux substances gélatineuses, albuminoïdes et sirupeuses, que l'on doit les épreuves aux matières colorantes inaltérables et les impressions photomécaniques aux encres grasses.

La nécessité de remplacer les épreuves aux sels d'argent et de relier la Photographie aux Arts graphiques avait été comprise dès le début et, en 1855, le duc Albert de Luynes avait mis au concours un prix de dix mille francs pour stimuler les recherches des inventeurs dans cette voie. Ce prix fut décerné à A. Poitevin qui, étudiant de nouveau les réactions déjà connues des bichromates solubles sur la gélatine, l'albumine et leurs analogues, sut en faire sortir des méthodes réalisant les conditions du programme et dota la Photographie de procédés nouveaux donnant des épreuves inaltérables, soit par l'impression lumineuse seule, soit par les impressions photomécaniques.

On savait depuis longtemps que le mélange d'un bichromate soluble avec certaines matières organiques était modifié par la lumière; en 1838, Mungo Ponton constata le premier qu'une feuille de papier passée dans une solution de bichromate de potasse brunit dans toutes les parties qui reçoivent l'impression lumineuse.

En 1840, M. Ed. Becquerel montrait qu'il est possible d'obtenir une image en préparant dans une solution de bichromate de potasse une feuille de papier recouverte d'un fort encollage additionnel à l'amidon; après exposition, l'image apparaissait en traitant la feuille insolée par la teinture d'iode. M. Hunt employait, à la même époque, un procédé analogue au précédent, pour former une image au moyen de chromates métalliques. Mais ce fut seulement en 1853 que Fox Talbot, en Angleterre, ayant reconnu que la gélatine, mélangée de sels bichromatés, devient insoluble sous l'influence de la lumière, songea à employer cette réaction pour faire de la gravure sur planche métallique, en utilisant comme réserve les parties insolubilisées. Ce procédé de gravure a été très amélioré depuis cette époque.

En 1855, M. Pretsch, se servant de cette même réaction, voulut utiliser les reliefs que laisse la gélatine bichromatée insolée, après élimination par l'eau chaude de toutes les parties restées solubles; il moulait ces reliefs par la galvanoplastie et obtenait ainsi une planche gravée en creux.

Ce fut dans cette même année que A. Poitevin fit connaître l'étude complète qu'il avait faite des modifications que la gélatine bichromatée subit sous l'influence des rayons lumineux, et qu'il indiqua les nombreuses applications qui découlaient de ces diverses propriétés.

Tous les procédés actuels pour lesquels la gélatine bichromatée est employée ont pour base ces réactions, qui peuvent se résumer dans les quatre propositions suivantes :

I. — *La gélatine bichromatée devient insoluble, plus ou moins profondément dans l'épaisseur de la couche, proportionnellement à l'intensité lumineuse qui l'a pénétrée.*

Applications. — 1° Si l'on mélange à cette gélatine, ou aux matières albumineuses, gommeuses, etc., qui peuvent la remplacer, une matière colorante en poudre impalpable, les parties insolubilisées retiendront cette matière colorante, qui disparaîtra au contraire plus ou moins au contact de l'eau chaude dans les parties restées plus ou moins solubles, et l'on pourra obtenir ainsi une épreuve photographique avec les matières colorantes les plus diverses.

2° Après le lavage à l'eau chaude, la gélatine s'étant dissoute partiellement, il reste des creux et des reliefs formés par les parties plus ou moins profondément insolubilisées; ces reliefs peuvent être moulés de diverses manières, lorsqu'ils sont encore humides, ou lorsqu'ils sont secs, et ils peuvent être ainsi utilisés pour la gravure, pour la typographie, pour faire des matrices et empreintes galvanoplastiques, pour faire des filigranes dans les papiers, des diaphanies, etc., etc.

II. — *La gélatine bichromatée, mise dans l'eau froide, ne se gonfle pas dans les parties qui ont reçu l'impression de la lumière; les autres parties prennent au contraire un relief assez considérable.*

Applications. — Ces reliefs, beaucoup plus accentués que ceux laissés dans la première réaction, peuvent être utilisés de la même manière, pour obtenir des gravures, des typographies, des moulages pour lithophanies, poteries colorées, etc.

III. — *La gélatine bichromatée, rendue légèrement humide, prend l'encre d'impression sur les parties influencées par la lumière et ne la prend pas sur celles qui n'ont pas subi son action.*

Applications. — Impressions à l'encre grasse, tout à fait semblables aux impressions lithographiques, pouvant se faire indifféremment sur pierre, sur métal, sur glace ou toutes autres surfaces; impressions sur papier avec divers modes de transport sur pierre, sur métal; gravures, etc.

IV. — *Les bichromates solubles en présence de la lumière modifient et détruisent les propriétés adhésives et hygroscopiques de certaines matières, comme le sucre, le miel, etc.*

Applications. — En utilisant cette réaction pour faire adhérer sur les surfaces ainsi préparées des poudres d'émail ou des matières colorantes, on obtient de véritables émaux cuits au feu de moufle, ou des épreuves de telle coloration que l'on veut choisir, ainsi qu'il a été expliqué (105) pour le développement par saupoudrage. MM. Lafon de Camarsac, de Lucy Fossarieu, Mathieu Deroche, Gougenheim, le comte de Roydeville ont produit ainsi de nombreux émaux; MM. Salmon et Garnier ont obtenu par ce moyen des images par saupoudrage.

Ces propriétés nouvelles qu'acquiert la gélatine (ou ses analogues) sous l'influence de la lumière, lorsqu'elle est additionnée d'un bichromate alcalin, résultent d'un principe unique : le passage de l'état de solubilité à l'état d'insolubilité allant jusqu'à l'imperméabilité. La cause chimique de cette modification doit être attribuée à l'oxydation qui résulte, pour ces matières organiques, de la présence de l'acide chromique, lequel, sous l'influence de la lumière et même par l'action seule de la chaleur ou de l'humidité et du temps, leur cède une partie de son oxygène et est ramené lui-même à un état moindre d'oxydation. MM. Kopp, Eder, Philippe [1] ont étudié, au point de vue théorique, cette réaction, à laquelle la Photographie doit les nombreuses applications pratiques que nous avons mentionnées, et parmi lesquelles nous trouvons :

1° Le procédé dit *au charbon* (ou autres matières colorantes);

2° Les procédés par saupoudrage (émaux et divers);

3° Divers procédés de moulage;

4° Presque tous les procédés que nous avons groupés plus loin sous la rubrique : *Impressions photomécaniques.*

Les deux dernières applications sont exclusivement industrielles et se mélangent souvent pour arriver aux tirages par la presse; nous les avons réunies dans la partie spéciale qui traite de ces impressions.

---

(1) E. Kopp, *Sur le chromate double de potasse et d'ammoniaque* (*Bulletin de la Société française de Photographie*, 1864, page 207).

Eder, *Sur les réactions de l'acide chromique et des chromates sur la gélatine, la gomme, le sucre, etc.* (*Photographische Correspondenz*. Vienne, 1878).

A. Philippe, à Poissons près Joinville (Haute-Marne). *Étude théorique et pratique de l'action de la lumière sur les chromates et bichromates.* Imprimerie Guillemin, à Vassy.

CHAPITRE I.

PROCÉDÉ DIT AU CHARBON

(OU AUX MATIÈRES COLORANTES DIVERSES).

110. Un principe domine toutes les opérations et nécessite les divers tours de main qui, le plus souvent, sont nécessaires pour l'exécution de ce procédé : l'épreuve est formée par insolubilisation, dans l'épaisseur de la couche colorée que la lumière ne traverse pas de part en part, si ce n'est dans les parties vivement insolées et lorsque cette couche est très mince; cette insolubilisation part de l'extérieur; dans ces conditions, on ne peut obtenir que des images de traits. Les images modelées avec demi-teintes graduées n'existent qu'à la superficie de la face qui reçoit l'action lumineuse; c'est là qu'il faut les saisir et empêcher qu'elles ne soient entrainées par la dissolution générale des parties sous-jacentes qui sont restées solubles. Il y aura donc différents modes d'opérer suivant que l'on fera des épreuves simplement au trait ou des épreuves modelées à demi-teintes.

ÉPREUVES AU TRAIT.

111. Lorsqu'on veut une épreuve à traits noirs sur fond blanc, le procédé est des plus simples; on le trouve entièrement décrit dans les brevets de A. Poitevin.

On fait un mélange de gélatine ou mieux d'albumine avec un peu de couleur noire (ou autre), telle que l'encre de Chine; on l'additionne de bichromate de potasse et l'on étend cette préparation sensible en couche mince sur du papier. Le papier est employé aussitôt sec : sa sensibilité ne peut se conserver longtemps; aussi est-il préférable, lorsqu'il ne s'agit pas d'un travail régulier et quotidien, de scinder l'opération en deux parties : on prépare d'abord le papier coloré sans bichromate de potasse et on le sensibilise ensuite avec ce produit au fur et à mesure des besoins.

On commence par obtenir au moyen du battage en neige, ou autrement (*voir* t. Ier, **114**), la quantité d'albumine que l'on juge nécessaire pour les feuilles que l'on veut couvrir; on l'additionne de gomme arabique si l'on désire une couche un peu plus épaisse, ce qui ne paraît pas nécessaire pour les épreuves de trait; on ajoute en outre la quantité voulue d'encre de Chine pour que la préparation étendue sur le papier ait une coloration noire, mais suffisamment transparente pour que l'on puisse facilement voir l'ombre des objets placés derrière. Il est nécessaire que la couche soit mince et transparente pour que la lumière, sous les traits clairs du négatif, puisse traverser de part en part jusqu'au papier sur lequel les parties insolées resteront adhérentes; si la couche était trop épaisse ou trop opaque, les parties sous-jacentes ne seraient pas insolubilisées et, au moment du développement, l'image disparaîtrait par le lavage.

Pour ce genre de préparation, l'albumine a sur la gélatine l'avantage d'être soluble dans l'eau froide, ce qui permet de faire le développement à froid, tandis qu'il est nécessaire d'employer l'eau chaude avec la gélatine. On trouve dans le commerce, sous différents noms, des papiers tout préparés par l'une ou l'autre méthode.

Le nombre de feuilles nécessaires pour le travail de la journée est sensibilisé par une solution aqueuse de bichromate de potasse ou d'ammoniaque à la dose de 3 à 4 pour 100. On peut faire cette sensibilisation en plein bain pour les papiers à la gélatine, mais on ne saurait agir de même avec les papiers à l'albumine : celle-ci se dissolvant à froid se mélangerait au bain ; on doit alors étendre le dos du papier sur le bain et le laisser flotter pendant deux ou trois minutes, en prenant la précaution que le liquide ne passe pas sur la face noire. La solution de bichromate alcalin pénétrera suffisamment le papier pour agir sur l'albumine et la sensibiliser. Un mode de sensibilisation plus simple encore consiste à étendre les feuilles les unes sur les autres, le côté albuminé en dessous, à les poser ainsi sur un verre ; puis, au moyen d'un large pinceau, on couvre successivement le dos de chacune avec la solution bichromatée et l'on suspend la feuille pour sécher.

On met la feuille sensible en contact avec le négatif du sujet à reproduire et l'on expose. Quelques témoins réservés sur la marge indiquent, par des essais partiels, le moment où l'exposition est suffisante.

Sous l'influence de la lumière, l'albumine ou la gélatine passent à l'état insoluble, englobant ainsi la matière colorante dont ils sont mélangés; et, comme l'action lumineuse a dû pénétrer jusqu'au papier, l'albumine ou la gélatine insolubilisée y reste adhérente. On met la feuille dans l'eau froide pour l'albumine, dans l'eau tiède pour la gélatine; toutes les parties qui n'ont pas reçu l'action lumineuse se dissolvent, entraînant la matière colorante; on facilite le départ avec un blaireau très doux que l'on passe sur la surface au sein du liquide et l'on obtient une image en traits noirs sur fond blanc (ou de telle autre coloration que l'on aurait choisie). L'épreuve lavée est terminée, on la suspend pour la sécher.

Les préparations connues sous le nom de *Procédé Artigues* rentrent dans celles que nous venons d'expliquer.

111 *bis*. Selon les mêmes indications données par Poitevin, on peut obtenir d'une manière semblable une épreuve à l'encre grasse, sans recourir à aucun moyen mécanique.

On prend simplement des feuilles de beau papier albuminé du commerce et, sans aucune préparation ou addition de matière colorante, on les sensibilise, comme il est dit ci-dessus, par le dos, soit en les faisant flotter sur le bain de bichromate de potasse, soit en les couvrant de ce liquide avec un pinceau ou une éponge. On expose sous le cliché, et quand l'épreuve est suffisamment venue, ce dont on peut se rendre compte parce que les traits s'accentuent en plus foncé sur le ton jaune général du papier, on retire l'épreuve. Avec le rouleau du lithographe, on la couvre complètement d'encre grasse, de manière à faire ce qu'en termes d'imprimerie on appelle *tableau noir;* mais entre cette couche d'encre et la surface du papier il y a la couche d'albumine; en immergeant la feuille dans l'eau froide et l'y laissant le temps nécessaire, cette albumine se dissout partout où la lumière ne l'a pas rendue insoluble, l'encre noire disparaît avec elle; au contraire, là où la lumière a agi, l'albumine insolubilisée reste adhérente au papier, l'encre grasse qui la recouvre dessine les traits de l'image; on a donc ainsi facilement des épreuves de traits à l'encre grasse présentant toute garantie d'inaltérabilité.

Au lieu de couvrir l'épreuve avec l'encre grasse ordinaire, on a pu substituer à celle-ci l'encre dite *de report*, et alors, en employant les procédés courants des reports lithographiques, on peut reporter cette image sur pierre ou sur zinc et en faire mécaniquement les tirages nécessaires exactement comme si le dessin avait été fait directement sur surface lithographique.

ÉPREUVES MODELÉES.

112. Pour obtenir des épreuves modelées par le procédé dit *au charbon*, il faut :

1° Préparer soit sur papier, soit sur glace (ou autre surface lisse et plane), une couche de gélatine additionnée d'une matière colorante.

2° Sensibiliser cette couche de gélatine dans une solution d'un bichromate alcalin et la sécher en prenant les précautions nécessaires pour en éviter la facile altération.

3° Exposer à la lumière sous le cliché. La surface sensible ayant son maximum de coloration et l'image n'apparaissant que par la dégradation de la teinte générale, l'action lumineuse ne peut être appréciable à la vue; il est nécessaire de la contrôler au moyen d'un actinomètre; l'appréciation seule, faite sans guide, exposerait à de grandes irrégularités.

4° Développer l'épreuve *par le côté opposé à celui qui a reçu l'impression lumineuse*, car la lumière insolubilise la couche colorée plus ou moins profondément suivant son intensité; mais cette action en traverse rarement toute l'épaisseur, l'image est en quelque sorte finement sculptée dans la masse, d'où il faut la dégager en dissolvant par l'eau chaude les parties sous-jacentes restées solubles et en maintenant celles qui, devenues insolubles, emprisonnent la matière colorante. Cette opération exige toujours un transport par contre-collage de la face impressionnée sur un nouveau support, à moins que l'impression n'ait été faite à travers la pellicule sur laquelle est étendue la couche sensible.

5° Mettre l'image dans son vrai sens. Si le cliché a été retourné, l'épreuve est exacte après le premier transport; mais, si l'on a opéré avec un cliché ordinaire, l'impression lumineuse se fait d'abord dans le sens voulu, le premier contre-collage la renverse; il est donc nécessaire d'opérer un second transport, de la détacher de son support provisoire qui aura servi au développement, pour la faire adhérer au support définitif.

Ces opérations de transport peuvent être exécutées par différents moyens qui constituent les variantes du procédé.

Les impressions au charbon ou autres matières colorantes offrent à l'opérateur de grandes ressources artistiques; entre des mains habiles, elles donnent de remarquables résultats et il est regrettable qu'elles ne soient pas encore appliquées d'une manière plus générale.

113. Préparation de la surface colorée. — La préparation pour obtenir la surface colorée consiste en un mélange de bonne gélatine et d'une substance colorante à l'état d'extrême division et n'ayant aucune action chimique sur la gélatine ou sur le bichromate de potasse, ou sur le mélange des deux. Cette préparation peut être étendue sur toute surface plane; mais, si ce n'est exceptionnellement, on se sert du papier qui, souvent alors, prend le nom de *papier mixtionné*.

Le commerce des produits photographiques fournit des papiers préparés à l'avance, de teintes très diverses, plus ou moins chargés en matières colorantes suivant l'usage que l'on en veut faire. Ce papier gélatiné coloré est généralement préparé à la machine avec une grande régularité; il se conserve indéfiniment quand il n'est pas sensibilisé. Il est certainement plus simple de se le procurer ainsi; voici toutefois quelques renseignements dans le cas où l'on voudrait faire les préparations soi-même.

On choisira de préférence comme gélatine les sortes tendres et facilement solubles, telles que la *grenetine,* dont les plus belles qualités servent à faire les gelées comestibles; il est nécessaire de les additionner d'une petite quantité de gélatine plus dure, la gélatine tendre employée seule ne retiendrait pas suffisamment les demi-teintes. M. Müller, de Rouen, prépare pour l'industrie des quantités considérables de ce genre de gélatine; il n'est pas absolument nécessaire d'employer les plus belles, que recherchent cependant les opérateurs soigneux. Quelques-uns ajoutent à la mixtion une petite quantité de sucre.

Le point le plus important dans le choix de la gélatine est que cette substance ne contienne ni sels terreux comme les matières alumineuses ou les phosphates de chaux, ni matières grasses : sous l'influence de l'un ou de l'autre et du bichromate de potasse, la préparation deviendrait rapidement insoluble dans toutes ses parties.

Les matières colorantes varient nécessairement suivant le goût de l'opérateur; mais il en est un grand nombre qu'on ne peut pas employer, parce que leur mélange avec la gélatine bichromatée suffit pour en amener l'insolubilité : telles sont certaines laques, certaines matières organiques contenant de la graisse. Les noirs dits *de lampe* ou *de bougie*, contenant encore des matières grasses, ne peuvent servir qu'après avoir été débarrassés de ces substances par une calcination au rouge, suivie d'un nouveau broyage très soigné; les poudres colorantes, d'une pesanteur spécifique trop considérable, sont d'un emploi difficile parce que le mélange avec la gélatine ne reste pas homogène. L'encre de Chine liquide ou en pains est la couleur qui réunit le mieux les conditions de finesse et de pureté qui sont absolument nécessaires pour obtenir de belles épreuves; mais le ton un peu verdâtre de l'image obtenue n'est pas agréable à l'œil : il faut le modifier en ajoutant à la préparation un peu de matière colorante rouge, telle que la purpurine, le carmin de garance, etc.

Il est difficile de se servir des couleurs solubles dans l'eau, qui donneraient cependant toutes les finesses et les demi-teintes désirables; mais, par le fait même de leur solubilité, elles disparaissent en partie dans les bains, ou, si elles résistent aux lavages, elles restent sur les fonds, dont elles altèrent la pureté.

Toutes les couleurs pulvérulentes autres que l'encre de Chine doivent être soumises à un nouveau broyage fait à la molette avec le plus grand soin, afin d'acquérir à peu près le degré de finesse qui est nécessaire pour obtenir les modelés délicats et les demi-teintes légères des bons négatifs. La préparation des poudres colorantes a la plus grande importance pour le résultat final. Les fabricants de papiers mixtionnés font subir à ces poudres un traitement que les photographes ne pourraient et ne sauraient s'astreindre à faire eux-mêmes.

Pour 1^{lit} de préparation, on met dans un pot droit en faïence 1^{lit} d'eau ordinaire et 120^{gr} à 150^{gr} de gélatine, qu'on laisse ainsi tremper pendant plusieurs heures. Quand la gélatine est bien gonflée, on plonge le pot dans un bain-marie et l'on chauffe jusqu'à dissolution. On mélange la matière colorante qui, le plus souvent, est achetée dans le commerce à l'état pâteux ou que l'on a amenée ainsi par un broyage à l'eau très soigné : une matière colorante sèche ne reviendrait que bien difficilement à un état de division suffisant pour avoir de belles épreuves. On opère le mélange peu à peu, d'une manière uniforme, dans la masse et l'on essaye de temps à autre pour voir si la quantité est suffisante. Pour cet essai, on étend quelques centimètres cubes de la matière sur une glace et l'on examine par transparence; pour les épreuves sur papier la mixtion doit être peu chargée de matière colorante et rester nettement translucide; on tiendra la préparation un peu plus colorée pour les épreuves de traits et on la chargera beaucoup s'il s'agit de faire des épreuves transparentes sur verre.

La solution chaude est alors passée à deux reprises sur deux tamis de soie très fins que l'on a superposés; on élimine ainsi les parties les plus grossières et les corps étrangers : la mixtion chaude est prête à servir.

On peut l'étendre sur papier ou sur glace; mais, pour l'un et l'autre cas, il faut d'abord disposer une surface bien horizontale et l'on y parvient facilement en mettant sur une table trois blocs de fonte dans chacun desquels se meut une vis calante; on pose sur ces blocs une glace forte comme celle que l'on peut retirer d'un grand châssis positif et, au moyen d'un niveau à bulle d'air, on établit une parfaite horizontalité (*fig.* 26).

Si l'on fait la préparation sur glaces, il suffit de poser chacune d'elles sur cette surface horizontale, après les avoir bien nettoyées, et d'y verser régulièrement la gélatine préparée, en favorisant l'extension au moyen d'un triangle de verre, si cela est nécessaire; il est plus simple encore d'étendre cette gélatine, comme on étend l'albumine ou le collodion, mais alors on doit tenir la gélatine de consistance plus épaisse, en régulariser l'extension, de manière à laisser partout une égale épaisseur de 2^{mm} environ ; il faut pour cela un tour de main que l'habitude seule peut donner.

La glace, couverte de gélatine, est abandonnée à plat sur la sur-

Fig. 96.

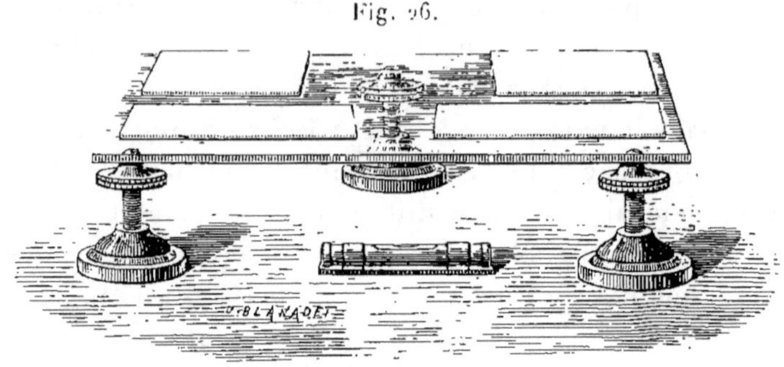

face horizontale pendant le temps nécessaire pour qu'elle fasse prise, ce qui ne dure que quelques minutes par un temps frais; on la relève ensuite et on l'appuie contre le mur pour la laisser sécher.

Lorsqu'on veut préparer des feuilles de papier mixtionné, on emploie le même matériel avec l'une ou l'autre des dispositions suivantes.

114. *Disposition adoptée par M. Jeanrenaud.* — On prend des glaces ordinaires, de dimension un peu plus petite que le format des feuilles que l'on veut couvrir; on les fait entourer d'un cadre de bois à feuillures, de manière à former cuvette; il n'est pas nécessaire que cette cuvette soit étanche. Les cadres sont faits avec assez de soin pour que, le premier étant mis de niveau sur les blocs à caler, les autres puissent se superposer en restant horizontaux ; on coupe les feuilles de papier plus grandes de $0^{m},01$ environ, en tous sens, que la glace formant le fond de chaque cuvette; on les met à tremper dans l'eau, et, prenant d'une part la cuvette, de l'autre une feuille de papier mouillé, on applique celle-ci sur la glace; l'excédent de dimension fait rebord tout autour. Au moyen d'une brosse douce et étroite dite *brosse à bijoux,* on fait disparaître les bulles d'air, on égoutte l'excès d'eau,

on éponge rapidement avec une feuille de buvard, on remet la glace horizontalement et l'on y verse la solution chaude de gélatine colorée. Pour plus de facilité, cette solution est versée doucement avec un verre à expérience (*fig.* 27) ou au moyen d'un vase à bec rétréci, comme une cafetière ou une théière; si l'ouverture de ce vase est trop large, on y adapte un bouchon percé, muni d'un petit tube, et il devient ainsi facile d'étendre la gélatine, en commençant par un côté et faisant une succession de bandes qui se recouvrent l'une l'autre. On régularise l'extension en passant sur ces bandes, au fur et à mesure qu'on les fait et avec un mouvement lent et régulier, un triangle de verre dont le côté est presque égal à la

Fig. 27.

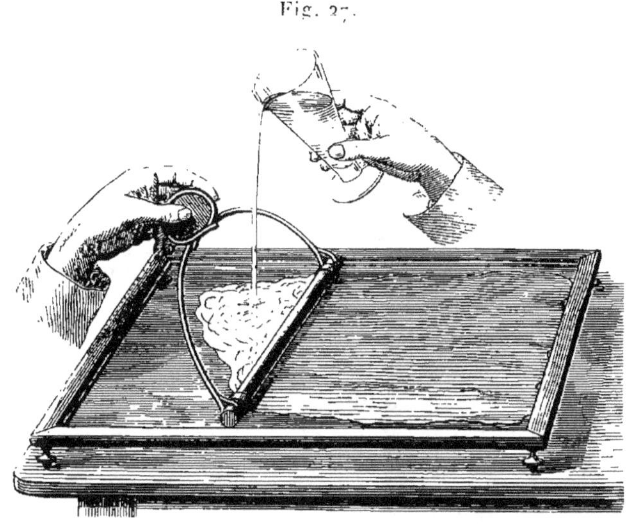

largeur de la glace ou un petit cylindre tenu par un demi-cercle de laiton; aux deux extrémités de ce guide on met un petit bourrelet de ficelle ou de caoutchouc dont la hauteur détermine l'épaisseur de la gélatine. On procède ainsi successivement, en superposant les cadres qui se trouvent tous de niveau. Lorsque les quelques cadres que l'on a à sa disposition sont couverts, on les dérange un peu, de manière à donner de l'air et de la fraîcheur sur chaque feuille; la gélatine fait rapidement prise, il n'y a plus aucune crainte de la faire couler, on sépare alors les feuilles chargées de la mixtion colorée. On a pris la précaution de laisser sur un des côtés une large bande non couverte de mixtion; on double le papier en cet endroit en le repliant sur lui-même, ce qui l'empêche de se déchirer lorsqu'on le suspend au moyen de deux épingles contre les barres de séchage. On recommence une nouvelle série; il est facile de préparer ainsi, dans une seule journée, un très grand nombre de feuilles.

115. *Disposition adoptée par M. Dauphinot.* — Sur une glace forte, calée de niveau, on étend une feuille de papier mouillé; avec une brosse douce, on chasse l'excès d'eau et les bulles d'air; on éponge avec une feuille de buvard et l'on pose à plat, sur les deux marges opposées de la feuille, dans le sens de la longueur, deux réglettes de zinc dont l'épaisseur détermine celle de la couche de gélatine. Sur cette feuille de papier, on verse la solution colorée chaude; on régularise l'uniformité de la couche en posant de champ, sur les réglettes de zinc, une troisième règle que l'on traîne d'un bout à l'autre, et l'on attend que la gélatine fasse prise; on enlève alors la feuille de papier que l'on suspend pour sécher, et l'on recommence. Si l'on voulait faire un grand nombre de feuilles avec ce mode d'opérer, il serait nécessaire d'avoir toute une série de glaces mises de niveau.

116. Après séchage, les feuilles sont réunies, le plus souvent enroulées, mais il est préférable alors de mettre la face en dehors; on doit les tenir à l'abri de l'humidité : elles se conservent indéfiniment.

Il est bon, pour répondre aux exigences de clichés plus ou moins intenses, d'avoir dans chaque couleur des papiers plus ou moins chargés de matière colorante, soit par exemple trois sortes : la première, moins fortement teintée, conviendra aux clichés durs; la qualité moyenne sera la plus employée pour les clichés harmonieux; la troisième, fortement chargée de matière colorante, conviendra aux clichés trop doux.

Quelquefois on prépare le papier mixtionné en étendant d'abord la gélatine teintée sur une glace, que l'on a préalablement frottée avec un tampon imprégné de fiel de bœuf; on essuie avec soin, on verse la gélatine chaude, comme on verserait le collodion, et sur cette gélatine on étend une feuille préalablement détrempée, en évitant les bulles d'air, et on laisse sécher le tout. Après parfaite dessiccation, la feuille de papier enlève la gélatine de la glace et présente une surface brillante parfaitement polie, qui peut faire espérer un résultat bien supérieur; mais ce mode d'opérer ne pourrait être conseillé pour deux raisons : la première et la plus importante est que la très minime quantité de corps gras étendu sur la glace, pour faciliter la séparation de la gélatine, peut amener l'insolubilisation de celle-ci sous l'influence du bichromate de potasse; la seconde est que ce poli de la surface est illusoire et disparaît, lors de la sensibilisation, dans le bain de bichromate de potasse; la gélatine mouillée dans ce bain reprend en séchant tout le grenu du papier sur lequel elle est étendue.

Si l'on voulait obtenir le brillant de la glace sur le papier préparé, il faudrait faire le séchage sur verre après la sensibilisation, ou mieux mélanger immédiatement le bichromate de potasse avec la gélatine et les matières colorantes et se servir de ce mélange pour le couler sur glace et le reprendre sur papier, comme nous l'avons indiqué ci-dessus.

Au lieu de reporter la gélatine sur papier, on peut aussi bien la détacher sur pellicule de collodion; pour cela on attend que la gélatine soit sèche, on verse sur la surface une couche de collodion normal (sans huile de ricin), ou l'on met d'abord le collodion sur la glace et on coule dessus la préparation gélatinée; on peut encore substituer le mica à la glace, etc., etc. M. Despaquis a fait sur ce sujet de nombreuses Communications à la Société française de Photographie; on les retrouvera dans le *Bulletin*. Dans ces diverses préparations, on emploie presque toujours le mélange de gélatine et de bichromate de potasse, pour obtenir immédiatement une couche sensible, sans qu'il soit nécessaire d'opération ultérieure.

117. Sensibilisation. — Généralement la préparation de la surface gélatinée et la sensibilisation forment deux opérations séparées. Quelquefois on préfère les réunir, surtout quand il s'agit de préparer des surfaces gélatinées sur autres subjectiles que le papier, ou lorsque le papier préparé doit être employé dans un travail courant; il suffit alors d'ajouter directement le bichromate alcalin (de potasse ou d'ammoniaque) dans la solution colorée de gélatine. La dose est de 1 partie de solution saturée de bichromate d'ammoniaque ou de 3 parties de solution saturée de bichromate de potasse pour 10 parties de la solution de gélatine.

Lorsque la sensibilisation est une opération spéciale, ainsi que cela a lieu le plus souvent, elle constitue une manipulation des plus simples que l'on peut faire dans une pièce largement éclairée; en effet, la lumière n'a pas d'action sur la gélatine bichromatée lorsqu'elle est humide.

On immerge le papier mixtionné (ou toute autre préparation faite sur verre ou sur mica, etc., etc.) dans un bain abondant, formé de :

Eau ordinaire	100^{cc}
Bichromate de potasse (ou d'ammoniaque), suivant la température	2^{gr} à 5^{gr}

Le titre du bain doit être moins élevé lorsqu'il fait très chaud, parce que l'action de la chaleur s'ajoute à celle du bichromate de potasse pour faciliter l'insolubilisation de la gélatine; on atténue ainsi en partie ce grave inconvénient.

Lorsque la température du liquide dépasse 18° à 20° C., la mixtion qui couvre le papier se dissout le plus souvent dans le bain, et tout est perdu; on rafraîchira le bain soit en le plongeant préalablement dans de l'eau très froide et en se hâtant de faire la préparation, soit en mettant la cuvette dans une autre plus grande contenant de l'eau et de la glace, soit en mettant directement un peu de glace dans le bain et en attendant qu'elle soit fondue, soit tout simplement en descendant faire la préparation à la cave.

Le titre du bain a une influence très marquée sur la sensibilité, qui diminue lorsque ce titre s'abaisse.

Les commençants feront bien d'opérer d'abord avec des papiers peu sensibles préparés dans des solutions ne dépassant pas 2 à 2,50 pour 100 : ils obtiendront plus de régularité dans les résultats, et ils ne chercheront une plus grande sensibilité, soit par un bain plus fort, soit par un temps d'immersion plus prolongé, que pour les clichés trop durs. L'opération si simple de la sensibilisation demande cependant quelques soins. On prépare une quantité de solution assez considérable pour avoir dans la cuvette une couche de liquide de $0^{m},03$ à $0^{m},04$ d'épaisseur; on y pose d'abord le dos de la feuille, on immerge complètement le papier avec le triangle de verre et l'on chasse les bulles d'air ; à défaut du triangle, on se sert d'un large blaireau. Le premier effet du liquide est de dilater le papier, la feuille tend à s'enrouler le côté gélatiné se présentant en dedans ; on la maintient avec le triangle ou le blaireau et on la retourne face en dessous. On voit alors au dos du papier une foule de bulles d'air qui, interposées dans les fibres, n'avaient pu sortir du côté gélatiné ; on les fait partir en les touchant avec le triangle de verre, que l'on passe d'un bout à l'autre ; pendant ce temps, la gélatine absorbant le liquide s'est dilatée à son tour, la feuille devient tout à fait plane dans le bain : c'est à ce moment qu'il faut la retirer. En prolongeant l'immersion, le côté gélatiné absorberait plus de liquide, se distendrait davantage et l'enroulement commencerait sur le côté blanc : les feuilles préparées deviendraient alors plus sensibles qu'on ne le demande. Cette prolongation dans l'immersion, outre qu'elle prolonge inutilement la durée du séchage, équivaut à une élévation dans le titre du bain, puisque la gélatine, ayant absorbé plus de liquide qu'il n'est nécessaire, se trouvera mélangée à une plus grande quantité de bichromate de potasse lorsque l'eau sera éliminée par la dessiccation. En opérant avec des bains plus concentrés que ceux indiqués, ou en prolongeant l'immersion, on a des feuilles très sensibles, mais qui se conservent peu de temps, par ce seul fait que la gélatine a une grande tendance à devenir insoluble.

Les soins que nous venons d'indiquer n'empêchent pas de préparer plusieurs feuilles dans le même bain, pourvu qu'elles soient séparées par une couche de liquide suffisante. On immerge successivement trois ou quatre feuilles, en passant le triangle ou le blaireau sur chacune ; on reprend et on retourne la première posée, que l'on ramène en dessus ; on chasse les bulles d'air ; on la prend par deux angles et on l'applique, gélatine en dessous, sur une grande glace dont un des côtés pose sur le bord d'une cuvette, tandis que l'autre est assez relevé pour obtenir une forte inclinaison, de sorte que tout le liquide qui s'écoule retombe dans la cuvette. On donne quelques coups de raclette ou de triangle sur toute la surface, en insistant un peu sur les bords, de manière à expulser tout le liquide surabondant ; on facilite ainsi beaucoup la dessiccation.

Le bas prix du bichromate de potasse et la faible quantité employée en dissolution rendent inutile la conservation du bain pour une future sensibilisation; d'ailleurs ce bain perd très rapidement ses qualités par son mélange avec le peu de gélatine qui s'y dissout.

Les solutions de bichromate de potasse (ou d'ammoniaque) qui n'ont pas servi conservent indéfiniment leurs propriétés; il sera donc très simple de faire à l'avance une solution concentrée, soit à 10 pour 100, et, au moment du travail, il suffira de l'additionner de la quantité d'eau nécessaire pour l'amener au titre voulu.

118. Séchage. — Lorsqu'on a expulsé le liquide en excès on relève le bord haut de la feuille plaquée sur la glace; on pose à cheval sur ce bord une bande de papier sec plié ayant $0^m,02$ environ de chaque côté. On peut ainsi manœuvrer la feuille sans qu'elle colle aux doigts et on la pique avec deux épingles contre la barre de séchage sans craindre qu'elle se déchire sous son propre poids devenu très lourd par l'absorption du liquide. On se contente quelquefois de poser les feuilles en travers sur des tringles garnies de papier buvard; ce système est défectueux, le séchage est irrégulier, il est plus lent dans les parties en contact avec le support, et cette différence se fait sentir au tirage.

Un séchage régulier et rapide est nécessaire pour que le papier sensible garde toutes ses qualités; s'il est trop lent, la sensibilité devient plus grande; mais il y a une tendance au voile, parce que, par le fait même de la vaporisation, le bichromate marche de l'intérieur vers l'extérieur de la couche de gélatine et vient s'accumuler vers sa surface. Plus la dessiccation sera lente, plus ce phénomène sera prononcé : ce qui explique les inconvénients d'un séchage irrégulier ou trop lent et les mauvais résultats qu'il entraîne pour le tirage.

On séchera les feuilles dans une pièce obscure, en les espaçant suffisamment les unes des autres; l'air de cette pièce sera incessamment renouvelé au moyen d'une ou plusieurs ouvertures faites dans le bas, pour que l'air humide plus lourd puisse s'échapper et être remplacé par de l'air plus sec rentrant par des ouvertures supérieures. Le tirage produit par un foyer de cheminée sera excellent; toutefois, on évitera que la température dépasse 15° à 20° C. On prendra également soin d'éliminer tous les produits de combustion qui insolubiliseraient la gélatine; donc les chauffages directs par le gaz d'éclairage ou par des poêles seront rejetés si les appareils ne sont pas munis des tuyaux nécessaires pour porter l'air vicié au dehors.

Le séchage sera installé dans des conditions suffisantes pour que le papier, sensibilisé le soir, soit parfaitement sec et utilisable le lendemain matin.

119. Exposition. — L'exposition se fait sous le cliché; mais, suivant le mode de développement que l'on adoptera, il faut employer à l'exposition soit un cliché retourné, soit un cliché ordinaire; nous en donnons l'explication à l'article *Développement*.

On doit avoir la précaution de préparer le cliché à l'avance, en le couvrant d'un découpe fait avec du papier noir ou rouge ou avec du papier d'étain : on fixe ainsi la forme et la grandeur de l'image; il faut éviter également que le papier bichromaté soit plus grand que le négatif, ou du moins protéger les marges contre l'action directe de la lumière; en effet, dans les parties qui seraient soumises à cette action, sans aucune protection, la gélatine passe à un état si complètement insoluble qu'elle perd toute force adhésive et devient très difficile à contre-coller pour le développement.

Le temps d'exposition est trois ou quatre fois moins long qu'avec le procédé au chlorure d'argent, mais il y a une grande difficulté pour apprécier convenablement le temps de pose, car le papier est coloré en plein. Après l'exposition, l'image n'est nullement visible; c'est par le développement seul que l'on peut voir si le temps d'exposition a été convenable. Lorsqu'on veut opérer d'une manière à peu près certaine, il faut employer un actinomètre qui, le plus souvent, est désigné par l'inventeur lui-même sous le nom de *photomètre*.

M. L. Vidal a proposé un instrument de ce genre (*fig.* 28) basé sur les colorations successives que prend un papier au chlorure d'argent sous l'influence de la lumière; pour amener une même coloration, il faut une même somme de lumière, somme qui sera obtenue dans un temps plus ou moins long, suivant l'intensité lumineuse et suivant l'obstacle plus ou moins grand qu'apportent à son action des écrans gradués faits de feuilles de mica superposées. Étant admise une échelle de teintes lithographiées, passant du brun clair jusqu'au brun foncé, on compare avec ces teintes

Fig. 28.

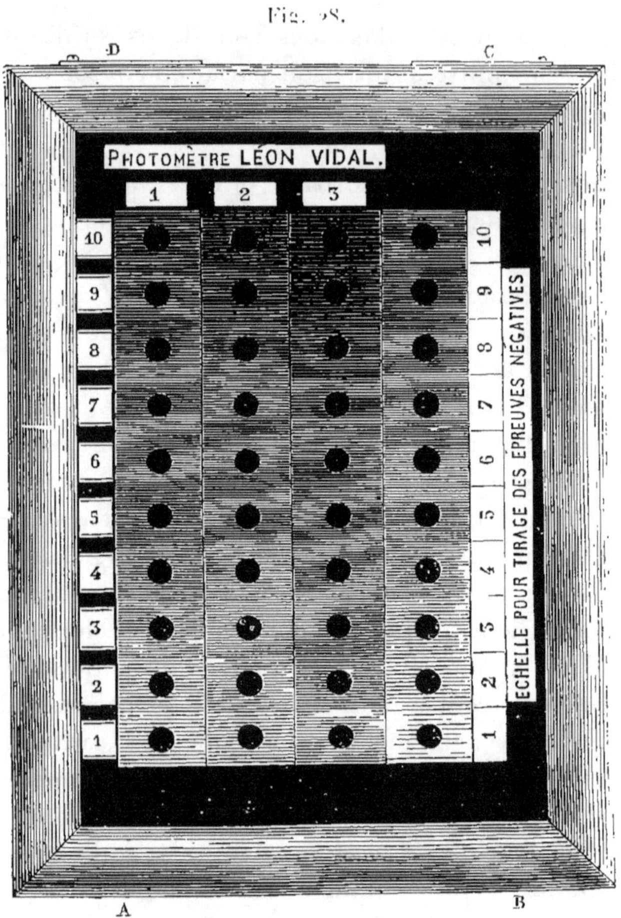

celles que prend sous l'influence de la lumière un papier sensible au chlorure d'argent.

On obtiendra le même résultat en se servant de l'échelle du sensitomètre de M. Warnerke (*fig.* 29) et plus simplement encore de l'échelle analogue dont nous avons indiqué la construction très simple (t. I, 91 et 213) et qui correspond au photomètre de M. Marion. Par un ou deux essais préalables, on constate que l'exposition précise d'un cliché correspond à telle teinte ou à tel numéro pour donner une bonne épreuve avec le papier mixtionné; on prend note sur le cliché lui-même du numéro correspondant, et l'on peut

Fig. 30.

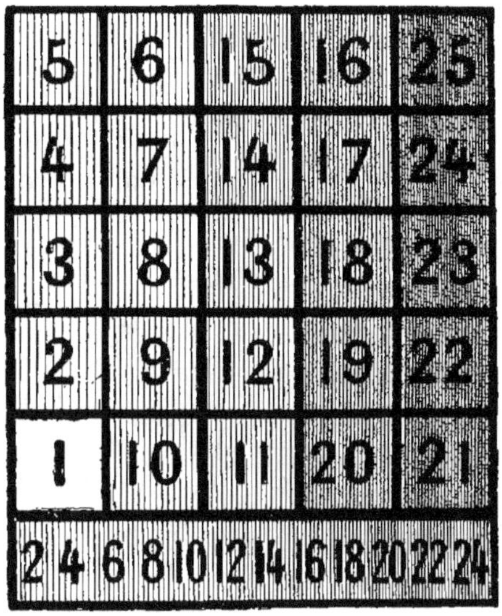

5	6	15	16	25
4	7	14	17	24
3	8	13	18	23
2	9	12	19	22
1	10	11	20	21

2 4 6 8 10 12 14 16 18 20 22 24

ensuite poser presque à coup sûr, à moins de grandes modifications dans la lumière, puisque, en opérant avec le photomètre, il faudra sensiblement la même somme de lumière pour amener la teinte numérotée du chlorure d'argent et l'impression du papier sensibilisé au bichromate de potasse.

120. Développement. — Les indications qui précèdent sont applicables à la préparation, à la sensibilisation et à l'exposition de toutes les couches mixtionnées; les variantes du procédé au charbon portent surtout sur le développement. C'est la partie la plus délicate du procédé, celle qui a donné lieu au plus grand nombre de modifications; en effet, l'image que forme la lumière sur une couche sensible, colorée en plein, est invisible; pour la développer, il faut éliminer tout l'excédent de couleur. Il suffirait théoriquement de mettre la feuille impressionnée dans une bassine d'eau tiède; la gélatine bichromatée non impressionnée se dissout alors entraînant en même temps la matière colorante qui y est incorporée, tandis que là où la lumière a agi plus ou moins profondément, la gélatine insolubilisée retient des quantités proportionnelles de la matière colorante, ce qui donne le dessin. Mais en pratique, si l'on agit directement, ainsi que le conseillait A. Poitevin, il est impossible d'obtenir les demi-teintes ; car, si nous supposons que la teinte foncée nécessite l'insolubilisation de la couche de gélatine, dans toute son épaisseur, celle-ci peut rester adhérente au papier ; mais, dans ce cas, la demi-teinte sera formée par l'insolubilisation de la couche gélatinée dans la moitié seulement de son épaisseur et même beaucoup moins pour les teintes légères ; la couche du dessous reste donc soluble, l'eau chaude la pénètre, la dissout, et la partie supérieure, n'ayant plus aucune attache sur le papier, disparaît dans le lavage en détruisant toutes les demi-teintes. En réalité, l'image n'existe complète qu'à la surface extérieure de la feuille gélatinée, c'est là qu'il faut la saisir. Cette explication des premiers insuccès du procédé au charbon, donnée d'abord par M. l'abbé Laborde en 1858, et par M. Fargier, en novembre 1859, amena toute une série de modifications pour tourner la difficulté, modifications qui peuvent se résumer ainsi :

La couche de gélatine bichromatée a deux faces, l'une extérieure, l'autre touchant au support ; il faut trouver le moyen de développer l'épreuve par la face qui n'a pas reçu directement l'impression lumineuse.

De là un grand nombre de procédés divers qui tous découlent du même principe et s'enchevêtrent si bien les uns dans les autres qu'ils ne sont souvent que des variantes à peine sensibles.

Dans les uns on prépare, pour la gélatine bichromatée, un support transparent, comme un papier mince ciré ou verni, une feuille de papier dioptrique, une feuille mince de mica ou de collodion cuir, ou de collodion normal versé sur la glace gélatinée, etc., etc. ; l'impression se fait à travers ce support transparent, et l'image y reste adhérente après le développement.

D'autres procédés consistent à mettre la mixtion colorée sur un support quelconque, papier, glace ou tissu, à impressionner l'image en mettant la couche sensible directement en contact avec le négatif; pour le développement on commence par coller la face impressionnée sur un subjectile provisoire ou définitif qui saisit l'image faite sur cette face et permet le développement par l'autre face.

Pour plus de facilité, nous avons classé ces procédés en trois groupes, suivant le mode d'opérer (¹) :

1° Les procédés sans transfert dans lesquels on reçoit l'image à travers le support ou subjectile de la couche sensible bichromatée; le plus souvent, dans ce cas, on doit employer un négatif retourné;

2° Les procédés avec transfert simple, dans lesquels l'impression de l'image est reçue directement sur la couche sensible chromatée puis transportée pour le développement sur un autre subjectile auquel elle reste adhérente; dans ce cas, il faut un négatif retourné, à moins que les transferts simples ne soient faits sur glace ou autres matières de parfaite transparence que l'on peut examiner à l'envers comme à l'endroit;

3° Les procédés à transfert provisoire ou double transfert, dans lesquels l'image, reçue directement sur la couche sensible, est transportée pour le développement sur un subjectile provisoire qui est ensuite remplacé par un support définitif. Avec ces procédés à double transfert, on peut employer les négatifs ordinaires.

Nous rappelons que nous avons donné (t. I, 253) les moyens d'obtenir à volonté les négatifs retournés.

Quel que soit le mode de développement adopté, on ne doit pas oublier qu'après l'exposition sous le cliché et lorsque l'épreuve est retirée du châssis positif l'action de la lumière semble continuer par le seul fait du temps; ainsi une épreuve trop faiblement exposée le matin, peut se trouver à son point dans la journée et présenter un excès de pose le soir. Ce travail successif d'insolubilisation de la gélatine bichromatée peut être attribué : soit à la modification première commencée par la lumière et s'accentuant de plus en plus, même dans l'obscurité; soit plutôt, suivant nous, à la tendance générale des couches de gélatine bichromatée à devenir insolubles

(¹) *Voir* à ce sujet notre Rapport sur l'exposition de 1869 (*Bulletin de la Société française de Photographie*), dans lequel, faisant un historique des procédés de la gélatine bichromatée, nous avons admis cette classification en procédés sans transfert, à transfert simple, à transfert double.

spontanément; les parties impressionnées même faiblement se trouvent en avance sur cette insolubilisation générale et s'accentuent plus vigoureusement.

121. Procédés sans transfert. — Nous rangerons dans ce groupe les modes d'opérer de M. Fargier, de M. Blair, de M. Schouwaloff, consistant dans l'extension de la couche bichromatée sur un papier simple ou ciré, ou verni, ou rendu transparent par une huile essentielle; ceux de M. Despaquis, qui emploie comme subjectile le papier dioptrique, le mica, le collodion cuir transparent ou d'aspect dépoli, pour faire à volonté des épreuves claires et opalines; celui de M. Soulier, qui prépare son subjectile au moyen d'une couche de collodion unie à une couche de gélatine insolubilisée. Quels que soient les subjectiles employés, les manipulations restent les mêmes, surtout pour le développement.

On commence par préparer la solution de gélatine, ainsi qu'il est indiqué page 111, on y ajoute immédiatement la quantité de bichromate soluble, soit de 3 à 4 parties de bichromate de potasse ou d'ammoniaque en cristaux pour 100 parties de liquide gélatineux: on étend cette préparation sur un quelconque des supports transparents ci-dessus nommés et on laisse sécher dans une complète obscurité. On impressionne en appliquant sur le cliché la face du subjectile transparent et non celle de la préparation sensible, et, suivant que le montage de l'épreuve sur bristol sera fait sur le revers ou sur la face, on emploiera un négatif ordinaire ou un négatif retourné, afin que l'image reste dans son vrai sens.

Après un temps d'exposition convenable, qu'une grande habitude peut seule faire apprécier à défaut du photomètre, l'épreuve est plongée dans une cuve d'eau que l'on maintient entre 30° et 40° C.; la gélatine non insolubilisée par la lumière est peu à peu enlevée par l'eau, entraînant avec elle l'excès de matière colorante, et l'épreuve reste adhérente au support sur lequel elle a été préparée.

Lorsque cette épreuve, complètement dégorgée, est arrivée au point voulu, on la met dans une cuve d'eau froide, on la lave avec beaucoup de soin; on peut même la passer dans une solution d'alun à saturation pour assurer l'insolubilité complète de la gélatine, surtout dans le cas où le développement a été fait à basse température, et, après un nouveau rinçage, on la laisse sécher. On monte ensuite cette épreuve sur bristol comme une épreuve ordinaire, mais en ayant soin de ne la mouiller qu'au dos pour ne pas altérer la surface imprimée, qui est beaucoup plus délicate que si l'impression avait été faite aux sels d'argent. Quel que soit le mode employé, avec ou sans transfert, les précautions pour le développement sont toujours les mêmes; nous les indiquons d'une manière plus minutieuse et plus complète dans les paragraphes 123 et suivants.

122. **Procédés par transfert simple et définitif.** — Nous rangeons dans cette deuxième division tous les procédés qui consistent à recevoir l'impression du négatif sur la face bichromatée même, sans intermédiaire, et à superposer pour le développement un support nouveau sur lequel l'épreuve adhérera, sera développée et restera fixée d'une manière définitive.

Ce support, qui est presque toujours un papier, peut être préparé de diverses façons : le plus simple est de l'acheter dans le commerce des fournitures photographiques qui livre des papiers blancs gélatinés dont la gélatine, insolubilisée par l'alun, garde une force adhésive suffisante pour retenir l'image que l'on applique à la surface. On peut remplacer le papier gélatiné par du papier albuminé dont l'albumine a été préalablement coagulée, soit par la vapeur, soit par l'immersion dans l'alcool. Ce dernier mode de préparation offre une ressource facile à l'opérateur qui, à défaut de papier spécial, pourra prendre une feuille de papier albuminé positif ordinaire, la plongera dans l'alcool et remplacera ainsi le papier gélatiné qui lui manquerait.

Si le transfert simple doit se faire sur un support autre que le papier, il suffit que ce support soit très propre, imperméable à l'air et à l'eau (telles seraient des plaques de verre ou de métal), pour que la gélatine y adhère d'une manière définitive, à la condition toutefois qu'elle ait gardé ses propriétés adhésives, c'est-à-dire qu'il n'y ait pas eu excès dans la pose et que le développement n'ait pas été fait à une température trop élevée.

Le papier de transfert est préalablement coupé par morceaux dépassant un peu la dimension des épreuves impressionnées, et l'on marque le dos au crayon pour avoir un indice qui facilite les manipulations.

D'autre part, on met dans le laboratoire éclairé par la lumière jaune deux cuvettes pleines d'eau froide et filtrée. Sur le bord de l'une d'elles, on fait porter une glace inclinée comme nous l'avons indiqué pour la sensibilisation; dans la cuvette qui porte la glace, on plonge un morceau du papier de transfert qu'on laisse imbiber pendant deux à trois minutes; on le tourne et on le retourne, passant un blaireau ou un triangle de verre à sa surface, de manière à faire disparaître les bulles d'air; on met dans l'autre cuvette une des épreuves exposées, on la traite de même pour chasser les bulles. Lorsque cette épreuve, qui d'abord s'enroule avec la gélatine en dedans, s'étend *plane* dans le bain, et avant que l'enroulement se manifeste dans le sens contraire, c'est-à-dire *avec la gélatine en dehors,* on apporte dessus le papier de transfert, on met en contact les deux faces gélatinées, puis, saisissant les deux feuilles ensemble par deux coins, on les soulève et on les fait glisser contre le bord de la cuvette de manière à les appliquer parfaitement l'une contre l'autre, sans interposition de bulles d'air. On transporte le tout sur la glace inclinée, le papier de transfert en dessous; on superpose une feuille de buvard, puis une toile caoutchoutée ou une toile cirée très souple, et on passe et repasse la raclette de caoutchouc, de manière à bien expulser l'eau pour obtenir un parfait contact dans toute l'étendue; on insiste particulièrement sur les bords. On met cet ensemble à plat sur un verre plus grand avec une feuille de papier buvard en dessous et une en dessus; on prépare un second couple de la même manière, on le pose sur le premier, et ainsi de suite, en faisant une pile de dix à douze épreuves, sur laquelle on met un verre et un poids. On continue ainsi jusqu'à ce que toutes les épreuves tirées soient contre-collées, et l'on procède au développement en commençant par celle qui a été traitée la première. Une méthode très commode employée par M. A. Chardon consiste à mettre toutes les épreuves contre-collées dans un bain très abondant d'eau froide où on peut les laisser sans risque pendant des heures. La gélatine absorbe alors autant d'eau qu'elle est susceptible d'en prendre sans toutefois se dissoudre, elle est dans un état très favorable pour le développement.

123. Le développement demande une abondante provision d'eau chaude. On le fait dans le laboratoire clair, la gélatine n'étant plus sensible à la lumière, d'abord parce qu'elle est mouillée, ensuite parce qu'elle a perdu la majeure partie de son bichromate de potasse dans le précédent bain d'eau.

Dans une première cuvette en zinc, fer-blanc ou porcelaine, on verse un large bain d'eau qu'on entretient à la température de 40° à 50° C. et l'on y immerge six à huit épreuves qu'on laisse tremper sans autre soin, le côté charbon en dessus. On place à côté une cuvette semblable, dans laquelle on verse moins d'eau que dans la première, pour pouvoir plus facilement en augmenter ou en diminuer la température.

Lorsque la matière colorante commence à se dissoudre dans la première cuvette et à former auréole autour du papier mixtionné, on prend l'épreuve du dessous que l'on ramène dessus et, sous l'eau, on disjoint d'abord les deux feuilles dans un coin, puis en tirant légèrement on les sépare tout à fait; s'il y avait quelque résistance, on attendrait un peu plus longtemps, pour que le ramollissement et la solution de la gélatine fussent mieux préparés. On enlève le papier mixtionné que l'on jette; l'image se trouve ainsi reportée sur le papier de transfert, que l'on reconnaît facilement puisqu'il est plus grand et marqué au dos d'un léger trait de crayon; cette image se voit à peine, étant toute empâtée dans l'excès de matière colorante; on la transporte face en dessous dans la deuxième cuvette dont l'eau est sensiblement à la même température. On procède de même pour une deuxième épreuve que l'on place dos à dos avec la première, on retourne les deux et l'on voit que l'image se dégage de plus en plus par le départ de la gélatine colorée en excès. Si elle est trop vigoureuse, on augmente la température de l'eau; si, au contraire, elle tend à trop s'affaiblir, on ajoute de l'eau froide; dans l'un et l'autre cas, on procède sans transition brusque. Si l'augmentation ou la diminution de température ne conviennent qu'à une seule épreuve, on reporte l'autre, face en dessus, dans la première cuvette, pour la reprendre ensuite.

Le dégorgement est terminé quand, soulevant l'épreuve hors de la cuvette, on constate que l'eau qui s'égoutte n'entraîne plus de matière colorante. Une image développée à point conserve toutes les demi-teintes du cliché ; on la passe dans un bain d'alun à 2 ou 3 pour 100, on l'y laisse pendant le temps nécessaire pour terminer la suivante ; on la rince à l'eau pure et on la suspend pour sécher.

A partir du moment où les épreuves sont séparées du papier mixtionné, on évitera d'en mettre plus de deux dos à dos dans une même cuvette : le moindre frottement, agissant sur la gélatine gonflée et tout près de son point de dissolution, amènerait des éraillures sur l'image. Il serait même plus prudent de ne développer qu'une épreuve par cuvette, pour éviter le contact du fond à celle qui est retournée ; on aura alors plusieurs cuvettes de développement, ce qui permettra de mieux graduer la température de l'eau.

Si l'épreuve reste trop vigoureuse malgré le traitement par l'eau très chaude, on peut la faire passer dans une solution faible et chaude de cyanure de potassium (à 1 ou 2 pour 100 d'après M. Jeanrenaud) ; on obtiendra un résultat semblable avec le carbonate de soude ou même avec de l'eau alcalinisée par quelques gouttes d'ammoniaque. Mais ces solutions agissent surtout sur les parties de gélatine qui sont le moins insolubilisées par la lumière, elles attaquent donc principalement les demi-teintes, et le résultat donne souvent des épreuves heurtées. M. Jeanrenaud a conseillé l'immersion de toutes les épreuves dans une solution froide de cyanure de potassium, pour enlever la teinte verdâtre que le bichromate de potasse, ou plutôt l'oxyde de chrome, laisse sur le papier après l'insolation et le développement [1].

Les épreuves terminées et séchées sont coupées et collées comme il est indiqué dans les nos 75 et suivants, en ayant le soin toutefois de ne pas les mouiller en plein avant le collage et d'employer de préférence une colle soit d'amidon, soit de gomme arabique, avec addition d'alun pour empêcher l'humidité de passer trop facilement sur le côté de l'image.

---

[1] 123*bis*. *Emploi des sulfocyanures alcalins.* — Au lieu d'employer l'eau chaude pour le développement des épreuves, on peut se servir d'une solution concentrée (à 10 ou 15 pour 100) et froide de sulfocyanure de potassium ou d'ammonium : l'action est moins rapide ; mais, avec le temps, le dégorgement se fait d'une manière complète.

On peut remplacer le papier de transport par une glace ou par toute autre surface plane bien nettoyée ; l'épreuve y adhérera, mais, pour plus de sûreté, il sera bon d'interposer une couche de gélatine alunée. On prépare les glaces sur lesquelles on veut fixer les épreuves, en y étendant une solution de gélatine d'après la formule suivante :

Eau....................................	100^{cc}
Gélatine................................	5^{gr}
Solution d'alun de chrome à 5 pour 100.....	2^{cc}

On verse cette solution sur la glace tiédie, comme si on collodionnait ; on fait écouler immédiatement l'excédent par un angle et l'on pose sur le chevalet : la couche très mince qui reste adhérente sèche rapidement.

124. Lorsqu'on veut faire des épreuves sur glace destinées à être vues par transparence, on choisit des papiers mixtionnés très chargés de matières colorantes, et comme le maximum de finesse est encore plus désirable pour les épreuves sur verre que pour les épreuves sur papier, on prend la précaution de faire sécher les papiers *sensibilisés* en les appliquant sur une glace cirée ou vernie (**116**); on les en détache après dessiccation ; ils présentent alors une surface polie comme le verre lui-même, au lieu du grenu du papier. Les deux surfaces s'appliquant exactement l'une sur l'autre, on pourra obtenir toutes les finesses du négatif, ce que l'on doit surtout rechercher pour les épreuves destinées aux projections. Les transports sur glace sont dans le sens voulu, puisqu'il suffit de retourner la glace ; et cela est même nécessaire pour que l'image soit à l'abri des contacts extérieurs.

125. Procédés par double transfert. — Les épreuves ainsi développées par transfert simple sur papier sont dans le même sens que le négatif, c'est-à-dire renversées, si l'on ne s'est pas servi d'un négatif retourné ; il faut reprendre chaque épreuve du support sur lequel elle a été développée, et la remettre sur un autre, c'est-à-dire procéder par double transfert ; on commence donc par développer l'épreuve par la face opposée à celle qui a reçu l'exposition, en la fixant sur un premier support où elle se présente renversée ;

ensuite on la détache en la transportant sur la surface définitive à laquelle elle doit rester adhérente. Cette double opération, qui paraît compliquée, s'exécute facilement dans la pratique par les moyens suivants.

126. *Préparation du support provisoire.* — Ce support peut être rigide ou souple; le plus commode est le support rigide, tel qu'un verre choisi un peu plus grand que les épreuves à transporter; on couvre le côté qui a le moins de défauts avec un enduit destiné à empêcher l'épreuve gélatinée d'y adhérer trop fortement.

Cet enduit peut être une solution de cire, de résine, une couche de vernis, une pellicule de collodion avec interposition de talc, etc. On a donné plusieurs formules :

1° Benzine pure		100^{cc}
Cire jaune		1^{gr}
Résine de pin	0,10 à	0,20

Filtrez et conservez pour l'usage.

Dans le cas où l'image n'adhérerait pas suffisamment au support et se plisserait ou se détacherait au développement par l'eau chaude, on augmenterait la proportion de résine; on la diminuerait au contraire, si l'adhérence était trop forte.

2° Alcool	100^{cc}
Stéarine	5^{gr}

On emploie l'une ou l'autre de ces solutions, en imbibant un tampon de flanelle avec quelques gouttes du liquide, que l'on étend sur le verre bien nettoyé. On procède par petits ronds successifs, en ayant soin qu'aucune place ne soit oubliée; quand le dissolvant est évaporé, on prend un second tampon de flanelle sèche et l'on polit toute la surface jusqu'à ce qu'elle soit brillante.

3° Benzine	100^{cc}
Gomme Dammar	2,50

On étend ce vernis bien filtré sur la glace absolument exempte de poussières, comme on étendrait une couche de collodion; on le reverse dans un autre flacon et les glaces vernies, posées verticalement, sont mises à sécher. On ne les emploie qu'après avoir laissé écouler au moins une demi-heure après la préparation.

Lorsqu'on redoute l'odeur de la benzine, on prépare les glaces avec l'alcool stéariné suivi du polissage, ou on les collodionne avec du collodion normal après les avoir talquées et essuyées sur les bords, ainsi que nous l'avons expliqué (t. I, 113). On évitera d'employer les collodions poudreux fabriqués à haute température; ils sont trop poreux et laisseraient passer la gélatine jusqu'à la surface du verre, ce qui ferait adhérer l'image. Soit ce collodion :

Éther	50^{cc}
Coton-poudre tenace	1^{gr}
Alcool à 40°	50^{cc}

Quel que soit le corps isolant appliqué sur la glace, on n'emploiera celle-ci qu'après le temps nécessaire pour que la surface soit parfaitement sèche.

127. Dans une cuvette ordinaire, de préférence à fond blanc (porcelaine ou tôle émaillée), on filtre une abondante quantité d'eau ordinaire, on y plonge une des glaces, le côté préparé en dessus; avec le blaireau, on chasse les bulles d'air qui pourraient adhérer à la surface; à côté, dans une autre cuvette, on met le papier mixtionné qui a reçu l'impression de l'image; lorsqu'il s'est détendu à plat, et pas plus tard, on le transporte face en dessous dans la première cuvette, on fait descendre deux angles vers les deux angles correspondants de la glace et l'on retire le tout ensemble, doucement, de sorte que le papier s'applique sur la glace, à mesure qu'il sort de l'eau; on évite ainsi l'interposition de bulles d'air qu'on ne pourrait ensuite chasser, même en insistant avec la raclette, et qui occasionneraient des défauts d'adhérence; si, en retournant la glace, on en aperçoit quelques-unes, on remet le tout dans l'eau, on détache doucement le papier, on chasse les bulles et on recommence l'application.

Après avoir laissé égoutter quelques instants, on met la glace sur le plan incliné, le papier en dessus; on superpose un buvard et la toile caoutchoutée; avec la raclette passée doucement d'abord en tous sens, puis plus fortement, on expulse la majeure partie de l'eau, le reste est absorbé par la couche de gélatine qui n'avait pas encore atteint son complet gonflement; c'est pour rester dans cette condition qu'on recommande d'enlever le papier mixtionné de la cuvette aussitôt qu'il a pris la position plane et avant qu'il s'enroule avec la gélatine en dehors, parce que, celle-ci étant alors saturée, l'adhérence se ferait moins bien.

Lorsque ces précautions ont été prises, lorsque les bords du cliché et les marges du papier ont été garantis de l'action de la lumière par un découpe, ainsi qu'il a été recommandé, on est sûr d'une adhérence parfaite qui ne se ferait pas, au contraire, si, ces marges ayant été insolées, la gélatine avait perdu en même temps ses propriétés adhésives et absorbantes par suite de l'action lumineuse.

Chaque glace est ensuite couverte avec une feuille de buvard et posée sur la précédente; on forme ainsi une pile de huit à dix épreuves et l'on procède au développement en prenant celle du dessous.

128. Le développement se fait comme nous l'avons expliqué ci-dessus, sauf toutefois que l'on ne peut mettre une série de glaces dans une même cuvette plate pour commencer le ramollissement

Fig. 31.

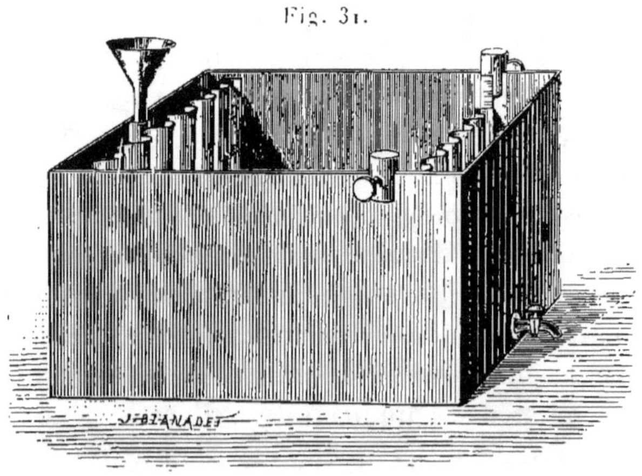

de la gélatine. Il est plus commode d'employer une cuve verticale en zinc avec des rainures, semblable à celles disposées pour le lavage des négatifs au gélatinobromure d'argent (*fig.* 31). Chaque glace est séparée de sa voisine par un espace de $0^m,02$ à $0^m,03$; l'eau de la cuve est chauffée à 40° environ et l'on attend que le papier mixtionné se sépare de lui-même; on enlève alors la glace qui porte l'image et on la plonge dans une cuvette à fond blanc (porcelaine ou tôle émaillée), ce qui permet de mieux juger l'effet de l'image.

On termine le développement dans cette cuvette en modifiant doucement la température de l'eau. Lorsque les gouttes qui s'écoulent de la glace relevée n'entraînent plus de matière colorante, le développement est terminé ; on rince la surface à l'eau froide, on plonge l'épreuve dans une solution d'alun pendant le temps nécessaire pour en préparer une suivante ; on rince une dernière fois et l'on met à sécher sur le chevalet ou le long du mur, face en dessous, mais en interposant un papier aux divers points de contact, de manière à éviter les poussières qui viendraient adhérer à la gélatine par capillarité et qu'on ne pourrait enlever après le séchage.

On peut remplacer les glaces par des plaques de métal, cuivre ou zinc, polies pour avoir des épreuves brillantes, ou grainées si l'on veut des épreuves mates.

On emploiera également bien des feuilles de papier ciré sur lequel on étend la couche isolante de cire ou de stéarine, et même simplement de talc; on trouve dans le commerce des papiers supports provisoires tout préparés. Les opérations seront conduites exactement comme nous l'avons indiqué ci-dessus, lorsqu'on emploie la glace.

Quel que soit le procédé employé pour mettre l'épreuve sur son support provisoire, on peut : ou l'appliquer de suite sur le support définitif, ou, ce qui est préférable, la laisser sécher avant de faire cette opération. Dans le premier cas, il y a lieu de craindre l'altération de la finesse des lignes, parce que la gélatine, bien qu'insoluble, n'offre pas encore de résistance ; dans le second cas, il arrive quelquefois que l'épreuve quitte son support d'elle-même par le seul fait de la dessiccation : il faut alors ajouter un peu de résine à l'enduit isolant.

Le support définitif sur lequel on fait le second transfert sera tel papier que l'on voudra choisir, coloré ou non, lisse, glacé ou à grains plus ou moins accentués ; on le couvrira d'une couche de gélatine en solution dans l'eau à la dose de 5 à 10 pour 100, on le passera ensuite dans une solution d'alun à 2 pour 100 et on laissera sécher. Le papier vendu pour transfert simple est par cela même un support définitif et peut parfaitement servir; on pourrait employer du papier albuminé coagulé et même un papier quelconque sans aucune préparation, pourvu que ce ne soit pas un papier non encollé, c'est-à-dire analogue au papier buvard; on pourrait craindre toutefois, pour le papier sans préparation, que la gélatine formant l'image n'adhère pas d'une manière suffisante, surtout si l'insolation a été poussée un peu loin et si le développement a demandé une eau très chaude.

Les opérations du transfert définitif sont exactement les mêmes que celles déjà indiquées.

Le papier pour transfert définitif est coupé de manière à déborder en tous sens la glace qui porte l'image; on le fait tremper dans l'eau tiède (35° à 40° C.) pendant trois ou quatre minutes, soit le temps nécessaire pour que la gélatine, bien qu'insoluble, se gonfle et devienne légèrement adhérente au doigt. D'autre part, on met dans une cuvette remplie d'eau froide l'image à transporter face en dessus; on examine s'il n'y a pas de bulles d'air adhérentes, on chasse très légèrement celles que l'on aperçoit avec un blaireau ou avec une touffe de coton : cet examen est facile, puisque toute l'opération se fait au grand jour. On reporte le papier détrempé dans la même cuvette que la glace et, après avoir détaché les bulles d'air s'il y en a, on l'applique face contre face sur la glace; on soulève le tout par deux angles, on égoutte, on place l'ensemble sur la glace inclinée, on couvre d'une feuille de buvard et de la toile caoutchoutée, on donne quelques coups de raclette et l'on replie les marges excédantes du papier sur le dos de la glace. Cette dernière précaution a pour but d'empêcher l'image de quitter partiellement la glace lors de la dessiccation. Après un séchage parfait à l'air libre, on coupe le papier près des bords, on soulève un coin et on enlève le papier régulièrement, sans temps d'arrêt : l'image quitte la glace et reste adhérente à son dernier support.

On procède exactement de même, si le transport provisoire a été fait sur papier ciré ou autre; seulement on ne rabat pas au dos les marges du papier gélatiné.

129. L'ensemble de ce procédé reçoit quelques variantes, suivant que l'on veut des épreuves brillantes ou mates. Pour les images dites *émaillées*, on emploiera de préférence comme supports provisoires les glaces collodionnées talquées et, lors du transport définitif, on collera sur le papier gélatiné trois ou quatre autres feuilles de la dimension de la glace, de manière à former bristol. On a ainsi une épreuve sur support rigide, qui, détachée, a tout le brillant de la glace : c'est une répétition du procédé de gélatinage (81 à 85). On la coupe et on la monte comme nous l'avons indiqué, en prenant la précaution d'enduire seulement les bords avec de la colle forte : si l'on collait en plein, on perdrait l'éclat et la régularité de la surface. Pour avoir des épreuves mates, on emploiera comme supports provisoires les papiers cirés ou autres, les glaces doucies, les glaces avec ornements dépolis comme l'a récemment conseillé M. Vidal, les plaques métalliques grainées; la gélatine reproduira l'aspect de la surface sur laquelle elle a été appliquée. Il suffira même, si l'on préfère l'emploi des glaces ordinaires, de ne pas les collodionner, mais de les cirer simplement; lorsque l'épreuve, qui s'en détache très brillante, aura été collée en plein sur un bristol au moyen de la colle de pâte, elle reprendra tout le grenu du papier.

130. *Transport au moyen du caoutchouc.* — On se sert également bien, comme support provisoire, de papier enduit d'une couche de caoutchouc. Ce procédé, indiqué dès le début par M. Swann, est employé avec succès dans de grands ateliers photographiques, entre autres dans ceux de MM. Braun et Cie.

On fait dissoudre dans 100 parties de benzine anhydre 2 parties de caoutchouc aussi pur que possible, n'ayant pas subi pendant un temps prolongé l'influence lumineuse qui le rend moins soluble; souvent, pour faciliter la dissolution, on peut faire préalablement gonfler le caoutchouc dans le chloroforme. Dans les ateliers de M. Braun, à Dornach, la dissolution de caoutchouc est faite au moyen d'un triturage mécanique prolongé; on laisse décanter, on filtre et l'on prépare le papier, soit par affleurement sur une cuvette, soit en versant le caoutchouc directement sur la feuille de papier maintenue sur une planchette; cette opération se fait de la même manière que si l'on collodionnait une glace. La feuille couverte de caoutchouc est mise à sécher, la surface préparée poisse fortement. Un bon papier, enduit de caoutchouc, est tellement collant qu'une autre feuille de papier y adhère immédiatement, par le simple contact, sans qu'il soit possible de les séparer. Quelquefois on applique la même préparation de caoutchouc sur la gélatine impressionnée qui porte l'image; mais, le plus souvent, on se dispense de cette seconde opération qui assure mieux, il est vrai, le contre-collage, mais n'est pas absolument nécessaire.

Les papiers étant ainsi préparés, on commence par enlever avec des ciseaux les extrêmes bords de l'épreuve positive, afin d'avoir une section bien nette, d'une application facile; on met l'épreuve face en dessus sur une glace, on applique sur l'un des bords la feuille enduite de caoutchouc, et, la tenant soulevée d'une main, on pousse de l'autre le rouleau, que l'on fait mouvoir de manière à amener un contact parfait. De la perfection de ce contact dépend toute la réussite, car toutes les bulles d'air interposées, tous les manques de collage produiraient autant de taches ou d'ampoules au développement. Les deux feuilles collées seront ensuite soumises à une légère pression, soit en les passant au cylindre à satiner très peu serré, soit en les comprimant sous une presse verticale. Elles sont alors prêtes pour le développement.

Lorsque le papier au caoutchouc est bien préparé, on fait le collage plus simplement et plus sûrement en plongeant dans l'eau froide et dos à dos les deux feuilles à coller; après quelques instants, lorsque l'extension du papier s'est produite par le fait de l'humidité et lorsque les bulles d'air contenues dans la pâte sont expulsées, on retourne sous l'eau les épreuves face à face, on les soulève ensemble par les deux coins, et, les posant sur une glace, on expulse l'excès d'eau avec la raclette de caoutchouc et on laisse quelques minutes en contact sous une légère pression.

Le développement se fait dans l'eau chaude, exactement comme il a été décrit pour les autres procédés.

Si l'épreuve n'a pas nécessité une eau trop chaude pour le développement, la gélatine qui la forme, quoique insoluble, a gardé des propriétés suffisamment adhésives pour coller d'elle-même contre un papier humide; mais il paraît préférable, dans tous les cas, de couvrir cette image d'une légère couche de gélatine en solution. Les proportions indiquées sont :

Gélatine..................................	10^{gr}
Glycérine................................	2,50
Eau..	100^{cc}

Il est bon d'ajouter à cette solution un peu de sulfate de baryte ou de blanc de zinc en poudre impalpable, afin d'éviter les reflets brillants. On choisit alors le papier sur lequel on veut fixer l'épreuve d'une manière définitive, papier blanc ou teinté, lisse ou rugueux, à grains plus ou moins gros, suivant l'effet que l'on désire; on commence par détendre ce papier régulièrement, en le mettant pendant plusieurs heures entre des buvards humides ou en l'immergeant dans l'eau et en pressant ensuite doucement toutes les feuilles ensemble; on applique la face gélatinée de l'épreuve sur le papier humide; on presse pour effectuer le collage; ces deux papiers réunis peuvent être passés dans un bain d'alun ou d'alun de chrome à 1^{gr} d'alun pour 100^{cc} d'eau, lavés de nouveau et mis à sécher. Au lieu de gélatiner l'épreuve, on peut aussi bien gélatiner le papier sur lequel l'épreuve doit être transportée.

Il faut ensuite enlever le papier caoutchouté qui a servi de support provisoire pour le développement; il suffit pour cela de passer sur le dos de ce papier un tampon imprégné de benzine; le caoutchouc est ramolli et l'on sépare les feuilles facilement.

M. Dauphinot, amateur distingué de Reims, emploie un mode de séparation différent, que nous croyons préférable; les épreuves emprisonnées entre le papier au caoutchouc et le papier sur lequel elles doivent rester définitivement sont immergées en plein bain, dans une cuvette remplie de benzine; une fermeture hydraulique empêche toute volatilisation de ce dissolvant; elles sont abandonnées ainsi jusqu'à ce que la séparation des deux feuilles se fasse d'elle-même. Pour enlever les dernières traces de caoutchouc, on passe l'épreuve dans une deuxième cuvette de benzine.

Lorsque la benzine a servi au décollage d'un grand nombre d'épreuves et lorsqu'elle commence à se charger d'une quantité de caoutchouc trop considérable, on l'emploie pour faire la dissolution plus concentrée nécessaire pour la préparation du papier au caoutchouc.

Les épreuves sortant du dernier bain de benzine sont séchées en plein air, coupées à la forme et à la grandeur voulues pour être montées sur bristol. On pourrait aussi monter directement sur bristol l'épreuve encore adhérente au papier caoutchouté et enlever ensuite ce dernier en y passant un peu de benzine; mais cette opération, qui paraît plus simple en théorie, est moins facile dans la pratique courante.

S'il reste quelques traces de caoutchouc sur l'épreuve après la séparation, le séchage ou le montage, on l'enlève avec un tampon de coton imprégné de benzine.

CHAPITRE II.

PROCÉDÉS PAR SAUPOUDRAGE.

(ÉMAUX ET DIVERS).

131. Lorsque nous avons énuméré les modifications que les bichromates alcalins font éprouver à diverses matières organiques, nous avons indiqué l'espèce de dessiccation particulière (analogue à l'insolubilisation des gélatines et congénères) que les bichromates alcalins font éprouver à certaines substances hygroscopiques, telles que les sucres, la glucose, le miel, etc., lorsque ces substances subissent l'action de la lumière en présence de ces bichromates.

Ces matières perdent alors plus ou moins la faculté de happer et de retenir les poudres que l'on promène à leur surface. Dans ce cas, les parties les moins transparentes du cliché, qui empêchent l'action de la lumière, laissent aux surfaces sous-jacentes leurs propriétés adhésives et, au développement, elles sont rendues par les ombres; les clairs, au contraire, sont rendus par des clairs : aussi doit-on se servir d'un positif pour obtenir une image positive. Dans la pratique, cette réaction est surtout utilisée pour faire des émaux photographiques et également pour les gravures, d'après le procédé de M. Garnier; elle peut être aussi employée pour produire directement des contre-types, soit négatifs, soit positifs, au moyen d'un cliché positif ou négatif. Nous en trouvons les premières applications dans les recherches d'épreuves inaltérables présentées par MM. Salmon et Garnier à la Commission du prix de Luynes ([1]).

ÉMAUX.

132. Pour faire les émaux au moyen des procédés aux bichromates, on commence par obtenir une bonne épreuve positive du

([1]) *Bulletin de la Société française de Photographie;* avril 1859. Premier Rapport par M. Paul Périer sur le prix fondé par le duc Albert de Luynes.

sujet, soit par superposition, soit par copie à la chambre noire. Ce dernier moyen est le plus souvent adopté; car il est rare qu'il ne soit pas nécessaire de modifier les dimensions, ne fût-ce que pour les approprier à celles des plaques d'émail blanc sur lesquelles on veut produire l'image et qui sont livrées par le commerce sous des formats déterminés. Ces épreuves positives sont faites par les méthodes que nous avons indiquées plus haut (24 à 30); nous conseillons l'emploi des procédés au collodion sec ou au collodion albuminé : ceux au gélatinobromure d'argent donnent peut-être plus de facilité, mais le grain inhérent aux épreuves est un obstacle aux grandes finesses.

La solution sensible qui doit fournir l'image est préparée suivant l'une des formules données dans les Traités de M. Lucy de Fossarieu, de M. Geymet ou de M. Anton Martin.

On trouvera dans ces Traités une description minutieuse des diverses phases de l'opération.

1° *Formule de M. Lucy de Fossarieu* (1).

A. Solution saturée de borax dans l'eau...... 1lit

Filtrez.

B. Sucre blanc........................... 20gr
Gomme arabique........................ 6gr
Eau................................... 100cc

Après dissolution, ajoutez :

Solution A............................ 50cc

C. Miel pur............................ 20gr
Solution A............................ 20cc

D. Solution saturée de bichromate d'ammoniaque.......................... 100cc

On obtient une solution réellement saturée en faisant dissoudre à chaud un excès de bichromate d'ammoniaque; le lendemain on

(1) Fossarieu (Lucy de), *Photographie sur émail, faïence et porcelaine*; 1869.
Martin (Anton); *Photographie sur émail*, Weimar; 1872.

décante la liqueur surnageant les cristaux qui ont dû se former par le refroidissement.

Pour l'usage, et au moment de l'emploi, on mélange :

Solution B	6^{cc}
Solution D	4^{cc}
Eau	10^{cc}

On filtre avec soin et à plusieurs reprises, en rinçant en quelque sorte le filtre, l'entonnoir et le flacon par des filtrations répétées qui ramènent sur le filtre toutes les poussières et impuretés qui pouvaient les souiller et l'on se sert de ce liquide absolument propre pour préparer les glaces. Si le temps est très chaud ou très sec, on ajoute seulement 3 ou 4 gouttes de la solution de miel C.

2° *Formule de MM. Geymet et Alker* (¹).

Eau	100^{cc}
Glucose	5^{gr}
Miel	$0^{gr},5$
Gomme arabique	5^{gr}
Solution saturée de bichromate d'ammoniaque	20^{cc}

La quantité de liquide nécessaire pour la préparation des glaces à sensibiliser est filtrée avec les soins indiqués ci-dessus.

133. Les *glaces*, nettoyées avec le plus grand soin, passées au blaireau pour écarter toute trace de poussière, sont couvertes avec la liqueur bichromatée, égouttées, séchées immédiatement à une douce chaleur à l'abri de la lumière, et aussitôt employées; on ne peut, en effet, conserver cette couche sensible : le bichromate alcalin ne tarderait pas à cristalliser à la surface et l'on n'obtiendrait que de mauvais résultats. L'emploi du bichromate d'ammoniaque, plus soluble, est justement recommandé comme cristallisant moins vite que le bichromate de potasse; une dessiccation imparfaite causerait un voile gris général, l'épreuve serait perdue; les glaces sont préférables aux verres, parce que leur surface plane permet une superposition plus exacte.

(¹) GEYMET, *Traité pratique des émaux photographiques*, In-18 jésus. Paris, Gauthier-Villars; Paris.

L'exposition se fait dans le châssis positif; elle varie dans une large mesure, suivant l'intensité de la lumière et celle du cliché positif. Autant que possible, on tirera ce positif dans une gamme très douce, évitant les oppositions de lumière; on emploiera de préférence pour ce tirage le procédé au charbon ou le procédé Taupenot avec développement alcalin : on obtient ainsi une grande transparence dans toutes les parties. Dans de bonnes conditions ordinaires, l'exposition est d'environ 8 à 10 secondes. Pour obtenir plus de finesse, nous rappellerons les précautions recommandées (29), afin d'éviter l'action des rayons obliques, d'autant plus fâcheuse que le contact des deux surfaces est moins parfait. Sous l'influence de la lumière et du bichromate alcalin, les matières sucrées perdent plus ou moins leurs propriétés adhésives : donc l'épreuve sera trop blanche si la pose a été trop longue; elle sera, au contraire, trop noire si l'exposition a été insuffisante.

134. L'exposition étant faite pendant le temps voulu, on rapporte le châssis dans le laboratoire obscur, on en retire la glace préparée sur laquelle on n'aperçoit encore aucune image et on laisse l'humidité ambiante produire son effet. En examinant la surface sous un angle assez prononcé, on voit peu à peu l'image se dessiner, parce que la couche sensible absorbe la vapeur d'eau atmosphérique. Si l'on procède trop tôt au développement, l'épreuve se révèle avec peine; si, au contraire, on attend trop longtemps, la condensation de l'humidité est trop forte et l'image est empâtée. Il y a une question d'appréciation très délicate pour saisir le moment favorable; il vaut mieux toutefois se hâter que trop attendre; car l'épreuve, incomplète au premier abord, s'améliorera peu à peu en insistant; l'épreuve empâtée est irrévocablement perdue.

La glace est couverte de la poudre d'émail avec un blaireau très doux, en plusieurs fois s'il est nécessaire, et plutôt en tamponnant très légèrement qu'en brossant la surface; on insiste sur certaines parties, on passe légèrement sur d'autres et l'on prend la précaution d'employer la poudre absolument sèche. Les poudres d'émail de diverses colorations sont préparées par l'industrie, nous n'avons pas à nous y arrêter; elles comprennent le plus souvent un mélange de fondant, ou verre facilement fusible, avec divers oxydes métalliques; le noir est composé, outre le fondant, d'un mélange d'oxydes de cuivre, de manganèse et d'iridium.

Lorsque l'image est ainsi développée, on la couvre d'une couche de collodion normal contenant $1^{gr},50$ à 2^{gr} de coton-poudre pour 100^{cc} du mélange d'alcool et d'éther. Quand la pellicule de collodion a fait prise et avant qu'elle sèche, on plonge la glace dans une cuvette contenant de l'eau fortement acidifiée par 5 à 10 parties d'acide chlorhydrique ou sulfurique pour 100 parties d'eau. La pellicule de collodion ne tarde pas à se soulever et à se détacher de la glace en retenant dans ses pores toute la poudre d'émail; on la maintient alors délicatement par un angle sur la glace et on la retire ainsi avec précaution du bain acide, pour la mettre dans un bain d'eau pure. Comme on a soin d'employer des glaces plus grandes que ne sera l'épreuve finale, cette opération est assez facile; on renouvelle l'eau plusieurs fois, jusqu'à ce que les lavages aient éliminé toute trace des sels de chrome, dont la présence se traduirait à la cuisson par une désagréable teinte verte générale. L'emploi d'une petite spatule recourbée, en argent ou en platine ou même en cuivre, facilitera le maniement dans les bains.

On prendra la précaution de filtrer tous ces bains pour éliminer les poussières dont les grains, suivant leur nature, se traduiraient par des points blancs ou noirs après le passage au feu.

Lorsque la pellicule a été bien lavée, on la transporte dans un dernier bain pour la placer et la faire adhérer à la surface de l'émail blanc avec lequel doit s'incorporer la poudre qu'elle contient. Le mode de transport varie suivant les opérateurs : les uns veulent que la pellicule de collodion soit mise sur l'émail avec la poudre en dessous; dans ce cas, le collodion n'adhère pas sur la surface émaillée de laquelle la poudre le sépare, et il faut que l'eau servant au transport soit additionnée de sucre pour qu'il y ait complète adhérence après la dessiccation. On met dans le bain d'eau sucrée (10 à 15 pour 100) la plaque d'émail blanc, préalablement bien nettoyée; on amène la pellicule de collodion sur l'émail, le côté portant l'image étant en dessous; on passe la spatule sous l'ensemble et doucement on retire le tout en maintenant la pellicule juste à la place qu'elle doit garder. Il faut pour cela un peu d'habitude et d'habileté : les doigts ne doivent poser que sur les bords, car toute pression inopportune ferait tache. L'épreuve enlevée est posée sur un buvard où elle se ressuie; on rabat en dessous les bords du collodion avec un papier de soie; on élimine d'abord le plus grand excès d'eau, puis, très doucement, on appuie sur ce papier avec un tampon de coton. On renouvelle le papier et le tamponnage, jusqu'à ce que la pellicule soit bien adhérente à la plaque, et on laisse sécher. Si l'on emploie cette manière de procéder, il est nécessaire, avant le passage au feu, d'éliminer le collodion, qui s'écaillerait en brûlant. On le détruit par une immersion dans l'acide sulfurique, suivie de quelques lavages à l'eau.

Avant de plonger l'épreuve dans l'acide sulfurique concentré, on la dessèche complètement à une douce chaleur, puis on la met sur la spatule et on la descend dans une petite cuvette contenant l'acide sulfurique sans addition d'eau; dix minutes après, elle est entourée d'une auréole rouge qui indique la destruction du collodion, on la relève, toujours sur la spatule; et on la lave à plusieurs eaux par immersions successives faites avec la plus grande douceur, pour ne pas déplacer la poudre d'émail. Dans ces conditions, le sucre a disparu avec le collodion, et il ne gênera pas la cuisson.

Il nous semble préférable d'employer la méthode indiquée par M. de Lucy-Fossarieu et par M. de Roydeville, qui consiste à mettre la pellicule de collodion directement sur l'émail, l'image en dessus : par ce moyen, il ne se fait aucun décollage, le collodion adhère seul à la surface émaillée, et, lorsqu'il est bien sec, il brûle régulièrement au feu en laissant à l'épreuve toute sa netteté. Avec ce mode d'opérer, l'image est dans son vrai sens, tandis que dans celui qui précède elle est renversée, à moins que l'on n'ait fait un positif retourné. Si l'on croit nécessaire d'employer un liquide adhésif pour faire tenir le collodion sur la glace, on peut remplacer l'eau sucrée par la solution suivante :

Eau	1000cc
Pépins de coing.........................	5gr
Solution de borax à saturation.............	100cc

Laissez macérer et filtrez.

135. Tout étant ainsi préparé, les pièces à cuire étant parfaitement sèches, on procède à la cuisson, que l'on fait à volonté; car il n'est pas nécessaire qu'elle suive immédiatement les opérations ci-dessus. Les épreuves prêtes doivent seulement être mises à l'abri de tous frottements et de tous accidents; elles peuvent attendre le feu autant qu'on le désirera.

La cuisson se fait au fourneau d'émailleur, dans un moufle ouvert ou dans un moufle fermé porté sur quatre petits dés en terre qui le mettent à la hauteur de la porte. On commence par garnir la grille du fourneau avec du charbon de bois bien allumé; on place le moufle sur ses supports; on remplit tous les intervalles, sans tasser, avec du charbon cassé en morceaux; on place le dessus du fourneau, on complète le chargement de combustible et l'on active le tirage en posant sur l'ouverture supérieure une cheminée en terre que l'on remplace, lorsqu'elle est cassée, par un bout de tuyau de poêle et l'on voit bientôt l'intérieur du moufle arriver au rouge cerise. On modère le feu et on le dirige à volonté, en diminuant l'accès de l'air soit par la porte du cendrier, soit au moyen des bouchons de terre cuite qui correspondent aux ouvertures placées sur les côtés du fourneau; le feu doit être vif et régulier, surtout au-dessus du moufle pour bien glacer l'émail.

Quand la température du rouge cerise est obtenue, on laisse la porte du moufle ouverte; on pose l'émail à cuire sur une galette de terre cuite que l'on approche doucement de l'ouverture, en la tournant chaque fois pour égaliser la chaleur; cette rondelle de terre est maniée avec une pince spéciale en fer. Après quelques instants, le collodion brûle d'un coup; on pousse alors l'émail et son support dans l'intérieur du moufle et on ne le quitte pas du regard; en deux ou trois minutes, la pièce a pris la température suffisante pour la fusion des poudres vitrifiables, la surface qui était mate devient brillante et comme mouillée. On retire immédiatement la rondelle avec l'épreuve qu'elle porte et on la met refroidir près de l'ouverture du moufle, pour qu'un trop brusque changement de température ne fasse pas fendre l'émail. Une cuisson prolongée ou une chaleur trop élevée affadirait l'émail sans aucune ressource; une température trop basse ne lui donne pas le glacé nécessaire; si l'image reste mate en totalité ou en partie, on recommence la mise au feu pour avoir une fusion plus complète. Il se peut aussi que le mat de l'image vienne d'une proportion de fondant insuffisante mélangé aux poudres vitrifiables : il faut alors mettre une *très légère* couche de fondant en poudre sur l'émail et le repasser au feu.

La retouche des émaux s'opère soit en avivant les lumières avec de l'acide fluorhydrique dilué, soit en ajoutant les teintes au pinceau, ainsi que le font les émailleurs.

CONTRE-TYPES PAR SAUPOUDRAGE.

136. On donne généralement le nom de *contre-types* aux épreuves négatives reprises d'après le type original, soit que l'on désire faciliter ainsi le tirage de nombreux positifs ou ménager un type unique et précieux que l'on craindrait d'exposer aux détériorations qu'entraîne un tirage trop multiplié, soit que l'on veuille obtenir un négatif retourné sans rien changer au type original.

Le plus souvent, dans ces conditions, on commence par faire une bonne épreuve positive que l'on copie de nouveau en épreuve négative, et l'on se sert à cet effet des méthodes déjà connues et décrites, plus particulièrement des procédés au collodion sec. Mais alors, à moins d'opérer à la chambre noire, le négatif ne peut être retourné; en outre, il y a dans ce mode de faire une double chance de modifier l'image, car il est plus difficile de conserver toutes les finesses et toutes les valeurs du type premier en faisant deux opérations que si l'on n'en fait qu'une seule.

MM. Geymet et Alker ont publié, en 1872 et en 1876 [1], un procédé basé sur le saupoudrage qui, depuis, a été indiqué par divers autres praticiens et qui présente l'avantage de donner de suite un négatif d'après un négatif, sans passer par l'épreuve positive. On obtient à volonté d'après cette méthode, disent les auteurs, des images à teintes dégradées et fondues, ou des images ayant le grain nécessaire pour la gravure.

---

(1) *Bulletin de la Société française de Photographie*, année 1872, p. 185; année 1876, p. 97.

137. La liqueur sensible est composée de :

Eau	100^{cc}	ou 100^{gr}
Gomme	10^{gr}	5
Glucose	10^{gr} à 20^{gr}	10
Sucre	2^{gr}	2
Miel	$0^{gr},50$	0,50
Solution saturée de bichromate d'ammoniaque	20^{cc}	25

« Pour les clichés grainés qui doivent prendre la poudre sans pression aucune, on doit se servir d'une solution fraîchement préparée.

» En été, la liqueur doit être rejetée si elle a plus de deux jours de préparation.

» On verse le liquide sur une glace polie et, après l'avoir laissé s'égoutter pendant quelques minutes, on sèche à fond au-dessus de la flamme d'une lampe à alcool.

» On expose sous le cliché à reproduire pendant deux minutes au soleil, ou pendant quatre à cinq minutes à l'ombre. On développe ensuite avec un blaireau chargé de plombagine. Au premier passage de la poudre, l'image, quoique faible, doit offrir l'aspect d'un positif par réflexion et en posséder toutes les qualités.

» La pose est insuffisante si l'épreuve est terne; il y a excès d'insolation si les demi-teintes les plus accentuées ne se montrent pas tout d'abord. Mais, dans ce cas, on peut amener le cliché à bien en laissant reposer la glace pendant une demi-minute et en reprenant ensuite le développement.

» On peut ainsi renforcer l'épreuve pendant les dix minutes qui suivent la pose; mais, après ce laps de temps, si le dessin reste imparfait, il faut recommencer l'opération.

» A l'exception de la plombagine et de l'oxyde rouge de fer, les poudres de couleur ont présenté des inconvénients à l'emploi.

» Avec la plombagine passée au tamis n° 200, les clichés de portraits sont aussi purs que le type; il n'y a pas de différence au tirage.

» Les clichés à grains s'obtiennent en tamisant la plombagine sur la glace insolée; il est indispensable de séparer le graphite de ses parties les plus ténues et de réserver pour les portraits sans grains la poussière impalpable qui peut traverser le n° 200.

» Pour les clichés à grains, le noir doit tomber sur la glace à travers les mailles du tamis n° 150, si l'on reproduit un portrait; on se sert du tamis n° 100 pour les paysages.

» On couvre donc la glace insolée avec la plombagine et, après un repos de quelques minutes, on la dégage en frappant l'arête du verre d'un coup sec sur la table du laboratoire; on enlève ensuite l'excès de plombagine en passant un blaireau fin sur la surface, mais sans appuyer, pour éviter de souder les grains les uns aux autres.

» On recommence la même opération à une minute d'intervalle et l'on ne s'arrête que lorsque le nouveau cliché a pris l'intensité du modèle; il est même préférable qu'il y ait excès.

» On peut remplacer le tamis par la boîte à grainer du graveur.

» ..... Ces clichés, par suite de l'emploi du bichromate, offrent dans les clairs une légère teinte jaune dont on peut diminuer la coloration en plongeant la glace dans un bain d'alcool qui dissout le sel de chrome sans détacher le graphite soudé par la gomme....

» Les clichés sont vernis par la méthode ordinaire. »

M. Geymet compléta ces indications en 1876; il recommande pour les clichés à la plombagine de doubler la quantité de glucose donnée dans la première formule, ce que nous avons fait en la portant de 10 à 20.

En outre, pour éliminer les chromates qui colorent l'image en jaune et qui, dans l'application de ce procédé pour l'obtention des vitraux, nuisent à la vitrification en prenant une coloration verte caractéristique, il recommande de passer l'image développée dans un bain formé de :

Alcool	100^{cc}
Eau saturée de borax ou d'alun..............	20^{cc}

Le borax et l'alun coagulant instantanément la couche de gomme, les poudres sont fixées, tandis que les bichromates sont dissous.

DEUXIÈME PARTIE.

IMPRESSIONS PHOTOMÉCANIQUES.

(PHOTOGLYPTIE ET IMPRESSIONS AUX ENCRES GRASSES.)

138. Les diverses méthodes négatives et positives que nous avons décrites jusqu'ici dans notre Ouvrage résument l'ensemble de la Photographie limitée à elle-même, c'est-à-dire ne s'associant à aucune autre industrie; les applications de ces méthodes convenablement choisies, appropriées au but que l'on se propose d'atteindre permettent de prendre l'image d'un objet ou d'un phénomène visible et de le reproduire à un certain nombre d'exemplaires par les seules modifications que la lumière opère sur les surfaces sensibles. Cet ensemble est complet, il forme un art graphique relativement nouveau qui pourrait se passer du concours des autres arts de l'impression, représentés par la Typographie, la Gravure, la Lithographie. Mais si la Photographie, restant isolée, n'apportait pas à ces derniers son merveilleux concours de facilité et d'authenticité dans la production et dans l'exécution du dessin; si elle ne leur empruntait ni la rapidité, ni l'économie que ces arts graphiques ont trouvées dans les perfectionnements des procédés mécaniques, elle resterait restreinte dans ses applications et ne répondrait pas à l'espoir de grande vulgarisation que l'on a toujours fondé sur elle.

La transformation de l'image photographique en un type que l'on puisse imprimer mécaniquement représente donc un immense progrès; car, de cette alliance, doit résulter, par la Photographie, la production facile de l'image de toutes choses et, par les Impressions mécaniques, la multiplication rapide et économique de l'image obtenue.

Ce problème a été poursuivi dès le début par le premier inventeur, Nicéphore Niepce, et la planche gravée qu'il a obtenue dès 1824, reproduisant la gravure du portrait du cardinal d'Amboise, a montré que la réalisation en était possible. Depuis cette époque, les expériences se sont succédé sans relâche, apportant chacune de nouveaux perfectionnements; s'il ne nous est pas encore possible de dire que *toutes* les difficultés soient vaincues, que tout cliché photographique pourra être imprimé par une méthode mécanique quelconque, il est juste de reconnaître que, si les conditions nécessaires ont été observées, une image photographique pourra être transformée en une gravure en creux ou en relief, ou en une planche encrable par les méthodes de la Lithographie.

Ajoutons que la Photographie a donné naissance à un moyen d'impression mécanique, entièrement nouveau, la *Photoglyptie*, dérivant des procédés aux sels de chrome, dont l'invention est une réelle conquête pour les arts graphiques.

Dans la section des tirages photomécaniques, nous aurons donc à étudier :

1° La Photoglyptie (impressions à l'encre gélatineuse);

2° Les Impressions analogues à la lithographie;

3° La Photogravure en creux;

4° La Phototypographie ou gravure en relief.

Les trois dernières méthodes résument les impressions à l'encre grasse.

PHOTOGLYPTIE.

139. Ce procédé a porté d'abord le nom de *Woodbury-typie*, du nom de Woodbury son inventeur, dont le brevet remonte à 1866 ; il fut ensuite nommé *Photoglyptique* et plus simplement *Photoglyptie*, rappelant ainsi la gravure en creux ([1]). Il est basé sur un des nombreux procédés de moulage auxquels peuvent donner naissance les réactions de la lumière sur la gélatine bichromatée. A. Poitevin eut la première idée de mouler au moyen d'une matière céramique les reliefs que l'on peut obtenir avec une épreuve en gélatine bichromatée, puis de remplir les creux plus ou moins profonds de ce moule avec une substance vitrifiable colorée ([2]); après le passage au feu, l'image est formée avec ses demi-teintes par les quantités plus ou moins grandes de matière colorante fondue dans les creux du moule. A. Poitevin prenait aussi sur les reliefs de gélatine un moule creux en plâtre dans lequel il surmoulait un relief; puis, remplissant le creux huilé avec de la gélatine ordinaire teintée et superposant une feuille de papier et une plaque souple de caoutchouc, il se servait légèrement du contre-moule pour avoir une application plus exacte lorsque le moulage représentait une médaille ; pour une épreuve photographique ordinaire, il se bornait à faire la compression avec une surface plane, et la gélatine figée quittait les creux et donnait à peu près, par ses différentes épaisseurs, le modelé photographique ([3]).

([1]) Ce nom vient du grec φῶς (gén. φωτός), lumière, que nous retrouvons dans tous les mots rappelant une étude ou une application de la lumière, et du verbe γλυπτεῖν, graver.

([2]) *Bulletin de la Société française de Photographie*; 1864.

([3]) *Bulletin de la Société française de Photographie*; 1866.

On retrouve certainement dans ces premières recherches de Poitevin l'idée mère du procédé Woodbury; mais à ce dernier appartient sans conteste l'invention d'une méthode d'impression entièrement nouvelle, industriellement pratique, et rendant avec fidélité l'effet photographique. Le brevet de Woodbury, actuellement dans le domaine public, avec ses perfectionnements, a été acheté pour la France par la maison Goupil et Cie. Les installations nécessaires ont été faites très habilement, dans les ateliers d'Asnières, par M. Rousselon, et il s'est formé en France et à l'étranger quelques ateliers photoglyptiques. Mais le prix élevé des appareils et le développement trop restreint de ce genre de Photographie ont empêché jusqu'à présent cette industrie de prendre tout le développement qu'elle comporte.

Les opérations assez compliquées de la Photoglyptie ont pour point de départ le procédé au charbon, et le lecteur devra relire la description des épreuves aux sels de chrome pour en comprendre plus facilement l'ensemble, qui se résume de la manière suivante :

1° Obtention d'une image en reliefs très résistants par l'emploi de la gélatine bichromatée;

2° Moulage, dans une planche de métal, des reliefs obtenus;

3° Impression au moyen d'une encre gélatineuse colorée, coulée dans les moules en creux qui résultent du moulage.

MOULAGE A LA PRESSE HYDRAULIQUE.

140. Obtention des reliefs de gélatine. — *Préparation de la gélatine.* — On commence par préparer une pellicule sensible. On prend une *glace* de la dimension nécessaire; après l'avoir bien nettoyée et talquée, on passe sur les bords un petit tampon de coton mouillé d'albumine, qui enlève le talc sur une largeur d'environ 2^{mm} à 3^{mm}, et on la couvre d'une couche de collodion normal contenant 2^{gr} à $2^{gr},50$ de coton-poudre pour 100 parties d'un mélange d'alcool et d'éther en quantités égales : on emploiera de préférence un coton résistant. Après dessiccation complète, on verse sur la glace un mélange de gélatine et de bichromate d'ammoniaque préparé d'après la formule ci-dessous [1] :

Eau	100^{cc}
Gélatine Nelson (spéciale pour Photoglyptie)	20^{gr}

Faites tremper et, quand la gélatine est devenue complètement souple, faites dissoudre au bain-marie, puis ajoutez :

	gr
Bichromate d'ammoniaque	4
Sucre raffiné	4
Glycérine	4

Filtrez à chaud sur une mousseline pliée en quatre et placée dans un entonnoir. On peut employer pour maintenir la température nécessaire à la filtration l'un des deux appareils représentés par les *fig.* 55 ou 97 du tome I.

Chaque glace, collodionnée, talquée, est d'abord légèrement chauffée, calée de niveau comme le montrent les *fig.* 32 ou 33

Fig. 32.

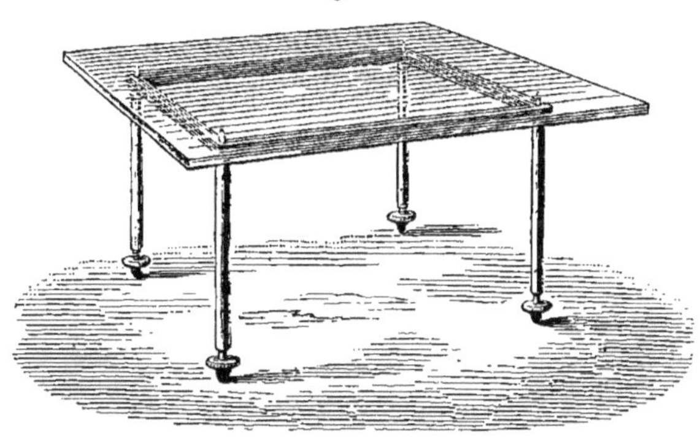

ou par tout autre moyen, puis couverte d'une couche bien égale de gélatine bichromatée à laquelle on donne 3^{mm} à 4^{mm} d'épaisseur.

Lorsque la gélatine a fait prise, ce qui a lieu très rapidement, puisqu'elle est à 20 pour 100, on relève successivement les glaces et on les porte dans une boîte ou séchoir contenant des caisses à chlorure de calcium, où elles sont séchées le plus rapidement

(1) VIDAL (LÉON), *Traité pratique de Photoglyptie;* 1881. Paris, Gauthier-Villars.

possible à l'abri de toute lumière actinique. Après dessiccation on

Fig. 33.

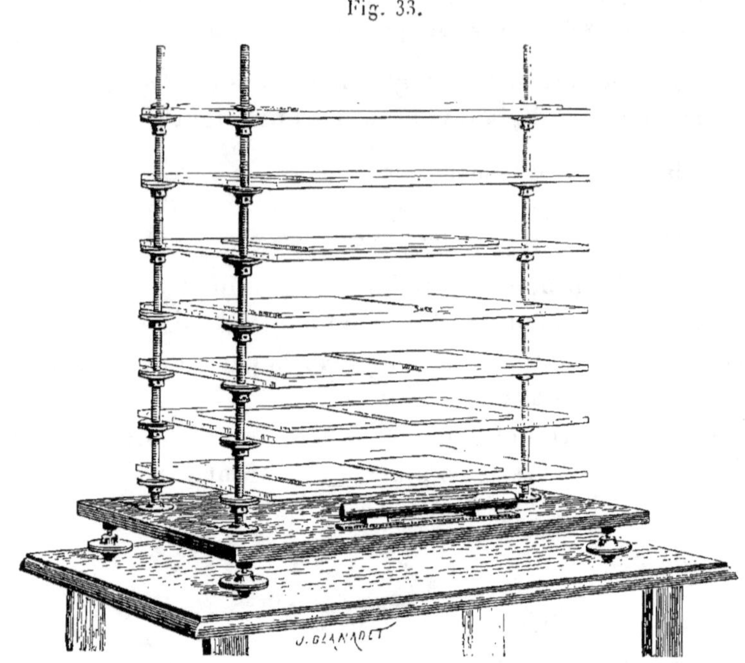

coupe la feuille de gélatine à 5 millimètres des bords de la glace et on l'enlève à l'état de pellicule sensible.

141. *Exposition et développement.* — La pellicule est posée sur le cliché dans le châssis positif, en prenant la précaution de mettre en contact le côté collodionné avec la face du négatif. On expose ensuite pendant un temps variable suivant l'intensité lumineuse; l'exposition toutefois est relativement longue, elle peut durer de huit à dix minutes au soleil et plusieurs heures à la lumière diffuse; il faut, en effet, que la lumière pénètre profondément dans la couche pour obtenir les épaisseurs et les reliefs nécessaires. La faible teinte donnée à la pellicule n'empêche pas de suivre les progrès de l'image par les changements de ton du bichromate; on peut les surveiller comme pour une épreuve positive ordinaire : mieux vaut cependant se servir du photomètre pour ne pas ouvrir le châssis et éviter le retrait que pourrait faire la pellicule après

une exposition trop vive au soleil, ce qui doublerait l'image. On aura aussi la précaution d'exposer le châssis perpendiculairement aux rayons du soleil : l'image obtenue ainsi sera toujours bien plus fine et bien plus nette que celle imprimée par la lumière diffuse.

Après l'insolation, on développe l'épreuve à l'eau chaude comme pour les positives au charbon; mais cette pellicule devant rester absolument plane et sans déformation, il faut la soutenir et pour cela on la colle provisoirement sur une nouvelle glace. On commence par couvrir cette glace avec une solution sirupeuse de caoutchouc dans la benzine cristallisable, soit à la dose de 5 à 10 pour 100; on laisse évaporer la benzine et, sur la surface poisseuse, on applique la pellicule, le collodion en dessous. On facilite cette opération en se servant du rouleau que nous avons déjà indiqué pour le collage des épreuves (*fig.* 34) et l'on chasse les bulles d'air interposées, sans trop insister : il suffit que l'adhérence soit bien établie.

La glace portant l'épreuve est mise dans une bassine, de préférence verticale, contenant de l'eau d'abord tiède que l'on porte ensuite à 60° ou 80° C. La cuve verticale est commode pour opérer sur plusieurs épreuves à la fois (*fig.* 35).

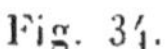

Fig. 34.

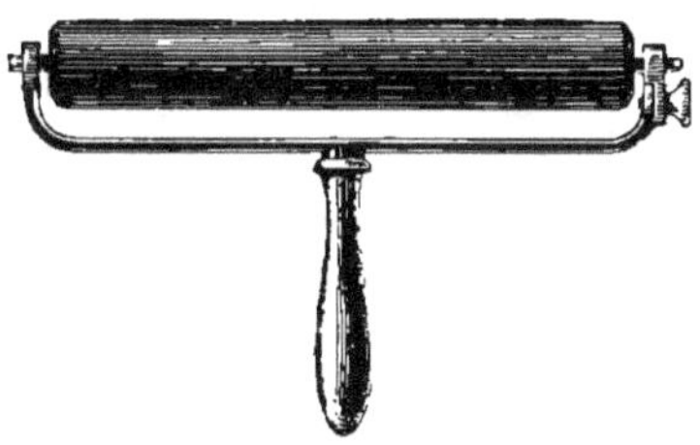

Sous l'influence de l'eau chaude, la gélatine non influencée par la lumière se dissout, mais les parties qui ont été insolubilisées à travers le collodion restent adhérentes, et, cette insolubilisation ayant été plus ou moins profonde, il en résulte une image accusée par des reliefs assez prononcés. Le développement par l'eau chaude est long; il demande quelques heures, souvent même une journée entière; cela dépend de la nature de la gélatine, de la température extérieure et surtout du temps qui s'est écoulé entre la

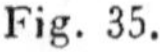

Fig. 35.

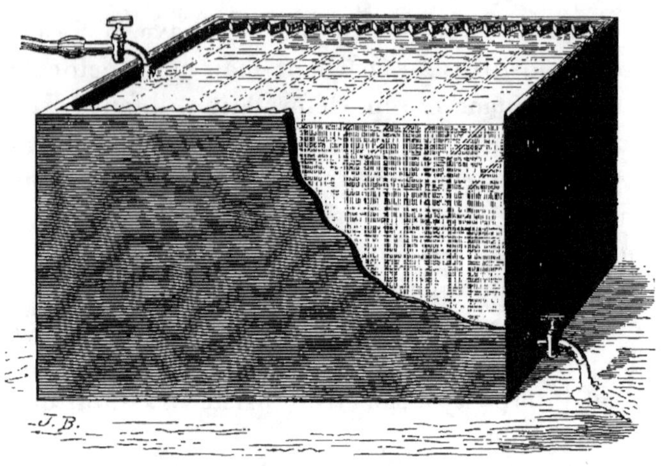

préparation première de la pellicule et son exposition, la gélatine bichromatée devenant spontanément de moins en moins soluble.

Lorsque le développement est terminé, c'est-à-dire quand toutes les parties solubles ont été éliminées, la glace portant l'épreuve est passée dans un bain d'alun à 2 ou 3 pour 100; on lave, on rince et on laisse sécher complètement : on peut hâter la dessiccation par une immersion préalable dans l'alcool. Les reliefs deviennent très durs et leurs arêtes sont nettement tranchées.

On soulève alors un des coins de la pellicule et, par une simple traction, on la sépare de la glace caoutchoutée; on enlève au dos l'excès de caoutchouc par le frottement du doigt; on termine, s'il est nécessaire, en passant un tampon de coton mouillé de benzine et l'on conserve l'épreuve bien à plat entre des doubles de buvard.

142. Moulage par pression. — C'est l'opération capitale du procédé. Elle nécessite l'emploi d'une presse hydraulique de grande puissance : la pression nécessaire peut être, en effet, de 500^{kg} par centimètre carré, soit, pour une épreuve de $0^m,30$ sur $0^m,40$, une force de 600000^{kg}; et même, au début, on allait jusqu'au double, soit une tonne par centimètre carré. La presse que M. Rousselon a installée dans les ateliers d'Asnières (*fig.* 36)

Fig. 36.

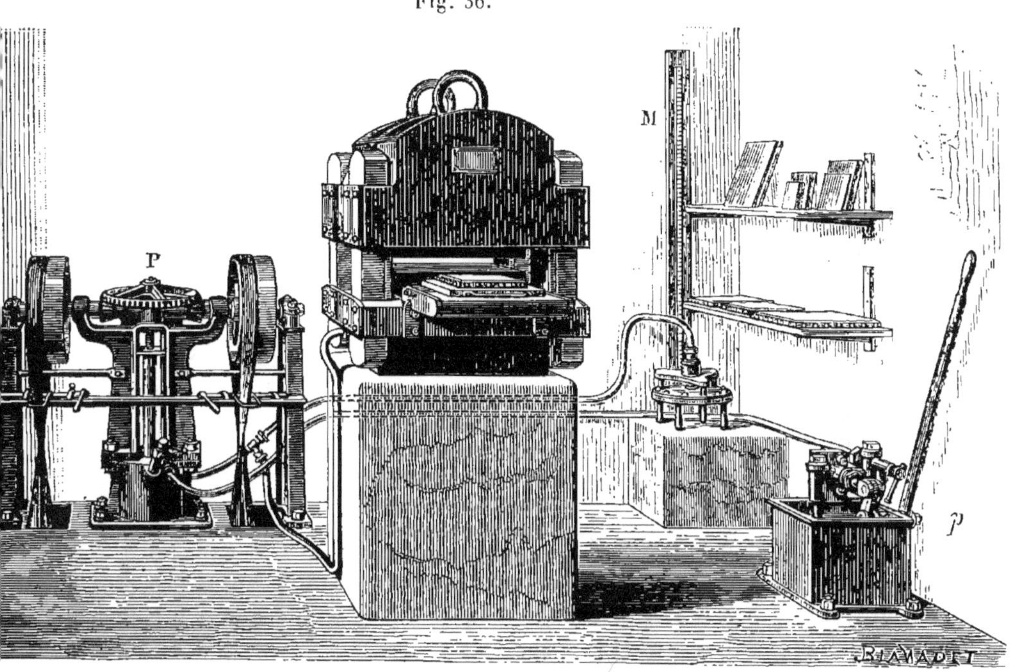

donne facilement une pression d'un million de kilogrammes; elle est mue avec une grande douceur d'abord par une petite pompe à main *p*, et, quand celle-ci devient trop dure à faire fonctionner, on complète la pression par la pompe à vapeur P.

Sur le plateau parfaitement dressé de la presse, on met une plaque d'acier plane et sans défaut; sur cette plaque, on pose la pellicule : les reliefs en dessus, lorsqu'on a fait usage d'un négatif retourné; les reliefs en dessous et le collodion en dessus, si l'on a employé un négatif ordinaire. Dans le premier cas, on obtient le maximum de finesse et l'image finale est dans son vrai sens; dans le second cas, le retournement est nécessaire pour que l'image ne soit pas renversée, mais l'interposition du collodion diminue un peu la finesse des lignes.

On pose sur cette pellicule de gélatine, dont on a talqué la face supérieure, une lame de plomb ayant environ $0^{m},01$ d'épaisseur; le côté qui doit venir en contact avec la pellicule a été d'abord bien brossé, nettoyé et passé au talc. Avant de poser la lame, on a pris la précaution de la courber très légèrement en dehors, pour que le contact se fasse d'abord par une ligne médiane, et elle s'applique ensuite du milieu vers les bords en chassant ainsi régulièrement la couche d'air interposée; sans cette précaution, les bords pourraient s'appliquer les premiers, un peu d'air emprisonné suffirait pour empêcher le contact immédiat des surfaces et donner un flou et une granulation qui nuiraient à la pureté de l'impression (Ad. Martin.) Sur le plomb, on met un bloc dressé et l'on commence la pression.

La gélatine avec ses reliefs et la plaque de métal sont ainsi prises entre deux plans. Sous l'effort considérable et lentement appliqué de la presse hydraulique, le métal s'écrase en diminuant un peu d'épaisseur, la gélatine le pénètre sans altération aucune; on laisse ainsi sous pression pendant une ou deux minutes; souvent même on diminue un instant cette pression pour la ramener après à son maximum, puis on fait redescendre le piston et l'on sépare du plomb la gélatine, qui sort intacte, toute prête à donner, sous de nouvelles pressions, une deuxième et une troisième épreuve; elle a laissé dans le métal tous les creux de ses moindres reliefs. Ce moule, manié avec les plus grandes précautions pour ne pas le déformer et ne pas en déranger la parfaite planité, est paré sur les quatre côtés et ajusté sur la presse spéciale qui va servir aux impressions.

143. **Impression des épreuves photoglyptiques.** — L'impression se fait au moyen d'une petite presse ayant quelque analogie avec celle qui sert à copier les lettres, mais construite avec beaucoup plus de soin (*fig*. 37); le plateau supérieur de cette presse, terminé par une glace, descend affleurer la surface du moule que l'on a calé sur le plateau inférieur; l'ajustement est assez soigné pour qu'il y ait contact parfait entre les deux surfaces. On comprend que, si l'on verse dans les creux du moule un excès de gélatine teintée et si l'on abaisse le plateau, tout l'excédent de liquide sera expulsé par les bords, exactement comme la pâte que l'on saisit entre les deux mâchoires d'un moule à gaufres. Si l'on a pris le soin d'interposer

une feuille de papier et si on laisse refroidir, la gélatine fait prise, elle s'attache au papier que l'on retire doucement, et l'on démoule une contre-épreuve de gélatine dont les plus grands reliefs, correspondant aux plus grands creux du moule, forment les ombres,

Fig. 37.

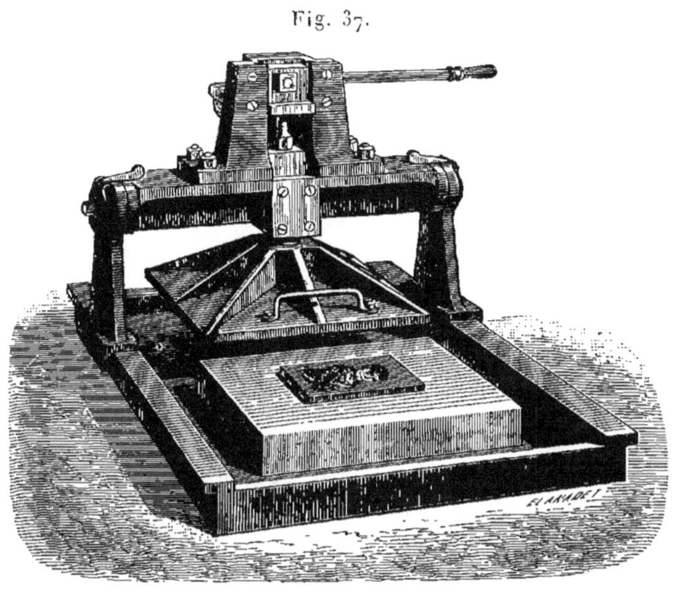

puisqu'ils apportent une plus grande quantité de matière colorante, tandis que les reliefs moindres donnent les demi-teintes ; et là où les deux plateaux ont eu un contact immédiat, la totalité de la matière colorante étant expulsée, on obtient les grands blancs. Quand le moulage a été bien réussi, l'épreuve photoglyptique a toutes les finesses, toutes les dégradations de teintes de l'épreuve photographique ; sa couleur est celle que l'on désire, puisqu'on peut varier presque à volonté les matières colorantes avec lesquelles on fait l'encre gélatineuse : on doit avoir soin de les choisir inaltérables.

La pratique est un peu plus compliquée que cet exposé théorique. Une première difficulté résulte de l'emploi du papier dont il faut rendre la surface lisse et imperméable ; car les moindres grains, les plus légères stries prendraient ou rejetteraient plus ou moins de matière colorante, et, sous l'influence de l'humidité, le papier ordinaire se distendrait et goderait : dans l'un et l'autre cas, les épreuves seraient perdues.

144. *Préparation du papier.* — On choisit la plus belle qualité de papier de Rives et on applique sur l'endroit de la feuille un encollage de gomme laque destiné à le rendre imperméable.

On prépare un bain abondant d'après la formule suivante :

Eau chaude..............................	1000^{cc}
Borax (borate de soude)..................	50^{gr}
Carbonate de soude......................	12^{gr}

Après solution, on ajoute :

Gomme laque blanche.....................	200^{gr}

On porte le tout à l'ébullition et l'on remue jusqu'à ce que toute la gomme laque soit dissoute ; on ajoute la quantité d'eau nécessaire pour ramener le liquide à son volume primitif et l'on filtre. Le plus souvent, on colore ce bain avec un peu de carmin pour donner au papier un ton un peu moins froid et pour permettre de reconnaître plus facilement le côté préparé.

Le liquide est filtré sur une mousseline dans une cuvette. Après avoir reconnu l'envers et l'endroit du papier, on prend deux feuilles que l'on met dos à dos ; on les tient et on les tend par les deux angles supérieurs et, les faisant porter sur le bord de la cuvette, on les passe d'un coup et rapidement dans le bain, de sorte que les deux faces soient mouillées ; le liquide n'a pas le temps de pénétrer entre les deux feuilles, les bords seuls sont accolés ; on fait sécher immédiatement, en les suspendant toujours obliquement, pour faciliter l'écoulement par un angle. La pièce dans laquelle on fait sécher les feuilles doit être chauffée à 30° C. au moins, pour obtenir un vernis brillant et régulier. Après dessiccation, on sépare les feuilles avec une lame ; on enlève les bourrelets du bas.

Le papier ainsi traité est imperméable ; mais l'encre gélatineuse qui forme l'épreuve n'y adhérerait qu'imparfaitement et, une fois desséchée, elle se soulèverait par écailles : il faut passer un second encollage, qui favorise l'adhérence. Cet encollage est formé d'un lait gélatineux de résine ; on le prépare en précipitant une teinture alcoolique de benjoin avec une eau contenant une petite quantité de gélatine; on obtient ainsi une émulsion laiteuse avec laquelle on badigeonne largement chaque feuille, que l'on met ensuite à sécher.

Sous l'action de ces bains successifs le grain du papier est ressorti; on satine de nouveau chaque feuille par un laminage très soigné, plusieurs fois répété, entre des lames d'acier poli; et le papier, coupé de grandeur, est prêt à servir. Ce cylindrage exige encore un laminoir parfait (*fig.* 38) et de prix élevé.

Fig. 38.

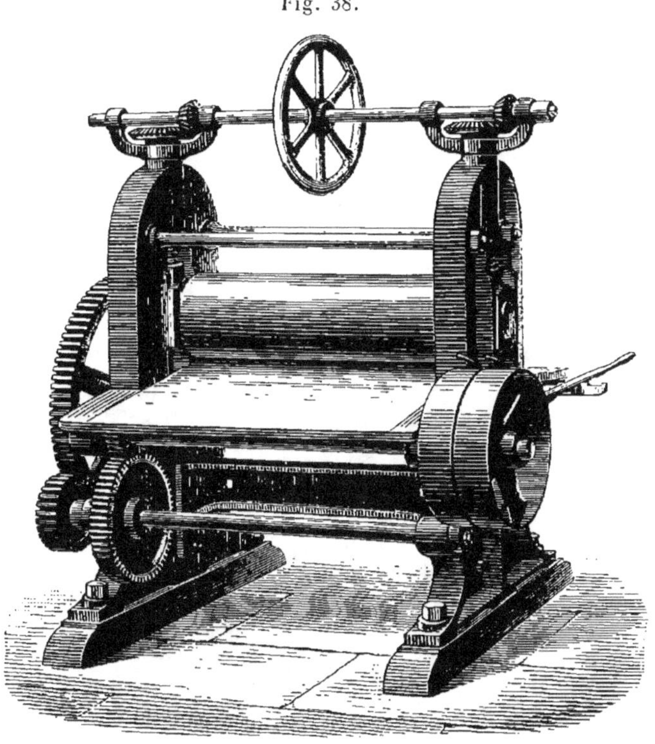

145. *Préparation de l'encre gélatineuse.* — L'encre gélatineuse est une simple solution aqueuse de gélatine, additionnée de matières colorantes. La quantité de gélatine est variable suivant la température. Il est nécessaire que l'encre gélatineuse fasse prise à peu près dans le même espace de temps pour que le travail soit régulier et courant; on devra donc diminuer la dose en hiver et

l'augmenter en été. La qualité de la gélatine a peu d'importance, il suffit qu'elle soit blanche ou peu colorée, et qu'après dissolution elle revienne facilement à l'état de gelée. Les matières colorantes seront celles que l'on emploie de préférence dans la préparation des papiers au charbon, telles que l'encre de Chine, la purpurine, l'alizarine ou autres matières légères, inaltérables; les poudres lourdes se sépareraient du liquide et donneraient des épreuves inégales; elles doivent être soumises à un broyage parfait comme pour les mixtions du procédé au charbon. La quantité de matière colorante varie non seulement suivant le goût de l'opérateur et la nature du sujet, mais aussi suivant la profondeur du creux des moules : telle encre qui donne le ton exact avec un moule à creux profonds sera beaucoup trop légère si les creux sont faibles, puisque l'intensité de la coloration dépend de l'épaisseur de la couche d'encre.

Lorsque l'encre est préparée, on la filtre à chaud dans un entonnoir garni de mousseline plusieurs fois repliée sur elle-même, ou

Fig. 39.

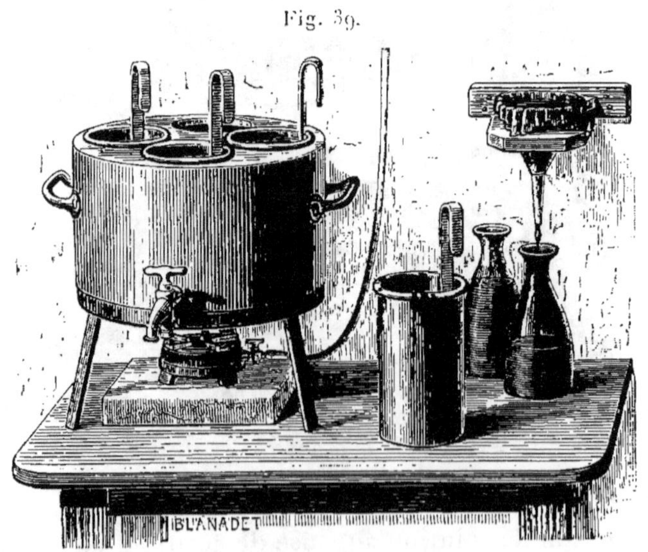

sur un petit tampon de laine peu serré, et on la maintient fluide dans un bain-marie, analogue à ceux que l'on emploie dans les cafés et restaurants (*fig.* 39), comprenant plusieurs cases où l'on peut mettre des encres de composition différente, de manière à avoir sous la main celle qui convient aux épreuves de diverse nature que l'on amène successivement devant soi.

146. *Tirage de l'épreuve photoglyptique.* — Le moule est calé en plein bain de plâtre sur le plateau inférieur de la presse et mis de niveau, lorsque le plâtre n'a pas encore fait prise, par le seul jeu du plateau supérieur : on est certain d'obtenir ainsi une coïncidence parfaite entre la face du moule et la glace que porte

Fig. 40.

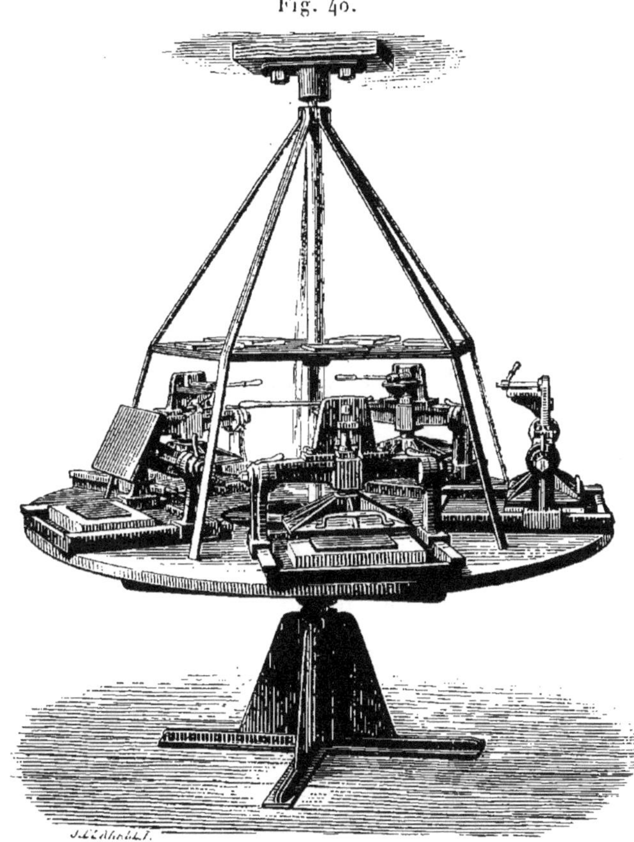

ce plateau. Si l'on n'avait qu'un seul moule et une seule presse, il ne serait pas possible de faire un travail industriel et courant, puisque tout le temps passé entre le coulage de la gélatine colorée et la prise en gelée serait perdu; aussi réunit-on plusieurs presses garnies chacune de leur moule sur une table tournante (*fig.* 40).

L'ouvrier, ayant à sa droite le bain-marie, fait arriver successivement devant lui chacune des presses, il la garnit, passe à une autre et, pendant que la table fait un tour complet, la gélatine a le temps de figer : on obtient ainsi un travail continu.

Ces dispositions étant prises, le travail devient très simple. L'ouvrier a devant les yeux une bonne épreuve positive ordinaire, tirée sur le cliché original avec du papier albuminé : c'est le modèle dont il doit se rapprocher. Il relève le plateau supérieur de la presse, le repousse en arrière, le nettoie parfaitement; sur le moule découvert il laisse tomber quelques gouttes d'huile qu'il étend avec soin sur toutes les parties creuses ou planes, sans en laisser un excès; il verse alors sur le milieu du moule un excès d'encre gélatineuse; il place sur cette encre le côté préparé d'une feuille de papier coupée de grandeur, et, ramenant le plateau au-dessus du moule, il l'abaisse sur le papier. Immédiatement, l'encre comprimée pénètre dans tous les creux du moule; l'excédent s'échappe et coule par les bords où elle se fige. L'ouvrier fait la même opération pour tous les moules qu'il amène devant lui en tournant la table. Quand la première presse revient, il relève le plateau, le repousse en arrière, lui fait faire un quart de tour sur son axe et, prenant la feuille de papier par un angle, il la soulève et la détache du moule par un mouvement lent et régulier; la gélatine reste attachée au papier et présente une épreuve à reliefs mous très accentués. L'ouvrier juge sur ce premier essai s'il y a lieu d'augmenter ou de diminuer la quantité de gélatine et la quantité de matière colorante; il fait ses corrections et continue ensuite régulièrement le tirage, en graissant chaque fois le moule.

Chaque épreuve enlevée est mise à plat; tout autour il y a un excès d'encre comme autour des bords de la presse; un apprenti reprend ces bavures avec un grattoir et, après les avoir liquéfiées au bain-marie et filtrées, il les mêle avec les autres encres. Un moule en plomb convenablement soigné peut servir à tirer environ 300 exemplaires sans trop s'émousser.

Les épreuves tirées, débarrassées de leur bordure de gélatine, sont posées sur un canevas à larges mailles tendu sur un châssis; les châssis garnis d'épreuves sont superposés comme les claies d'un fruitier, ce qui permet de faire sécher un grand nombre de feuilles dans un petit espace, à l'abri de la poussière. Les reliefs de gélatine figée disparaissent complètement par la dessiccation; l'image devient un peu plus foncée, ce dont il faut tenir compte lorsqu'on détermine l'intensité de la couleur de l'encre. On passe ensuite les épreuves séchées dans un bain d'alun ordinaire à $2^{gr},50$ pour 100^{cc} d'eau, on les rince dans deux bains successifs d'eau ordinaire et on les suspend pour sécher.

Les épreuves sont terminées, sauf le montage. Elles n'ont pas cependant le brillant auquel on est habitué et que l'on demande aux images photographiques; pour que la similitude soit complète, on les vernit avec une solution de :

Gomme laque blanche	15^{gr}
Alcool méthylique	100^{cc}

On remplace l'alcool ordinaire par l'alcool méthylique, parce que ce dernier est d'un prix moins élevé. La gomme Dammar est souvent employée pour ce genre de vernis.

On passe sur les épreuves un tampon mouillé de ce vernis, qui a été préalablement filtré, et on les fait immédiatement sécher à l'étuve : si on laissait sécher spontanément à l'air, la surface serait farineuse.

Les épreuves, vernies, sont coupées et collées sur bristol, en suivant les indications que nous avons données (75 et suivants). On prend toutefois quelques précautions pour que la gélatine, ramollie par l'humidité, ne soit pas altérée par les frottements, surtout si les épreuves n'ont pas été passées au bain d'alun. Chaque épreuve est couverte au dos d'une colle d'amidon faite avec de l'eau alunée qui pénètre peu dans la pâte du papier; on la laisse ainsi à plat et, lorsqu'elle est détendue, on l'applique sur le bristol; on superpose une feuille de buvard et l'on passe la main pour assurer l'adhérence. M. Woodbury préfère l'emploi d'une colle gélatineuse composée de :

Eau	100^{cc}
Gélatine	50^{gr}
Glycérine	3^{cc}

Lorsque la gélatine est gonflée et devenue parfaitement souple, on liquéfie au bain-marie et, après refroidissement, avant que la solution fasse prise, on ajoute peu à peu, en agitant, 150^{cc} d'alcoo méthylique. Cette colle, qui peut être utilisée pour tous les collages, a l'avantage de se conserver indéfiniment, de sécher très vite et d'être très adhérente.

147. Photoglyptie sur glaces. — On obtient de très belles épreuves, destinées à être vues par transparence, en remplaçant la feuille de papier par une glace que l'on met sous la presse et sur laquelle se fait le démoulage de l'encre gélatineuse ; avec cette observation que, pour ce genre d'épreuves, il est nécessaire d'employer une encre beaucoup plus colorée que pour les épreuves sur papier ou autres destinées à être vues par réflexion. La gélatine reste par elle-même adhérente au verre, lorsque celui-ci a été parfaitement nettoyé ; on peut assurer encore mieux cette adhérence par une couche préalable très mince d'albumine coagulée par l'alcool ou de gélatine très étendue, additionnée de quelques traces d'alun de chrome.

On pourrait encore faire le démoulage sur un papier passé à la gomme laque, mais non au lait de benjoin ; après avoir satiné et *talqué* ce papier, on l'emploie comme il est dit pour la photoglyptie ordinaire, et l'épreuve sèche est ensuite reportée sur la glace préparée.

On se sert quelquefois de la photoglyptie sur verre pour le tirage d'épreuves positives destinées aux projections. On obtient ainsi, il est vrai, économiquement des épreuves régulières très fines et très modelées, mais l'agrandissement considérable de la projection fait ressortir les reliefs à peine sensibles de la petite image, et le résultat est certainement inférieur à celui que donnent les épreuves obtenues par développement.

MOULAGE GALVANOPLASTIQUE.

148. Photoglyptie sans presse hydraulique. — Les procédés de Photoglyptie expliqués ci-dessus ne peuvent être mis en œuvre qu'après l'acquisition d'un outillage encombrant et coûteux ; aussi le nombre des ateliers photoglyptiques est-il très restreint, bien que ce mode d'impression donne économiquement de fort belles images inaltérables. Il faut, toutefois, que le nombre des épreuves à produire vienne compenser les frais d'établissement du moule et de mise en train.

M. Woodbury s'est efforcé de ramener son invention à une exécution plus généralement pratique et, pour les ateliers de moindre importance, il a proposé de remplacer le moulage à la presse hydraulique par le moulage galvanoplastique, qui ne demande plus une mise de fonds considérable.

149. *Obtention de l'épreuve en relief.* — On commence par préparer une feuille de papier couverte d'une couche de gélatine additionnée d'une faible quantité de matière colorante ; le mode de préparation a été déjà indiqué pour le procédé dit *au charbon* (**113** et suivants). On peut employer la méthode suivante :

On prend une *glace* de la grandeur nécessaire, on coupe une feuille de beau papier de dimension un peu plus petite en tous sens; on applique, sous l'eau, le papier sur la glace de manière à ne pas avoir de bulles d'air; on passe légèrement la raclette pour expulser la trop grande quantité d'eau; on met un buvard sur la feuille, on racle plus fort et le papier reste bien adhérent. On met la glace bien de niveau et l'on verse sur le papier une couche de la mixtion suivante, en lui donnant $1^{mm},5$ à 2^{mm} d'épaisseur :

Eau	1000^{cc}
Gélatine	250^{gr}
Glycérine	33^{gr}
Sucre	25^{gr}
Encre de Chine délayée	q.s.

La matière colorante est destinée à teinter la mixtion juste assez pour que, lors du développement, on puisse juger la venue de l'épreuve; si l'on mettait trop de couleur, on empêcherait l'action profonde de la lumière dans l'épaisseur de la couche, et les reliefs ne seraient pas suffisamment accentués.

Quand la gélatine est étendue sur la glace, on la fait arriver avec le doigt jusqu'aux quatre bords, recouvrant ainsi tout le papier; et, quand elle a fait prise, on porte au séchoir. Après dessiccation, on sépare le papier de la glace. On peut préparer ainsi à l'avance tel nombre de feuilles que l'on désire : elles se conservent indéfiniment, car elles n'ont aucune sensibilité.

Pour les employer, on les sensibilise dans un bain de bichromate de potasse ou d'ammoniaque à 2 ou 3 pour 100 d'eau en été, 5 à 6 pour 100 d'eau en hiver, et l'on fait sécher. Si l'on veut que la surface sensible soit absolument lisse et brillante, pour mieux épouser toutes les finesses du cliché, on applique la feuille, sortant du bain, sur une glace talquée; on passe la raclette au dos pour éliminer l'excès de liquide et les bulles d'air. Si l'on craint les décollages partiels, on colle à cheval sur les bords de la glace des bandes qui maintiennent la feuille, et l'on fait sécher rapidement dans une étuve; on sépare ensuite la feuille, dont le côté sensible a pris tout le brillant et le poli de la glace sur laquelle elle a été étendue.

Le papier mixtionné sensible est exposé sous le cliché, avec les précautions indiquées pour le procédé au charbon, pendant le temps nécessaire, comme pour la pellicule (143), soit de huit à dix minutes au soleil et deux heures environ à la lumière diffuse : l'expérience aidée d'un photomètre est le meilleur guide à cet égard. Immédiatement après l'exposition, on applique le côté mixtionné sur une glace non talquée, un peu plus grande que l'épreuve et préalablement recouverte de collodion normal. L'application se fait sous l'eau pour éviter les bulles d'air, on passe la raclette, on recouvre de quelques buvards et on laisse pendant un quart d'heure environ sous une légère pression; puis on procède au développement par l'eau chaude, en immergeant la glace portant le papier dans une cuve verticale, analogue aux cuves à fixer les épreuves au gélatinobromure d'argent. L'eau de cette cuve, chauffée d'abord à 35° ou 40° C., est portée ensuite et maintenue à 75° ou 80° C. pendant tout le temps du développement. Bientôt la feuille de papier se décolle seule, la gélatine soluble se dissout et l'épreuve en relief reste adhérente à la glace; après un rinçage à l'eau, on l'immerge dans l'alcool ordinaire ou méthylique et on laisse sécher.

150. *Moulage galvanoplastique.* — L'épreuve en relief fixée sur la glace et parfaitement sèche est graissée avec le plus grand soin, dans toutes ses parties, avec de la pommade ou du saindoux, sans laisser aucune épaisseur; on essuie bien les bords libres de la glace et, avec un pinceau, on les couvre d'une solution concentrée de caoutchouc qui devient poisseuse après l'évaporation de la benzine. On applique alors sur toute la surface une feuille mince d'étain, préalablement lissée sur une glace; cette feuille ne doit avoir aucune éraillure, aucun point à jour : le moindre trou amènerait la détérioration du relief lorsqu'on le plongera dans le bain galvanoplastique. On met l'ensemble sur la plaque d'une bonne presse à satiner, on superpose deux ou trois feuilles de buvard et l'on donne une très légère pression, suivie d'une seconde et d'une troisième, en serrant chaque fois un peu plus; la feuille d'étain pénètre dans tous les creux et se moule exactement sur l'épreuve, elle se colle en outre hermétiquement sur les bords caoutchoutés, de sorte que la gélatine se trouvera complètement garantie contre le contact du liquide lorsqu'on mettra la plaque dans le bain. On recouvre les bords avec un fort vernis de gomme laque, puis avec une solution de caoutchouc; on établit les contacts nécessaires pour la pile, on passe rapidement à la surface libre de l'étain une solution concentrée de potasse caustique qui la décape et on plonge le tout dans le bain galvanique formé par une simple pile de Daniell.

Cette pile se compose d'une plaque de zinc amalgamé immergée dans l'eau acidulée d'acide sulfurique contenue dans un vase poreux. Ce vase poreux est placé lui-même dans un autre vase de même profondeur contenant une solution saturée de sulfate de cuivre, additionnée d'un peu d'acide sulfurique ou de sulfate de zinc. Les objets que l'on veut recouvrir de cuivre sont placés dans ce bain; leur surface a été préalablement rendue conductrice de l'électricité par une surface métallique, comme cela a lieu pour le relief photoglyptique (ou souvent par la plombagine lorsque la matière ne craint pas le contact du liquide); ils sont reliés à la plaque de zinc par une armature métallique, et le cuivrage commence immédiatement. Les deux liquides doivent être au même niveau dans les deux vases.

La dimension des plaques de zinc et la forme des vases poreux doivent correspondre à peu près à la dimension des moules; pour la Photoglyptie on a dû fabriquer des vases poreux spéciaux, que l'on trouve chez M. Hutinet, cessionnaire pour la France du brevet Woodbury.

La pile étant ainsi montée, on laisse l'épaisseur du dépôt s'accroître pendant trois ou quatre heures, puis on sort la plaque du bain de cuivre, on la rince à grande eau, on la sèche et l'on procède à la séparation du moule métallique et du relief de gélatine qui a servi à le former.

On prépare d'abord une composition plastique en mélangeant :

	gr
Gomme lâque rouge......................	100
Résine....................................	66
Térébenthine de Venise..................	33

On fait fondre le tout ensemble, on mélange avec soin et on coule la matière en fusion sur des plaques de métal ou de marbre préalablement mouillées; on conserve pour l'usage.

On prend l'épreuve galvanoplastique toujours attachée sur sa glace, on la met, cuivre en dessus, sur une plaque horizontale que l'on chauffe à 100° C.; lorsque la température s'est équilibrée, on enduit le moule d'une faible épaisseur de la composition que l'on frotte à la surface et qui s'y étend en couche régulière, on chauffe de même une glace nue, on l'enduit également, on place la glace sur le moule, les deux enduits étant en contact, on maintient la chaleur, on comprime pendant quelque temps sous un poids et on laisse refroidir. On sépare ensuite les deux glaces l'une de l'autre, le moule d'étain cuivré quitte le relief de gélatine et reste adhérent à la dernière glace.

On a donc ainsi un creux très exact, le relief reste intact et peut servir à faire successivement une série d'autres moules galvanoplastiques; on opère avec ces moules comme s'ils avaient été faits au moyen de la presse hydraulique; mais ils ont sur ceux-ci l'avantage d'être beaucoup plus résistants, puisqu'ils sont en cuivre au lieu d'être en plomb : aussi pourraient-ils fournir un nombre d'épreuves presque illimité. Jusqu'ici, cependant, quelque ingénieux que soit ce second procédé de Woodbury, il n'a pas été utilisé couramment dans la pratique, les manipulations qu'il nécessite étant encore trop compliquées.

FILIGRANES PHOTOGRAPHIQUES.

151. Les papiers filigranés sont obtenus de diverses manières; le plus souvent les filigranes résultent de la fabrication première, dans laquelle les dessins sont représentés par des épaisseurs différentes de pâte; lorsqu'on satine ces papiers, les parties les plus épaisses sont plus écrasées et deviennent plus transparentes que les autres. On produit aussi l'effet des filigranes en prenant une feuille de papier homogène et en la satinant sur une feuille de métal ou autre portant en relief les dessins que l'on veut représenter par des clairs. Or nous venons de voir que par l'emploi de la gélatine bichromatée on peut obtenir photographiquement des reliefs plus ou moins prononcés, que l'on transporte à volonté sur tous supports; il y a donc dans ce procédé les éléments nécessaires pour produire économiquement sur papier les filigranes les plus compliqués et les plus divers. Nous avons essayé, en 1870, avec M. Jeanrenaud et M. Maquet, un procédé de ce genre, d'une grande simplicité.

Au moyen d'un négatif quelconque on fait une épreuve ordinaire à la gélatine bichromatée, par le procédé dit *au charbon*, avec cette différence toutefois que l'on double la quantité de gélatine pour avoir plus d'épaisseur et que l'on met très peu de matière colorante pour que l'action de la lumière pénètre plus profondément. Le papier couvert de la couche sensible est exposé vigoureusement au soleil sous le cliché, puis appliqué contre une feuille de papier albuminé coagulé par l'alcool; l'épreuve est développée à l'eau chaude, passée dans un bain d'alun et complètement séchée. On applique ensuite sur cette feuille le papier sur lequel on veut reporter le dessin filigrané et on les passe ensemble sous la pierre à satiner. Lorsqu'on veut filigraner ainsi un grand nombre de feuilles, on fait le report sur une plaque de métal, zinc ou cuivre, au lieu de le développer sur le papier albuminé.

Cette application découle directement du brevet de Poitevin; elle était en quelque sorte prévue par ce chercheur, puisqu'il avait inscrit dans son brevet la possibilité d'obtenir par la gélatine bichromatée des matrices pour le gaufrage du papier.

M. Woodbury, en 1867, avait pris un brevet sur ce même sujet; mais son procédé, plus compliqué, différait notablement du précédent. Au moyen de la gélatine bichromatée on obtient sur verre ou sur toute autre substance un premier relief d'un dessin quelconque; on en prend une empreinte avec une feuille métallique très mince, telle qu'une feuille d'étain, on consolide celle-ci par un dépôt galvanique en cuivre et, s'il est nécessaire, par une épaisseur de gutta-percha. On a ainsi un moule en creux dans lequel on coule une encre gélatineuse non chromatée, suivant le procédé décrit de la Woodburytypie (Photoglyptie); on démoule le dessin en gélatine sur une plaque de zinc, et le relief ainsi obtenu forme, en se solidifiant, les épaisseurs nécessaires pour l'impression filigranée.

Ces moulages et contre-moulages peuvent aussi être utilisés pour préparer des matrices avec contre-parties qui servent à faire des papiers finement gaufrés.

IMPRESSIONS AUX ENCRES GRASSES.

152. On donne le nom d'*encres grasses* aux diverses variétés d'encres qui servent pour les impressions de la lithographie, de la gravure en creux et de la gravure en relief. Ces encres ont en effet pour base des huiles (de lin, en général) qui, par une cuisson prolongée, sont passées à l'état visqueux et sont devenues suffisamment siccatives : à cet état, l'huile prend le nom de *vernis;* on y ajoute une quantité plus ou moins considérable de noir (ou d'autres matières colorantes), ce qui lui donne une opacité variable. Les procédés de fabrication et la qualité des noirs ajoutés constituent la valeur de ces encres qui, relativement communes pour la typographie courante, sont au contraire très soignées pour les belles impressions de la gravure en taille-douce. On emploie les noirs de fumée, de lampe, de bougie, les noirs d'ivoire, ceux résultant de la calcination en vase clos de diverses matières organiques; le principe dominant est toujours le carbone dont le ton et la finesse peuvent varier à l'infini, mais dont l'inaltérabilité aux agents atmosphériques assure aux impressions faites avec ces encres la durée d'une longue suite de siècles, ainsi qu'il résulte de l'expérience acquise.

On obtient en outre, par les perfectionnements mécaniques dans les modes de tirage, une rapidité et une économie qu'on est loin de trouver dans les procédés photographiques.

De nombreuses et incessantes recherches devaient donc tendre à transformer l'épreuve photographique en une planche que l'on pût imprimer par les encres grasses, mais la solution parfaite du problème était rendue d'autant plus difficile que ces impressions se divisent en trois grandes branches admettant elles-mêmes diverses manières d'opérer, ayant chacune leurs exigences, et que ces exigences semblent quelquefois incompatibles avec la nature de l'image photographique. Nous avons en effet :

1° La Lithographie qui, théoriquement, présente une surface plane sur laquelle l'encre adhère plus ou moins, par suite d'une affinité plus ou moins grande pour cette surface;

2° La Gravure en creux qui garde l'encre dans les creux de la planche gravée, tandis que toute la surface plane doit être parfaitement nettoyée et essuyée;

3° La Gravure en relief (Typographie) pour laquelle il faut une image en relief dont toutes les parties soient sensiblement sur le même plan, l'encre ne se déposant que sur ces reliefs qui représentent les noirs, sans pénétrer dans les creux qui représentent les blancs.

Les recherches faites ont abouti à de nombreux brevets et à d'ingénieuses inventions, ayant pour but de réaliser le mieux possible les conditions nécessaires pour ces divers modes d'impression. Les inventeurs ont donné à leurs procédés une foule de noms différents pour des résultats ayant une grande analogie; telles sont les dénominations de : *Autotypie*, *Phototypie*, *Albertypie*, *Collotypie*, *Hyalotypie*, *Héliotypie*, *Héliographie*, *Héliogravure*, *Photogravure*, etc., etc. Nous commencerons par faire table rase de tous ces noms, sans vouloir toutefois nier un instant le mérite des hommes qui ont donné leur temps, leurs peines et leurs études pour parvenir à l'application pratique de ces procédés; mais, tout en nous efforçant de leur rendre justice dans le cours de nos explications, nous croyons devoir simplifier les appellations et remonter aux inventeurs premiers, à ceux qui, utilisant les propriétés du bitume de Judée ou de la gélatine bichromatée, firent les primitifs essais d'où découlèrent tous les autres, c'est-à-dire à Nicéphore Niepce, à Talbot, à Pretsch, à Garnier et surtout à Poitevin, dont les travaux sur les propriétés de la gélatine bichromatée ou produits similaires furent la source de presque tous ces progrès.

Avant d'entrer dans l'étude de chacune de ces trois branches, Lithographie, Gravure en creux ou en relief, il est nécessaire d'établir d'abord nettement la différence qui existe entre l'impression photographique ordinaire et les diverses impressions aux encres grasses.

Quel que soit le mode d'impression d'une image monochrome, celle-ci présente son effet général à nos yeux par les quantités plus ou moins grandes de la couleur qui la composent : beaucoup de couleur dans les grandes ombres, de moins en moins à mesure que les demi-teintes deviennent plus légères, jusqu'à l'absence complète dans les blancs absolus.

Or, dans les procédés photographiques, on peut considérer la couleur comme formée par une série de teintes se superposant les unes aux autres et marchant ainsi du plus clair au plus foncé; mais il n'en est pas de même pour les impressions aux encres grasses : ici, la teinte est presque toujours unique. C'est une couleur noire dont les couches minces ont déjà presque toute leur intensité, sauf dans les parties les plus légères où reperce, par transparence, la blancheur du papier. Ce n'est donc plus seulement par l'épaisseur variée de couches plus ou moins foncées que l'on obtient les noirs et les demi-teintes, c'est surtout en espaçant la couleur, en laissant des intervalles de blanc d'autant plus larges qu'on veut plus de clairs, en serrant au contraire les noirs pour obtenir plus de vigueur, en s'appliquant à avoir des traits ou des points d'autant plus fins et d'autant plus éloignés qu'on voudra des effets plus blancs.

La principale difficulté du problème pour transformer l'épreuve photographique et l'imprimer aux encres grasses réside dans cette différence entre les deux moyens de produire l'image, qui en Photographie résulte d'une série de teintes en couches continues, tandis que dans les impressions aux encres grasses, elle est formée presque toujours par une seule teinte présentant des solutions de continuité plus ou moins espacées : il faut briser la continuité des teintes photographiques.

Aussi devons-nous établir une distinction entre les épreuves d'après un dessin, une gravure ou autre image résultant déjà d'une impression première à l'encre grasse, et celles faites d'après la nature ou d'après des peintures. Les premières sont déjà dans les conditions voulues, puisque les écarts de traits, les inégalités de grain existent sur le modèle et sont reproduits par le cliché photographique; tandis que les secondes présentent des dégradations de teintes sans solution de continuité; de là l'obligation, surtout pour la gravure en creux ou en relief, de rompre cette continuité de la teinte proportionnellement à l'effet nécessaire et de la représenter par des traits ou des grains plus ou moins espacés, plus ou moins affaiblis; traits et grains qui sont, en outre, indispensables pour l'encrage de la planche.

Aussi les reproductions de gravures ou de dessins se font avec une facilité relative; elles ouvrent déjà un vaste champ aux intérêts communs de la Photographie et des Arts graphiques, mais la transformation du cliché à teintes fondues d'après nature ou autres en une planche d'impression demande des procédés spéciaux et plus délicats.

Ajoutons que ce serait une erreur de croire que l'alliance de ces deux industries, photographie et impression, diminuera l'habileté voulue pour exercer l'une et l'autre; il faudra, le plus souvent, des clichés sinon spéciaux, du moins excellents pour pouvoir les appliquer à la production d'une planche destinée aux encres grasses; de là cette nécessité d'un photographe habile, connaissant toutes les ressources de son art, et d'un imprimeur capable non seulement d'appliquer à l'encrage et au tirage tout son savoir-faire, mais aussi d'aplanir et de surmonter les difficultés que peut présenter à chaque instant un procédé auquel on ne peut demander de donner immédiatement les résultats acquis par la vieille expérience des anciennes méthodes.

En décrivant les procédés actuellement connus, nous cherchons surtout à en faire comprendre le côté théorique; pour l'application, nous répétons que l'habileté d'un praticien très exercé est nécessaire.

Les renseignements que nous donnons nous ont été fournis particulièrenent par notre collègue et ami M. A. Chardon, si compétent pour tout ce qui concerne les impressions graphiques; nous avons également consulté les divers Ouvrages écrits sur ce sujet par MM. Léon Vidal, Geymet, Moock, etc.

Nous suivrons l'ordre ci-dessus indiqué, divisant notre sujet en trois Chapitres :

1° La Lithographie photographique;

2° La Gravure en creux (Photogravure);

3° La Gravure en relief ou gravure typographique.

CHAPITRE I.

LITHOGRAPHIE PHOTOGRAPHIQUE

(PHOTOLITHOGRAPHIE, IMPRESSIONS SUR SURFACE PLANE).

153. Généralités. — Le nom de *Lithographie* (dessin sur pierre), donné autrefois à ce procédé parce que c'est sur pierre que furent obtenues les premières épreuves, devient de nos jours de plus en plus incorrect, et bien que la pierre soit encore la matière principalement employée pour la lithographie courante, le même mode d'opérer s'est étendu au zinc; maintenant, avec la gélatine bichromatée, on peut, théoriquement du moins, obtenir ce genre d'impression sur toute surface plane suffisamment résistante.

Tout en le regrettant, nous ne saurions changer ce nom, auquel nous voudrions voir substituer le nom général de *Planographie* (ou tout autre) pour accentuer l'opposition entre l'impression sur surface plane, celle des gravures en creux, le plus souvent dénommée *taille-douce*, et celle des gravures en relief, presque toujours appelée *Typographie*. En attendant mieux, nous rangerons sous la rubrique de *Lithographie photographique* tous les procédés par lesquels l'impression pourra être obtenue sur une surface sensiblement plane, ne présentant ni creux ni reliefs volontairement cherchés, l'encre adhérant par affinité sur certains points et étant au contraire repoussée dans les autres parties, la répulsion de l'encre pour ces dernières étant généralement causée par une certaine humidité localisée.

Avant de parler de la Lithographie photographique, il nous faut expliquer en quelques mots quels sont les principes de la Lithographie ordinaire.

La Lithographie sur pierre, inventée en 1796 par Senefelder, est basée sur les faits suivants :

On prend une pierre calcaire plane et sans défauts, d'une homogénéité et d'une porosité convenables : celles qui viennent des carrières spéciales de Munich sont particulièrement propres aux applications lithographiques. Il suffit de tracer un dessin quelconque sur cette pierre avec une matière grasse et de mouiller ensuite toute la surface : l'eau pénètre très légèrement dans les pores partout où il n'y a pas de matière grasse, elle est au contraire repoussée par le corps gras. Si l'on passe le rouleau chargé d'encre d'impression, après avoir essuyé la pierre pour enlever l'excès d'eau, l'encre adhère sur le corps gras, elle ne s'attache pas sur les parties humides de la surface; si l'on couvre ensuite la pierre avec une feuille de papier et si l'on exerce une pression, l'encre s'attache au papier, quitte la pierre, et donne la reproduction du dessin.

Dans la pratique, il y a de nombreux écueils à ce procédé si simple comme théorie première : il faut consolider en quelque sorte le dessin sur la pierre, augmenter les deux propriétés inverses de la surface pour éviter que peu à peu les parties non encrées ne s'habituent à prendre l'encre, que les traits délicats ne s'élargissent et ne s'empâtent ou même que les traits ou les demi-teintes ne disparaissent. Ces diverses conditions tiennent un peu à la nature de la pierre, à la qualité de l'encre ou matière grasse qui a servi à faire le dessin, mais surtout à l'habileté de l'ouvrier qui a fait la première préparation ou acidulation et gommage, et aux soins de l'ouvrier tireur.

Le dessin étant mis sur la pierre, la préparation ou acidulation se fait en couvrant largement celle-ci d'une dissolution de gomme arabique acidulée faiblement avec l'acide nitrique; on la lave, on la mouille ensuite avec de l'eau gommée et on la laisse ainsi pendant quelque temps. L'action de l'acide nitrique est d'abord de décomposer le savon qui entre dans la composition de l'encre ou du crayon lithographique qui a fait le dessin : les acides gras de ce savon décomposé s'unissent à la chaux de la pierre pour former un savon calcaire insoluble; de plus, l'acide, rongeant très légèrement la pierre partout où il n'y a pas de dessin, donne à celui-ci un très faible relief, qui ne sert à rien, mais elle augmente la porosité de la surface calcaire et son affinité pour l'eau. Le rôle de la gomme semble être d'abord de localiser l'action de l'acide par son état mucilagineux; elle a en outre une propriété réellement préservatrice de la surface : elle adhère à la pierre dont elle ferme les pores aux corps gras, tout en la rendant plus facilement pénétrable par l'eau.

Nous donnons ces quelques explications uniquement pour montrer aux opérateurs qu'il existe une série de tours de main dont il faut nécessairement acquérir la connaissance et l'habitude avant de penser à réussir la photographie sur pierre.

On ne doit pas oublier que la surface de la pierre doit être adaptée avant tout au but que l'on se propose, largement grainée pour de grands effets, de plus en plus doucie pour les dessins plus fins et presque polie si l'on veut avoir des traits excessivement déliés.

Le dessin est mis sur pierre soit directement par la main de l'artiste, se servant alors du crayon ou de l'encre lithographique, soit indirectement par le report. Pour le report, le dessin doit être obtenu, avec l'encre dite *de report*, sur une feuille de papier spéciale qui est comprimée sur la pierre et y laisse son empreinte grasse. La feuille de report peut elle-même recevoir son dessin soit à la main, soit par l'un quelconque des procédés d'impression.

On peut remplacer la pierre par une plaque de zinc spécialement préparée, et, avec les procédés de la gélatine bichromatée qui fait fonction de surface lithographique, on peut théoriquement employer les procédés d'impression lithographique sur toute surface recouverte de gélatine convenablement préparée.

Nous connaissons maintenant les conditions principales de la Lithographie; voyons comment on a pu les adapter ou les modifier suivant les exigences de la Photographie, et obtenir par l'action seule de la lumière un dessin encrable sous le rouleau.

Bien que les divers procédés pour arriver à ce résultat soient basés sur une seule réaction, la propriété que possèdent certains corps de devenir insolubles par l'action de la lumière, de ne plus être pénétrés par l'eau et de prendre l'encre d'imprimerie, ils sont cependant si nombreux, qu'il est nécessaire de les classer pour ne pas répéter à chaque instant les mêmes explications.

Dans cette classification, nous mettons en première ligne la méthode devenue industrielle et connue sous le nom regrettable de *Phototypie*. Le mot *Phototypie* rappelle pour tout le monde, sauf pour les initiés, l'idée de Typographie; or cette méthode n'a absolument rien de typographique. Elle a la plus grande analogie avec la Lithographie; comme elle, elle est exécutée sur surface plane, seulement, au lieu d'employer la pierre ou le zinc, on utilise une couche de gélatine modifiée par la lumière et soutenue soit par une glace, soit par une plaque de cuivre, auxquelles on pourrait substituer théoriquement tout autre support rigide ou souple.

Nous avons à étudier :

1° Les impressions faites sur une surface quelconque qui, apte ou non à recevoir un dessin lithographique, *est* et *reste* couverte d'une couche continue de gélatine, cette couche tout entière prenant les propriétés lithographiques; dans ces conditions, l'encre grasse adhère à la gélatine solarisée et n'adhère pas aux parties qui n'ont pas reçu une action lumineuse suffisante. Ce sont des impressions sur gélatine;

2° Les impressions pour lesquelles on emploie certains agents sensibles sur les surfaces lithographiques ordinaires, telles que la pierre et le zinc;

3° Les méthodes de report.

IMPRESSION SUR GÉLATINE

(DITE A TORT PHOTOTYPIE).

154. Historique. — En dehors des premières indications de A. Poitevin sur l'emploi de la gélatine bichromatée, qui remontent à son brevet de 1855, on trouve cette phrase dans l'Ouvrage qu'il publia en 1862 (p. 76) :

« La possibilité une fois reconnue de faire adhérer l'encre grasse et tout corps gras aux seules parties modifiées par la lumière d'une *surface quelconque recouverte* du mélange précité (bichromates et matières gommeuses, gélatineuses, etc.), j'étais arrivé à la Photolithographie. »

Il ne paraît pas toutefois que l'impression sur couche continue de gélatine ait été employée pour un tirage industriel avant l'application qu'en firent en 1867 MM. Tessié du Motay et Maréchal (de Metz). Ces inventeurs publièrent alors leur procédé ([1]), auquel, les premiers, ils donnèrent le nom de *Phototypie*, peut-être pour s'écarter du mot trop connu de *Photolithographie*.

Ils opéraient de la manière suivante :

Un mélange de colle de poisson, de gélatine, de gomme arabique, additionné de bichromates solubles auxquels on ajoute encore de l'acide chromique, est étendu sur plaques de cuivre, séché et chauffé pendant plusieurs heures à l'étuve à une température de 50° C. environ. Sous l'influence des sels ajoutés et de la température, la couche gélatinée, gommée et bichromatée, devient insoluble dans toute son épaisseur, s'attache au support et peut résister au rouleau d'impression, qui la déchirerait si elle ne prenait pas une résistance suffisante.

Après le passage à l'étuve, la plaque est insolée sous le négatif, lavée de manière à enlever tous les sels de chrome et autres restés solubles, séchée et disposée pour l'impression.

Sous l'action d'une éponge humide, les parties non insolées se gonflent légèrement en absorbant l'humidité, mais pas assez pour que le rouleau chargé d'encre ne puisse atteindre les parties qui ont reçu l'action lumineuse et qui, n'absorbant pas l'eau, prennent très bien l'encre grasse; cette encre adhère donc plus ou moins, suivant que la lumière a rendu la surface plus ou moins imperméable à l'eau.

Chaque planche obtenue par ce procédé ne permettait pas alors le tirage de plus d'une centaine d'épreuves; elle ne tardait pas à s'altérer et devait être remplacée par une autre. Ce faible tirage était compensé par la facilité avec laquelle on pouvait faire autant de planches qu'on le désirait.

A la fin de 1868 et en 1869, on vit se produire dans les expositions et dans le commerce les premières épreuves à l'encre grasse pouvant rivaliser, pour la finesse et le modelé, avec celles obtenues aux sels d'argent. Ces épreuves sortaient des ateliers de M. Albert (de Munich) et étaient obtenues au moyen d'un procédé encore mal connu, auquel M. Albert avait donné son nom, procédé qui, en réalité, avait la plus grande similitude avec celui de MM. Tessié et Maréchal; seulement, l'auteur avait substitué une glace forte à

([1]) *Bulletin de la Société française de Photographie*, année 1867, page 115.

la plaque de cuivre et, pour obtenir une plus grande résistance de la couche de gélatine sur son support, il interposait une couche mince préalable d'albumine bichromatée qui, insolubilisée dans toute son épaisseur, formait un intermédiaire très tenace et donnait à la couche totale une grande résistance à l'action du râteau de la presse lithographique. Quelques heureuses modifications apportées à cette presse lui permettaient de faire, avec la même préparation gélatinée, un tirage dépassant 1500 exemplaires.

Après cette modification apportée par M. Albert, modification qui n'était pas indispensable, puisque, actuellement encore, quelques industriels emploient indifféremment des plaques de cuivre ou des glaces, bien que ces dernières soient souvent préférées, nous voyons se succéder une série de propositions nouvelles portant sur les manipulations et sur les formules, et données comme autant de procédés particuliers : tels sont les procédés de MM. Edwards, Obernetter, Van Monckhoven, Waterhouse, Borlinetto, Despaquis, Geymet, Jacobsen, Jacobi, Husnig, Gemoser, Voigt, Murray, Thiel, Léon Vidal, etc., etc. Chacun de ces chercheurs a certainement contribué à l'amélioration générale des moyens actuellement employés, mais on comprend que ce serait dépasser le but de notre Ouvrage que de nous arrêter à les décrire, car le plus souvent ils ne diffèrent les uns des autres que par quelques détails. Nous renvoyons ceux de nos lecteurs qui voudraient en faire une étude plus approfondie au Traité spécial que notre savant collègue M. Léon Vidal a publié sur la matière ([1]), et auquel nous nous sommes souvent reporté pour la description générale du procédé; nous avons également mentionné la plupart de ces variantes dans notre précédent Ouvrage : *Les progrès de la Photographie* ([2]).

155. Il résulte de ce qui précède que la couche de gélatine faisant fonction de surface lithographique doit adhérer à un support sur lequel elle est étendue.

Dans la pratique, ce support est le plus souvent une glace forte

---

([1]) LÉON VIDAL, *Traité pratique de Phototypie ou Impression à l'encre grasse sur couche de gélatine*. In-18 jésus; 1879. Paris, Gauthier-Villars.

([2]) A. DAVANNE, *Les progrès de la Photographie*. In-8; 1877. Paris, Gauthier-Villars.

à bords biseautés; elle pourrait être remplacée par une planche de cuivre également biseautée. Ces deux subjectiles permettent un tirage à nombreux exemplaires; lorsqu'on leur substitue d'autres supports rigides ou souples, c'est presque toujours pour obtenir des épreuves à très petit nombre destinées au report.

Si l'on emploie les glaces, la marche de l'opération est la suivante : sur une glace bien nettoyée, on met une première couche très mince d'albumine bichromatée que l'on rend complètement insoluble et adhérente par l'action de la lumière : c'est le substratum sur lequel se fixera la seconde couche photographique destinée à donner l'image encrable. Après la préparation de cette seconde couche, son exposition à la lumière et les soins nécessaires pour assurer sa résistance et son fonctionnement régulier, on cale la glace sur la presse à bras ou sur la presse mécanique et on fait le tirage sensiblement comme pour les impressions lithographiques ordinaires.

156. Préparation des glaces. — *Couche préliminaire.* — On choisit des glaces sans défauts, épaisses et bien dressées, notablement plus grandes que l'image à imprimer; les bords sont fortement biseautés, on les nettoie avec soin d'après la méthode que nous avons indiquée tome I (110 et suivants); au moment de les utiliser, on donne un dernier coup avec un tampon de coton ou de chiffons imprégné d'ammoniaque, de manière à enlever les moindres traces de matière grasse que les doigts auraient pu y déposer.

On prépare une première liqueur sensible composée de :

Eau	100^{cc}
Ammoniaque liquide	66^{cc}
Bichromate de potasse	$2^{gr},60$

Après dissolution, on ajoute :

Albumine d'œufs (préalablement battue en neige et déposée)	120^{cc}

Ce mélange est filtré et l'on en couvre les glaces nettoyées, comme pour les collodionner. Si l'on aperçoit à la surface quelques bulles d'air ou quelques poussières, on recommence l'opération, de manière à faire couler le liquide en nappe uniforme et à entraîner les bulles; on incline la glace et l'on déverse l'excédent, qui pourra servir de nouveau, mais seulement après filtration. La glace est ensuite posée sur le chevalet où on la laisse sécher; elle est ainsi recouverte d'une mince couche d'albumine bichromatée; on l'expose alors à la lumière diffuse, la couche en dessous pour la mettre à l'abri de la poussière et pour que le côté en contact avec la glace soit parfaitement insolubilisé. Cette insolubilisation de l'albumine bichromatée par la lumière traverse toute l'épaisseur de la couche et agit jusqu'à la surface extérieure qui est aussi coagulée, mais avec une moins grande énergie, parce que son action est affaiblie par la couleur anti-actinique que lui donne le bichromate soluble.

L'utilité de cette première couche est facile à comprendre. Supposons un instant que, sans prendre cette précaution, on ait mis sur la glace la couche de gélatine assez épaisse qui doit servir au tirage : sous l'influence de la lumière la face extérieure devient insoluble et plus ou moins imperméable, mais la face intérieure, celle qui touche la glace, reste perméable; peu à peu, par le fait du mouillage nécessaire au tirage, l'eau s'y infiltre et, sous l'effort de la presse, sous la traction de l'encre visqueuse, il se produit des arrachements, la gélatine se détache de la glace avec laquelle elle n'a pas une adhérence suffisante, et l'épreuve est perdue. Mais, si l'on interpose une couche préliminaire de même nature, dont l'adhérence devient extrême par l'action lumineuse, la gélatine s'y incorpore beaucoup mieux; par une autre précaution, expliquée plus loin, on soude ensemble les faces en contact, et la planche bien préparée peut résister aux efforts de tirages multipliés. Les glaces ainsi recouvertes sont bien lavées après leur insolation, pour enlever toute trace de bichromate; elles sont séchées et prêtes alors à recevoir la couche sensible sur laquelle se fera l'impression; elles peuvent être conservées très longtemps.

157. Préparation et extension de la couche sensible. — La couche sensible qui doit recevoir l'impression lumineuse est composée et préparée de la manière suivante :

1° Gélatine de belle qualité	15gr
Eau	100cc

Faites gonfler la gélatine dans son eau pendant plusieurs heures et faites dissoudre au bain-marie.

2° Colle de poisson........................	8gr
Eau....................................	100cc

Laissez gonfler pendant vingt-quatre heures et dissolvez au bain-marie porté à l'ébullition; il est rare que toute la colle de poisson se dissolve. Après un quart d'heure ou vingt minutes d'ébullition, toutes les parties solubles sont passées à l'état liquide; il est inutile d'insister davantage.

3° Bichromate de potasse ou d'ammoniaque pure.	8gr
Eau....................................	100cc

Mélangez les trois solutions et filtrez à chaud au moyen des appareils déjà indiqués (*fig.* 55 ou 97 du tome I); la solution filtrée est prête pour l'usage. Il est préférable de l'employer le jour même de la préparation; lorsqu'on veut conserver les préparations gélatineuses à l'état de gelée pendant plusieurs jours, il se fait une lente décomposition qui altère le produit.

Les glaces couvertes de la couche préliminaire d'albumine bichromatée, préparée comme il est dit ci-dessus, sont portées à l'é-

Fig. 41.

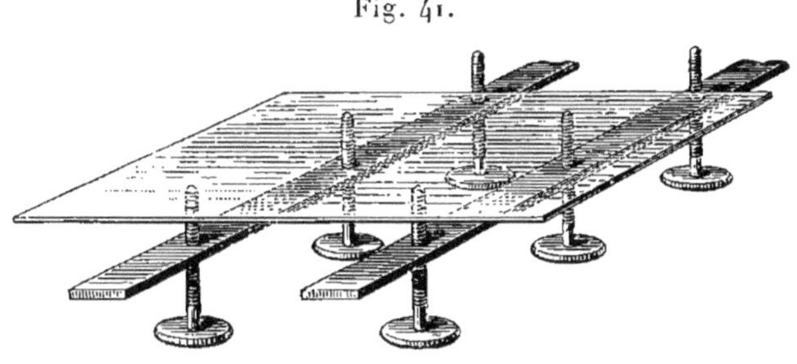

tuve, chauffées à la température de 35° à 40° C., couvertes de la solution sensible et mises à sécher rapidement à l'abri de la lumière et des poussières. Cet ensemble d'opérations exige, pour un travail courant, une installation spéciale qui les facilite.

L'étuve sera tout espace clos dont on pourra élever la température sans y laisser pénétrer les gaz résultant du chauffage; dans cet espace on disposera horizontalement des traverses de fer plat dans lesquelles sont engagées des vis à large tête molletée (*fig.* 41);

on pose les glaces, albumine en dessus, sur ces vis qui servent à en régler la parfaite horizontalité et on chauffe ainsi autant de glaces que l'on veut en préparer ou que l'étuve en peut contenir. M. L. Vidal a fait construire un modèle d'étuve très commode, représenté

Fig. 42.

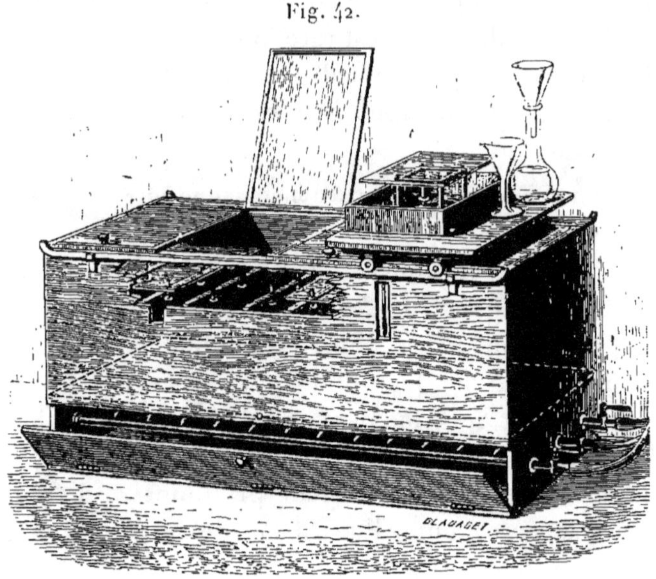

fig. 42; on pourrait aussi utiliser les étuves dont nous avons donné les dessins (*fig.* 46 et 47 du tome I).

Cette première installation étant faite, lorsque la température a atteint 40° C. environ, on prend une des glaces dans l'étuve, on la pose sur le pied à caler (*fig.* 43) et l'on verse de très près sur le milieu une quantité de liqueur sensible plus que nécessaire pour en couvrir toute la surface, en évitant les bulles d'air; cette gélatine bichromatée a été préalablement chauffée à la même température que les glaces, soit au bain-marie, soit plus simplement en la mettant dans la même étuve. Avec une bande de papier, on régularise l'extension de la couche jusqu'aux bords, et l'on déverse l'excédent en faisant basculer la glace et en l'inclinant, sans excès, d'abord par un angle, puis par l'angle opposé, en ramenant ensuite le liquide vers le centre pour régulariser la couche, puis on repose la glace dans l'étuve à la même place qu'elle occupait, où elle reprend la position parfaitement horizontale.

Lorsque toutes les glaces sont préparées, on ferme l'étuve; on maintient la température sans dépasser 40° à 45° C. et en deux heures la dessiccation doit être complète. Cette opération est des plus importantes; si la dessiccation est trop lente, le bichromate a le

Fig. 43.

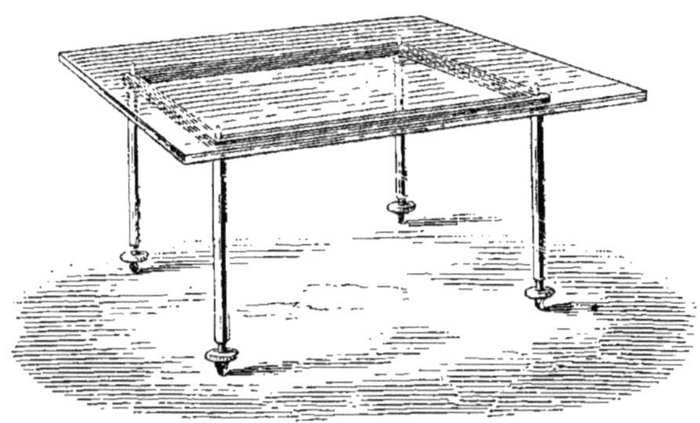

temps de cristalliser, la couche sensible est perdue; si le chauffage est intermittent, s'il y a des courants d'air irréguliers, il se produit des zones qui seront ensuite appréciables au tirage. On s'efforcera d'éviter les grains de poussière, qui seraient des causes de taches et de décollage.

Les glaces sèches sont alors prêtes pour l'exposition sous le cliché; on les emploiera le plus tôt possible.

158. **Exposition.** — La glace recouverte de la couche sensible est impressionnée sous le cliché comme pour les épreuves ordinaires, mais en prenant quelques précautions.

Il faudra d'abord employer un cliché retourné, si l'on ne veut pas que l'image soit renversée, présentant à gauche ce qui est à droite et *vice versa;* en effet, le cliché pris à la chambre noire renverse l'image, l'épreuve positive qu'il donne est ramenée dans son vrai sens; mais si cette épreuve positive est imprimée sur la planche encrable, l'image que celle-ci fournira sera de nouveau renversée : on emploiera donc les méthodes indiquées (t. I, 253 et suivants) pour obtenir les clichés retournés.

Le négatif est mis dans le sens voulu dans le châssis positif; on applique dessus le côté sensible de la glace, on ferme le châssis et l'on régularise la pression le mieux possible pour assurer le contact intime entre les deux surfaces; on place ce châssis dans une caisse et on l'expose perpendiculairement à la lumière, pour éviter le flou que donnent les rayons latéraux et obtenir la plus grande netteté possible.

On suit sur la glace sensible l'action de la lumière, en ouvrant le châssis et en examinant la venue de l'épreuve sur la couche bichromatée : l'image se dessine en brun plus foncé sur le fond jaune. Lorsqu'elle est complètement indiquée dans toutes les demi-teintes, sans pourtant qu'il y ait excès, on arrête l'insolation et on retire la glace; l'excès de pose donnerait à l'impression des images uniformément grises.

A ce moment les deux surfaces de la couche, celle qui touche le verre et celle qui est à l'air libre, sont passées à l'état insoluble et peu perméable ; mais entre les deux, surtout dans les grands clairs, il y a des parties de gélatine bichromatée que la lumière n'a pas durcies complètement : elles seraient peu à peu pénétrées par l'eau qui les ramollirait et, sous l'action de la presse ou même du rouleau encreur, elles seraient déchirées et l'épreuve perdue.

On remédie à ce danger en retournant la glace à plat, la couche sensible étant mise en contact avec une étoffe noire, et en l'exposant de nouveau en plein jour, mais seulement pendant quelques minutes; la lumière pénètre l'épaisseur de la couche et en soude toutes les parties les unes aux autres. M. Despaquis recommande de maintenir cette exposition jusqu'à ce que l'action de la lumière s'accuse au recto et commence à estomper les demi-teintes légères; on est certain alors que toute la gélatine est passée à l'état insoluble; une insolation trop prolongée altérerait les grands blancs et serait cause d'une impression générale grise.

L'insolation étant faite, on lave la glace pour enlever tout le bichromate soluble; sans cette précaution, la lumière, continuant son action, amènerait un voile général sur l'épreuve, et le bichromate, se dissolvant peu à peu à mesure qu'on mouille la surface pour l'encrage, tacherait les papiers sur lesquels se fait l'impression. Le lavage est fait en abandonnant la glace dans l'eau, sans cesse renouvelée, pendant deux heures au moins et souvent pendant douze à vingt-quatre heures. La cuve déjà représentée par la *fig.* 35, et recommandée par M. L. Vidal, est très bonne pour ces lavages; elle est disposée de telle sorte que les glaces ne portent pas immédiatement sur le fond et qu'elles laissent l'eau circuler entre elles. Nous ferons observer toutefois que l'agencement serait encore meilleur si un tube de décharge partant du fond remontait le long de la paroi jusqu'à la partie supérieure de la cuve et se déversait au dehors; on assurerait ainsi le niveau constant du liquide, tout en rejetant les eaux chargées de matières solubles plus denses qui gagnent le fond de la cuve.

Lorsque les planches sont débarrassées de toute teinte jaune, quelque faible qu'elle soit, on les rince et on les laisse sécher; elles deviennent meilleures et plus résistantes, lorsqu'on les maintient au sec pendant quelques jours.

Plusieurs auteurs conseillent, au sortir de la cuve de lavage, de passer les glaces dans un bain d'alun de chrome à 2 pour 100 ou d'alun ordinaire à 5 ou 6 pour 100 et de les y laisser pendant quelques minutes pour augmenter encore cette résistance; on les lave et rince de nouveau et on les laisse sécher. Cependant une trop grande imperméabilité de la gélatine rendrait plus difficile une impression brillante, l'humidité ne pénétrant plus suffisamment la surface extérieure, qui alors prendrait l'encre avec trop de facilité.

159. **Impression.** — *Les presses.* — Le travail photographique est terminé et la planche est sensiblement dans les mêmes conditions que la pierre ou le zinc lithographiques ayant reçu l'un et l'autre leur dessin et leur préparation; il n'y a plus qu'à la caler sur le plateau d'une presse, à mouiller, encrer et tirer comme pour les autres lithographies, sauf cependant quelques modifications nécessitées par la nature de la couche.

La presse lithographique ordinaire exerce sa pression par l'entremise d'une bande de bois dur dite *râteau* qui, abaissée sur la planche, reste fixe, tandis que celle-ci, recouverte de la feuille de papier et d'un châssis garni d'un cuir protecteur tendu sur un cadre, glisse entraînée par un engrenage et passe sous ce râteau qui exerce ainsi un vigoureux frottement. Dans ces conditions, la couche de gélatine humectée et ayant quelque souplesse ne pouvait résister longtemps à la traction que le râteau opérait d'un bout à l'autre, et elle était rapidement hors de service. On construisit alors des presses spéciales pour les tirages photographiques, d'abord en conservant le principe du râteau qu'on croyait indispensable, et le modèle allemand (*fig.* 44), très simple dans sa construction, fut

Fig. 44.

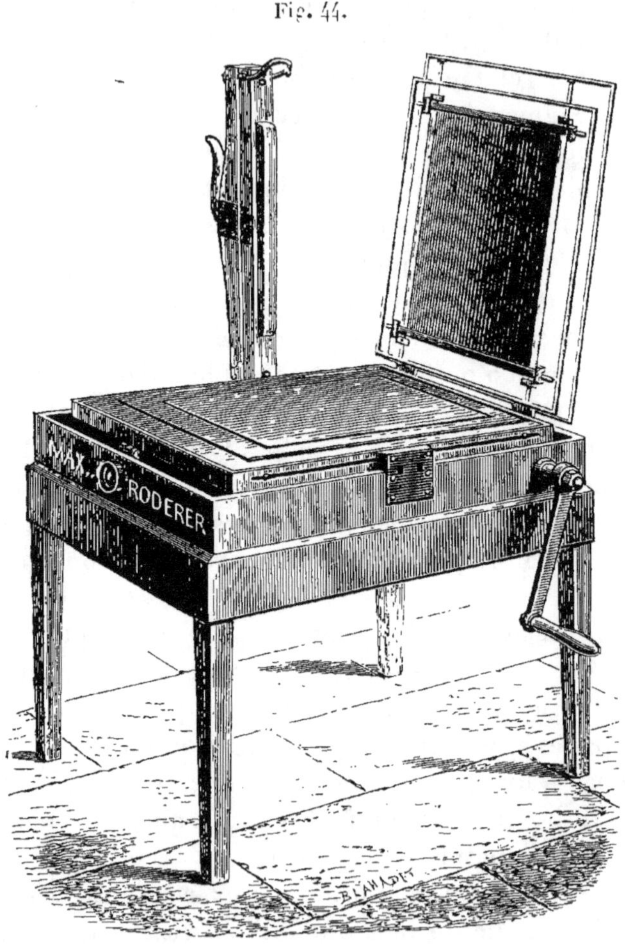

employé longtemps à Munich par M. Albert, qui le premier fit ce genre d'impression sur glace. Après avoir reconnu en France que les presses importées d'Allemagne ne donnaient pas toute satisfaction, on les remplaça par le modèle plus perfectionné de M. Poirier (*fig.* 44); mais l'une et l'autre presse avaient encore l'inconvénient du râteau dont le frottement, bien qu'adouci, entraînait souvent le déchirement de la couche de gélatine. On susbtitua alors à la

Fig. 45.

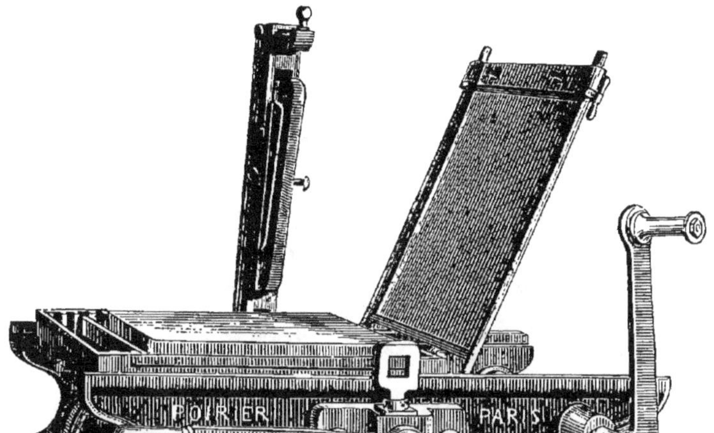

pression du râteau la pression plus douce d'un cylindre tournant et l'on construisit le modèle représenté *fig.* 46 : la planche portée sur le plateau passe avec lui sous le cylindre. Avec ce système, il existe encore, il est vrai, une poussée tendant à entraîner la gélatine vers l'extrémité de la glace, mais cette action est beaucoup plus douce que celle du râteau et les couches bien préparées résistent facilement.

En Angleterre, la Compagnie autotype a remplacé la pression du râteau et du cylindre par celle d'un plateau s'exerçant uniformément sur toute la surface (*fig.* 47), ainsi que cela se produit avec les presses photoglyptiques. Par ce procédé la couche de gélatine est moins fatiguée, elle résiste plus longtemps, mais la dimension des planches est forcément restreinte et il semble, en outre, que les résultats de l'impression ne doivent pas être les mêmes. Avec les presses à râteau ou à cylindre, l'encre restée sur la planche est en quelque sorte étalée sur le papier, auquel elle adhérera même dans les parties les plus légères, ce qui assure les plus fines dégradations de teintes ; avec la presse verticale, l'encre n'est plus étalée, elle est

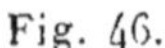
Fig. 46.

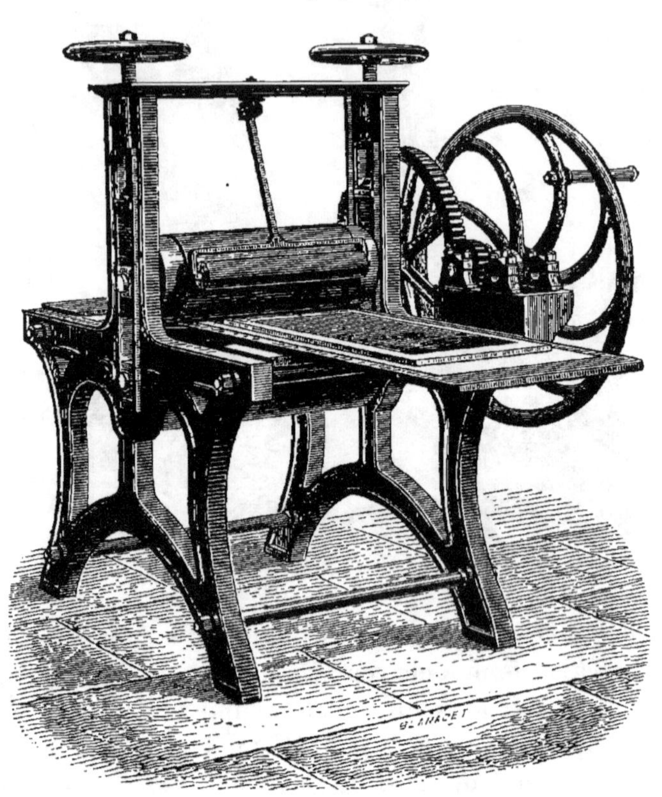

collée verticalement au papier et il semble que l'adhérence sera difficilement aussi complète. Si l'on obtient les mêmes finesses, on n'a pas le même fondu.

Les diverses presses dont nous venons de parler sont des presses mues à main d'homme, dites *à bras*, dont le travail est lent et intermittent. Ce sont celles que l'on emploie pour les petits travaux : elles ont l'avantage d'admettre l'intervention de l'ouvrier, dont le sentiment personnel se traduit par un encrage plus ou moins vigoureux, plus accentué dans certaines parties, plus léger dans d'autres; mais la production ne peut guère dépasser 150 à 200 épreuves par jour, ce qui n'est pas économique, et en outre, si l'ouvrier n'est pas très habile, le tirage est irrégulier.

Fig. 47.

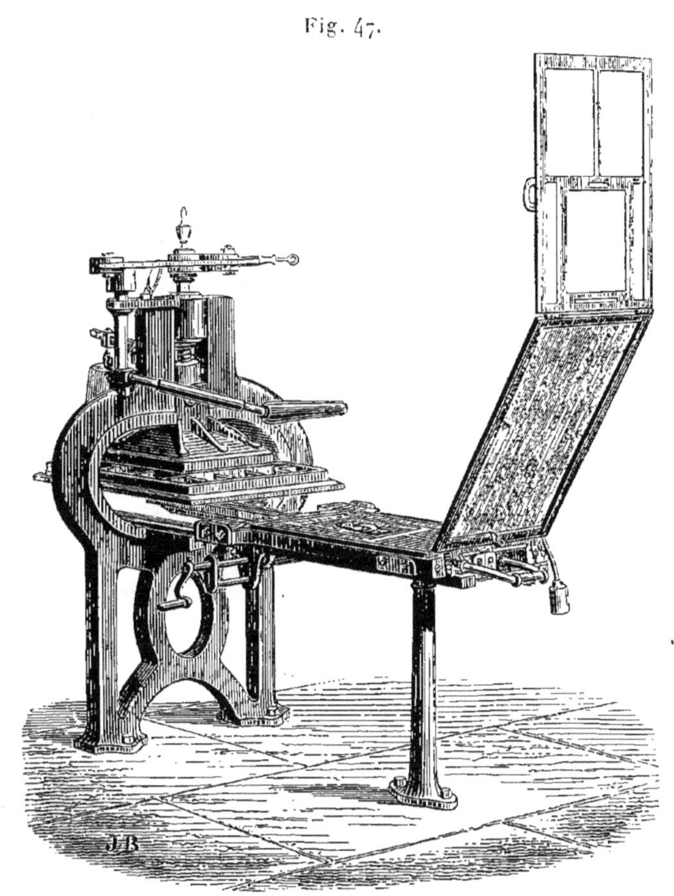

Le plus souvent, actuellement, la presse à bras est remplacée par la presse mécanique (*fig.* 48), mue par la vapeur. Lorsque la mise en train est faite et lorsque l'on peut rouler sans interruption, le tirage continu peut donner plus de 2000 exemplaires par jour; on arrive alors avec une très grande économie à une production considérable. C'est ainsi que nous avons vu fonctionner plusieurs presses à vapeur dans les ateliers de M. Quinsac. Il est certain que ces procédés prendront dans l'avenir un développement considérable lorsqu'il y aura une alliance plus complète entre les exigences réciproques de l'édition et de la photographie.

La *Pl. II* est un spécimen de ces procédés; elle a été gracieusement mise à notre disposition par M. Quinsac.

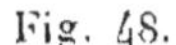

Fig. 48.

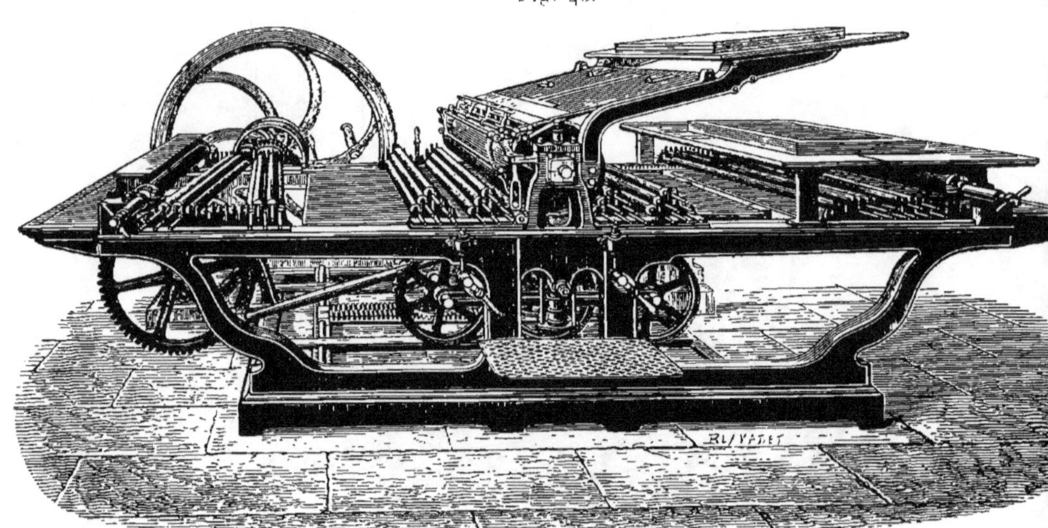

160. *Mouillage.* — Si l'on prenait la glace préparée et si l'on passait le rouleau chargé d'encre sur sa surface sèche, on la couvrirait uniformément de noir et l'on ne verrait aucun dessin; mais si, avant de faire cette opération, on a mis la glace tremper dans l'eau pendant un quart d'heure environ ou plus lorsqu'elle a été fortement insolée, et si on l'essuie, on aperçoit, en regardant à jour frisant, qu'il existe une image complète, quoique incolore, formée par de très légers reliefs et de très légères dépressions joints à un état plus ou moins brillant de la surface. Lorsqu'on passe le rouleau chargé d'encre, celle-ci s'attache dans les parties solarisées, parce que la gélatine, devenue imperméable, n'a pas absorbé l'eau; au contraire, les parties plus ou moins protégées contre la lumière sont restées plus ou moins perméables, elles absorbent plus ou moins l'eau, repoussent plus ou moins l'encre, et elles donnent ainsi les demi-teintes et les blancs.

IMPRESSION SUR GÉLATINE

DITE

PHOTOTYPIE.

Spécimen par M. A. QUINSAC.
(Cliché de M. Béchard.)

Phototypie de M. A QUINSAC,

IMPRESSION SUR GÉLATINE

DITE

PHOTOTYPIE.

Spécimen par M. A. Quinsac.
(Cliché de M. Béchard.)

Phototypie de M. A. Quinsac.

Page 283.

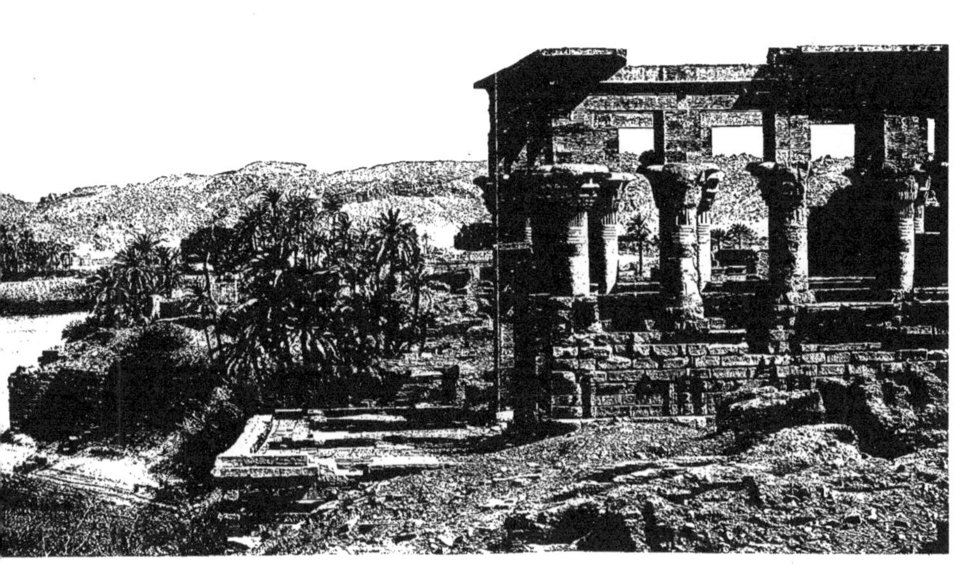

Il est donc nécessaire que la surface encrable soit mouillée : qu'elle le soit assez, sinon, l'encre gagnant partout, les épreuves se voilent et sont trop noires; qu'elle ne le soit pas trop, car l'encre ne prend plus bien, les demi-teintes s'effacent, l'image devient heurtée. De là la nécessité pour l'ouvrier de tâter sa planche, de tirer cinq ou six épreuves successives pour amener l'uniformité nécessaire dans la répartition de l'encre, et d'avoir sous les yeux une épreuve type dont il devra se rapprocher le plus possible. Si son tirage devient empâté, il mouillera davantage; si, au contraire, il est heurté, il abandonnera pendant quelques minutes sa planche à l'évaporation : ce sont là des délicatesses de travail qu'un ouvrier habile apprécie facilement.

La planche, mouillée d'abord en plein, a donc été mise sur le plateau de la presse, bien calée, même au plâtre s'il est nécessaire, puis essayée, et, quand elle est au point, on suit le tirage régulier en mouillant chaque fois.

Généralement, on emploie le mouillage à l'eau pour le travail des presses à bras; mais, pour les presses mécaniques rapides, on préfère le mouillage avec une composition qui sèche moins vite et dans laquelle il entre de la glycérine, ainsi que Poitevin l'employait dès le début; souvent on y dissout un peu de sucre, soit la formule

Eau	100cc
Glycérine	100
Sucre	10

On ajoute quelquefois de petites quantités d'ammoniaque ou d'hyposulfite de soude à la glycérine; suivant la dureté de la couche et suivant l'insolation, la surface devient plus perméable et on obtient des blancs plus francs.

On étend le liquide sur la glace posée de niveau, on l'y laisse séjourner environ dix minutes, on rejette l'excédent et l'on essuie. La surface ainsi imprégnée peut fournir le tirage d'un assez grand nombre d'exemplaires, sans qu'il soit nécessaire de la mouiller de nouveau; si l'on s'aperçoit que l'encre adhère trop facilement et que les épreuves tournent au gris, on passe avec une éponge une nouvelle couche d'eau glycérinée que l'on essuie, et on recommence à tirer.

161. *Tirage.* — Nous ne saurions dans cet Ouvrage donner des conseils pour le tirage : c'est une affaire de métier qu'il faut apprendre en suivant pendant quelques jours le travail d'un lithographe; on trouvera du reste les premiers renseignements sur ce sujet dans les Traités spéciaux.

La nature de la couche de gélatine permet et demande même souvent que l'encrage soit fait à deux encres et à deux rouleaux, principalement si l'épreuve est heurtée; la première encre, noire et dure, adhère surtout sur les parties foncées, mais refuse de prendre sur les demi-teintes légères : on revient alors avec un rouleau plus doux, chargé d'une encre moins épaisse, qui complète heureusement l'épreuve; on emploie un rouleau en cuir pour les encres dures et un rouleau en gélatine pour les encres molles ou teintées.

162. On fait le tirage sur le papier que l'on a choisi, papier collé ou non, papier couché, teinté ou non teinté; il est préférable d'employer de beau papier et surtout d'éviter les boutons ou aspérités qui, entaillant la gélatine, produiraient un premier accroc, lequel s'agrandirait rapidement et perdrait la planche.

Les papiers couchés donnent des épreuves très complètes d'une grande finesse, mais dont la surface est sans résistance, et il faudrait les mettre sous verre pour en éviter la rapide détérioration.

On peut à volonté tirer avec marges ou sans marges; le tirage avec marges est certainement préférable, mais il est nécessaire que le cliché ait été bordé en conséquence avec un papier opaque et qu'au moment du tirage à la presse les marges soient réservées par des bandes de papier mince. Toutefois ce papier, malgré tous les soins qu'on y apporte, coupe peu à peu la surface gélatineuse, ce qui nécessite un empiètement successif sur les marges et enfin l'abandon de la planche; aussi préfère-t-on souvent le tirage en plein avec marges non réservées : on est alors forcé de découper les épreuves après coup et de les contre-coller sur une autre feuille.

Lorsqu'on veut faire ressortir toutes les finesses et toutes les teintes de l'impression, on vernit les épreuves, ce qui les rend tellement semblables à des photographies aux sels d'argent, surtout si l'on a employé les encres de coloration convenable, qu'il faut une grande attention pour ne pas s'y méprendre.

Avant de vernir les épreuves, on commence par les encoller avec une couche de gélatine, afin que le vernis ne pénètre pas dans le papier; puis, après séchage, on passe à la surface une solution alcoolique et filtrée de gomme laque blanche ou de gomme Dammar, et l'on fait immédiatement sécher à chaud, soit dans un four, soit dans une étuve convenablement disposée; la *fig.* 49 représente

Fig. 49.

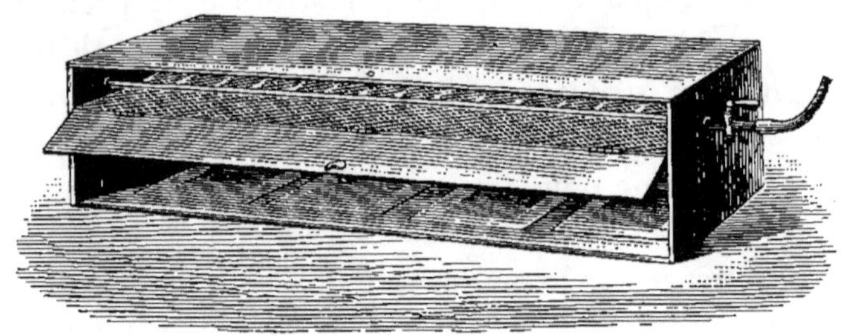

l'étuve conseillée par M. L. Vidal; elle est chauffée par une rangée de becs de gaz allumés dans la partie supérieure, les épreuves à sécher sont mises à plat dans le bas, une fine toile métallique les sépare du gaz allumé et empêche l'inflammation des vapeurs alcooliques.

VARIANTES.

163. Nous avons donné ci-dessus la marche générale de l'opération, avec une formule puisée aux meilleures sources, mais qui n'a rien d'absolu et qu'il est même indispensable de modifier dans un grand nombre de circonstances : les qualités des gélatines plus ou moins dures nécessitent la variété des dosages; quelquefois l'alunage est utile avec les couches molles, mais préjudiciable avec des couches trop résistantes. Il y a donc dans la pratique d'incessantes modifications qui rentrent dans l'appréciation d'un bon opérateur. Il en est résulté de nombreuses formules auxquelles nous ne pouvons nous arrêter; nous mentionnerons seulement les variantes les plus importantes.

164. **Procédé sur plaques de cuivre.** — Le retour aux plaques de cuivre, qui avaient été employées dès le début dans le pro-

cédé de MM. Tessié du Motay et Maréchal (de Metz), est la principale variante du procédé qui, revenant d'Allemagne, rentrait en France sous le nom d'*Albertypie,* avec la substitution de la glace. Celle-ci semble le subjectile préféré dans l'excellent Traité de Phototypie de M. Léon Vidal; le cuivre est principalement conseillé dans celui de M. Geymet ([1]).

Les planches de cuivre dont on se sert sont celles employées pour la gravure. Après le planage, qui assure la régularité de la surface, la planche est finement grainée, parfaitement nettoyée et recouverte d'une côuche sensible composée d'après la formule générale :

Eau	100^{cc}
Gélatine de belle qualité	15 à 20^{gr}
Bichromate de potasse ou d'ammoniaque	3 à 4^{gr}

Comme toujours, la gélatine est préalablement mise à gonfler dans son eau; lorsqu'elle est devenue parfaitement souple, on la dissout au bain-marie, on ajoute le bichromate de potasse; après solution, on filtre la liqueur, qui est prête à servir.

La quantité de gélatine est variable suivant sa nature. Il est préférable d'employer des solutions riches en gélatine, afin que, sous une même épaisseur, la dessiccation soit plus rapide et que le bichromate soluble ait moins de tendance à la cristallisation. Les gélatines molles donnent des couches qui, au tirage, absorbent trop d'eau et se déchirent plus facilement; les gélatines dures sont préférables. Il est donc difficile, nous le répétons, de donner des formules rigoureuses : l'opérateur les fera varier suivant les produits employés. La formule suivante a été donnée par M. Geymet :

1.	Eau	100^{cc}
	Gélatine dite *grenetine*	6^{gr}
2.	Eau	200^{cc}
	Colle de poisson	6^{gr}
	Colle de Flandre	6^{gr}

([1]) GEYMET, *Traité pratique de Photolithographie et de Phototypie*, 2e tirage, 1882. Paris, Gauthier-Villars.

Lorsque les colles et gélatines ont été suffisamment gonflées dans l'eau, on les dissout au bain-marie et l'on ajoute :

3. Bichromate soluble.......... .... 6gr

On mélange le tout et l'on filtre à chaud.

La plaque de cuivre grainée, rigoureusement propre, est légèrement chauffée, vers 35° à 40° C., recouverte d'une couche assez mince du liquide bichromaté, puis mise de niveau dans l'étuve, séchée rapidement et, après refroidissement, insolée sous le cliché. Ces manipulations sont l'exacte reproduction de celles que nous avons expliquées (157 et suivants).

L'insolation sous le cliché présente une petite difficulté : la planche de métal est opaque et ne permet pas de se rendre compte de l'action lumineuse; il faut apprécier le temps de pose par l'observation de l'actinomètre. On se servira soit de l'échelle de Warnerke, soit de l'actinomètre si simple fait avec des papiers dioptriques superposés. Un opérateur ayant un peu de pratique appréciera une première fois les clichés; il se trompera peu sur leur intensité relative, et le premier essai le fixera d'une manière définitive sur le numéro qu'il doit leur attribuer. Ce numéro une fois reconnu et inscrit sur le cliché, il opérera presque à coup sûr. Les épreuves sur cuivre sont lavées comme celles obtenues sur glace et les opérations de l'impression se font exactement de la même manière.

165. Procédés de M. Obernetter et de M. Husnik. — M. Obernetter a décrit, en 1870, un procédé assez original, basé sur le saupoudrage fait avec de la poudre de zinc sur la couche gélatinée et sucrée. Nous en avons compris la description de la manière suivante :

Après avoir mis sur une glace une première couche préalable d'albumine pour assurer l'adhérence, l'inventeur étend une seconde couche formée d'un mélange de gélatine, d'albumine, de bichromate de potasse et de *sucre;* après dessiccation, il expose à la lumière sous un négatif; la gélatine et l'albumine deviennent plus ou moins insolubles, et le sucre perd plus ou moins ses propriétés adhésives. Après l'insolation, suivie de quelques minutes d'attente dans le cabinet noir, pour que l'humidité atmosphérique puisse agir sur le sucre, toute la surface est saupoudrée de zinc en poudre impalpable, comme s'il s'agissait de faire un émail; le sucre fixe le zinc là où la lumière ne l'a pas altéré; il n'y a, au contraire, aucune adhérence sur les parties solarisées. La glace est alors portée lentement à une température de 200° C. ou exposée à la lumière, de manière à amener l'insolubilité de toute la surface, et avec l'acide chlorhydrique faible on fait une morsure générale qui, agissant sur le zinc, le rend apte à repousser l'encre, tandis qu'au contraire cette encre prend très bien sur les parties qui n'ont pas fixé de poudre de zinc. On fait ensuite le tirage, qui peut arriver à un très grand nombre d'épreuves. Plus tard, M. Obernetter abandonna ce procédé pour revenir, à peu de chose près, à celui qui a déjà été décrit, se rencontrant pour la modification qu'il adoptait avec M. Husnik, qui comme lui proposa de substituer à la couche préalable d'albumine bichromatée et insolée une couche faite d'un mélange d'albumine et de silicate de potasse, qu'on laisse simplement sécher et durcir sans qu'il soit nécessaire de l'exposer à la lumière.

Formule de M. Obernetter :

	cc
Eau	100
Albumine	90
Silicate de soude du commerce	37

Formule de M. Husnik :

	cc
Eau	100
Albumine	30
Silicate de soude du commerce	16

Ce mélange est battu en neige et, après repos, on prend le liquide qui se trouve sous la mousse et l'on s'en sert pour couvrir la plaque support, glace ou métal, d'une couche mince préalable qu'on laisse sécher; après un bon lavage, on sèche de nouveau. L'insolubilité de l'albumine est assurée par une complète dessiccation; aussi est-il préférable de n'employer les glaces que vingt-quatre à quarante-huit heures; après cette première préparation, on peut même attendre plusieurs mois.

Les glaces silicatées sont couvertes de la solution bichromatée sensible, après les avoir chauffées à 100° environ.

Solution bichromatée.

Formule de M. Obernetter :

Eau	100^cc
Gélatine	5^gr
Colle de poisson	5^gr
Bichromate d'ammoniaque	1^gr,50

Formule de M. Husnik :

Eau	100^cc
Gélatine	5^gr
Bichromate d'ammoniaque	0^gr,66
Chlorure de calcium	33^gr

Après solution et refroidissement, on ajoute :

Alcool	20

Les glaces préparées sont rapidement séchées à l'étuve ; le reste des opérations ne diffèrent pas de celles employées avec les autres formules.

166. Emploi de la couche de gélatine sur support souple. — *Procédé Edwards.* — Nous transcrivons les renseignements qui nous ont été donnés sur ce procédé pratiqué en Angleterre.

L'ensemble consiste en la préparation sur glace d'une plaque de gélatine sensible, assez épaisse, que l'on détache de ce support après dessiccation. Cette feuille détachée est exposée sous le cliché ; on la retourne et on l'impressionne en plein par le dos, pour que ce côté soit inattaquable par l'eau. On lave, puis, au moyen d'une solution de caoutchouc, on fait adhérer cette plaque de gélatine sur un support plan quelconque ; et, après avoir mouillé et encré, on tire les épreuves *sous la presse verticale* et non sous la presse à râteau, dont cette préparation ne pourrait supporter l'effort de traction.

La glace, finement dépolie, est d'abord couverte d'une solution de cire pour empêcher la gélatine d'y adhérer, soit :

Cire blanche	30gr
Éther	100cc
Alcool	60cc

Après solution on ajoute :

Eau	30cc

On enduit la glace avec la cire, on la frotte avec une flanelle pour enlever tout l'excès, puis on la couvre avec la solution bichromatée formée de :

Eau	100cc
Gélatine Nelson	15cc

Après gonflement de la gélatine et solution au bain-marie, on ajoute 2gr de glycérine et on filtre sur une flanelle. On mélange à cette quantité :

Eau filtrée	45cc
Alun de chrome	0,40
Bichromate de potasse	0,50

La proportion très faible de bichromate de potasse indiquée dans cette formule a sans doute pour raison l'épaisseur de la couche de gélatine à mettre sur la glace (elle doit être de 2mm environ) et aussi la lenteur avec laquelle cette couche épaisse se desséchera à l'étuve, ce qui amènerait la cristallisation du bichromate si la dose en était trop élevée. Toutefois, si la température extérieure était basse, on augmenterait la dose de bichromate.

Lorsque la gélatine a pris assez de consistance pour ne pas couler lorsqu'on dresse la glace, on porte celle-ci à l'étuve à air chaud, où la température ne doit pas dépasser 24°. La gélatine est maintenue à cette température et à l'abri complet de la lumière jusqu'à sa parfaite dessiccation ; arrivée à cet état, elle se décolle facilement et tombe parfois seule de la glace : elle est alors prête à servir.

On expose la gélatine sous le cliché négatif à reproduire, la face qui a été en contact avec la glace dépolie recevant l'impression et le cliché dont on se sert ayant été retourné. Le tout est exposé à la lumière diffuse pendant le temps nécessaire en se guidant sur un photomètre dans lequel on a placé un ruban pris à la gélatine même. Après l'exposition, il est nécessaire de faire agir la lumière sur l'autre côté de la gélatine, c'est-à-dire sur celui qui n'a pas reçu d'impression et qui est le côté brillant. Cette opération a pour but d'endurcir la plaque sur la surface opposée à celle qui a reçu l'image; on se guide pour la durée de cette impression sur l'indication du photomètre : il suffit généralement que le premier chiffre soit indiqué. On applique alors la gélatine sur une feuille de zinc épaisse de 3^{mm} à 4^{mm}, qui a été enduite d'une dissolution de caoutchouc faite à l'avance.

On laisse complètement évaporer la benzine.

Le collage se fait sous l'eau et vivement pour ne pas ramollir la gélatine; l'eau est ensuite chassée de dessous la plaque au moyen de la raclette en caoutchouc; les bulles d'air sont éliminées complètement et le tout recouvert d'un buvard mince est mis sous la presse typographique et pressé fortement pendant quelques minutes. L'adhérence est alors complète. On décolle le buvard en l'humectant légèrement d'eau; la plaque est mise de niveau et recouverte d'une nappe d'eau de quelques millimètres d'épaisseur jusqu'à 2^{cm} ou 3^{cm} des bords : l'image se révèle alors en creux, le bichromate se dissout, et la plaque devient bonne pour l'impression.

L'encrage se fait au moyen d'un rouleau couvert d'encre d'imprimerie, après avoir séché la surface au moyen d'un buvard et d'une pression.

La presse verticale est forcément employée, car le collage au caoutchouc ne résisterait pas à l'action du râteau.

L'encrage à deux encres est nécessaire pour les photographies d'après nature et celui à une encre ne convient guère qu'aux reproductions de gravures, cartes géographiques, et généralement pour celles qui n'ont pas de demi-teintes.

Les marges blanches sont produites au moyen d'une cache appliquée sur la gélatine après l'encrage.

IMPRESSION DIRECTE SUR PIERRE OU SUR ZINC.

(PHOTOLITHOGRAPHIE PROPREMENT DITE).

167. Ces méthodes d'impression nous ramènent aux procédés courants de l'industrie lithographique dans lesquels une surface de pierre ou de zinc reçoit un dessin fait avec une substance qui y adhère et prend l'encre du rouleau; tandis que le fond, restant légèrement humide, repousse cette encre. Au lieu de faire le dessin à la main, il s'agit de l'obtenir par l'action de la lumière en couvrant la surface avec un enduit sensible ayant les qualités requises; cet enduit peut être la gélatine et l'albumine bichromatées, ou le bitume de Judée.

Les préparations faites dans ces conditions ne donnent pas facilement la même dégradation de teintes, le même modelé que les impressions sur couche continue de gélatine, mais on peut les employer avec succès pour les épreuves de traits; les manipulations ont le mérite de la simplicité.

Ce fut Poitevin qui, le premier, indiqua et essaya même industriellement l'emploi de la gélatine (albumine ou succédanés) additionnée de bichromate soluble et étendue en couche très mince sur pierre; on retrouve cette indication dans ses brevets de 1855. L'emploi du bitume de Judée au point de vue lithographique fut breveté en 1852 par MM. Barreswil, Lemercier et Lerebours; nous avons collaboré à ces premiers essais qui, depuis, ont été très modifiés.

168. **Procédé de A. Poitevin** ([1]). — La méthode donnée par A. Poitevin a subi, sous d'autres noms, des modifications tellement insignifiantes qu'elle n'est pour ainsi dire pas changée; nous préférons la donner textuelle :

« La pierre lithographique de Munich, dure et à grain fin, doit être préférée. La surface étant bien dressée et grenée très fin, je

([1]) POITEVIN (A.), *Traité des impressions photographiques;* 1862. Revu par Léon Vidal; 1883. Paris, Gauthier-Villars, éditeur.

la mouille et j'enlève l'excès d'eau; j'y applique au pinceau la mixtion bichromatée, composée d'un œuf battu passé à travers un linge et additionnée d'un volume égal de dissolution saturée de bichromate de potasse ou d'ammoniaque. Je nettoie à l'éponge les bords de la pierre et, avec un tampon de linge, j'enlève sans frotter, mais en tamponnant, l'excès de la mixtion, et avec un linge plus sec, et de la même manière, j'enlève l'excédent de liquide, de sorte que le doigt touchant la pierre ne soit plus mouillé. En opérant ainsi, il n'a pénétré dans la pierre qu'une quantité très faible de mixtion bichromatée, qui y forme une couche intérieure très régulière, sans en couvrir la surface. Sans attendre la dessiccation complète de cette couche (actuellement on la sèche complètement), j'y applique le cliché photographique s'il est en papier, en l'y maintenant par une glace que je fixe par des boulettes de cire molle dite *cire à modeler;* si le cliché est sur glace, je le fixe à la cire; je me suis aussi servi d'un châssis spécial pour y placer les pierres recouvertes du cliché négatif, mais le fixage à la cire suffit ordinairement.

» J'expose la pierre préparée soit à la lumière directe du soleil, en la faisant arriver perpendiculairement à la surface, soit à la lumière diffuse, en posant la pierre horizontalement. Le temps d'exposition est très variable : en été il est de dix à douze minutes au soleil, et en hiver d'une heure et demie à deux heures; à l'ombre, cette exposition serait quatre à cinq fois plus longue; toutefois la latitude est grande, et il vaut toujours mieux poser plus que moins, parce que l'excès de pose peut être corrigé par l'encrage de la pierre, par l'acidulation et par la mise en train du dessin, tandis que le manque de pose empêche l'encre grasse d'adhérer dans les demi-teintes, et l'on ne peut y remédier. Après l'exposition à la lumière, la pierre est portée dans l'atelier d'encrage où on la laisse pendant quelque temps reprendre la température ambiante, soit qu'elle se soit trop échauffée ou trop refroidie, selon la saison.

» Je la mouille avec une éponge imprégnée d'un tiers de glycérine [1] et de deux tiers d'eau; après avoir enlevé l'excès de liquide,

---

[1] Constatons, en passant, que le mouillage à la glycérine est indiqué par Poitevin bien avant l'application qui en fut faite depuis pour les tirages rapides.

j'y passe en tous sens un rouleau chargé d'encre de report et de vernis; l'image apparaît alors graduellement, les parties qui ont reçu l'action de la lumière retenant l'encre grasse, tandis que les autres, correspondant aux blancs du dessin ou aux parties noires du cliché négatif, la repoussent; on mouille légèrement à l'eau ordinaire et l'on continue l'encrage, et cela jusqu'à ce que le dessin ait acquis la vigueur désirée; si l'encrage avait été poussé trop loin, on enlèverait le tout à l'essence, on essuierait et l'on mouillerait la pierre, et l'on recommencerait avec plus de soin, c'est-à-dire avec un rouleau moins chargé d'encre. La pierre est ensuite abandonnée au repos pendant environ douze heures pour que l'encre grasse la pénètre et s'y fixe mieux; elle est alors gommée; après une heure, on lave et on enlève cette gomme, puis on encre la pierre avec un rouleau chargé d'encre d'impression lithographique ordinaire; on prépare à l'eau acidulée et l'on fait les essais en tirant quelques épreuves, comme s'il s'agissait d'un dessin exécuté au crayon lithographique.

» Si l'exposition à la lumière n'avait pas été assez prolongée, l'encre grasse prendrait difficilement, et l'épreuve manquerait de demi-teintes; au contraire, par trop d'exposition, l'image serait lourde et empâtée; mais, dans la majeure partie des cas, on obtient une bonne épreuve, car il y a une grande latitude dans les temps d'exposition, si le lithographe est adroit pour le développement; toutefois, il sera toujours préférable de recommencer l'impression d'une pierre plutôt que de livrer à l'atelier de tirage une épreuve mal venue. »

Dans ce procédé, la gomme arabique en solution sirupeuse additionnée de bichromate soluble peut être substituée à l'albumine. Après avoir étendu l'une ou l'autre solution, on conseille actuellement non plus de tamponner pour enlever l'excès de liquide, mais d'essuyer vigoureusement à sec pour ne laisser que la couche infiniment mince qui a pénétré dans les pores de la pierre.

169. Procédé de M. Rodrigues. — M. Rodrigues, ex-directeur de l'atelier photographique de la Direction des travaux géographiques de Lisbonne, a substitué avec avantage les plaques de zinc très mince à la pierre lithographique, surtout pour la reproduction du trait. La minceur des plaques permet à la fois une juxtaposition plus intime avec le cliché, une préparation plus facile, soit pour le dressage des surfaces, soit pour l'obtention des couches sensibles, et une économie dans la dépense et dans l'emmagasinage. Dans ce mode d'opérer, le rôle de la gélatine n'est plus de devenir surface lithographique continue, mais bien de former une réserve qui permet la préparation du zinc par l'acidulation et le gommage, exactement comme dans les procédés de lithographie ou de zincographie ordinaires.

Voici les formules employées par M. J. Rodrigues :

On choisit des plaques de zinc de surface bien égale que l'on dépolit à l'émeri fin; on prend de préférence des plaques très minces (n°s 5 ou 6 du commerce), puis on les passe à une lessive de soude caustique. On lave et on les recouvre d'une couche très légère d'une solution de :

Gélatine	1^{gr}
Bichromate d'ammoniaque	1^{gr}
Eau	100^{cc}

On fait sécher dans l'obscurité à une douce chaleur et l'on expose au soleil pendant un temps qui varie de cinquante à cent secondes sous un cliché retourné.

Au sortir du châssis, on recouvre toute la plaque avec un rouleau chargé d'encre faite d'un mélange de 4 parties d'encre lithographique ordinaire et 1 partie d'encre de transport, puis on met tremper dans l'eau froide pendant trois à quatre heures. Les parties de gélatine qui ont reçu l'action de la lumière et qui, par cela même que la couche est très mince, ont été impressionnées à fond, c'est-à-dire jusqu'à la surface métallique, ne sont pas pénétrées par l'eau et gardent toute leur adhérence; celles au contraire qui n'ont pas été insolées absorbent l'humidité, et, malgré l'encre qui les recouvre, elles se gonflent d'eau et se disposent pour la dissolution. Il suffit à ce moment de passer la plaque dans l'eau tiède pour que toute la gélatine non modifiée par la lumière se dissolve et mette à nu la plaque de zinc dans les parties correspondantes.

Sur cette plaque bien lavée on verse le mélange suivant, qui l'acidule et la gomme en même temps :

Eau	1000^{cc}
Gomme arabique	40^{gr}
Sulfate de cuivre	2^{gr}
Acide gallique	5^{gr}
Acide nitrique	$0^{gr},5$

On imprime ensuite avec ce zinc comme dans les procédés ordinaires de zincographie.

L'ensemble des réactions est facile à comprendre :

Au début la plaque de zinc grenée, bien nettoyée à la soude, prendrait l'encre sur toute la surface si l'on y passait le rouleau d'impression; on couvre alors cette surface d'une couche très mince de la préparation bichromatée et l'on expose sous un cliché sans demi-teintes, bien transparent, et dont les noirs soient suffisamment opaques. La lumière traversant les traits du cliché rend, dans ces parties, la préparation complètement insoluble dans toute son épaisseur, de manière à la fixer sur le métal; les parties restées solubles sont éliminées par l'eau chaude. L'image se trouve alors dessinée, sur le zinc mis à nu, par des filets de gélatine formant les traits qu'aurait produits le crayon gras du lithographe; à l'acidulation la gomme et l'acide agissent sur la surface du zinc comme sur la surface de la pierre et l'empêchent de prendre l'encre, tandis que l'encre prend parfaitement sur les traits réservés par la gélatine.

On emploie également bien une couche mince de bitume de Judée étendue sur le zinc pour obtenir le dessin photographique de trait.

170. Emploi du bitume de Judée. — Le bitume de Judée étendu en couches minces devient insoluble dans ses divers dissolvants, lorsqu'il a subi pendant un temps suffisant l'influence de la lumière. Cette réaction a été utilisée par Nicéphore Niepce pour faire les premières recherches de Photographie; on l'emploie actuellement de différentes manières pour obtenir la reproduction des images de traits et principalement pour la Zincographie.

Quel que soit le mode d'impression ou de tirage, on commence par préparer la feuille de zinc, que l'on choisit mince et plane entre les n°s 8 et 12. On la frotte avec une brosse dure trempée dans un mélange de 50 parties d'acide sulfurique pour 100 parties d'eau; quand le zinc paraît bien dégraissé et uniformément blanc, on rince avec une solution moitié moins forte que la précédente et avec un tampon de linge ou de liège saupoudré de pierre ponce, on frotte de nouveau en tous sens de manière à donner à la surface un aspect très uniforme; on rince de nouveau et on laisse sécher. On améliore encore la plaque en la laissant pendant dix à quinze minutes dans un bain formé de 3 parties d'acide azotique pour 100 parties d'eau. On peut remplacer le polissage à la pierre ponce par le polissage au charbon, puis à la brosse, en frottant avec un mélange d'eau et de potée d'émeri ou de blanc d'Espagne lévigé. Après lavage et séchage, on couvre le zinc d'une couche mince de bitume de Judée dissous dans la benzine, soit :

Bitume de Judée, environ..................	4^{gr}
Benzine cristallisable......................	100^{cc}

Toutes les sortes vendues comme bitume de Judée ne sont pas également bonnes; il faut, par quelques essais préalables, faire choix des plus sensibles à la lumière.

Lorsque la couche est parfaitement sèche, elle peut être employée pour les divers modes de reproductions dont nous expliquons trois variantes A, B, C.

171. (A) La méthode la plus simple et la plus générale est la suivante :

On place le négatif retourné dans le châssis à épreuves positives, on superpose face contre face la feuille mince de zinc recouverte de bitume et l'on expose en pleine lumière pendant un temps assez long qui dépend de l'opacité du négatif et de l'intensité lumineuse. Sous les traits blancs du négatif, le bitume prend une teinte un peu plus foncée et passe à l'état insoluble; la plaque est alors plongée dans une cuvette contenant de l'essence de térébenthine, qui dissout les parties solubles et laisse le trait devenu insoluble; le même bain d'essence peut servir pour un très grand nombre de plaques. Aussitôt que les blancs sont bien découverts, on arrête l'action de l'essence en portant la plaque sous une pomme d'arrosoir qui verse de l'eau en abondance, on rince avec soin, on essuie doucement à sec et l'on prépare le zinc avec le mélange usité en Zincographie, qui est composé de :

Noix de galle concassées..................	250gr
Eau....................................	5lit

On fait bouillir jusqu'à réduction d'un tiers, on filtre sur une mousseline et dans cette décoction refroidie on ajoute :

Acide nitrique..........................	50gr
Acide chlorhydrique......................	3gr

Dans quelques formules on ajoute de la gomme arabique. Après avoir laissé sécher le liquide sur le zinc, on imprime suivant les opérations habituelles de la Zincographie, auxquelles il faut se reporter pour tout ce qui n'est plus du domaine de la Photographie.

Le plus souvent, au lieu de tirer directement un grand nombre d'exemplaires sur ce zinc, on ménage cette planche type, qui sert seulement pour imprimer des reports.

172. (B) La méthode qui précède a l'inconvénient de demander l'emploi d'un négatif, ce qui complique beaucoup la reproduction des plans pour les travaux d'administration ; il y a un grand avantage à se servir du calque tel qu'il sort de la main du dessinateur, sans qu'il soit nécessaire ni d'en faire un négatif ni de le retourner.

M. Maugel fils, attaché au service photographique de la Direction des cartes et plans au Ministère des Travaux publics, a surmonté cette difficulté par le procédé suivant :

La feuille de zinc, préalablement décapée comme il est dit ci-dessus et trempée pendant dix à quinze minutes dans un bain d'acide azotique à 3 parties pour 100 d'eau, bien lavée et séchée, est immédiatement couverte de la préparation gallique, qu'on laisse sécher. La surface du zinc prend un ton général bleuté, l'encre que l'on voudrait y passer refuserait d'y adhérer. On étend sur cette surface la couche mince de bitume, on laisse sécher, on met au châssis positif le calque et la plaque de zinc face contre face, puis on expose à la lumière pendant le temps nécessaire. On trempe ensuite la planche dans le bain d'essence de térébenthine; les fonds qui correspondent aux clairs du calque sont passés à l'état insoluble, les traits seuls sont mis à découvert. Il suffit alors, après un bon lavage à l'eau, de mettre le zinc dans un bain d'acide acétique à 5 pour 100, qui a la propriété d'annuler la préparation gallique dans tous les traits et de rendre au zinc son affinité pour l'encre. La feuille, bien lavée et rincée, est d'abord légèrement huilée au tampon, puis on dissout avec la benzine tout le bitume que la lumière avait rendu insoluble dans l'essence de térébenthine; on retrouve dessous la préparation gallique, qui protège les fonds, et les traits seuls sont encrés au rouleau : la planche est bonne à livrer à l'imprimeur lithographe.

173. (C) Dans les deux méthodes A et B, on peut craindre de voir les traits s'élargir, aussi bien par les reports que par l'encrage qui a plus de tendance à s'étaler sur le zinc que sur la pierre.

A l'atelier de la brigade topographique que dirigeait M. de la Noë, on utilise, sous le nom de *Topogravure,* un procédé qui permet de se servir directement du calque et de conserver, même pour un grand tirage, toutes les finesses du modèle.

Le zinc, décapé par la méthode indiquée, est couvert de la couche mince de bitume de Judée; il est exposé au châssis sous le calque face contre face; l'image est ensuite développée à l'essence de térébenthine qui met tous les traits à nu. La feuille est alors plongée dans un bain acidulé par 3 parties d'acide nitrique dans 100 parties d'eau : l'immersion ne dure que de trente à quarante-cinq secondes; on la retire aussitôt, on la lave à l'eau, puis, avec de la benzine et une brosse dure, on enlève tout le bitume. On a ainsi une gravure en creux, mais si légère qu'on ne pourrait l'encrer et faire le tirage en taille-douce, qui serait d'ailleurs beaucoup trop lent et trop onéreux.

Pour revenir au tirage lithographique, on couvre de nouveau la planche avec une solution de bitume (3 parties dans 100 parties de benzine) et après dessiccation on encre en plein avec un rouleau dur d'imprimeur, faisant tableau noir, excepté cependant pour les traits qui, étant légèrement déprimés, ne prennent pas l'encre. On expose en plein jour; le bitume des traits, n'étant pas recouvert d'encre, passe à l'état insoluble; la surface générale est au contraire protégée par l'encre, le bitume y reste soluble; on l'enlève par un bain d'essence de térébenthine, on polit au charbon, on prépare la planche à l'acide gallique; les traits encastrés par la légère morsure restent seuls capables de prendre l'encre et donnent des images d'une grande finesse.

Au lieu de faire tableau noir sur la surface générale de bitume, on peut exposer le tout en pleine lumière, et par le polissage au charbon et à l'essence de térébenthine on enlève tout le bitume, excepté celui qui est resté dans les traits.

IMPRESSIONS PAR REPORT.

174. On appelle *report*, en Lithographie (ou autre mode d'impression), tout procédé au moyen duquel, une image à l'encre grasse étant obtenue, on décalque cette épreuve en l'appliquant et la comprimant sur une surface où elle laisse son dessin, qui est ensuite préparé et imprimé comme s'il avait été fait directement; le report est principalement employé pour les impressions lithographiques, mais il sert également pour la gravure en relief. Il rend de très grands services pour les reproductions de cartes, de plans, et il est surtout appliqué pour les travaux d'administration.

Pour faire les reports on emploie une encre spéciale dite *encre de report*, dans la composition de laquelle il entre toujours une certaine quantité de savon et de matière grasse (1).

Il y a dans les procédés de report une série d'écueils que l'on doit s'efforcer de tourner, entre autres :

L'élargissement des traits sous la pression qui écrase et étale l'encre qui les forme, ce qui amène l'empâtement de l'image;

La déformation de l'image par les dilatations ou les contractions des papiers.

---

(1) Encre de report : cire, 1 partie; suif, 1 partie; savon noir, 1 partie; vernis moyen, 12 parties; térébenthine de Venise, 6 parties; noir de fumée, quantité nécessaire pour faire un beau noir; fondez ensemble et mélangez.

Néanmoins, ces procédés bien conduits peuvent donner d'excellents résultats, surtout pour les images au trait.

La théorie du report est des plus faciles à comprendre.

L'image lithographique, typographique ou en taille-douce ou même manuscrite (autographie), que l'on veut reporter, est faite avec cette encre spéciale de report que l'on substitue à l'encre ordinaire, le plus souvent sur un papier préalablement encollé à la gélatine; puis, toute fraîche encore, on l'applique sur une pierre ou sur un zinc préparé, on comprime sous la presse à râteau en donnant deux ou trois pressions successives et l'on enlève la feuille de papier. L'encre reste sur la pierre ou le zinc; on acidule et l'on gomme, puis on fait le tirage.

Les diverses variantes de reports photographiques, que nous allons passer en revue, sont toutes fondées sur ce même principe : obtention par un procédé quelconque sur un support mince et flexible d'un premier dessin fait avec l'encre de report et application de ce dessin sur une surface lithographique suffisamment résistante pour faire les tirages.

La possibilité d'employer les images photographiques aux reports lithographiques se retrouve en germe dans le brevet de M. Poitevin du mois d'août 1855.

Un papier étant recouvert d'une couche d'albumine, fibrine, gomme ou gélatine bichromatée, puis insolé sous un négatif, on le recouvre entièrement d'encre (qui peut être encre de report); on passe ce papier à l'eau; partout où la lumière n'a pas frappé, la matière organique restée soluble se dissout et entraîne l'encre, tandis qu'au contraire cette encre reste attachée aux parties insolubles et donne le dessin, qui peut être dès lors reporté sur une surface lithographique. Plus tard M. Poitevin recommande de mouiller légèrement la surface insolée et d'encrer ensuite; l'eau pénètre les parties solubles, l'encre s'attache aux parties insolubles, et, dans ce cas également, le dessin obtenu peut être reporté. Si M. Poitevin n'indique pas le report, cela n'a aucune importance, car depuis longtemps on connaissait le report de toute image obtenue à l'encre grasse.

De ces réactions découle une série d'applications que nous essayerons de suivre, sinon par date, du moins par ordre de simplicité.

Un papier de bonne qualité est recouvert bien également d'une couche de gélatine, 12^{gr} pour 100^{cc} d'eau. Sur ce papier on dessine ou l'on écrit avec une solution de bichromate de potasse que l'on peut additionner d'un peu de gomme pour lui donner la consistance d'encre; on fait ainsi une véritable autographie, car, en exposant le papier à la lumière, tous les traits au bichromate de potasse passent à l'état insoluble : il suffit de mouiller légèrement la surface, d'encrer à l'encre de report et, après séchage de la gélatine, de reporter sur pierre ou sur zinc. Ce nouveau mode d'autographie aurait sur les procédés anciens l'avantage de se conserver toujours prêt à fonctionner pendant un temps indéterminé.

Si le papier a été préparé en plein avec un mélange de gélatine et de bichromate de potasse, séché à l'obscurité, puis exposé à la lumière sous un cliché, il suffira de mouiller légèrement et d'encrer pour avoir très rapidement autant d'épreuves à l'encre grasse que l'on aura exposé de feuilles sous le cliché.

Si l'encre grasse employée est une encre de report, l'image peut être mise immédiatement sur pierre ou sur zinc.

Une autre méthode indiquée plus haut (**111** *bis*) donne très facilement les épreuves de traits à l'encre grasse prêtes pour le report.

174. *Photozincographie du colonel James.* — En 1860, le colonel James publiait un procédé employé en Angleterre dans les ateliers du Comité d'artillerie pour faire sous ses ordres la reproduction des cartes, gravures, manuscrits, etc., etc.

Le cliché destiné à la reproduction est vigoureusement remonté au bichlorure de mercure, puis au sulfhydrate d'ammoniaque, de manière à obtenir des fonds noirs très intenses avec des blancs très purs.

On prend d'autre part un papier spécial connu dans le commerce sous le nom de *papier à tracer* pour les graveurs et on le recouvre d'une solution de :

Gomme	9^{gr}
Eau distillée	12^{cc}
Solution de bichromate de potasse à saturation	6^{cc}

Après dessiccation, on expose sous le négatif, jusqu'à ce que tous les détails soient nettement accusés, de deux à dix minutes suivant la lumière qui doit être intense.

Le papier sorti du châssis est couvert en plein avec l'encre grasse ainsi composée :

	Parties.
Vernis à l'huile de lin..................	4,50
Cire..................................	4,00
Suif..................................	0,50
Térébenthine de Venise..................	0,50
Gomme mastic..........................	0,25
Noir de fumée.........................	3,25

Ce mélange étant fait à chaud, d'une manière bien homogène, on en dissout une partie avec la quantité d'essence de térébenthine nécessaire pour avoir une sorte de crème légère que l'on applique sur l'épreuve. Plus le sujet est chargé, plus l'encre doit être légère, et *vice versa*.

Après avoir laissé sécher l'encre pendant une demi-heure environ, on met l'épreuve face en dessus sur un bain d'eau chaude; on la retire après quelques minutes, et, la posant à plat, on la frotte très légèrement avec de l'eau gommée chaude. L'encre abandonne alors les parties non insolées et reste sur les parties insolées; on lave à l'eau chaude, puis à l'eau froide, on laisse sécher et l'image est prête pour le report sur zinc ou sur pierre.

On voit que cette partie du procédé est semblable aux indications de M. Poitevin; la seconde partie repose sur les procédés de zincographie ordinaire ou sur le procédé dit *anastatique*, dont l'invention remonte à l'année 1844 et est attribuée à M. Baldermus, de Berlin.

Nous indiquons avec quelques détails ce mode de transport sur zinc, qui, convenablement appliqué, peut faciliter les tirages photographiques aux encres grasses.

176. Le *procédé anastatique* doit surtout être employé quand l'épreuve à reporter est faite avec l'encre grasse ordinaire et non avec l'encre de report, ou quand cette matière grasse est en quantité trop minime pour donner au report une réserve qui puisse résister suffisamment à la morsure.

On prend une planche de zinc très lisse et très propre et l'on y applique le recto de l'image à reporter, après avoir préalablement humecté le verso avec de l'acide nitrique étendu de quatre à cinq fois son volume d'eau [1]. L'acide absorbé par le papier passe au travers, sauf dans les parties imprimées à l'encre grasse; sous la pression, cet acide mord la planche, tandis que l'encre grasse de l'épreuve y adhère et fait réserve. On enlève alors la feuille de papier, on complète la préparation de la planche en la couvrant avec une dissolution de gomme et d'acide phosphorique étendue; on peut ensuite encrer le zinc et tirer les épreuves.

S'il s'agit de transporter de vieilles estampes ou de vieilles pages d'impression, on commence par mettre la feuille dans une dissolution étendue d'alcali, puis dans une autre d'acide tartrique, et l'on passe le rouleau chargé d'encre qui adhère seulement sur les anciens traits; on lave bien la feuille, on l'humecte d'acide nitrique faible (20 : 100) et l'on fait ce transport comme il est dit plus haut. Par ce moyen on peut donc transporter sur zinc lisse toute impression ancienne ou nouvelle, par conséquent toute image à l'encre grasse obtenue par un procédé quelconque de Photographie.

177. M. le colonel James a modifié quelque peu ce procédé anastatique en commençant par aciduler toute la surface de zinc au moyen d'une feuille de papier humectée d'acide nitrique affaibli; on remplace ensuite cette feuille par l'épreuve à reporter, dont le papier est également humecté d'acide sur le côté du verso. Après le contact, on gomme la planche de zinc, on encre très légèrement avec une encre typographique adoucie d'huile d'olive, on fait mordre de nouveau par un mélange d'eau gommée et d'acide phosphorique concentré et l'on tire par les procédés ordinaires.

Si l'on a pu faire l'épreuve à reporter avec une encre suffisamment résistante, au lieu d'une plaque de zinc lisse pour le report, on peut employer une plaque légèrement grainée; on décalque directement l'épreuve sur cette surface et l'on fait mordre comme il est dit ci-dessus.

La même opération peut être faite sur pierre.

Il arrive le plus souvent, dans le premier procédé, dit *anasta-*

(1) *Les arts graphiques d'Hammann*, p. 332.

tique, que cette méthode trop délicate ne permet pas une acidulation, une préparation assez profondes pour fournir un grand tirage, tandis que, dans le second cas, si l'encre de report était trop épaisse ou trop abondante, elle s'aplatirait sous la pression en élargissant les traits.

178. *Procédés divers.* — Nous voyons, d'après ces divers procédés, le rôle important de la gomme arabique dans toutes les opérations lithographiques; lorsqu'elle touche une surface préparée, pierre, zinc ou autre, elle empêche l'adhérence de l'encre grasse, tandis que celle-ci s'attache là où il n'y a pas eu contact avec la gomme. Cette propriété a été mise directement à profit dans quelques procédés de Lithophotographie.

En 1864, M. de la Follye obtenait des lithographies photographiques en préparant un papier recouvert d'une couche de gomme bichromatée; après insolation derrière un négatif, au lieu d'encrer directement en plein et de laver ensuite en facilitant le départ de l'excès d'encre par un léger frottement à l'éponge, comme le conseillent Poitevin et M. James, on pose la feuille sur un bain d'eau, l'image en dessus : l'eau ne traverse pas les parties insolées devenues insolubles et imperméables; elle traverse, au contraire, dans les parties non insolées. On peut à ce moment poser le côté préparé de l'épreuve sur la pierre lithographique; on donne une pression et l'on enlève immédiatement : la gomme soluble reste attachée à la pierre; au contraire, dans les parties du dessin, la surface de la pierre reste nue; on encre alors soit directement au rouleau, soit en posant sur la surface une feuille de papier encrée en plein avec l'encre de report et en donnant une pression; dans l'un et l'autre cas, l'encre s'attache aux parties non gommées de la pierre; on lave, on prépare par l'acidulation et le gommage comme à l'ordinaire.

On peut encore couvrir en plein une pierre lithographique avec l'encre de report; sur cette pierre on pose l'épreuve photographique préalablement humectée, comme nous l'avons dit ci-dessus, et l'on donne une pression. Les parties de gomme restées solubles empêchent le noir de prendre sur la feuille; ce noir s'attache, au contraire, sur les parties insolubles; on lave la feuille à grande eau pour enlever toutes les parties solubles; on laisse sécher, puis on emploie cette feuille pour faire le report sur pierre ou sur zinc. Il nous semble difficile que, dans ce procédé, on puisse se trouver dans les conditions d'exactitude souvent nécessaires, à cause de la dilatation et du retrait de la feuille de papier.

M. Toowey a donné un procédé qui est sensiblement le même que celui de M. de la Follye, et celui communiqué par M. Geymet, en février 1873, à la Société de Photographie n'en diffère pas d'une manière notable; nous résumons ce dernier en quelques mots.

Sur une feuille de papier, albuminée et passée à l'alcool pour coaguler l'albumine, on verse une solution formée de :

Eau	100^{cc}
Gomme arabique	100^{gr}
Eau saturée à froid de bichromate de potasse.	60^{cc}

On laisse sécher, puis on expose sous un négatif le temps nécessaire pour que le dessin soit nettement accusé.

Au sortir du châssis, l'épreuve est mise sur un carton humide, où elle se détend; on la place face contre face sur une pierre lithographique finement dépolie; on la recouvre de quelques doubles de buvard et d'un bristol, on donne une pression et on enlève le papier : les parties de gomme restées solubles se sont incorporées à la surface de la pierre, les parties insolubles n'y ont pas adhéré, et cela dans la proportion de l'action lumineuse. On laisse sécher, et l'on encre ensuite toute la surface de la pierre avec un tampon chargé d'encre de report délayée dans un peu d'essence; on lave immédiatement la pierre avec une éponge humide; l'encre reste attachée là où il n'y a pas de gomme; elle s'enlève, au contraire, très facilement dans les parties gommées.

Le dessin étant obtenu, on acidule, on gomme toute la pierre, et l'on peut tirer les épreuves à la presse.

Sous le nom de *papyrolithe,* M. Fleury-Hermagis emploie une feuille préparée à l'avance, probablement avec une composition gélatineuse. Il suffit de la tremper dans une solution de bichromate de potasse pour la rendre sensible à la lumière. On l'expose sous le cliché, on la passe dans l'eau froide pendant une minute environ ; on l'étend sur une surface rigide, on éponge l'excès d'eau avec un buvard, et l'on passe le rouleau chargé d'encre de report : on tire une épreuve sur papier, et l'on reporte cette épreuve sur pierre ou sur zinc. On pourrait sans doute reporter directement l'image de la feuille dite *papyrolithe* sur la surface lithographique. Dans le premier cas, le négatif doit être retourné, et il ne doit pas l'être dans le second cas.

Le capitaine Abney a décrit des procédés qui nous semblent avoir la plus grande ressemblance avec les précédents.

Une feuille de papier, de dimension convenable, est mise à flotter sur un bain tiède de gélatine bichromatée, formé de :

	gr
Gélatine..................................	10
Bichromate de potasse......................	5
Eau.......................................	160

Après dessiccation, on répète l'opération et l'on expose le papier, séché de nouveau, sous un négatif ordinaire. Lorsque l'insolation a été suffisante, on lave à l'eau froide, même à l'eau alunée; on lave de nouveau et l'on place le papier sur un plan rigide (plaque de zinc, de cuivre, de verre, pierre lithographiqne, etc.). On éponge, et, avec un rouleau mou chargé d'encre de transport, on fait apparaître le dessin : la gélatine insolubilisée fixe l'encre et repousse l'eau; la gélatine restée soluble prend l'eau et repousse l'encre. Lorsque l'épreuve paraît suffisamment marquée, on passe à l'alun, si on ne l'a pas fait précédemment, et on laisse sécher. Le plus souvent, ce lavage n'a pas enlevé tout le bichromate de potasse; il est bon alors d'exposer de nouveau l'épreuve à la lumière directe, ce qui achève de durcir la gélatine.

Lorsqu'on veut faire le transport, on humecte légèrement, on applique sur la pierre ou sur le zinc, et l'on donne la pression, etc., etc.

Tous ces procédés si pareils se ressemblent plus encore par les mêmes défauts : ou l'encre de report est en couche très mince, alors l'apprêt et la morsure des surfaces lithographiques ne peuvent être faits que légèrement, et l'on ne peut effectuer un nombreux tirage; ou les couches d'encre de report sont épaisses, la pression du report les écrase en élargissant les traits, ce qui en altère la finesse primitive. De plus, l'emploi de papier et de couches gélatinées comme feuilles directes ou indirectes de transport présente cet inconvénient, mentionné déjà plus haut, de se resserrer par la dessiccation, de s'étendre par l'humidité : de là des déformations préjudiciables à l'excellence du travail dans un grand nombre de circonstances où la reproduction doit être rigoureuse, comme celles des plans et des cartes géographiques ; enfin le grain du papier altère la finesse des reports.

Pour obvier en partie à ces inconvénients, M. Rose a adopté l'emploi de feuilles de zinc très minces, sur lesquelles il met une couche soit de gélatine, ou d'albumine, ou de gomme bichromatée, soit de bitume de Judée. Après l'insolation et la préparation du zinc par la gomme ou l'acide, comme nous l'avons expliqué tant de fois, on peut tirer directement sur ce zinc, mais seulement un petit nombre d'épreuves ; mieux vaut se servir de ce zinc pour faire des reports sur pierre directement, c'est-à-dire en mettant le zinc sur la pierre, ou indirectement, en faisant sur papier une épreuve de report que l'on transporte sur pierre.

179. *Procédé de M. Rodrigues.* — M. J. Rodrigues, directeur de l'atelier photographique du gouvernement de Portugal, a proposé également l'emploi de feuilles très minces (169) ; mais il a cherché pour les reports un subjectile qui lui présentât toutes les qualités du papier sans en avoir les défauts, c'est-à-dire la souplesse parfaite pour que les contacts soient rigoureux, l'absence de dilatation ou de contraction suivant l'état hygrométrique, l'absence de grain que le papier laisse toujours ressortir sous l'influence de l'humidité. Ce subjectile est une feuille d'étain très mince sur laquelle il étend la préparation bichromatée ; de plus, cette feuille d'étain se moule en quelque sorte sur l'épaisseur des traits formés par l'encre de report, et s'oppose en partie à leur élargissement sous la pression.

Ce procédé, qui, sous la direction de l'inventeur, a donné de remarquables résultats, est décrit par lui de la manière suivante :

« L'étain que nous employons n'est pas plus épais qu'une mince feuille de papier ; le plus mince est le meilleur, pourvu que, par suite du laminage, il ne soit pas trop percé de points à jour et que la manipulation ne devienne pas trop difficile. Les raisons données plus haut expliquent la nécessité de feuilles très minces et très souples pour obtenir la finesse et la netteté des reports.

» La feuille d'étain à préparer est d'abord satinée sous une faible pression sur une pierre lithographique non polie, mais *très finement* grainée et un peu poncée; une trop forte pression rend le métal moins souple et augmente sa tendance à se déchirer; l'emploi d'une pierre trop polie empêcherait la mixture sensible d'adhérer parfaitement au métal, tandis qu'un grain trop prononcé altérerait la finesse du dessin et faciliterait la formation des taches sous le rouleau d'encre grasse.

» La feuille satinée doit être ensuite nettoyée et, pour faciliter cette opération, il est nécessaire de la mettre sur un support. On prend à cet effet une plaque de zinc bien plane et bien polie, telle qu'on les prépare pour la gravure; on mouille la surface avec un peu d'eau; on y applique la feuille d'étain comme on couche une feuille de papier positif sur le bain d'argent, en ayant soin de ne pas produire de pli, de relever la feuille et de l'appliquer de nouveau s'il s'en produit quelques-uns, et, si l'on ne peut les éviter, on les réduit le mieux possible en les comprimant sur la feuille de zinc, et l'on complète la superposition des deux faces métalliques en pesant légèrement sur la surface avec un tampon de coton entouré d'un linge fin et imbibé d'eau.

» Si la surface de l'étain paraît bien propre, on se contente d'y passer un tampon fin imbibé d'une solution de potasse ou de soude à 10 pour 100; s'il est nécessaire d'employer un mode de nettoyage plus énergique, on ajoute à la lessive de potasse ou de soude un peu de craie bien lévigée; on lave ensuite avec soin pour enlever toute trace de craie et de lessive alcaline, et, au moyen d'un pinceau très doux, on étend sur l'étain la solution de gélatine bichromatée.

» Cette solution est composée de : gélatine de belle qualité, 40^{gr}; eau, 500^{cc}; on laisse gonfler, puis on achève la dissolution au bain-marie. On prend, d'autre part, 20^{gr} de bichromate d'ammoniaque qu'on fait dissoudre dans une même quantité d'eau (500^{cc}); quand les deux solutions sont tièdes, on les mélange et on les filtre soit sur une petite éponge, soit sur un double de flanelle serrée.

» La meilleure gélatine est celle qui, dans ces conditions, se prend encore en gelée à une température de 20° à 25°, sans être cependant trop difficilement soluble.

» Cette mixture, étendue avec le pinceau, doit donner une couche parfaitement homogène : on l'égalise avec un blaireau; la surface métallique présente alors une couleur ambrée très régulière, sans stries, et, lorsqu'on la relève, la solution ne doit pas quitter le métal par places, ce qui indiquerait un mauvais nettoyage. Il faut éviter avec soin les bulles d'air, qui formeraient autant de points blancs, et les poussières, dont chaque grain absorberait autour de lui, par capillarité, la mixture encore liquide, en laissant, après dessiccation, un cercle très affaibli de préparation.

» Tant que la gélatine bichromatée est à l'état liquide, elle n'a aucune sensibilité, par conséquent les préparations qui précèdent peuvent être faites à la lumière du jour; mais, aussitôt que la gélatine fait prise, la sensibilité commence et le reste des opérations doit se continuer dans le laboratoire avec un éclairage jaune-orangé.

» Il est nécessaire que la dessiccation de la couche sensible soit rapidement faite, pour empêcher la cristallisation du sel de chrome et les différences d'égalité qui pourraient s'établir dans l'épaisseur; pour sécher vivement, on chauffe la plaque de zinc soit au gaz, soit à l'étuve, en prenant la précaution de la maintenir bien horizontale. Quand la surface de l'étain est suffisamment sèche, on sépare la feuille de son support, on la retourne sur un bristol fort, et l'on chauffe de nouveau pour vaporiser l'eau qui établissait le contact; la feuille est alors prête pour l'exposition.

» Bien que la surface sensible puisse se conserver pendant deux ou trois jours, le mieux est de l'employer le jour même de la préparation.

» On se sert pour l'exposition d'un châssis positif ordinaire, on étend la feuille d'étain sur le négatif, on assure un contact parfait en passant légèrement, à plusieurs reprises, un rouleau garni de flanelle; on maintient le contact comme pour les épreuves positives ordinaires, avec un peu plus de pression, et l'on expose.

» Il est préférable d'exposer directement et perpendiculairement aux rayons du soleil; la pose varie alors de cinq à douze minutes;

il faut au moins trois fois plus de temps à la lumière diffuse. Lorsque le cliché a des fonds suffisamment opaques, on peut exagérer la pose sans inconvénient; mais c'est le contraire si les fonds sont transparents ou si le cliché est voilé; dans ce cas la réussite est plus difficile; il faut opérer de préférence avec une faible lumière.

» L'encrage de l'épreuve exposée peut être retardé jusqu'au lendemain, mais il sera toujours préférable de faire ce développement dans un court délai.

» Pour encrer l'épreuve, ce qui équivaut au développement, on commence par immerger la feuille d'étain dans un bain abondant d'eau froide, le dessin en dessus, et on l'applique toute mouillée sur une pierre lithographique bien dressée et destinée à servir de support pour l'encrage. On a soin, dans cette application, qu'il ne se produise aucun pli, et le dessin doit être en dessus. On passe alors le rouleau de flanelle pour bien égaliser la surface et chasser les épaisseurs d'eau interposées; quelquefois on applique un buvard bien mouillé, afin que l'absorption de l'eau se fasse régulièrement; puis on passe et repasse, sur la surface gélatinée, un rouleau d'imprimeur chargé bien également d'un mélange de 3 parties d'encre de report pour 1 partie d'encre d'impression. Cette manipulation demande une main exercée, elle est délicate et réussira d'autant mieux qu'elle sera confiée à un ouvrier plus habile; le rouleau doit être très bien fait : il faut le charger de peu d'encre à la fois et la renouveler fréquemment, et l'on ne doit employer la gomme que comme exception.

» Pendant cette opération, il peut se présenter différents accidents : l'encrage se fait d'abord lentement; si cependant il se faisait avec trop de difficulté, c'est qu'il y aurait excès d'eau ou insuffisance de pose; on peut remédier à ce défaut par l'emploi d'une encre plus grasse et plus liquide, mais le mieux est de recommencer.

» Si la surface d'étain se salit dans les fonds, on la recouvre avec un peu de colle d'amidon diluée ou avec une solution très faible de gomme arabique, ou bien on frotte les taches avec une éponge imbibée de cette même solution de gomme : on atténue ainsi l'affinité de la surface pour l'encre; mais il peut arriver alors que l'image ne prenne plus une vigueur suffisante.

» Si l'exposition a été trop prolongée et si la surface prend l'encre d'une manière trop générale, on enlève cette encre avec de l'essence de térébenthine, on passe à la gomme arabique et, avec un peu de soin, on peut ramener l'épreuve. Une couche de gélatine bichromatée trop épaisse se déchire sous le rouleau; trop mince, elle se recouvre d'un voile noir général.

» Après ce premier encrage on abandonne l'épreuve pendant deux heures environ, et l'on fait un second encrage, puis on lave parfaitement la surface avec une éponge mouillée d'eau très pure, on essuie légèrement, et, détachant la feuille d'étain de la pierre lithographique, on la suspend pour la laisser sécher complètement.

» Lorsqu'elle est sèche, on procède au report d'après les procédés usuels : cette opération demande des soins spéciaux et rentre dans le domaine du lithographe. »

CHAPITRE II.

GRAVURE PHOTOGRAPHIQUE EN CREUX
(PHOTOGRAVURE).

180. Généralités. — La gravure en creux consiste à obtenir, sur une plaque de métal résistant et au moyen de procédés divers, des entailles ou creux plus ou moins profonds capables de retenir l'encre d'impression même après le nettoyage parfait de la surface métallique : une feuille de papier fortement pressée contre cette surface pénètre d'autant mieux dans tous les creux qu'elle est plus souple; elle se charge de l'encre qu'elle y rencontre, et reproduit par conséquent l'image dont ces entailles forment l'ensemble.

La question d'encrer et de tirer n'est pas de notre ressort; l'impression dite *en taille-douce,* comme la lithographie, est une industrie spéciale qui demande un matériel approprié et des ouvriers de l'habileté desquels dépend souvent tout l'effet de la gravure.

Au point de vue photographique, nous devons nous occuper uniquement des moyens de produire la planche; mais, pour comprendre les difficultés à vaincre, il nous faut faire rapidement connaissance avec les procédés ordinaires de ce genre de gravure. Ces procédés sont multiples.

Tantôt la planche de métal, parfaitement dressée et planée, est entaillée de sillons plus ou moins larges, plus ou moins profonds, plus ou moins rapprochés, dessinant par leurs contours l'image projetée, et représentant par leurs croisements, leur profondeur, leur rapprochement, les ombres et les demi-teintes; c'est le procédé de la *gravure en taille-douce* ou mieux gravure au burin.

Tantôt la planche métallique est couverte sur toute la surface d'un vernis résineux formant réserve, et l'artiste dessine avec une pointe sur ce vernis comme avec un crayon, en mettant le métal à nu; la planche est ensuite recouverte d'un liquide acide, tel que l'acide nitrique (eau-forte) étendu d'eau, qui creuse le métal partout où la pointe a passé, le laissant au contraire intact là où le vernis le protège : c'est la *gravure à l'eau-forte;* actuellement, les artistes emploient souvent aussi le perchlorure de fer comme mordant.

Tantôt toute la surface du métal est attaquée régulièrement par un outil spécial qui la couvre d'une multitude de points serrés, de telle sorte que, si l'on encrait à ce moment, elle représenterait une planche complètement noire et veloutée; puis doucement, avec d'autres outils, on gratte, on atténue, on use plus ou moins cette surface, on polit même complètement certains points, ce qui produit la dégradation du noir au blanc absolu : c'est le procédé de la *gravure dite à la manière noire.*

Enfin on emploie fréquemment un quatrième procédé, qui est pour ainsi dire l'inverse du précédent.

On commence par fixer les traits du dessin sur la planche en suivant le procédé à l'eau-forte ci-dessus décrit, mais en se contentant d'une morsure très légère; puis, le vernis étant enlevé et la surface métallique mise à nu, on recouvre la planche d'une légère poussière de résine que l'on fait adhérer en chauffant la plaque avec précaution. Cette résine formera réserve comme le vernis de la gravure à l'eau-forte, mais avec cette différence que, tandis que la couche de vernis est continue et protège partout le métal, la poussière de résine ne forme qu'un réseau très serré, dont les interstices pourront être mordus plus ou moins profondément par l'acide. Sur cette préparation on commence par couvrir avec un peu de vernis tout ce qui dans l'image doit rester blanc; puis on fait une première morsure générale à l'acide qui donne partout entre les grains de résine un léger creux, sauf dans les parties vernies. On obtient ainsi la teinte grise la plus légère; on couvre de nouveau avec du vernis les parties qui doivent garder cette teinte grise, et l'on fait mordre une seconde fois et ainsi de suite, couvrant chaque fois les parties qui ne doivent plus être creusées et ajoutant morsure sur morsure jusqu'à ce que celles-ci soient assez profondes pour donner aux noirs toute l'intensité que l'on désire. Ce procédé est celui de la *gravure à l'aqua-tinta.*

Ces quatre types de gravure, très différents l'un de l'autre, admettent tantôt la combinaison de l'un avec l'autre, tantôt de nombreuses variantes qu'il serait inutile de mentionner ici; mais ce que nous devons faire ressortir (c'est surtout pour cela que nous avons expliqué les divers genres de gravure), c'est que, pour la gravure en creux, quelle qu'elle soit, il faut toujours que le dessin soit représenté ou par le trait, c'est-à-dire par le sillon creusé dans le métal, ou par le grain, c'est-à-dire par des surfaces plus ou moins profondément rugueuses, de telle sorte que l'encre d'impression soit retenue dans l'un et l'autre cas; en effet, si la planche gravée offrait seulement des dépressions plus ou moins profondes, l'imprimeur, en essuyant la planche, après l'avoir couverte d'encre, nettoierait la surface lisse des creux comme celle des reliefs et n'obtiendrait que des épreuves informes. L'image gravée doit être forcément formée par l'assemblage de traits ou de grains; là est pour la gravure photographique en creux une des grandes difficultés, car la nature ne nous présente, en général, ni traits ni grains; la lumière nous montre les objets par des teintes fondues, et, lorsqu'on veut transformer en planche gravée un cliché d'après la nature ou d'après une peinture, il faut absolument trouver un grain artificiel, ainsi qu'il est le plus souvent nécessaire pour la lithographie photographique. La tâche devient beaucoup plus facile s'il s'agit de reproduire soit une gravure, soit toute autre image faite au trait ou au grain, car ceux-ci se trouvent reproduits sur le cliché qui les transmet à la planche gravée.

On a donné à la gravure photographique en creux différents noms qui ne laissent pas que de jeter quelque confusion dans l'esprit; on l'a successivement dénommée *Héliographie, Héliogravure, Photogravure*. Nous adoptons le nom général de *Photogravure :* le premier (dessin par le soleil) convient à toute la Photographie; le second (gravure par le soleil) est erroné, puisqu'on peut faire la gravure photographique à la lumière diffuse, souvent même on préfère la lumière électrique; le troisième nom est le plus exact, puisqu'il signifie simplement gravure par la lumière. Ces noms avaient sans doute été variés pour distinguer les procédés de divers inventeurs; mais, actuellement, les méthodes sont si nombreuses que nous tomberions dans une grande confusion en voulant donner un nom particulier à chacune d'elles, tandis que le nom général de *Photogravure* convient à toutes.

Nous trouvons pour la gravure photographique en creux deux modes d'opérer bien distincts : la morsure chimique sur réserve et le moulage des surfaces, ce qui nous permet de classer les procédés connus et exploités. Ajoutons que le plus grand nombre des graveurs photographiques nous font connaître leurs œuvres, mais non leurs procédés. En réalité, le succès dépend de l'expérience, de l'habileté de l'opérateur, des divers tours de main avec lesquels il sait appliquer les méthodes générales que nous allons passer en revue.

Dans ces méthodes, l'opérateur devra faire usage tantôt d'un négatif, tantôt d'un positif, selon les opérations; et, suivant que l'un ou l'autre sera employé, la planche donnera le dessin en creux ou en relief; en tous cas, nous rappelons qu'il est relativement facile par la galvanoplastie de faire une contre-planche sur laquelle les creux et les reliefs se trouvent renversés.

PHOTOGRAVURE PAR RÉSERVE.

181. Nous comprenons sous ce nom général tout procédé par lequel une substance capable de résister à la morsure de certains agents chimiques sera fixée sur le métal, directement ou indirectement, par l'action de la lumière : la surface métallique reste à nu dans les parties qui doivent être creusées; les parties couvertes de la substance résistante sont dites *réservées*.

L'invention de la Photogravure par réserve a été le premier pas que fit la Photographie dès sa naissance; elle remonte à Nicéphore Niepce, son inventeur.

La théorie en est des plus simples : c'est la gravure à l'eau-forte à peine modifiée; le vernis protecteur est remplacé par la couche sensible, la lumière et le cliché exécutent le dessin, la morsure est ensuite faite par des agents appropriés à la nature de la plaque et à celle de la couche sensible.

Les deux agents sensibles dont il a été fait usage jusqu'ici sont soit le bitume de Judée, soit le mélange de gélatine, d'albumine (ou succédanés) avec un bichromate soluble.

Nous rappelons brièvement quelques-uns des premiers essais, donnant une mention plus longue à ceux qui ont été susceptibles de réelles applications. Toutefois, les variantes sont si nombreuses qu'il serait sans intérêt de les citer toutes. Dans la période daguerrienne, beaucoup de tentatives se sont portées sur la transformation de l'image sur plaque d'argent en gravure en creux; nous retrouvons parmi les expérimentateurs les noms de MM. Donné, Berres, du duc de Luynes, et surtout de M. Fizeau dont le procédé a même été appliqué à la publication de reproductions de médailles ([1]). Parmi les graveurs qui, utilisant d'autres procédés, ont produit de remarquables photogravures, il est juste de citer MM. le comte Avet, Amand-Durand, Arents, Baldus, Dujardin, Garnier, Gobert, Manzi, Ch. Nègre, Placet, Scammoni, etc.

182. **Emploi du bitume de Judée.** — Le bitume de Judée a été le premier agent employé pour obtenir les réserves photographiques de gravure. Nous savons qu'en 1824 Nicéphore Niepce obtint ainsi la planche d'étain gravée reproduisant le portrait du cardinal d'Amboise; dans les essais qui suivirent, il fut souvent conseillé et aidé, dans ses manipulations, par M. Lemaître, graveur à Paris, et nous retrouvons en 1853 une Communication faite à l'Académie des Sciences, dans laquelle M. Lemaître et M. Niepce de Saint-Victor, neveu de Nicéphore, résument leur méthode de gravure photographique, qui diffère peu de celle indiquée par le premier Niepce :

« L'acier sur lequel on doit opérer ayant été dégraissé avec du blanc de craie, on verse sur la surface polie de l'eau, à laquelle on ajoute un peu d'acide chlorhydrique dans les proportions de 5 parties d'acide pour 100 parties d'eau : c'est un moyen usité dans la gravure à l'eau-forte pour faciliter l'adhérence parfaite du vernis au métal.

» La plaque est immédiatement bien lavée à l'eau pure et puis séchée. On étend ensuite sur la surface polie, à l'aide d'un rouleau recouvert de peau, le bitume de Judée dissous dans l'essence de

([1]) Barreswil et Davanne, *Chimie photographique*, 4e édition, pages 443 et suivantes. Paris, Gauthier-Villars, éditeur.

lavande, on soumet le vernis ainsi appliqué à la chaleur, et quand il est séché on préserve la plaque de l'action de la lumière et de l'humidité.

» Sur une plaque ainsi préparée, on applique le recto d'une épreuve photographique directe (ou positive) sur verre albuminé ou sur papier ciré, et l'on expose à la lumière, pendant un temps plus ou moins long suivant la nature de l'épreuve à reproduire et suivant l'intensité de la lumière.

» Dans tous les cas, l'opération n'est jamais très longue : on peut faire une épreuve en un quart d'heure au soleil et en une heure à la lumière diffuse.

» Il faut même éviter de prolonger l'exposition; car, alors, l'image devient visible avant l'opération du dissolvant, et c'est un signe certain que l'épreuve est manquée, parce que le dissolvant ne produira pas l'effet demandé.

» On emploie pour dissolvant 3 parties d'huile de naphte rectifiée et 1 partie de benzine (préparée par Collas). Ces proportions donnent en général de bons résultats; mais on peut les varier en raison de l'épaisseur de la couche de vernis et du temps d'exposition à la lumière, car plus il y aura de benzine, plus le dissolvant aura d'action. Les essences produisent les mêmes effets que la benzine, c'est-à-dire qu'elles enlèvent les parties de vernis qui ont été préservées de l'action de la lumière.

» Pour arrêter promptement l'action du dissolvant, on jette de l'eau sur la plaque en forme de nappe et l'on enlève ainsi tout le dissolvant; on sèche ensuite les gouttes d'eau qui sont restées sur la surface, et les opérations héliographiques sont terminées.

» Maintenant il reste à parler des opérations du graveur.

Composition du mordant.

	Parties.
Acide nitrique à 36°	1
Eau distillée	8
Alcool à 36°	3

» L'action de l'acide nitrique, étendu d'eau et alcoolisé dans ces proportions, a lieu aussitôt que le mordant a été versé sur la plaque d'acier préparée comme il vient d'être dit, tandis que les mêmes quantités d'acide nitrique et d'eau sans alcool ont l'inconvénient de n'agir qu'après deux minutes au moins de contact.

» On laisse le mordant fort peu de temps sur la plaque, on l'en retire, on lave et on sèche bien le vernis et la gravure, afin de pouvoir continuer à creuser le métal plus profondément sans altérer la couche héliographique.

» Pour cela, on se sert de résine en poudre très fine, placée dans le fond d'une boîte préparée à cet effet, et on l'agite avec un soufflet, de manière à former un grain. »

Nous rentrons ici dans les procédés du graveur pour donner le grain de résine.

Depuis, Niepce de Saint-Victor modifia quelque peu la composition du vernis sensible et la manière de s'en servir ([1]), soit :

	gr
Benzine	90
Essence de zeste de citron pure	10
Bitume de Judée pur	2

On a soin de dessécher préalablement la benzine, en mettant dans le flacon qui la contient quelques fragments de chlorure de calcium.

On filtre la solution qui forme un vernis très fluide; on peut, suivant le sujet à reproduire, augmenter la dose du bitume de Judée et en mettre 3^{gr} et même 4^{gr}.

La planche d'acier étant bien nettoyée, on y verse le vernis, comme on y verserait le collodion, on écoule l'excédent dans le flacon et on la dresse contre un mur pour la laisser sécher. On applique sur le vernis une épreuve positive et l'on expose à la lumière pendant un temps que l'expérience seule peut déterminer; les opérations jusqu'à la morsure de la planche sont exactement les mêmes que celles précédemment indiquées. Avant de faire mordre, si le vernis ne présente pas assez de solidité pour résister à l'action de l'eau-forte, Niepce le consolide en exposant la planche aux vapeurs d'essence d'aspic ordinaire pendant deux à trois minutes; il applique ensuite le grain d'aqua-tinta et il fait mordre

([1]) NIEPCE DE SAINT-VICTOR, *Traité pratique de gravure héliographique*; 1866.

par l'eau acidulée d'acide azotique très faible; souvent même, il commence la morsure par l'eau *iodée,* qu'il renouvelle deux ou trois fois, et il termine enfin par l'acide azotique très étendu.

183. Ch. Nègre employait pour la gravure sur acier une méthode qui, sur plusieurs points, différait de celles indiquées ci-dessus et avec laquelle il obtint de très remarquables spécimens comme dimension et comme exécution; mais Ch. Nègre n'ayant jamais publié sa manière de faire et n'ayant pas formé d'élèves, nous ne la connaissons que par ouï-dire, et c'est sous toutes réserves que nous donnons les renseignements suivants :

Au lieu d'un positif, il employait un négatif appliqué sur la planche d'acier préalablement préparée avec une couche mince de bitume de Judée (et quelquefois avec la gélatine bichromatée); sous le négatif, l'enduit préservateur, quel qu'il fût, était rendu insoluble par la lumière dans les parties destinées à être creusées par l'acide, et au contraire les clairs étaient représentés par le métal mis à nu. Dans ces conditions, le traitement par l'acide eût donné une image négative; mais, au lieu de graver la planche à ce moment, Nègre la dorait par un bain galvanoplastique : les grands blancs étaient couverts en plein par l'or, les demi-teintes ne l'étaient que partiellement; les noirs étaient presque entièrement préservés de la dorure par la réserve insoluble, pourtant il s'y formait un réseau d'or nécessaire pour obtenir le grain, sans lequel l'encrage n'eût pas été possible. Cette dorure formée à la surface devenait une réserve contre la morsure acide, qui était ensuite exécutée par les moyens connus.

184. Le bitume de Judée, beaucoup moins sensible à la lumière que les préparations de gélatine ou d'albumine bichromatée, se prête moins bien que ces dernières à la reproduction des demi-teintes et, actuellement, il est rarement employé pour la gravure en creux d'après les clichés à teintes dégradées; il est au contraire préférable lorsqu'il s'agit de la reproduction du trait, parce qu'il donne des lignes mieux tranchées. Rappelons toutefois que M. le capitaine Biny a retiré du goudron de houille une substance sensible avec laquelle il a produit des gravures à demi-teintes.

Le mode d'emploi actuel du bitume de Judée diffère peu des

procédés primitifs : c'est toujours la solution dans la benzine cristallisable, à la dose de 3 ou 4 parties de bitume pour 100 parties de dissolvant; on étend en couches minces sur la plaque de métal, comme si on collodionnait; on expose et l'on fait apparaître le dessin en dissolvant dans l'essence de térébenthine les parties non insolées; on arrête l'action de l'essence par une large nappe d'eau. S'il faut un dissolvant plus énergique, on ajoute plus ou moins de benzine à l'essence; s'il y a nécessité, on dépose un grain de résine avant de faire mordre, en employant les procédés connus de la gravure; on peut aussi utiliser la méthode des réseaux mentionnée plus loin. Toutefois, les couches de bitume sont plus particulièrement employées pour la gravure en relief.

185. Emploi des solutions bichromatées. — Fox Talbot fut le premier qui, en mai 1853, proposa les couches de gélatine bichromatée comme réserve pour faire les gravures photographiques.

Après avoir décapé une plaque d'acier avec un mélange de vinaigre et d'acide sulfurique et l'avoir bien essayée, il couvrait cette plaque avec une solution de gélatine additionnée de bichromate de potasse et, après l'avoir desséchée, il l'exposait sous une épreuve positive. Nous n'avons pas à revenir sur cette réaction, déjà tant de fois décrite. L'image s'accusait en brun sur fond jaune; il lavait à l'eau, puis à l'alcool et, après dessiccation, il soumettait au mordant qu'il laissait pénétrer dans les parties de la couche gélatineuse restées perméables; il indiqua également le premier que, la gélatine insolubilisée étant rapidement attaquée et détériorée par les solutions acides, la morsure de la planche ne pouvait être faite par l'acide nitrique affaibli, qui est le réactif ordinaire. Il employa le bichlorure de platine en solution d'autant plus concentrée qu'il voulait une attaque moins énergique, d'autant plus étendue qu'il voulait agir plus rapidement; après la morsure, il rejetait le liquide, lavait la planche et la gravure était faite.

Fox Talbot a obtenu ainsi des photogravures d'une remarquable finesse; mais toujours incomplètes, lorsqu'il s'agissait d'épreuves d'après nature, parce que son procédé ne rendait pas encore la dégradation de teintes qui seule peut donner des images artistiques.

186. *Procédé de M. Garnier.* — Jusqu'à l'Exposition universelle de 1867, nous ne voyons aucun progrès dans la Photogravure; mais, à cette date, M. Garnier, qui déjà avait communiqué, en commun avec M. Salmon, diverses méthodes très intéressantes, exposa plusieurs planches, une entre autres du château de Maintenon, qui lui valurent une grande médaille d'or : la difficulté de la gravure avec demi-teintes était résolue et, depuis ce moment, les progrès s'accentuèrent et les procédés se multiplièrent.

La méthode de M. Garnier est la suivante (¹) :

On prépare une planche de cuivre en y déposant, soit par coulage, soit au rouleau, une couche très mince d'une dissolution de 2gr de sucre, 1gr de bichromate d'ammoniaque dans 14gr d'eau; cette couche est aussitôt régularisée au moyen d'une tournette que l'on fait mouvoir rapidement au-dessus d'une plaque chaude.

Sur cette préparation séchée, on pose immédiatement le cliché *positif* de la gravure à reproduire et l'on expose le tout soit au soleil pendant une minute, soit à la lumière électrique pendant trois minutes; la réaction se produit très vite, les parties insolées cessent d'être hygroscopiques, tandis que sous les ombres la substance reste poisseuse, elle retient les poudres quelconques qu'on y promène et montre une image très nette. La couche étant excessivement mince, le peu d'humidité qui s'y porte et la poudre ajoutée suffisent pour en rompre la continuité, surtout si cette poudre a des propriétés très légèrement alcalines, telles que celles de la cendre finement tamisée. Si le reste de la surface offrait la résistance nécessaire on pourrait faire mordre immédiatement la planche, mais la lumière n'a pas suffi pour amener une complète imperméabilité, il faut y joindre l'action de la chaleur. On place donc la planche à graver sur un grillage à mailles espacées, on promène dessous une large flamme et l'on chauffe jusqu'à ce que l'on voie apparaître les couleurs irisées sur les bords de la planche, là où le métal est à nu; la couche sucrée est alors devenue très compacte dans les parties solarisées, mais sous la poudre elle est brisée,

(¹) *Bulletin de la Société d'Encouragement*, novembre 1881, p. 573. — A. Davanne, *Rapport sur les travaux de M. Garnier*, au nom du Comité des Constructions et Beaux-Arts.

poreuse et perméable aux acides; on couvre la surface avec le mordant, qui est une solution de perchlorure de fer à 45° B. et, après quelques minutes de contact, la planche est gravée, si c'est une gravure de trait. Il ne reste qu'à la débarrasser de la couche bichromatée sucrée qui formait la réserve et qui, durcie par la chaleur, résiste aux lavages ordinaires; on l'enlève parfaitement en frottant la surface avec une brosse dure et une lessive de potasse et en s'aidant de la chaleur. La planche est prête pour le tirage. Quelquefois, il est nécessaire de procéder à plusieurs morsures successives et de faire intervenir un grain de résine; on emploie alors les procédés divers de l'art du graveur.

Si l'on veut reproduire par la gravure l'image d'un objet, d'un portrait, d'un paysage, etc., à teintes dégradées et fondues, on obtient ces dégradations en répétant trois fois de la manière suivante l'opération ci-dessus décrite :

La planche de cuivre étant préparée comme précédemment, on la soumet à la lumière sous un cliché photographique positif et on la laisse exposée longtemps, soit quatre minutes, à la lumière électrique; la couche sucrée durcit sous les blancs, sous les teintes faibles et sous les demi-teintes, seuls les grands noirs ne sont pas imperméabilisés; on enlève la planche, on la poudre, on la grave par morsure, comme il vient d'être expliqué : les noirs seuls sont gravés.

Après avoir bien nettoyé cette planche, on la prépare une seconde fois et on la replace sous le cliché en la repérant exactement, ce qui est facile en prenant les dispositions convenables, puis on l'expose encore à la lumière, mais moins longtemps que la première fois, deux minutes par exemple; cette fois on a l'image des demi-teintes et des noirs; on enlève la planche, on la poudre, on la fait mordre, ce qui donne à la fois des noirs plus profonds et les teintes moins accentuées.

On recommence une troisième fois, en laissant la planche moins longtemps exposée à la lumière, une minute seulement. Les blancs durcissent seuls, les teintes légères, les demi-teintes et les noirs restent perméables; après poudrage et gravure, la plaque est complète.

Lorsqu'il est nécessaire, on ajoute un grain de résine, après chaque opération, d'après le mode actuel des graveurs.

Par ce même procédé on peut faire la gravure de trait pour la Typographie. On commence par conduire l'opération exactement comme il est décrit pour la première phase; seulement, après l'exposition sous l'image positive, au lieu de faire apparaître l'image avec une poudre légèrement alcaline, on emploie la poudre de bitume de Judée et l'on chauffe doucement, assez pour que cette poudre prenne une certaine cohésion et adhère au métal, pas assez pour que le sucre bichromaté passe à l'état insoluble. On lave alors la planche à l'eau; toute la couche sucrée est éliminée, la surface du cuivre est mise à nu, mais le trait reste formé par le bitume de Judée qui fait réserve; on grave la surface avec le perchlorure de fer, qui donne un premier creux en laissant tous les traits en relief, et l'on continue à creuser le métal en alternant les encrages et les morsures par les procédés connus du gillotage.

186 *bis*. *Aciérage des planches gravées* (¹). — Les planches gravées, surtout celles en cuivre, s'usent assez vite par le tirage;

(¹) *Bulletin de la Société d'Encouragement*, Rapport cité.

M. Garnier a aussi fait connaître, sous le nom d'*atmographie*, un nouveau procédé d'impression qui peut se rattacher aux applications de la Photographie et que nous croyons utile de résumer :

On prend une planche de cuivre gravée en creux, on remplit la gravure avec de la poudre d'albumine; d'autre part, on verse et l'on étend sur une planchette de bois quelques gouttes d'acide fluorhydrique et l'on expose la gravure poudrée au dégagement des vapeurs fluorhydriques pendant dix à quinze secondes, en la tenant écartée du bois par un espace de $0^{m},005$ environ; l'acide se condense dans la poudre sans altérer le métal. (Nous devons rappeler que l'acide fluorhydrique à l'état liquide ou de vapeur est des plus corrosifs et que son emploi exige de grandes précautions.) D'autre part, sur une surface quelconque, métal, papier ou verre, on étend une dissolution de sucre et de borax que l'on dessèche aussitôt; on met les deux surfaces en contact intime pendant quelques secondes. Sous l'action des vapeurs acides, il se fait un fluoborate de soude déliquescent, le sucre devient poisseux et, en passant une poudre sur cette surface, l'image apparait immédiatement.

On peut obtenir ainsi des épreuves de toutes couleurs; si l'image est sur verre, on peut la reporter sur papier au moyen du collodion ou de la gélatine; si on emploie les poudres d'émail, on peut trouver dans cette réaction un nouveau moyen de faire des épreuves vitrifiées. Il en a été fait une application fort utile, dans les cours de Sciences, par M. Bertin, qui, prenant les planches gravées en creux pour les Traités d'enseignement, s'en servait, d'après le procédé d'atmographie de M. Garnier, pour faire sur verre les figures explicatives qu'il projetait agrandies pendant le cours de ses Leçons.

aussi les premières épreuves, dites *avant la lettre,* avaient autrefois un prix supérieur aux autres. Actuellement, on recouvre la surface de la planche d'une couche de fer extrêmement dur qui la protège pendant longtemps contre l'action du tampon, de l'essuyage et de la presse; cette couche de fer peut être renouvelée facilement, autant de fois qu'il est nécessaire, dès que la planche présente les premières traces d'usure.

Cette opération, qu'on appelle l'*aciérage,* n'est qu'un accessoire de notre sujet; mais, comme l'application en est due entièrement à M. Garnier, nous avons cru devoir la mentionner : il est juste de reconnaître que l'inventeur a rendu à l'industrie de l'impression en taille-douce et à l'art de la gravure un immense service, puisqu'une planche aciérée, bien surveillée, réaciérée dès qu'elle en a besoin, peut fournir un tirage presque indéfini.

Le brevet de M. Garnier sur ce sujet remonte au 18 juillet 1857; l'opération est simple, tout intéressé peut la faire. On prépare une solution de chlorhydrate d'ammoniaque; on fait passer le courant d'une pile de Bunsen, composée d'un ou plusieurs éléments suivant la dimension de la planche à recouvrir; on attache au pôle positif, c'est-à-dire au fil qui communique avec le charbon, une plaque de fer que l'on plonge dans le bain. Le pôle négatif, c'est-à-dire le fil se rattachant au zinc, plonge également dans le liquide et le passage du courant commence à mettre le bain en activité. La planche gravée est alors bien lavée à la potasse pour enlever tous les restes d'encre et de corps gras, puis rincée à l'eau, attachée au pôle négatif (au fil communiquant avec le zinc) et plongée dans le bain.

Sous l'action du courant, il s'est produit dans le bain un chlorure de fer ammoniacal qui se décompose et le fer se dépose sur la planche gravée qui, en quelques instants, passe du rouge au blanc; on maintient l'action pendant une demi-heure à une heure, pour que le dépôt soit suffisant bien qu'infiniment mince. Le fer ainsi déposé est si dur qu'on a reconnu qu'il y avait avantage à en recouvrir même les planches d'acier.

Après lavage et séchage, cette planche est prête pour le tirage. Lorsqu'elle aura fourni des centaines d'exemplaires, quoique aciérée, elle commencera à s'user et à montrer par places la couleur rouge du cuivre; il suffit de la passer dans un bain d'eau acidulée par l'acide nitrique, marquant 5° B. : le fer disparaît immédiatement et on n'a qu'à la laver et la replacer dans le bain excité par la pile pour obtenir un nouvel aciérage et recommencer le tirage.

187. Autres procédés. — Les gravures de M. Garnier ayant appelé de nouveau l'attention sur l'emploi des préparations bichromatées indiquées par F. Talbot pour l'obtention des planches gravées, on revint à cette méthode, qui est généralement employée aujourd'hui pour la Photogravure. Les opérations sont simples, mais la réussite dépend surtout de l'habileté avec laquelle elles sont mises en œuvre. Nous avons sur ce sujet les renseignements communiqués par M. Arents à la Société d'Encouragement (¹).

... La planche métallique à graver, soit en creux, soit en relief, est couverte d'une couche mince, formée par une solution de :

Eau	125^{cc}
Gélatine	6^{gr}
Bichromate de potasse	4^{gr}

Cette couche est étendue régulièrement et, lorsqu'elle est sèche, elle ne doit pas avoir plus d'épaisseur qu'un vernis. Les planches ainsi préparées sont très sensibles à la lumière et il est préférable de les employer le plus tôt possible après leur préparation.

Pour la gravure en creux, on ne peut se servir directement d'un négatif; il faut, par un des procédés connus, faire une très bonne épreuve positive sur glace, en évitant, pendant l'impression, les rayons lumineux obliques qui nuiraient à la netteté de l'image; puis, cette épreuve positive est mise en contact immédiat avec la couche bichromatée de la planche et insolée avec les mêmes soins, pour éviter toute lumière qui ne tombe pas perpendiculairement sur les surfaces en contact.

L'action est rapide, mais variable suivant la lumière, suivant les clichés et les motifs à reproduire; elle est à peine de quelques secondes au soleil et elle atteint dix minutes, un quart d'heure, et même plus dans les jours sombres; la gélatine passe à l'état inso-

(¹) Rapport par M. Davanne, au nom du Comité des Constructions et Beaux-Arts, sur les gravures photographiques présentées par M. Arents à la Société d'Encouragement (*Bulletin* de mars 1881, p. 129).

luble et même imperméable, excepté sous les traits noirs du positif. Il suffit alors de plonger la planche, sans aucune préparation, dans une solution de perchlorure de fer étendue si l'on veut une morsure rapide.

Le liquide ne pénètre que dans les traits préservés par la lumière; il attaque le métal et fait une première morsure, qu'on ne pourrait prolonger longtemps sans courir le risque, comme pour la morsure à l'eau-forte, de perdre la planche : il y a là une question d'appréciation et le graveur est exactement dans les mêmes conditions que pour faire mordre un dessin à la pointe ou à l'aqua-tinta.

Cette première attaque par le perchlorure de fer étant faite, l'opération photographique est terminée; on rentre dans celle du graveur. La surface métallique est débarrassée de toute couche superficielle et mise à nu; l'opérateur commence par encrer les creux et tirer un premier essai; mais, le plus souvent, cette morsure manque de profondeur : alors on nettoie parfaitement les creux de toute matière grasse et par des encrages successifs, faits seulement à la surface avec un bon rouleau dur d'imprimeur et en ménageant avec soin les traits les plus légers, puis, par un saupoudrage de bitume ou de résine, suivi d'un chauffage à 70° ou 80° C., on forme une nouvelle réserve superficielle, que l'on peut renouveler chaque fois et qui permet de recommencer autant de morsures qu'il est nécessaire pour arriver à l'intensité voulue. Pendant la série de ces opérations, on recouvre successivement de vernis les parties que l'on juge suffisamment creusées, comme on le fait pour les gravures à l'eau-forte et à l'aqua-tinta. Pour les gravures à teintes dégradées, on fait intervenir le grain de résine et, s'il y a lieu, les expositions répétées avec repérage, ainsi qu'il est dit dans le procédé Garnier.

Pour les Photogravures, il est nécessaire que le négatif soit retourné, sans quoi l'image définitive serait renversée. M. Arents emploie le caoutchouc pour enlever les clichés qu'il fait au collodion, sur pellicules très minces, ce qui permet l'impression dans tel sens que l'on veut. (*Voir* t. I, 257.)

M. Manzi emploie divers procédés de photogravure, qui lui sont personnels et que nous n'avons pas à rechercher; il utilise comme couches sensibles, tantôt les préparations bichromatées, tantôt le bitume de Judée, et il obtient, avec des clichés de teintes continues, des planches dont on peut apprécier la finesse et le délicat modelé sur la gravure qu'il a eu l'obligeance de mettre à notre disposision pour le frontispice de ce Volume.

PHOTOGRAVURE PAR MOULAGE.

188. La photogravure par moulage s'exécute toujours sur les reliefs de la gélatine bichromatée, dont il nous faut, ici encore, rappeler les propriétés. La gélatine additionnée d'un bichromate alcalin devient insoluble et imperméable sous l'influence de la lumière ; après exposition et traitement par l'eau chaude, les parties insolubles restent en relief sur le support, les autres sont dissoutes : il est donc possible de mouler ces reliefs, d'autant plus accentués que la lumière a agi plus profondément, et d'en obtenir les creux.

Si la planche gélatinée est traitée par l'eau froide au lieu d'être soumise à l'action de l'eau chaude, les parties non insolées se gonflent et produisent un relief que l'on peut également mouler, seulement l'effet est l'inverse du premier. Le moulage des reliefs humides est plus profond, mais moins fin que celui sur gélatine sèche, parce que la gélatine spongieuse et humide ne peut se prêter qu'à un moulage sans pression.

Il y a donc dans ces deux méthodes les éléments d'une planche gravée en creux et en relief. Aussi dès le début, en 1855 et 1856, nous les voyons toutes deux employées : la première par Pretsch qui moulait par la Galvanoplastie les reliefs secs et insolubles ; la seconde par Poitevin qui, sous le nom d'*Hélioplastie*, indiquait pour la gravure typographique le moulage des reliefs par gonflement.

Les premiers essais de Pretsch, très remarquables alors, étaient cependant incomplets, parce qu'on n'avait pas encore compris que la gélatine insolée sur une face devait être développée par l'autre face, sous peine de perdre les demi-teintes ; il y avait en outre une certaine difficulté pour obtenir le grain nécessaire à l'encrage. Pretsch avait néanmoins dans ses planches le grain vermiculé provenant de la réticulation de la gélatine sous un excès de bichromate de potasse.

Le procédé d'Hélioplastie de Poitevin pouvait donner des résultats passables pour des reproductions de gravures ou de dessins de trait, mais il ne pouvait convenir pour les teintes modelées.

La méthode des moulages ne commença à produire des spécimens acceptables qu'entre les mains de M. le général Avet et aussi de M. Placet qui, adoptant le principe de l'abbé Laborde et de Fargier pour les épreuves au charbon, employèrent les divers moyens de développer une épreuve à la gélatine ou autre par la face opposée à l'insolation et qui utilisèrent les réactifs chimiques assurant la réticulation de la gélatine ([1]); on reproduit par la Galvanoplastie les reliefs ainsi obtenus, ce qui donne une planche en creux utilisable pour l'impression en taille-douce.

189. M. Rousselon, après avoir installé dans les ateliers de la maison Goupil et Cie, à Asnières, les appareils nécessaires pour les impressions par le procédé de la *Photoglyptie* (*voir* 141 et suivants), voulut, comme M. Woodbury, utiliser le moulage par la presse pour produire des planches gravées; il se trouvait encore en face de l'importante question du grain qui, inutile et même fâcheux pour la Photoglyptie, s'imposait pour l'impression en taille-douce. Il sut tourner très habilement cette difficulté, mais il ne fit pas connaître son procédé qui consiste, dit-il, dans l'adjonction à la gélatine d'une substance produisant un grain proportionnel sous l'influence de la lumière. L'opération est d'abord conduite exactement comme s'il s'agissait de faire le moule photoglyptique; lorsque le relief dur de gélatine est prêt pour le moulage, on le met sur une plaque de plomb et on le passe au laminoir, au lieu d'employer la presse hydraulique : en effet, la rigoureuse planimétrie n'est plus nécessaire pour les planches gravées comme pour les moules photoglyptiques, et l'emploi du laminoir permet de faire des plaques de très grandes dimensions.

Le métal dans lequel on obtient ce premier creux n'est pas assez résistant pour pouvoir être employé directement à l'impression : mais il est facile d'en faire la contre-partie en cuivre par la Galvanoplastie, ce qui donne une planche mère en relief sur laquelle on fait une seconde planche en creux; cette planche convenablement

---

([1]) *Bulletin de la Société française de Photographie*, année 1863, p. 228.

retouchée, aciérée, est livrée à l'imprimeur en taille-douce qui peut en tirer un nombre illimité d'épreuves. Ce procédé de M. Rousselon a, le premier, permis de livrer d'une façon courante les reproductions gravées d'un très grand nombre de tableaux choisis chaque année aux expositions de peinture; il est remplacé en partie aujourd'hui par celui de M. Manzi qui, par une méthode par morsure plus rapide, appliqua la gravure photographique aux belles éditions artistiques illustrées.

M. Michaud a présenté en 1878 des planches gravées en creux par le moulage des reliefs de gélatine sèche au moyen d'un métal fusible à basse température; ce procédé, dont nous avons vu il y a quelques années des spécimens d'une grande finesse, nous a semblé bien réussir pour la reproduction des gravures; mais, pour les épreuves sur nature ou d'après des peintures, la question du grain ne nous a pas paru suffisamment résolue à cette époque pour permettre un encrage irréprochable dans les noirs.

PHOTOGRAVURE MÉCANIQUE AU BURIN.

190. Avec les procédés de gravure par morsure ou par moulage expliqués ci-dessus, les résultats diffèrent notablement de la gravure au burin. Jusqu'ici, sans préjuger toutefois les antériorités qui peuvent exister, l'action de la lumière n'avait pu être traduite par les tailles que creuse un outil dans une planche de métal; M. Sartirana a publié un procédé permettant de graver mécaniquement l'image photographique par des entailles plus ou moins profondes et plus ou moins larges.

Le principe de l'invention (¹) repose sur l'emploi d'une machine à graver les lignes parallèles. Soit une table de fonte parfaitement plane, sur la surface de laquelle avance, parallèlement à elle-même, une forte règle en fer mue d'une manière intermittente par deux vis finement filetées qui sont fixées aux deux extrémités de la table. Ces vis sont accouplées et, à chaque mouvement que leur commu-

(¹) Rapport à la Société d'Encouragement par MM. Davanne et Plon, membres du Comité des Constructions et des Beaux-Arts, sur le procédé de Photogravure mécanique au burin présenté par M. Sartirana (juillet 1887.)

nique une même manette, elles font avancer la règle d'une quantité rigoureusement déterminée, qui peut être réduite au dixième de millimètre.

Le long de cette règle glisse, à frottement doux mais très précis, un chariot auquel est adapté un fléau ou levier porte-burin ; ce levier, assez long, est fixé au chariot par une de ses extrémités, l'autre restant mobile; il peut se relever d'une petite quantité sans cesser d'être parallèle à la règle. Sur ce fléau sont attachés par des vis deux burins, à une distance l'un de l'autre calculée par avance; l'un est tranchant, sa pointe en forme de V présente un angle plus ou moins aigu, déterminé avec précision suivant la largeur des tailles que l'on veut produire; l'autre est à pointe tout à fait émoussée : c'est plutôt un butoir, ce qu'en termes de métier on appelle une *touche*.

Lorsqu'on fait marcher le chariot le long de la règle, si le butoir rencontre un relief, il remonte, soulève légèrement le fléau ainsi que le burin coupant, puisque ces trois pièces sont solidaires, et la pointe tranchante de ce dernier pénètre ainsi plus ou moins profondément dans la planche de métal qui est fixée sur la table de la machine et elle fait des entailles dont la largeur dépend de la largeur de l'outil et du soulèvement du fléau.

Il suffit donc que l'image à graver soit représentée par des reliefs et des creux sur la planche que parcourt la touche ou butoir, pour qu'elle soit gravée sur la planche de métal qui est placée symétriquement sur la table et parcourue en même temps par le burin coupant.

Or nous savons que, par les procédés de la gélatine bichromatée, il est relativement facile d'obtenir une image en relief et en creux, soit positive, soit négative, et ce même procédé donnera avec une image positive une gravure en relief pour typographie, et avec une image négative, une gravure en creux dite *en taille-douce*.

Il est possible avec une même épreuve de gélatine en relief de faire à volonté la gravure typographique ou la gravure en creux : il suffit de changer le point d'attache du fléau porte-burin. Si cette attache est à l'extrémité, la rencontre du relief par la touche soulève les deux burins, et l'entaille tracée est d'autant plus légère que ce relief est plus accentué; si le point d'attache est entre les deux burins, ceux-ci obéissent à un mouvement de bascule, et plus le relief soulève la touche, plus le burin coupant entaille profondément et largement la planche à graver.

191. Du grain et des réseaux. — Dans toutes les conditions de la gravure en creux expliquée ci-dessus, et aussi pour la gravure en relief décrite au Chapitre suivant, nous voyons reparaître, sauf pour la gravure au burin, la nécessité d'obtenir un grain artificiel et quelquefois un réseau, lorsque le sujet reproduit par le cliché ne porte pas avec lui le grain ou les tailles qui sont nécessaires pour l'effet des ombres et des demi-teintes et pour l'encrage régulier.

De nombreuses méthodes, outre celles déjà mentionnées, ont été proposées pour obtenir le grain artificiel; nous avons déjà cité plusieurs fois le passage de la planche au grain de résine du graveur qui se fait de la manière suivante :

On met dans une grande boîte, ou plutôt dans une sorte d'armoire, une quantité suffisante de résine en poudre très fine; l'armoire étant fermée, on agite et soulève cette poussière au moyen d'une manivelle mue de l'extérieur et on la laisse retomber pendant plus ou moins longtemps, selon la finesse du grain que l'on désire. On place alors la planche de métal à plat dans l'armoire sur une tablette à claire-voie. On l'y laisse pendant le temps nécessaire pour qu'il s'y dépose une couche fine et uniforme de résine, puis, après l'avoir sortie avec précaution, on la chauffe en dessous de manière à fondre et à souder les grains au métal.

On a proposé de remplacer le passage à la résine par l'interposition, entre le cliché et la couche sensible, d'une pellicule de collodion très mince portant le grain imprimé.

On place cette feuille presque sans épaisseur entre le cliché et la couche bichromatée; on obtient ainsi la reproduction d'un grain à peine sensible dans les parties protégées par les noirs du cliché, tandis qu'il est de plus en plus accentué dans les parties transparentes. Nous croyons que l'interposition d'une pellicule, quelque mince qu'elle soit, nuira toujours à la finesse du résultat.

On pourrait encore, comme l'a proposé M. Courtenay, incorporer dans le collodion quelques substances, telles que de la silice ou du verre pilé en poudre impalpable.

M. Woodbury, pour donner un grain aux planches métalliques qu'il obtenait par la Photoglyptie, ajoutait directement une poudre dure et insoluble dans la préparation de gélatine bichromatée ; ou bien, après l'obtention de l'épreuve gélatineuse, lorsqu'elle présentait une surface encore adhésive dans les parties que la lumière n'a pas complètement imperméabilisées, il la saupoudrait avec une poudre dure, plus ou moins fine, qui n'adhérait que dans les parties les moins solarisées et était enlevée au lavage dans les autres parties; il était arrivé à transformer ainsi les moules métalliques en planches prêtes pour l'impression.

On remplace souvent le grain par un réseau de lignes entrecroisées ; ce réseau peut être copié directement à la chambre noire sur le cliché lui-même, ou interposé entre le cliché et la couche sensible, ou imprimé par la lumière après l'obtention de l'image. Le principe du réseau paraît remonter à la Communication qui a été faite par Berchtold, en avril 1859, à la Société française de Photographie, et que nous résumons ici :

Une planche métallique (de zinc ou de cuivre) est couverte d'un enduit sensible qui peut être le bitume de Judée ou la gélatine bichromatée ; on l'expose à la lumière sous le cliché photographique. L'action lumineuse est bientôt complète dans les grandes transparences : une insolation ultérieure ne peut donc plus la modifier, le bitume est devenu insoluble ou la gélatine imperméable; dans les demi-teintes et dans les parties complètement opaques du cliché. l'action lumineuse peut continuer proportionnellement à cette opacité. Arrivé à ce moment, Berchtold enlevait la photographie et lui substituait une glace très finement striée de lignes parallèles alternativement transparentes et opaques; ces raies s'imprimaient alors sur la plaque sensible, mais avec une intensité inverse de la première action lumineuse ; l'opérateur faisait successivement trois ou quatre impressions avec cette glace striée, en croisant les lignes suivant des angles divers et en diminuant chaque fois le temps de pose, de sorte que là où les grands noirs du cliché avaient entièrement préservé la couche sensible on obtenait tout le travail des raies, là au contraire où les grands clairs avaient laissé la lumière insolubiliser l'enduit protecteur de la planche les raies n'avaient aucune action, et entre ces deux extrêmes le réseau se trouvait plus ou moins imprimé. On obtenait ainsi une planche de métal prête pour la morsure, donnant une gravure en relief si l'épreuve photographique employée était négative, ou une gravure en creux si cette épreuve était positive.

Actuellement, pour obtenir le réseau, on commence par exécuter sur une planche de métal au moyen de la machine à graver un léger grisé formé de lignes parallèles fines et serrées; on en tire les épreuves, que l'on reproduit par la Photographie, et l'on obtient ainsi des images sur pellicules. Ces pellicules remplacent la glace striée de Berchtold : on en fait l'impression par la lumière tantôt sur le cliché photographique, tantôt sur la couche sensible dont est recouverte la planche à graver.

Ce principe du réseau, a été modifié et utilisé par les moyens les plus divers; dans l'application il s'est présenté plusieurs difficultés que les méthodes spéciales de divers expérimentateurs ont su tourner habilement pour entrer dans une application tout à fait pratique. Nous devons citer particulièrement les belles reproductions de peintures faites par M. Manzi, qui a obtenu des gravures en creux ou en relief d'une exécution très remarquable en réunissant sur une seule épreuve le réseau et l'image.

Souvent encore, au lieu d'un réseau artificiel, on provoque par procédés chimiques la réticulation de la gélatine, qui produit un grain d'une grande régularité.

D'autres inventeurs obtiennent l'original à graver sur papier strié ou granulé; la copie porte donc avec elle le grain ou les stries nécessaires.

Quelle que soit la méthode employée, les difficultés, grandes au début, semblent maintenant résolues par divers moyens et tours de main que chaque praticien se réserve et dont nous n'avons pu donner que les principes.

CHAPITRE III.

PHOTOGRAVURE TYPOGRAPHIQUE (PHOTOTYPOGRAPHIE) (GRAVURE EN RELIEF).

192. **Généralités.** — Ce serait surtout aux procédés photographiques de gravure en relief employés pour les impressions typographiques que l'on eût dû donner le nom de *Phototypie*, puisqu'il rappelle une dénomination généralement usitée : un usage fâcheux en a décidé autrement, nous ne pouvons que le regretter.

La gravure en relief est celle qui, laissant à la surface de la planche, sensiblement sur le même plan, toutes les parties qui doivent prendre l'encre et s'imprimer en noir, enlève en creux toutes celles qui doivent rester blanches, de sorte que le rouleau puisse déposer une couche d'encre sur les reliefs sans en mettre dans les creux.

Cette planche se trouve à peu près dans les mêmes conditions qu'une composition d'imprimerie, abstraction faite de la mobilité des caractères; elle peut être intercalée au milieu de ceux-ci et, théoriquement, imprimée avec la même rapidité et la même économie; toutefois, plus la planche est délicatement gravée, plus il est nécessaire d'employer des papiers très unis, des encres fines, des presses et des rouleaux d'une exécution très soignée. La plupart des procédés de photogravure en creux ci-dessus décrits peuvent donner les gravures typographiques en relief, à la condition de changer le cliché et de se servir d'un négatif là où l'on utilisait un positif et réciproquement, et en tenant compte que les effets sont renversés, c'est-à-dire que les blancs iront s'éclaircissant à mesure que les creux et les morsures seront plus accentués : c'est le contraire pour la photogravure.

C'est aux progrès de la gravure en relief que nous devons tous les ouvrages de science ou d'illustrations avec gravures intercalées dans le texte.

Toutefois, les gravures en relief faites à la main sont d'un prix assez élevé : il faut passer par le dessinateur, le graveur sur bois, le plus souvent par le moulage ou la galvanoplastie, avant d'avoir l'épreuve prête pour l'impression. Il est possible d'arriver à ces résultats par les moyens photographiques, surtout lorsqu'il s'agit de gravures ou de dessins ayant du grain ou du trait; mais, s'il s'agit d'images faites d'après nature, la réussite présente des difficultés plus grandes que pour la gravure en taille-douce; il faut, en effet, pour la Typographie, des traits ou des grains moins serrés que pour les autres procédés, sous peine d'empâtement général, et la question d'un large grain ou de larges traits artificiels se présente de nouveau.

Depuis quelques années, bien des méthodes nouvelles ont été proposées et des méthodes anciennes, avec lesquelles on n'avait pas réussi d'abord, ont fini par conquérir leur place.

L'Imprimerie toute-puissante voulait, sans rien changer, que la Photographie s'adaptât complètement à ses habitudes; le malheureux inventeur présentant une planche typographique se heurtait presque toujours à cette réponse stéréotypée de l'imprimeur : « Ça manque de creux. » Il ne venait pas un instant à l'idée de ce dernier que c'était son papier qui manquait de glacé, son encre de qualité, ses rouleaux de perfection et sa presse de précision suffisante pour imprimer l'œuvre merveilleuse de la lumière.

Aujourd'hui, les presses typographiques transformées comme celles de la maison Alauzet, employées dans les ateliers de MM. Boussod et Valadon, Lahure, Motteroz, etc., permettent d'imprimer les planches en relief très finement gravées, et produisent des épreuves de grand format dont l'effet est comparable à celui de la taille-douce. Est-on arrivé à remplacer la gravure sur bois en toutes circonstances avec le même effet ? Nous ne pouvons répondre affirmativement s'il s'agit de petites figures et surtout si l'on veut reproduire l'épreuve prise sur nature; mais les progrès sont constants, les efforts sont maintenant égaux du côté des imprimeurs et du côté des photograveurs, l'alliance est faite déjà sur un grand nombre de points, et il n'est pas douteux qu'elle ne se complète bientôt.

193. La Phototypographie se divise en deux catégories :

1° La gravure d'images fines à teintes continues qui ne peuvent être obtenues sur les planches métalliques, soit par morsures, soit par moulage, sans subir la transformation nécessaire pour donner le grain ou le réseau indispensable pour l'encrage, de telle sorte que l'image soit représentée par un enchevêtrement plus ou moins compliqué de lignes et de points produisant les valeurs de teinte nécessaire; pour ces impressions plus délicates on emploie souvent la gélatine bichromatée comme surface sensible et réserve.

2° Les gravures plus courantes des dessins présentant déjà les lignes, traits ou points indispensables et pour lesquels on utilise presque toujours le bitume de Judée; elles sont obtenues par la méthode dite du *gillotage*.

194. Phototypographie des teintes continues. — Les planches très fines, comme celles citées plus haut, sont préparées de la manière suivante : la plaque métallique, cuivre ou autre, est recouverte d'une couche sensible de gélatine ou d'albumine bichromatée, ou de bitume de Judée, et exposée derrière un cliché fait spécialement et portant le fin réseau qui rompt la continuité des teintes. Pour les reproductions de peinture ou de sculpture, ce réseau est le plus souvent obtenu et développé en même temps que l'image; si le cliché n'est pas dans ces conditions, on superpose un cliché pelliculaire portant ce réseau (191) et l'on expose à la lumière. Après l'impression, si la couche sensible est formée par le bitume de Judée, on la développe dans le bain d'essence de térébenthine comme il est expliqué (184); si l'on a employé la gélatine ou l'albumine bichromatée, on peut passer directement à la morsure. Le mordant est presque toujours le perchlorure de fer; on opère donc exactement comme pour la gravure en taille-douce, sauf l'impression du réseau et la substitution d'un cliché négatif à un cliché positif. Après la première morsure, on nettoie la plaque, on l'essuie, on examine s'il n'y a pas lieu de creuser davantage, et, s'il est nécessaire, on procède à une deuxième morsure, après avoir couvert la surface d'encre grasse pour faire réserve. La planche ainsi obtenue est montée, s'il y a lieu, sur un bloc de bois et livrée à la presse; mais, comme elle est moins creusée que celles obtenues par le gillotage, elle demande une impression faite avec plus de soin et un tirage à part du texte courant; cette méthode est surtout réservée pour les épreuves artistiques, comme celles de M. Manzi.

193. Mise au trait. — D'autres fois, et principalement lorsqu'il s'agit d'images continues, n'exigeant pas une très grande finesse et devant être imprimées typographiquement par les moyens courants, on commence par procéder à ce qu'on appelle la mise au trait, et l'image striée, obtenue le plus souvent avec le concours des moyens photographiques, est prise à la chambre noire comme le serait un dessin ou une gravure ordinaire; elle donne ainsi le négatif de trait nécessaire pour produire la planche gravée.

M. Ch. Petit exécute la mise au trait par des moyens différents, qu'il a brevetés; il se sert du cliché à teintes dégradées pour faire avec la gélatine bichromatée une image en relief comme pour la Photoglyptie, il obtient de ce relief un contre-moule en cire blanche, qui est ensuite bien dressé sur un plateau; la surface de cette cire est complètement noircie et, au moyen de la machine à graver, il fait passer un outil tranchant en forme de V qui manœuvre dans un plan parallèle au plateau; cet outil enlève le noir qui est à la surface de la cire, en traçant des lignes parallèles, plus ou moins larges suivant les reliefs qu'il rencontre; lorsqu'il a parcouru toute la surface, on fait tourner le plateau de la quantité nécessaire pour tracer de nouvelles lignes qui coupent les premières suivant un angle déterminé; de sorte qu'à la fin de l'opération il semble que l'image est représentée par une gravure que l'on reproduit photographiquement, et l'on a un cliché de traits dans les conditions voulues pour faire les réserves sur la planche à gilloter.

M. Petit a simplifié ce premier procédé en se servant de papiers finement gaufrés de stries et de lignes s'entre-croisant. Le relief de gélatine étant obtenu, il en couvre toute la surface de noir étalé régulièrement en couche très mince, puis il l'applique sur le papier gaufré et comprime; les grands reliefs écrasent profondément les stries et laissent les grands noirs; les demi-reliefs, suivant leurs épaisseurs variées, marquent de noir, plus ou moins profondément, les arêtes des stries; les blancs sont à peine touchés et peuvent être ramenés par quelques coups de grattoir. Cette épreuve de mise au trait est ensuite photographiée comme la précédente, et le cliché sert pour la mise sur zinc.

Déjà, pour remplir plus facilement les conditions nécessaires de traits ou de grains, les dessinateurs emploient souvent des papiers finement striés et gaufrés, couverts en outre d'un grisé général formé de lignes très légères et très rapprochées. L'artiste, avec son crayon, accentue les vigueurs, tout en respectant plus ou moins le fond des stries; le grattoir éclaircit les teintes légères et détache les blancs, de sorte que la photographie de semblables dessins est immédiatement prête pour la gravure, sans qu'il soit nécessaire de passer par l'opération de la mise au trait.

196. Gillotage. — Lorsqu'il s'agit de graver d'après le négatif d'un dessin de traits ou de points suffisamment espacés, qu'il soit la reproduction d'un dessin ou d'une estampe, ou celle d'une mise au trait spéciale, comme il est expliqué (195), le procédé comporte deux opérations :

1° La mise du dessin sur la surface de la planche métallique au moyen d'une substance formant réserve, substance qui sera le bitume de Judée ou autre corps rendu sensible à la lumière, si l'on procède par la photographie, et qui peut être aussi le crayon gras du dessinateur ou une épreuve faite avec encre de report s'il s'agit d'un décalque par voie d'impression.

2° La morsure par l'action répétée d'un acide (ou autre agent chimique) des parties non protégées, lesquelles sont ainsi creusées plus ou moins profondément, et laissent le dessin en relief.

La Photographie n'a à intervenir que dans la première opération, soit pour donner directement le dessin sur la planche, soit pour fournir par l'un des procédés qui précèdent (Lithophotographie ou Photogravure) l'épreuve à l'encre de report qui sera décalquée sur la plaque de métal; puis, quel que soit le moyen de produire le dessin en réserve, la planche est gravée par une série d'opérations, à l'ensemble desquelles on donne actuellement le nom de *gillotage*, de Gillot l'inventeur du procédé général.

Nous avons suivi d'un bout à l'autre, dans les ateliers de M. Gillot fils, l'ensemble de ces opérations; nous pensons ne pouvoir mieux faire que de transcrire pour la majeure partie le

Rapport que nous avons fait sur ce sujet à la Société d'Encouragement (¹) :

« ... En présentant à la Société d'Encouragement, dans sa séance du 13 avril dernier, de la part de M. Gillot fils, les gravures typographiques en noir et en couleur obtenues par ses procédés, nous avons rappelé un nom inscrit déjà dans les Annales de la Société; car Gillot père lui soumettait, en 1856, les résultats industriels qu'il avait fait connaître sous la dénomination de *gravure paniconographique* et qui, depuis 1850, étaient le but de ses persévérantes recherches.

» Les procédés de Gillot furent l'objet d'un Rapport favorable et des plus intéressants de la part de notre savant collègue M. le comte du Moncel (²); après avoir fait un historique complet des origines de la gravure en relief, des diverses tentatives essayées pour remplacer le burin du graveur par l'action des acides, il a indiqué les causes qui en avaient empêché la réussite jusqu'au jour où Gillot inventa les méthodes qui lui ont permis d'arriver à une application pratique qu'il obtint le premier.

» Aujourd'hui nous sommes habitués à voir les figures intercalées dans le texte d'un ouvrage, nous ne comprendrions plus qu'un livre de sciences ou d'art fût publié sans ces illustrations qui viennent éclairer et compléter la pensée de l'auteur; même les ouvrages de pure imagination ont pour nous bien plus d'attraits quand le génie d'un Doré vient presque à chaque page réaliser pour ainsi dire les scènes décrites. Mais quelle lourde charge pour les éditeurs, quels prix élevés pour les acquéreurs, s'il eût fallu rester avec ces procédés de la gravure sur bois qui demandent un artiste pour créer le dessin original, un artiste pour le transporter sur bois, un artiste pour entailler ce bois et traduire, sans la dénaturer, l'inspiration créatrice! Telles seraient cependant les conditions premières, si le procédé de Gillot père, largement développé et amélioré depuis par son fils, n'avait permis de supprimer le plus sou-

(¹) A. DAVANNE, *Rapport, au nom du Comité des Beaux-Arts, sur les procédés de gravure typographique de M. Gillot* (*Bulletin de la Société d'Encouragement pour l'industrie nationale*; août 1883).

(²) *Bulletin de la Société d'Encouragement*, janvier 1858, p. 7.

vent les deux intermédiaires entre la création et l'exécution de l'œuvre et de la graver automatiquement par l'action des acides sur une planche de métal.

» Nous serions encore loin des résultats obtenus aujourd'hui, si la Photographie, avec sa fidélité de copiste, sa facilité de modification des formats, ses images obtenues sur planches métalliques avec des substances dont la lumière fait des réserves résistantes, n'était venue apporter un concours qui a permis la solution complète du problème. Il est possible, en effet, de prendre un dessin tel qu'il sort de la main de l'artiste, de le mettre au format voulu, de le reporter sur métal en sens inverse pour que l'impression le rende tel qu'il a été créé, et cela sans que l'artiste ait à se préoccuper de ces côtés pratiques qui pourraient être une gêne pour son inspiration. Ces dessins originaux, dont la valeur peut devenir considérable, étaient le plus souvent détériorés ou perdus lorsqu'ils servaient pour des transports ou des décalques; ils sont maintenant copiés à distance, respectés et rendus sans la moindre altération.

» M. Gillot fils a compris immédiatement quel puissant auxiliaire il trouvait dans la Photographie, il a cherché avec ténacité et succès les moyens de supprimer toute interprétation.

» Pour la gravure aux acides, il fallait au début le report à l'encre grasse d'une gravure ou d'une lithographie déjà faite, ou le dessin exécuté sur le zinc même par l'artiste. Aussi cette invention, qui devait avoir, trente ans plus tard, une grande influence sur l'art typographique, ne fut-elle pas appréciée dans ses premières années; à l'Exposition de 1855, elle valut à son auteur le plus mince des encouragements, une Mention honorable; on lui reprochait alors, ce dont on la loue aujourd'hui, de traduire exactement l'œuvre originale, fût-elle défectueuse, et les éditeurs hésitaient à employer ce qu'avec une certaine nuance de dédain on appelait le *procédé*.

» Aujourd'hui, plus justes dans leurs appréciations, ceux qui travaillent le *procédé*, ceux qui en utilisent les résultats lui donnent un autre nom, qui est une consécration : maintenant, quelque part que l'on emploie la méthode de Gillot, on fait du *gillotage* et les ouvriers sont des *gilloteurs*.

» Pour obtenir la gravure en relief par le gillotage, il y a diverses phases qui motivent la longueur de ce Rapport et qui comprennent : l'état du dessin, le plus souvent sa reproduction photographique, son impression sur la surface du zinc, enfin la morsure par l'acide de toutes les parties qui doivent être abaissées pour laisser l'image en relief. Nous allons remonter ces phases successives en commençant par la dernière, qui est le point capital du procédé et qui, depuis 1857, a subi de nombreux perfectionnements.

» Sur une planche de zinc de $0^m,003$ d'épaisseur, préalablement planée, bien décapée et dont la surface est convenablement préparée, polie ou grainée suivant les sujets, on obtient l'image à graver avec une substance, encre, bitume ou vernis, formant réserve; cette image est produite soit directement, soit par la photographie, soit par reports. La planche est alors couverte sur le dos, sur les tranches et sur les grands espaces blancs avec une matière isolante quelconque qui empêchera l'acide de mordre inutilement ces parties. Les marges et les espaces ainsi ménagés serviront dans le courant du travail à soutenir le rouleau encreur et l'empêcheront de plonger dans les creux qu'il ne doit pas atteindre. Ces parties seront ensuite enlevées à la scie à découper.

» La planche est alors prête pour la morsure.

» L'examen des difficultés à résoudre pour obtenir une bonne gravure nous aidera à mieux comprendre l'ensemble du travail.

» Il faut empêcher que l'acide, par le fait de sa saturation par le zinc et de la densité qui en résulte, ne stationne à l'état de nitrate de zinc inactif dans les parties creusées, laissant l'action de l'acide libre se porter vers les bords, miner en dessous les traits du dessin et leur ôter toute solidité.

» Ces creux doivent être assez profonds pour ne pas s'empâter rapidement au tirage par l'encre d'impression. Il est nécessaire, pour obtenir la résistance convenable, la solidité dans les traits, d'empêcher l'acide d'amincir trop les cloisons qui les supportent; il faut au contraire les renforcer à la base en donnant aux creux la forme de V, tandis que la base du plein s'élargira en forme d'A.

» La profondeur doit être assez considérable dans les grands blancs pour empêcher le rouleau de plonger, sans quoi ils seraient salis; mais, lorsque les traits sont rapprochés, cette crainte n'existe plus; une profondeur inutile entre des parois très minces pourrait les affaiblir; or, par le fait seul du procédé employé, l'attaque par l'acide ne continue qu'en proportion de la largeur des espaces à creuser.

» Ces résultats sont obtenus régulièrement par les mises en œuvre suivantes :

» La planche préparée, portant le dessin, est encrée avec une encre grasse contenant un peu de cire et placée dans une cuve avec de l'eau acidulée qui mord légèrement le métal; cette cuve est montée en bascule ; un levier actionné par un moteur à vapeur la maintient en mouvement, l'eau va et vient sur toute la surface, lavant continuellement les parties non réservées contre son action ; il ne se produit donc pas de saturation locale, et le liquide incessamment renouvelé mord les fonds aussi bien que les parois, qui ne tarderaient pas à être minées si l'on prolongeait trop longtemps la morsure. C'est pour cela que cette première attaque est faite avec le plus grand soin : c'est d'elle que dépend la finesse de l'épreuve; on emploie l'acide azotique à un état de dilution tel qu'il est peu sensible au goût, 1^{cc} ou 2^{cc} par litre d'eau. L'acidité est maintenue par la petite quantité d'acide à 36° B., qu'un flacon à robinet verse goutte à goutte dans la bassine.

» Après un quart d'heure environ, la planche est retirée ; le creux est à peine sensible à l'ongle ; il faut, en le continuant, protéger les parois verticales et ne creuser que le fond; pour cela, on éponge, on sèche la planche, on la met sur une table de fonte chauffée régulièrement par la vapeur du moteur; l'encre grasse qui couvre les traits se liquéfie légèrement, elle déborde et descend le long de la paroi, qu'elle protège; à ce moment on retire la plaque qu'on laisse refroidir, puis on l'encre de nouveau ; on la couvre ensuite en plein avec de la résine en poudre impalpable qui s'attache seulement sur les parties encrées : l'eau du nouveau bain enlèvera tout l'excédent; on la remet dans la cuve avec un acide un peu plus fort et l'on recommence l'ensemble de ces opérations huit, dix ou douze fois. En procédant ainsi, l'encre qui déborde et descend le long des parois empiète de plus en plus sur la base du creux, et, si les traits sont rapprochés, les deux coulées d'encre protectrice se rejoignent par le pied d'autant plus vite que l'écart est moins grand. Ainsi les morsures se trouvent arrêtées successivement et les creux sont d'autant plus profonds que les traits sont plus éloignés.

» Il est facile de suivre la marche de la gravure et des réserves faites par l'encre; à mesure que celle-ci remplit complètement les creux, les finesses du dessin s'empâtent et, à la fin de l'opération, la surface présente un placard entièrement noir.

» A chaque morsure nouvelle, on augmente l'acidité du bain et, quand les larges parties restent seules exposées à l'attaque, on peut employer l'acide à 6° B.; à cet état, la plaque de zinc retirée du bain, lavée, essuyée, est traitée par la benzine, puis par la potasse pour éliminer tous corps gras; on peut voir alors que les parois ne présentent pas un plan incliné, mais une série de talus ou bourrelets correspondant à la série des morsures. Ces renflements pourraient prendre l'encre d'impression et altérer la pureté des lignes et des blancs : il faut les faire disparaître par une opération analogue à la première, mais menée rapidement en sens inverse : alors la plaque bien nettoyée et chauffée sur la table de fonte est encrée *à chaud* avec un rouleau dur et lisse, au moyen d'une encre composée par moitié avec l'encre d'imprimerie et moitié avec un mélange de résine et de cire jaune en quantités égales. Cette encre, qui ne peut être employée qu'à chaud, descend sur les parois latérales; on arrête quand elle atteint la moitié de la profondeur, on refroidit la plaque, on renouvelle un encrage à froid pour bien couvrir toute la surface, on chauffe de nouveau pour glacer l'encre et n'avoir aucun point qui ne soit protégé, on porte dans la cuve avec de l'acide à 5° B. qui ronge rapidement les talus et creuse encore plus profondément; on recommence l'opération entière en ménageant l'encrage de manière à pouvoir enlever les talus supérieurs; on termine enfin en préservant seulement la surface et en faisant sur toutes les parois une morsure très légère qui fait disparaître les dernières traces de bourrelets.

» La gravure est alors terminée, il ne reste qu'à enlever avec la scie toutes les larges parties qui, en le maintenant, facilitaient l'action régulière du rouleau encreur; on contourne également à la scie la forme générale et l'on monte la plaque gravée sur les bois d'épaisseur.

» La gravure d'une pièce demande environ quatre heures; elle est d'autant plus facile que le dessin est plus compliqué ; ainsi la gravure d'un point, d'une ligne, d'une page de musique est plus délicate à réussir qu'un dessin très travaillé : le prix peut donc être calculé non plus suivant l'importance apparente, mais au prorata de la surface, et cette méthode paraît offrir aux éditeurs la rapidité d'exécution, le bon marché, la sécurité dans les calculs. Il ne faut pas croire cependant que, dans la pratique, on puisse mener les opérations sans un soin extrême; un défaut d'attention, des encres mal appropriées, une température trop élevée ou trop basse peuvent amener la perte ou la mauvaise façon de la pièce. On reproche souvent à ce mode de faire de ne pas avoir la franchise de traits que donne le burin ; nous n'avons pas à résoudre la question de savoir si c'est là un défaut ou une qualité : les artistes recherchent généralement l'emploi de papiers à surface inégale et grenue qui sont loin de donner cette franchise du trait, et celui-là serait peut-être mal apprécié qui présenterait sur papier glacé un dessin fait à la plume et ressemblant à une gravure au burin. C'est à l'artiste qu'il appartient de produire l'œuvre telle qu'il veut que le gilloteur la lui rende.

» Nous avons dit que le point de départ de la gravure en relief est l'obtention de l'image à la surface de la planche de zinc avec une encre grasse résistante ou avec un vernis; il y a plusieurs moyens d'arriver à ce résultat.

» L'artiste peut dessiner lui-même sur le zinc en renversant son sujet; mais il se trouve alors gêné, contrarié dans ses habitudes. Il en est de même si on lui demande de se servir de papiers ou d'encres autographiques; aussi Gillot père utilisait toujours une épreuve tirée, soit en taille-douce, soit en lithographie, avec l'encre de report; puis il la reportait sur la planche de métal à graver. Dans ces conditions, les services rendus se trouvaient limités à des œuvres déjà en cours d'impression, les œuvres anciennes, les dessins librement faits ne pouvaient être utilisés; d'autre part, la reproduction, étant de même grandeur que le modèle, s'encadrait rarement bien avec le texte, et cette transformation d'une gravure ou d'une lithographie en planche typographique ne pouvait avoir l'intérêt qu'elle présente aujourd'hui, étant donnés les différents procédés qui rendent facile la modification des formats; en outre, le report s'effectue rarement sans élargir et alourdir les traits.

» Actuellement, toutes ces conditions sont changées par l'intervention de la Photographie; l'objectif présente la reproduction exacte de l'original à telle proportion que l'on veut; cet original, au lieu d'être altéré ou perdu, ainsi qu'il arrivait si souvent, n'est plus même effleuré; il n'est pas toujours nécessaire de l'apporter à l'atelier, la chambre noire va le trouver et le reproduire dans les collections publiques ou privées et le cliché obtenu donnera, par l'action de la lumière seule sur une couche mince de bitume de Judée préalablement étendue sur le zinc, une image encrable au rouleau et prête pour la morsure.

» L'atelier photographique est donc devenu partie indispensable d'un atelier de gillotage. C'est par lui que débute le travail, la reproduction du dessin qui doit être aussi parfaite que possible; aussi M. Gillot a apporté un soin particulier à cette installation, pour laquelle il a fait construire des modèles spéciaux.

» Trois chambres noires portées sur des pieds de fonte sont disposées dans l'atelier vitré. La *fig.* 50 représente un modèle de ces chambres. La partie A qui correspond à la glace dépolie et qui reçoit les surfaces sensibles est fixe, la partie B est mobile, c'est celle qui porte l'objectif; elle est reliée par un écrou à une longue et forte vis qui est fixée sur le pied D et qui la fait avancer et reculer sur les règles métalliques RR qui empêchent toute déviation de parallélisme entre les deux parties A et B. L'une de ces règles est divisée en millimètres, un vernier permet d'opérer le déplacement de l'objectif à un dixième de millimètre près. Les deux pièces A et B sont assemblées perpendiculairement sur le pied.

» Chaque appareil complet repose sur quatre galets et se meut en arrière et en avant sur des rails fixes; une division en centimètres, avec vernier, donne, à un millimètre près, la distance entre la surface sensible placée en A et le châssis C portant les sujets à reproduire.

» D'autre part, les chevalets sont formés d'un pied en fonte et d'un châssis, ils ne peuvent avoir aucun mouvement en avant ou en arrière, ils ont seulement un déplacement latéral sur deux petits rails perpendiculaires aux premiers; le châssis en fer est fermé par une forte glace G; il est mobile autour de deux tourillons T et il prend à volonté la position horizontale pour y enfermer, rangées les unes près des autres, les diverses pièces à copier, et la position verticale parallèle à la chambre noire; un engrenage et un contre-

Fig. 50.

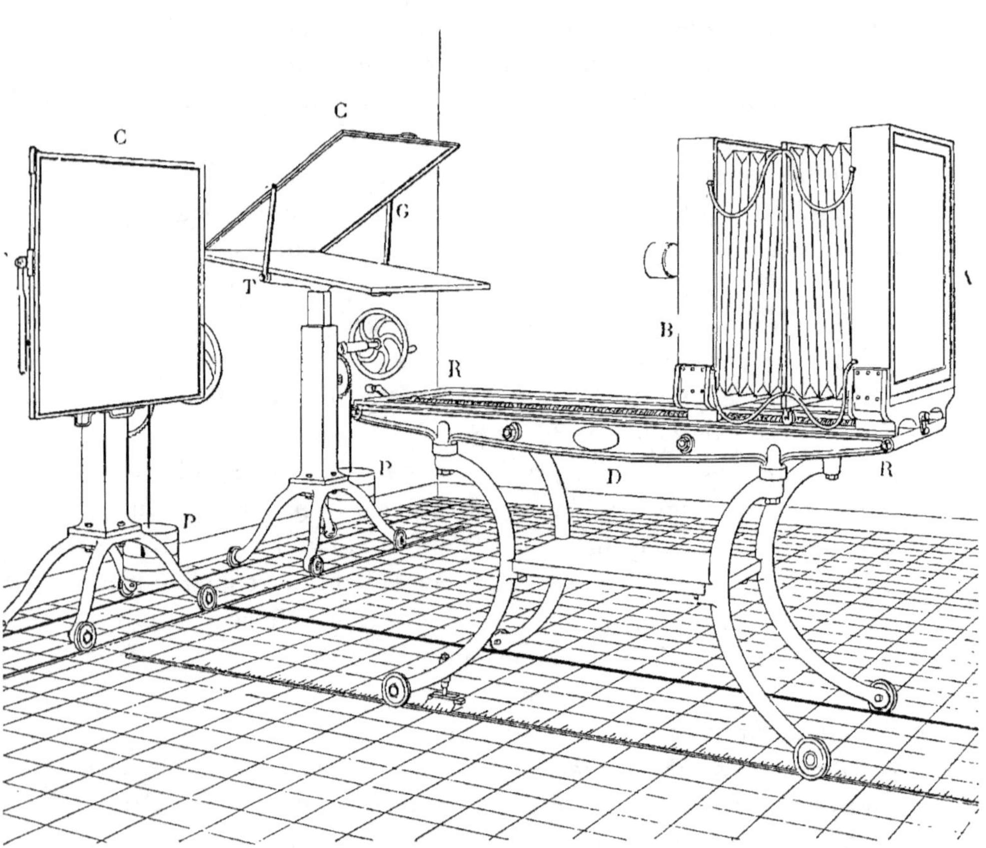

Chambre noire et châssis.

poids P rendent facile la manœuvre de ce châssis sur son pied, malgré son poids considérable.

» Le déplacement en hauteur donné par l'engrenage et le déplacement latéral sur les rails permettent d'amener dans l'axe de l'objectif les divers sujets à copier, tout en laissant fixes la distance de l'objectif et le parallélisme des appareils.

» Avec cette disposition, on n'a plus à rechercher la mise au point rigoureuse, qui est toujours si longue et si délicate à arrêter lorsqu'on la fait directement sur la glace dépolie; des calculs exacts ont déterminé la longueur focale vraie de chaque objectif, on en a déduit pour les réductions (et les agrandissements, s'il y avait lieu) la distance qui doit séparer l'objectif et la surface sensible, puis la distance de celle-ci au modèle; un tableau placé sur le mur en face de chaque appareil donne ces calculs tout faits. Sauf les cas forcés de copie au dehors, le modèle apporté est mis au châssis; on règle le tirage de la chambre et son écart du modèle d'après les chiffres correspondant au tableau pour la proportion demandée, et l'on peut opérer avec une sécurité et une rapidité que ne donneraient pas les tâtonnements de la mise au point sur la glace dépolie.

» L'épreuve est obtenue par le procédé dit *au collodion humide* avec une grande pureté dans les traits; elle est détachée de la glace au moyen d'une solution de caoutchouc dans la benzine (1), ce qui permet de la retourner, de la graver renversée et de l'obtenir au tirage dans son véritable sens. En moins d'une heure, les opérations photographiques négatives peuvent être terminées et le cliché pelliculaire, reporté sur une glace à laquelle on le fait adhérer avec un peu d'eau gommée, est prêt à être appliqué sur le zinc.

» La planche de zinc bien nettoyée sur une face est d'abord couverte avec une couche mince régulière d'une solution de bitume de Judée, 4 parties pour 100 parties de benzine; on laisse sécher et l'on y applique le négatif (2); le tout est placé dans un châssis à glace forte et serré avec des vis de pression pour assurer le contact intime qui peut seul donner la finesse de l'image; on expose au jour

(1) Ce procédé, généralement employé quand il s'agit d'enlever les épreuves sur pellicules minces pour les retourner et les transporter sur les planches à graver, a été décrit dans notre Rapport sur les procédés de gravure de M. Arents (*Bulletin de la Société d'Encouragement*, mars 1881). On le retrouve tome Ier (257).

(2) Quelques graveurs remplacent le bitume de Judée par la gélatine bichromatée sur plaque de cuivre et font la première morsure par le perchlorure de fer.

pendant un temps variable selon la lumière, généralement pendant une ou deux heures; on peut, quand cela est indispensable, remplacer la lumière du jour par la lumière électrique, mais à la con-

Fig. 51.

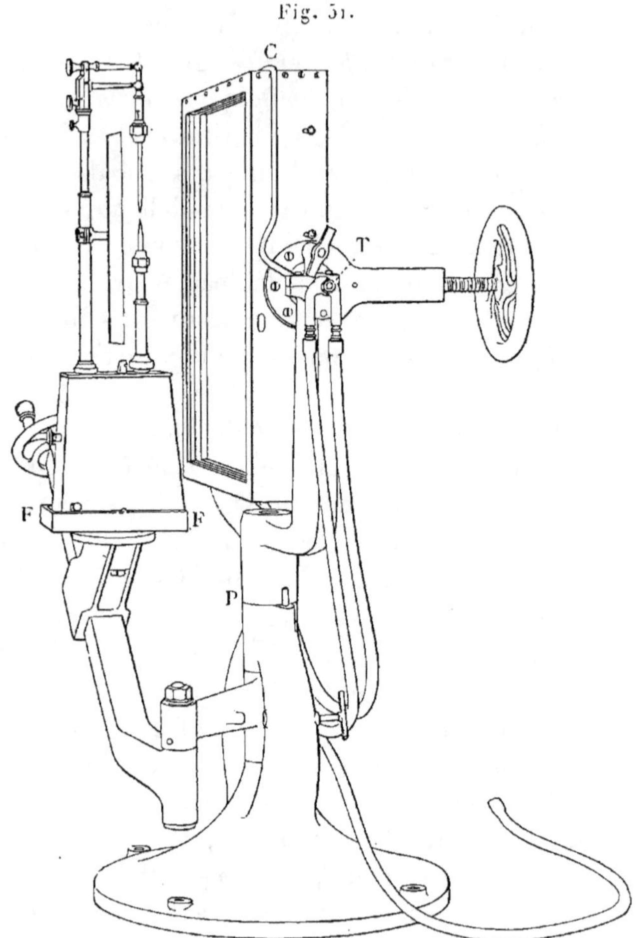

Châssis à courant d'eau.

dition de placer le foyer lumineux très près du châssis, et dans ce cas, pour éviter l'échauffement, M. Gillot fait usage d'un châssis à double glace avec circulation d'eau entre les deux (*fig.* 51). Le porte-foyer FF est mobile sur un pied de fonte articulé qui permet de lui faire parcourir toute l'étendue de la glace. Le châssis bascule autour des tourillons T; il peut faire un tour complet sur son pivot en P et, avec cette disposition, tous les points de la glace peuvent recevoir successivement une très forte lumière.

» Après une exposition suffisante, on lave la planche dans l'essence de térébenthine, qui dissout le bitume dans toutes les parties où la lumière ne l'a pas rendu insoluble; on arrête l'action de l'essence en projetant sur la surface un jet d'eau sous pression, on éponge, on sèche et l'on a ainsi un dessin parfaitement net, fait avec une substance formant réserve et prêt pour le travail du gillotage.

» Tout dessin peut donc être transformé en gravure typographique, à cette condition, cependant, qu'il soit tenu compte des exigences de la Photographie et de la Typographie. Celles de la Photographie sont surtout relatives à l'action des diverses couleurs du modèle sur les couches sensibles. Ces difficultés sont atténuées chaque jour par les progrès faits dans cette voie.

» Les exigences typographiques peuvent provenir des papiers, des machines, des encres qui ne rendent pas toujours ce que pourrait donner le cliché gravé. Il est impossible, en effet, avec ces encres opaques, d'obtenir les demi-teintes dégradées, telles que les présente un lavis. L'encre d'impression est d'un noir égal, sans transparence; ce n'est donc pas par ses épaisseurs plus ou moins grandes, mais seulement par les proportions des écarts entre les noirs et les blancs, que notre œil apprécie la dégradation des teintes; dans ces conditions, la reproduction d'un lavis ne donnerait que des placards noirs uniformes.

» Si l'original comporte ces difficultés, il faut les tourner par l'obtention d'un grain appliqué sur la planche : c'est une complication, et il est préférable que le modèle offre ce travail tout fait à l'avance.

» Déjà, en 1877, M. Gillot demandait aux artistes de faire les dessins dans des conditions qui rendaient sensiblement l'effet de la gravure sur bois; le dessinateur, après avoir indiqué légèrement l'ensemble de son sujet sur un papier couché, promenait sur la surface une petite molette produisant sur son passage, par le croisement des traits, une série de creux semblables aux tailles que l'outil du graveur enlève dans le bois; puis, sur le papier ainsi strié, il dessinait son sujet au crayon; le noir ne portant que sur le sommet des stries simulait une gravure qui, copiée photographiquement et gillotée, donnait le cliché demandé.

» Plus tard, pour rendre avec plus d'harmonie certains dessins faits sur papier coloré ou vieilli, M. Gillot a trouvé avantageux de donner sur tout le fond une teinte légère qu'il obtient par un strié général, que la lumière modifie à travers le cliché. Ce procédé a surtout été appliqué pour diverses reproductions des dessins du Louvre.

» Actuellement, les papiers finement teintés et striés sont entrés dans une pratique plus courante; ils sont livrés à l'artiste qui peut utiliser cette feuille pour son dessin de telle manière qu'il lui plaît, empâtant certaines parties par des noirs intenses, grattant les autres pour des blancs vifs, se servant à sa convenance du crayon, du pinceau ou du grattoir, mais ne bouchant que bien rarement le fond blanc des stries qui repercent toujours, excepté dans les noirs absolus; le dessin original se trouve ainsi dans les conditions exigées par la Typographie. Pour avoir plus de finesse, le modèle est presque toujours réduit en le copiant à la chambre noire; mais cette réduction ne doit pas être exagérée, car, si la Photographie peut resserrer les traits presque à l'infini, il faut s'arrêter devant ce que nous pourrions appeler l'*imperfection relative de l'impression typographique,* qui exige entre les traits et les points un écart suffisant pour qu'il ne soit pas immédiatement comblé par l'encrage rapide et quelque peu brutal des presses généralement en usage et auxquelles il est nécessaire de conformer les travaux commandés, en ne leur donnant pas une finesse exagérée.

» C'est encore grâce à la mise en relief par les acides que la Typographie peut aborder avec succès les impressions polychromes. Plusieurs spécimens de ces impressions ont été présentés par MM. Lahure et M. Gillot. Elles sont réalisées aussi avec grand succès, dans les ateliers de MM. Boussod et Valadon, par M. Manzi.

» L'artiste fait d'abord son dessin qui est ensuite photographié, gravé par le gillotage, et une épreuve lui est renvoyée pour recevoir le coloris. Après la mise en couleur de cette épreuve, on apprécie le nombre de planches nécessaires pour rendre l'effet, et sur chacune de ces planches, au moyen de réserves et de décalques, on ne fait mordre que la partie relative à la coloration qu'elle doit produire. Les morsures sont faites après avoir donné sur la surface ce qu'on appelle un *grain de résine,* que l'on accentue plus ou moins comme pour l'aqua-tinta, avec cette différence toutefois, comme nous avons déjà dit ci-dessus, que plus on répète les morsures, plus les teintes deviennent légères, ce qui est juste l'opposé de la gravure en creux. Les planches ainsi préparées, avec un repérage exact, sont envoyées à l'impression.

» Quelquefois, comme dans les épreuves de l'*Art japonais,* gravé par M. Gillot, édité par M. Quantin, on peut remarquer quelques sujets qui portent des reliefs d'un très curieux effet; rien n'est plus simple dans l'exécution : le dessin de ces reliefs est mis sur zinc, la planche est mordue assez profondément et il suffit d'une pression à sec un peu forte pour donner les saillies du papier.... »

Tels sont les divers procédés qui relient les arts de la Photographie et des Impressions graphiques; ils justifient cette affirmation énoncée en 1873, au retour de l'Exposition universelle de Vienne :

« La Photographie n'est plus une spécialité fermée, elle a ouvert la brèche lui permettant de s'unir aux autres modes d'impression qui ne pourront plus se passer d'elle; désormais, l'illustration typographique lui appartient. »

DIVERS.

LES COULEURS EN PHOTOGRAPHIE.

197. La reproduction photographique des objets avec leurs couleurs naturelles a toujours préoccupé vivement l'attention publique, et souvent on voit annoncer que ce grand problème est enfin résolu par quelque inventeur qui veut tenir secret son procédé merveilleux.

Il est regrettable que l'état réel de cette question ne soit pas mieux connu. Nous le résumons ici :

La reproduction directe des couleurs est depuis longtemps un fait acquis à la Science par les beaux travaux de M. Ed. Becquerel. En 1848, ce savant a obtenu sur plaque d'argent le spectre solaire dans son entier, prouvant ainsi la possibilité de reproduire toutes les colorations; il a montré ensuite les images d'objets très diversement colorés; après les travaux de M. Ed. Becquerel sont venus ceux de M. Niepce de Saint-Victor qui reproduisit également les couleurs sur plaque d'argent, puis les recherches d'A. Poitevin pour obtenir les couleurs sur papier.

Donc, scientifiquement, le fait est acquis : il est possible de reproduire les couleurs naturelles par la Photographie, mais tous les essais tentés pour les fixer ont échoué jusqu'à ce jour; ces couleurs peuvent se conserver indéfiniment dans l'obscurité, du moins celles sur plaques : elles s'effacent sous l'influence de la lumière; les diverses réactions chimiques essayées pour les fixer les font disparaître. Quelques moyens encore douteux ont peut-être pu prolonger leur résistance, mais jusqu'à présent la découverte reste scientifique : elle ne peut recevoir aucune application artistique ou industrielle.

A côté de ces études sur la reproduction directe des couleurs, il a été fait des recherches dans un ordre d'idées tout à fait différent. M. Cros et M. Ducos du Hauron, renonçant à l'obtention directe, ont voulu, par une analyse photographique, revenir aux trois couleurs fondamentales rouge, jaune, bleu; et, les clichés négatifs de ces couleurs étant obtenus, ils les utilisent pour l'impression des positifs au moyen de préparations faites avec des matières colorantes convenablement choisies.

Ce n'est donc plus la photographie des couleurs naturelles, mais une séparation habile des rayons colorés, suivie d'une synthèse dans laquelle on reconstitue à peu près les couleurs au moyen de principes colorants convenablement assortis. Ce procédé ne peut donc être considéré comme réalisant le problème, puisque la matière colorante est celle que l'on veut prendre.

M. Léon Vidal a proposé, sous le nom de *Photochromie*, une autre méthode qui a été exploitée industriellement dans les ateliers du *Moniteur universel* et qui est reprise à l'étranger pour diverses publications. Cette méthode rentre dans les impressions chromographiques, pour lesquelles le cliché photographique sert de point de départ et fournit, au moyen de caches faites à la main, autant de planches qu'il est nécessaire pour l'impression aux encres de couleur.

CHAPITRE I.

OBTENTION DIRECTE DES COULEURS.

198. Résumé des travaux de M. Ed. Becquerel. — Avant les travaux de M. Becquerel, J. Herschel, en 1839, avait observé que le papier sensible au chlorure d'argent prend une coloration rouge brique et vert sombre dans les parties correspondantes d'un spectre solaire fortement condensé, mais toutes les autres couleurs étaient absentes. Vers la même époque, Hunt constata également que le papier au chlorure d'argent donnait des teintes rougeâtres sous les rayons rouges. Ce fut aussi en 1839 que M. E. Becquerel commença une série de travaux d'un grand intérêt scientifique, dont on trouvera l'ensemble dans son Ouvrage intitulé *La Lumière* (1) et parmi lesquels figurent ses recherches sur l'obtention directe des couleurs naturelles par la Photographie. La méthode de M. Becquerel consiste à préparer immédiatement le chlorure d'argent sensible sur plaque d'argent pur, au moyen du chlore ou d'agents chlorurants : il se mettait ainsi à l'abri de toutes réactions étrangères. Il obtint une première impression donnant une légère image du spectre solaire, en faisant agir sur la surface d'argent le chlore émanant de sa dissolution dans l'eau.

Après diverses expériences faites avec des solutions chlorurées telles que celles de bichlorure de cuivre, de fer, d'hypochlorites alcalins, il employa de préférence la préparation suivante :

Dans un verre contenant de l'eau, on met un excès de sulfate de cuivre et un excès de chlorure de sodium; lorsque le liquide est à saturation, on en prend 1 partie que l'on additionne de 6 parties de solution saturée de chlorure de sodium et l'on a le bain chlorurant.

(1) Becquerel (Ed.), *La Lumière;* 1868. Paris, Firmin-Didot.

La plaque d'argent, parfaitement décapée et nettoyée, est plongée d'un coup dans ce liquide; elle y prend rapidement une coloration violacée due à la formation d'un composé (encore peu défini) de chlore et d'argent, auquel on a donné le nom de *sous-chlorure d'argent violet* et qui, jusqu'à présent, est le seul agent sensible capable de se modifier en prenant la coloration des divers rayons lumineux qui le frappent.

La couche ainsi formée est infiniment mince, l'action chlorurante s'arrêtant dès que la surface est recouverte; sa sensibilité est plus grande qu'avec des couches plus épaisses, mais les colorations sont moins vives.

Afin d'augmenter à volonté l'épaisseur du sous-chlorure d'argent et d'en doser exactement la quantité, M. Becquerel eut recours à l'électricité pour décomposer un chlorure et dégager le chlore.

La plaque est d'abord chauffée jusqu'à 300° et même 400° C., pour éliminer les traces de mercure, si elle avait servi antérieurement pour les épreuves daguerriennes, et pour détruire toute trace de matières organiques; on la polit ensuite avec le plus grand soin, ainsi qu'il est indiqué tome II (6), et on la suspend avec deux fils de cuivre terminés en crochet. D'autre part, on dispose un bain formé de 1 partie d'acide chlorhydrique pour 8 parties d'eau et d'une pile électrique, à acide azotique, composée de trois ou quatre éléments Bunsen. Le courant énergique qui résulte de cette pile est nécessaire, parce que l'on interpose dans le circuit un voltamètre à eau qui montre par le volume du gaz hydrogène dégagé qu'un même volume de gaz chlore s'est fixé sur la plaque et combiné avec l'argent.

La pile et le bain étant ainsi disposés (*fig.* 53), on plonge la plaque d'argent M soutenue par ses crochets métalliques dans l'eau acidifiée par l'acide chlorhydrique, en la faisant communiquer avec le pôle positif P. On a fixé au pôle négatif un fort fil de platine B qui plonge également dans le bain; on promène ce fil parallèlement à la plaque, en le maintenant à $0^m,08$ ou $0^m,10$ de distance : il se produit à la surface de l'argent une série de colorations qui sont celles des lames minces, sur lesquelles on pourrait se baser pour apprécier l'épaisseur de la couche; mais il vaut mieux consulter le voltamètre, constater par le volume de l'hydrogène dégagé qu'un volume égal de gaz chlore s'est combiné avec l'argent, et arrêter l'opération lorsque cette quantité est de 6^{cc} à 7^{cc} par décimètre carré de surface, l'expérience ayant démontré que ce dosage était le meilleur. La plaque est ensuite lavée à l'eau distillée, séchée rapidement en promenant dessous la flamme d'une lampe à alcool et en soufflant pour faire disparaître l'humidité : la surface semble alors couverte d'une poussière blanchâtre qui la voile, mais on

Fig. 53.

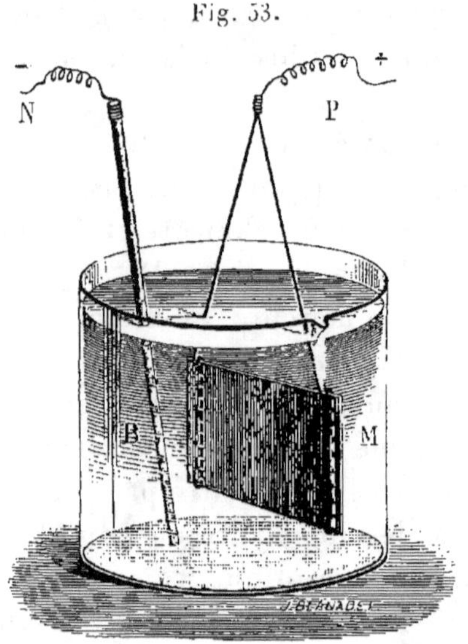

donne quelques coups avec un polissoir de velours qui enlève ce voile, et elle apparaît brillante avec une teinte bois très prononcée.

La surface sensible pourrait être employée à ce moment, mais on en améliore les qualités en mettant la plaque dans un étui métallique, qui la garantit complètement contre la lumière du jour, et en la maintenant dans une étuve, pendant une dizaine de jours, à une température de 30° à 35° C. On obtient une action analogue en soumettant la plaque à l'action des rayons rouges extrêmes que laissent passer deux verres superposés, l'un rouge rubis et l'autre bleu cobalt. Toutes ces opérations doivent évidemment être faites à une lumière anti-actinique; celle recommandée ci-dessus comme améliorant la qualité de la couche sensible s'impose de préférence toutefois, comme la sensibilité est faible, il n'y a pas lieu d'exagérer les précautions.

L'exposition peut être faite sous le spectre solaire que l'on reçoit directement sur la plaque, ou à la chambre noire pour reproduire l'image d'objets vivement colorés ; le temps de pose est alors excessivement long : il faut compter deux à trois heures au soleil et beaucoup plus à la lumière diffuse. On emploie souvent aussi des écrans colorés, tels que des verres de couleur, ou des images coloriées sur papier ; le résultat est plus rapide, mais il ne faut pas être surpris si l'image obtenue est plus ou moins voilée, ces écrans laissant toujours passer une grande somme de lumière blanche qui agit sur la couche sensible et altère la vivacité des couleurs, ce qui n'a pas lieu quand on opère avec un spectre bien épuré.

Les images produites se conserveraient indéfiniment, si on les laissait dans une complète obscurité. Nous avons vu en 1878 quelques-unes des épreuves obtenues en 1848 par M. Becquerel ; mais elles s'altèrent plus ou moins rapidement par une lumière quelconque, puisqu'elles sont sensibles à tous les rayons colorés et qu'elles prennent la couleur de celui qui les frappe. L'action prolongée de la lumière donne à toute la surface une teinte uniforme grisâtre ; tous les fixateurs connus : ammoniaque, hyposulfite de soude, chlorure de sodium, chlorures alcalins, détruisent immédiatement la coloration et laissent un dessin blanchâtre qui se détache sur le fond obscur de la plaque.

198 *bis*. **Recherches et hypothèses de Niepce de Saint-Victor.** — Niepce de Saint-Victor renouvela les expériences de M. Becquerel et fit des recherches qui tendaient plus vers la voie pratique que vers la voie scientifique. Abandonnant le dosage des quantités de chlore fixées sur la plaque par la décomposition électrique, il revint à l'emploi des bains de chlorures solubles. Il crut alors remarquer une relation entre les colorations que certains chlorures communiquent aux flammes, à cause de la base à laquelle ils sont unis, et la reproduction plus facile de certaines couleurs par le sous-chlorure d'argent que ces chlorures avaient servi à préparer. Selon lui, le chlorure de strontium faciliterait l'obtention du rouge, parce que les sels de strontium colorent les flammes en

rouge; avec le chlorure de sodium le jaune dominerait; le bleu s'impressionnerait mieux par une préparation faite avec le chlorure double de cuivre et d'ammoniaque. Cette théorie a quelque chose de séduisant, mais elle ne semble pas avoir résisté à une expérimentation rigoureuse; car M. Ed. Becquerel, après avoir donné la formule du bain de chlorure de cuivre et de sodium, ajoute : « Un autre chlorure tel que le chlorure de potassium ou celui de strontium, etc., substitué au chlorure de sodium, donne les mêmes résultats, et la base du composé alcalin n'a aucune action sur le composé d'argent formé. »

Niepce fit aussi de nombreuses tentatives pour fixer l'image colorée, et il est arrivé, paraît-il, à leur donner une stabilité plus grande, permettant de les examiner facilement à la lumière diffuse, en les couvrant d'un vernis composé d'une solution saturée de chlorure de plomb préalablement fondu, mélangé avec la dextrine.

199. Obtention des couleurs sur papier. — Les recherches de M. Ed. Becquerel, commencées en 1839 et communiquées en 1848 à l'Académie des Sciences, comprennent cette période d'années pendant lesquelles la Photographie se bornait encore à la plaque daguerrienne : aussi se sont-elles arrêtées aux préparations sur plaque d'argent, seules usitées à cette époque. La reproduction des couleurs sur papier ne devait arriver que plus tard, lorsque les progrès de procédés encore dans l'enfance auraient permis de remplacer la méthode de Daguerre par celles employées actuellement.

Ce fut A. Poitevin qui fit ces nouvelles recherches; s'inspirant des précédents travaux de M. Becquerel, il produisit d'abord sur le papier une couche de ce composé (ou de ce mélange) auquel on a donné le nom de *sous-chlorure d'argent violet*, en exposant pendant longtemps à la lumière ordinaire le chlorure d'argent blanc obtenu par double décomposition dans la pâte du papier. Lorsque le papier était ainsi arrivé à une teinte très foncée, il l'immergeait, ainsi que le faisait M. Becquerel pour les plaques, dans une solution chlorurante formée par le mélange d'un chlorure soluble (chlorure de potassium ou autre) et de sulfate de cuivre auquel il ajoutait un réactif oxydant, tel que le bichromate de potasse; puis, après dessiccation, il exposait sous un écran coloré et obtenait en quelques minutes la reproduction des couleurs de cet écran.

Nous ne voulons pas présenter de ces faits une théorie que nous ne saurions appuyer sur aucune expérience; nous nous bornons à émettre une simple hypothèse, se rapportant toutefois à quelques réactions connues :

M. Bayard a montré dans ses premiers travaux que le papier couvert de chlorure d'argent noirci par la lumière se décolorait sous l'influence de celle-ci, lorsqu'on l'additionnait d'iodure de potassium; nous savons que cette même réaction se produit beaucoup plus vite sur l'image latente. Ne serions-nous pas ici en présence de phénomènes du même ordre?

La lumière ne procéderait-elle pas par décoloration partielle du composé dont la teinte est formée par l'ensemble des couleurs, chaque rayon isolant ainsi la teinte qui lui est propre et détruisant les autres?

200. *Méthode de A. Poitevin.* — Quelle que soit la théorie, encore à chercher, de la reproduction des couleurs, voici le mode d'opérer donné par Poitevin :

Après avoir reconnu que les corps capables de fournir de l'oxygène agissaient comme ceux qui fournissent du chlore, et même avec plus de rapidité, Poitevin employa un mélange des deux.

Une feuille de papier, couverte de chlorure d'argent, est bien lavée et exposée à la lumière le temps nécessaire pour prendre une teinte foncée, due à la formation du sous-chlorure d'argent violet; on applique à la surface la composition suivante.

Prenez :

Eau	100cc	1 volume.
Bichromate de potasse	5cc	
Solution saturée de sulfate de cuivre.		1 volume.
Eau	100cc	1 volume.
Chlorure de potassium	5cc	

Mélangez les trois volumes et, au moyen d'un pinceau, appliquez une couche de ce liquide sur le papier noirci; laissez sécher, et conservez à l'abri de la lumière. Le papier reste sensible pendant plusieurs jours.

Le bichromate de potasse est l'agent principal, il pourrait être remplacé par un autre bichromate soluble ou par l'acide chromique; le sulfate de cuivre semble faciliter la réaction (parce qu'il se transforme en bichlorure par son mélange avec le chlorure de potassium); le chlorure de potassium conserve les blancs formés; les deux derniers réactifs ne sont pas indispensables. Le papier humide est plus sensible que le papier sec.

L'impression se fait par contact au châssis-presse sous des écrans colorés, et, après une exposition de quelques minutes, variable suivant la transparence de ces écrans, on obtient une image représentant les mêmes couleurs. Il est facile de vérifier la marche de la coloration.

Les épreuves, lavées à l'eau très faiblement acidulée d'acide chromique, puis successivement par une faible solution de bichlorure de mercure, de nitrate de plomb et par l'eau pure, ne s'altèrent plus que lentement par la lumière. Toutefois, on ne peut les considérer comme suffisamment stables pour qu'elles puissent avoir un résultat autre qu'un grand intérêt théorique.

201. *Procédé de M. de Saint-Florent* (1). — M. de Saint-Florent, continuant les recherches dans cette même voie, a communiqué à la Société française de Photographie les formules adoptées par lui, l'ensemble de ses expériences et les idées théoriques qu'elles lui ont suggérées; nous renvoyons à ce travail et nous donnons seulement ici quelques-unes des formules publiées :

Plongez une feuille de papier d'un grain aussi fin que possible dans une solution alcoolique composée de :

Azotate d'argent	20gr
Eau distillée	20cc

Après dissolution, ajoutez :

Alcool	100cc
Acide azotique	10cc

(1) *Bulletin de la Société française de Photographie*, année 1873, p. 228; année 1874, p. 53, 72, 103.

La feuille retirée et séchée est passée dans un bain de :

Acide chlorhydrique	50^{cc}
Alcool	50^{cc}
Nitrate d'urane	1^{gr}

On ajoute 1^{gr} à 2^{gr} de blanc de zinc à l'acide chlorhydrique.

Au sortir de ce bain, le papier est exposé à la lumière solaire jusqu'à ce qu'il devienne violet bleu; après dessiccation, on recommence l'immersion dans les deux bains, et l'on répète ces opérations jusqu'à ce qu'on ait obtenu une teinte violet bleu suffisamment intense : c'est le seul moyen d'avoir des épreuves très vigoureuses.

Avant que le papier soit sec, on le passe dans un bain de :

Eau	100^{cc}
Nitrate acide de mercure	4 à 5 gouttes.

On l'expose alors sous l'écran coloré, soit par exemple un verre de lanterne magique; on obtient, en trente ou quarante secondes à la lumière du soleil, une épreuve fond blanc avec toutes les couleurs du modèle.

Les couleurs sont plus vives et la rapidité aussi grande, si l'on ajoute au bain précédent :

Solution saturée de bichromate de potasse ou d'ammoniaque	2^{cc}
Acide sulfurique	2^{cc}
Chlorate de potasse	1^{gr}

Pour fixer à peu près les images, on les lave à grande eau, puis on les plonge dans

Ammoniaque	5^{cc}
Alcool	100^{cc}

On lave de nouveau, on passe la feuille dans un bain saturé d'un chlorure alcalin, et, après un nouveau lavage, l'épreuve résiste assez longtemps à la lumière diffuse.

Ces intéressantes études de la reproduction directe des couleurs sont reprises en ce moment par M. A. Chardon, qui nous a montré de curieux spécimens sur papier, mais il n'a encore fait aucune communication sur son mode d'opérer.

CHAPITRE II.

ÉPREUVES COLORÉES OBTENUES INDIRECTEMENT.

202. **Héliochromie.** — En écrivant ce nom d'*Héliochromie* nous lui ferons le même reproche qu'à beaucoup d'autres termes légèrement acceptés pour les dénominations photographiques : il pourrait convenir d'une manière générale à tous procédés quelconques permettant d'obtenir diverses colorations par l'action du soleil et *seulement quand le soleil est nécessaire*. Le mot *Photochromie* serait déjà plus exact. L'une et l'autre dénomination ont été données à tort à certains procédés spéciaux, quand elles devraient comprendre la généralité de ces procédés.

Deux chercheurs éminents se sont trouvés qui, séparés par toute l'étendue de la France et sans avoir connaissance de leurs travaux réciproques, ont proposé en même temps, en 1868, une méthode identique pour tourner la difficulté de la reproduction directe des couleurs : ce sont M. Cros et M. Ducos du Hauron. Tandis que le premier, dans un Mémoire publié sous le titre de : *Solution générale du problème de la Photographie des couleurs* (1), émettait surtout les idées théoriques dont découlaient plusieurs modes d'analyse et de synthèse pour arriver au but qu'il indiquait et dont il fit plus tard l'application, le second cherchait immédiatement à mettre en pratique et à présenter les résultats de la méthode qu'il avait inventée.

La théorie de ces procédés similaires se résume de la manière suivante. On peut accepter l'idée que toutes les couleurs de la nature sont formées des trois couleurs primitives, rouge, jaune et bleu, lesquelles, par leur mélange deux à deux, donnent les couleurs secondaires, etc. : le rouge et le jaune forment l'orangé ; le

(1) *Les Mondes*, 25 février 1869.

jaune et le bleu donnent le vert; le bleu et le rouge forment le violet : par leurs dégradations et leurs combinaisons, ces couleurs représentent l'infinie variété de tons appréciée par nos yeux.

Pour résoudre le problème, il suffira de prendre séparément sur le modèle trois épreuves négatives : l'une de toutes les parties rouges, que le rouge soit isolé ou mélangé à d'autres couleurs; la seconde, de toutes les parties jaunes, isolées ou mélangées; la troisième, de toutes les parties bleues, également isolées ou mélangées. Théoriquement, pour séparer chacune de ces couleurs, il suffit de faire intervenir la couleur complémentaire, soit par interposition, soit par éclairage monochrome. Ainsi l'intervention de la lumière verte, annulant le rouge, permet de prendre le négatif du rouge; la lumière violette annule le jaune; la lumière orangée annule le bleu : on peut donc prendre ainsi séparément trois clichés représentant chacun négativement les dégradations de la couleur correspondante, et, quand on se servira de ces clichés pour faire, par le procédé dit *au charbon,* les trois positifs rouge, jaune et bleu, on n'aura qu'à superposer ces trois épreuves en gélatine transparente pour reconstituer le mélange des couleurs et reproduire, théoriquement, les diverses teintes du modèle, ce dont on se rapproche assez dans l'exécution pratique.

Il existe de nombreux moyens pour analyser et séparer les couleurs et pour faire les trois clichés : soit qu'on éclaire les modèles par des lumières monochromes, soit qu'on interpose des milieux colorés par la couleur complémentaire de celle dont on veut le négatif; ces milieux colorés seront ou des cuves remplies de liquides appropriés, ou des glaces couvertes par des collodions ou par des vernis teintés, etc.

M. Cros donnait des méthodes variées pour la synthèse, c'est-à-dire pour la reconstitution de l'image. Telle serait la projection sur un écran de trois épreuves positives, que l'on superposerait en les éclairant chacune avec la lumière monochrome qui se rapporte à chaque cliché; on pourrait employer aussi la succession rapide des épreuves colorées, au moyen d'un appareil analogue au phénakisticope, ce qui donnerait au spectateur la sensation des couleurs comme ce même instrument lui donne l'illusion du mouvement. Ces moyens, toutefois, ne font voir qu'une image passagère, tandis qu'on peut avoir une épreuve fixe et durable en employant, comme l'ont proposé les deux inventeurs, la superposition des trois teintes, imprimées soit par la Photographie (procédé dit *au charbon*), soit par les méthodes d'impression aux encres grasses.

Au début, en 1869, la réalisation de ces inventions présentait une assez grande difficulté; car, s'il était facile d'obtenir le négatif du jaune ou de l'orangé par l'interposition des milieux violet ou bleu qui laissent passer les rayons actiniques, il était moins aisé de produire le négatif des rayons rouges en employant l'écran vert; et le négatif des rayons bleus était plus difficile encore, puisqu'il nécessitait l'emploi d'un écran orangé qui arrêtait les rayons actifs. Pourtant, en substituant le bromure d'argent à l'iodure, en l'additionnant de substances diverses, principalement de chlorophylle, on arrivait à des résultats encourageants.

En 1874, M. Vogel fit connaître diverses expériences à la suite desquelles il pensait démontré que l'addition au bromure d'argent d'une substance absorbant certains rayons colorés rend le bromure sensible à ces mêmes rayons. Ainsi l'addition du vert d'aniline, qui absorbe les rayons rouges, rendrait le bromure d'argent sensible aux rayons rouges; l'addition de la coralline, qui absorbe les rayons jaunes, le rendrait aussi sensible aux rayons jaunes qu'aux rayons bleus, etc. Cette communication fut le point de départ d'une série de recherches qui se continuent encore actuellement. Un grand nombre de substances modifient la sensibilité du bromure d'argent pour différentes couleurs et concourent à donner aux reproductions photographiques une expression plus vraie des intensités de coloration, telles que les perçoivent nos yeux.

En 1879 (28 février), M. Cros communiquait à l'Académie des Sciences une Note concernant l'action des différentes lumières colorées sur une couche de bromure d'argent préalablement imprégnée de diverses matières colorantes organiques. Les substances essayées par M. Cros étaient les teintures alcooliques de chlorophylle, de fruits de cassis, de carthamine, de curcuma; la macération de feuilles de mauve dans l'eau froide, etc. Avec des plaques au bromure d'argent ainsi préparées, on obtient des épreuves à travers les écrans jaune orangé; les rayons bleus sont arrêtés, l'actinisme est pour ainsi dire renversé, puisque le jaune impressionne la couche sensible et que le bleu, ne traversant pas l'écran, ne peut avoir aucune action.

De ces recherches multiples sont résultées plus tard des préparations industrielles pour lesquelles on emploie l'éosine, l'azaline, l'érythrosine, le plus souvent additionnées d'ammoniaque. En France, MM. Attout-Tailfer et J. Clayton ont donné à ces plaques le nom d'*isochromatiques*, puis, à Vienne, on les a appelées *orthochromatiques*. Les intensités lumineuses sont mieux traduites par leur emploi; le jaune, le rouge, le vert s'accentuent plus énergiquement, tandis que le bleu et le violet sont rendus par des valeurs se rapprochant de celles que nos yeux leur attribuent; nous reviendrons plus loin sur l'ensemble de ces travaux.

Ces progrès étant accomplis, il devint plus facile d'obtenir les trois négatifs des monochromes rouge, jaune et bleu, nécessaires pour les procédés héliochromiques; les écrans de couleur orangée ou verte donnèrent l'analyse, la séparation des rayons bleus ou rouges, et les plaques additionnées de l'une des matières colorantes susdites, bien choisie, permirent de faire une épreuve convenable d'une image monochrome orangée ou verte.

203. *Méthode de M. Ducos du Hauron*. — Dans une brochure d'un grand intérêt, publiée en 1878 (1) par MM. Ducos du Hauron frères, on trouve les explications théoriques que nous avons brièvement résumées ci-dessus en y joignant celles de M. Cros et en nous attachant surtout à faire ressortir le principe. Les auteurs ont ensuite donné les procédés pratiques employés par eux; nous résumons également leur mode de faire et transcrivons leurs formules.

A cette époque, 1878, on employait encore le collodion humide ou sec qui peut paraître actuellement dénué d'intérêt, parce que l'on se sert presque exclusivement des plaques sèches : nous croyons cependant utile de donner les formules; nous savons en effet que quelques opérateurs très sérieux préfèrent encore ce mode de préparation pour la reproduction des tableaux, trouvant que le collodion à l'éosine est mieux impressionné par les couleurs peu actiniques que les plaques sèches dites *isochromatiques* ou *orthoscopiques*.

(1) Ducos du Hauron frères, *Traité pratique de la Photographie des couleurs*, système d'Héliochromie de Louis Ducos du Hauron. Paris, Gauthier-Villars.

Collodion à l'éosine.

Alcool à 40°............................	40^{cc}
Éther à 62°............................	60^{cc}
Coton-poudre............................	1^{gr}
Bromure de cadmium.....................	3^{gr}
Éosine............................	$0^{gr},15$

L'éosine est ajoutée au collodion après avoir été préalablement pulvérisée; on agite ensuite à plusieurs reprises et l'on filtre.

Bain d'argent :

Eau distillée............................	100^{cc}
Nitrate d'argent............................	20^{gr} à 25^{gr}
Acide nitrique............................	30 à 60 gouttes

Le collodion est étendu sur les glaces couvertes d'une couche préalable d'albumine ou de caoutchouc pour en assurer l'adhérence.

Toutes les opérations relatives à l'emploi du collodion humide ont été décrites tome I, au Chapitre III. On devra s'éclairer avec une lumière rouge aussi atténuée que possible et en ayant la précaution de ne donner cette lumière que pendant le temps juste nécessaire pour les manipulations, car l'éosine communique à la couche une sensibilité assez grande pour le jaune et l'orangé; les rayons rouges auraient même une action si la plaque restait exposée à leur influence.

Comme la pose est assez longue, puisque l'on est obligé d'interposer un milieu coloré, jaune orangé ou vert, on obvie aux réductions, qui se produiraient certainement par la dessiccation du liquide contenant 20 pour 100 de nitrate d'argent, en lavant préalablement la glace avec une solution de nitrate d'argent très faible (à 1 ou 2 pour 100); on développe par les procédés ordinaires.

Si l'on veut développer à l'acide pyrogallique alcalinisé, on commence par bien laver la glace après la pose, puis on passe à la surface une solution de bromure assez concentré (10 pour 100), dont l'effet est d'annuler toutes traces de nitrate d'argent libre, incompatible avec le développement alcalin, et de combattre la tendance au voile; on lave de nouveau et l'on fait apparaître l'image en versant à la surface un mélange par parties égales des solutions suivantes :

		gr
A.	Eau	100
	Acide pyrogallique	5
B.	Eau	100
	Bromure de potassium	30
C.	Eau	100
	Ammoniaque pure	10

On pourrait aussi bien appliquer, avec discernement, les formules nouvelles données pour le développement des plaques sèches, mais en ayant toujours la précaution de laver les glaces et d'annuler, par un lavage au bromure de potassium, le nitrate d'argent libre qui pourrait rester.

Si l'on emploie les glaces sèches, on prendra de préférence celles qui sont préparées au gélatinobromure d'argent avec addition d'éosine légèrement ammoniacale : telles sont les glaces isochromatiques de M. Attout-Tailfer. On pourrait également bien employer comme glaces sèches les préparations faites avec le collodion à l'éosine ci-dessus indiqué et conservées au tannin ou, sans doute aussi, soit au thé, soit au café. Ces glaces, moins sensibles que celles au gélatinobromure, nécessiteront une pose plus longue.

204. *Milieux colorés.* — Une des difficultés du procédé est de se procurer les verres analyseurs ou les milieux colorés qui doivent séparer les couleurs et permettre l'obtention du cliché de chaque monochrome. M. Ducos du Hauron prépare des vernis avec des couleurs d'aniline et, par leur mélange, il obtient la nuance orangée qui interceptera tous les rayons de la tonalité bleue ; pour s'assurer qu'il en est ainsi, on regardera à travers l'écran une solution de nitrate de cuivre ammoniacal ou toute autre belle coloration bleue : elle doit paraître noire. L'écran vert devra arrêter les rayons rouges et, par conséquent, rendre noire une belle surface rouge ; si l'expérience montre que tous les rayons rouges ne sont pas complètement arrêtés, il n'y a pas lieu de s'en préoccuper aussi sérieusement que pour les rayons bleus, parce que les rayons rouges qui passeraient seraient déjà très atténués et, en vertu de leur faible acti-

nisme, auraient peu d'action sur la surface sensible. Une grande précision dans la coloration de l'écran violet est encore moins nécessaire que pour l'écran vert, car il s'agit d'éteindre les rayons jaunes, et nous savons que ceux-ci sont très peu actiniques; pour être certain de leur innocuité, on n'a qu'à employer une surface sensible sans éosine, ou sans aucune autre substance modifiant l'actinisme.

On peut placer les écrans en avant de l'objectif; mais il faut alors qu'ils soient très purs et faits avec des glaces à faces parallèles, pour ne pas amener de déformations dans les images. D'autres opérateurs préfèrent les mettre devant les surfaces sensibles et presque en contact avec elles; dans ce cas, on utilise des glaces minces ordinaires couvertes d'une couche homogène et sans défaut du vernis coloré.

Ces préparatifs étant faits, on procède à trois poses successives, en les prolongeant plus ou moins suivant la valeur actinique de chacun des écrans, et l'on obtient ainsi les clichés qui présentent tous trois, au premier abord, la même coloration et le même effet qu'un cliché ordinaire; mais, en les comparant, on verra que les intensités des clairs, des demi-teintes et des noirs varient suivant les écrans colorés qui ont servi pour chaque pose et que, par exemple, les bleus, qui, avec l'écran violet, sont accusés par des noirs foncés, sont au contraire traduits par des clairs avec l'écran jaune orangé.

205. *Synthèse des couleurs.* — L'analyse des trois couleurs rouge, jaune, bleue étant faite, c'est-à-dire leurs négatifs monochromes étant obtenus, il faut procéder à la synthèse et faire les trois positives, rouge, jaune et bleue, dont la superposition rendra l'illusion des couleurs.

Ces trois épreuves positives seront réalisées soit sur pellicule de gélatine par le procédé dit *au charbon* ou par la photoglyptie, soit par les impressions aux encres grasses colorées, ce qui rentre dans l'emploi de procédés connus dont la description a déjà été donnée.

Le procédé dit *au charbon* paraît le plus simple pour obtenir les trois positifs de couleur : on devra étudier avec soin ce procédé décrit plus haut (110). La difficulté la plus grande consiste à faire le repérage exact dans la superposition, à cause de l'inégale dilatation des papiers mixtionnés et de la facilité trop grande avec laquelle la couche de gélatine abandonne le verre sur lequel on développe l'image.

Pour remédier à ce dernier inconvénient, on enduit la surface des verres d'une couche mince de vernis préparé comme suit :

Huile de lin cuite à la litharge (vernis à l'huile ordinaire)	10cc
Benzine	100cc

Ce vernis doit être employé peu de temps après sa préparation : on le verse sur la glace, on l'égoutte et on laisse sécher pendant vingt-quatre heures.

Lorsque les papiers mixtionnés avec les teintes rouge, jaune et bleue convenablement choisies, ont été sensibilisés au bichromate de potasse et ont reçu l'impression lumineuse chacun sous le cliché correspondant à leur couleur, on les immerge dans un bain d'alcool à 36° et on les y laisse trois à quatre heures ; on prend ensuite un des verres passés au vernis, on le glisse sous un des papiers, face contre face ; on applique bien l'épreuve contre le verre, on retire les deux ensemble du bain d'alcool et on les met sécher entre des buvards sous légère pression, on opère de même avec les autres épreuves et on en fait une pile. Lorsqu'elles sont sèches, ce que l'on facilite en changeant les buvards, on les reprend et on les immerge dans une cuve à rainures remplie d'eau froide ; on laisse la couche de gélatine se gonfler pendant quelques heures ; on remplace l'eau froide par de l'eau légèrement chaude, puis on transporte chaque épreuve dans une cuvette remplie d'eau à la température convenable pour dépouiller l'image. Après développement on rince à l'eau froide, on passe à l'alun à 2 pour 100, on rince de nouveau et l'on obtient ainsi la série des monochromes développés sur glace ; on les couvre d'une couche mince de gélatine incolore que l'on passe également au bain d'alun lorsqu'elle a fait prise ; puis on prend le positif jaune, on le trempe dans une cuvette pleine d'eau froide, on met dans cette même cuvette un papier fortement gélatiné. Lorsqu'il est détrempé, on l'applique sur l'épreuve face contre face, on retire en évitant les bulles d'air, on donne un coup de raclette et on laisse sécher. Lorsque la dessiccation est complète, on met le tout dans un bain d'alcool à 65° C. Après deux heures d'immersion, le papier se détache seul de la glace, emportant l'image; on met cette épreuve jaune de la même manière sur le monochrome bleu en la repérant exactement par glissement, on laisse sécher de nouveau, on sépare du verre en répétant la même opération que pour la première image; on recommence exactement de même pour superposer et détacher le monochrome rouge.

Les épreuves terminées et séchées sont vernies, coupées, collées sur un panneau de bois, pour mieux compléter l'illusion de la peinture.

En fixant les épreuves sur glace, au lieu de les mettre sur papier gélatiné, on obtient de belles images transparentes.

206. Méthode de M. Cros. — La méthode employée par M. Cros pour faire les épreuves négatives des trois monochromes se rapproche sensiblement de celle indiquée par M. Ducos du Hauron, mais il y a une différence importante dans la manière de produire les trois monochromes positifs qui constituent l'image définitive.

Le procédé que MM. Cros et Carpentier ont présenté à l'Académie des Sciences (¹) est basé sur l'insolubilité suivie de l'imperméabilité plus ou moins grande que prend, sous l'influence de la lumière, l'albumine additionnée de bichromate de potasse. Cette réaction nous est déjà connue; mais cette albumine partiellement imperméabilisée, lorsqu'elle sera plongée dans un liquide colorant, en absorbera des quantités proportionnelles à la perméabilité qui lui restera et produira ainsi une image monochrome; en superposant successivement trois couches d'albumine bichromatée, on pourra produire les trois monochromes jaune, bleu et rouge et l'on obtiendra l'épreuve finale sur une même surface.

Nous donnons ici textuellement la partie pratique de la Communication de MM. Cros et Carpentier, telle qu'elle a été insérée

(¹) *Comptes rendus de l'Académie des Sciences*, t. XCII, p. 1504; 1881.

au *Bulletin de la Société française de Photographie* ([1]) :

« Les épreuves positives sont constituées sur la glace support par trois couches de collodion albuminé. On prépare ces couches en versant d'abord sur la glace du collodion contenant 2 ou 3 parties pour 100 de bromure de cadmium, on immerge ensuite la glace dans un bain d'albumine fait de dix à douze blancs d'œufs pour un litre d'eau.

» L'albumine se coagule dans la trame du collodion par l'action de l'alcool et du bromure de cadmium : on a constitué ainsi une couche très régulière d'une trame assimilable à celle du *coton animalisé* des teinturiers; cette couche est imbibée de bichromate d'ammoniaque, puis séchée à l'étuve. Alors on applique sur la plaque ainsi sensibilisée un *positif* par transparence et on l'expose pendant quelques minutes à la lumière diffuse; la plaque est ensuite lavée et plongée dans un bain colorant.

» Sous l'action de la lumière, le bichromate a fait subir à l'albumine, déjà coagulée, une seconde contraction, telle qu'elle ne se laisse plus imbiber ni teindre par les pigments appropriés; mais dans les parties protégées par les opacités du positif, la matière colorante pénètre et se fixe.

» Il est donc facile d'obtenir par ce moyen des images photographiques en toute espèce de couleurs. Ces images produites sur glace sont invariables dans leurs dimensions; en conséquence, il suffit, pour nos tirages colorés, de répéter trois fois les opérations sur une même glace en employant : 1° pour l'image obtenue à travers l'écran vert, un bain colorant rouge; 2° pour l'image de l'écran orangé, un bain de bleu; 3° enfin pour l'image de l'écran violet, un bain de jaune.

» Les mêmes écrans, les mêmes pigments servent à reproduire tous les sujets polychromes proposés. Nous sommes arrivés à établir une fois pour toutes la composition des liquides tamiseurs (liquides colorants des écrans) et celle des bains colorants. Nous éclairons pour cela par une lumière électrique constante un modèle trichrome invariable, composé avec trois flacons remplis : l'un

([1]) *Bulletin de la Société française de Photographie*, année 1882, p. 78 et suivantes.

d'une solution saturée de chlorure de cobalt, le deuxième d'une solution saturée de chromate de potassium, le troisième d'une solution saturée de sulfate de cuivre.

» La lumière électrique nous donne encore deux éléments de précision. D'abord, dans l'obtention des clichés, les écrans sont placés *devant les lampes,* en sorte que l'objet, éclairé d'une lumière monochrome, est photographié avec un appareil ordinaire sans l'interposition d'un milieu coloré qui arrête et diffuse un peu de lumière. Ensuite, lors des tirages, les temps de pose sont établis avec rigueur et inscrits sur chaque positif. Les tirages se font ainsi égaux par tous les temps et dans un local quelconque. »

Bien que ces divers procédés d'Héliochromie paraissent faciles à réaliser, nous devons reconnaître que jusqu'ici ils ne sont pas entrés dans une pratique industrielle courante.

207. Photochromie de M. Vidal. — Le procédé de M. L. Vidal a fourni industriellement des épreuves très remarquables, surtout pour la reproduction de modèles à reflets éclatants, tels que les objets en métaux précieux, les émaux, les gemmes, les armures, etc. Toutefois, le mode de faire se rapproche tout à fait de la Chromolithographie, et la Photographie n'intervient que pour fournir sur chaque pierre, au moyen de caches faites à la main, les divers dessins qui conviennent à chaque couleur et pour donner une épreuve finale légère en teinte neutre qui, superposée à l'épreuve coloriée, encore un peu brutale, en atténue la crudité et apporte dans tous les détails un modelé entièrement dû à la Photographie et que l'on obtiendrait difficilement par une impression ordinaire.

M. Vidal emploie soit un seul cliché photographique avec lequel il peut produire toute une série de contre-clichés, soit un certain nombre de clichés identiques pris directement sur le modèle. Puis il fait à la main et sur chacun de ces clichés, par les moyens connus de la retouche ordinaire, les réserves nécessaires pour chaque couleur différente. Il peut également n'employer qu'un seul cliché et faire les réserves successives sur des feuilles de papier très mince qu'il interpose au tirage; il obtient ainsi, en prenant soin de les repérer exactement, autant d'images qu'il doit y avoir de couleurs. Chaque couleur est ensuite imprimée séparément soit par le procédé dit *au charbon,* soit par ceux plus faciles de la Chromolithographie. Ainsi sur le cliché ou sur la réserve destinée au bleu, on masquera tout ce qui, dans l'épreuve positive, ne doit pas contenir de bleu; de même pour le jaune et pour le rouge; il faut aussi des réserves pour les couleurs intermédiaires, car on ne peut faire à la main l'analyse des couleurs secondaires et autres. Aussi, comme dans la Chromolithographie, on approchera d'autant plus de la perfection qu'on emploiera un plus grand nombre de couleurs ou de planches et que le travail des réserves sera fait par une main plus habile. M. Ducos du Hauron et M. Cros demandent l'analyse des couleurs à l'interposition de milieux colorés, M. Vidal fait exécuter ce travail par l'opérateur.

Les clichés réservés étant exécutés, on doit, pour le procédé au bichromate de potasse, rechercher des papiers mixtionnés à la gélatine avec les teintes convenables pour le travail à faire. Ces papiers sont sensibilisés dans la solution de bichromate de potasse, exposés chacun sous son cliché spécial et développés sur un support provisoire qui peut être, soit du papier végétal rendu imperméable par une solution de gomme laque, soit du papier passé à la stéarine ou tout autre support imperméable. Après développement, on laisse sécher; puis, tous les monochromes étant ainsi préparés, on les superpose dans l'ordre voulu pour l'effet final. Pour cela, on commence par gélatiner le support définitif et, quand la gélatine est sèche ou quand elle a fait prise suffisamment pour ne plus se dissoudre, on le plonge dans l'eau, on y fait adhérer le premier monochrome, on éponge au buvard et l'on fait sécher de nouveau; on sépare le support provisoire par l'immersion dans l'alcool, ou toute autre méthode; on applique le second avec les mêmes précautions en repérant exactement, puis le troisième et ainsi de suite jusqu'au dernier, qui est d'une teinte neutre très légère destinée à accentuer les modelés et les ombres. Cette dernière teinte peut être donnée par les procédés de la Photoglyptie.

Dans la pratique industrielle, on a remplacé les papiers mixtionnés par les impressions photolithographiques, et le tirage en couleur sur les pierres se fait par les procédés courants et connus de la Chromolithographie. La Photographie n'intervient plus que pour donner sur chacune des pierres un dessin rigoureusement exact.

CHAPITRE III.

DÉPLACEMENT DE L'ACTINISME.

(PRÉPARATIONS ISOCHROMATIQUES.)

208. Nous savons déjà (t. I, 6 et 7) que la lumière blanche est formée par la réunion de ces rayons colorés (rouge, orangé, jaune, vert, bleu, indigo, violet) que nous voyons séparés dans le spectre solaire; que l'action de cette lumière blanche peut se manifester de différentes manières : par son intensité calorifique, son intensité lumineuse, son intensité chimique; que le maximum de chacune de ces intensités réside en une place différente du spectre solaire. Les rayons calorifiques ont surtout leur siège dans la partie rouge (raie A), il en existe même en deçà du rouge; les rayons les plus lumineux sont vers l'orangé (raie D), et les rayons dont l'action chimique est le plus intense sont vers le bleu et le violet et même au delà du violet (raies G et H et au delà).

Au point de vue des applications courantes de la Photographie, nous avons peu à nous occuper des rayons infra-rouges, même de ceux qui sont au delà du violet; nous devons chercher principalement à obtenir sur les surfaces sensibles une action comparable à celle que perçoivent nos yeux. Or, nous savons qu'il n'en est pas ainsi : le violet et le bleu, qui sont des couleurs relativement calmes pour notre vue, ont en Photographie le maximum d'action et sont reproduits en teintes claires; tandis que le jaune, l'orangé et le rouge, qui constituent pour nous les couleurs les plus vives, ont au contraire le minimum d'action et elles s'accusent en teintes foncées. Donc, si la Photographie est exacte pour la reproduction des contours et des lignes, elle rend les effets lumineux des diverses colorations d'une manière complètement fausse. Nous avons déjà touché ces questions (t. I, 21), sur lesquelles les progrès accomplis nous engagent à revenir avec plus de détail.

Dès le début de la Photographie, cette différence d'action des divers rayons colorés préoccupa les savants et les praticiens et ils cherchèrent les moyens d'obtenir des images plus vraies et des effets plus exacts, soit en augmentant la sensibilité des préparations pour les rayons verts, jaunes, orangés et rouges, soit en diminuant l'action actinique des rayons bleus, violets et ultraviolets, afin de laisser aux rayons moins actiniques le temps d'impressionner les surfaces sensibles.

M. Ed. Becquerel, dès 1840 ([1]), proposa d'interposer entre le sujet et la surface sensible un milieu coloré, tel qu'un écran vert clair, qui, enlevant les rayons trop actifs, laissait agir les demi-teintes vertes et jaunes. Par l'emploi de verres teintés jaunes ou orangés, on annule plus ou moins les rayons violets ou bleus et, par la prolongation de la pose, on arrive à l'impression des colorations jaunes, orangés, et même rouges. C'est sur l'interposition de ces milieux colorés que M. Ducos du Hauron et M. Cros ont basé leurs procédés d'Héliochromie; seulement, ces inventeurs ne demandent pas à l'écran coloré une harmonie plus générale, ils cherchent au contraire à éteindre complètement certains rayons pour en avoir des négatifs aussi tranchés que possible. Mais au début, en 1869, malgré l'emploi des préparations bromurées les plus sensibles, il leur était très difficile d'obtenir les impressions à travers le verre jaune orangé.

Déjà cependant les travaux antérieurs ou contemporains avaient conduit à cette affirmation que, seuls, les rayons lumineux absorbés par un corps peuvent avoir sur ce corps une action chimique et que, par le fait même de cette action, ils étaient proportionnellement éteints (Draper, 1842, 1850; Ed. Becquerel, 1868; Schultz-Shellack, 1870). Se basant sur cette théorie que les rayons actifs sont les rayons absorbés, M. Cros disait en 1869, dans un Mémoire sur la photographie des couleurs :

« La faible activité du rouge et du jaune sur les surfaces photo-

---

([1]) Ed. Becquerel, *La lumière, ses causes et ses effets*, t. II, p. 76. Firmin-Didot, éditeur; 1868.

graphiques sensibles s'explique jusqu'à un certain point par le fait que les substances sensibles sont généralement jaunes ou rouges, et reflètent ces couleurs sans les absorber; on rétablirait l'égalité en colorant ces substances sensibles en bleu ou en vert. »

Plus tard, en 1873, M. Vogel, d'après le même principe, faisait la déclaration suivante : « Nous sommes à même de rendre le bromure d'argent sensible à l'action de n'importe quelle couleur, ou d'augmenter la sensibilité qu'il possède déjà à l'égard de certaines couleurs : il suffit de l'additionner d'une matière qui *absorbe la couleur en question*, sans agir sur les autres. »

Cette théorie, que l'expérience ne confirma pas complètement et qui fut vivement discutée, amena de nombreux essais avec les matières colorantes les plus diverses, parmi lesquelles il faut mettre en première ligne les nombreuses couleurs dérivées des produits du gaz, la chlorophylle et autres teintures végétales. M. Vogel fit les premiers essais avec la coralline et autres colorants rouges dérivés de la naphtaline : il indiqua l'éosine, qui fut expérimentée de la manière la plus heureuse par M. Waterhouse à Calcutta. M. Ed. Becquerel utilisa la chlorophylle; M. Ch. Cros proposa l'emploi de teintures de cassis, de mauve, de curcuma, de carthamine, etc. Ces substances, surtout l'éosine, avaient la propriété de donner aux surfaces impressionnables une grande sensibilité pour le jaune, tout en retardant l'action des rayons bleus.

Dès lors l'isochromatisme photographique était créé : il restait à en faire l'application par la recherche des substances les plus favorables et l'emploi des meilleurs dosages ([1]). On doit toutefois reconnaître qu'en activant la sensibilité des préparations pour le vert, le jaune et l'orangé, on diminue, dit M. Vogel, la sensibilité pour les rayons les plus réfrangibles (bleu, indigo, violet) : de là une perte de sensibilité générale pour la lumière blanche. Les plaques isochromatiques sont donc, sans aucune exception, moins sensibles que les plaques ordinaires de même origine; et, dans les

---

([1]) VOGEL (D[r]), *La Photographie des objets colorés avec leurs valeurs réelles*; Manuel des procédés isochromatiques et orthochromatiques, traduit de l'allemand par H. Gauthier-Villars. Paris, Gauthier-Villars; 1887.

conditions actuelles, ces différences sont en raison de la quantité de matières colorantes ajoutée.

Les matières colorantes employées sont l'éosine, la cyanine, l'azaline, l'érythrosine, le bleu de naphtol, une autre substance récemment indiquée sous le nom de *coeruléine*. L'usage des formules serait facile si l'on pouvait être sûr de se procurer ces produits à l'état de pureté; mais, si chacune des substances dénommées donne la couleur désirée, la pureté dans la composition du corps varie suivant la provenance, et alors les résultats isochromatiques varient également, ce qui n'est pas sans jeter quelques doutes sur le bien-fondé de la théorie, puisque la substance n'agit pas uniquement en raison de sa couleur, mais aussi en raison de sa composition. En thèse générale, tous les composés iodés, bromés et chlorés de la fluorescéine peuvent être considérés comme des agents sensibilisateurs pour les rayons peu actiniques.

Nous disions donc plus haut avec raison que cette question n'est pas encore complètement élucidée.

On peut classer de la manière suivante les diverses substances tinctoriales, d'après la sensibilité qu'elles donnent aux surfaces photographiques pour tels ou tels rayons colorés, ou mieux d'après leur essai au spectroscope et d'après leurs spectres d'absorption :

La cyanine est un sensibilisateur pour le rouge et l'orangé.

L'érythrosine est un sensibilisateur pour le jaune.

L'éosine est un sensibilisateur pour le vert jaune.

La chrysaniline est un sensibilisateur pour le vert.

Le bleu naphtol donne une sensibilité générale pour toute l'étendue du spectre.

La coeruléine, d'après M. Eder, aurait, encore à un plus haut degré, les propriétés du bleu naphtol.

Ne semble-t-il pas alors que les deux dernières substances devraient être employées de préférence aux autres?

Le diagramme ci-contre (*fig.* 54) montre le spectre d'absorption de plusieurs de ces teintures.

Les plaques isochromatiques, appelées ainsi en France par MM. Attout-Tailfer et J. Clayton qui en ont fait les premières préparations industrielles, et dénommées ensuite *orthochromatiques* en Allemagne, peuvent être faites au collodion humide ou au collodion sec, ou au gélatinobromure d'argent. Nous nous bornons à transcrire ici diverses formules de préparations, renvoyant pour les détails aux Ouvrages publiés, tels que celui de M. Vogel déjà cité et celui de M. Roux (¹).

Fig. 54.

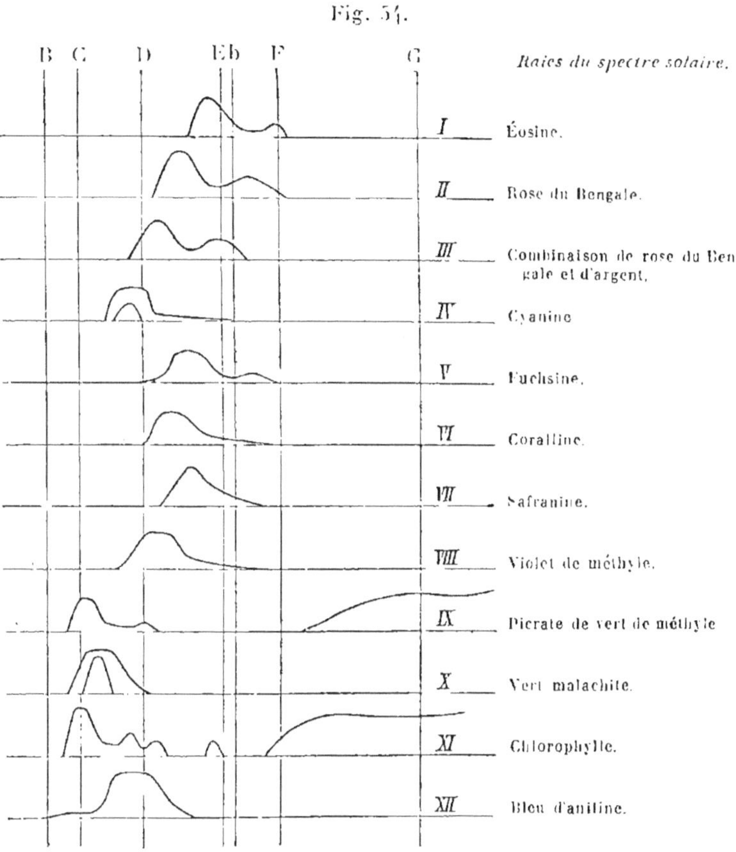

209. *Procédé isochromatique au collodion humide.* — On commence par faire une solution d'éosine, en dissolvant $0^{gr},55$ d'éosine dans 200^{cc} d'alcool à 95° C.

D'autre part, on fait un collodion normal à 2 pour 100 de coton-poudre et, pour 300 parties de ce collodion, on ajoute 100^{cc} d'une solution alcoolique de bromure de cadmium à 7 pour 100. A 100^{cc}

(¹) Roux, *Photographie isochromatique*. Paris, Gauthier-Villars, éditeur.

de ce collodion bromuré, on mélange 5cc de la solution d'éosine dans l'alcool.

Le bain d'argent est composé de :

Eau distillée	100gr
Nitrate d'argent cristallisé	10gr
Acide acétique (jusqu'à réaction acide)	2 à 3 gouttes

On mélange dans le bain quelques gouttes d'une solution étendue d'iodure de potassium (1 : 1000), jusqu'à ce qu'il se forme un précipité permanent.

Le temps d'immersion de la plaque dans le bain doit être très prolongé (pendant cinq à dix minutes), le bromure d'argent ne se produisant qu'avec lenteur.

Le reste des opérations se fait comme il est indiqué pour le procédé au collodion humide, avec la précaution toutefois d'éclairer le laboratoire avec une faible lumière rouge rubis.

Ce procédé est surtout employé pour la reproduction des tableaux; si les essais ont montré que les couleurs bleues ont encore trop d'activité, on les éteint en interposant un verre faiblement coloré en jaune.

Après l'exposition, il est bon de passer la glace dans un second bain d'argent composé de :

Eau distillée	100gr
Nitrate d'ammoniaque	20
Nitrate d'argent	10
Acide nitrique	2 à 3 gouttes

On agite la plaque dans ce bain pendant quelques minutes; cette opération a pour but de débarrasser la glace, avant le développement, des impuretés accumulées dans le bain sensibilisateur, par les matières tinctoriales du collodion, et de remédier aux voiles qui en sont la conséquence.

On développe au sulfate de fer; on peut aussi employer le développement alcalin, mais alors, au lieu de passer la glace dans le deuxième bain de nitrate d'argent, on la lave avec soin à plusieurs reprises avec de l'eau distillée et même, s'il est nécessaire, avec une solution très faible de bromure de potassium.

L'avantage de ce procédé au collodion humide est de faciliter la combinaison entre l'éosine et l'argent ; il se forme une petite quantité d'éosinate d'argent très favorable à la sensibilité pour les rayons jaunes et verts.

On peut aussi préparer, par les moyens connus, des plaques au collodion sec, soit en ajoutant la substance tinctoriale au collodion, soit en les immergeant dans un bain de teinture avant de les mettre à sécher.

210. *Préparations isochromatiques au gélatinobromure d'argent.* — Les divers expérimentateurs sont divisés sur la question de savoir s'il vaut mieux ajouter la substance tinctoriale dans la préparation même de gélatinobromure d'argent avant de l'étendre sur son support, ou s'il est préférable de prendre la plaque sensible sèche et de la passer dans un bain contenant la teinture qui doit modifier l'actinisme. Ce dernier mode est adopté par quelques opérateurs soigneux, parce qu'il leur permet de faire cette opération à volonté sur des plaques connues et de choisir la teinture qui doit le mieux convenir au sujet.

1° Procédé de M. Schumann ([1]).

On plonge la plaque, pendant deux minutes, dans un premier bain formé de :

Eau	200cc
Ammoniaque	0cc,5 à 1cc

On la retire et on la met encore pendant deux minutes dans une seconde solution contenant :

	cc
Eau	200
Ammoniaque	2
Alcool	10
Dissolution alcoolique de cyanine à 1 : 1000	5

Ces plaques ne se conservent que pendant peu de jours.

2° Bain à l'érythrosine.

	cc
Solution alcoolique d'érythrosine à 1 : 1000	10
Ammoniaque	12
Eau	70
Alcool	30

([1]) VOGEL, *op. cit.*

Les plaques ainsi préparées ne se conservent pas plus de cinq à six semaines, puis elles commencent à se colorer en noir sur les bords.

3° Bain à l'azaline.

	cc
Solution alcoolique d'azaline à 1 : 500........	4
Ammoniaque..............................	1
Alcool..................................	30
Eau....................................	70

Les plaques à l'azaline sont sensibles pour le rouge et pour le jaune.

L'azaline est un mélange de rouge de quinoline et de cyanine (bleu de quinoline). Les teintures de ces deux substances, faites dans les proportions de 1^{gr} pour 500^{cc} d'alcool, sont mélangées dans la proportion de 9 parties de rouge de quinoline pour 1 partie de cyanine.

4° *Plaques isochromatiques très sensibles.* — Lorsque les plaques au gélatinobromure contiennent une minime quantité de nitrate d'argent, leur sensibilité s'accroît considérablement, mais on ne peut les conserver que pendant quelques jours.

On mouille d'abord les glaces pendant une minute avec de l'eau distillée, puis on les arrose pendant le même temps avec une solution de nitrate d'argent à 1:1000; on fait couler ensuite sur la surface, à trois reprises, une solution d'azaline-érythrosine et l'on fait sécher.

Cette dernière solution est formée de :

	cc
Érythrosine à 1:1000......................	25
Azaline (composition donnée 3°)............	2
Carbonate d'ammoniaque à $\frac{1}{6}$...............	50
Eau.....................................	1000

On obtient également une grande sensibilité des plaques isochromatiques, en les plongeant pendant une minute dans un bain composé de :

	cc
Eau....................................	50 à 100
Solution de nitrate d'argent à 1:1000......	25
Solution alcoolique d'érythrosine à 1:1000..	25

Avec cette dernière préparation, dit M. Vogel, les glaces sensibles peuvent se conserver pendant deux ou trois mois.

Lorsqu'on opère sur nature dans les conditions ordinaires, l'interposition d'un verre jaune n'est pas nécessaire, mais elle est utile toutes les fois que les couleurs violettes ou bleues dominent dans le sujet.

STÉRÉOSCOPIE.

211. Théorie. — On reproche à la Photographie, souvent avec raison, de ne pas rendre les images avec la sensation de perspective et de relief que nos yeux apprécient dans la nature; c'es qu'en effet, si les procédés photographiques peuvent donner les lignes de fuite nécessaires à cette perspective, les oppositions de clairs et d'ombres qui forment les modelés, les teintes dégradées qui échelonnent les plans vers les lointains, ils sont impuissants, comme la peinture et le dessin, à nous montrer un relief complet, parce qu'ils ne nous présentent qu'une seule image là où nos yeux en voient deux; parce que l'épreuve obtenue par un seul objectif est celle que verrait un seul œil et manque de l'effet rendu par la vision binoculaire.

Le sentiment du relief dépend surtout de la confusion, de la superposition qui se fait en nous des deux images *différentes* qui parviennent à l'un et à l'autre de nos yeux. En effet, lorsque nous regardons alternativement avec l'œil droit et avec l'œil gauche, nous voyons qu'il s'opère un déplacement apparent soit entre les différentes parties d'un même objet, soit dans les positions respectives des objets qui se succèdent en s'éloignant; lorsque nous fixons plus spécialement l'un d'eux, l'effort que font nos yeux pour l'isoler est d'autant plus grand qu'il est plus proche, et cet effort inconscient doit entrer pour une large part dans l'appréciation des distances qui le séparent des autres. M. Sella, dans son Ouvrage sur la Photographie (¹), rapporte que déjà Léonard de Vinci, dans son traité sur la Peinture (Chap. LIII), avait démontré de la manière

(¹) *Plico del Fotografo.* Turin, imprimerie de Paravia et Cie.

suivante la nécessité des deux yeux pour apprécier convenablement le relief :

« Les peintres se désespèrent en voulant imiter la nature, parce que leurs peintures manquent de ce relief et de cette vivacité que les objets présentent cependant quand on les voit dans un miroir. ... Il est impossible que la chose peinte apparaisse avec le relief qu'elle a dans le miroir, bien que l'une et l'autre soient sur une seule surface, à moins qu'on ne la regarde avec un seul œil, et voici la raison : les deux yeux voient un objet placé derrière un autre, comme A et B (*fig.* 55) qui voient M et N; M ne peut pas cacher

Fig. 55.

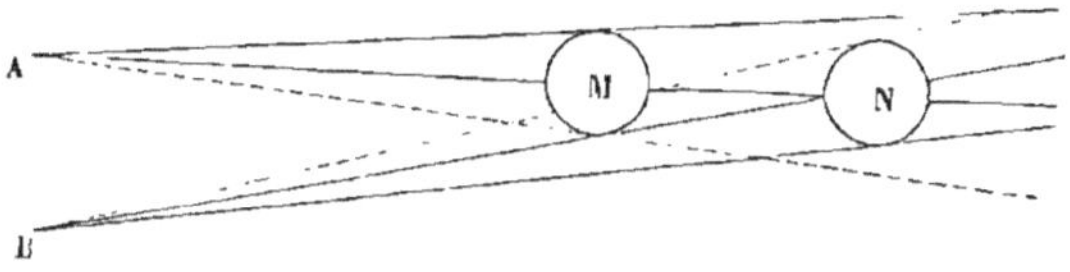

entièrement N, parce que la base des lignes visuelles est si large que l'on voit le second corps derrière le premier. Mais si l'on ferme un œil comme C (*fig.* 56), le corps D cachera le corps E, parce

Fig. 56.

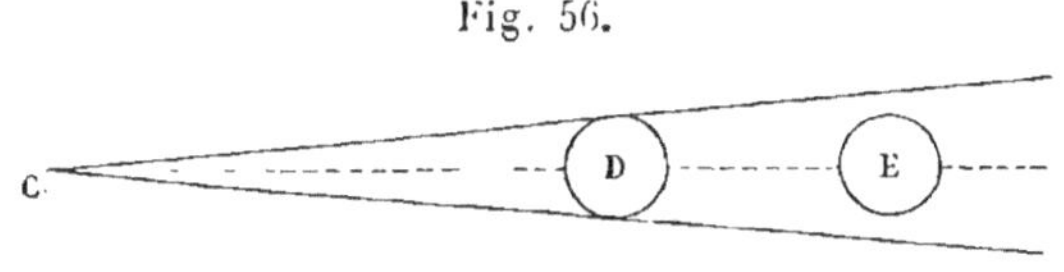

que la ligne visuelle naît d'un seul point C; elle s'arrête sur le premier corps, et l'on ne peut apercevoir le second qui est de la même grandeur. »

Chap. CCCXLI : « Il est impossible que la peinture, quelle que soit la perfection des lignes, ombres, lumières et couleurs, puisse donner le relief naturel, à moins que ce relief ne soit vu d'un seul œil et à une grande distance.

» Comme preuve, supposons les deux yeux A et B (*fig.* 57) regardant l'objet C en suivant les lignes centrales AC et BC, je dis que les lignes latérales peuvent voir derrière l'objet C l'espace GD et que l'œil A voit tout l'espace FD, que l'œil B voit tout l'espace GE, que les deux yeux voient derrière l'objet C tout l'espace FE; et pour cette raison le corps C reste (semble) transparent, d'après cette définition qu'une chose transparente est celle

Fig. 57.

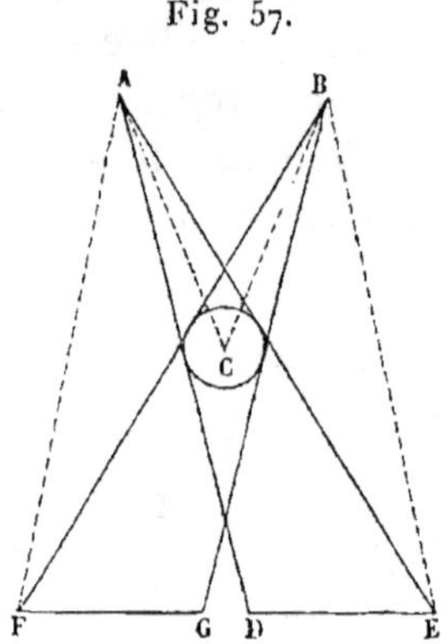

derrière laquelle on ne peut rien cacher. D'après cela, nous prouvons ce que nous avons dit; car une chose peinte occupe toute la surface qui est derrière elle, et il n'est pas possible de voir une partie du champ recouvert par son contour. »

212. Les explications qui précèdent tracent les conditions nécessaires pour obtenir les épreuves stéréoscopiques; il faut : avoir deux images d'un même sujet; produire ces images dans les conditions rigoureuses du déplacement apparent des plans commandé par la distance qui sépare les deux points de vue, déplacement qui s'accentue d'autant plus que l'écart est plus considérable; présenter séparément à chacun de nos yeux celle des images qu'il verrait sur le modèle; disposer les deux de manière qu'elles se superposent sans effort lorsqu'on les regarde.

Ces conditions peuvent être réalisées par un dessin géométrique, s'il s'agit seulement de quelques figures très simples, comme un cube, une pyramide, un cône, etc. Mais pour des sujets pris sur nature, la Photographie seule peut fournir des épreuves avec l'exactitude nécessaire. Pour faire la superposition, on se sert d'un instrument actuellement bien connu sous le nom de *stéréoscope,* avec lequel on regarde les images lorsqu'elles ont été convenablement montées.

En conséquence, nous devons d'abord disposer les appareils de manière à prendre simultanément ou successivement les deux vues avec l'écart nécessaire; mais immédiatement se pose cette question qui commande la disposition des appareils : Quelle sera la distance séparant les deux points de vue, ou plus simplement l'écart des deux objectifs?

213. Si l'on cherchait à rester dans l'absolue vérité avec les effets que présente la vision humaine, on ne devrait pas dépasser l'écart moyen des yeux, soit $0^m,070$ à $0^m,075$; cette disposition sera très bonne si le sujet présente des premiers plans très rapprochés; mais alors les reliefs ne se détachent plus dans les lointains, qui apparaissent comme des toiles de fond, et ce défaut est surtout sensible parce que l'appareil fixe ne peut rendre la sensation que nous donnent l'accommodation des yeux et le faible déplacement de la tête. Si, au contraire, on exagère la base du triangle formé par la distance entre les deux objectifs et un même point de l'une et l'autre vue, on fausse les proportions des objets les plus rapprochés, on exagère le relief des plans qui s'écartent en se découpant comme des coulisses de théâtre.

On a posé en théorie ce principe que le sommet du triangle doit former un angle de 2°; or un angle de 2° sous-tend, pour 2^m de hauteur, une base de $0^m,069$, ce qui est sensiblement l'écart des yeux; pour un objet situé à 30^m, l'écart dépasserait 1^m. Et si cette règle est applicable lorsqu'on veut l'image stéréoscopique d'un objet isolé et rapproché, tel qu'une statue, elle devient inapplicable et fausse pour le paysage : inapplicable le plus souvent par la complication des dispositions nécessaires pour avoir simultanément deux épreuves prises à un grand écart l'une de l'autre; fausse, parce que des sujets très éloignés pour nos yeux seraient ainsi ramenés au premier plan, tout en gardant les dimensions relatives que leur donne leur éloignement réel; ils nous apparaissent tout proches, mais considérablement rapetissés : une maison prend les proportions d'un jouet.

Nous croyons plus simple d'admettre sur la même chambre noire une ou deux dispositions des objectifs : pour l'atelier ou pour les intérieurs, on se contentera d'un écart de $0^m,075$ d'axe en axe ; pour le paysage, il sera préférable d'avoir une seconde planchette porte-objectifs, sur laquelle on fixera l'écart des rondelles aussi loin que le permettront la dimension des glaces et la construction de l'appareil : pour le format $0,13 \times 0,18$, on ne peut dépasser $0^m,09$ d'écartement ; pour celui de $0,15 \times 0,21$, on peut arriver à un maximum de $0^m,12$.

214. Disposition des appareils. — La manière la plus commode pour faire les épreuves stéréoscopiques est donc de disposer une chambre noire usuelle avec une cloison mobile intérieure qui la sépare verticalement en deux parties égales ; deux objectifs accouplés, identiques de tous points pour la longueur focale, la rapidité et la finesse, seront montés sur la planchette et donneront sur la même glace deux vues ne présentant d'autre différence que celle déterminée par leur écart.

Si l'on ne peut disposer que d'une seule paire d'objectifs, on choisira deux aplanétiques ou rectilinéaires ayant $0^m,11$ à $0^m,12$ de longueur focale : cette combinaison pourra servir avec de larges diaphragmes pour les vues instantanées et avec les petits diaphragmes pour les paysages et les lointains. Toutefois, lorsqu'on veut photographier des intérieurs, il est nécessaire d'employer des objectifs n'ayant que $0^m,080$ ou $0^m,070$ et même moins de longueur focale ; souvent la chambre aura plus que cette épaisseur : on remédiera à cet inconvénient par une planchette à cônes rentrants, ou même plus simplement en vissant les objectifs en dedans. Si, par exception, on veut que le sujet prenne de plus grandes proportions, on portera la longueur focale jusqu'à $0^m,15$ ou $0^m,16$; des lentilles simples, de prix très réduits, pourront servir pour ce cas exceptionnel : on aura ainsi, ce que nous avons déjà recommandé, trois longueurs focales différentes pour parer aux éventualités qui se présentent souvent.

Pour les vues instantanées, les objectifs seront munis d'obturateurs fonctionnant simultanément. Nous recommandons les plus simples ; on a le choix entre les divers systèmes en usage, tels que les obturateurs à guillotine (système de M. Mauduit), les obturateurs à ressort (systèmes de MM. Londe et Dessoudeix, de M. Français, etc.). La simultanéité d'action est rigoureusement nécessaire pour les épreuves stéréoscopiques des sujets en mouvement.

Si l'opérateur veut, entre les deux points de vue, un écart plus grand que celui commandé par la dimension de ses glaces, il devra ou renoncer aux vues instantanées, ou se charger d'un bagage plus compliqué.

Pour le cas où l'on renoncerait aux instantanéités, ce qu'on ne peut admettre, car ce serait se priver des épreuves stéréoscopiques les plus attrayantes, il suffirait d'avoir une petite chambre noire $\frac{1}{4}$ de plaque, avec un châssis disposé pour prendre deux vues sur la même glace. Lorsqu'on recherchera un écart considérable, on mesurera sur le sol les deux points extrêmes et l'on y placera successivement l'appareil, en prenant la vue de droite sur le côté gauche de la glace, et *vice versa;* mais le plus souvent on se contente de fixer sur le pied une planchette de $0^m,60$ à $0^m,80$ de longueur, munie d'équerres mobiles (*fig.* 58); on règle les deux

Fig. 58.

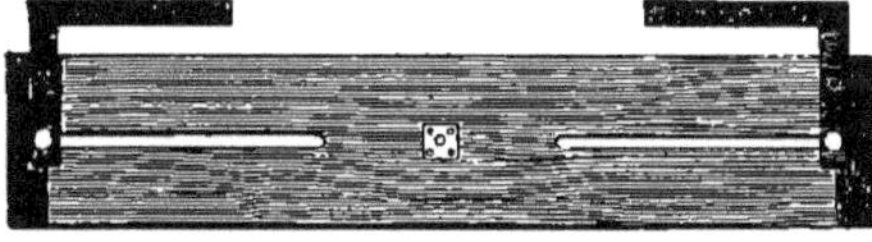

positions de la chambre au moyen de ces équerres et, comme il est dit précédemment, on prend les deux vues en déplaçant la chambre suivant l'écart adopté et en recevant l'image de droite sur la partie gauche de la glace sensible, et réciproquement. Avec cette inversion, il ne sera pas nécessaire de couper les glaces pour transposer les vues lorsqu'on fera les épreuves positives.

Au lieu d'une chambre simple avec châssis multiplicateur, on peut employer une chambre binoculaire que l'on fait manœuvrer sur la planchette de manière à obtenir, suivant le besoin, trois écarts différents (*fig.* 59). Pour les objets très rapprochés, on se contente de la distance qui sépare les deux objectifs et l'on reçoit les deux vues ensemble sur la glace sensible ; si l'on veut un écart plus considérable, on place la chambre d'abord contre une des équerres, puis contre l'autre, en prenant ainsi les deux vues l'une après l'autre sur les moitiés de la glace qui correspondent en dedans à 1′ et 2′ ; pour l'écart maximum on agit de même, mais en prenant les vues sur les côtés de la glace qui sont en dehors et indiqués par 1′ et 2′. Dans le premier et le troisième cas, il sera nécessaire, pour faire

Fig. 59.

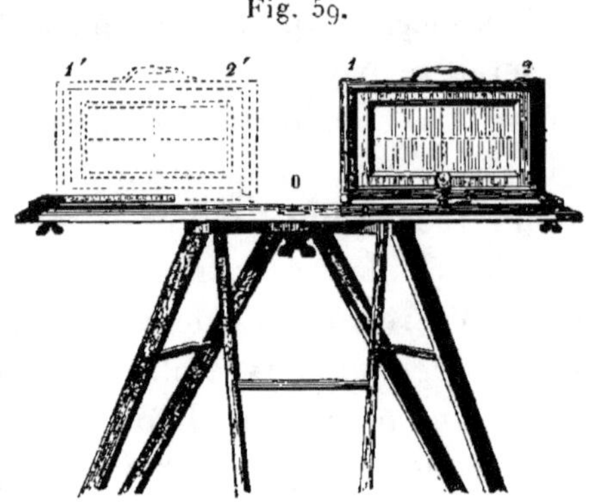

les épreuves positives, de couper les glaces et de les transposer ; dans le second cas, l'inversion est obtenue directement sur la glace.

Lorsqu'on opère avec deux chambres séparées, on peut faire les vues instantanées ; il suffit de relier les deux obturateurs à un conduit de caoutchouc se divisant en deux branches et de les faire jouer simultanément.

On voit qu'il est facile de multiplier la disposition des appareils ; mais les complications ne sauraient convenir que pour les opérateurs qui font une application spéciale de la stéréoscopie, et nous croyons devoir conseiller aux amateurs l'emploi si facile de la chambre usuelle transformée en chambre binoculaire par une simple cloison mobile.

Nous n'insisterons pas sur le procédé à employer : ce sera forcément celui du gélatinobromure d'argent, puisque celui-là seul donne la rapidité nécessaire pour les sujets en mouvement ; nous ajouterons seulement que la comparaison avec les anciennes épreuves à l'albumine nous fait toujours regretter que jusqu'ici on n'ait pu donner aux préparations albuminées la sensibilité des préparations gélatinées. Quel que soit le procédé, les conditions que l'on doit rechercher pour les négatifs sont : une grande finesse, puisque l'image sera agrandie lorsqu'on la regardera dans le stéréoscope; une grande pureté, la vision stéréoscopique faisant facilement ressortir les taches qu'elle ramène au premier plan; l'absence de voile, une image voilée ne pouvant avoir le brillant qui est un des charmes particuliers de ces épreuves; une harmonie bien dégradée entre les clairs et les ombres, pour éviter les effets neigeux résultant, sur les positives, des lumières trop accentuées.

215. Disposition des épreuves. — Les négatives étant faites par l'un quelconque des procédés connus, on tire les positives. S'il s'agit d'épreuves sur papier, rien n'est plus simple : on opère comme avec tout autre cliché négatif; l'épreuve, terminée et séchée, est collée sur les bristols que l'on trouve tout préparés dans le commerce, et dont la dimension est de $0^m,17 \times 0^m,085$. Le coupage et le collage doivent être faits avec les précautions suivantes : chacune des deux images aura $0^m,070$ à $0^m,075$ en hauteur et en largeur, ce qui laissera une marge étroite autour de chacune, sauf au milieu, où elles seront juxtaposées; le coupage sera fait de telle sorte qu'il n'y ait pas plus de $0^m,070$ à $0^m,075$ entre les deux points semblables de chaque vue; enfin, condition la plus importante, s'il n'y a pas eu transposition lors de la prise des points de vue à la chambre noire, il faudra faire cette transposition au collage, c'est-à-dire mettre à droite la vue prise à gauche, et réciproquement : sans cela, au lieu d'une épreuve stéréoscopique, on aurait une épreuve pseudoscopique reportant en arrière les premiers plans et ramenant les derniers en avant.

Lorsqu'on doit faire un grand nombre de positives, il est commode de disposer immédiatement les clichés de manière à réaliser d'un coup les conditions voulues. On commence, s'il y a lieu, par faire la transposition en coupant le négatif, après s'être assuré d'abord de la bonté du diamant et de la facilité de la coupe, pour ne pas risquer de laisser filer le trait dans une mauvaise direction et de perdre le cliché. Celui-ci étant posé à plat, face en dessous, sur la planchette à couper (t. I, *fig.* 73), et poussé contre le butoir, on vérifie s'il est bien d'équerre, on le coupe par le milieu, on transpose les morceaux et, avec les pointes d'un compas, on mesure l'écart entre deux points semblables des images, écart qui dépend de la longueur des glaces, de la distance entre les deux objectifs, etc.; il faut ramener cet écart à $0^{m},070$ en coupant *intérieurement*, après la transposition, sur l'une et l'autre glace, soit également, soit inégalement si le sujet le commande, des bandes qui, une fois enlevées, permettent de faire le rapprochement et la jonction. On colle alors le cliché sur un second verre ou sur la glace du châssis positif avec des bandes de papier noir; on délimite exactement tout autour les marges de l'épreuve et l'on n'a plus qu'à tirer les positives soit sur papier, soit sur verre (ainsi que nous l'avons indiqué dans les Chap. III et IV des *Épreuves positives*), et à monter les épreuves terminées.

216. **Stéréoscopes.** — 1° *Stéréoscope de Brewster*. Le stéréoscope est l'instrument employé pour regarder les vues stéréosco-

Fig. 60.

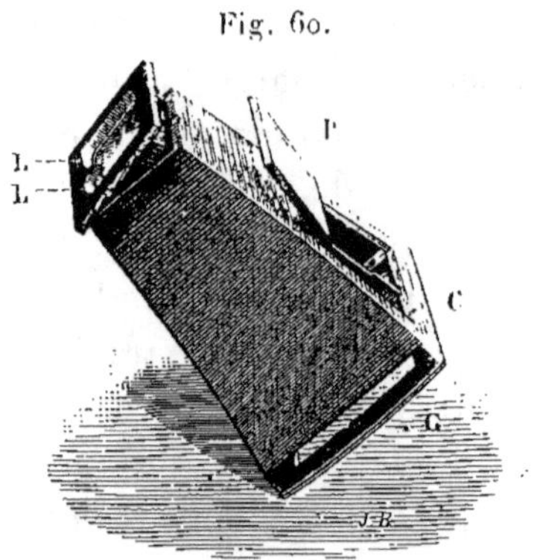

piques. Il en existe de plusieurs genres; mais un seul, celui de Brewster, a été adopté par l'industrie et est répandu d'une manière générale. Il consiste en une boîte (*fig.* 60) de forme trapézoïdale, ayant environ $0^{m},16$ de profondeur; la partie antérieure porte les lentilles ou les prismes L, L, convenablement disposés pour l'écart moyen des yeux, et compensant par un grossissement assez considérable la faible dimension des images. Dans les appareils soignés, les lentilles sont montées de manière à se prêter aux exigences des vues myopes ou presbytes. Le fond de la boîte est formé par une glace doucie G, laissant passer la lumière lorsqu'on regarde les vues transparentes; si ces vues sont opaques, l'éclairage est donné par la petite porte P que l'on relève, et dont la paroi intérieure, garnie d'une glace ou d'une feuille métallique, fait office de réflecteur; une cloison intérieure C sépare les deux images, pour que chaque œil ne voie que celle qui lui correspond. Ce sont les dimensions fixes de cet instrument, fabriqué commercialement, qui ont commandé les dimensions des images accouplées, pour lesquelles on a admis, marges comprises, $0^m,170$ de long sur $0^m,085$ de hauteur. Nous verrons plus loin que la moitié de cette longueur sur la même hauteur a été choisie pour les épreuves destinées aux projections, de sorte qu'en séparant la vue stéréoscopique, on a deux images pour la lanterne à projections.

Quelquefois, les épreuves stéréoscopiques sont disposées sur une sorte de chaîne sans fin, qui les amène successivement au sommet d'une gaine ou colonne qui les contient et qui porte à sa partie supérieure les lentilles stéréoscopiques; on peut faire passer ainsi devant les yeux un très grand nombre d'images (200) sans autre dérangement que de tourner les boutons qui commandent la chaîne; cette modification est connue sous le nom de *stéréoscope américain*.

2° *Stéréoscope de Wheatstone*. — Le stéréoscope de Wheatstone se compose d'une boîte portant à la partie antérieure deux lentilles ou deux trous correspondant à l'écart moyen des yeux; à l'intérieur, sont disposées verticalement deux glaces formant un angle dont le sommet est du côté des lentilles et reflétant les parois à jour de droite et de gauche de la boîte. On dispose les images stéréoscopiques contre ces parois : elles se reflètent sur les glaces, qui les renvoient aux yeux. Cette disposition a l'avantage de se prêter à l'examen d'épreuves d'assez grandes dimensions; mais elle est moins pratique que la précédente, et d'un usage très restreint.

AGRANDISSEMENTS.

PROJECTIONS. — AGRANDISSEMENTS. — MICROGRAPHIES.

RÉDUCTIONS.

DÉPÊCHES. — ÉPREUVES MICROSCOPIQUES.

---

217. Principes généraux. — Les agrandissements et les réductions sont régis par des lois identiques qui commandent les distances relatives entre le modèle, l'objectif et la glace dépolie, ou l'écran qui reçoit l'image. Nous avons déjà expliqué ces règles (t. I, 42-48 et 54); nous savons que, si l'on veut avoir une image égale au modèle, il doit y avoir entre celui-ci et l'écran quatre fois la longueur focale de l'objectif, et que le point désigné par Secretan sous le nom de *point de départ du système optique* est à égale distance, soit à deux longueurs focales de l'un et de l'autre. Dans ces conditions, si l'on rapproche le modèle de ce point de départ ([1]), il faudra écarter proportionnellement la glace dépolie pour obtenir une image nette, et l'on aura un agrandissement. Si, au contraire, on éloigne le modèle, on devra rapprocher la glace dépolie et l'on aura une réduction. Toutefois, dans l'un et l'autre cas, la distance séparant le modèle ou la glace dépolie du point de départ du système optique ne peut être moindre qu'une longueur focale; elle ne peut même être égale à une longueur focale pour l'agrandissement, puisque alors l'image se ferait théoriquement à l'horizon, elle n'existerait plus; pour la réduction, passé ce point, l'image devient de moins en moins nette, elle n'est plus au foyer.

([1]) Nous rappellerons que, pour les objectifs symétriques, ce point, auquel nous avons laissé le nom de *point de départ*, et que souvent on pourrait admettre comme le centre optique, se trouve à égale distance entre les deux lentilles.

Les relations entre ces écarts se calculent toujours sur la longueur focale de l'objectif, et elles obéissent à la loi des foyers conjugués; mais le plus souvent dans la pratique on ne fait aucun calcul et l'on se borne à chercher empiriquement la dimension par le déplacement de la chambre. Nous avons donné (t. I, 48) le Tableau dressé par Secretan de ces distances pour les réductions; ce même Tableau peut servir pour les agrandissements, en modifiant comme suit la manière de le consulter :

Les nombres de la première colonne horizontale, au lieu d'exprimer les réductions à $\frac{1}{2}$, $\frac{1}{3}$, $\frac{1}{4}$, $\frac{1}{5}$, jusqu'à $\frac{1}{200}$, seront interprétés comme représentant les agrandissements à 2, 3, 4, 5, jusqu'à 200. La ligne verticale continuera d'exprimer les longueurs focales, et les deux nombres inscrits dans le carré de jonction des deux colonnes seront, le premier, la distance nécessaire entre le point de départ et la glace dépolie, le second, la distance du modèle au point de départ : les deux additionnés donneront, soit pour l'agrandissement, soit pour la réduction, la distance du modèle à l'écran.

Le calcul de ces distances se résume d'une manière simple, et il est facile à faire : pour l'agrandissement, l'écart du modèle au point de départ sera une fois la longueur focale F, plus cette longueur divisée par le chiffre de l'agrandissement ou rapport R entre la dimension du modèle et celle de l'image cherchée, soit $F + \frac{F}{R}$; l'écart de l'écran sera une longueur focale F, plus cette longueur multipliée par le susdit rapport, soit $F + F \times R$.

Exemple : Nous voulons qu'un modèle soit agrandi cinq fois avec un objectif de foyer $0^m,15$. Nous aurons :

Pour la distance du modèle au point de départ.	$0,15 + \frac{0,15}{5} = 0^m,18$
Pour la distance du point de départ à l'écran..	$0,15 + 0,15 \times 5 = 0^m,90$
La distance totale sera.................	$1^m,08$

Le même calcul renversé servira pour les réductions. Soit un modèle que l'on veut réduire au $\frac{1}{5}$ de sa dimension; avec ce même objectif de F $0^m,15$, nous n'aurions dans la pratique, étant données les positions précédentes, qu'à faire pivoter la chambre autour de son centre optique, en substituant l'image au modèle et le modèle à l'image, puisque l'un est le $\frac{1}{5}$ de l'autre. Le calcul nous donne en effet :

Pour la distance du modèle au centre optique................	$F + F \times R = 0,15 + 0,15 \times 5 = 0^m,90$
Pour la distance de l'écran au même centre optique..........	$F + \frac{R}{F} = 0,15 + \frac{0,15}{5} = 0^m,18$
La distance totale sera.....	$1^m,08$

Les chiffres sont les mêmes, seulement les positions sont intervertıes.

Ces explications nous font comprendre pourquoi il sera toujours préférable d'employer des objectifs à court foyer pour les agrandissements et pour les réductions. En effet, pour l'agrandissement, le tirage nécessaire de la chambre noire s'accroît considérablement ; déjà dans l'exemple ci-dessus, avec une longueur focale de $0^m,15$ pour un agrandissement de 5, ce tirage égale presque 1^m; il serait double si l'on prenait un objectif de F $0^m,30$. En outre, l'intensité de la lumière, toutes choses égales d'ailleurs, décroît comme le carré de la distance : l'image obtenue avec l'objectif de F $0^m,30$ serait donc quatre fois moins lumineuse que celle donnée par l'objectif de F $0^m,15$, à moins que l'on n'emploie de plus larges diaphragmes ; on est obligé cependant de subordonner l'objectif et la longueur focale aux dimensions du modèle, à l'angle qu'il est nécessaire d'embrasser et à l'écart exigé par cet angle.

Pour les réductions, l'objectif à court foyer permet de ne pas trop s'éloigner du modèle ; il donne à la fois plus de lumière, plus de finesse, et embrasse un champ relativement plus étendu.

218. Nous diviserons cette Partie (Agrandissements et Réductions) en quatre Chapitres :

I. Les projections, qui montrent à une assemblée les images considérablement agrandies des sujets qui peuvent l'intéresser, images fugitives qui disparaissent de l'écran sans que l'on cherche à les fixer.

II. Les agrandissements photographiques, qui ne sont autres

que des projections de dimensions modérées, pour lesquelles on recherche le maximum de finesse, et que l'on reçoit sur une surface sensible pour les fixer.

III. La micrographie photographique, qui représente l'agrandissement porté à son maximum par la substitution des combinaisons du microscope aux objectifs de la chambre noire; on peut obtenir ainsi et fixer des images dont le grossissement dépasse 1200 et même 1500 diamètres.

IV. Les réductions, qui comprennent les dépêches et les épreuves microscopiques.

CHAPITRE I.

PROJECTIONS.

219. Les projections lumineuses sont maintenant un accompagnement presque indispensable des conférences scientifiques [1]; elles devraient être le complément agréable de tout enseignement et particulièrement de l'enseignement primaire : elles viennent rompre l'aridité des descriptions orales et, en parlant aux yeux des enfants, elles fixent dans leur mémoire le souvenir des choses montrées, tout en remplaçant l'étude par la récréation. Aussi depuis plusieurs années s'est-on efforcé de perfectionner les appareils de projection, de les disposer non seulement pour les vastes salles où se font les grandes réunions, mais encore de les approprier, en les simplifiant, pour le service de la classe et même du salon de famille.

Le corollaire indispensable de l'appareil à projection est le dessin qui doit être projeté et, sous ce rapport, la Photographie, dans l'immense variété de ses applications, est la source inépuisable où chacun pourra s'enrichir suivant ses goûts et suivant le sujet à traiter. Bientôt, comme conséquence du développement actuel de la Photographie, nous verrons augmenter le nombre des appareils qui permettent, dans la famille, de faire défiler devant tout un groupe de spectateurs les résultats de travaux ou de voyages intéressants et qui donnent à l'artiste, dans la solitude de l'atelier, les moyens d'esquisser sur sa toile les mises en place de tout ou partie de son sujet.

Nous avons à examiner, pour l'ensemble des projections, les appareils, l'éclairage, l'écran, les images à projeter.

---

(1) MEUNIER (STANISLAS), *Les projections lumineuses et l'enseignement primaire*, Conférence faite aux Membres du Congrès pédagogique; 1880. Molteni, éditeur.

220. Appareils de projections ([1]). — Le premier appareil construit pour faire des projections est la lanterne magique inventée au XVIIe siècle par le père Kircher ([2]) et servant surtout pour l'amusement des enfants; défectueuse comme système d'éclairage et comme système optique, la lanterne magique contenait cependant les principes des instruments actuels et, après avoir subi des modifications dans toutes ses parties, elle a été complètement transformée en appareils de projection donnant d'excellents résultats.

221. Lanternes. — La lanterne magique primitive (*fig.* 61)

Fig. 61.

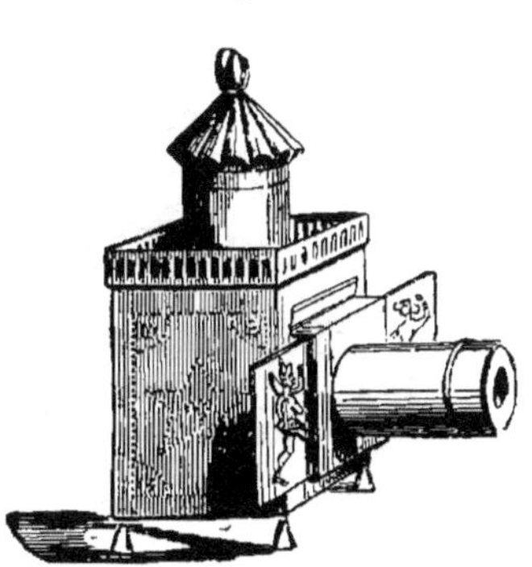

est composée d'une boîte cubique munie d'une cheminée; une petite lampe fumeuse à réflecteur placée dans l'intérieur éclaire un dessin transparent des plus médiocres; un verre demi-boule placé après le dessin (*fig.* 62), concentre les rayons lumineux qui l'ont traversé et ceux-ci, repris par une lentille montée sur un tube mobile, donnent sur l'écran une mauvaise image agrandie que la

---

([1]) *Instructions pratiques sur l'emploi des appareils de projection*, par A. Molteni, auteur-éditeur, 44, rue du Château-d'Eau. Paris, Gauthier-Villars.

([2]) Kircher, célèbre jésuite allemand, né en 1602 à Geyssen, mort à Rome en 1680. Parmi les nombreux Ouvrages de Sciences physiques et mathématiques qu'il a laissés à Rome, en 1645, on trouve : *Ars magna lucis et umbræ in mundo*, Ouvrage renfermant la description de plusieurs inventions ingénieuses, entre autres celle de la lanterne magique, qui cependant lui fut contestée sans raison plausible.

(*Bibliothèque Sainte-Geneviève.*)

marche du tube permet de mettre au point : tel est le principe.

Fig. 62.

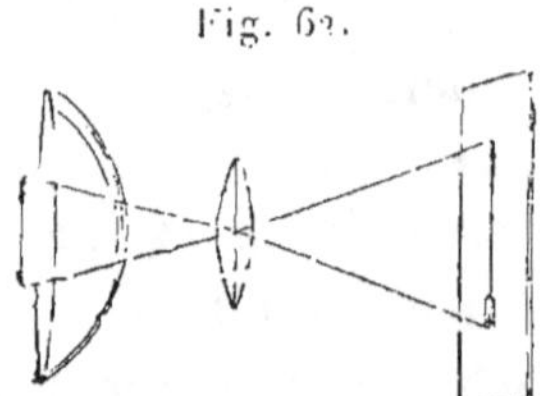

Dans l'appareil à projections comportant tous les perfectionnements actuels (*fig.* 63), la lampe fumeuse est remplacée par la

Fig. 63.

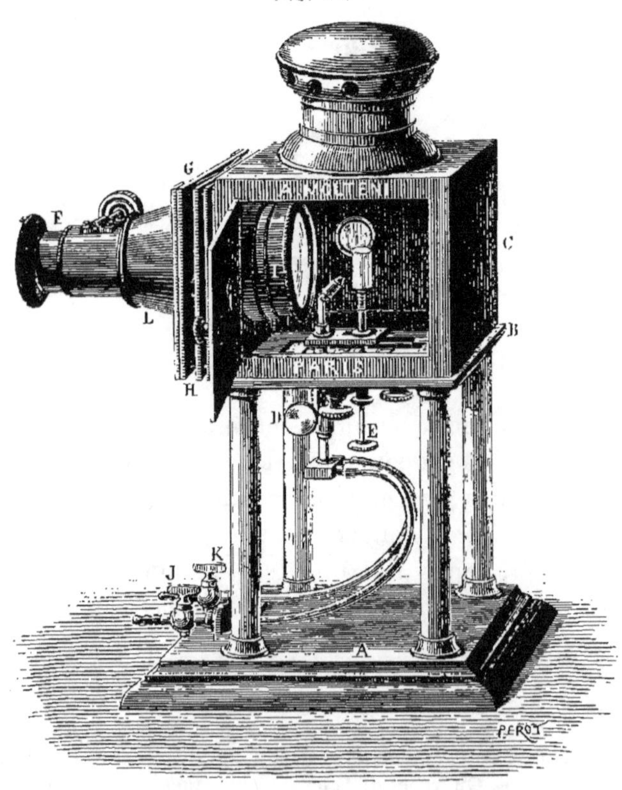

lumière électrique ou par la lumière oxhydrique ; un système optique placé en I condense et régularise la lumière sur l'épreuve transparente que l'on fait passer entre les coulisses GH, un objectif F de bonne construction et à court foyer donne sur un écran plus ou moins éloigné une image considérablement agrandie. Si la méthode est la même, les résultats sont tout à fait supérieurs. Mais cet appareil, que l'on emploie pour les Cours et Conférences dans des salles de grandes dimensions, est d'un prix très élevé, il demande des conditions de lumière particulière qu'il n'est pas toujours facile de réaliser, et, entre ces deux extrêmes, se placent des systèmes plus simples, plus économiques, plus faciles à manœuvrer et appropriés aux petites réunions et aux usages particuliers.

Nous citerons d'abord l'appareil mixte construit par M. Molteni et représenté *fig.* 64. La source lumineuse est une lampe à pé-

Fig. 64.

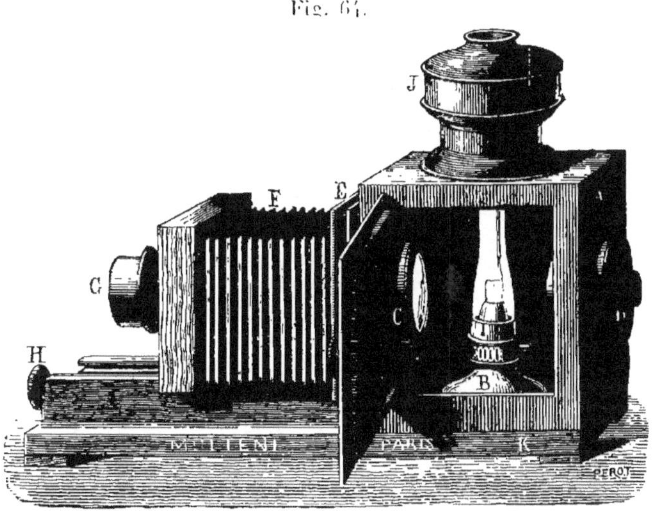

trole B, que l'on peut remplacer à volonté par le chalumeau à gaz oxhydrique; mais le plus souvent on emploiera cet appareil tel que la figure le représente et il donne alors sur l'écran une image qui peut avoir facilement 1^m de hauteur. Comme il est nécessaire, avec la lampe à pétrole, d'utiliser le mieux possible toute la lumière, un réflecteur D formé par une lentille argentée et fixé dans la partie postérieure de la lanterne renvoie sur le condensateur C une grande somme de rayons lumineux. L'image transparente placée en E est ainsi vivement éclairée; l'objectif G, monté sur une planchette mobile qui permet de le changer à volonté, projette cette image qui est plus ou moins agrandie, suivant que l'écran est plus ou moins éloigné; la vis H commande l'écartement de l'objectif et le tirage du soufflet F, de manière à régler la mise au point.

Il est facile, en examinant l'ensemble de cet excellent système, de comprendre le jeu de tous les appareils d'agrandissement; ceux-ci ne sont, en réalité, qu'une modification renversée de la chambre

Fig. 65.

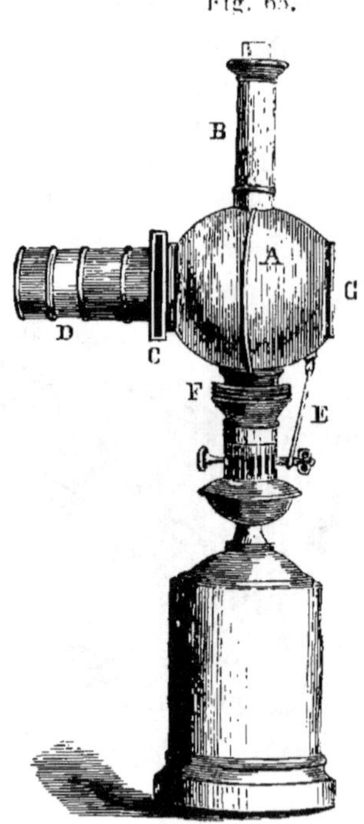

noire que nous connaissons si bien : au lieu de procéder avec l'éclairage au dehors et de produire l'image en dedans, l'éclairage est en dedans de la chambre et l'image se forme en dehors. La disposition et la forme des appareils présentent une grande variété.

Le plus simple est celui qui a succédé à la lanterne magique sous le nom de *lampascope* (*fig.* 65); il se compose d'une sorte de globe opaque A que l'on pose sur une lampe ordinaire, en réglant la hauteur avec quelques rondelles de carton F, de manière à amener la flamme à la hauteur du réflecteur G et des lentilles placées dans le tube D; une cheminée B enveloppe le verre de la lampe et intercepte la lumière trop vive qu'elle laisserait passer; les vues à projeter sont glissées dans la coulisse C et l'image agrandie est projetée sur l'écran par l'objectif D. Ce système, assez séduisant parce qu'il permet l'emploi d'une lampe quelconque, a l'inconvénient de la charger beaucoup dans la partie supérieure et de ne pas avoir une stabilité suffisante; il a été l'objet d'une fabrication courante dé-

Fig. 66.

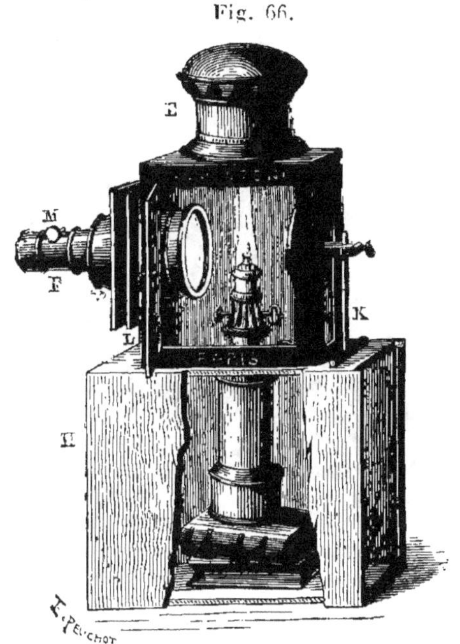

fectueuse quant au système optique, et, s'il est préférable comme jouet à la lanterne magique, il n'est susceptible d'aucune application sérieuse.

Il n'en est plus de même de la lanterne perfectionnée représentée *fig.* 66. L'appareil est fixé par deux boulons sur sa caisse H dont on l'a retiré; on le coiffe de la cheminée E, une lampe quelconque est placée dans l'intérieur de l'ensemble et exhaussée de manière à mettre la flamme dans l'axe du système optique, et pour plus de facilité la caisse est souvent garnie d'une double rangée de tasseaux sur lesquels porte une planchette qui sert de base à la lampe. Un réflecteur, mobile sur la tige K, renvoie une partie de la lumière sur le condensateur; le sujet est donc fortement éclairé en L et l'objectif MF projette l'image sur l'écran.

Il existe un grand nombre d'autres systèmes, parmi lesquels nous citerons ceux de M. Laverne; ainsi que les appareils anglais et américains avec lampes spéciales à plusieurs mèches pour augmenter l'intensité de la lumière.

222. **Mégascopes.** — Les appareils décrits ci-dessus servent à projeter les épreuves transparentes interposées entre la source lumineuse et l'objectif; mais il se peut que l'on ait à projeter des

Fig. 67.

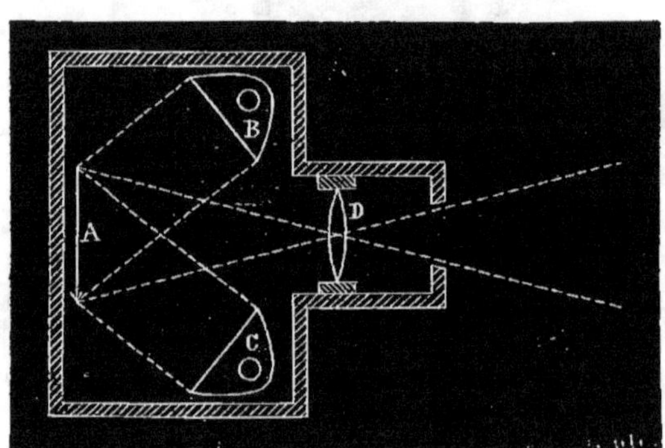

épreuves opaques telles que des dessins, des gravures, des chromolithographies, des photographies sur papier : l'appareil doit alors être modifié de manière à obtenir l'éclairage par réflexion, au lieu de l'éclairage par transparence; la source lumineuse sera placée en avant du sujet au lieu d'être en arrière, obliquement pour ne pas mettre obstacle au jeu de l'objectif, et alors le plus souvent le système d'éclairage est composé de deux lampes munies de forts réflecteurs et placées de chaque côté du sujet pour que la lumière soit également répartie. Les appareils de ce genre ont reçu le nom général de *mégascopes;* ils sont très variés dans leur forme : la *fig.* 67 en fait comprendre facilement la disposition.

Le sujet à projeter, placé en A, est fortement éclairé par les deux lampes B et C, munies chacune d'un réflecteur argenté qui renvoie la lumière en A; l'objectif D projette sur l'écran l'image agrandie du sujet A.

Les projections par réflexion sont toujours très inférieures aux projections par transparence, d'abord parce qu'elles sont beaucoup moins lumineuses, et parce que les images sur papier sont moins fines que celles obtenues sur verre; il est certains cas cependant où cet appareil peut rendre quelques services.

223. **Éclairage.** — On peut employer pour les appareils à projections les sources lumineuses les plus diverses, telles que la lumière électrique, la lumière oxhydrique ou Drummond, la lumière du gaz ou celle des diverses lampes à pétrole ou à huile; l'intensité de ces lumières est très différente, suivant les modes de production, et très variable pour une même source; on peut en juger par le Tableau ci-dessous, que nous avons trouvé dans l'Ouvrage de M. Molteni :

L'unité de comparaison étant une bougie de l'Étoile.	1
La lampe Carcel brûlant 42^{gr} d'huile à l'heure est...	$7\frac{1}{2}$
La lampe modérateur bec 16 lignes..................	9 à 10
La lampe modérateur avec huile camphrée........	13 à 16
Le gros bec de gaz d'éclairage....................	15
La lampe à pétrole gros bec circulaire............	14 à 16
La lampe à pétrole américaine à 2 mèches (avec réflecteur)..................................	25 à 30
La lampe à pétrole américaine à plusieurs mèches (avec réflecteur)...........................	50 à 60
Le chalumeau oxycalcique avec lampe à alcool.....	100 à 200
Le chalumeau oxhydrique suivant la pression des gaz..	250 à 500
La combustion du magnésium en rubans de 0,0025 de large..	200 à 250
La lumière électrique avec une pile de 50 éléments Bunsen..	720
La lumière électrique donnée par une machine magnéto-électrique..............................	1200 à 2000

224. La *lumière électrique* est donc la plus vive, celle qui pourrait le mieux convenir pour les grandes réunions, lorsqu'on a une source intense d'électricité à sa disposition; mais elle a aussi ses inconvénients, tels que le déplacement rapide du point lumi-

neux lorsqu'on fait usage de l'arc voltaïque, des intermittences très appréciables sur l'écran et très fatigantes pour la vue; si l'on remplace l'arc voltaïque par la lampe à incandescence, on ne réalise pas d'avantages sensibles sur la lumière oxhydrique.

225. La *lumière oxhydrique ou Drummond* est celle dont on se sert le plus fréquemment pour les grandes projections; elle est le résultat de la combustion des gaz oxygène et hydrogène qui, par leur combinaison, produisent une flamme excessivement chaude, mais à peine visible; toutefois, si cette flamme est dirigée sur un fragment de chaux, celui-ci est porté au blanc éblouissant et répand une lumière éclatante dont la fixité est très favorable pour les projections. Le mélange des deux gaz et leur combustion doivent se faire

Fig. 68.

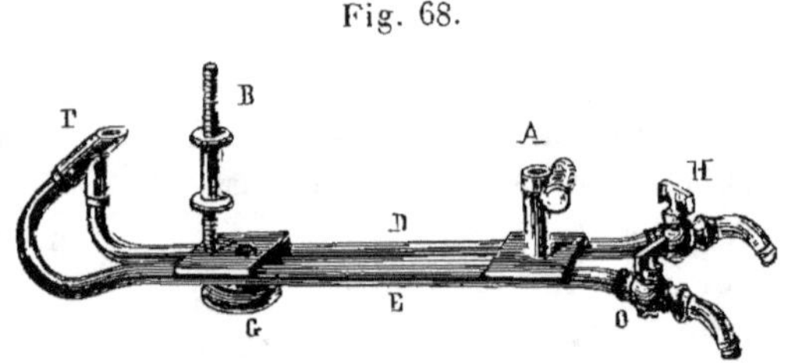

dans la proportion de 1^{vol} d'oxygène pour 2^{vol} d'hydrogène. Mais il faut bien se garder de jamais opérer ce mélange : il est explosif au plus haut degré, il détone avec une violence extrême; quelles que soient les précautions prises, la présence d'un semblable mélange exposerait l'opérateur et son entourage à de mortels dangers.

Il a donc fallu tourner cette difficulté et l'on y est parvenu en emmagasinant séparément le gaz oxygène et le gaz hydrogène, chacun dans un sac imperméable; deux conduits distincts les amènent à l'orifice d'un chalumeau, et c'est seulement à leur sortie qu'ils se mélangent; on les enflamme et ils brûlent en produisant, sous forme de dard, une flamme bleutée dont on reçoit la pointe sur un cylindre de chaux. La partie touchée devient aussitôt éblouissante. La *fig.* 68 fera comprendre facilement la disposition du chalumeau; les gaz arrivent chacun par un conduit de caoutchouc, l'oxygène au robinet O, l'hydrogène au robinet H. Ces robinets règlent la proportion des gaz dont le mélange se fait seulement en F, à la sortie des conduits D, E. C'est en examinant sur l'écran l'intensité de la lumière produite que l'on juge si cette proportion est convenable; le cylindre de chaux qui reçoit le dard du chalumeau est placé en B, tout le système glisse à volonté par l'anneau A sur une tige de fer et un écrou à oreilles le maintient à la hau-

Fig. 69.

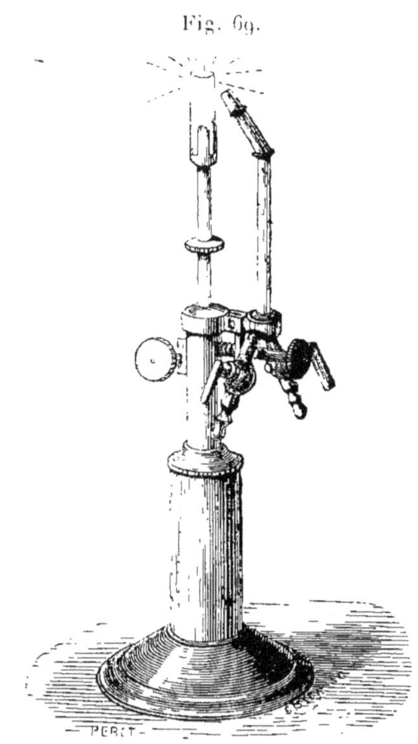

teur la plus convenable. Le bouton G permet d'éloigner plus ou moins le bâton de chaux de l'orifice du chalumeau.

Les sacs dans lesquels les gaz sont emmagasinés sont placés entre des planches et soumis à une pression qui peut aller jusqu'à 80^{kg}; plus la pression est considérable, plus l'intensité de la lumière est vive et plus on doit éloigner le bâton de chaux, dont la distance moyenne est environ à 5^{mm} du bec du chalumeau. La *fig.* 69 montre une autre disposition du chalumeau.

Dans ces conditions, ce ne serait plus que par le fait d'une grande imprudence ou d'une grande distraction qu'il pourrait se faire un mélange dangereux des deux gaz; il faudrait supposer une rentrée de gaz, parce que l'on aurait enlevé la pression de l'un des sacs avant de fermer les robinets et parce que l'étoffe durcie tendant à reprendre son volume humerait en quelque sorte le gaz continuant à s'échapper par l'autre conduit. Il se pourrait aussi qu'il se fît une rentrée d'air dans le sac à hydrogène par le seul fait de l'ouverture de son robinet, en l'absence de toute pression; pour obvier à ces dangers, on doit prendre la précaution d'ouvrir et de fermer les robinets lorsque les sacs sont sous pression.

Le plus souvent, il est possible de remplacer l'hydrogène par le gaz d'éclairage que l'on trouve installé maintenant dans presque toutes les maisons; il suffit alors de brancher un tube de caoutchouc sur un bec de gaz et de le joindre au conduit H du chalumeau; dans ces conditions, la consommation d'oxygène sera un peu plus considérable, puisque l'hydrogène pur est remplacé par de l'hydrogène carburé.

Nous indiquons au Vocabulaire les méthodes les plus pratiques pour préparer l'oxygène et l'hydrogène.

226. *Lumière oxycalcique.* — A défaut de la flamme que donne l'hydrogène ou le gaz d'éclairage, on peut employer celle de

Fig. 70.

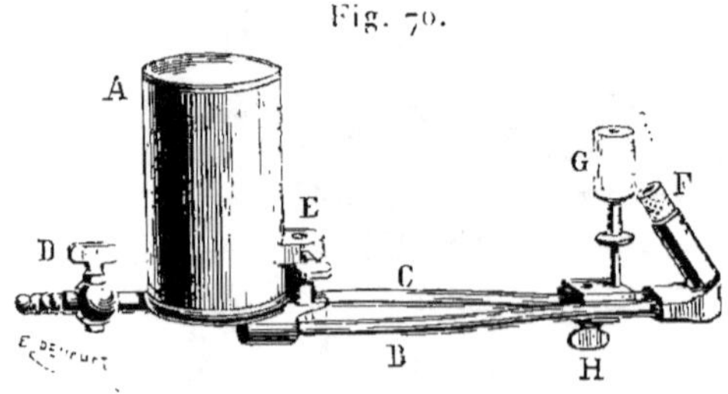

l'alcool, en se servant d'une lampe à niveau constant de forme particulière (*fig.* 70); la lumière, dite *oxycalcique*, que l'on obtient ainsi est moitié moins vive que la précédente, elle est un peu supérieure à celle des lampes à pétrole; il ne nous semble pas qu'il y ait grand avantage dans son emploi.

On ne saurait recommander la lumière d'un bec de gaz ordinaire : elle est d'autant plus intense qu'elle s'étale sur une plus large surface, défaut grave pour les appareils à projections dont la disposition des réflecteurs et condensateurs demande au contraire que le point lumineux soit le plus restreint possible.

227. *Lampes à pétrole.* — La lumière des lampes à pétrole est préférable à celle du gaz, surtout si l'on fait usage des lampes dites *américaines* à deux ou trois mèches. On emploiera comme combustible le pétrole rectifié et l'on évitera les essences de pétrole dont l'usage est trop dangereux à cause de leur grande inflammabilité. On reconnaît que le pétrole est suffisamment dépouillé d'essence, lorsque le liquide versé dans une soucoupe éteint, sans prendre feu, l'allumette enflammée qu'on y plonge.

Les mèches des lampes à pétrole seront maintenues bien égales; au lieu de les couper, il est préférable de les affleurer au niveau du bec en passant le doigt sur la surface carbonisée : on obtient ainsi une plus grande régularité de la flamme.

On peut également employer les lampes à huile.

Les unes et les autres seront d'abord réglées comme pour l'usage ordinaire; mais, lorsqu'elles sont placées dans la lanterne, l'air s'échauffe, les conditions de tirage sont modifiées et il est nécessaire de les régler de nouveau à deux ou trois reprises, jusqu'à ce que l'équililibre soit bien établi.

228. **Écran.** — L'écran sur lequel se font les projections n'est autre qu'une surface blanche, bien plane, de dimensions proportionnées à la grandeur des images projetées. Dans les salles de Conférences cet écran est presque toujours un grand store, pouvant avoir jusqu'à 4^{m} de côté, que l'on déroule pour les séances; au lieu du store, on peut utiliser la surface même du mur convenablement enduite et peinte en blanc mat; pour les petites projections on se contentera d'un simple calicot tendu, ou d'un papier collé sur un châssis. L'écran doit être placé parallèlement à l'appareil, le prolongement de l'axe de l'objectif venant tomber perpendiculairement sur le milieu de sa surface. On ne se départira de cette règle que dans les cas où, par suite de la mauvaise disposition du local, il serait impossible de s'y conformer; alors on inclinera l'appareil de manière à ramener la projection sur l'écran, mais cette inclinaison

sera la plus faible possible, car elle est toujours cause de déformations très sensibles.

Par exception, lorsque la disposition des locaux le permet, on se sert d'écrans transparents sur lesquels les projections se dessinent exactement comme sur la glace dépolie de la chambre noire; l'appareil est alors, d'un côté, invisible aux spectateurs qui voient l'image sur l'autre face; le meilleur écran dans ce cas serait une grande glace dépolie, mais le plus souvent on la remplace par un calicot tendu et enduit de deux couches de vernis copal blanc ou d'une couche de cire dissoute dans deux fois et demie son poids d'essence de térébenthine et appliquée à chaud, et même le plus souvent on se contente de mouiller très largement le calicot, ce qui suffit pour lui donner la transparence nécessaire.

229. Épreuves pour projections. — Les épreuves photographiques destinées aux projections doivent avoir les qualités que nous avons déjà énumérées (*Épreuves positives*, Chap. III), en expliquant les divers procédés à employer pour faire les positives transparentes; la première est l'absence de voile; si, en effet, la lumière est obligée de traverser un milieu couvert d'un voile général, elle se trouve absorbée en grande partie et l'image projetée, devenue grise et uniforme, perd presque tout son charme. On doit donc s'efforcer de produire des épreuves brillantes, très transparentes dans les grands clairs, avec des noirs bien accentués; cette transparence des images est d'autant plus nécessaire que la source lumineuse est moins intense, ou, ce qui revient au même, l'agrandissement plus considérable.

La netteté est aussi une qualité indispensable et l'on s'aperçoit vite que des épreuves considérées d'abord comme absolument nettes dans leur petite dimension laissent beaucoup à désirer dès qu'on les soumet à un agrandissement même assez faible. Si l'épreuve originale est un peu floue, l'image projetée devient absolument défectueuse. Lorsque l'on fait des négatifs destinés aux projections et au stéréoscope, on ne saurait prendre trop de soins pour le choix des objectifs, l'emploi de diaphragmes suffisants, la rigueur de la mise au point, la finesse et la pureté des couches sensibles, afin d'obtenir des épreuves qui soient très propres, car chaque point devient une tache; très nettes, sans cela les traits semblent estompés; très brillantes, car l'image voilée s'affadit dans un brouillard général.

On a adopté un même format général pour les images à projeter et l'on a choisi avec raison l'épreuve simple d'un cliché stéréoscopique, soit $0^m,10 \times 0^m,085$. Ce format unique, adopté généralement, permet d'utiliser toutes les collections dans un appareil quelconque de petite ou de grande dimension, ce qui est un avantage pour les Conférences publiques ou privées, et d'ailleurs l'intérêt que l'on croirait avoir à chercher un format plus grand serait très contestable: on devrait augmenter proportionnellement toutes les parties de l'appareil, le diamètre du condensateur, la longueur focale de l'objectif, la dimension des lentilles, le recul de l'écran et l'intensité de la source lumineuse. Il semble préférable, quant à présent, de s'en tenir à la dimension acceptée par la plupart des opérateurs.

CHAPITRE II.

AGRANDISSEMENTS [1].

230. Sous le nom général d'*agrandissements* [2], nous comprenons toute reproduction plus grande que l'original, que celui-ci soit opaque ou transparent. Ainsi la copie, dans des dimensions supérieures, d'un dessin, d'un plan, d'un tableau, d'une épreuve positive sur papier, constitue l'agrandissement d'un sujet opaque, et ce n'est qu'une opération photographique ordinaire pour laquelle il y a seulement quelques conseils particuliers à donner. Le plus souvent l'opération est plus complexe; le but qu'on se propose est d'obtenir, par transparence, une ou plusieurs grandes images avec le petit négatif dont on est possesseur, soit que ce petit négatif ait été fait spécialement en vue de l'agrandissement, soit qu'il représente le type dont on veut accidentellement faire l'épreuve agrandie, ainsi qu'il arrive si souvent pour les portraits. Il faut alors procéder à une véritable projection dont la source lumineuse est naturelle ou artificielle, et recevoir l'image projetée sur une surface sensible remplaçant l'écran; cette opération demande plus de précautions que les projections ordinaires avec lesquelles on peut atteindre de très grandes dimensions parce que la finesse du détail n'est pas indispensable : il suffit que les spectateurs, toujours un peu éloignés, saisissent l'ensemble du sujet; il n'en est plus de même quand l'image agrandie est trans-

(1) La théorie de ce sujet a été très bien expliquée par Bertsch (Barreswil et Davanne, *Chimie photographique*, 4e édition, 1864; Gauthier-Villars, éditeur), et par Van Monckhoven (*Traité d'Optique photographique*, 1866; G. Masson, éditeur). Les moyens pratiques ont subi depuis quelques années une complète transformation.

(2) On emploie souvent à tort le mot *grandissement*. Grandir est synonyme de croître; agrandir, synonyme d'accroître : les enfants grandissent et l'on agrandit leurs portraits.

formée en épreuve et soumise à un examen rapproché; on voit que les finesses du négatif sont élargies, elles sont estompées, et les épreuves deviennent floues même pour un agrandissement modéré.

231. **Agrandissements des sujets opaques.** — La reproduction photographique agrandie de sujets opaques est plus limitée que celle des épreuves transparentes. En effet, s'il s'agit d'objets en ronde bosse, il est déjà presque impossible de pouvoir mettre au point les différents plans pour grandeur égale; cette difficulté devient presque toujours une impossibilité pour l'agrandissement; il faut faire un petit négatif aussi parfait que possible, ce qui permet d'obtenir les différents plans avec une égale netteté, et c'est ce négatif que l'on agrandit : on rentre alors dans les agrandissements par transparence qui sont expliqués plus loin. On pourra mieux réussir avec des bas-reliefs de peu d'épaisseur; et, s'il s'agit de sujets n'offrant qu'un plan, comme les dessins, les gravures, les peintures, les photographies, la difficulté devient seulement une question de format.

La dimension de l'agrandissement dépend de celle du sujet, de la longueur focale de l'objectif, de la grandeur de la chambre noire, des écarts proportionnels entre le modèle et la glace dépolie; ces conditions se tiennent toutes et se règlent les unes par les autres.

Si le sujet est déjà relativement grand, on ne pourrait que difficilement le soumettre à un agrandissement considérable; car, si l'on emploie un objectif à court foyer, il faut le rapprocher tellement du modèle que celui-ci n'est plus compris dans l'angle embrassé, et si l'on prend, ainsi qu'il est nécessaire, un objectif ayant une longueur focale suffisante, le plus souvent le tirage de la chambre noire devient excessif. Nous savons que ce tirage $=$ F la longueur focale $+ F \times R$, R représentant la proportion de l'agrandissement (*voir* 217). Ainsi, pour un objectif de F 0,50 et pour un agrandissement R égal à 5 diamètres, nous aurons $0^m,50 + 0^m,50 \times 5 = 3^m$.

Si, au contraire, l'original est de petite dimension, on peut faire usage d'un objectif à court foyer et obtenir de très grandes images. Ainsi, soient la longueur focale $0^m,10$, l'agrandissement 10 diamètres, on aura $0^m,10 + 0^m,10 \times 10 = 1^m,10$ pour le tirage de la chambre noire. Mais, dans ces conditions, l'écart entre le modèle et le centre optique est $0^m,10 + \frac{0,10}{10} = 0^m,11$, et il est à craindre que, l'objectif et la chambre noire elle-même se trouvant très rapprochés du sujet, celui-ci ne reçoive plus l'éclairage régulier qui est indispensable. L'insuffisance de la lumière réfléchie est encore un obstacle pour un agrandissement considérable des sujets opaques.

On peut admettre théoriquement que l'objectif à employer pour faire un agrandissement est le même que celui dont on a fait ou dont on ferait usage pour faire une épreuve de la dimension de l'image à agrandir.

Parmi les nombreux systèmes d'objectifs, on choisira de préférence les rectilinéaires aplanétiques et les aplanats : ils sont symétriques, c'est-à-dire formés de deux lentilles exactement semblables, et on les emploiera tels qu'ils se montent ordinairement sur la planchette. Les triplets sont également bons pour les agrandissements; mais, lorsqu'on en fait usage dans ce but, ou si l'on se sert d'autres objectifs non symétriques, on devra les retourner, c'est-à-dire les monter sur la chambre noire de telle sorte que la lentille, faisant ordinairement face à la glace dépolie, soit au contraire tournée du côté du modèle : on renverse ainsi le système optique, comme on renverse les conditions ordinaires des épreuves photographiques consistant presque toujours à produire une petite image d'un grand sujet, tandis que par l'agrandissement on cherche une grande image d'un petit sujet.

232. Le sujet à agrandir, piqué ou tendu sur une planchette, de manière à présenter une surface absolument plane, est placé verticalement sur le chevalet, ce que l'on vérifie avec un fil à plomb; on dispose le chevalet, de manière à obtenir un éclairage régulier sur toute la surface. Presque toujours la partie inférieure est moins éclairée que la partie supérieure, et souvent aussi un côté reçoit moins de lumière que l'autre; ces différences seraient très sensibles dans l'agrandissement : on s'efforce d'y porter remède au moyen de larges bristols blancs que l'on place de manière à former réflecteur. Il semble préférable d'opérer sur un fond noir ou foncé, pour éviter que l'objectif reçoive d'autres rayons lumineux que ceux reflétés par le sujet. La chambre noire munie de son objectif est disposée en face du modèle, de telle sorte que l'axe de l'objectif tombe perpendiculairement sur le milieu du sujet à reproduire; dans ces conditions, la glace dépolie est parallèle au plan du sujet. Nous avons déjà donné (t. I, 59) les précautions à prendre pour les reproductions, quelles que soient les dimensions.

La mise au point sera examinée et réglée à la loupe avec beaucoup de soin, non seulement au centre, mais aussi sur les bords et entre les deux. Cet examen est assez facile lorsqu'il s'agit de reproductions de plans ou de dessins dont les lignes sont bien arrêtées. Lorsque le modèle n'offre pas de lignes suffisamment nettes, on superpose un papier imprimé, bien tendu et d'égale dimension, sur lequel on vérifie la netteté, que l'on accentue sur les bords par un emploi judicieux de diaphragmes de plus en plus petits; mais alors il arrive souvent que l'image n'est plus assez lumineuse sur la glace dépolie pour qu'on puisse la bien juger, ce qui oblige à faire la vérification avec un diaphragme plus grand; puis on le remplace par un plus petit et on prolonge la pose en conséquence.

On peut employer pour les agrandissements des surfaces sensibles quelconques, en se rappelant toutefois que, pour les sujets noirs et blancs, comme les gravures, les plans, les dessins, il est préférable de ne pas avoir d'excès de sensibilité, les oppositions seront mieux accentuées; pour les sujets de couleurs variées, comme les peintures, les chromolithographies et autres on emploiera les préparations additionnées d'éosine ou couleurs analogues, que l'on trouve dans le commerce sous le nom de *glaces isochromatiques* ou *orthochromatiques*, qui sont reconnues comme donnant une reproduction plus exacte des effets que les couleurs présentent à nos yeux.

233. **Agrandissement, par transparence.** — *Observations générales.* — En partant des données théoriques, on a souvent affirmé que l'avenir de la Photographie était dans l'obtention aussi parfaite que possible d'une petite épreuve négative que l'on soumettrait ensuite à l'agrandissement. Ainsi, disent les partisans de ce système, on peut obtenir la netteté absolue de tous les plans; l'effet

artistique est supérieur, on n'a plus qu'un bagage restreint et léger; il suffit d'une très petite chambre noire pour rapporter des négatifs parfaits que l'on agrandit à son aise chez soi et dont on tire de grandes épreuves.

Jusqu'à ce jour, dans la pratique, on ne réalise pas tout ce que l'on croyait pouvoir attendre de cette théorie, et nous ne partageons pas complètement les idées émises. Les résultats que nous avons vus depuis plusieurs années sont les suivants :

A moins d'être un opérateur émérite, on a souvent quelques accidents sur les bords ou sur la surface des épreuves, accidents qui seraient minimes pour une plaque de dimensions ordinaires, mais qui sont considérables pour de petits clichés et deviennent énormes par l'agrandissement; il en est de même pour les taches, bulles ou trous, qui le plus souvent sont dus à la préparation première. Le développement d'une petite épreuve est plus difficile à bien juger que celui d'une grande. Quand cette petite épreuve est terminée, et nous voulons bien accepter que ce soit avec toute la perfection désirable, il faut la soumettre à l'agrandissement; on s'aperçoit alors, même lorsqu'on opère sans exagérer la dimension, que l'on n'obtient pas la netteté sur laquelle on comptait; on produit, il est vrai des documents intéressants, mais rarement une belle épreuve que l'on aimerait à montrer; les grandes dimensions deviennent un encombrement, on cesse son travail et l'on n'a plus que des images minuscules : nous ne connaissons jusqu'ici aucune collection sérieuse faite par agrandissement et résumant l'application complète de la théorie. Si, au lieu d'un grand format, on rentre par l'agrandissement dans les dimensions courantes adoptées par les touristes, soit 0,13 × 0,18, 0,15 × 0,21, ou 0,18 × 0,24, on reconnaît vite par la comparaison que les épreuves prises directement sont supérieures aux épreuves agrandies. Les perfectionnements de l'avenir, avec lesquels il faut toujours compter, pourront donner raison à la théorie; mais, pour la pratique actuelle, nous conseillons aux opérateurs qui veulent un bagage restreint de ne pas descendre au-dessous du $\frac{1}{4}$ de plaque, soit 0,09 × 0,12. Ils auront ainsi immédiatement la dimension nécessaire pour les projections; s'ils veulent faire des agrandissements, ils se trouveront dans de bonnes conditions; à défaut d'autres, la petite image positive qu'ils pourront tirer sera déjà agréable. Ajoutons qu'ils feraient mieux encore en prenant une chambre double pour faire l'épreuve stéréoscopique à laquelle les touristes devraient revenir; nous ferons exception pour les vues instantanées qu'il faut saisir au passage, sans qu'on ait le temps de monter l'appareil sur un pied, et encore demanderions-nous la plus grande dimension acceptable dans ces conditions. Notre opinion *personnelle* étant émise en tant qu'application générale, réserve faite des nombreuses circonstance pour lesquelles l'agrandissement est indispensable, examinons la théorie.

On a posé comme un principe, qui pourtant n'a rien d'absolu, qu'un objectif peut donner la netteté des *plans successifs* jusqu'à l'infini à partir d'une distance égale à $F \times 100$ (F représentant la longueur focale principale); lorsque la mise au point est réglée sur cette distance, les plans successifs situés au delà doivent rester nets; ceux situés en deçà se montrent d'autant plus flous qu'ils sont plus rapprochés de la chambre noire; si, au contraire, on arrête la mise au point sur des plans plus rapprochés, le flou s'accentue aussi bien en avant qu'en arrière et d'autant plus que les plans s'écartent davantage de celui sur lequel la mise au point a été réglée; on en conclut que, si l'on veut avoir une épreuve nette dans toute sa profondeur, on doit fixer le tirage de la chambre noire à la longueur focale principale de l'objectif, ou sur des sujets situés à 100 fois cette longueur focale, et se résoudre à les considérer comme premiers plans. Dans ces conditions, l'opérateur n'est maître de son ensemble que si les objectifs employés sont d'une longueur focale très restreinte.

En effet, au point de vue artistique, la distance des sujets que l'on comprend sous le nom de *premiers plans* est excessivement variable: elle dépend de l'ensemble et elle peut être aussi bien à 4^m ou 5^m et moins s'il s'agit d'un intérieur, qu'à 100^m et plus si l'on se trouve en présence de masses considérables. Or, si l'on prend un objectif de $0^m,08$ à $0^m,10$ de longueur focale, on aura la netteté générale à partir de 8^m ou 10^m : on n'obtiendra, il est vrai, qu'une petite épreuve, mais cette épreuve, agrandie à la dimension que l'on désire, donnera un ensemble complet; tandis que, si l'on voulait faire directement une grande épreuve, de $0^m,30 + 0^m,40$ par exemple, il faudrait prendre un objectif d'au moins $0^m,60$, se placer à 60^m des premiers plans dont la proportion dans l'ensemble n'aurait plus l'importance nécessaire : l'image obtenue sera alors sans profondeur, elle ressemblera à une toile de fond.

Tel est le principe. Il y a beaucoup de vrai dans ce raisonnement, qui pourtant n'est absolument juste ni dans un sens ni dans l'autre.

1° La mise au point pour tous les plans vers l'infini ne commence pas réellement à partir de 100 fois la longueur focale : ce n'est qu'une approximation; il faut augmenter le tirage d'une petite quantité [1] qui, pour la distance susdite, est $\frac{1}{100}$ de la longueur focale principale, quantité appréciable même pour des objectifs à court foyer. La petite épreuve obtenue ne serait donc pas encore théoriquement dans les conditions de netteté absolue.

2° La netteté de tous les plans n'est pas nécessaire; elle serait presque un contresens, qu'on ne trouve jamais dans les œuvres artistiques : elle ramène ces plans en avant et quelquefois les fait surplomber et revenir sur ceux qui les précèdent.

3° Par l'emploi de bons objectifs et de diaphragmes convenablement réglés, on corrige suffisamment le défaut de netteté sur des différences de plans considérables : nous avons vu des épreuves de $0^m,27 \times 0^m,35$ prises avec un objectif de $f\ 0^m,40$ et donnant une netteté convenable sur les plans successifs à partir d'une distance de 6^m.

Les partisans de l'agrandissement des petites épreuves peuvent surtout faire valoir l'avantage indéniable d'un léger bagage, ce qui est beaucoup pour les voyageurs; mais nous persistons à croire que, pour les dimensions moyennes, mieux vaut faire des épreuves directes et ne procéder par agrandissement que pour les dimensions extra. Nous avons tenu toutefois à montrer les deux faces de la question.

Ces appréciations étant données, toute réserve faite des progrès à venir, nous passons aux opérations.

---

[1] Le tirage de la chambre noire relativement à la distance du sujet sera toujours représenté par $f + \frac{f}{R}$, R étant le rapport entre la longueur focale f et la distance D du centre optique au sujet $\left(R = \frac{D}{f}\right)$.

234. *Agrandissement à la chambre solaire.* — Après avoir été en usage il y a quelques années, ce système est presque abandonné aujourd'hui : il nécessite des appareils spéciaux d'un prix très élevé, il exige la lumière régulière du soleil et le travail du photographe se trouve ainsi subordonné à toutes les vicissitudes du temps.

Les chambres solaires inventées par M. Woodward, M. van Monckhoven, M. Liébert sont en réalité une modification de la lanterne magique; ce sont des appareils de projection disposés pour utiliser la lumière du soleil. Les rayons solaires, reçus sur un miroir réflecteur convenablement incliné, sont renvoyés sur une large lentille qui les condense et les dirige sur le petit cliché; un objectif à court foyer, que l'on rapproche plus ou moins suivant le diamètre de l'agrandissement, projette l'image sur l'écran; après une mise au point rigoureuse, on remplace l'écran par la surface sensible, ordinairement un papier au chlorure d'argent, et l'on suit le développement de l'image, en interposant de temps à autre un verre dépoli de manière à voir les progrès de l'épreuve.

Les inconvénients de ce système sont nombreux : d'abord l'impression de l'image au chlorure d'argent demande un temps considérable pendant lequel le soleil change de position, et il faut donner au miroir réflecteur le double mouvement nécessaire pour maintenir les rayons solaires dans l'axe du système optique général; même avec ces soins, il se produit toujours des déplacements qui doublent l'image et nuisent à la netteté générale. On peut assurer la régularité du mouvement au moyen d'un héliostat mû automatiquement, ce qui augmente beaucoup le prix de l'appareil. Une autre cause vient s'opposer à la netteté : elle est due aux phénomènes de diffraction qui se produisent lorsque les rayons lumineux rasent les bords de lames opaques très minces, ce qui se présente ordinairement avec les clichés.

Ainsi, avec un appareil encombrant et coûteux, on n'arrivait qu'à la production intermittente de quelques épreuves, parce que l'on cherchait à transformer immédiatement le petit négatif en une très grande image positive au chlorure d'argent; on cherchait rarement à faire un grand négatif, les dimensions désirées dépassant le plus souvent celles des glaces que l'on préparait d'habitude. On essaya de remplacer l'action lente de la lumière par le développement de l'image latente et l'on prépara les papiers en conséquence ; mais on n'avait plus la richesse de tons que donne l'impression par la lumière seule, l'image était lourde et sourde. On put tourner ce défaut en produisant par la lumière, même diffuse, une légère impression sur papier au chlorure d'argent, puis en développant l'image à fond par un révélateur à l'acide gallique ou pyrogallique ; l'épreuve, obtenue avec sa coloration peu agréable, était ensuite complètement effacée dans un bain chlorurant (hypochlorite de chaux, bichlorure de cuivre ou autre) qui transformait tout l'argent réduit en chlorure d'argent blanc. La feuille, devenue complètement blanche, était exposée en plein soleil après un bon lavage et l'image reparaissait complète avec un ton plus agréable. L'emploi des chambres solaires fut limité aux besoins du photographe de profession, pour faire, d'après les clichés format carte de visite, des portraits de grandeur naturelle sur lesquels l'œuvre photographique disparaît presque entièrement sous le travail de retouche.

235. *Agrandissement à la chambre noire.* — Il était plus simple de revenir à la méthode conseillée autrefois par M. Bayard, et que nous avons rappelée plus haut (25, 26, 27, 28) au sujet des positives sur verre : on l'applique alors pour produire les négatifs agrandis. On fait d'abord par superposition un cliché positif de même dimension que l'original, en prenant les précautions indiquées pour qu'il soit aussi net et aussi pur que possible (29) ; puis on copie ce positif à la chambre noire, de manière à obtenir un grand négatif dont on tire ensuite les épreuves par l'un quelconque des moyens connus ; on peut aussi copier le petit négatif à la chambre pour en tirer immédiatement un grand positif sur verre avec lequel on fait, également sur verre, le négatif correspondant par le procédé au charbon, ou par tout autre moyen.

Ce système nous ramène aux appareils de projections. Si l'on veut utiliser la lumière du jour, on place le petit cliché dans l'ouverture correspondante d'une fenêtre, dont toutes les autres parties sont hermétiquement closes ; on assure la régularité de l'éclairage en mettant à l'extérieur une glace à 45° qui renvoie la lumière du ciel sur l'épreuve, et avec un objectif à court foyer monté sur une chambre noire à long tirage, placée elle-même bien parallèlement, on obtient une image très agrandie. Si la pièce est parfaitement obscure, on peut remplacer le long tirage de la chambre noire par un chevalet, que l'on éloigne plus ou moins, sur lequel pose la surface sensible, toujours parallèlement; il est nécessaire, dans ce cas, d'intercepter toute la lumière, qui viendrait se diffuser d'une manière générale dans la pièce et influencerait la préparation.

En opérant comme nous venons de l'expliquer, on a constitué un véritable ensemble de projection par la lumière du jour.

236. *Agrandissement par les appareils de projection.* — L'opération devient encore plus facile si l'on possède un des appareils de projection dont nous avons donné l'explication (220 et suivants), parmi lesquels le système avec éclairage oxhydrique sera le plus commode pour un travail courant et rapide; cependant l'extrême sensibilité des préparations actuelles permet d'employer la lumière du gaz ou celle des lampes à pétrole, surtout lorsqu'il ne s'agit pas d'un agrandissement trop considérable. L'opération se fait dans une pièce parfaitement obscure; un chevalet, monté parallèlement à la lanterne et porté sur de petits rails en bois ou sur des coulisses, s'éloigne plus ou moins suivant la dimension que l'on veut atteindre; le chevalet peut rester fixe, et alors ce sera la lanterne que l'on fera avancer ou reculer. On commence par assurer une régularité parfaite de la lumière sur l'écran, en réglant convenablement la position de la source lumineuse, qui doit être dans l'axe du système optique, ni trop près ni trop loin des lentilles : une mauvaise disposition de l'éclairage donne des pénombres dont l'effet serait très sensible sur les clichés. La *fig.* 71, que nous empruntons à l'Ouvrage de M. Molteni, donne les renseignements à cet égard. Si la position est bonne, le disque lumineux projeté sur l'écran est éclairé également dans toutes ses parties (A); si le point lumineux, bien que dans l'axe, est trop loin ou trop près des lentilles, la circonférence est moins éclairée que le centre (B); s'il est en dehors de l'axe, trop à gauche (C), ou à droite (D), trop haut (E), ou trop bas (F), la pénombre se forme du même côté et il faut ramener la source lumineuse vers le centre.

L'épreuve à agrandir est placée dans la coulisse; la dimension voulue étant obtenue par les déplacements de l'objectif et de l'écran, on vise la mise au point avec toute la précision possible; on substitue la surface sensible à l'image et l'on suit la série des

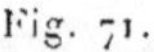

Fig. 71.

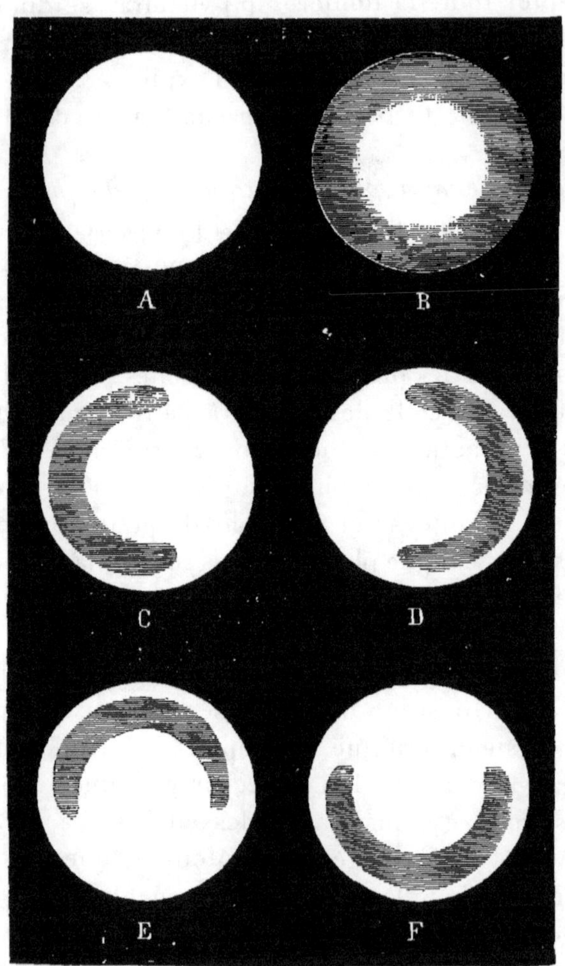

opérations photographiques ordinaires. La grande sensibilité des préparations au gélatinobromure d'argent les fait employer de préférence et, pour les très grandes dimensions, on se sert des papiers que l'on trouve actuellement tout prêts dans le commerce, aussi bien pour les épreuves négatives que pour les épreuves positives.

En tenant compte des diverses explications que nous avons données, on voit qu'on peut faire varier à volonté la disposition des appareils d'agrandissement. A défaut d'un emplacement obscur, on organisera le système dans l'atelier, ou partout ailleurs, en reliant une chambre noire avec la lanterne à projection : ce sera même une méthode assez facile lorsqu'on se bornera à des dimensions restreintes. La *fig.* 72 représente la disposition de l'ensemble utili-

Fig. 72.

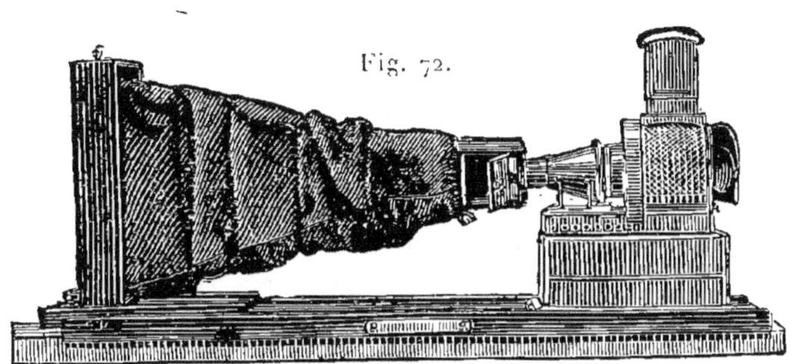

sant une lanterne de M. Laverne; la mise au point se fait sur la glace dépolie, à laquelle on substitue ensuite le châssis portant la surface sensible; il suffit qu'une manche en étoffe imperméable à la lumière relie la chambre à la lanterne; et cette manche, disposée sur une planchette spéciale remplaçant celle de l'objectif, pourrait être beaucoup plus courte que celle de la figure, si l'on fait usage du soufflet de la chambre noire pour arriver à l'écart nécessaire.

237. **Agrandissement direct.** — L'agrandissement que nous appelons *direct* consiste à obtenir d'abord, au moyen d'un objectif à long foyer et d'une chambre noire, l'image d'un objet trop éloigné pour qu'il soit immédiatement de la dimension désirée. Cette image, visible sur une glace dépolie qui arrête les rayons lumineux, peut être considérée comme remplaçant le cliché que l'on soumet à l'agrandissement d'après les indications ci-dessus données; par conséquent, rien n'empêche de la reprendre, à la place même où elle se forme, au moyen d'un second objectif à très court foyer monté sur une chambre noire à long tirage, on pourra obtenir ainsi un fort agrandissement. La glace dépolie sert à montrer à

quelle place l'image se forme avec son maximum de netteté, et lorsqu'on la supprime, cette image, devenant aérienne, n'existe pas moins à cette même place : elle est alors dans toute sa netteté, qui n'est plus altérée par le grain de la surface interposée. On place alors la seconde chambre dans l'axe de la première ; on l'arme d'un objectif à très court foyer (soit entre $0^m,06$ et $0^m,10$), puisque le sujet à agrandir est toujours une image de petite dimension, puis on règle le tirage de cette deuxième chambre et sa position plus ou moins rapprochée, suivant l'agrandissement que l'on veut obtenir. Toutefois le diamètre de l'épreuve totale sera assez restreint; car le second objectif ne reçoit que les rayons lumineux formant un cône dont le sommet est au centre du premier objectif et dont la base coïncide avec la surface de l'objectif à court foyer.

Exemple : Supposons que la première chambre donne du sujet cherché une image de $0^m,02$; que l'on veuille arriver à la dimension de $0^m,20$, soit un agrandissement de dix diamètres, et que l'on dispose pour cela d'un objectif de F 0,10, le tirage de la seconde chambre entre la glace dépolie et le centre optique (soit, pour les objectifs symétriques, la place des diaphragmes) devra être $F + F \times 10 = 1,100$, et l'écart entre ce même centre optique et la petite image à agrandir sera de $F + \frac{F}{R}$, c'est-à-dire, dans l'espèce, $0,10 + \frac{0,10}{10}$, soit $0^m,110$.

L'agrandissement direct a été aussi employé avec les lunettes astronomiques et terrestres; il peut être utilisé dans un grand nombre de circonstances. [*Voir* la Communication de M. Chappuis sur l'emploi de la Photographie pour enregistrer le passage de Vénus (*Bulletin de la Société française de Photographie*, p. 225 ; 1883).]

238. Clichés destinés à l'agrandissement. — S'il s'agit de tirer parti de clichés existant déjà et n'ayant pas été faits dans le but spécial de l'agrandissement, ainsi qu'il arrive fréquemment pour les portraits, il n'y a pas d'observations à faire; le plus souvent ils présentent des contrastes un peu accentués, tels qu'il les faut pour en tirer directement des épreuves ; on devra, dans ce cas, prolonger la pose d'autant pour adoucir l'image agrandie, ou faire un petit positif très posé, très léger que l'on transforme en un grand négatif sur lequel le travail de retouche est relativement facile.

Dans tous les cas, le cliché négatif ou positif destiné à l'agrandissement doit être sur verre ou sur glace, riche de détails, bien transparent, sans voile, sans opposition vive entre les clairs et les ombres.

Lorsqu'on cherche à produire des images de très grand diamètre, dépassant la dimension des glaces usuelles, le mieux est d'employer le cliché négatif pour avoir immédiatement l'épreuve positive; on reçoit l'image agrandie sur une feuille de papier sensible (papier Eastman, Lamy, Marion, Morgan, etc.); après exposition convenable on développe avec les solutions de fer, en prenant les précautions recommandées pour bien ménager les blancs et éviter un ton général grisâtre qui est l'écueil de ces procédés (*voir* la note 41 *bis*, p. 67). Dans ces conditions, on renouvelle toute l'opération pour chaque épreuve, ce qui peut être un inconvénient.

La méthode la plus pratique, lorsque les dimensions ne s'y opposent pas, consiste à faire par superposition une petite épreuve positive à laquelle on s'appliquera à donner toutes les qualités recommandées ci-dessus, en prenant les précautions indiquées contre l'action des rayons obliques (29 et 30). Le temps d'exposition et le développement régleront la venue de tous les détails, la transparence et la douceur des oppositions; un opérateur habile saura améliorer ainsi l'effet d'un négatif défectueux et en tirer un positif convenable; il pourra employer pour cette transformation l'un quelconque des procédés connus, soit par développement, soit par l'action de la lumière seule; le procédé au charbon peut également donner des épreuves très douces.

Le petit positif obtenu sera mis dans l'appareil, son image projetée sera reçue sur une glace sensible au gélatinobromure d'argent (ou autre); on aura ainsi un grand négatif dont les épreuves pourront ensuite être tirées par tel procédé que l'on voudra, ce qui nous paraît préférable aux positives résultant de l'agrandissement immédiat du petit négatif.

CHAPITRE III.

MICROGRAPHIE PHOTOGRAPHIQUE.

239. Généralités. — La micrographie photographique, ainsi que nous l'avons déjà définie, est l'agrandissement tendant à son maximum, avec cette distinction toutefois que l'agrandissement ordinaire porte sur des sujets d'une dimension déjà suffisante pour que nos yeux en apprécient toutes les parties, tandis que la micrographie nous donne une grande image de sujets d'un si petit diamètre que souvent ils échappent à notre vue.

Il ne faudrait pas conclure cependant que les opérations soient identiques sous deux noms différents; elles se confondent sur la limite qui rejoint un fort agrandissement avec une micrographie de faible grossissement, mais les difficultés de reproduction s'accroissent à mesure que l'amplification devient plus considérable. Alors les connaissances de l'opérateur photographe ne suffisent plus, il faut modifier les instruments, étudier plus particulièrement les modes d'éclairage, les installations, et la micrographie photographique devient une application spéciale et compliquée qui exige avant tout une connaissance parfaite des ressources et des exigences du microscope.

Or il faut des mois d'étude pour apprendre à se servir utilement de cet instrument. On devra ensuite faire une intelligente application des procédés photographiques et rechercher leur adaptation aux difficultés accumulées, pour reproduire convenablement l'image que donne le microscope.

La première condition est d'obtenir une image nette, bien éclairée du sujet que l'on veut étudier : ceci rentre dans l'étude générale de l'emploi du microscope, pour laquelle on trouvera des Traités spéciaux indiquant la manière de faire les préparations, de les présenter à l'instrument, de les soumettre à des objectifs convenables pour obtenir des grossissements plus ou moins forts, d'en faire ressortir les détails par un éclairage bien disposé, opérations qui incombent à l'opérateur micrographe et nullement à l'opérateur photographe.

Ces connaissances étant acquises, il s'agit de disposer l'instrument de manière à avoir la meilleure épreuve photographique possible; les méthodes sont nombreuses, et elles ont été décrites dans divers Traités, Brochures et Communications, parmi lesquels nous citerons les Ouvrages de M. Moitessier, doyen de la Faculté des Sciences de Montpellier, de MM. Fayel, Aimé Girard, Jules Girard, Huberson, Thouroude, Trutat, Viallanes, etc. (1).

Nous nous bornerons à décrire les diverses manières de disposer les instruments pour obtenir les épreuves photographiques; les micrographes sont encore loin d'être d'accord sur les meilleures méthodes à employer, ce qui ne doit pas nous surprendre, car ces méthodes varient forcément suivant le but que l'on poursuit et les grossissements que l'on se propose d'atteindre : telles dispositions excellentes pour les études anatomiques pourraient moins bien convenir pour l'examen des diatomées, etc.

Étant reconnu que l'étude du microscope est spéciale et en dehors de notre compétence, que les opérations photographiques

---

(1) MOITESSIER (A.), *La Photographie appliquée aux recherches micrographiques*; 1866. Paris, J.-B. Baillière et fils.

FAYEL (le Dr), *Mon microscope photographique* 1877. Caen, imprimerie Le Blanc-Hardel.

GIRARD (AIMÉ), *Bulletin de la Société française de Photographie*, 1re série, tome XXI, page 125; année 1875.

GIRARD (AIMÉ), *Bulletin de la Société française de Photographie*, 2e série, tome III, page 289; année 1887.

GIRARD (JULES), *La chambre noire et le microscope. Photomicrographie pratique;* 1870. Paris, Savy.

HUBERSON, *Précis de Microphotographie*; 1879. Paris, Gauthier-Villars.

THOUROUDE, *Bulletin de la Société française de Photographie*, 2e série, tome IV: année 1888.

TRUTAT, conservateur du musée d'Histoire naturelle de Toulouse, *Traité élémentaire du microscope;* 1883. Paris, Gauthier-Villars.

TRUTAT, *La Photographie appliquée à l'Histoire naturelle;* 1884. Paris, Gauthier-Villars.

VIALLANES, docteur ès Sciences, *La Photographie appliquée aux études d'Anatomie microscopique;* 1886. Paris, Gauthier-Villars.

rentrent dans les procédés négatifs et positifs qui sont l'objet de notre Ouvrage, qui ont été expliqués précédemment et auxquels nous renvoyons le lecteur, en recommandant seulement de les appliquer avec tous les soins qu'exigent des épreuves très délicates, on voit que nous n'avons plus qu'à faire connaître les moyens employés pour joindre les deux opérations.

240. **Projections micrographiques.** — Les projections qui ont pour but de montrer à un auditoire des sujets microscopiques

Fig. 73.

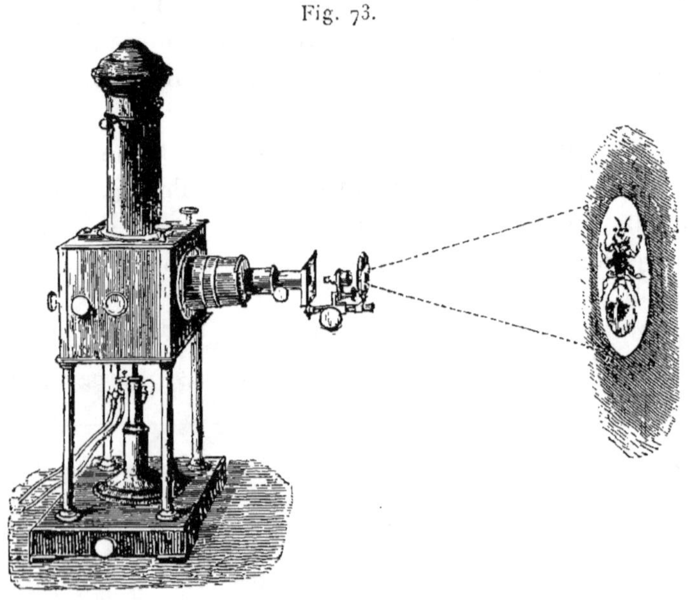

considérablement amplifiés peuvent être faites de deux manières : ou l'on projettera une épreuve déjà photographiée et agrandie à l'aide du microscope, ou l'on se servira du sujet lui-même.

Dans le premier cas, on rentre tout à fait dans les projections ordinaires expliquées ci-dessus (219 et suiv.). Au lieu d'une vue ou de tout autre sujet on soumet à l'appareil à projections, sans en rien modifier, l'épreuve positive résultant des opérations photomicrographiques antérieures, et elle se montre sur l'écran avec plus ou moins de finesse suivant que cette opération première a été plus ou moins bien réussie.

Dans le second cas, il faut substituer un objectif microscopique à l'objectif photographique de la lanterne, dont la disposition devient alors analogue à celle de la *fig.* 73.

Mais l'objectif microscopique n'a qu'un très petit diamètre, il ne peut admettre qu'une faible partie de la lumière émise par la source lumineuse; il est donc nécessaire que celle-ci soit le plus intense possible et qu'elle soit condensée sur le point microscopique du sujet, au lieu d'être répartie également sur toute la surface que présenterait une épreuve ordinaire pour projection; il faut modifier en conséquence l'ensemble de l'appareil, l'éclairer par la lumière solaire ou par la lumière électrique, ou même par la lumière oxhydrique portée à son maximum. Lorsqu'il ne s'agit plus de projection avec amplification considérable, on pourra, à la rigueur, utiliser les lampes à pétrole ou les autres sources de lumière intense.

241. Microscope solaire. — La lumière solaire serait donc celle qui conviendrait le mieux, si l'on pouvait toujours l'avoir à sa disposition et si son déplacement régulier et continuel n'était un obstacle à la commodité de son emploi. On a toutefois construit sous le nom de *microscopes solaires* des instruments qui peuvent donner de belles projections.

Le microscope solaire (*fig.* 74) est généralement fixé sur le volet

Fig. 74.

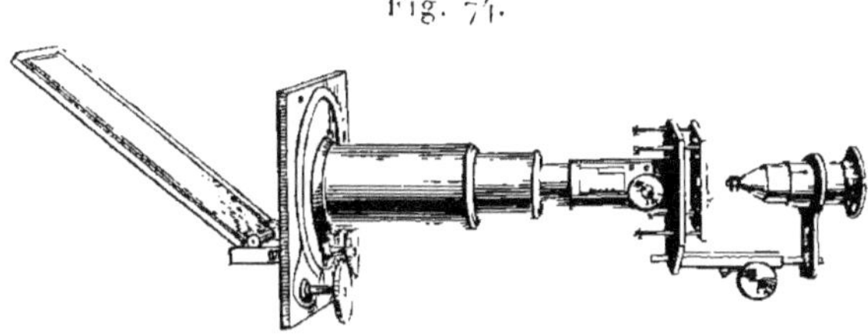

d'une fenêtre orientée au midi, dans une pièce rendue obscure; un miroir extérieur, que l'on fait mouvoir au moyen de deux boutons, permet de ramener continuellement les rayons solaires dans l'axe de l'instrument. Ce mode de correction serait suffisant pour l'exécution rapide d'une épreuve photographique; mais, lorsque la projection doit avoir quelque durée, il est préférable de se servir d'un héliostat, appareil toujours assez dispendieux si l'on recherche les grands modèles. Mais on pourra parfaitement remplacer ces modèles coûteux par l'héliostat de Prazmowski (*fig.* 75), qui est à

Fig. 75.

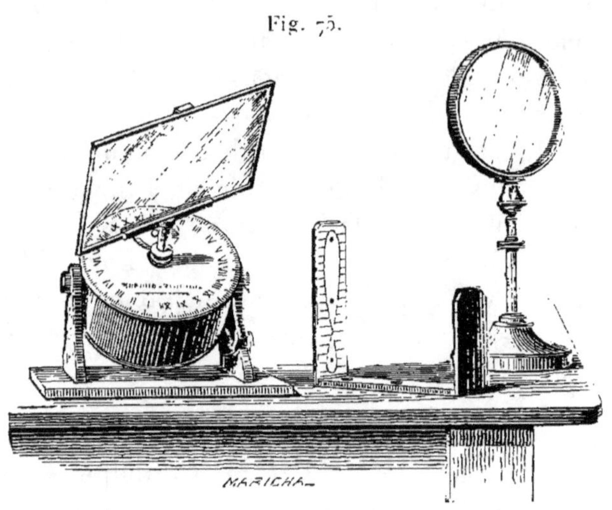

la fois plus économique et plus facile à régler en suivant les instructions livrées avec l'appareil.

Le microscope solaire, très à la mode pendant un certain temps, est assez rarement employé maintenant; on lui préfère, avec quelque raison, les combinaisons indiquées ci-après.

Ces combinaisons sont basées sur l'emploi des microscopes ordinaires, qui se prêtent plus facilement que le microscope solaire aux diverses dispositions que l'on doit prendre suivant les recherches à faire. Le plus grand inconvénient du microscope solaire est le peu de régularité de la lumière du soleil, souvent absente ou brusquement interrompue par les nuages; aussi cet appareil est-il resté un instrument de démonstration plutôt qu'un instrument d'étude, et il est rarement construit avec tous les soins nécessaires pour que l'image projetée, même ramenée à une faible dimension, puisse donner une bonne épreuve photographique. Nous devons rappeler cependant que, il y a déjà près de trente ans, Bertsch obtenait au collodion humide de très bons clichés micrographiques avec un microscope solaire établi par lui.

242. Éclairages. — Nous renvoyons le lecteur aux explications que nous avons données (225 et suivants) sur les diverses lumières artificielles. On peut aussi, comme le dit M. Trutat, « utiliser les différents systèmes de lanternes à projection, dont on supprime l'objectif; les demi-boules ou condensateurs régularisent le faisceau lumineux et permettent de l'amener dans l'axe de l'appareil; on peut placer sur le trajet des rayons lumineux, dans la rainure qui donne passage au châssis à épreuves, une cuve à parois transparentes contenant le liquide bleu destiné à corriger le foyer chimique des objectifs micrographiques si cette correction n'a pas été faite lors de leur construction ». On remplace la solution bleue de sulfate de cuivre ammoniacal par une solution d'alun, lorsqu'il y a lieu d'intercepter les rayons calorifiques qui brûleraient ou endommageraient les préparations.

Fig. 76.

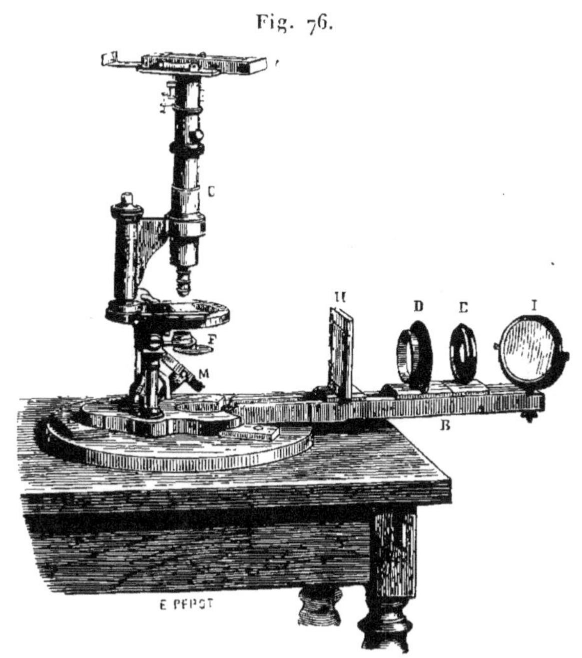

La source lumineuse préférable pour les reproductions photomicrographiques serait l'arc électrique : elle est la plus vive, elle contient le plus de rayons actiniques et permet les plus forts grossissements ; mais, quant à présent, elle entraîne des dépenses et des installations d'appareils trop considérables ; aussi lui préfère-t-on le plus souvent la lumière oxhydrique, au sujet de laquelle nous avons donné (225) les explications nécessaires.

Il ne suffit pas d'éclairer fortement le sujet à reproduire ; il faut encore diriger les rayons lumineux suivant la meilleure marche, ce qui est un sujet d'études continuelles. On trouvera dans les Ouvrages de M. Moitessier, de M. Trutat, d'excellents renseignements à cet égard.

Les *fig.* 76 et 77 nous montrent l'ensemble des dispositions à

Fig. 77.

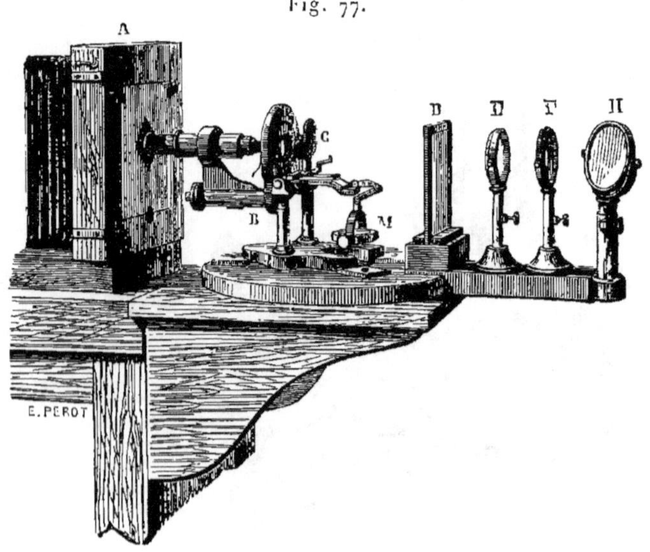

adopter. Dans la première, qui représente un microscope vertical, les rayons émis par la source lumineuse sont amenés sur le miroir I : le diaphragme E intercepte ceux qui sont inutiles pour l'opération ; ces rayons, en traversant la lentille D, deviennent convergents ; ils rencontrent la cuve H remplie par une solution de sulfate de cuivre ammoniacal [1] qui rend la lumière monochrome, ou par

---

(1) Cette solution se prépare en dissolvant 20gr de sulfate de cuivre dans 100cc d'eau distillée, en ajoutant peu à peu de l'ammoniaque jusqu'à dissolution du premier précipité formé ; on amène ensuite le volume à 300cc par de l'eau distillée. (Trutat, *La Photographie appliquée à l'Histoire naturelle.*)

une solution d'alun qui arrête les rayons calorifiques, et le miroir M les renvoie verticalement pour éclairer par transparence l'objet à photographier qui est posé sur la platine du microscope.

Dans la *fig.* 77, représentant le microscope horizontal, la disposition est sensiblement la même. H est le miroir qui reçoit les rayons lumineux et les renvoie, à travers le diaphragme F, sur la lentille convergente E; ils passent à travers la cuve D pour arriver sur le sujet à photographier. Ici le miroir M tenant au microscope est inutile, les rayons lumineux suivant leur parcours horizontalement. L'ensemble de ces accessoires doit être fixé dans le prolongement de l'axe de la lentille microscopique.

243. **Photographie des images microscopiques.** — On ne devra chercher à obtenir l'épreuve photographique qu'après avoir bien étudié dans les Ouvrages compétents les moyens indiqués pour avoir une image microscopique nette et brillante. Nous pouvons considérer le microscope dans son ensemble comme un objectif photographique assez complexe, soumis aux lois émises plus haut (217). Il suffira d'éloigner ou de rapprocher très peu cet objectif du sujet pour avoir des différences considérables dans les dimensions, et alors se présentent deux difficultés. Si l'on fait usage d'objectifs à long foyer n'ayant pas un trop grand pouvoir amplifiant, on obtiendra assez facilement la netteté générale du sujet en surface et en épaisseur ou profondeur, ce qui est un avantage important, mais l'écart de la glace dépolie sera considérable, même pour un agrandissement modéré; la lumière diminue en proportion, et la difficulté de mise au point devient très grande, vu l'éloignement entre la vis qui fait mouvoir l'objectif et la glace dépolie sur laquelle on regarde l'image. Si l'on emploie des objectifs d'un fort pouvoir amplifiant, c'est-à-dire à très court foyer, ces difficultés sont atténuées; mais le plus souvent on n'obtient plus la netteté complète en surface, encore moins en profondeur, quelquefois même on n'a plus qu'une partie du sujet au lieu de l'ensemble : l'image photographique sera défectueuse; si l'on veut un très fort grossissement, le mieux serait peut-être de suivre le conseil donné de photographier avec le plus grand soin la petite image que donne un bon objectif de force moyenne, puis de

reprendre cette image avec l'appareil d'agrandissement, pour l'amener à la dimension désirée.

D'autres méthodes ont été proposées dans ce même but d'obtenir une grande image sans qu'il soit nécessaire d'avoir un trop long tirage. Plusieurs auteurs conseillent de faire la photographie en laissant l'oculaire du microscope (*voir* la brochure du Dr Fayel); on n'obtient pas ainsi l'image virtuelle que l'œil aperçoit plus ou moins grossie; mais la lentille de l'oculaire, faisant fonction

Fig. 78.

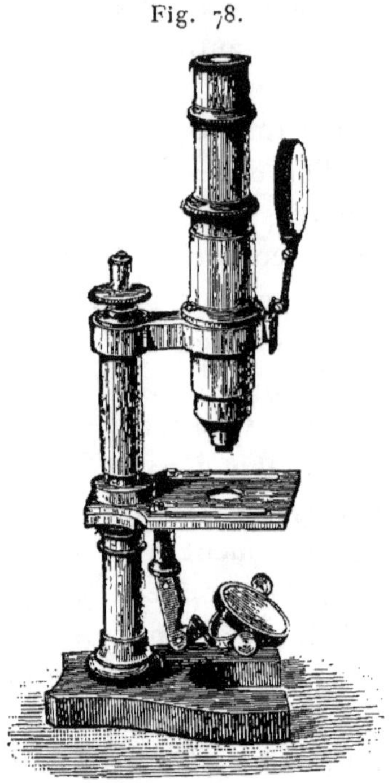

de lentille convergente, reprend l'image réelle donnée par l'objectif microscopique et la lentille de champ, et l'amplifie de manière à restreindre le tirage de la chambre noire. On a également proposé, ce qui rentre sensiblement dans les conditions ci-dessus, de placer un objectif photographique à court foyer dans l'axe du tube du microscope, de manière à projeter l'image considérablement agrandie, ce qui rentre dans l'agrandissement direct expliqué ci-dessus (237). Le plus souvent on reste dans les conditions ordinaires de l'emploi de l'objectif microscopique, à la condition que celui-ci soit achromatisé pour les rayons chimiques, sinon on serait obligé de tenir compte de la différence de foyer, ce qui occasionnerait des tâtonnements répétés ou l'emploi de la cuve à sulfate de cuivre ammoniacal pour avoir une lumière monochrome.

244. *Dispositions diverses des microscopes.* — Les modèles de microscopes sont nombreux et nous avons en France plusieurs

Fig. 79.

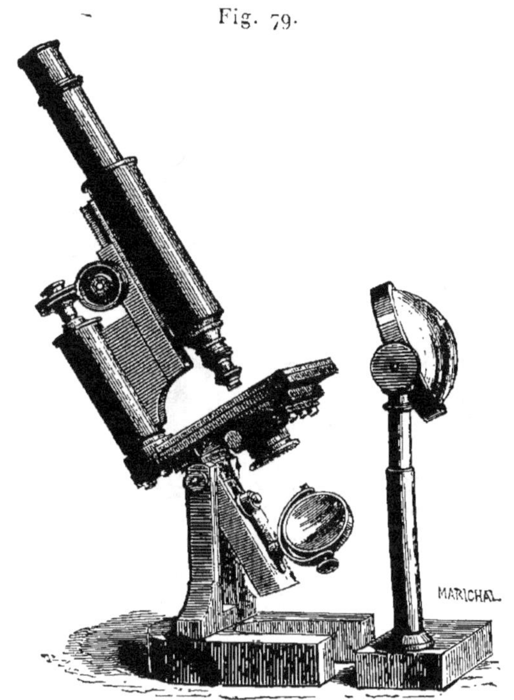

constructeurs justement renommés [1], chez lesquels on trouvera d'excellents instruments sans qu'il y ait avantage à s'adresser aux maisons d'Angleterre ou d'Allemagne, dont les produits soignés arrivent à des prix excessivement élevés. Les microscopes peuvent être verticaux (droits), tels que le montre (*fig.* 78) un des modèles les plus simples de M. Nachet. Le microscope vertical se

[1] Parmi ces maisons nous citerons celles de MM. Chevalier, Duboscq, Dumaige, Hartnack et Prazmowski (Bezu, Hausser et Cie successeurs), Mirand, Molteni, Nachet, Verick.

prête à l'examen de sujets mobiles ou contenus dans des liquides, aussi bien qu'à celui des sujets solides, sans qu'il y ait déplacement ou déformation, mais il est incommode pour l'observateur, obligé souvent de se tenir debout; aussi tous les constructeurs fabriquent-ils des montures un peu plus compliquées qui permettent d'incliner le microscope et de lui faire prendre toutes les positions entre la verticale et l'horizontale.

Fig. 80.

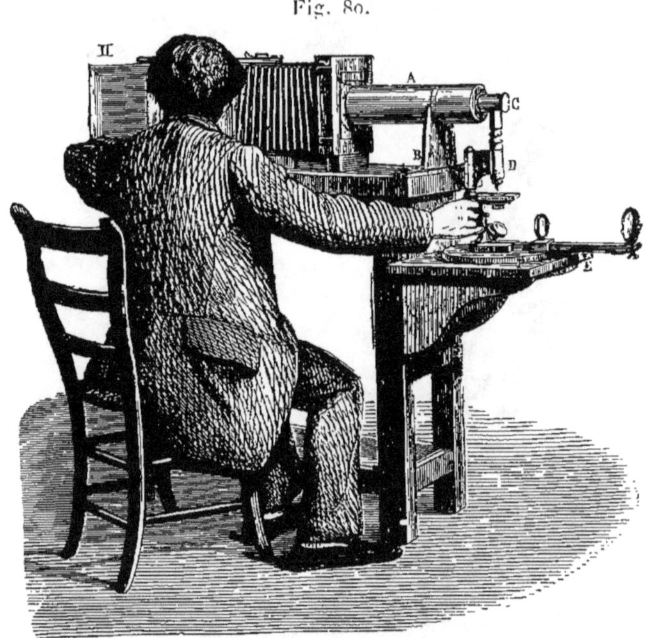

La position inclinée représentée par la *fig.* 79, d'après un modèle de la maison Prazmowski, est une des plus commodes pour l'observateur.

Le microscope coudé, à miroir ou à prisme (*fig.* 80), est préféré par quelques personnes; il permet à l'observateur de travailler assis dans la position la moins fatigante, tout en présentant les avantages du microscope vertical pour l'examen des objets sans consistance; les rayons lumineux passant verticalement dans la partie du tube D qui porte l'objectif sont réfléchis horizontalement dans la partie coudée C, par un prisme ou par un miroir plan interposé; cette réflexion entraîne une notable déperdition de lumière. La *fig.* 80 montre l'ensemble recommandé par M. Moitessier pour appliquer ce genre de microscope aux reproductions photographiques.

245. *Dispositions pour la photographie.* — Pour les opérations photographiques, il est bon que le corps du microscope soit court et large, ainsi que le recommande M. Viallanes et tel que l'ont réalisé M. Dumaige (*fig.* 81) et M. Verick (*fig.* 82). M. Fayel pré-

Fig. 81.

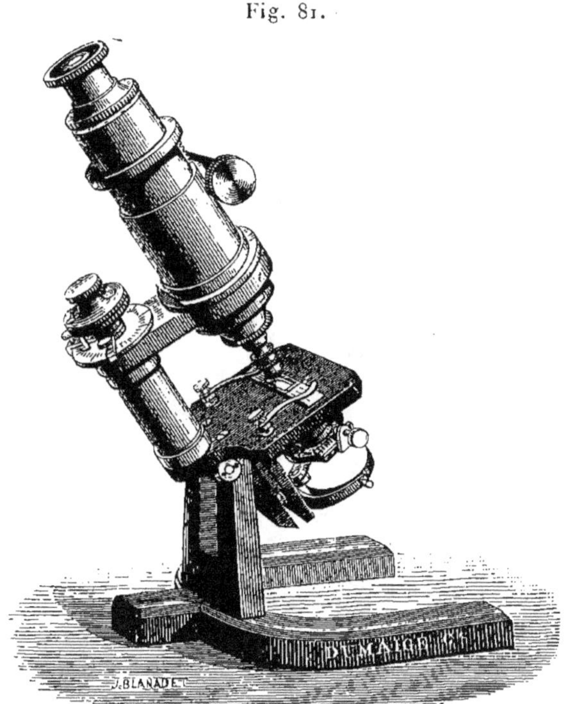

fère même que ce corps soit conique : on obtient ainsi plus facilement des épreuves de grand diamètre.

Lorsque l'instrument est choisi, on le relie avec une chambre noire en évitant autant que possible que les deux appareils soient solidaires, on met au point sur la glace dépolie ; on fait les opérations photographiques exactement comme si l'on opérait pour un agrandissement ou même pour une épreuve photographique ordinaire. Le procédé dont on fait usage actuellement est celui du gélatinobromure d'argent, avec lequel on obtiendra des négatifs très satisfaisants pour en tirer des positifs; mais, lorsqu'on veut amplifier ce premier grossissement, il y a lieu de craindre que le grain de la couche sensible ne devienne visible, et alors mieux vaudrait revenir aux procédés de collodion humide; l'albumine serait même de beaucoup préférable à cause de son extrême

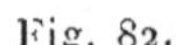

Fig. 82.

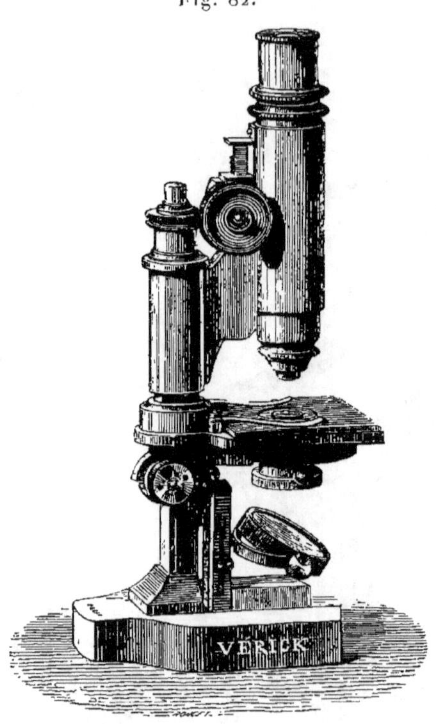

finesse; malheureusement, cette préparation, difficile par elle-même, a peu de sensibilité et demande une grande lumière et un temps de pose très long.

246. *Microscopes photographiques verticaux.* — Une des dispositions adoptées par M. Moitessier convient très bien pour les épreuves de petites dimensions ayant le même diamètre que le tube du microscope (voir la *fig.* 76). Elle consiste dans l'emploi d'un petit châssis A que l'on fixe à la place de l'oculaire; ce châssis est construit de manière à pouvoir recevoir successivement deux vues sur une seule glace; on met au point sur un verre dépoli mobile que l'on place au moment dans le châssis même et auquel on substitue la surface sensible. On obtient une mise au point plus rigoureuse en remplaçant le verre dépoli par une glace ordinaire portant quelques lignes finement tracées au diamant; avec une loupe on fait coïncider ces lignes avec celles de l'image : elles doivent avoir la même netteté ([1]).

Lorsqu'on doit opérer une série de recherches qui nécessitent de nombreuses épreuves, il sera préférable, selon le même auteur, de prendre la disposition représentée *fig.* 83; le châssis C,

Fig. 83.

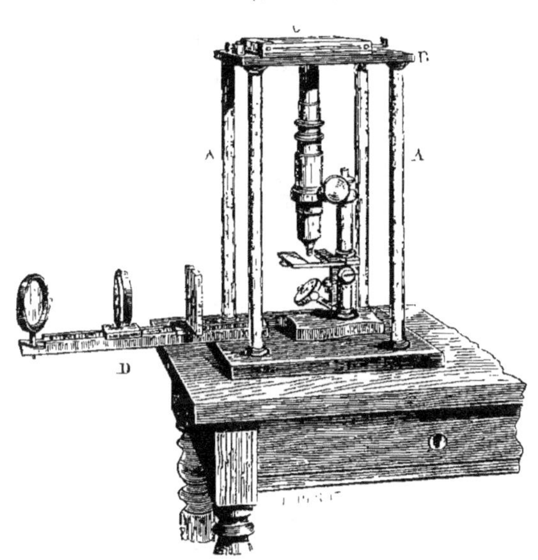

au lieu de porter directement sur le corps du microscope, est soutenu par une tablette supérieure B portée elle-même par quatre colonnettes AA, un tube engagé dans cette tablette le relie au corps du microscope; ce châssis est plus grand que celui représenté *fig.* 76; il est disposé comme multiplicateur et il peut prendre six épreuves sur une glace de la dimension d'un quart de plaque.

Dans les conditions expliquées ci-dessus, la dimension des

([1]) Voir les communications de M. Thouroude à la Société française de Photographie (Bulletins de janvier et de février 1888).

images dépend surtout de la longueur focale de l'objectif, puisque l'on ne peut y joindre le long tirage que donne une chambre noire.

Lorsqu'on veut obtenir immédiatement des images dont le diamètre dépasse celui du tube du microscope et dont les dimensions

Fig. 84.

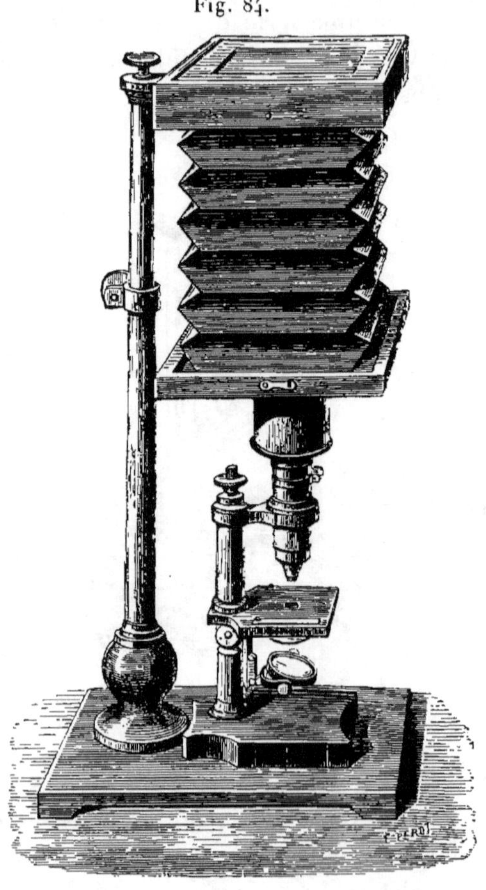

soient en raison du tirage, il faut relier le corps du microscope avec une petite chambre noire à long soufflet; le raccord se fait avec une manche de velours ou de caoutchouc, ou au moyen d'un cône ou de tout autre système ne laissant pas passer la lumière.

Telle est la disposition adoptée par M. Chevalier (*fig.* 84) et celle préférée par M. Donadieu pour son physiographe (*fig.* 85).

Le plus souvent, l'observation devient difficile, l'écart entre la glace dépolie de la chambre noire et la vis de mise au point est trop grand, l'opérateur se trouve obligé de monter sur un tabouret ou sur une échelle pour observer l'image et il ne peut étendre la main

Fig. 85.

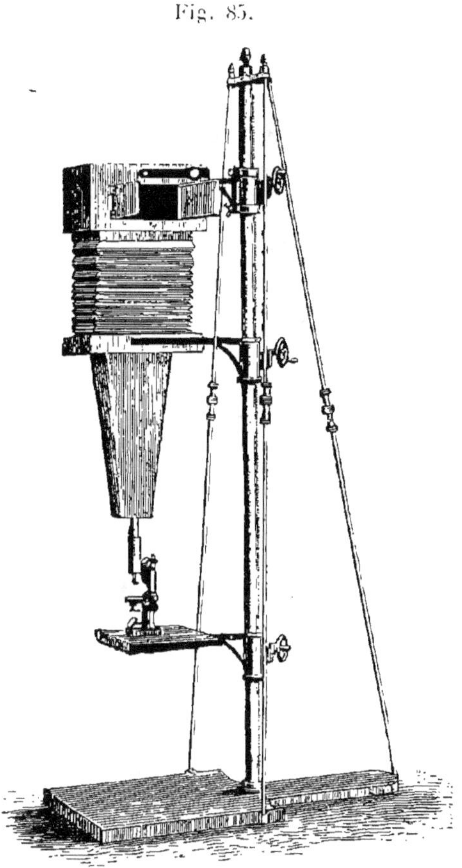

assez loin pour manœuvrer l'objectif; on pourrait, il est vrai, remédier à cet inconvénient au moyen de manettes reliées par un double joint de Cardan, comme on le fait pour les instruments d'Astronomie, mais c'est une complication. M. Moitessier a préféré ouvrir sur le côté de la chambre noire une fenêtre permettant à l'opérateur de voir l'image par réflexion sur une feuille de carton blanc, ce qui est préférable à la glace dépolie dont le grain, quelque fin qu'il soit, rend difficile la mise au point de sujets délicats (*fig.* 86). Le physiographe de M. Donadieu présente cette

Fig. 86.

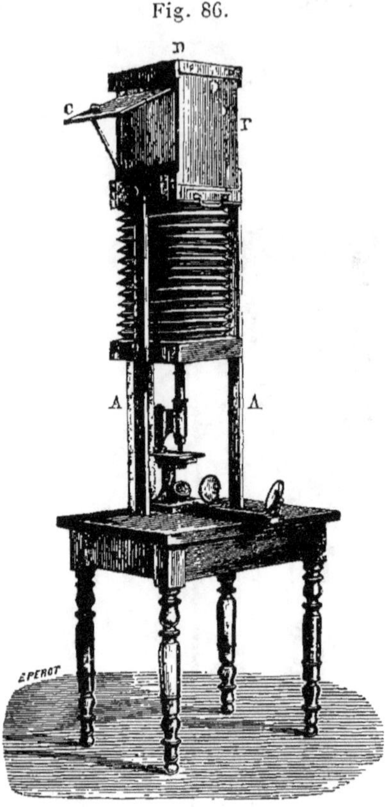

même disposition. En fermant la fenêtre, on remet la chambre dans une complète obscurité.

247. *Appareils horizontaux.* — L'appareil horizontal est plus facile à disposer que le précédent; il suffit d'avoir un microscope du modèle inclinant, comme ils le sont presque tous, et une chambre noire ordinaire; on remplace la planchette de l'objectif par une planchette également percée à laquelle on a adapté soit une manche d'étoffe ou de caoutchouc, soit un tube de diamètre convenable pour que le corps du microscope y pénètre à frottement doux, et

on relie les deux de telle sorte que les deux axes se confondent.

La *fig.* 87 nous montre l'ensemble réalisé par M. Dumaige, sur les indications de M. Viallanes, pour les études d'Anatomie microscopique. La chambre noire paraît n'avoir qu'un tirage assez restreint, suffisant pour des grossissements modérés; mais rien n'empêche de lui donner un développement beaucoup plus considérable,

Fig. 87.

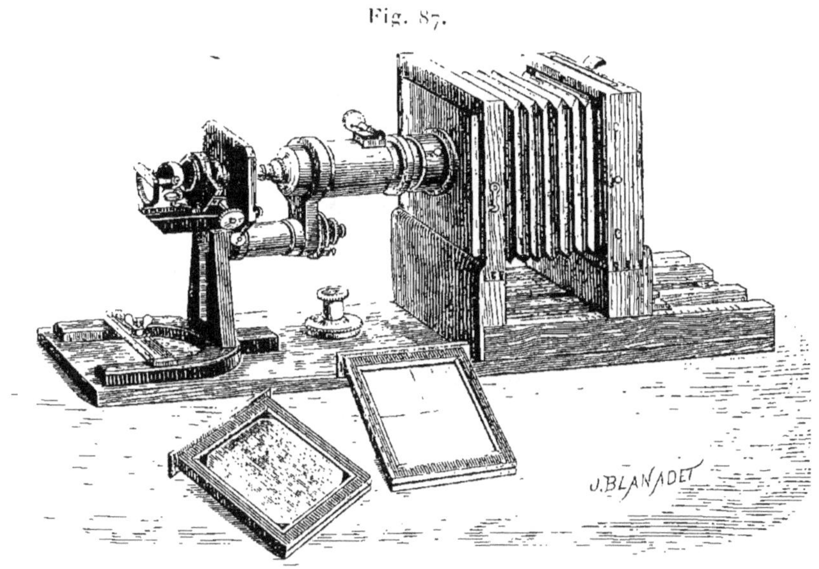

ainsi que l'a fait M. Lucas pour l'appareil qu'il a fait construire par MM. Bezu et Hausser, successeurs de la maison Hartnack et Prazmowski. Les difficultés de mise au point avec un long tirage, bien qu'atténuées pour la position horizontale, subsistent encore; l'opérateur n'est plus obligé de s'élever, mais il ne peut que difficilement regarder sur la glace dépolie et manœuvrer l'objectif. Dans l'appareil de M. Lucas, on regarde par une fenêtre ouverte non loin de l'objectif, on procède à une première mise en place en recevant l'image sur un carton blanc peu éloigné et l'on arrête ensuite le point d'une manière définitive en l'examinant sur la glace dépolie. Si le microscope était solidement fixé, il nous semble que cet appareil, qui prend indifféremment la position verticale et la position horizontale, pourrait passer facilement par toutes les inclinaisons intermédiaires, comme le fait une des combinaisons adoptées par M. Nachet (*fig.* 88 et 89), avec laquelle on peut faire prendre à l'instrument la position que l'on juge la plus favorable.

Fig. 88.

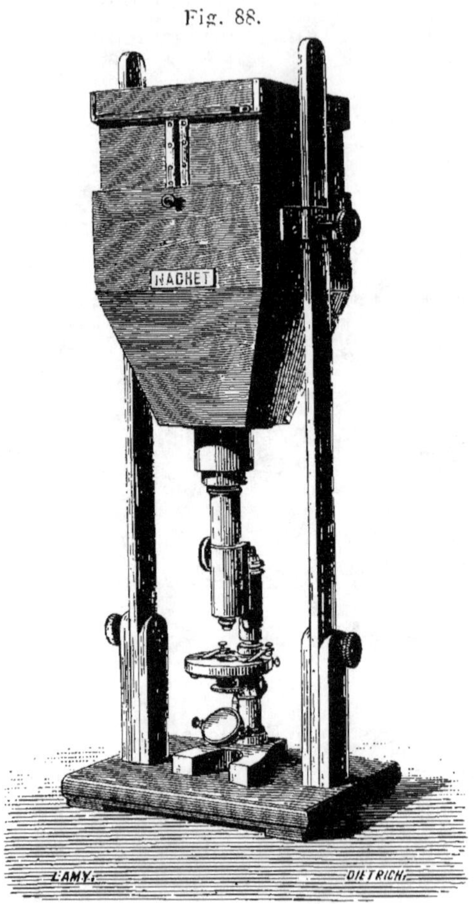

248. *Microscopes à prisme ou à miroir.* — Cette disposition a pour but de rendre l'observation moins fatigante ; une partie du microscope, celle qui porte l'objectif et la platine, est verticale, ce qui permet l'examen des liquides et des sujets sans consistance, aussi bien que celui des sujets solides ; l'autre partie, coudée à angle droit, reçoit l'oculaire ; les rayons lumineux rencontrent sur leur parcours, dans le corps du microscope, un prisme à réflexion totale

ou un miroir plan à 45° qui les renvoie horizontalement : l'observateur peut donc rester assis et avoir tout le bénéfice d'un microscope vertical. M. Moitessier a relié ce système à prisme avec sa chambre noire à ouverture latérale (*fig.* 89), de manière à rendre facile la mise au point même avec un tirage considérable.

Tout récemment, M. Nachet a perfectionné ce système dont la

Fig. 89.

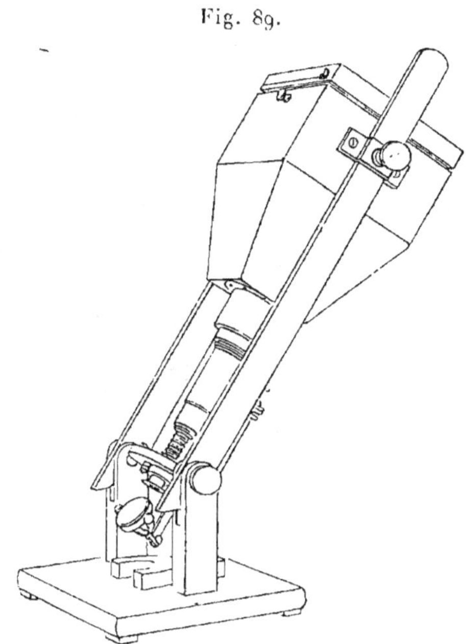

description est donnée par M. Fabre dans son *Aide-Mémoire de Photographie,* 1887 [1], auquel nous l'empruntons textuellement :

« Son grand appareil de photomicrographie (*fig.* 90) répond à presque tous les cas spéciaux qui peuvent se présenter. Les figures suivantes représentent très exactement la partie postérieure et la partie antérieure de l'appareil. A l'arrière de la chambre noire se trouve, soit un verre dépoli, soit, comme l'a indiqué M. Moitessier,

[1] Fabre (C.), *Aide-Mémoire de Photographie pour* 1887. Paris, Gauthier-Villars et Fils.

un bristol sur lequel vient se peindre l'image. On l'observe par la fenêtre pratiquée latéralement et qui peut être fermée par la porte V. Cette chambre noire permet d'opérer sur plaques 18×24.

» La réunion du microscope avec la partie antérieure de la chambre noire est obtenue par un système particulier de tubes de cuivre, n'admettant pas de lumière extérieure, et rendant indépendants le microscope et le bois de la chambre noire; on peut

Fig. 90.

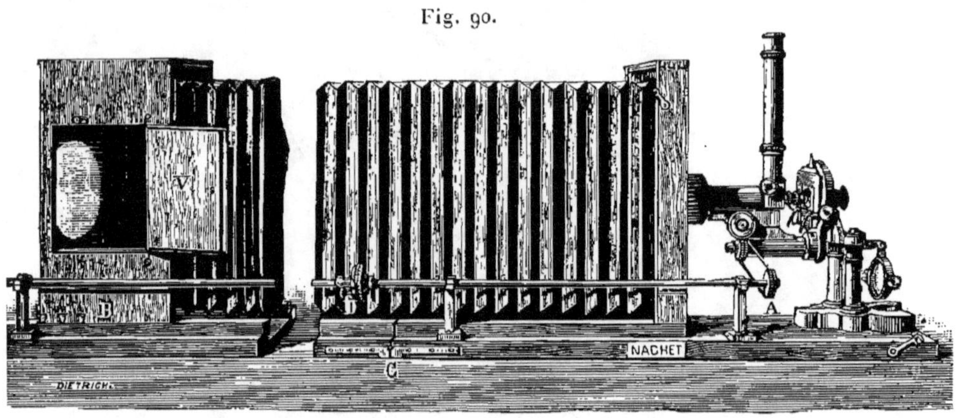

adapter à l'intérieur du corps les verres correcteurs ou oculaires spéciaux qu'on désirerait appliquer.

» La mise au point est commandée par la tige ADF; elle peut s'effectuer jusqu'à la distance de 2^m.

» Pour cette chambre noire M. Nachet a construit un nouveau modèle de pied de microscope, muni de crémaillère, vis de rappel, platine mobile et d'une boîte rectangulaire (*fig.* 91) contenant un prisme à réflexion totale qu'on peut à volonté placer devant l'objectif ou élever pour laisser passer l'image dans le corps; dans le premier cas, l'image arrive dans le tube vertical, et l'on peut ainsi éclairer la préparation et la disposer comme on le désire; cela fait, on relève le prisme et on achève la mise au point sur la glace dépolie.

» Il y a, dans certains cas, utilité à obtenir une photographie microscopique instantanée. M. Nachet avait depuis quelques années imaginé un dispositif des plus ingénieux ([1]), qu'il vient de

Fig. 91.

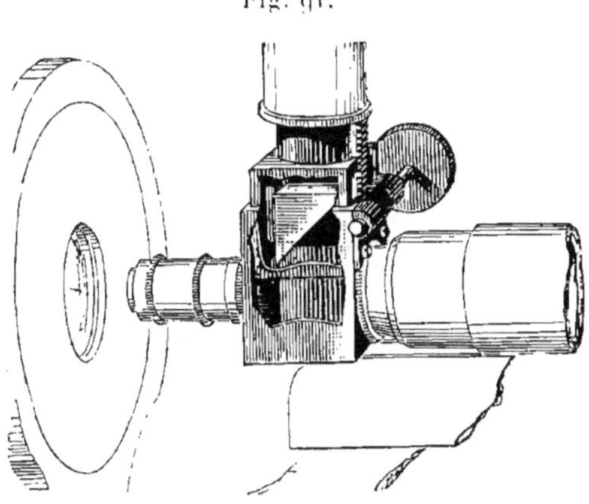

perfectionner. Cet appareil (*fig.* 92) est basé sur le principe des microscopes à deux corps. Au-dessus de l'objectif, un prisme dirige

Fig. 92.

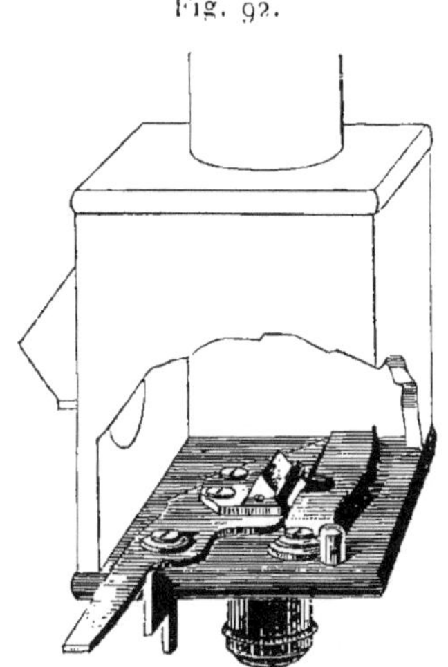

l'image dans le corps oculaire placé sur le côté; les observations se font comme dans un microscope inclinant ordinaire. La chambre noire, montée solidement sur des colonnes (*fig.* 93), contient la

([1]) *Aide-Mémoire de Photographie pour* 1884.

glace sensible qui ne reçoit aucune lumière, le prisme réflecteur servant lui-même d'obturateur à l'objectif.

» L'observateur, pendant qu'il étudie, a le doigt posé sur une dé-

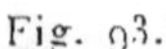
Fig. 93.

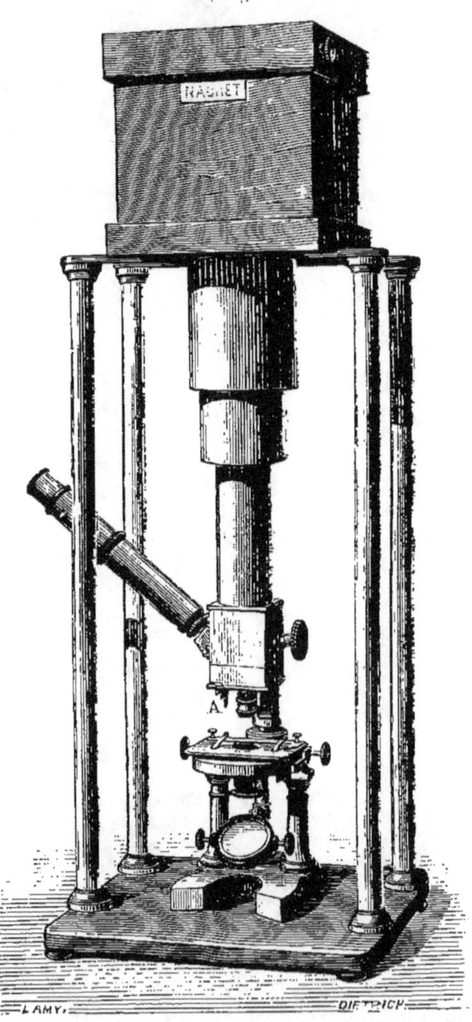

tente. Aussitôt qu'il est satisfait de la formation de l'image, une légère pression chasse le prisme et laisse passer l'image pendant un temps infiniment court; on doit employer la lumière solaire, oxhydrique ou électrique. La mise au foyer se trouve établie par une disposition spéciale, contenue dans le corps oculaire, à l'aide de laquelle chaque observateur doit régler sa mise au point une fois pour toutes, de façon que, lorsque l'image est complètement nette dans l'oculaire, elle est aussi au foyer sur la glace gélatinée. »

M. Aimé Girard, professeur de Chimie au Conservatoire des Arts et Métiers et à l'Institut agronomique, photographie de nombreuses micrographies des sujets qu'il veut projeter devant ses auditeurs et il a fait sur cette question deux communications très intéressantes à la Société française de Photographie ([1]); nous en extrayons les passages suivants :

« L'appareil d'éclairage que j'emploie est extrêmement simple. Je ne l'ai pas fait construire exprès pour mes besoins, je l'ai pris dans le commerce : c'est un double chalumeau, construit dans d'excellentes conditions par M. Molteni, et muni de tubes latéraux dont l'un reçoit le gaz oxygène enfermé en provision suffisante dans un grand sac de caoutchouc bien étanche, sur lequel, au moyen de volets et de poids, on exerce une pression suffisante pour obtenir une émission régulière; l'autre tube amène le gaz d'éclairage pris sur une conduite ou, à son défaut, le gaz hydrogène enfermé dans un second sac. Les deux gaz s'échappent à l'extrémité du tube à double enveloppe qui termine le chalumeau, et là, une fois enflammé, le gaz de l'éclairage ou l'hydrogène, complètement brûlé par l'excès d'oxygène, fournit une flamme bleue à peine colorée, à peine visible, mais douée d'un pouvoir calorifique considérable.

» Le dard de ce chalumeau vient frapper un petit cylindre de chaux vive monté sur une tige métallique à laquelle, au moyen d'une vis de rappel, on peut imprimer un déplacement de quelques centimètres, soit en verticale, pour remonter ou abaisser le point lumineux produit par l'incandescence de la chaux, soit en horizontale, pour faire varier son éloignement de l'appareil d'agrandissement.

» En avant du cylindre de chaux est placée une lentille plan-

([1]) Aimé Girard, *Bulletin de la Société française de Photographie*, t. XXI, 1re série, 1875, p. 125, et t. III, 2e série, 1887, p. 288.

convexe, ou un miroir concave, chargés de concentrer sur le miroir de l'appareil la lumière qu'émet la chaux sous l'influence de la haute température que lui communique la combustion du gaz à la sortie du chalumeau.

» L'appareil d'agrandissement est le microscope ordinaire, sa construction n'offre rien de particulier; je lui ai conservé la position verticale pour l'observation. Divers opérateurs préfèrent agir autrement et placer horizontalement l'appareil d'agrandissement qu'ils emploient; je ne crois pas que cette disposition soit bonne : elle oblige, en effet, à placer dans une position verticale les préparations micrographiques, et ces préparations sont alors sujettes à se déplacer par leur seule gravité au milieu du liquide dans lequel elles sont noyées; elles glissent et s'échappent en dehors du champ d'observation, tandis qu'avec le microscope à tube vertical les préparations, reposant sur la platine horizontale, restent dans un repos parfait et donnent à l'observateur toute sécurité.

» Le raccordement entre l'appareil photographique et le microscope pourrait, à la rigueur, avoir lieu en disposant verticalement dans l'axe même du microscope et la chambre noire et le tube métallique qui la termine; mais cette disposition a le grave inconvénient d'éloigner l'observateur, placé près de la glace dépolie, de l'objet qu'il doit étudier ou reproduire. Pour parer à cet inconvénient, j'ai donné à mon appareil une disposition analogue à celle du microscope d'Amici; la ligne focale a été brisée au tiers environ de sa longueur et, au coude même de cette brisure, M. Nachet a disposé un miroir plan en verre argenté qui, placé à 45°, renvoie horizontalement et sans déformation sur la glace dépolie l'image agrandie par l'objectif microscopique.

» Grâce à cette disposition, l'observateur, assis tranquillement en face de la glace dépolie, peut faire mouvoir les différents organes dont se compose l'ensemble de l'appareil, modérer ou activer la flamme du chalumeau, déplacer la préparation sur la platine du microscope, faire avancer ou reculer la glace dépolie de manière à varier les dimensions de l'épreuve, mettre enfin au point en levant ou en abaissant l'objectif. »

» La *fig.* 94 montre les dernières dispositions que j'ai adoptées; la distance focale de l'appareil étant de $0^m,72$, je m'étais contenté d'abord de placer à moitié de cette distance le plan de verre argenté qui, incliné à 45°, est chargé de réfléchir à angle droit l'image fournie par l'objectif du microscope. C'est par conséquent à $0^m,36$ de la platine, à $0^m,36$ de la glace dépolie que le milieu de

Fig. 94.

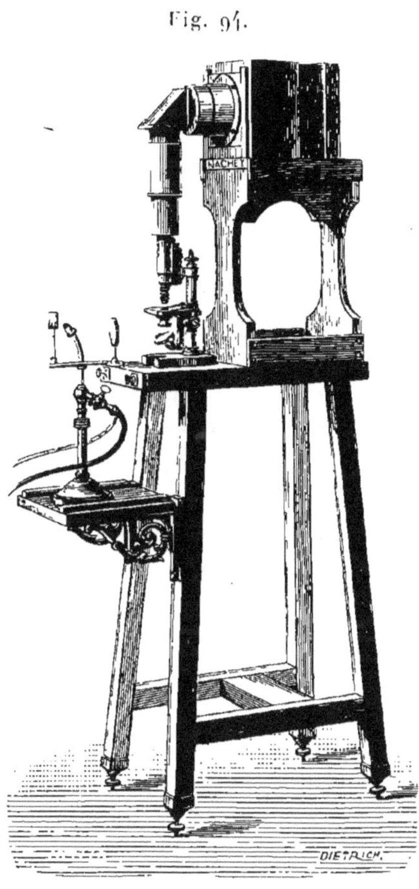

ce miroir se trouvait placé. D'où résultait, entre le corps de l'opérateur et le microscope sur lequel cet opérateur devait agir, une distance horizontale de $0^m,40$ à $0^m,45$; cette distance était réellement un peu grande.

» J'ai pensé alors à briser la ligne focale en deux portions inégales, et à placer le plan de verre argenté à une plus grande hauteur, de façon à raccourcir la distance horizontale que le faisceau lumineux doit parcourir pour porter l'image agrandie sur la glace dépolie. Le plan de verre a été, en conséquence, élevé à $0^m,42$, et, de ce fait, la longueur horizontale de la ligne focale, l'éloignement de la glace au microscope se sont trouvés réduits à $0^m,30$.

» De là, pour le travail, une facilité beaucoup plus grande, une fatigue beaucoup moindre.

» Dans le dispositif actuel, au-dessus du corps du microscope dont l'oculaire a été enlevé, s'élève un tube fait de trois bagues verticales rentrant l'une dans l'autre et mesurant, la première $0^m,040$ de diamètre, la deuxième $0^m,048$, la troisième $0^m,062$. Les deux premières jouent librement l'une dans l'autre, la deuxième et la troisième glissent l'une sur l'autre à frottement doux. Sur cette troisième bague, M. Nachet a monté avec un soin extrême un plan de verre argenté mesurant $0^m,065$ de largeur sur $0^m,10$ de longueur, et qui, à travers un tube de $0^m,095$ de diamètre, renvoie sur la glace dépolie une image circulaire dont le diamètre ne mesure pas moins de $0^m,10$.

» De toutes les difficultés que présente la reproduction par la photographie des objets microscopiques, la plus grave, à coup sûr, est celle de la mise au point. Rien n'est plus malaisé que d'obtenir des épreuves d'une finesse suffisante pour supporter les agrandissements considérables qu'exige la projection devant un auditoire nombreux, agrandissements qui souvent se traduisent par la formation d'images quatre à six mille fois plus étendues en diamètre que les objets qui les ont fournies.

» Tout d'abord, il y faut d'excellents objectifs qui, d'une part, donnent de la profondeur, qui, d'une autre, n'aient pas de foyer chimique. Ces objectifs ne se rencontrent pas toujours. J'ai le bonheur d'en posséder un certain nombre de numéros différents : les uns provenant d'Oberhauser, les autres dus à M. Nachet; la qualité des uns et des autres est certainement pour beaucoup dans la réussite que j'obtiens.

» Mais, même avec des objectifs de cette valeur, la mise au point présente toujours de grandes incertitudes. Si la glace dépolie est trop fine, ou si à cette glace dépolie on substitue des vernis à peine opaques, la source lumineuse apparaît aussitôt, éblouissant l'opérateur et rendant la mise au point impossible. Si, au contraire, la glace dépolie a du grain, ce grain lui-même empêche d'apercevoir sur l'image les lignes fines et les contours délicats qui doivent déterminer le point de netteté maxima.

» Pour remédier à ce double inconvénient, j'ai imaginé, il y a bien longtemps, et j'ai fait connaître à nombre d'opérateurs un petit tour de main qui, sans nécessiter l'emploi d'un appareil nouveau, donne les résultats les plus satisfaisants.

» Ce tour de main consiste à faire glisser rapidement de haut en bas la glace dépolie; de la main gauche, on prend le cadre de cette glace, on lui imprime un mouvement rapide de descente et de remontée, en l'appuyant contre la feuillure de la chambre, de manière à lui conserver un parallélisme parfait; en même temps, de la main droite, on agit sur la vis de rappel du microscope, de façon à faire varier le point.

» Dans ces conditions, le grain de la glace s'efface complètement, la masse en semble absolument homogène comme celle d'un verre pâte de riz, sans que cependant l'opacité réelle disparaisse et permette à la source lumineuse de peindre son image sur la glace. La mise au point peut alors acquérir une précision remarquable.

» Il est un point encore au sujet duquel on trouvera peut-être utile que je communique quelques renseignements : je veux parler du quadrillage des épreuves.

» Une épreuve microphotographique sans quadrillé est, pour moi, une épreuve muette, elle ne dit rien; c'est en vain qu'on la dit faite à un agrandissement déterminé : l'importance de cet agrandissement ne peut être saisie que si l'épreuve en porte un témoin matériel.

» Ce témoin, c'est le quadrillé. C'est toujours au dixième de millimètre que je rapporte mes agrandissements; c'est, pour la Microphotographie, mon unité de mesure, et toutes mes épreuves se montrent couvertes d'un quadrillé formé de carrés dont chaque côté représente précisément cette unité. Si l'agrandissement est à 60 diamètres, le dixième de millimètre s'étend sur une longueur de 6^{mm}; si l'agrandissement est à 180 diamètres, le dixième s'étend sur une longueur de 18^{mm}.

» Pour produire ce quadrillé, on peut, d'ailleurs, recourir à des moyens divers.

» Le plus simple est celui qui consiste à produire soit sur le cliché lui-même, soit sur un cliché noir spécial, un quadrillé transparent par la découpure de la couche où l'image est logée : collodion, gélatinobromure, albumine, etc.

» Pour obtenir ce quadrillé transparent, j'ai fait préparer des gabarits formés chacun d'une feuille de cuivre rouge bien plane, mesurant 1^{mm} d'épaisseur et dans la masse desquels ont été enlevées à jour des lignes parallèles écartées précisément à la distance qui, pour un agrandissement déterminé, représente la longueur d'un dixième de millimètre.

» Le cliché bien sec étant alors couché sur quelques doubles de papier, j'étends mon gabarit à sa surface et parallèlement à la direction principale de l'image. Cela fait, à l'aide d'une lame bien tranchante logée successivement dans chacune des rainures parallèles, j'entame sans hésitation, d'un seul coup, et d'une extrémité à l'autre de la glace, la couche dont celle-ci est revêtue; coupée jusqu'au verre, cette couche subit alors un retrait infinitésimal, et à chaque rainure correspond, par suite, une ligne blanche. Le gabarit est déplacé aussitôt, disposé perpendiculairement à la première direction, et l'opération recommencée.

» La couche, dans ces conditions, ne subit aucun soulèvement. A la longue, cependant, j'ai vu quelquefois un certain nombre des carrés ainsi inscrits dans les lignes blanches abandonner légèrement la glace par les bords de la découpure; aussi est-il sage, aussitôt l'opération terminée, de recouvrir la couche d'un léger vernis qui maintient définitivement le tout en place.

» Employé au tirage des positifs soit sur verre, soit sur papier, un cliché ainsi traité fournit non seulement l'image de l'objet étudié au microscope, mais encore l'image du quadrillé qui en rappelle les dimensions.

» Si le cliché est particulièrement précieux et si l'on craint de lui faire subir quelque avarie au moment du découpage, on tourne la difficulté en découpant ce quadrillé, non pas sur le cliché lui-même, mais sur une autre glace développée jusqu'au noir absolu, sur toute sa surface.

» S'agit-il d'obtenir des positifs sur verre, on tire deux épreuves séparées, l'une de l'objet, l'autre du quadrillé, et l'on superpose dans la monture, et en disposant face à face les couches qui portent les images, les deux reproductions.

» S'agit-il, au contraire, d'obtenir des positifs sur papier, on commence par tirer sur le papier l'image du quadrillé et l'on procède ensuite sur ce quadrillé même, et avant virage, au tirage du positif proprement dit. »

M. Thouroude a fait sur ces mêmes sujets de très intéressantes communications à la Société française de Photographie; on les trouvera dans les Bulletins de janvier et février 1888.

249. Stéréoscopie micrographique. — La vision microscopique pénètre difficilement dans l'épaisseur du sujet, surtout lors-

Fig. 95.

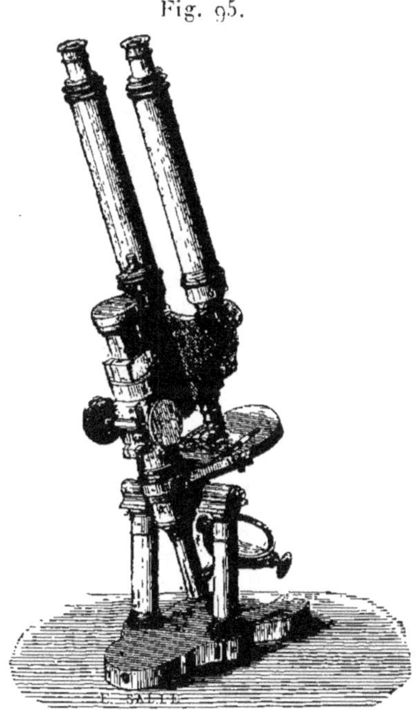

qu'on emploie des objectifs de pouvoir amplifiant un peu considérable; et l'observateur, pour se rendre compte des différents plans, est obligé de plonger, c'est-à-dire de se servir de la vis micrométrique, au moyen de laquelle il amène successivement au point en profondeur les diverses parties qu'il veut examiner. Ce tour de main ne peut pourtant lui donner le sentiment du relief nécessaire pour mieux apprécier la structure des infiniment petits et qui, nous l'avons expliqué plus haut (211), résulte de la vision binoculaire.

Fig. 96.

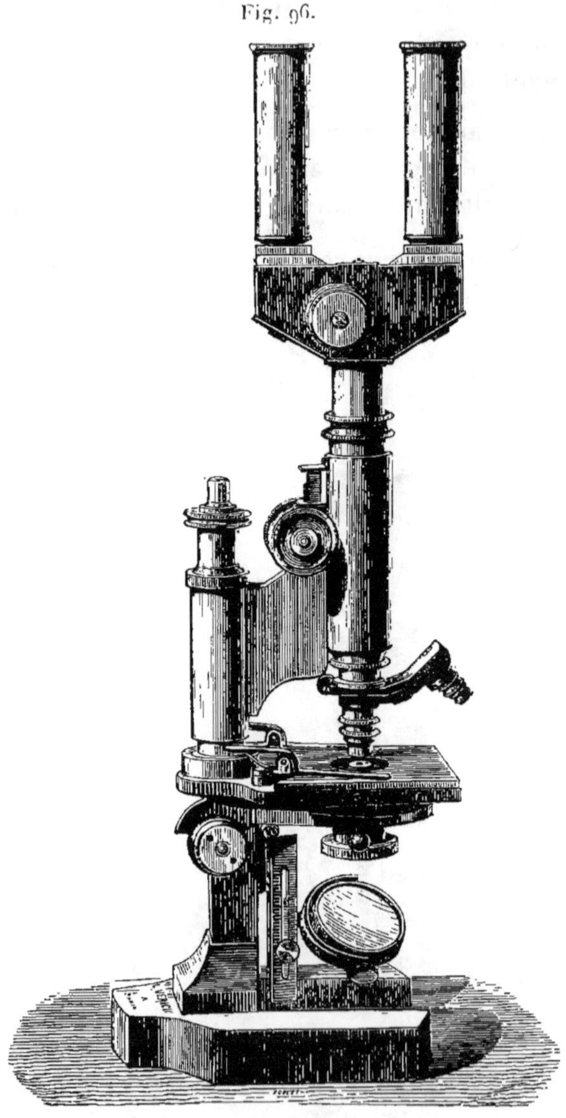

Plusieurs dispositions heureuses, dues à d'éminents opticiens, ont permis de construire des microscopes (*fig.* 95 et *fig.* 96) à double corps qui permettent la vision binoculaire et montrent le sujet sous deux angles différents; mais ces instruments se prêtent peu à l'obtention des deux images photographiques, et nous croyons plus simple d'employer l'une des deux méthodes conseillées par M. Moitessier, en rappelant avec lui que les difficultés de cette opération s'accroissent considérablement à mesure que l'on cherche un grossissement plus fort.

250. *Emploi des demi-diaphragmes.* — La première méthode est basée sur ce principe que, à partir du centre jusqu'à la circonférence, dans les deux parties d'un même diamètre, l'objectif voit le sujet sous un angle différent. Donc, si l'on masque par moitié la lentille inférieure de l'objectif au moyen d'un demi-diaphragme, on aura une image correspondant au côté non diaphragmé (soit le côté gauche): puis, si l'on fait faire un demi-tour à ce demi-diaphragme, on aura, sans déranger le sujet, l'image correspondant au côté droit. Ces deux images, reproduites ensuite en positives et placées suivant l'écart moyen des yeux, donneront l'épreuve stéréoscopique ou pseudo-stéréoscopique, suivant leur interversion.

Ce procédé convient bien pour les sujets opaques qui sont éclairés en dessus, mais il donne de moins bons résultats pour les sujets éclairés par transparence : il exige un temps de pose double puisqu'on n'utilise que la moitié de la lentille; toutefois, avec la sensibilité des préparations actuelles, cette objection perd beaucoup de sa valeur.

251. *Bascule stéréoscopique.* — L'idée et l'exécution de la bascule stéréoscopique employée pour les reproductions micrographiques revient à M. Moitessier. C'est l'application d'un procédé employé quelquefois pour faire les épreuves stéréoscopiques à la chambre noire ordinaire. Au lieu de changer cette chambre pour avoir deux points de vue différents, la chambre reste immobile et c'est le sujet qui change de position; il va sans dire que cela ne peut s'effectuer que pour un sujet qui peut être déplacé, comme une personne, un buste, etc. On installe le sujet sur un plateau tournant et, après avoir fait une première épreuve telle qu'on l'a cherchée pour l'éclairage, la dimension, etc., on tourne le plateau

d'une quantité telle que le sujet présente l'ensemble qu'il aurait montré si l'on avait déplacé la chambre noire suivant l'angle nécessaire; on est ainsi dans les mêmes conditions que si l'on employait la méthode ordinaire, sauf une légère différence dans l'éclairage. Le même effet se produit si, plaçant l'objet microscopique sur une plaque maintenue par deux tourillons, on fait basculer celle-ci de manière à se présenter dans deux positions différentes sous l'objectif fixe du microscope. M. Moitessier décrit ainsi cette bascule, que la *fig.* 97 montre en perspective :

Fig. 97.

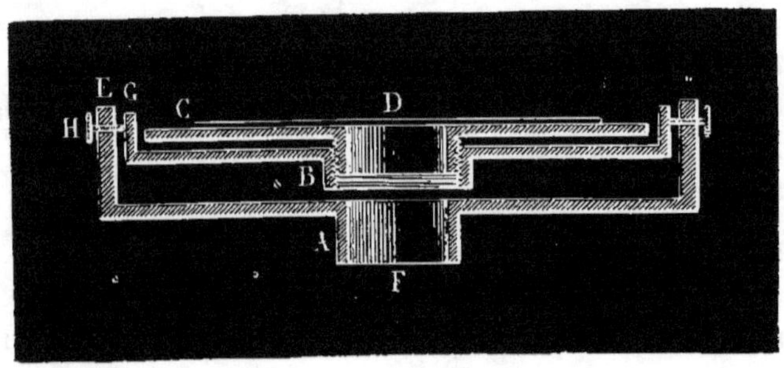

« Une plaque circulaire A est percée d'une ouverture centrale munie d'un tube F qui est exactement ajusté dans le trou de la platine. Cette plaque porte deux oreilles verticales E, placées aux extrémités d'un même diamètre, et entre lesquelles est disposée une deuxième plaque B plus petite que la première et munie comme elle de deux oreilles G ; celle-ci est mobile autour d'un axe horizontal déterminé par la position de deux pivots H. Un troisième disque C porte au centre un tube qui s'engage, par le moyen d'un pas de vis, dans celui de la plaque intermédiaire; ce disque supporte la plaque de verre sur laquelle se trouve l'objet et remplace par conséquent la platine du microscope. Deux ressorts, qui ne se voient pas dans la figure, et placés entre les deux plaques inférieures, maintiennent la bascule B inclinée d'une manière constante. Enfin, deux petits valets fixés sur la plaque B assujettissent la lame de verre sur la platine, comme on le voit dans la *fig.* 98; tout l'appareil doit être fixé sur le microscope par un moyen quelconque, afin qu'il ne puisse tourner sur son axe pendant les opérations (¹).

» Tout étant ainsi disposé, il est clair que la plaque de verre, et par conséquent l'objet qu'elle supporte, se présente à l'objectif

Fig. 98.

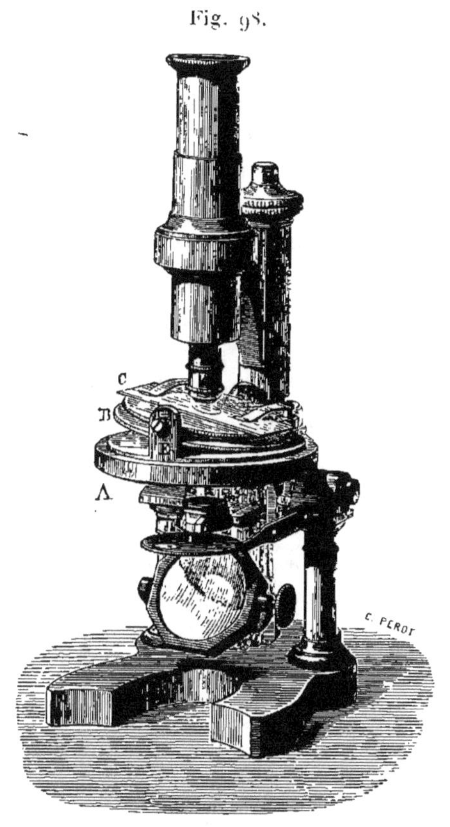

sous un angle dont l'amplitude dépend de la hauteur de l'axe de rotation et de la longueur de la bascule. Une première épreuve étant faite dans cette position, il suffira de fixer la platine mobile dans une position inverse de celle qu'elle occupait primitivement pour faire décrire à l'objet un mouvement angulaire qu'il est

(¹) « Le moyen le plus commode de le fixer consiste à percer la plaque inférieure d'un trou convenablement placé pour coïncider avec un de ceux qui, sur la platine du microscope, sont destinés à recevoir les valets. Une simple goupille réunissant ces deux ouvertures suffit pour empêcher l'instrument de tourner. »

facile de calculer. La seconde image obtenue dans ces nouvelles conditions reproduira l'objet sous une autre perspective, et, si l'angle a été convenablement déterminé, les deux épreuves satisferont parfaitement aux exigences de la vision stéréoscopique.

» Une condition indispensable pour que cet instrument fonctionne d'une manière régulière consiste dans la position de l'axe de rotation, qui doit coïncider rigoureusement avec la surface de l'objet à reproduire. Sans cette précaution, l'objet se déplacerait par le mouvement de la bascule; il arriverait même, si le grossissement était un peu considérable, qu'il sortirait complètement du champ du microscope, et toute opération deviendrait alors impossible. C'est pour obvier à ce grave inconvénient que la platine C est munie d'un tube à vis qui permet de l'abaisser ou de l'élever, selon que la lame de verre est plus épaisse ou plus mince; un trait de repère placé sur la face interne des oreilles indique la hauteur de l'axe de rotation, et l'on doit avant tout, en vissant ou dévissant la platine, faire coïncider parfaitement avec ce trait la surface supérieure du porte-objet, la bascule se trouvant placée horizontalement.

» Quant au moyen de fixer la bascule dans ses diverses positions, le plus simple consiste dans l'emploi d'une lame de cuivre épaisse, taillée en escalier et qui fait l'office d'une cale; sa plus petite épaisseur doit être telle que, placée sous la bascule du côté des ressorts, elle la maintienne dans une position parallèle à la plaque inférieure. Dans sa plus grande épaisseur, elle l'inclinera au contraire dans une direction opposée, de manière à détruire l'action des ressorts.

» Enfin l'amplitude du mouvement angulaire que l'on imprimera à l'objet n'est pas indifférente : un angle total de 7° à 8° environ est celui qui paraît le plus convenable comme moyenne...

» La grandeur de l'angle ne doit d'ailleurs pas être la même pour tous les objectifs : elle doit être d'autant plus faible que ceux-ci ont un foyer plus court, et il est souvent utile de l'augmenter d'une manière notable quand on fait usage de très faibles grossissements...

» La mise au point exige avec cet appareil quelques précautions particulières. Après avoir disposé la bascule horizontalement, on choisit d'abord le point de la préparation qui doit être photographié; il faut ensuite s'assurer si ce point coïncide bien avec l'axe de rotation : l'inégalité d'épaisseur des lames de verre peut, en effet, donner lieu à des différences, selon le point de la surface qui se trouve sous l'objectif. L'erreur, s'il y en a une, se corrige aisément en cherchant, pendant qu'on l'examine, la hauteur la plus convenable de la platine pour que l'objet ne se déplace pas sensiblement pendant le mouvement de la bascule.

» L'instrument étant ainsi réglé, on met au point pour une première inclinaison et l'on impressionne la plaque sensible. Il est rare que, après avoir fait basculer l'objet pour produire la seconde épreuve, l'image reste encore au foyer.... Il faut alors mettre le plus grand soin à effectuer la seconde mise au point sur la même partie de l'objet que la première; sans cette précaution, chaque épreuve vue isolément pourrait être satisfaisante, mais leur superposition dans le stéréoscope donnerait lieu à des effets désagréables, qu'il est important d'éviter.... »

CHAPITRE IV.

RÉDUCTIONS.

DÉPÊCHES. — ÉPREUVES MICROSCOPIQUES.

252. Les réductions sont presque toujours le résultat des opérations photographiques ordinaires, par lesquelles nous cherchons en effet une image de dimension moindre que celle du modèle. Nous n'aurions donc pas à nous en occuper si l'on n'avait quelquefois porté la réduction assez loin, et même à son maximum, en vue d'applications spéciales qui sont l'opposé de la Micrographie; celle-ci nous donne l'image agrandie d'un objet microscopique, tandis que la réduction peut donner d'un grand sujet des images tellement petites qu'on ne les distingue plus que sous un fort grossissement : ce sont alors des photographies microscopiques.

La condition dominante de ces réductions est la netteté, qui nécessite : l'emploi d'excellents objectifs à court foyer; une mise au point rigoureuse qui ne peut être réglée qu'avec une forte loupe ou un microscope; une coïncidence parfaite de la surface sensible avec le plan où se forme l'image; une surface sensible très homogène et très pure n'ayant pas de grain appréciable, ce qui exclut, quant à présent, l'emploi du gélatinobromure d'argent ou autres procédés d'émulsion auxquels il faut substituer les préparations au collodion, de préférence celles au collodion sec ou même à l'albumine, si l'on veut atteindre le maximum de finesse.

Dans la pratique ordinaire, la photographie microscopique n'est qu'un sujet de curiosité; elle a servi et sert encore à mettre, dans des bijoux ou autres menus objets usuels, de petites vues plus ou moins agréables, collées sur une loupe minuscule nommée *stanhope*. Nous expliquerons plus loin en quelques mots leur mode d'obtention. Mais, dans certains cas, les réductions et la photographie microscopique prennent une importance considérable, soit pour mettre à l'abri des documents importants, soit en temps de guerre pour la correspondance. Il est possible en effet de copier à un grand nombre d'exemplaires, avec une rigoureuse exactitude et une netteté suffisante, toute une série de dépêches destinées à franchir les lignes ennemies par le service des pigeons voyageurs ou par tout autre moyen, et cela sur des pellicules d'une minceur, d'une légèreté et d'une souplesse ne laissant rien à désirer.

253. Tant que l'on ne cherche pas à produire des vues tout à fait microscopiques, on peut utiliser les objectifs et les chambres noires ordinaires, à la seule condition de les régler avec le plus grand soin pour obtenir une mise au point rigoureuse. S'il s'agit de photographier des documents importants, on peut s'arrêter, comme réduction, au point où l'image est encore lisible à l'œil nu ou même avec une loupe ordinaire; c'est ainsi qu'on a proposé de reproduire les actes de l'état civil, le livre de la dette publique, des pièces importantes de la vie privée, etc., etc., afin d'en avoir, sous un petit format, des copies authentiques qu'il est facile de mettre à l'abri des causes de destruction qui menaceraient les originaux. On procède dans ce cas, comme nous allons l'expliquer pour les dépêches, en photographiant les originaux placés sur le chevalet. Le plus souvent, on pourra se borner à conserver les négatifs détachés sur pellicules et l'on en tirera plus tard les positifs nécessaires, si on ne l'a pas fait immédiatement. On évitera pour ces tirages les procédés au chlorure d'argent sur papier albuminé, qui ne présentent pas des garanties suffisantes de conservation pour l'avenir; mieux vaudrait employer les procédés au platine ou même les papiers préparés au gélatinobromure d'argent, comme les papiers Eastman ou analogues, les épreuves à l'argent obtenues par développement résistant mieux aux altérations que celles produites par la seule action de la lumière. On les rendrait encore plus solides en les virant, comme l'a proposé M. L. Vidal, dans un bain de chlorure de platine.

254. **Dépêches.** — L'idée du service des dépêches photographiques par pigeons pendant la guerre de 1870-1871 appartient à notre regretté collaborateur et ami Barreswil, qui fit exécuter les premiers spécimens à Tours, siège du gouvernement de la Défense

nationale, par M. Blaise, photographe. M. de Lafollye, inspecteur des lignes télégraphiques, très au courant des manipulations photographiques, participa à ces premiers travaux, tant par ses conseils et son aide personnelle que comme représentant l'Administration ([1]).

Barreswil conseilla de copier par la photographie les dépêches officielles, de manière à multiplier à volonté et sans erreur le nombre des exemplaires et à augmenter les chances d'arrivée à destination.

Les dépêches, écrites en gros caractères sur de grands panneaux, étaient réduites par la photographie à $\frac{1}{300}$ de leur dimension première; M. Blaise faisait les négatifs au collodion humide au moyen d'un objectif de Steinheil ou d'objectifs de Dallmeyer convenablement diaphragmés, et ayant $0^m,15$ et $0^m,20$ de longueur focale. Les positives étaient tirées sur papier albuminé, préparé de façon à recevoir une épreuve sur chaque face, ce qui, pour un même poids, doublait le rendement. A la date du 11 décembre 1870, M. Blaise avait reproduit ainsi quarante-sept assemblages de dépêches; M. Terpereau, photographe de Bordeaux, s'était joint à M. Blaise et était chargé du travail d'impression sur papier.

Bientôt on reconnut la supériorité de la composition et de l'impression typographiques sur les copies faites à la main ; les dépêches furent d'abord imprimées en gros caractères dans les ateliers de M. Mame et de M. Juliot, collées sur les panneaux et reproduites d'une manière plus nette par la photographie.

Pendant que l'on obtenait ces résultats à Tours, MM. Dagron, Fernique et Poisot, partis de Paris en ballon le 12 novembre 1870, échappaient à grand'peine aux lignes prussiennes; au milieu de nombreux dangers, ils arrivèrent à Tours le 21 novembre 1870 et prirent le service photographique que leur avait assuré un traité passé à Paris avant leur départ. Les essais de photographie tout à fait microscopique, analogues à la méthode décrite (256), montrèrent trop d'inconvénients et de difficultés pour qu'ils fussent adoptés, et l'on s'arrêta aux procédés suivants ([2]) :

Les dépêches étaient composées typographiquement comme nous l'avons dit ci-dessus; on les réunissait par panneaux de douze à

([1]) DE LAFOLLYE, inspecteur des lignes photographiques d'Indre-et-Loire, *Dépêches par pigeons voyageurs pendant le siège de Paris*. Tours, Mame et fils; 1871.

([2]) DAGRON, *La poste par pigeons voyageurs*. Paris, Lahure.

seize pages in-folio, contenant en moyenne trois mille dépêches; au moyen d'un bon objectif, ces dépêches étaient copiées sur une glace sensible donnant des épreuves de 0,036 × 0,060 dont on tirait par superposition autant de positives qu'il était nécessaire. M. Dagron détachait ces positives sur pellicules minces et légères par des moyens que nous n'avons pas à rechercher, puisqu'il ne les a pas indiqués; on trouvera Tome I, 239 à 257, diverses méthodes pour obtenir les clichés pelliculaires.

« La légèreté de ces pellicules, dit M. Dagron, a permis à

Fig. 99.

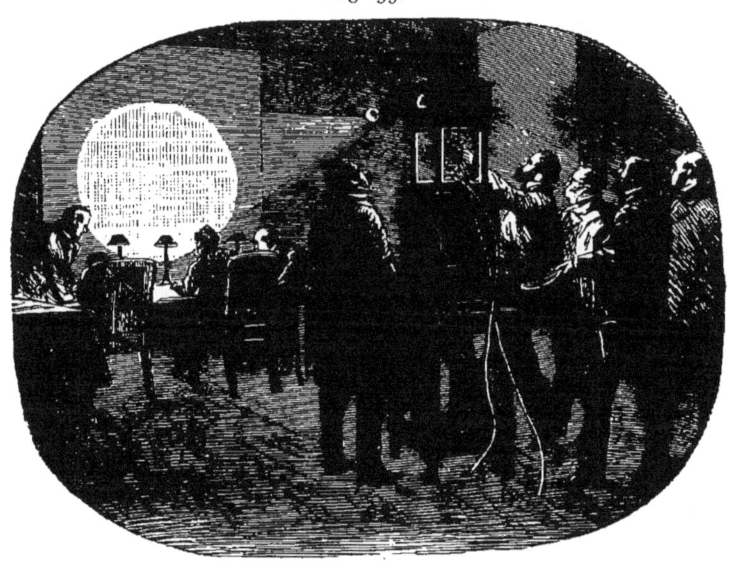

l'Administration d'en confier jusqu'à dix-huit exemplaires à un seul pigeon, donnant un total de plus de cinquante mille dépêches, pesant ensemble moins d'un demi-gramme. »

La moyenne des expéditions était de trente mille dépêches. A l'arrivée, ces pellicules étaient déroulées, soumises à un appareil d'agrandissement qui les projetait, et l'image, considérablement agrandie, était photographiée de nouveau (*fig.* 99) et adressée au destinataire.

M. G. Lévy partit à son tour de Paris en ballon, dans la nuit du 16 décembre 1870, comme attaché à la mission de M. d'Almeida, délégué de la Défense nationale. Ses compagnons et lui furent faits prisonniers à Tonnerre par les Prussiens; ils réussirent à s'échapper le lendemain, et M. Lévy vint mettre au service de l'Administration sa grande habileté photographique; il n'eut que le temps de faire et de montrer ses essais. Son intervention eût certainement été fort utile; mais l'armistice et la paix permirent de reprendre les communications avec Paris, rendirent nulles les offres de service généreusement faites par lui, et son dévouement fût même resté inconnu sans les quelques lignes que M. de Lafollye lui consacre dans son Opuscule.

Actuellement, le service des dépêches par pigeons forme une organisation qui dépend complètement du Ministère de la Guerre, et nous n'avons nullement à rechercher ni à faire connaître les procédés adoptés pour rendre les manipulations faciles et certaines. Nous nous bornerons à jeter un regard sur les procédés anciens, en indiquant comment on peut utiliser pour cette application spéciale les moyens connus de tous; nous excluons les procédés nouveaux au gélatinobromure d'argent, qui jusqu'à présent, selon nous, n'offrent pas une finesse capable de résister à un examen microscopique même affaibli.

255. On utilisera la chambre noire ordinaire d'atelier, munie d'un bon objectif; les objectifs indiqués pour la reproduction de Cartes et Plans conviendront parfaitement, à condition qu'ils soient d'une longueur focale assez restreinte, variant entre 12^{cm} et 20^{cm}, suivant la dimension des panneaux à copier. Après avoir fixé l'emplacement des modèles et de la chambre noire qui devront rester invariables, puisqu'il s'agit de faire des dimensions déterminées à l'avance, on procède à une mise au point rigoureuse, en remplaçant la glace dépolie ordinaire par le châssis négatif, si faire se peut, et en mettant une glace dépolie à la place même où sera la glace sensible; on atténue le dépoli au moyen d'un peu de corps gras et l'on peut ainsi mieux examiner la netteté de l'image. Si l'on veut plus de précision, on substitue à la glace dépolie une *glace* ordinaire au centre de laquelle on a tracé quelques fines hachures avec un diamant, puis, avec une loupe dont le tirage est approprié à la vue de l'opérateur, on vérifie si la netteté des lettres coïncide avec celle des traits de diamant, ainsi qu'il est indiqué plus haut pour la Micrographie. La mise au point, arrêtée après quelques tâtonnements, reste immuable tant que les positions respectives ne sont pas modifiées.

S'il est nécessaire de marcher rapidement, on emploiera les *glaces* préparées par les procédés du collodion humide, développées légèrement au sulfate de protoxyde de fer et renforcées soit par l'acide pyrogallique, soit par le bichlorure de mercure suivi d'un passage au sulfhydrate d'ammoniaque. Nous ferons observer toutefois que ce second mode de renforcement a une grande tendance à boucher les traits délicats, et que, dans son emploi, on devra faire des lavages très soignés avant l'application de chacun des réactifs successifs. Le négatif obtenu est fixé, lavé, séché et légèrement gommé avec une solution de gomme arabique très pure.

S'il n'y a pas lieu de chercher à opérer aussi rapidement, il sera préférable d'employer un des nombreux procédés de collodion sec dont nous avons donné la description Tome I, de préférence les plus simples, tels que celui au café ou au thé (169) ou celui à la résine (176).

Dans tous les cas, un des procédés de collodion sec sera utilisé pour tirer les épreuves positives, avec cette distinction toutefois que les *glaces* destinées au tirage des positives seront préparées de manière à enlever les images sur pellicules. A cet effet, elles seront talquées, essuyées sur les bords avec un petit tampon mouillé soit d'albumine, soit de gélatine, couvertes avec la préparation de collodion, suivant les manipulations indiquées pour le collodion sec, et conservées en boîtes.

Le tirage des positives se fera par superposition, soit à la lumière artificielle, soit à la lumière du jour affaiblie, en se garantissant des rayons obliques (t. II, 29 et 30). Après développement, fixage et séchage, on recouvrira le collodion d'une couche mince de gélatine à 10 pour 100 d'eau additionnée de 1^{cc} à 2^{cc} de glycérine; après parfaite dessiccation, on met sur la gélatine une couche de collodion normal; les épaisseurs de ces couches seront réglées suivant la force que l'on veut donner à la pellicule. Lorsque le collodion est bien sec, on donne un trait de canif suivant les dimensions demandées, on détache les épreuves de la glace et on les remet à la personne chargée des expéditions.

Il existe beaucoup d'autres moyens de détacher les images sur pellicules : nous avons indiqué l'un des plus simples, sinon le meilleur.

256. **Épreuves microscopiques.** — A côté de ces applications utiles des réductions photographiques, il y a lieu de mentionner celles qui n'ont, quant à présent, qu'un intérêt de curiosité ou de vente.

C'est ainsi que Bertsch avait construit autrefois une petite chambre automatique en métal avec un objectif à très court foyer diaphragmé, et donnant une image nette à partir de la distance de 1^m; la mise au point n'ayant plus besoin d'être réglée, il suffisait de constater la position au moyen d'une alidade fixée à la partie supérieure de la chambre. On obtenait soit un négatif d'après nature dont on faisait alors des positifs par superposition, soit un positif d'après quelque grand négatif ordinaire; on examinait ensuite ces épreuves au moyen d'une loupe spéciale qui était livrée avec l'appareil. Cette petite chambre, fort bien construite, peut être considérée comme le point de départ de cette série variée d'appareils automatiques, auxquels on a donné les noms les plus divers et qui sont destinés à prendre par surprise des vues instantanées.

257. *Photographies microscopiques industrielles.* — La photographie microscopique industrielle a pour but de produire rapidement un grand nombre d'images ayant un millimètre carré environ; ce sont des épreuves positives copiées à la chambre noire d'après des négatifs ordinaires représentant divers sujets, paysages, tableaux, gravures, etc. Ces positives, obtenues sur verre, sont ensuite séparées une à une au diamant, collées avec du baume de Canada à l'extrémité plane d'un petit cylindre de cristal dont la surface opposée est travaillée en forme convexe, de manière à former une très forte loupe dite *stanhope;* en regardant (*fig.* 100) en A par le côté convexe, on voit considérablement agrandie l'image photographique qui est collée en B. Cet ensemble est ensuite

monté sur les objets les plus divers, médaillons, porte-plumes, petites lorgnettes, breloques et articles de Paris de toutes formes,

Fig. 100.

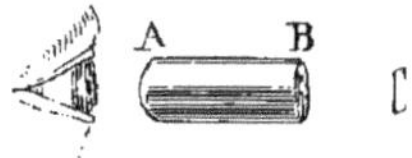

objets qui se vendent dans les bazars, les bains de mer, les villes d'eaux, etc.

Le mode d'opérer demande de grands soins de propreté, mais il est des plus simples.

Le négatif à reproduire en positif est mis à l'extrémité de la chambre à copier représentée déjà (*fig.* 8), sur laquelle vient s'adapter la véritable chambre noire portant une batterie d'objectifs de même foyer; la mise en place et la mise au point sont rigoureusement déterminées. Ces opérations premières sont délicates, mais, une fois qu'elles ont été bien établies, on peut marcher d'une manière courante. La reproduction de l'image est faite au collodion humide ou au collodion sec : ce dernier sera plus avantageux, quoique moins rapide, parce que les couches de collodion humide ne sont pas toujours de même épaisseur, ce qui modifie la mise au point. Les préparations au gélatinobromure d'argent remplaceraient difficilement celles au collodion, d'abord à cause du grain qui ne peut supporter un agrandissement considérable et aussi parce que, lors du coupage et de la séparation de chacune des épreuves, la pellicule de gélatine se soulèverait le plus souvent en entraînant la perte de l'image.

Après le développement, la glace, qui porte quelquefois jusqu'à douze douzaines d'images lorsqu'on a employé le châssis multiplicateur, est passée au bain de fixage, puis lavée, séchée, gommée ou vernie au benjoin s'il y a lieu, posée face en dessous sur une surface douce ne pouvant pas érailler le collodion, puis coupée au diamant en hauteur et en largeur, de sorte que chaque petit carré contient une épreuve. On procède alors au montage.

On chauffe par un moyen quelconque un plateau C contenant du sable et recouvert d'un drap (*fig.* 101); on place sur celui-ci, d'un côté, les cylindres de cristal D, de l'autre, les petites épreuves

E face en dessus. Prenant alors un cylindre *stanhope* avec une pince K, on enduit la face plane avec un peu de baume de Canada F, fluidifié par la chaleur, on l'applique sur l'image et, en appuyant,

Fig. 101.

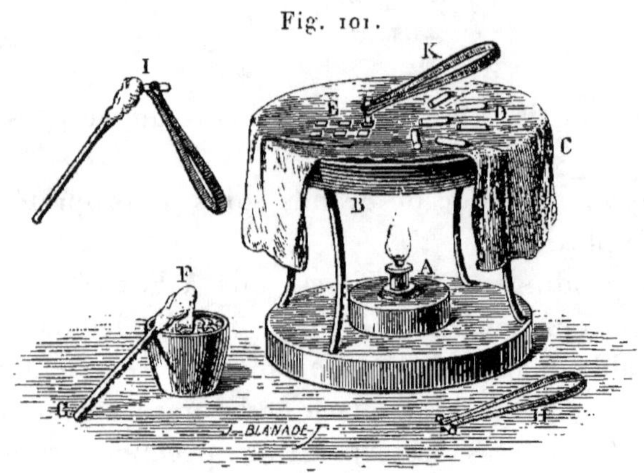

on expulse l'excès de résine : l'image est ainsi emprisonnée entre deux faces de verre. Après refroidissement, on affleure les angles et les parties saillantes au moyen de la meule, et les épreuves sont livrées par grosses aux marchands, qui les montent dans les divers articles de leur commerce, suivant les besoins de leur clientèle.

NOTIONS ÉLÉMENTAIRES DE CHIMIE.

VOCABULAIRE.

NOTIONS ÉLÉMENTAIRES DE CHIMIE [1].

DÉFINITIONS. — NOMENCLATURE.

DÉFINITIONS.

Lorsque nous examinons les modifications qui se produisent autour de nous, nous voyons que presque toutes les substances subissent des changements rapides ou lents, soit par l'action naturelle qu'elles exercent les unes sur les autres, soit par les actions cherchées dans le laboratoire ou dans l'industrie.

Tantôt ces modifications sont passagères et cessent avec la cause qui les a produites; elles laissent aux substances qui les subissent les propriétés caractéristiques qui tiennent à leur essence même. Ainsi l'eau, suivant la température et la pression, passe à l'état de glace ou de vapeur, mais elle est toujours de l'eau; sous l'influence d'un courant électrique, un barreau de fer doux prend l'état magnétique; dès que le courant cesse, le fer revient à son état normal. Ces changements passagers sont dits *physiques;* leur étude appartient à la Physique.

Mais si la modification est plus profonde, si le corps qui l'a subie est transformé dans sa nature, dans son poids, dans tout l'ensemble de ses propriétés, le phénomène qui se produit est dit *chimique;* ainsi, lorsque le charbon brûle dans nos foyers, il se combine avec l'oxygène de l'air, il passe à l'état d'acide carbonique gazeux, il subit une action *chimique*.

La Chimie est la science qui s'occupe des transformations durables des corps et des lois qui les régissent.

(1) Nous conseillons à nos lecteurs qui voudraient faire une étude plus sérieuse le *Traité élémentaire de Chimie*, par Troost. Paris, G. Masson; 1887.

Corps. Divisibilité. Molécules. — En Chimie on appelle *corps* tout ce qui a un poids. Pour les corps solides et liquides, le poids est évident, mais il l'est moins pour les corps gazeux. Cependant, si dans les conditions normales de température et de pression on pèse un ballon d'un litre dans lequel on a fait le vide complet, on a seulement le poids du ballon ; si on le remplit d'air, il pèsera $1^{gr},293$ de plus ; si on remplace l'air par l'hydrogène, l'augmentation du poids n'est plus que de $0^{gr},089$. Bien que l'hydrogène soit quatorze fois et demie plus léger que l'air et le plus léger de tous les corps connus, son poids cependant est parfaitement appréciable.

Les corps sont divisibles, c'est-à-dire que l'on peut en comprendre la séparation en particules de plus en plus petites, tellement ténues qu'elles échappent même à notre contrôle sans cesser d'exister et tout en gardant les propriétés physiques et chimiques que l'on constate sur une masse plus considérable : ainsi quelques gouttes d'éther, en se volatilisant, rempliront une grande pièce de l'odeur d'éther, il y aura donc partout des particules d'éther ; un léger trait de charbon sur une feuille de papier y laissera de petites masses de charbon que le doigt diviserait encore ; le dernier terme de cette division que l'esprit puisse comprendre, sans qu'il y ait destruction du corps, s'appelle *molécule*.

Corps simples. Corps composés. — Les molécules peuvent être simples ou former par leur combinaison des molécules composées ; les corps qui résultent de leur réunion sont eux-mêmes simples ou composés.

Les corps simples ou éléments sont ceux qui, soumis aux méthodes de décomposition les plus énergiques, ne donnent que des molécules de même nature ; ainsi le plomb, l'or, l'argent, le carbone, l'iode, le brome, etc., sont des corps simples. Les corps composés sont fournis par la combinaison de deux ou de plusieurs corps simples. Les propriétés caractéristiques de ceux-ci disparaissent alors pour faire place à des propriétés nouvelles ; ainsi, mettons l'argent en présence de l'iode ou du brome, les molécules s'unissent, il se fait de l'iodure ou du bromure d'argent ; ces corps ne ressemblent ni à l'iode ni au brome ni à l'argent ils sont doués de propriétés nouvelles que ne possédaient pas les composants, entre autres d'une grande sensibilité à la lumière.

Atomes. — Lorsqu'on est arrivé en imagination au point extrême de la division d'un corps composé, on comprend que l'on peut encore le détruire en le ramenant à ses composants; ainsi chaque molécule de bromure d'argent fournira une molécule de brome et une d'argent; cette dernière particule insécable de la matière est toujours un corps simple : c'est un *atome*.

Combinaison. — Les corps simples peuvent s'unir entre eux pour former des corps composés, ceux-ci peuvent s'unir avec un corps simple ou avec un autre corps composé pour produire des corps plus compliqués; cette union a reçu le nom de *combinaison chimique*.

Il ne faut pas confondre la combinaison avec le mélange. Dans a combinaison, les propriétés des corps combinés disparaissent et sont remplacées par des propriétés nouvelles; cette union se fait dans des proportions fixes, très simples dans leur rapport; elle est toujoursa ccompagnée d'un dégagement, plus ou moins appréciable, mais certain, de chaleur et d'électricité. Le mélange, au contraire, se fait en toutes proportions, les propriétés spéciales de chaque corps mélangé ne sont pas modifiées, il n'y a dégagement ni de chaleur ni d'électricité.

L'expérience suivante fera bien comprendre ces distinctions. Prenons une pincée de limaille de cuivre et autant de fleur de soufre et secouons le tout ensemble dans un tube à essai, il ne se fait qu'un mélange; quelque intime qu'il soit, chaque corps garde ses propriétés spéciales et à la loupe, même à l'œil nu, on distinguera facilement les particules de cuivre et celles de soufre. Mais, si nous chauffons, il arrive un moment où le cuivre prend feu dans le soufre, il y a dégagement de chaleur et de lumière, il se produit une combinaison qui est du sulfure de cuivre complètement différent de ses deux composants.

Affinité. — On a donné le nom d'*affinité* à la force qui tend à unir ou qui retient unies des molécules de nature différente et qui en fait des corps composés. Les travaux de Thermochimie ont démontré que l'affinité a pour mesure la quantité de chaleur dégagée par le travail chimique accompli; la combinaison qui dégagera le plus de chaleur sera donc celle qui aura le plus de tendance à se produire.

Analyse. Synthèse. — La nature et les découvertes chimiques mettent à notre disposition une grande variété de corps; les uns, en petit nombre, sont les éléments ou corps simples; les autres, formés par les combinaisons de ces éléments, sont les corps composés, dont le nombre est pour ainsi dire infini.

L'opération qui a pour but de rechercher la composition d'un corps pour le ramener soit à des composants plus simples, soit à ses éléments, a reçu le nom d'*analyse;* l'opération contraire, consistant à combiner les corps élémentaires ou composés, s'appelle *synthèse*.

Pores. — Les molécules d'un corps sont plus ou moins distantes les unes des autres; les intervalles qui les séparent sont le plus souvent inappréciables pour nous, ils constituent les pores de la matière. Ces pores peuvent être resserrés par la compression, ou écartés en vertu de l'élasticité.

Changements d'état. — *Cohésion. Corps solides, liquides ou gazeux.* — La cohésion est la force qui fait adhérer les unes aux autres les molécules simples ou composées des corps.

Si l'adhérence est telle que les molécules n'aient aucune mobilité les unes sur les autres et qu'elles se séparent au contraire avec difficulté, le corps est dit *solide;* il est *liquide* si, au contraire, les molécules, roulant les unes sur les autres, se séparent avec facilité; la cohésion est alors très minime; elle existe encore cependant, puisque les liquides se réunissent sous forme de gouttes. Lorsque les molécules, au lieu de se grouper, tendent à s'écarter de plus en plus les unes des autres et à remplir tout l'espace qui leur est donné, le corps est à l'état *gazeux*.

Souvent un même corps peut prendre ces trois états, solide, liquide et gazeux : c'est une question de température et de pression.

Fusion. — La fusion est la modification qui fait passer un corps de l'état solide à l'état liquide par la seule intervention de la chaleur; il ne faut pas confondre la fusion avec la dissolution.

Dissolution. — Dissoudre un corps solide ou gazeux, c'est l'amener à l'état liquide par l'intermédiaire d'un autre corps, liquide lui-même, qui prend les principales propriétés du corps dissous; ainsi, l'eau dissout un grand nombre de corps, tels que le sucre, le sel, l'acide carbonique, le gaz ammoniac, etc. Les dissolutions de corps solides se font généralement plus facilement et en plus forte proportion à chaud qu'à froid; c'est le contraire pour les corps gazeux. Le nitrate d'argent est *fondu* lorsqu'on le porte à la température du rouge sombre, il se *dissout* lorsqu'on le met dans l'eau.

Saturation. — Une solution est dite *saturée* lorsque le dissolvant, ayant liquéfié une partie du solide ou du gaz, refuse d'en dissoudre davantage. Le point de saturation diffère pour chaque corps et pour chaque température; mais, sauf quelques anomalies (sursaturations), il est fixe pour un même corps à une même température.

Vaporisation. — On appelle ainsi le passage de l'état liquide (ou solide) à l'état de gaz ou vapeur; si la vaporisation est rapide et amène dans le liquide un dégagement tumultueux, elle prend le nom d'*ébullition*. Cette transformation absorbe toujours une certaine quantité de chaleur qui disparaît, passe à l'état latent, pour reparaître lorsque le corps revient à son état premier.

Solidification. Cristallisation. — La solidification est le retour à l'état solide d'un corps qui avait été fondu, dissous ou vaporisé; le plus souvent, si ce retour se fait avec lenteur, les corps prennent des formes géométriques parfaitement régulières, ils se présentent à l'état de cristaux qui, pour un même corps dans les mêmes conditions, sont toujours semblables. Ceux qui ne cristallisent pas sont dits *corps amorphes*.

Une expérience très simple montrera ces divers états. On met dans un tube à essai quelques paillettes d'iode; il suffit de les présenter à la flamme d'une lampe à alcool pour qu'elles passent à l'état liquide, c'est la *fusion;* en même temps, il se forme par la *volatilisation* une riche vapeur violette qui, se refroidissant dans la partie supérieure, revient à l'état solide en formant une *cristallisation* d'iode que l'on voit très bien à la loupe et même à l'œil nu; si l'on verse dans le tube 2^{cc} ou 3^{cc} d'alcool, il y a *dissolution,* sans altération des propriétés de l'iode; en ajoutant un peu d'une solution de nitrate d'argent, on voit se former un précipité caséeux jaune clair d'iodure d'argent par le fait de la *combinaison.*

Rôle de la chaleur. — Tout changement d'état est un travail qui a pour conséquence une absorption ou un dégagement de chaleur. Si les molécules se rapprochent soit par compression, soit par solidification, ce travail se manifeste par un dégagement de chaleur, il y a échauffement; si, au contraire, les molécules s'écartent, se séparent, la chaleur nécessaire pour le travail est absorbée, il y a refroidissement. Ainsi les dissolutions de solides, sans combinaisons, amènent toujours un refroidissement, celles des gaz, un échauffement; les fusions, les volatilisations ne s'opèrent qu'en fournissant aux corps à fondre ou à volatiliser la quantité de chaleur qu'ils doivent absorber; cette quantité, variable pour chacun d'eux, est retenue, passe à l'état latent, ce qui fait que, pendant tout le temps de la fusion, la température reste fixe si la pression n'est pas modifiée. Il en est de même pour l'ébullition. Toutefois, le point de fusion, ou d'ébullition, fixe pour un même corps, est variable pour chaque corps différent. Ainsi le point de fusion de l'eau est 0°C. Son point d'ébullition, 100°C. à la pression normale d'une atmosphère; le point de fusion du soufre est à 117°C.; il entre en ébullition à 447°C.

Les combinaisons chimiques peuvent être comparées à ces changements d'état; le plus souvent, elles s'effectuent avec dégagement de chaleur et, pour en opérer la décomposition, il faudra leur restituer une quantité de chaleur égale à celle qu'elles ont dégagée au moment où elles se sont effectuées. Par exception, quelques combinaisons, dites *explosives,* dégagent de la chaleur au moment où elles se décomposent.

Contact. — Généralement il ne suffit pas que les corps soient en présence pour que leur combinaison se produise ; il faut le contact immédiat des molécules, ce que l'on ne peut obtenir qu'entre un solide et un liquide ou un gaz, entre les liquides et les gaz ou entre les gaz ; le plus souvent ce contact ne peut avoir lieu entre deux solides dont les molécules ne se touchent pas intimement, quelle que soit leur division.

Chaleur. Électricité. Lumière. — Outre le contact, il faut presque toujours le concours de la chaleur, de l'électricité ou de la lumière. Toutefois, si la combinaison est commencée sur un point, il arrive fréquemment qu'elle continue d'elle-même et se propage dans toute la masse, probablement par le seul fait de la chaleur dégagée qui, de proche en proche, gagne toutes les molécules et est plus ou moins appréciable suivant l'énergie et la rapidité de la combinaison chimique.

Les mêmes causes qui peuvent provoquer les combinaisons peuvent aussi produire les décompositions ; ainsi nous voyons journellement la lumière décomposer et réduire le chlorure d'argent ; les impressions latentes sur les couches d'iodure ou de bromure d'argent sont évidemment des phénomènes du même ordre.

Loi des proportions définies. Poids proportionnels. Équivalents. — Le caractère primordial des combinaisons chimiques est la proportion déterminée, nettement définie, des corps entrant en combinaison ; l'excédent de l'un ou l'autre corps sur cette proportion reste en dehors de la combinaison. Ainsi, lorsqu'on fait passer du chlore dans une solution de nitrate d'argent, on produit du chlorure d'argent et la combinaison s'effectue dans la proportion, en poids, de 108 parties d'argent pour 35,5 parties de chlore, donnant 143,50 de chlorure d'argent ; et ce serait en vain qu'on prolongerait l'action du chlore, l'excès resterait libre. Si, au contraire, la quantité de chlore n'est pas suffisante, une partie de l'argent se combinera au chlore, l'autre partie restera à l'état de nitrate. Dans cette expérience, on peut remplacer le chlore par le brome, il se produit alors du bromure d'argent ; mais la pesée démontre que le poids de la combinaison pour 108 parties d'argent n'est plus un total de 143,50, comme dans le cas précédent, mais bien 188, et, comme la proportion d'argent est restée la même, on voit qu'il a fallu 80 de brome pour remplacer 35,5 de chlore. Le même résultat se produit si l'on remplace le chlore et le brome par l'iode, seulement le poids a encore changé et, pour 108 parties d'argent, on obtient un total de 235 d'iodure d'argent; la quantité d'iode entrée en combinaison est donc de 127 pour remplacer 35,5 de chlore ou 80 de brome.

Or, comme toutes les expériences chimiques démontrent que ces trois corps, iodure, bromure et chlorure d'argent, ont une constitution analogue et font admettre qu'ils sont formés par une molécule d'argent unie à une molécule de chlore, de brome ou d'iode, on en conclut que le poids proportionnel de la molécule de chacun de ces corps simples doit être représenté dans les combinaisons par :

Argent	108
Chlore	35,5
Brome	80
Iode	127

et, puisque, pour former une combinaison, 35,5 de chlore valent autant que 80 de brome et 127 d'iode, ces poids proportionnels représentent les équivalents de chacun de ces corps relativement aux autres et 108 est l'équivalent de l'argent par rapport à chacun d'eux.

Mais, dans ces combinaisons, on peut remplacer l'argent par d'autres corps simples; chacun d'eux aura son poids proportionnel spécial et fixe : ainsi 108 d'argent sont remplacés par 39 de potassium, 33 de zinc, 56 de cadmium, 103,5 de plomb, 98 d'or, etc. Des expériences délicates, basées sur l'étude approfondie des corps simples et de leurs combinaisons, ont permis de fixer toutes ces proportions.

En combinant l'argent à l'oxygène, on trouve que, pour 108 parties du premier, il faut 8 parties du second; l'équivalent de l'oxygène est donc 8 par rapport aux autres.

Pour exprimer numériquement les poids proportionnels des corps, il a fallu choisir une unité à laquelle on pût rapporter les autres; longtemps cette unité fut l'oxygène représenté par 100; actuellement on a adopté, avec raison, l'hydrogène représenté par 1. Les nombres sont ainsi beaucoup moins élevés et les calculs sont plus faciles.

NOMENCLATURE.

Le nombre des corps simples ou éléments est assez restreint; jusqu'ici on n'en a nettement isolé que 65 et, sur cette quantité, il y en a au moins la moitié qui n'ont qu'un intérêt purement scientifique; mais les composés auxquels ces éléments peuvent donner naissance par leurs combinaisons multiples sont, au contraire, en nombre illimité et il a fallu établir des règles pour arriver à des dénominations logiques.

Les principes de la nomenclature chimique furent posés en 1787 par Lavoisier, Fourcroy, Guyton de Morveau et Berthollet. Ce sont encore ceux qui font loi aujourd'hui.

Corps simples. — Le savant qui découvre et isole un corps simple lui donne un nom à sa convenance. Le meilleur nom sera court, harmonieux, facile à s'unir aux autres; c'est une erreur de choisir un nom rappelant les propriétés que l'on croit distinctives de ce corps, car il se peut qu'on en découvre un autre présentant des propriétés analogues : ainsi les noms d'*oxygène* (j'engendre les acides), de *chlore* (verdâtre) sont mauvais, parce que d'autres corps que l'oxygène forment des composés acides, d'autres substances peuvent avoir la coloration du chlore; les mots *soufre, carbone, cadmium* sont préférables.

Les corps simples sont partagés en deux grandes classes : les métalloïdes et les métaux; ces derniers ont un éclat métallique que n'ont pas généralement les premiers. Les combinaisons des métalloïdes avec l'oxygène ont surtout le caractère acide, tandis que celles des métaux et de l'oxygène ont plutôt le caractère basique; mais ce serait une erreur de croire que cette division est nettement tranchée, certains métalloïdes se rapprochant beaucoup des métaux par leurs propriétés et réciproquement.

La liste ci-dessous donne l'ensemble des métalloïdes et des

métaux groupés par famille, c'est-à-dire en classant ensemble les corps dont les propriétés chimiques ont le plus d'analogie :

Tableau des corps simples (¹).

SYMBOLES.	NOMS.	ÉQUI-VALENTS.	SYMBOLES.	NOMS.	ÉQUI-VALENTS.	SYMBOLES.	NOMS.	ÉQUI-VALENTS.
			Li	Lithium....	7,00	Ga	Gallium....	69,09
			Tl	Thallium...	203,00	Va	Vanadium..	68,50
	Métalloïdes.		Cs	Cœsium....	133,00	Cd	Cadmium..	56,00*
			Rb	Rubidium..	85,00	In	Indium....	36,70*
O	Oxygène...	8,00*				Ur	Uranium...	60,00*
S	Soufre.....	16,00*	Ca	Calcium....	20,00			
Se	Sélénium...	39,80*	St	Strontium..	43,75*	Tu	Tungstène..	92,00*
Te	Tellure....	64,50*	Ba	Barium....	68,50*	Mo	Molybdène..	48,00*
						Os	Osmium....	99,50*
Fl	Fluor......	19,00	Mg	Magnésium.	12,20	Ta	Tantale...	68,80*
Cl	Chlore.....	35,50	Mn	Manganèse.	27,50	Ti	Titane.....	24,50*
Br	Brome.....	80,00				Sn	Étain......	59,00*
I	Iode.......	127,00	Al	Aluminium.	13,70*	Sb	Antimoine..	122,00
			Gl	Glucinium..	4,55*	Nb	Niobium...	48,90*
Az	Azote......	14,00	Zi	Zirconium..	33,06*			
Ph	Phosphore.	31,00	Yt	Yttrium....	29,09*	Cu	Cuivre.....	31,80*
As	Arsenic....	75,00	Th	Thorium...	59,50*	Pb	Plomb.....	103,50*
			Ce	Cérium....	46,00*	Bi	Bismuth....	210,00
C	Carbone...	6,00*	La	Lanthane..	46,00*			
Si	Silicium....	14,00*	Di	Didyme....	48,00*	Hg	Mercure....	100,00*
Bo	Bore.......	11,00	Er	Erbium....	166,00	Pa	Palladium..	53,25*
			Yt	Ytterbium..	58,07	Ro	Rhodium...	52,20*
H	Hydrogène.	1,00				Ru	Ruthénium.	52,00*
			Fe	Fer........	28,00*			
			Ni	Nickel.....	29,50*	Ag	Argent.....	108,00
	Métaux.		Co	Cobalt.....	29,50*	Pt	Platine.....	98,60*
			Cr	Chrome....	26,25*	Ir	Iridium.....	98,60*
K	Potassium..	39,00				Au	Or.........	98,30*
Na	Sodium....	23,00	Zn	Zinc.......	33,00*			

(¹) Suivant la théorie atomique, les nombres équivalents de tous les corps marqués * doivent être doublés. Cette théorie est basée sur ce principe qu'un même volume de gaz, si la pression et la température restent les mêmes, doit contenir un même nombre d'atomes ; or, dans la combinaison de l'hydrogène avec

Dans le Tableau des équivalents, l'hydrogène aurait dû être mis le premier comme représentant l'unité des équivalents; mais, bien qu'il soit gazeux et le plus léger de tous les corps connus, il se comporte dans ses combinaisons comme un véritable métal, et c'est avec intention qu'il est séparé des autres métalloïdes et classé comme servant de transition entre ceux-ci et les métaux ([1]).

Corps composés oxygénés. — Le nombre des corps composés semble ne pas avoir de limites; il est donc nécessaire de procéder avec méthode pour les classer et les désigner.

Tous les corps simples se combinant avec l'oxygène, on a commencé par fixer une nomenclature pour les corps oxygénés et une autre pour ceux qui ne contiennent pas d'oxygène.

Les composés oxygénés ont été divisés, suivant leurs propriétés, en composés acides, basiques, neutres, et en sels.

On a d'abord donné le nom d'*acides* aux composés ayant une saveur analogue à celle du vinaigre ou du citron (saveur acide), rougissant la teinture de tournesol et perdant ces propriétés sous l'action d'une base : tels sont les acides sulfurique, nitrique, etc.

Par contre, on a appelé *bases* les composés oxygénés qui rappellent par leur saveur le goût de l'ammoniaque et ramènent au bleu la teinture de tournesol rougie, s'ils sont solubles, et qui perdent

---

l'oxygène pour former l'eau, il entre 2^{vol} d'hydrogène pour 1^{vol} d'oxygène, les poids étant H = 1 et O = 8. L'eau serait donc composée de 2^{at} d'H pour 1^{at} d'O. Alors le poids proportionnel d'hydrogène deviendrait 0,50, c'est-à-dire une moitié d'unité, ce qui est inadmissible; on rétablit la proportion, d'après la théorie atomique, en disant : Si l'hydrogène est égal à 1, l'oxygène devient égal à 16. Les corps qui se combinent à l'hydrogène avec égalité de volumes gazeux, comme le chlore, le brome, l'iode, le fluor, etc., restent avec l'équivalent primitivement déterminé; ceux qui se comportent comme l'oxygène doublent cet équivalent : tels sont le soufre, le sélénium, le carbone, etc. Les notations varient suivant qu'elles sont établies d'après l'une ou l'autre théorie, mais les poids proportionnels des combinaisons restent les mêmes. Nous n'avons pas ici à insister sur ces questions théoriques; nous les éluderons au contraire, en évitant autant que possible les formules chimiques.

([1]) D'après M. Raoul Pictet, l'hydrogène liquéfié à une pression de 650^{atm} et à une température de — 140° C. produit un jet liquide bleu d'acier et opaque; une partie de ce liquide peut se solidifier par le fait du froid qui résulte de sa propre volatilisation et, en tombant sur le sol, il fait entendre comme un crépitement de grenaille. L'hydrogène aurait donc les caractères métalliques.

ces propriétés par l'action d'un acide : telles sont la potasse, la soude, la chaux, la baryte, etc.

Ces deux genres de composés, en réagissant l'un sur l'autre, annulent (neutralisent) leurs propriétés réciproques et forment une combinaison nouvelle qui a reçu le nom de *sel*.

Les corps *neutres* sont ceux qui n'ont ni l'une ni l'autre de ces propriétés acides ou basiques.

Par la suite et par les résultats des expériences, ces dénominations se sont étendues. On a vu que certains corps, qui pourtant n'étaient pas acides au goût et ne rougissaient pas le tournesol, s'unissaient cependant aux bases pour former des sels; de même pour les bases, et l'on a simplifié la définition en disant :

Un *acide* est tout composé s'unissant à une base pour former un sel. Une *base* est tout composé s'unissant à un acide pour former un sel. Un *sel* est le résultat de la combinaison d'un acide ou d'une base.

L'*oxyde neutre* est celui qui ne se combine ni aux acides ni aux bases; cependant il est des oxydes neutres que l'on peut appeler *indifférents,* qui s'unissent tantôt aux acides énergiques, tantôt aux bases puissantes, pour former de réelles combinaisons : telle est l'eau qui se combine avec l'acide sulfurique, l'acide nitrique, etc., et aussi avec la potasse, la chaux, etc.; les composés qui résultent de ces combinaisons gardent les propriétés caractéristiques de l'acide ou de la base.

Expérience. — On met dans un verre à expérience quelques gouttes d'acide acétique ou sulfurique que l'on étend de beaucoup d'eau; une goutte de ce liquide posée sur la langue dénote le caractère acide, que confirme un fragment de papier bleu de tournesol qui rougit aussitôt.

Dans un autre verre on dissout une pastille de potasse caustique dans une grande quantité d'eau ; on prend un peu du liquide que l'on étend encore; une goutte posée sur la langue avec précaution donne une saveur brûlante, ammoniacale, urineuse, le papier de tournesol rouge devient immédiatement bleu : on constate les caractères basiques.

En mélangeant doucement, par petites quantités, la solution de potasse et celle d'acide sulfurique, il arrive un moment où le liquide ne bleuit plus le tournesol rouge, ne rougit plus le tournesol bleu; les caractères acides de l'un, basiques de l'autre, ont disparu, ils sont neutralisés : il s'est formé un sel, le sulfate de potasse, dont les propriétés sont différentes de celles des deux composants.

Il fallait donner à ces nombreux corps résultant des combinaisons chimiques de l'oxygène avec les autres corps simples des noms rappelant leur origine, leur nature, leur composition. On a adopté les méthodes suivantes :

Pour les *acides* oxygénés, on ajoute la terminaison *ique* au nom du corps simple qui les forme; quelquefois ce nom est modifié par euphonie : ainsi le composé oxygéné acide du carbone est l'acide carbon*ique*, celui d'un des acides du soufre est l'acide sulfur*ique* (du mot latin *sulfur*).

Si le même élément forme avec l'oxygène deux composés acides, le moins oxygéné prend la terminaison *eux*, celui qui l'est le plus prend la terminaison *ique* :

Acide sulfur*eux*.
» sulfur*ique*.

Si le nombre des acides est plus considérable, ainsi qu'il arrive souvent, on emploie les prépositions *hypo* (en dessous), *hyper* ou, plus simplement, *per* (en dessus); telle est la série des composés acides oxygénés du chlore :

Acide *hypo*chlor*eux*.
» chlor*eux*.
» *hypo*chlor*ique*.
» chlor*ique*.
» *per*chlor*ique*.

Les combinaisons basiques de l'oxygène avec un corps simple s'énoncent simplement en disant *oxyde* de tel ou tel corps; ainsi l'on dit *oxyde de fer, de chrome, d'argent*, etc.

S'il existe plusieurs bases oxygénées d'un même élément, on les mentionne sous les noms de *protoxyde*, *sesquioxyde*, *bioxyde* ou *peroxyde*. On donne souvent le nom de *peroxyde* à celle des bases qui est la plus oxygénée, sans s'inquiéter si elle est un sesquioxyde, c'est-à-dire une combinaison de deux équivalents d'un corps simple avec trois d'oxygène ou d'un seul équivalent avec deux d'oxygène; ainsi la combinaison Fe^2O^3 s'appelle indifféremment *sesquioxyde* ou *peroxyde de fer*.

Les sels résultant de la combinaison d'un acide et d'une base s'énoncent par une simple modification du nom de l'acide, dont on change la terminaison *eux* en *ite* ou la terminaison *ique* en *ate;* le nom de la base se met à la suite. Ainsi, en reprenant la série des acides du chlore, on aura, pour leurs combinaisons avec la potasse, les noms suivants :

Hypochlorite de potasse.
Chlorite »
Hypochlorate »
Chlorate »
Perchlorate »

Le plus souvent, on supprime le mot *oxyde* et l'on énonce seulement le nom du métal combiné; exemple : *nitrate d'argent, sulfate de fer* pour *nitrate d'oxyde d'argent, sulfate d'oxyde de fer*. Cependant, si un même métal produit plusieurs bases avec l'oxygène, on établit la distinction en mentionnant le degré d'oxydation; exemple : *sulfate de protoxyde de fer, sulfate de sesquioxyde* ou *peroxyde de fer;* on dit quelquefois, mais à tort, *protosulfate* ou *persulfate de fer*. Berzelius a proposé d'appliquer aux bases comme aux acides les terminaisons *eux* et *ique;* exemple : *oxyde ferreux, oxyde ferrique,* au lieu de *protoxyde* ou *sesquioxyde de fer,* ce qui simplifie la nomenclature. Les sels s'énoncent de même : *sulfate ferreux, sulfate ferrique, nitrate argentique*, etc.

Composés non oxygénés. — Si la combinaison formée par deux corps simples ne renferme pas d'oxygène, elle s'énonce en mettant le premier le corps le plus électro-négatif, celui qui dans le Tableau se rapproche le plus de l'oxygène, et en lui donnant la terminaison *ure;* exemple : chlor*ure* d'argent, sulf*ure* de potassium, brom*ure* d'iode, etc.; si les corps se combinent en proportions multiples, on indique cette proportion par les prépositions *proto, bi* ou *deuto, tri, tétra, penta,* etc., comme pour les oxydes.

Souvent deux composés binaires contenant un même élément électro-négatif se combinent et rentrent alors dans la catégorie des sels doubles; on les énonce ensemble; exemple : *chlorure double d'or et de potassium.*

Ces sels doubles peuvent être assimilés aux combinaisons qui se forment entre les acides et les bases oxygénées; on leur applique les mêmes règles. Ainsi, de même que l'acide carbonique, qui, en réalité, pourrait être appelé *acide oxycarbonique,* s'unit à l'oxyde de potassium (potasse) pour former le carbonate de potasse, de même le sulfure de carbone, prenant le nom d'acide *sulfocarbonique,* s'unit au sulfure de potassium et le produit, qui est un sulfure double de carbone et de potassium, prend le nom de *sulfocarbonate de potasse.*

Composés hydrogénés. — Si le composé renfermant de l'hydrogène n'a pas le caractère acide, il suit la règle précédente, quelquefois modifiée; ainsi on dit indifféremment *carbure d'hydrogène* ou *hydrogène carboné.*

Si la combinaison a un caractère acide, comme celles que l'hydrogène forme avec le chlore, le brome, l'iode, le fluor, avec le soufre et ses analogues, le corps combiné à l'hydrogène prend la terminaison *hydrique;* exemple : acide chlor*hydrique,* acide sulf*hydrique;* quelquefois on sépare les syllabes de l'hydrogène et l'on dit acide *hydr*ochlor*ique,* acide *hydr*obrom*ique* (¹).

(¹) Lorsqu'on mélange un hydracide (c'est le nom donné aux acides de l'hydrogène) avec une base, on doit croire que le résultat est semblable à celui donné par le mélange d'un oxacide et d'une base, et de même qu'on obtient avec l'acide sulfurique et la potasse un sulfate de potasse, de même avec l'acide chlorhydrique on produira du chlorhydrate de potasse. Mais l'expérience démontre que, après évaporation à sec, on retrouve bien dans le premier cas le sulfate de potasse, tandis que dans le second il reste du chlorure de potassium : l'hydrogène de l'acide s'est uni à l'oxygène de la base pour former de l'eau qui s'est évaporée.

Ces composés résultant soit de la combinaison directe des deux corps simples, soit de celle d'un hydracide avec une base, bien qu'une partie des éléments soit éliminée, n'en sont pas moins considérés comme des sels. Suivant que l'on admettra que l'eau est ou n'est pas éliminée, on dira : *chlorhydrate, bromhydrate, iodhydrate, sulfhydrate de potasse, de soude, d'ammoniaque,* ou *chlorure, bromure, iodure, sulfure de potassium, de sodium, d'ammonium.* C'est généralement la seconde dénomination qui est adoptée.

Une théorie plus récente consiste à dire : Les acides oxygénés que l'on repré-

Les combinaisons des métaux entre eux s'appellent des *alliages;* exemple : alliage d'or et d'argent, de plomb et d'étain, etc.; par exception, les alliages de mercure ont reçu le nom d'*amalgame;* tel est l'amalgame d'étain ou tain des glaces; on a laissé à certains alliages leurs anciens noms : le *laiton* est un alliage de cuivre et de zinc, le *bronze*, un alliage de cuivre et d'étain.

Nomenclature écrite ou **notation chimique.** — Pour simplifier les écritures chimiques, on désigne chacun des corps simples par un symbole qui est l'abrégé de son nom formé par une ou deux lettres, tel qu'il est indiqué au Tableau. Ainsi : argent est représenté par Ag, chlore par Cl, brome par Br, iode par I, etc. Par exception, six symboles ont une notation exceptionnelle tirée des noms latins ou étrangers; ce sont : K, de *kali,* pour le potassium; Na, de *natron* ou *natrum,* pour le sodium; Sn et Sb, de *stannum* et de *stibium,* pour l'étain et l'antimoine; Hg, d'*hydrargyrum,* pour le mercure; Au, de *aurum*, pour l'or.

A ce symbole on attache la valeur de son poids proportionnel. Ainsi Ag signifie non seulement argent, mais une quantité proportionnelle égale à 108, Cl signifie 35,5 de chlore, $O = 8$ d'oxygène, $H = 1$ d'hydrogène, etc.

La combinaison de deux corps se note par la réunion de leurs deux symboles : AgCl représente le chlorure d'argent et son poids équivalent, soit 143,5; mais, par anomalie et contrairement à ce qui a lieu dans la nomenclature parlée, on écrit en premier le corps le plus électro-positif, celui qui dans le Tableau est le plus éloigné de l'oxygène; exemple : le bromure, l'iodure, l'oxyde d'argent s'écrivent AgBr, AgI, AgO.

---

sente comme nécessairement unis à $1^{éq}$ d'eau HO, tels que l'acide sulfurique SO^3HO, l'acide azotique AzO^5HO, doivent en réalité être représentés par SO^4H, AzO^6H, l'hydrogène jouant dans la combinaison le rôle d'un métal; lorsqu'on met l'oxyde d'un autre métal en présence de cet acide, le métal remplace l'hydrogène. Ainsi, avec la potasse KO le sel devient SO^4K, l'hydrogène s'unit à l'oxygène à l'état d'eau HO, qui est éliminée; dans cette théorie, le nom du produit devient *sulfate, nitrate de potassium* ou *de sodium,* etc., etc.

Cette note a pour but de faire connaître pourquoi les appellations et les notations ne sont pas les mêmes dans tous les Ouvrages; elles dépendent de la théorie suivie par les auteurs. Jusqu'à nouvel ordre, nous avons pensé plus simple d'adopter celles que l'on rencontre encore le plus fréquemment.

Lorsque les corps se combinent en proportions multiples, ces proportions sont toujours dans des rapports très simples de poids équivalents ; on ajoute alors à la droite et en haut du symbole le nombre d'équivalents qui forment la combinaison. Ainsi la série des acides oxygénés du chlore ou du soufre donne :

L'acide hypochloreux..	ClO		L'acide hyposulfureux..	SO
» chloreux......	ClO^3		» sulfureux.......	SO^2
» hypochlorique.	ClO^4		» sulfurique......	SO^3
» chlorique......	ClO^5			
» perchlorique...	ClO^7			

ce qui signifie que 1éq de chlore ou de soufre est combiné avec 1éq, 2éq, 3éq d'oxygène, etc., pour former les divers acides du chlore ou du soufre.

Il en est de même pour les bases : le protoxyde et le sesquioxyde de fer s'écrivent FeO et Fe^2O^3.

La notation des combinaisons des acides et des bases formant les sels est aussi simple ; on associe les formules des composants et, d'après l'anomalie ci-dessus mentionnée, on écrit la base d'abord, l'acide ensuite, en séparant les deux par une virgule : ainsi nitrate d'argent s'écrit AgO, AzO^5.

Les proportions relatives d'acide et de base ne sont pas toujours les mêmes dans les sels ; elles suivent des lois sur lesquelles nous n'avons pas à insister ici (dans les sulfates neutres, la proportion d'oxygène de l'acide est toujours le triple de la proportion d'oxygène de la base ; dans les azotates neutres, elle est quintuple, etc.) ; on numérote le nombre des équivalents d'acide relativement aux équivalents de base. Ainsi FeO, SO^3 représente le sulfate de protoxyde de fer, tandis que le sulfate de peroxyde de fer s'écrit $Fe^2O^3, 3SO^3$. Ce sel doit en effet contenir 3éq d'acide sulfurique pour 1éq de base.

L'avantage de ces formules chimiques si simples est de permettre à la première vue de se rendre compte des réactions entre les divers composés. Ainsi, notons l'action réciproque du bromure de potassium KBr et de l'azotate d'argent AgO, AzO^5 ; les lois mentionnées plus loin nous font connaître que ce mélange produit du bromure d'argent; le résultat est immédiatement noté et compris de la manière suivante :

$$KBr + AgO, AzO^5 = AgBr + KO, AzO^5.$$

Néanmoins, quelque commode que soit le jeu de ces formules pour expliquer les réactions chimiques, nous les éviterons autant que possible, parce qu'elles effrayent trop souvent les personnes qui ne sont pas suffisamment initiées; nous renvoyons ces lecteurs aux Traités élémentaires de Chimie pour une étude plus complète.

Action réciproque des corps les uns sur les autres. — Les corps se combinent et restent combinés en vertu de leur affinité réciproque, abstraction faite des causes ou énergies étrangères, telles que la chaleur, l'électricité, la lumière. La mesure de cette affinité est la quantité de chaleur dégagée par la combinaison; mais, avant que ce principe fût établi par les remarquables travaux de Thermochimie de M. Berthelot, l'étude suivie de diverses réactions des corps les uns sur les autres avait déjà permis de prévoir à l'avance les phénomènes auxquels donnerait lieu le mélange des corps et de fixer à cet égard des règles connues sous le nom de *lois de Berthollet,* qui les avait énoncées. Ces règles, toute fois, comportent d'assez nombreuses exceptions, toutes expliquées par la théorie plus nouvelle de la Thermochimie qui se formule ainsi :

Tout changement chimique accompli sans l'intervention d'une énergie extérieure (chaleur, électricité, lumière) tend vers la production du corps ou du système de corps qui dégage le plus de chaleur; donc l'action chimique susceptible de dégager de la chaleur se produira nécessairement.

Les valeurs thermochimiques des combinaisons sont établies par des Tableaux que l'on trouvera dans l'*Annuaire du Bureau des Longitudes* [1], et l'on pourra y avoir recours toutes les fois que les réactions présenteront une apparente anomalie sur les lois de Berthollet; celles-ci sont d'une application plus directe et plus facile.

---

[1] *Annuaire du Bureau des Longitudes pour l'année* 1888, p. 607 et suivantes. Paris; Gauthier-Villars et Fils.

Lois de Berthollet. — Ces lois sont basées sur les propriétés générales des corps, encore plus connues que les données thermochimiques, et leur énoncé suffit presque toujours pour expliquer les réactions qui se produisent dans les préparations photographiques.

Action des acides sur les sels. — On dit que l'acide le plus énergique (en Thermochimie, c'est celui dont la combinaison dégage le plus de chaleur) déplace l'autre acide et s'empare de la base; cette décomposition est presque toujours conforme aux lois suivantes :

1° *La décomposition d'un sel par un acide est complète quand le nouvel acide est plus fixe que celui du sel;* exemple : en faisant agir de l'acide acétique sur le carbonate de soude, l'acide carbonique, plus volatil que l'acide acétique, se dégage et il se fait de l'acétate de soude.

2° *La décomposition est également complète quand le nouvel acide forme un composé insoluble avec la base d'un sel soluble;* exemple : l'acide chlorhydrique versé dans une solution de nitrate d'argent précipite tout l'argent à l'état de chlorure insoluble et dégage l'acide nitrique; cependant, dans les mêmes conditions, l'acide carbonique ne décomposerait pas le nitrate d'argent en carbonate d'argent insoluble et en acide nitrique, parce que, suivant 1°, l'acide carbonique est plus volatil que ce dernier.

3° *La décomposition est encore complète si l'acide soluble peut mettre en liberté un acide insoluble dans les conditions de l'expérience;* exemple : le silicate de potasse ou de soude est décomposé par les acides solubles.

Action des bases sur les sels. — Cette action est la même que celle expliquée ci-dessus pour les acides :

1° Une base fixe dégage une base volatile; exemple : la potasse ou la chaux mélangées à un sel ammoniacal font volatiliser l'ammoniaque.

2° Une base formant avec l'acide d'un sel soluble un composé insoluble en dégage la base; exemple : la chaux mélangée au carbonate de potasse ou de soude se transforme en carbonate de chaux et met en liberté la potasse ou la soude.

3° La décomposition a également lieu, si un sel dont la base est insoluble est mélangé à une base soluble; exemple : en versant une solution de soude ou de potasse dans une solution de sulfate de peroxyde de fer, on a un précipité de peroxyde de fer.

Action des sels sur les sels. — Si, dans le mélange des deux sels, il y a les éléments d'un sel plus volatil, celui-ci se forme et se dégage; exemple : en chauffant dans un ballon un mélange de sulfate de mercure et de chlorure de sodium, on obtient dans la partie supérieure du bichlorure de mercure qui vient s'y condenser, parce qu'il est plus volatil que chacun des deux sels pris séparément.

Si le mélange présente les éléments d'un corps insoluble, celui-ci se forme toujours s'il n'y a pas de réactions secondaires s'y opposant; exemple : un mélange d'iodure de potassium et de nitrate d'argent donne immédiatement de l'iodure d'argent; cependant, si l'iodure de potassium est en grand excès, le précipité d'iodure d'argent ne se forme pas ou se redissout aussitôt formé, parce que l'iodure d'argent est soluble dans l'iodure de potassium concentré.

Décompositions. — Dans les diverses réactions mentionnées ci-dessus, les décompositions et les remplacements des corps les uns par les autres se produisent toujours dans la proportion des équivalents; l'acide ou la base qui agit sur un sel déplace une quantité d'acide ou de base proportionnelle à son poids équivalent.

Ainsi il faudra 90 parties d'acide azotique (dit *quadrihydraté*) pour décomposer 138 parties de carbonate d'argent, ou 47 parties de potasse supposée pure et anhydre pour décomposer 170 parties d'azotate d'argent.

Les réactions entre deux sels se font dans ces mêmes proportions des équivalents, elles se balancent exactement et prennent souvent le nom de *double décomposition;* exemple : si l'on fait réagir un bromure soluble sur un sel d'argent soluble, soit du bromure de potassium sur l'azotate d'argent, il y a double échange qui se représente par la formule suivante :

$$KBr + AgO, AzO^5 = AgBr + KO, AzO^5.$$
$$119 + 170 = 188 + 101.$$

Les manipulations exigées par une étude sérieuse de la Chimie ne peuvent être exécutées que dans un laboratoire convenablement aménagé pour enlever au dehors les odeurs nauséabondes et les gaz toxiques, comprenant en outre les divers instruments et les dispositions nécessaires pour opérer sur les quantités proportionnées aux résultats que l'on veut obtenir.

Ces conditions sont le plus souvent impossibles à réaliser pour la plupart de nos lecteurs, et les seules manipulations qu'ils pourront faire doivent se borner à de simples constatations des propriétés des corps, en opérant sur de très minimes quantités. Les appareils ou ustensiles sont alors très simplifiés, et, avec un peu de soin, on pourra expérimenter dans le même local où l'on fait les manipulations photographiques. Si les réactions amènent quelques dégagements odorants ou nuisibles, on aura soin de les provoquer sous une cheminée.

Nous ne pouvons insister sur les diverses manipulations, préparations des appareils et expériences à organiser : cela nous entraînerait à un cours complet de Chimie élémentaire, ce qui est en dehors de notre cadre et parfaitement expliqué dans les Ouvrages spéciaux.

VOCABULAIRE.

Acétique (Acide).

L'acide acétique a une odeur vive, piquante, celle du vinaigre, qui peut être considéré comme de l'acide acétique étendu d'eau; à son maximum de concentration, il se prend en masse cristallisée quand la température ne dépasse pas 15° à 16° C.; il est alors très énergique, corrosif et détruit rapidement la peau.

Il était très employé en Photographie dans les anciens procédés de collodion humide ou sec; actuellement, on en fait moins fréquemment usage. On le trouve dans le commerce sous deux états : l'acide pyroligneux et l'acide acétique cristallisable. On emploiera de préférence ce dernier, qui est plus pur et dont le prix de revient est peu élevé, surtout si l'on tient compte de ce que, l'acide pyroligneux étant moins concentré, il faut en employer une plus grande quantité : suivant la concentration des acides, cette différence peut être du double au triple. L'acide acétique mélangé d'eau présente une anomalie pour les appréciations de son titre par les densimètres. La densité augmente jusqu'au titre de 78 parties d'acide pour 22 parties d'eau : elle est alors de 1,075, puis elle diminue à mesure que la richesse augmente et devient 1,06 pour l'acide pur. (*Voir* à la fin du vocabulaire le Tableau des densités pour les liquides plus lourds que l'eau.)

L'acide acétique s'obtient soit par l'oxydation de liquides alcooliques, comme le vin, la bière, le cidre, soit par la carbonisation du bois en vase clos. Les liquides alcooliques, sous l'influence de l'oxygène de l'air et d'un ferment particulier, le *mycoderma aceti*, se transforment en vinaigre par suite de l'oxydation de l'alcool qui passe à l'état d'acide acétique.

Lorsqu'on carbonise le bois en vase clos, ainsi que cela se pratique dans quelques procédés de fabrication du charbon, on recueille des produits volatils que l'on fait condenser dans un serpentin disposé à cet effet; parmi ces produits se trouvent du goudron, de l'esprit-de-bois ou alcool méthylique et de l'acide acétique très impur. Par une première distillation, on obtient d'abord l'esprit-de-bois et ensuite l'acide acétique encore impur vendu dans le commerce sous le nom d'acide *pyroligneux;* on le sature par un lait de chaux en présence du sulfate de soude; il se produit de l'acétate de soude que l'on purifie par cristallisation, puis par torréfaction vers 300° pour détruire les matières goudronneuses; on fait cristalliser de nouveau et on obtient de l'acétate de soude sensiblement pur; en traitant cet acétate de soude par l'acide sulfurique, on déplace l'acide acétique qui distille, vient se condenser dans un récipient et donne l'acide cristallisable. L'acide acétique peut contenir, par le fait même de la fabrication, de l'acide formique et du furfurol. On reconnaît la présence du premier en ajoutant à l'acide acétique un peu de nitrate d'argent et en faisant bouillir dans un tube à essai la solution qui prend aussitôt une teinte d'autant plus foncée que la quantité d'acide formique est plus considérable.

Le furfurol produirait la même réaction, ainsi que les diverses aldéhydes; si l'on veut distinguer la présence du furfurol, il suffit d'ajouter quelques traces d'aniline, qui donnent immédiatement avec le furfurol une teinte cramoisie très riche et très foncée ([1]).

L'acide acétique cristallisable dissout très bien le coton-poudre; la solution versée dans l'eau laisse précipiter ce coton sous forme de masse poudreuse, volumineuse, facile à laver et à sécher ([2]).

On le reconnaît facilement à son odeur; les acétates traités par l'acide sulfurique dégagent immédiatement l'odeur du vinaigre. On peut faire l'expérience sur une minime quantité d'un acétate que l'on place dans un verre de montre et sur laquelle on laisse tomber une ou deux gouttes d'acide sulfurique.

Acétone.

L'acétone est un liquide incolore, très mobile, ayant quelque analogie avec l'alcool et brûlant avec une flamme brillante; il se forme en proportions notables lorsqu'on carbonise le bois en vase clos. C'est en effet un des produits de la décomposition des vapeurs d'acide acétique par la chaleur; les acétones industriels proviennent de cette source. Dans les laboratoires, on obtient l'acétone en chauffant l'acétate de chaux dans une cornue et en recueillant les produits de la distillation.

L'acétone dissout très bien le coton-poudre et, lorsqu'on verse cette dissolution dans l'eau, le coton-poudre se précipite sous forme de flo-

---

([1]) *Bulletin de la Société française de Photographie.* Communication de M. Bardy; mars 1873.

([2]) *Bulletin de la Société française de Photographie;* août 1879.

cons blancs très légers qui sont faciles à laver et sèchent sans adhérer les uns aux autres [1].

Lorsqu'on emploie l'acétone en Photographie, on doit s'assurer que ce produit n'a pas d'action sur le nitrate d'argent; le mélange ne doit pas noircir à la lumière.

Acides.

Les acides, tels que nous les avons définis, ont pour principal caractère de se combiner aux bases pour former des sels. La plupart ont une saveur aigre, piquante, et rougissent la teinture bleue de tournesol.

Il en existe un très grand nombre; quelques-uns seulement sont employés en Photographie; ils sont rangés au Vocabulaire suivant l'ordre alphabétique de leur nom, avec la mention de leurs principales propriétés.

Air.

L'air et l'eau sont les deux grands milieux dans lesquels se passent toutes les réactions photographiques; malgré leur apparente neutralité, ils ont cependant une influence sur l'ensemble des phénomènes, aussi bien par leur nature même si on les considère à l'état de pureté, que par les diverses substances qui s'y trouvent mélangées à l'état normal ou accidentel.

A l'état de pureté, l'air est formé, pour 100 parties, de

	En volume.	En poids
Oxygène	21	23
Azote	79	77

Un litre d'air pris à Paris, sous la pression ordinaire de $0^m,76$ et 0° C., pèse $1^{gr},293$.

Il doit ses propriétés actives à l'oxygène, qui entretient la vie des animaux et les combustions actives ou lentes des diverses substances soumises à son influence. L'azote a des propriétés négatives, sa présence ralentit l'énergie trop grande de l'oxygène pur; cependant, sous l'action de diverses forces, l'azote forme de l'ammoniaque, de l'acide azotique, qui interviennent dans la nutrition des plantes.

Par suite de toutes les réactions, combustions, émanations qui se

---

(1) *Bulletin de la Société française de Photographie.* Communication de M. Bardy; août 1879.

passent à la surface de la terre, l'air est constamment mélangé de produits divers; il contient dans de minimes proportions de l'acide carbonique, de la vapeur d'eau, de l'ammoniaque, de l'azotate d'ammoniaque, des gaz sulfurés, chlorurés, des détritus de toute nature, surtout dans les villes, des germes, des ferments et microbes : il suffit de regarder un rayon de soleil pénétrant dans une pièce un peu obscure pour constater l'immense quantité de corpuscules qui s'agitent dans l'air.

La quantité d'acide carbonique est évaluée à $\frac{3}{10000}$ en moyenne du volume de l'air; on constate facilement sa présence en laissant dans un verre de l'eau de chaux récemment filtrée : on voit après peu de temps le liquide se couvrir d'une pellicule blanche de carbonate de chaux.

La quantité d'eau à l'état de vapeur est éminemment variable; elle est appréciée par les instruments appelés *hygromètres*. Cette vapeur d'eau se condense rapidement sur les surfaces froides; il suffit de faire une dissolution rapide d'hyposulfite de soude pour voir la surface du flacon ou du verre se couvrir de rosée par le fait du refroidissement résultant de la dissolution. L'ammoniaque et l'acide azotique qui se forment dans l'air se combinent à l'état d'azotate d'ammoniaque, que l'on retrouve par des analyses délicates. Les gaz sulfurés, appréciables surtout dans les grandes villes, résultent de la combustion des gaz de la houille, des diverses émanations animales, des putréfactions, etc.; leur présence se traduit par leur action sur les surfaces argentées qui ne tardent pas à noircir. Les produits chlorés se retrouvent principalement dans le voisinage de la mer.

Toutes ces substances, l'azote excepté et probablement l'acide carbonique, peuvent avoir une action sur les préparations photographiques. L'oxygène, sous l'influence de la lumière, oxyde le bitume de Judée, il altère les solutions de sulfate de protoxyde de fer, celles d'acide pyrogallique, etc.; l'humidité est une cause fréquente de détérioration pour les glaces sensibles, pour les épreuves positives; les émanations ammoniacales produisent des voiles, mais nous pensons que ce sont surtout les émanations sulfureuses qui altèrent les surfaces sensibles qui y sont exposées; les poussières sont des causes incessantes de taches; les germes et ferments disséminés partout sont les points de départ de la décomposition des solutions gélatineuses et albumineuses.

Albumine.

L'albumine est un produit que l'on trouve répandu dans l'économie animale et végétale. A l'état sec, elle se présente sous une apparence gommeuse; en solution, elle donne un liquide filant.

La propriété caractéristique de l'albumine est de passer très facilement de l'état soluble à l'état insoluble, c'est-à-dire de se coaguler sous forme d'une masse blanche, opaque, lorsqu'elle est suffisamment épaisse. La coagulation de l'albumine se produit avec une grande facilité :

1° Par l'action de la chaleur vers 60° à 70° C., lorsqu'elle est en solution: à l'état sec, la coagulation ne se produit pas même vers 100°.

2° Par l'action des acides énergiques et d'un grand nombre de corps, tels que l'alcool.

3° Par l'action de divers sels métalliques solubles, parmi lesquels nous citerons les sels de cadmium qui ne peuvent être dissous dans les préparations photographiques albuminées, les sels de mercure avec lesquels l'albumine se combine si énergiquement qu'elle en est le meilleur contrepoison, les sels d'argent qui forment avec elle des composés argentifères plus ou moins riches : son emploi en Photographie négative ou positive est basé sur cette propriété.

4° L'albumine mélangée de bichromate de potasse devient également insoluble sous l'action de la lumière.

Les sources industrielles d'albumine sont le sérum du sang et les blancs d'œufs. L'albumine du sang sert aux usages grossiers; on préfère toujours, surtout en Photographie, celle que l'on obtient des blancs d'œufs; elle s'y trouve renfermée dans de très larges cellules formées de membranes excessivement minces qui l'empêchent de couler facilement.

Pour employer l'albumine il faut briser ces cellules par le battage en neige ou les désagréger par l'addition d'une minime quantité d'acide acétique.

Alcool.

L'alcool ordinaire, que l'on appelle aussi alcool *vinique*, parce qu'il fut primitivement extrait du vin par distillation, est un produit de la transformation des matières sucrées sous l'influence d'un ferment végétal globulaire microscopique (levure de bière) agissant sur leur dissolution. La substance sucrée (glucose) perd une partie de son oxygène et de son carbone, qui se dégage à l'état d'acide carbonique et se transforme en alcool. Toutes les matières sucrées et amylacées, convenablement traitées, peuvent fournir de l'alcool par la fermentation et par la distillation; de là les noms d'*alcool de vin*, *de marc*, *de betteraves, de grains, de pommes de terre,* etc. Ces alcools ne sont qu'un seul et même produit souvent désigné en Chimie sous le nom d'*alcool éthylique,* pour le distinguer d'autres composés dont il est le type et qui, par leurs réactions chimiques, ont avec lui de grandes analogies : tels sont les alcools méthylique, amylique, etc.

L'alcool pur est un corps liquide, incolore, très volatil, brûlant dans l'air avec une flamme bleuâtre peu éclairante, d'une odeur agréable, d'une saveur forte et brûlante. Toutes les eaux-de-vie sont de l'alcool étendu d'au moins moitié d'eau ; leurs parfums particuliers proviennent de traces d'huiles essentielles ou d'éthers spéciaux qui sont entraînés par la distillation ; la consommation de l'alcool à l'état d'eau-de-vie est considérable, malgré les droits excessivement élevés qui s'efforcent de l'entraver. L'alcool est employé dans un grand nombre d'industries pour la fabrication des vernis, des couleurs, etc. ; c'est en effet un excellent dissolvant des résines et des matières colorantes dérivées des produits de distillation de la houille.

En Photographie, son usage est continuel : pour la fabrication du collodion, le mélange d'alcool et d'éther étant le dissolvant ordinaire du coton-poudre, pour améliorer diverses solutions révélatrices ou autres, pour hâter la dessiccation des surfaces gélatinées gonflées d'eau ; l'alcool concentré est en effet très avide d'eau qu'il enlève à ces surfaces, et ensuite, par sa volatilité, il facilite le séchage.

L'alcool se mélange à l'eau en toutes proportions. Comme sa pesanteur spécifique (0,795), lorsqu'il est pur, est très inférieure à celle de l'eau (1000), on reconnaît facilement, au moyen des aréomètres, un mélange d'eau et d'alcool pur. Nous avons donné dans le tome I (p. 126) les degrés de ces mélanges avec les divers aréomètres : on les trouvera dans les *Tableaux comparatifs* insérés à la fin du vocabulaire ; nous rappelons ici les principaux pour une température de 15° C.

Alcoomètres.

	DENSIMÈTRE.	CARTIER.	BAUMÉ.	CENTÉSIMAL de Gay-Lussac.
Alcool absolu. . . .	0,795	44,19	47,00	100°
Alcool dit à 40°. . . .	0,818	40	42,5	95,5
Alcool dit à 36°. . . .	0,835	36	38,5	90

Lorsque, par suite de l'emploi, on a une provision d'alcool trop étendu pour qu'on en puisse faire usage, on le rectifie en l'introduisant dans un grand flacon avec de la chaux vive; on bouche le flacon avec un bouchon percé, muni d'un long tube communiquant avec un réfrigérant. Après vingt-quatre heures de contact, la chaux a absorbé l'eau, et la chaleur de la réaction a déjà fait distiller une partie de l'alcool; on met alors le flacon dans un bain-marie et l'on chauffe; les vapeurs d'alcool refroidies dans le serpentin se condensent et donnent de l'alcool qui peut de nouveau être utilisé dans les opérations de l'atelier.

Lorsqu'il n'est pas nécessaire d'employer l'alcool pur, on peut souvent le remplacer par l'esprit-de-bois ou alcool méthylique, ou par un mélange des deux, dit *alcool méthylé;* cette substitution est surtout économique lorsque ces produits sont employés pour le chauffage.

L'alcool méthylé, souvent indiqué dans les formules anglaises, est un mélange de l'alcool ordinaire avec 10 pour 100 d'esprit-de-bois ou alcool méthylique; il est remplacé en France par l'alcool dénaturé, qui est un alcool auquel on ajoute 25 pour 100 d'esprit-de-bois chargé lui-même de 20 à 25 pour 100 d'acétone. Ces mélanges, ne payant pas de droits, sont d'un emploi plus économique dans les circonstances où ils peuvent être utilisés.

Alcool méthylique (*Esprit-de-bois, méthylène*).

L'alcool méthylique, appelé le plus souvent dans le commerce *esprit-de-bois* ou *méthylène*, est en effet un des produits de la distillation du bois en vase clos. C'est un liquide incolore, d'une odeur rappelant, quand il est pur, celle de l'alcool; mais le plus souvent il conserve une odeur empyreumatique due à son origine et à la quantité plus ou moins considérable d'acétone qu'il contient presque toujours. Il est soluble dans l'eau en toutes proportions et, à l'état de pureté, il n'a aucune action sur le nitrate d'argent.

Il dissout très bien la pyroxyline ou coton-poudre; lorsque cette dissolution est versée dans l'eau, elle laisse précipiter le coton en masse gélatineuse transparente, prenant la forme de vermicelle si l'écoulement s'est produit par un mince filet.

L'alcool méthylique peut remplacer économiquement l'alcool ordinaire pour un grand nombre d'usages.

Alun.

Il y a différentes espèces d'alun. Celui que l'on désigne couramment et industriellement sous ce nom est l'alun de potasse, que l'on devrait appeler, d'après sa composition chimique, *sulfate double de potasse et d'alumine*. On le trouve quelquefois à l'état naturel dans le voisinage des volcans, mais on le prépare en masses considérables pour diverses industries, comme celles de la teinture, des cuirs, du papier, des colles et gélatines, etc. En Photographie, on l'emploie surtout avec les préparations de gélatine (gélatinobromure d'argent ou gélatine bichromatée); le rôle de l'alun est alors de durcir la gélatine et d'empêcher les soulèvements.

L'alun est un sel incolore, inodore, d'une saveur très astringente; il est soluble dans l'eau, beaucoup plus à chaud qu'à froid : 100 parties d'eau dissolvent $9^{p},52$ d'alun à la température de 10° C. et 357 parties à 100°. Cette dissolution cristallise très facilement par le refroidissement et donne de gros cristaux contenant environ 45 pour 100 de leur poids d'eau de cristallisation. Quand on le soumet à la chaleur l'alun commence par fondre dans cette eau de cristallisation qui s'évapore peu à peu, et lorsqu'on arrive près du rouge sombre on obtient une masse blanche, boursouflée, facile à pulvériser, qui est l'alun anhydre ou calciné; si, dans le dosage d'une formule, on employait de l'alun calciné, on devrait tenir compte qu'il est presque moitié plus riche que l'alun ordinaire et, par conséquent, on diminuerait la dose d'autant.

On prépare l'alun industriellement soit en traitant par l'acide sulfurique des argiles blanches légèrement calcinées pour produire du sulfate d'alumine, soit en lessivant les cendres noires de Picardie contenant des pyrites de fer qui, par l'exposition à l'air et à l'humidité, donnent également du sulfate d'alumine. On ajoute à ce sulfate d'alumine du sulfate de potasse et l'on fait cristalliser.

En Chimie le nom d'*alun* est générique, au lieu d'être spécial; il s'étend à toute une classe de produits dont la composition est représentée par un sulfate de protoxyde soluble, uni à un sulfate de peroxyde également soluble. Ces sulfates doubles cristallisent tous de la même manière et contiennent $24^{éq}$ d'eau; la formule générale est donc

$$MO, SO^3, 3M^2O^3 3SO^3 24HO;$$

on a ainsi :

Alun ordinaire dit *de potasse* $KOSO^3, Al^2O^3, 3SO^3, 24HO$,

Alun d'ammoniaque $AzH^3HOSO^3, Al^2O^3, 3SO^3, 24HO$,

Alun de fer $KOSO^3, Fe^2O^3, 3SO^3, 24HO$,

Alun de chrome $KOSO^3, Cr^2O^3, 3SO^3, 24HO$, etc.

Ammoniac (Gaz). Ammoniaque liquide. Sels ammoniacaux.

Lorsqu'on prend un sel ammoniacal quelconque, un de ceux qu'on trouve sûrement dans le laboratoire du photographe, tels que le chlorhydrate, le nitrate, le bromure, l'iodure, etc., et lorsqu'on en mélange une petite quantité avec de la potasse, de la soude caustique ou de la chaux, il se dégage immédiatement un gaz léger, incolore, d'une odeur forte, irritante, piquant les yeux, ayant des propriétés alcalines très prononcées, car il suffit d'exposer un papier de tournesol rouge à cette émanation pour qu'il passe aussitôt au bleu, d'en approcher un bouchon ou un agitateur mouillé d'acide chlorhydrique pour voir se former d'épaisses vapeurs blanches de chlorhydrate d'ammoniaque : c'est le gaz ammoniac.

On prépare ce gaz en mélangeant intimement 1 partie de chlorhydrate ou de sulfate d'ammoniaque avec 2 parties de chaux : le gaz se dégage immédiatement. Pour avoir la solution d'ammoniaque, on fait d'abord passer le gaz dans un premier flacon tubulé contenant très peu d'eau, dans laquelle il se lave; et ensuite dans une série de flacons semblables contenant moitié de leur volume d'eau distillée, dans laquelle il se dissout.

La solubilité du gaz ammoniac dans l'eau est telle que 1^{lit} d'eau à la température de 15° C. en dissout 785^{lit}. Cette solution a toutes les propriétés du gaz ammoniac; elle le remplace toujours dans les laboratoires et dans les ateliers, car elle est d'un maniement plus facile. On la connaît aussi sous le nom d'*alcali volatil*. La richesse d'une solution ammoniacale est très variable : on peut l'apprécier au moyen d'un aréomètre; on trouvera cette appréciation dans les *Tableaux comparatifs* insérés à la fin du vocabulaire.

L'ammoniaque ordinaire du commerce est toujours assez impure; pour les usages assez restreints de la Photographie, on devra acheter de préférence l'ammoniaque pure, qui, chauffée dans une petite capsule, ne doit pas laisser de résidus; saturée par un acide, elle ne doit pas se colorer et, après saturation, le liquide ne doit avoir aucune odeur.

L'ammoniaque est indiquée dans quelques formules pour préparer, mélangée à l'acide pyrogallique, un bain de développement alcalin; on l'emploie aussi en petite quantité pour saturer les solutions acides.

Azotate d'ammoniaque. — Composé formé d'ammoniaque et d'acide azotique en proportions équivalentes. Il n'est employé directement en Photographie que pour préparer le bain d'argent dit *ammo-*

niacal, pour épreuves positives (t. II, 55); mais on le retrouve indirectement, comme résultat de l'action des chlorure, bromure, iodure d'ammonium sur les solutions de nitrate d'argent : il existe donc dans tous les bains positifs ou négatifs ayant servi avec des préparations aux sels d'ammoniaque. Il se décompose par la chaleur en formant de l'eau et du protoxyde d'azote.

Carbonate d'ammoniaque (*sesquicarbonate*). — Ce sel est assez fréquemment employé en Photographie pour les développements alcalins; il résulte de la combinaison de l'acide carbonique avec l'ammoniaque. On le prépare dans l'industrie en faisant un mélange par parties égales de craie et de sulfate d'ammoniaque en poudre et en chauffant le tout dans une marmite de fer coiffée d'un chapiteau de plomb; le sesquicarbonate se dégage et vient former dans la partie supérieure une masse fibreuse translucide, d'une odeur fortement ammoniacale. Avec le temps, ce produit blanchit, devient pulvérulent et se transforme en bicarbonate d'ammoniaque, dont l'action est presque nulle pour les développements photographiques alcalins. Le sesquicarbonate d'ammoniaque en solution concentrée conserve plus longtemps ses propriétés qu'à l'état solide.

Chlorhydrate d'ammoniaque (*chlorure d'ammonium, sel ammoniac*). — Ce corps se trouve dans le commerce tantôt sous forme de masses blanches translucides et fibreuses, tantôt sous la forme pulvérulente. On le prépare en recevant dans l'acide chlorhydrique les produits ammoniacaux des eaux-vannes ou de la fabrication du gaz; le produit desséché est ensuite sublimé dans des pots de grès, le chlorhydrate d'ammoniaque se condense à la partie supérieure. En Photographie, on l'emploie pour le salage des papiers positifs : il remplace à avantage égal le chlorure de sodium ou sel marin.

Sulfure d'ammonium (*sulfhydrate d'ammoniaque*). — On prépare ce corps en faisant passer un courant d'acide sulfhydrique, jusqu'à refus d'absorption, dans une solution concentrée d'ammoniaque. Le produit obtenu est un bisulfure d'ammonium, que l'on transforme en monosulfure par l'addition d'une quantité d'ammoniaque égale à celle primitivement employée.

Ce liquide a une odeur repoussante de fosse d'aisances; il est quelquefois utilisé en Photographie pour renforcer les images négatives déjà passées au bichlorure de mercure. On peut aussi l'employer pour précipiter les résidus; mais on lui préfère le sulfure de potassium, qui est à la fois plus économique et moins odorant.

Iodure et bromure d'ammonium. (Voir *Iode, Brome* et leurs composés.)

Amylacées (Matières), ou amidon ou fécule.

On donne le nom de *matières amylacées* à des substances granuleuses de même composition que l'on trouve dans les organes d'un grand nombre de plantes, tels que les graines, les bulbes, etc. La *fécule* est le nom plus particulièrement attribué au produit de la pomme de terre; la dénomination d'*amidon* est plutôt réservé à la matière amylacée des céréales; le tapioca, le sagou sont aussi des variétés d'amidon. Ces grains très fins sont formés de couches ou pellicules à peu près concentriques se réunissant vers un même point que l'on nomme le *hile*. Lorsqu'on chauffe les amidons ou fécules en présence de l'eau, les grains s'exfolient et forment une masse gélatineuse, un empois qui sert de colle et est utilisé dans la fabrication des papiers comme encollage. En Photographie, on l'emploie quelquefois pour donner aux papiers un encollage supplémentaire qui rend la surface plus fine et qui, par sa combinaison avec le nitrate d'argent, apporte plus de vigueur et plus d'éclat aux épreuves positives. Son principal usage est de servir au collage des épreuves sur bristol.

Toutes les matières amylacées ont la propriété de prendre une teinte bleu foncé caractéristique lorsqu'elles viennent au contact de traces d'iode libre.

Argent et sels d'argent.

L'argent est un métal connu dès la plus haute antiquité; il sert, avec l'or, pour la fabrication des monnaies et des objets précieux; combiné avec d'autres corps, il est employé dans l'Industrie, la Photographie, la Pharmacie, etc.; nous devons jusqu'à présent le considérer comme la base de la Photographie dont il est le principal agent.

On le trouve disséminé dans diverses contrées de l'ancien et du nouveau monde, quelquefois à l'état naturel, mais le plus souvent mélangé à d'autres métaux comme le plomb et le cuivre, etc., et combiné au soufre, à l'arsenic, à l'antimoine, au chlore, à l'iode, au brome, etc. On l'extrait de ces mélanges et de ces combinaisons par des procédés industriels très économiques.

L'argent pur est un métal blanc, d'un grand éclat, très ductile, très malléable, fusible à 1000° C.; bien qu'il soit inaltérable dans l'air pur, sa surface cependant est rapidement altérée par les vapeurs sulfurées ou chlorées (iodées et bromées) que peut contenir l'air atmosphérique.

L'argent sert avec le cuivre à former des alliages de titres différents, fixés par la loi, qui sont les suivants pour 1000 parties en poids.

Alliages pour :

	Argent.	Cuivre.
Vaisselle et médailles	950	50
Monnaies d'argent de 5fr	900	100
Monnaies inférieures à 5fr	835	165
Bijouterie d'argent	800	200

L'argent se combine à un grand nombre de corps pour former des composés chimiques, dont les plus importants pour la Photographie sont le nitrate ou azotate d'argent, les chlorure, bromure et iodure d'argent.

Azotate d'argent. — L'argent est facilement attaqué par l'acide nitrique (ou azotique) pour former un composé bien connu des photographes sous le nom de *nitrate* ou *azotate d'argent* (ces deux noms sont usités indifféremment pour désigner le même corps). On lui donne aussi le nom de *pierre infernale*, lorsqu'il a été fondu et coulé en plaques ou en petits cylindres ayant la forme d'un crayon; à cet état, il est employé en Médecine pour les cautérisations.

Le nitrate d'argent est la forme sous laquelle l'argent est le plus fréquemment utilisé comme produit chimique; il sert ensuite à préparer tous les autres composés. C'est à ce premier état qu'il entre dans le laboratoire du photographe, qui pourrait le préparer lui-même; toutefois, il n'y a pas d'économie notable à le faire, à moins d'opérer sur des quantités assez considérables.

Cette préparation se fait de la manière suivante :

On se procure de l'argent vierge en grenailles, ou l'on utilise comme tel celui que l'on a obtenu par traitement des résidus; on ne doit pas prendre l'argent monnayé : c'est un délit prévu par la loi, qui défend la destruction des monnaies; il y aurait d'ailleurs perte sensible à le faire, surtout pour les pièces de valeur inférieure à celles de 5fr. Les autres alliages peuvent être utilisés, mais alors l'élimination du cuivre complique un peu les manipulations.

L'argent grenaillé est placé dans une capsule de porcelaine à bec, on verse dessus de l'acide azotique étendu de son volume d'eau et en quantité suffisante pour recouvrir complètement le métal; on place la capsule sur un fourneau à gaz ou à charbon et l'on chauffe très légèrement. Il se dégage immédiatement d'abondantes vapeurs de bioxyde d'azote qui, au contact de l'air, se transforment en gaz roux (acide hypoazotique), très délétère, d'une odeur nauséabonde; l'opération doit donc être faite sous une cheminée qui tire bien ou en plein air, pour éviter l'action de ce gaz sur les poumons qu'il altérerait rapidement, de même qu'il détériorerait tous les objets métalliques. Pour plus de facilité et d'économie, on met dans la capsule un large entonnoir de verre (*fig.* 102) qui reçoit toutes les gouttelettes projetées par

Fig. 102.

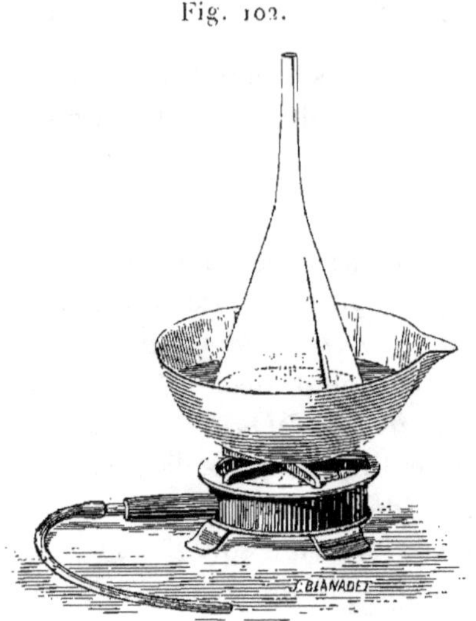

le bouillonnement et les ramène dans la capsule; le gaz s'échappe par la douille et reçoit ainsi une première direction pour être rejeté au loin. On règle le feu très doucement, on l'augmente un peu quand le bouillonnement se ralentit; lorsqu'il cesse et qu'il ne se produit plus de bulles, l'action de l'acide est terminée; on décante le liquide dans une autre capsule ou dans un autre flacon et l'on recommence l'opération avec de nouvel acide étendu et en quantité proportionnée au métal restant à dissoudre; on a ainsi une solution de nitrate d'argent très acide, que l'on concentre ensuite à cristallisation.

Dans cette première phase de l'opération, nous avons recommandé l'acide nitrique étendu de son volume d'eau, parce que l'acide concentré dissout moins bien le nitrate d'argent, qui cristallise alors sur le métal et en empêche l'attaque régulière. Il est bon de verser à l'avance un peu de nitrate d'argent dans l'acide étendu, d'agiter et de laisser reposer : il se fait un précipité de chlorure d'argent qui tombe au fond du flacon : on évite ainsi l'emploi plus coûteux de l'acide nitrique pur. En opérant en plusieurs fois avec des quantités d'acide moindres que celles jugées tout d'abord nécessaires pour dissoudre tout le métal en une seule opération, on n'emploie que la quantité nécessaire et l'on arrive plus vite puisqu'on fait agir successivement des solutions neuves.

Après cette première dissolution, il reste presque toujours au fond de la capsule une poudre noire très lourde, qui est de l'or ou du sulfure d'argent, ou un mélange des deux; s'il y en a une quantité appréciable, on la lave, après décantation, avec un peu d'eau distillée que l'on réunit aux autres liquides et l'on conserve cette poudre pour l'attaquer par l'eau régale et en retirer ainsi l'or à l'état de chlorure d'or dissous, l'argent à l'état de chlorure insoluble.

La capsule dans laquelle a été faite l'attaque est maintenant libre; on la nettoie et on y verse la solution d'argent qui, par le repos, a dû devenir parfaitement limpide; on chauffe de nouveau assez rapidement et l'on évapore jusqu'à diminution de moitié environ du volume, on cesse le feu, on laisse refroidir jusqu'au lendemain matin et l'on trouve dans la capsule une belle et abondante cristallisation de nitrate d'argent que l'on recueille en versant le tout dans un entonnoir sans filtre placé sur un flacon de grandeur convenable pour recevoir tout le liquide qui s'écoule, tandis que les cristaux restent dans l'entonnoir. Après égouttage et un léger rinçage de ces cristaux avec de l'eau distillée, on reverse le liquide dans la capsule et l'on recommence l'évaporation, que l'on pousse un peu plus loin; on a ainsi une deuxième cristallisation, même une troisième, que l'on traite comme la première. On peut enfin évaporer à sec les dernières eaux mères dans lesquelles se sont concentrées toutes les impuretés; en poussant le feu davantage, avec précaution cependant pour éviter de trop rapides boursouflements, on fond la matière desséchée; on la coule alors sur une plaque de marbre ou dans une lingotière de fonte et l'on a du nitrate d'argent fondu. Si l'on ne veut pas utiliser ainsi les dernières eaux mères, on les étend d'eau et on les traite par l'acide chlorhydrique, et le chlorure d'argent qui en résulte est mis aux résidus.

Les cristaux recueillis sur les entonnoirs sont étendus, après un bon égouttage, sur un plat ou dans une cuvette et bien séchés à une température assez élevée pour éliminer le peu d'acide nitrique qu'ils peuvent encore contenir.

Le nitrate d'argent ainsi préparé garde une réaction notablement acide qui n'a aucun inconvénient pour la préparation des papiers positifs, puisque nous conseillons d'ajouter au bain un peu de carbonate de soude jusqu'à saturation.

Lorsqu'on veut du nitrate d'argent cristallisé neutre, tel que le livrent les bonnes maisons de produits chimiques, on fait fondre au feu, dans une capsule de porcelaine, la masse des cristaux secs, on coule la matière sur un marbre ou dans une lingotière, on dissout les plaques à chaud dans trois à quatre fois leur poids d'eau distillée, on filtre ou on laisse reposer pour avoir une solution très limpide et l'on évapore de nouveau jusqu'à cristallisation. Le plus souvent, le liquide que l'on évapore brunit légèrement par l'action de la chaleur. Les manipulations, surtout le filtrage sur du papier, ont introduit dans la solution quelques parcelles de matières organiques qui réduisent le nitrate d'argent; il suffit, pour ramener la pureté du liquide, d'ajouter et de mélanger à la masse quelques gouttes très ménagées d'acide nitrique : on obtient ainsi des cristaux parfaitement blancs et purs.

Si l'on utilise un alliage d'argent et de cuivre, on fait l'attaque exactement comme il est dit ci-dessus : la solution est alors bleue. Au lieu de faire cristalliser on évapore toute la masse à sec, on pousse un peu le feu pour arriver à la fusion ignée de la matière, sans cependant atteindre le rouge sombre : à cette température, le nitrate de cuivre qui est mélangé au nitrate d'argent se décompose peu à peu en laissant de l'oxyde de cuivre qui noircit toute la masse. On s'assure que tout le nitrate de cuivre est décomposé, en prenant avec un agitateur un peu de la matière que l'on fait dissoudre dans quelques centimètres cubes d'eau : la solution ne doit plus être colorée en bleue; pour être encore plus certain de toute absence de cuivre, on filtre cette liqueur et on y ajoute quelques gouttes d'ammoniaque; elle ne doit pas prendre de coloration bleue.

La masse fondue est alors coulée en plaques, dissoute dans trois à quatre fois son poids d'eau, clarifiée par décantation ou filtration et évaporée à cristallisation comme il est dit ci-dessus.

Propriétés. — Le nitrate d'argent pur se présente sous forme de belles lamelles transparentes (prismes droits à bases rhombes) dont l'ensemble est parfaitement blanc; il est très soluble dans l'eau qui le dissout en quantités égales (100 pour 100) à la température de 15° C. et en toutes proportions à l'ébullition; l'alcool en dissout 10 pour 100 à 15° et 25 pour 100 à l'ébullition. Il n'est pas attaquable par la lumière, s'il est pur et isolé; mais elle le réduit rapidement au contact des matières organiques.

Analyse qualitative. — On reconnaît facilement le nitrate d'argent à ce que l'acide chlorhydrique ou les chlorures solubles forment dans ses solutions un précipité blanc, caséeux, qui se rassemble facilement par l'agitation et noircit rapidement sous l'influence de la lumière du jour. Ce précipité, insoluble dans les acides, est soluble dans l'ammoniaque en excès, dans les cyanures et les sulfocyanures alcalins, ainsi que dans l'hyposulfite de soude.

Pour constater la pureté de l'azotate d'argent, on en dissout 1^{gr} dans 10^{cc} d'eau distillée, on y ajoute peu à peu de l'acide chlorhydrique pur jusqu'à ce qu'il ne se produise plus de précipité; on filtre, on évapore le liquide filtré dans une petite capsule jusqu'à siccité : il ne doit rien rester dans la capsule. Les matières organiques, si nuisibles aux opérations photographiques, peuvent échapper à ce mode de vérification; mais on constate leur présence par l'exposition à la lumière d'une solution claire et parfaitement neutre de nitrate d'argent; elle ne doit pas noircir, à cette condition cependant qu'il n'y ait de matières organiques ni dans l'eau ni dans les vases qui ont servi à faire la solution. On peut encore faire cet essai au moyen du permanganate de potasse qui donne à la solution une coloration rosée qui disparaît immédiatement s'il y a des matières organiques.

Analyse quantitative. — Cette opération a pour but de reconnaître la quantité réelle d'azotate d'argent que contient une solution. Nous savons déjà que, par l'usage, cette quantité éprouve des diminutions continuelles.

On peut faire cette recherche par la détermination de la densité, au moyen d'un aréomètre, mais ce procédé, souvent employé par les opérateurs, donne presque toujours des appréciations fausses. Nous avons expliqué que les indications de cet instrument sont exactes quand le bain d'argent n'a pas servi : alors la vérification est inutile puisque l'on connaît à quel titre on a fait le bain; si, au contraire, la solution a servi plus ou moins longtemps aux opérations photographiques, négatives ou positives, elle s'est chargée de matières solubles étrangères, et les indications de l'aréomètre deviennent tout à fait erronées. Voici toutefois un Tableau donnant la richesse des bains d'azotate d'argent pur, d'après les densités :

Azotate d'argent.

DENSITÉ.	DEGRÉS BAUMÉ.	TITRE CENTÉSIMAL.
104,1	5,8	5
105,0	7,0	6
105,8	8,0	7
106,4	8,8	8
108,0	10,8	10
110,0	13,0	12
112,5	16,0	15
115,0	19,0	18
116,6	20,5	20
120,6	25,0	25
saturation 205,1	»	130

On pourrait faire l'analyse par la pesée; mais cette méthode, quoique très simple, est rarement employée. Il suffit de prendre 10cc de la solution d'argent, que l'on étend de 10cc à 15cc d'eau distillée; on ajoute peu à peu de l'acide chlorhydrique, jusqu'à ce qu'il ne se fasse plus de précipité blanc et une ou deux gouttes en excès. On agite avec une baguette de verre, le chlorure d'argent se ramasse au fond ; quand le liquide est bien clair, on le déverse doucement, on lave le précipité deux ou trois fois par décantation avec de l'eau distillée, puis on le reçoit sur un petit filtre sans plis; on lave de nouveau jusqu'à ce que le liquide filtré n'ait plus de réaction acide sur le papier bleu de tournesol. On sèche le filtre et son contenu sur un bain de sable ou dans une étuve, et, quand deux pesées faites à une heure de distance sont sensiblement identiques, on ajoute sur le plateau des poids un filtre pareil à celui qui contient le chlorure d'argent, ou l'on retranche du poids celui du filtre pesé avant l'opération. On a ainsi le poids du chlorure d'argent, dont on déduit celui de l'azotate, sachant que 143 de chlorure d'argent sec correspondent à 170 d'azotate d'argent pur.

On préfère généralement faire l'analyse par les liqueurs titrées, ce qui est le mode le plus simple. L'argent étant précipité à l'état de chlorure d'argent par les chlorures solubles, dans les proportions fixes déterminées par les équivalents, il est facile de faire une liqueur salée, dite *liqueur normale*, dans des proportions telles que 10cc de cette liqueur décomposent juste $0^{gr},50$ d'azotate d'argent; cette proportion est de $17^{gr},19$ de chlorure de sodium pur et sec, dissous dans un litre d'eau distillée à la température moyenne de 15° C. Si, prenant 10^{cc} de cette liqueur salée normale, on y verse peu à peu, avec une burette graduée, la solution de nitrate d'argent à essayer jusqu'au moment précis où la dernière goutte tombée ne fait plus de précipité, il suffit de lire sur la burette le volume employé; ce volume contenant juste 0,50 d'azotate d'argent, on en déduit facilement le titre du bain.

Le point délicat est de saisir le moment précis où il ne se fait plus de précipité; mais, si l'on a ajouté à la liqueur normale un réactif, comme le chromate de potasse, qui formera un précipité rouge lorsque tout le chlorure des 10^{cc} sera employé, on sera averti de la fin de l'opération par l'apparition d'une coloration rouge générale et permanente. Il faut seulement que la solution d'argent à essayer ne soit pas sensiblement acide ni trop chargée de matières organiques, comme l'éther, l'alcool ou autres; s'il en était ainsi, on évaporerait à sec un volume quelconque de liquide, puis on reprendrait le résidu sec par l'eau distillée, de manière à obtenir un volume exactement égal à celui prélevé, et on ferait l'essai d'après cette solution.

On procède à ces essais de la manière suivante :

On commence par préparer la liqueur titrée en dissolvant $17^{gr},19$

Fig. 103.

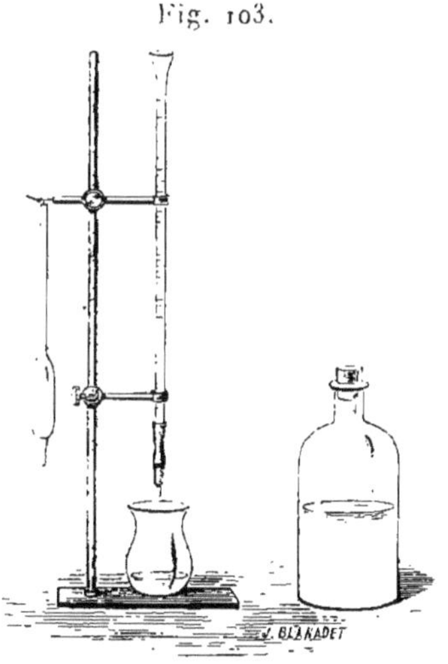

de chlorure de sodium pur et sec, spécialement acheté dans une bonne maison de produits chimiques, et 2^{gr} environ de chromate de potasse. On met les sels dans un vase gradué d'un litre, on y ajoute de l'eau distillée en quantité moindre qu'il ne faut; quand la solution est faite, on complète le litre en vérifiant une température moyenne de 15° C. et l'on conserve pour l'usage dans un flacon bien bouché.

Pour opérer, on prend avec une pipette 10^{cc} de liqueur normale qu'on laisse tomber dans un vase à précipité; d'autre part on remplit avec la solution d'argent, jusqu'au 0, la burette (*fig.* 103), qui est graduée en centimètres cubes et dixièmes de centimètre cube; on emploie la burette de Mohr ou toute autre, et doucement on fait écouler de la main droite le nitrate d'argent dans la liqueur salée normale que l'on agite de la main gauche. Il se fait d'abord un précipité blanc de chlorure d'argent; lorsqu'on approche de la fin de l'opération, chaque goutte qui tombe fait une large tache rouge sang qui disparaît aussitôt par l'agitation, puis brusquement une dernière goutte teinte tout le liquide en rouge permanent. On arrête aussitôt, on lit sur la burette le nombre de centimètres cubes versés et l'on divise 50 par cette quantité; le quotient donne le titre centésimal du bain. On trouvera les calculs tout faits dans la Table ci-dessous :

Table d'analyse des bains d'argent au moyen de la liqueur normale salée.

cc					Pour 100.
10	versés de la burette	accusent	un bain à	....	5
8,33	»	»	»	....	6
7,142	»	»	»	....	7
6,25	»	»	»	....	8
5,55	»	»	»	....	9
5,00	»	»	»	....	10
4,545	»	»	»	....	11
4,166	»	»	»	....	12
3,84	»	»	»	....	13
3,571	»	»	»	....	14
3,333	»	»	»	....	15
3,125	»	»	»	....	16
2,941	»	»	»	....	17
2,777	»	»	»	....	18
2,634	»	»	»	....	19
2,50	»	»	»	....	20

Nous pensons avoir rendu ces analyses encore plus faciles en faisant faire autrefois, par Richard Danger, une burette argento-métrique portant d'un côté les centimètres cubes et de l'autre le titre correspondant du bain d'argent.

On peut aussi renverser l'opération : mettre 10^{cc} du bain d'argent dans le vase à précipité et verser la liqueur normale salée avec la burette. Le liquide, d'abord entièrement rouge, se décolore à mesure que l'on ajoute la liqueur normale; on arrête lorsque le précipité est devenu complètement blanc; on lit alors sur la burette le nombre de centimètres cubes employé et le titre du bain d'argent est moitié de ce nombre avec la liqueur normale indiquée ci-dessus. En doublant la proportion de sel, le titre du bain égale le nombre de centimètres cubes versés.

Acétate d'argent. — Corps blanc cristallisant en fines aiguilles, peu soluble dans l'eau; il se produit toutes les fois qu'on introduit un acétate soluble dans une solution un peu concentrée d'azotate d'argent. Sa présence dans les préparations photographiques est presque toujours accidentelle; il a été utilisé seulement dans quelques recherches, comme celles tentées par A. Poitevin pour préparer des couches sensibles avec la gélatine.

Albuminate d'argent. — Ce corps se forme toutes les fois qu'on met en contact le nitrate d'argent avec l'albumine sèche ou diluée; l'albumine est immédiatement coagulée et l'analyse montre que le composé contient de l'oxyde d'argent en quantité d'autant plus considérable que la solution d'argent était plus concentrée. L'albuminate d'argent se colore en rouge par l'action de la lumière et intervient pour une part très notable dans la formation des épreuves positives. La gélatine mélangée d'azotate d'argent donne également un composé argentique se colorant en rouge par la lumière.

Carbonate d'argent. — Composé blanc légèrement jaunâtre, presque insoluble dans l'eau, se formant toutes les fois qu'on ajoute un carbonate soluble (carbonate de soude ou autre) dans une solution d'azotate d'argent. On sature ainsi tous les acides que cette solution peut contenir et on lui donne une légère réaction alcaline, parce qu'il s'y dissout une minime quantité de carbonate d'argent.

Chlorure, bromure, iodure d'argent. — Ces trois corps sont les agents photographiques par excellence; nous renvoyons au tome I (**20**) pour leur étude à ce point de vue; nous n'avons ici qu'à nous occuper de leurs caractères et de leurs propriétés chimiques.

On les obtient en versant un chlorure, un bromure ou un iodure soluble dans une solution de nitrate d'argent; il se forme aussitôt un précipité blanc pour le chlorure d'argent, blanc jaunâtre pour le bromure, jaune serin plus accentué pour l'iodure.

Le chlorure d'argent est rapidement teinté, et même devient noir par l'action de la lumière.

Le bromure prend une teinte grise.

L'iodure n'est altéré par la lumière qu'autant qu'il est en présence d'un excès de nitrate d'argent; si, au contraire, il y a un léger excès d'iodure soluble, la lumière n'a pas d'action sur lui.

Tous trois possèdent la remarquable propriété d'être influencés par la lumière, sans qu'il y ait aucune modification apparente; mais cette influence plus ou moins profonde est révélée ensuite par l'action de réactifs appropriés qui sont toujours des agents réducteurs. Dans les conditions actuellement connues, cette sensibilité a son maximum pour le bromure d'argent, ensuite pour l'iodure additionné de nitrate d'argent, puis pour le chlorure.

Ces trois corps sont insolubles dans l'eau et dans l'acide nitrique. L'ammoniaque dissout rapidement le chlorure d'argent; son action dissolvante est beaucoup plus faible sur le bromure et sensiblement nulle sur l'iodure.

L'hyposulfite de soude, les cyanures et les sulfocyanures alcalins les dissolvent tous trois; ils sont aussi un peu solubles dans le sulfite de soude.

L'iodure d'argent est soluble dans un excès d'iodure de potassium; le chlorure et le bromure d'argent sont très légèrement solubles, le premier dans un excès de chlorure de sodium, le second dans un excès de bromure soluble.

Tous trois sont solubles dans une solution concentrée d'iodure de potassium, parce qu'ils sont préalablement transformés en iodure d'argent. Ils sont solubles dans une solution concentrée d'azotate d'argent.

Le Tableau ci-dessous donne les équivalents des divers composés les plus employés dans ces réactions :

170 de nitrate d'argent avec	chlorure de	potassium . .	74,50	forment 143,50 de chlorure d'argent
		sodium.	58,50	
		ammonium. .	53,50	
		cadmium . . .	91,50	
	bromure de	potassium . .	119	forment 188 de bromure d'argent
		sodium.	103	
		ammonium .	98	
		cadmium . . .	136	

170 de nitrate d'argent avec	iodure de	potassium ..	166	forment 235 d'iodure d'argent
		sodium.....	150	
		ammonium .	145	
		cadmium ...	183	

Hyposulfite d'argent. — Ce sel se forme toutes les fois qu'on mélange un excès d'un sel d'argent soluble ou insoluble avec une solution d'hyposulfite de soude. Au moment où il prend naissance, il est blanc, insoluble dans l'eau ; il se décompose presque immédiatement en sulfure d'argent brun ou noir, ce qui explique les nombreuses taches qu'obtiennent les opérateurs inexpérimentés par le contact involontaire de traces d'hyposulfite de soude avec leurs préparations. L'hyposulfite d'argent se dissout dans un excès d'hyposulfite de soude, avec lequel il forme un sel double soluble beaucoup plus stable ; cependant cette solution se décompose aussi avec le temps, en laissant déposer du sulfure d'argent insoluble.

Oxyde d'argent. — L'oxyde d'argent se prépare en traitant une solution de nitrate d'argent par la soude ou la potasse caustique en léger excès ; il se produit un précipité brun que l'on lave à plusieurs reprises par décantation jusqu'à ce que l'eau ne bleuisse plus immédiatement un papier rouge de tournesol. L'oxyde d'argent est soluble dans le nitrate d'ammoniaque et dans l'ammoniaque en grand excès. La solution dans le nitrate d'ammoniaque a été proposée pour préparer les papiers positifs, mais ce procédé est peu employé. Lorsque l'oxyde d'argent reste en contact de l'ammoniaque concentrée, il se transforme en un composé dangereux qui détone avec violence par un simple frottement ou une légère élévation de température et auquel on a donné le nom d'*argent fulminant.*

Sulfure d'argent. — Le sulfure d'argent est un corps noir lorsqu'il est en masse, brun ou jaune sous une faible épaisseur, tel qu'il se présente sur les vieilles épreuves photographiques altérées. Il est insoluble dans l'eau et dans tous les dissolvants des sels d'argent. Dans un atelier de photographie bien conduit, on réunit tous les liquides contenant de l'argent dans un même grand vase et l'on en précipite l'argent à l'état de sulfure d'argent par le foie de soufre (pentasulfure de potassium). Ce précipité, recueilli, séché, grillé à la température rouge sombre pour éliminer le soufre libre, est ensuite passé au creuset pour extraire l'argent métallique pur (Voir *Résidus*.)

Gélatinobromure d'argent. — *Voir* tome I (188 et suivants) les explications, préparations et emplois du mélange auquel on a donné ce nom, et qui est presque exclusivement usité aujourd'hui pour la préparation des surfaces sensibles.

Aurine ou **Coralline jaune**.

C'est une des nombreuses matières colorantes dérivées du traitement des goudrons de houille dont on extrait le phénol, avec lequel on prépare ensuite la coralline jaune et la coralline rouge. (Voir *Coralline*.)

Azote.

Corps simple gazeux, incolore, inodore, ne pouvant entretenir ni la combustion ni la respiration ni la vie; son mélange avec l'oxygène constitue l'air atmosphérique dans les proportions en volume de 0,79 d'azote pour 0,21 d'oxygène et, en poids, de 0,77 d'azote pour 0,23 d'oxygène. Il est un peu plus léger que ce dernier; sa densité est de 0,9713. Un litre d'azote, à la température de 0° C., et à la pression de 0,76, pèse $1^{gr},256$. L'azote se combine avec un grand nombre de corps simples ou composés; avec l'oxygène, il forme une série de combinaisons dont la plus importante est l'acide azotique; avec l'hydrogène, il donne l'ammoniaque; on le trouve également dans un grand nombre de produits, c'est un élément indispensable pour le développement des animaux et des végétaux.

Azotique (Acide) ou **nitrique**.

Cet acide, tel qu'on le trouve dans le commerce, est un composé de $1^{éq}$ d'azote combiné à $5^{éq}$ d'oxygène et uni à $4^{éq}$ d'eau; on peut l'obtenir monohydraté pour quelques préparations exceptionnelles. L'acide azotique anhydre ne présente qu'un intérêt théorique.

L'acide nitrique ordinaire, dit *quadrihydraté*, est un liquide qui devrait être incolore, mais qui, le plus souvent, a une légère couleur jaune; son odeur est désagréable, il répand à l'air quelques fumées blanches; il bout à 123° C.; sa densité = 1,42; il contient 40 pour 100 d'eau. C'est un acide très énergique, qui attaque presque tous les composés organiques ou inorganiques; il corrode rapidement les substances animales et colore en jaune la peau, les poils, les ongles, etc., il transforme la plupart des substances végétales en les oxydant; quelques-unes, comme le sucre, l'amidon, sont changées en acide oxalique. Il attaque tous les métaux, à l'exception de l'or et du platine.

Le *Tableau comparatif* inséré à la fin du vocabulaire indique la richesse des solutions aqueuses d'acide azotique d'après la densité.

En France, l'industrie consomme près de cinq millions de kilogrammes d'acide azotique, qui servent à préparer les divers azotates de cuivre, de plomb, de mercure, d'argent, à dérocher les métaux, tels que le cuivre, le laiton, le bronze; à fabriquer le coton-poudre et à préparer de l'eau régale; la majeure partie est utilisée pour la fabrication de l'acide sulfurique.

On prépare l'acide azotique en décomposant à chaud l'azotate de soude du Pérou par l'acide sulfurique; il se produit du sulfate de soude et de l'acide azotique que l'on distille et que l'on reçoit dans une série de bonbonnes. Pour le purifier, il suffit de le soumettre à une nouvelle distillation, après y avoir ajouté un ou deux centièmes d'azotate de plomb qui retiennent, à l'état de chlorure et de sulfate de plomb, les acides chlorhydrique et sulfurique qui s'y trouvent presque toujours mélangés.

Bitume de Judée.

Le bitume de Judée est un produit naturel, de couleur brune assez foncée, à cassure conchoïdale, analogue aux matières résineuses et au brai du goudron. Il provient de diverses sources de l'Asie Mineure; les meilleures sortes sont expédiées de la mer Morte. Il est facilement friable, se dissout dans les huiles essentielles, dans la benzine, dans l'éther. Quand il est en couches minces et exposé à la lumière, il devient plus ou moins insoluble dans ces mêmes dissolvants. Nicéphore Niepce a mis à profit cette propriété pour obtenir les premières images photographiques; le bitume de Judée est resté un des produits nécessaires à la Photographie; il est employé surtout pour obtenir sur métal les reproductions de gravures de traits. La sensibilité à la lumière des divers bitumes est très variable : c'est seulement par l'essai que l'on peut s'en rendre compte.

Benzine.

La benzine est un liquide incolore, insoluble dans l'eau, soluble dans l'alcool et dans l'éther. Sa densité = 0,899; elle bout à 80°,4 C.; lorsqu'elle est pure, elle cristallise à 0° : de là le nom de *benzine cristallisable;* elle dissout un grand nombre de substances, telles que les corps gras, la cire, la paraffine, les matières résineuses, le bitume de Judée, le caoutchouc. La benzine se trouve toute formée dans les produits de la distillation de la houille pour la fabrication du gaz d'éclairage, elle passe avec les matières goudronneuses ; lorsqu'on distille ensuite ces goudrons, on réunit, sous le nom d'*huiles légères,* les liquides qui se volatilisent les premiers entre 36° et 150° C.; après les avoir agitées avec de l'acide sulfurique, puis lavées et traitées par la soude, on soumet ces huiles légères à une distillation fractionnée. On recueille séparément les produits qui passent vers 80° C. et qui constituent une benzine impure que l'on purifie en la faisant cristalliser par le refroidissement au-dessous de 0° et en recueillant les cristaux ; cette opération plusieurs fois répétée donne la benzine pure cristallisable. La benzine commune du commerce n'est le plus souvent qu'un mélange résultant d'une première rectification des huiles légères des goudrons.

Brome et bromures solubles.

Extraction du brome et de l'iode. — Le chlore, le brome et l'iode, qui forment, combinés à l'argent, la base des préparations photographiques sensibles les plus usuelles, ont leur principale source dans les eaux de la mer. Laissant de côté le chlore et ses composés, qui dérivent du chlorure de sodium (sel marin et sel gemme), nous suivrons seulement l'extraction du brome et de l'iode qui se fait par une même opération.

Lorsqu'on a traité les cendres de varech pour en extraire les sels de soude, ou les nitrates de soude du Pérou ou, plus simplement, les eaux de la mer ou des sources salées pour en retirer le chlorure de sodium et autres produits, il reste des eaux mères chargées de bromures et iodures de potassium, de sodium et surtout de magnésium dont la grande solubilité a empêché la cristallisation. On traite d'abord ces eaux mères par l'acide sulfurique, en quantité nécessaire pour décomposer les sulfures, sulfites et hyposulfites qui s'y trouvent mélangés, puis on fait passer un courant de chlore dont le premier effet est de transformer les iodures en chlorures et de mettre l'iode en liberté. Celui-ci, peu soluble, se dépose ; on le récolte, on le lave, on l'égoutte, on le sèche et on le sublime, c'est-à-dire qu'on le fait passer à l'état de vapeurs qui se condensent dans un récipient refroidi, sous forme de larges lamelles gris d'acier.

On a ainsi obtenu l'iode en paillettes du commerce. On continue à faire passer le courant de chlore dans les eaux mères débarrassées de l'iode, le brome est mis en liberté à son tour ; on distille et l'on reçoit les vapeurs de brome sous une couche d'acide sulfurique; le brome ayant une densité de 3,18, celle de l'acide sulfurique étant 1,84, il reste sous ce dernier sans émettre aucune vapeur.

Brome. — Le brome fut découvert en 1826, par Balard, dans les eaux mères des marais salants. C'est un liquide rouge brun, d'une odeur forte, irritante, très désagréable et persistante; peu soluble dans l'eau, qui en dissout environ 3 pour 100 de son poids, il l'est plus dans l'éther, dans l'alcool, le chloroforme et le sulfure de carbone. Il a été employé en Photographie, pour la sensibilisation des plaques daguerriennes à l'état d'eau bromée, puis de mélange avec la chaux hydratée, sous le nom de *bromure de chaux*, mais il sert surtout à préparer les bromures solubles de potassium, de sodium, d'ammonium, de cadmium, etc., très utilisés en Photographie pour obtenir le bromure d'argent par double décomposition; les bromures solubles à la dose de 1 à 5 pour 100 d'eau sont employés comme modérateurs dans le développement, pour éviter les voiles et remédier aux excès de pose.

Bromure de potassium. — On le prépare facilement à l'état de pureté, en mettant dans 100 parties d'eau 5gr de limaille de fer sur laquelle on verse environ 10gr de brome; il se fait rapidement du bromure de fer liquide, que l'on décompose par une solution de carbonate de potasse jusqu'à ce qu'il ne se forme plus de précipité de carbonate de fer; la liqueur, filtrée et évaporée jusqu'à cristallisation, laisse déposer des cristaux de bromure de potassium. Ce corps est très soluble dans l'eau, mais à peine soluble dans l'alcool.

Bromhydrate d'ammoniaque. — Il suffit, dans la préparation précédente, de remplacer le carbonate de potasse par le carbonate d'ammoniaque pour obtenir le bromhydrate d'ammoniaque, dont l'usage est le même que celui du bromure de potassium.

Bromure de cadmium. — On prépare ce sel en attaquant sous l'eau des lames de cadmium par le brome; la liqueur est ensuite filtrée et évaporée à cristallisation.

Cadmium.

Les composés naturels du cadmium sont mélangés en petites quantités aux minerais de zinc; on sépare le cadmium dans le traitement métallurgique du zinc. Ce corps est un métal blanc, ductile, qui n'est pas employé industriellement, si ce n'est à l'état de combinaisons. Le sulfure de cadmium fournit une belle couleur jaune des plus stables, très estimée pour les peintures artistiques; l'iodure et le bromure de cadmium sont solubles dans l'alcool et l'éther et servent souvent en remplacement des sels correspondants de potassium ou d'ammonium pour la préparation des collodions iodobromurés, auxquels ils donnent une plus grande stabilité. Les sels de cadmium coagulent l'albumine et ne peuvent être utilisés qu'exceptionnellement dans les préparations albuminées.

Carbonates de potasse, de soude, etc. (Voir *Potasse. soude*, etc.).

Chaux.

La chaux (oxyde de calcium) se trouve dans les couches terrestres en quantités considérables à l'état de composés divers, dont les principaux sont le sulfate de chaux (gypse ou pierre à plâtre), le carbonate de chaux (craie, pierre à chaux, marbre, etc.). Le carbonate de chaux calciné au rouge perd son acide carbonique et se transforme en chaux vive qui se maintient en fragments plus ou moins durs; la chaux vive en contact avec l'eau se combine avec elle en dégageant beaucoup de chaleur; elle se délite alors en une poudre blanche qui est la chaux éteinte. Le meilleur moyen pour éteindre un morceau de chaux vive est de le tremper dans l'eau jusqu'à ce qu'il ne se dégage plus de bulles, de le retirer aussitôt et de le laisser se déliter sur un morceau de papier; on a ainsi immédiatement de la chaux éteinte absolument sèche. La même réaction se produit plus doucement en abandonnant le morceau de chaux dans l'air humide. Après avoir absorbé l'eau, la chaux absorbe l'acide carbonique et passe à l'état de carbonate de chaux.

La chaux hydratée a été employée en Photographie pour préparer le bromure de chaux, le sucrate de chaux; elle sert dans l'industrie des produits chimiques pour la fabrication de la potasse et de la soude caustiques.

Carbonate de chaux. — Le carbonate de chaux à l'état de craie, blanc de Meudon, blanc d'Espagne, peut être utilisé, après convenable lévigation, pour nettoyer les glaces. Nous l'avons indiqué comme servant à préparer un des meilleurs bains de virage par son mélange avec le chlorure d'or.

Chlore. Acide chlorhydrique, chlorures et hypochlorites.

Chlore. — La source du chlore est le chlorure de sodium (sel marin ou sel gemme); c'est donc un corps très répandu dans la nature à l'état de combinaison, jamais à l'état de liberté. Le chlore est un corps gazeux, jaune verdâtre, d'une odeur désagréable; il est soluble dans

Fig. 104.

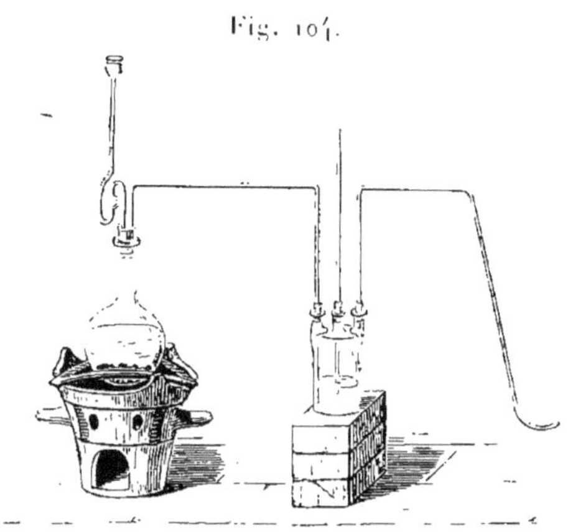

l'eau, à laquelle il communique ses propriétés; c'est un décolorant énergique, employé surtout pour le blanchiment des étoffes. On prépare le chlore en traitant à chaud par l'acide sulfurique un mélange de chlorure de sodium et de peroxyde de manganèse, le chlore se dégage immédiatement; on le reconnaît à son odeur. On fait l'expérience dans un ballon muni d'un tube de dégagement et l'on reçoit le gaz dans l'eau (*fig.* 104); la préparation industrielle du chlore se fait, en grandes proportions, dans des vases de grès.

Acide chlorhydrique. — Si l'on traite le chlorure de sodium directement par l'acide sulfurique, sans adjonction de bioxyde de manganèse, au lieu d'un dégagement de gaz chlore, on a un dégagement de gaz acide chlorhydrique. Ce traitement se fait sur des masses considérables de sel marin, que l'on transforme en sulfate de soude pour la fabrication industrielle de la soude. L'acide chlorhydrique est un produit accessoire que l'on fait passer dans une série de bonbonnes contenant de l'eau dans laquelle il se dissout rapidement : 1^{lit} d'eau peut dissoudre environ 500^{lit} de gaz; on obtient ainsi l'acide chlorhydrique du commerce appelé aussi *esprit de sel*, nom qui rappelle son premier état gazeux et sa provenance. On trouvera à la fin du vocabulaire, dans le Tableau comparatif des densités pour les liquides plus lourds que l'eau, l'indication de la richesse centésimale en poids des solutions de gaz acide chlorhydrique. Cet acide, d'un prix très réduit, est utilisé dans les laboratoires, concurremment avec l'acide sulfurique, toutes les fois qu'on doit employer un acide énergique et peu dispendieux. Il sert à produire l'eau régale, le chlore, les chlorures ordinaires, les chlorures décolorants ou hypochlorites solubles.

Hypochlorite de chaux. — Lorsqu'on fait passer un courant de gaz chlore sur de la chaux éteinte disposée en couches minces, il est absorbé par la chaux; il se fait du chlorure de calcium et de l'acide hypochloreux qui, immédiatement, s'unit à une partie de la chaux restée libre pour faire de l'hypochlorite de chaux. Ce mélange constitue ce qu'on appelle le *chlorure de chaux*, il se présente sous forme de matière blanche pulvérulente, d'une odeur rappelant celle du chlore; il est soluble dans l'eau en laissant un résidu blanc de chaux ou de carbonate de chaux. Le chlorure de chaux est un décolorant et un désinfectant énergique, c'est aussi un chlorurant; il est employé en Photographie dans quelques formules de bains de virage pour les épreuves positives aux sels d'argent. On l'emploie aussi en solution concentrée pour enlever sur les mains les taches de nitrate d'argent : on mouille avec cette solution la partie tachée et, lorsqu'elle est devenue claire, on rince à l'eau, on passe un peu d'hyposulfite de soude qui enlève en même temps le chlorure d'argent formé et l'odeur désagréable assez tenace que laisse l'hypochlorite; on rince de nouveau.

Hypochlorite de potasse (eau de Javel). — On obtient l'eau de Javel en mélangeant une solution de 10 parties de chlorure de chaux dans 120 parties d'eau avec 12 parties de carbonate de potasse dans 40 parties d'eau; il se fait une double décomposition avec un abondant précipité de carbonate de chaux. Le liquide décanté ou filtré constitue l'eau de Javel, que l'on colore par une petite quantité de sel de manganèse.

Hypochlorite de soude (liqueur de Labarraque). — En opérant de la même manière que ci-dessus, mais en substituant 20 parties de carbonate de soude aux 12 parties de carbonate de potasse, on obtient l'hypochlorite de soude, appelée *liqueur de Labarraque,* du nom de son inventeur. Ces hypochlorites solubles peuvent presque toujours se remplacer indifféremment les uns par les autres comme agents énergiques de décoloration.

Chlorophylle.

La chlorophylle est la matière qui donne aux feuilles leur coloration verte. On l'extrait le plus souvent des feuilles de lierre ou de myrte fraîchement cueillies; on les coupe avec des ciseaux et on les fait infuser pendant vingt-quatre heures dans l'alcool à 40°; on filtre au papier et l'on obtient ainsi une teinture alcoolique fortement teintée en vert par réflexion, en rouge par transmission. La chlorophylle a, comme le bisulfate de quinine, la propriété de modifier la réfrangibilité de certains rayons lumineux, particulièrement des rayons ultra-violets. L'addition de la chlorophylle aux préparations sensibles à l'iodure ou au bromure d'argent permet d'obtenir une impression des couleurs considérées comme peu actiniques et s'étendant jusqu'au rouge; le diagramme (*fig.* 54) montre cette action de la chlorophylle sur les divers rayons du spectre solaire.

Chrome. Bichromate de potasse ou **d'ammoniaque. Alun de chrome.**

Le chrome, qui sert à former ces divers composés, est un métal gris blanc, excessivement dur, d'une préparation jusqu'ici trop difficile pour qu'il puisse être employé dans l'industrie; on ne le trouve dans la nature que combiné à d'autres métaux, tels que le plomb, le fer, à l'état de chromate de plomb ou de fer chromé. C'est avec ce dernier minerai, calciné dans un four à réverbère avec de la chaux et du carbonate de potasse, qu'on obtient le chromate, puis le bichromate de potasse qui sert ensuite à faire toutes les autres préparations chromées.

Bichromate de potasse et *bichromate d'ammoniaque.* — Ces sels se présentent sous forme de cristaux rouges orangés; la teinte du second est plus accentuée que celle du premier. Le bichromate de potasse, chauffé dans une petite capsule de porcelaine, fond sans altération avant la chaleur rouge, tandis que le bichromate d'ammoniaque se décompose et brûle en laissant une poudre verte de sesquioxyde de chrome. Ces produits peuvent se remplacer l'un par l'autre dans les applications photographiques; quelquefois on préfère le bichromate d'ammoniaque comme plus soluble. Ils sont empoyés l'un et l'autre en Photographie, surtout le bichromate de potasse, pour les épreuves au charbon, les divers procédés de photoglyptie, de moulage, de gravure en relief et en creux. Cet emploi est basé sur la propriété que possèdent les bichromates solubles d'insolubiliser, sous l'influence de la lumière, un grand nombre de matières organiques, telles que la gélatine, l'albumine, la caséine, les sucres, glucose, miel, etc.

Le Tableau ci-dessous indique la richesse des solutions de ce corps d'après la densité :

BICHROMATE DE POTASSE.			BICHROMATE D'AMMONIAQUE.		
Pour 100 d'eau.	Densité.	Degrés Baumé.	Pour 100 d'eau.	Densité.	Degrés Baumé.
1	1008	1,2	1	1006	0,9
1,5	1012	1,8	1,5	1008	1,2
2	1016	2,4	2	1010,5	1,6
2,5	1019,5	2,9	2,5	1013	1,9
3	1022,5	3,3	3	1015	2,2
3,5	1025,5	3,7	3,5	1017,5	2,5
4	1028	4	4	1020	3
4,5	1030	4,3	4,5	1023	3,3
5	1032,5	4,6	5	1026	3,7
6	1038,5	5,5	6	1030	4,4
7	1045	6,4	7	1035	5
8	1051	7,2	8	1040	5,8
9	1057	8	9	1045	6,4
10	1063	8,8	10	1050	7,1

Acide chromique. — L'acide chromique, très rarement employé, s'obtient en traitant une solution chaude et saturée de bichromate de potasse par un excès d'acide sulfurique concentré pur. L'acide chromique cristallise par le refroidissement en belles aiguilles rouges. On l'égoutte, on le sèche sur une brique ou sur une plaque de porcelaine dégourdie, on reprend par l'eau et l'on fait cristalliser dans le vide.

Alun de chrome. — Cet alun est recommandé dans quelques manipulations photographiques pour rendre la gélatine insoluble, son action étant plus énergique que celle de l'alun ordinaire ; ce dernier peut cependant le remplacer en toutes circonstances. L'alun de chrome s'obtient en traitant 15 parties de bichromate de potasse par 25 parties d'acide sulfurique et en ajoutant une matière organique, telle que l'alcool ou le sucre, sur laquelle l'acide chromique formé d'abord puisse porter son oxygène et revenir à l'état de sesquioxyde de chrome.

Dans l'industrie, l'alun de chrome est un résidu des mélanges d'acide sulfurique et de bichromate de potasse que l'on emploie comme oxydants.

Chrysoïdine (voir *Couleurs des goudrons de houille*).

Cire.

La cire est la matière qui forme les alvéoles des abeilles. On trouve sur quelques végétaux des matières analogues, mais la cire d'abeilles est la seule qui entre dans la consommation générale. Elle a une couleur jaune et une odeur de miel ; on la blanchit, comme on le fait pour les toiles, par l'exposition sur le pré ou par l'action du chlore. Elle est insoluble dans l'eau ; l'alcool la dissout incomplètement et la divise en trois substances : la myricine, qui résiste à l'alcool bouillant et ne s'y dissout qu'à la dose d'un demi pour 100 ; la cérine ou acide cérotique, soluble dans l'alcool bouillant, mais se déposant en fines aiguilles par le refroidissement ; la céroléine, qui reste en solution dans l'alcool refroidi.

La cire est employée dans le procédé sur papier ciré sec de Legray, dans celui dit *à la céroléine* de Stéphane Geoffray, pour donner de la transparence aux clichés négatifs sur papier, et surtout pour enduire les glaces sur lesquelles on veut transporter temporairement des préparations gélatinées.

Collodion.

Le collodion est une dissolution de coton-poudre dans un mélange d'alcool et d'éther. (*Voir* t. I, 125, la préparation du collodion photographique.)

Colophane.

La colophane est la matière résineuse sèche qui reste après la distillation de la térébenthine ; elle est soluble dans la benzine et en partie dans l'alcool.

Coralline.

C'est une des matières colorantes que l'on obtient par le traitement des produits du goudron de houille. Elle résulte de l'action à chaud de l'acide oxalique et de l'acide sulfurique sur le phénol; on obtient ainsi la coralline jaune ou aurine qui, chauffée en vase clos avec l'ammoniaque, donne la coralline rouge.

Coton-poudre. Pyroxyle. Pyroxyline.

Les noms génériques de *coton-poudre, pyroxyle, pyroxyline* comprennent toutes les matières formées de fibres végétales (cellulose) qui ont été transformées par l'action de l'acide nitrique en produits nitrés explosibles et plus ou moins solubles dans un mélange d'alcool et d'éther, dans l'esprit-de-bois, l'acétone, etc. Le nom de *coton-poudre* convient plus spécialement à celui de ces produits obtenu avec le coton; on appelle *papyroxyle* ou *papyroxyline* celui que l'on prépare avec du papier pur.

La cellulose, qui est un composé de carbone, d'oxygène et d'hydrogène, quelle que soit sa provenance, est traitée par un mélange d'acide azotique et d'acide sulfurique; elle perd une partie de son hydrogène qui est remplacé par une partie équivalente d'acide hypoazotique. Ses propriétés sont alors modifiées, elle devient inflammable, détonante et plus ou moins soluble dans un mélange d'alcool et d'éther; le mode de préparation influe sur ces propriétés nouvelles.

Suivant la concentration du mélange acide, sa température, sa quantité, la pyroxyline se combine avec une proportion plus ou moins considérable d'acide hypoazotique et ses qualités sont alors différentes. Ainsi, d'après les études de M. Ad. Martin, il y a quatre variétés de pyroxyline contenant $5^{éq}$, $4^{éq}$, $3^{éq}$, $2^{éq}$ d'acide hypoazotique. La première variété constitue le coton-poudre, éminemment explosif, employé comme produit détonant, mais peu soluble dans le mélange d'alcool et d'éther; elle ne peut être employée en Photographie. La deuxième variété à $4^{éq}$ d'acide hypoazotique se dissout très bien dans l'éther alcoolisé, c'est le coton photographique. La troisième est une variété poudreuse, sans ténacité, utilisable cependant par son mélange avec la deuxième; la quatrième, soluble dans l'eau, ne peut servir pour les préparations photographiques. Quelque soin que l'on apporte dans les préparations, on obtient presque toujours un mélange de ces différentes variétés.

Les formules pour la préparation du collodion photographique sont nombreuses; on emploie soit le mélange direct des acides sulfurique et azotique, soit l'acide sulfurique et l'azotate de potasse.

Formule de M. Hardwich [1].

	En poids.
Acide sulfurique (D. 1,85)	560
Acide azotique (D. 1,45)	185
Eau	130
Coton, environ	18

Autre formule.

Acide sulfurique (D. 1,85)	60^{cc}
Acide azotique (D. 1,36)	40^{cc}
Coton, environ	2^{gr}

On met dans une capsule de porcelaine d'abord l'eau, si la formule en comporte, puis l'acide nitrique, et en dernier lieu l'acide sulfurique; on mélange bien avec un agitateur en verre, et, quand la température est descendue à 65° C., on la maintient à ce degré au moyen d'un bain-marie et l'on immerge le coton successivement par petites touffes, en les pressant chaque fois avec l'agitateur, ou mieux avec une spatule de verre ou de porcelaine; on emploiera de préférence le coton pharmaceutique, qui se mouille immédiatement. On couvre le vase avec un verre et on laisse en contact pendant dix minutes environ; on retire alors le coton en le comprimant avec la spatule pour en extraire les acides le mieux possible, et on l'immerge dans une grande terrine pleine d'eau dans laquelle on l'agite vivement. On le lave ensuite avec soin, en changeant l'eau, ou dans une eau courante, pendant vingt-quatre heures, et l'on essaye avec un papier bleu de tournesol que l'on presse au contact du coton. S'il n'y a plus aucune réaction acide, on retire le coton, on exprime l'eau et on le sèche après l'avoir étiré. On doit éviter de le sécher près du feu, vu sa grande inflammabilité.

Formule avec emploi du nitrate de potasse.

Prenez :

	gr
Nitrate de potasse desséché et en poudre	100
Eau	30
Acide sulfurique (D. 1,84)	186
Coton pharmaceutique	4

(1) Captain Abney, *Instruction in Photography*. Piper et Carter, London; 1886.

Mettez l'eau puis l'acide sulfurique dans la capsule de porcelaine, ajoutez le nitrate de potasse en remuant avec l'agitateur ou la spatule jusqu'à dissolution du nitrate; les vapeurs qui se dégagent altèrent rapidement la peau et les ongles, si l'on ne prend pas de précautions. Lorsque le liquide a atteint la température de 65° C., plongez-y le coton par petites touffes et menez l'opération comme il est dit ci-dessus.

M. Ad. Martin recommande d'employer l'acide nitrique chargé de vapeurs nitreuses. La prolongation du temps d'immersion, l'élévation de la température ou sa diminution, la plus ou moins grande quantité d'eau mélangée donne des cotons qui se comportent très différemment dans la confection des collodions, qui sont plus visqueux et tenaces avec les cotons fabriqués à basse température et, au contraire, plus poudreux si celle-ci a été plus élevée.

Couleurs dérivées des goudrons de houille.

La majeure partie des matières colorantes artificielles dérivent des produits de la distillation des goudrons de houille, dont on retire un nombre considérable d'hydrocarbures et autres composés plus ou moins volatils dont les principaux sont : la benzine, le toluène, les xylènes, les cumènes, la naphtaline, l'anthracène, le phénol, la quinoléine, etc.

Ces divers produits et leurs dérivés, traités tantôt par des oxydants, tantôt par des réducteurs, fournissent un très grand nombre de matières colorantes. Ainsi :

Le phénol ou acide phénique, chauffé dans un mélange d'acide sulfurique et oxalique, donne l'acide rosolique appelé aussi *coralline jaune* et *aurine* qui, chauffé à son tour avec de l'ammoniaque, se transforme en coralline rouge.

La résorcine est un dérivé de la benzine. Traitée par l'acide sulfurique, ce produit, chauffé avec l'acide phtalique, donne la fluorescéine qui, par des combinaisons très compliquées avec le brome, fournit diverses variétés d'éosine; avec l'iode et le chlore elle donne le rose de Bengale.

La benzine, par l'action de l'acide nitrique, se transforme en nitrobenzine; celle-ci, mélangée avec de l'acide azotique et de la limaille de fer, donne l'aniline avec laquelle on obtient la rosaniline, d'où dérivent la fuchsine, le magenta, les divers bleus dits *bleu de Lyon*, *bleu de lumière*, le violet de méthyle, le violet de Paris. La chrysoïdine est aussi un dérivé de la benzine; le vert malachite est un chlorure double de zinc et d'un composé du phénol. La constitution chimique de ces divers corps est des plus compliquée. Nous nous bornons à en donner un exemple en écrivant le nom que devrait porter le vert malachite. C'est un chlorure double de zinc et de *tétraméthylediamidotriphénylcarbinol;* une des variétés d'éosine est un sel de sodium de la *monométhyletétrabromofluorescéine.*

Craie [voir *Chaux (Carbonate de).*]

Cyanogène.

Bien que ce corps soit composé de 2^{éq} de carbone uni à 1^{éq} d'azote, il doit être assimilé à un corps simple : il a la plus grande analogie dans toutes ses combinaisons avec le chlore, le brome et l'iode; comme eux il se combine avec l'hydrogène pour former un hydracide, avec les bases pour former des cyanures, tels que le cyanure de potassium et le cyanure d'argent. Aussi le représente-t-on le plus souvent par le symbole Cy, comme on représente le chlore par Cl, le brome par Br. On l'obtient en décomposant le cyanure de mercure par la chaleur; c'est un corps gazeux, d'une odeur pénétrante, qui n'a d'utilité que par ses composés les cyanures, les ferro et ferricyanures.

Cyanhydrique ou *prussique* (*Acide*). — La combinaison de cyanogène avec l'hydrogène forme l'acide prussique ou cyanhydrique, le plus violent de tous les poisons connus; il suffit de quelques vapeurs d'acide prussique mélangées à l'air pour occasionner des vertiges, des maux de tête; une seule goutte d'acide prussique détermine la mort. Certaines feuilles et fleurs, telles que celles du pêcher, du laurier-cerise, les amandes de la pêche, de la cerise, de l'abricot, etc., dégagent de l'acide prussique lorsqu'elles sont broyées.

La préparation de l'acide prussique par le traitement de son composé mercuriel est délicate et dangereuse et ne peut être tentée que par un chimiste exercé. Nous n'eussions pas parlé de ce dangereux produit, s'il n'était susceptible de se former accidentellement dans quelques manipulations photographiques pour lesquelles on fait usage du cyanure ou du ferrocyanure de potassium, et si nous n'avions tenu à mettre les opérateurs en garde contre les dangers possibles de cet e nploi.

Cyanure de potassium. — Le cyanure de potassium s'obtient en quantités considérables pour les applications industrielles, soit en faisant passer de l'azote sur du charbon de bois imprégné de potasse et porté au rouge vif, soit en calcinant dans un four à réverbère des matières organiques azotées avec du carbonate de potasse. On traite le résultat par l'eau, on évapore, on fond et l'on coule la masse en plaques.

Le cyanure de potassium est un produit blanc, déliquescent; l'acide carbonique de l'air le décompose et dégage l'acide cyanhydrique (prussique) qui lui donne son odeur forte, rappelant celle des amandes amères. Il forme avec les sels solubles d'argent un précipité blanc de cyanure d'argent, immédiatement soluble dans un léger excès de cyanure de potassium. Cette solubilité des sels d'argent dans le cyanure de potassium le fait employer fréquemment comme un fixateur énergique à la dose de 2^{gr} à 3^{gr} pour 100^{cc} d'eau. Il porte aussi son action dissolvante sur l'argent métallique, surtout sur l'argent réduit : il éclaircit les clichés, mais en rongeant les demi-teintes. Aussi, tenant compte des dangers que présente son emploi, nous pensons qu'on doit autant que possible éliminer le cyanure de potassium des usages photographiques. Sous l'influence des acides les plus faibles il dégage de l'acide prussique; il y a donc danger réel pour les opérateurs qui s'en servent pour enlever les taches que le nitrate d'argent a laissées sur leurs mains, danger décuplé lorsque ensuite ils ont la malheureuse idée de les rincer avec une solution acide.

Le cyanure de potassium est aussi employé en quantités considérables pour la dorure et l'argenture électriques.

Sulfocyanures de potassium et d'ammonium. — Ces sels sont produits en assez grande quantité dans la fabrication du gaz d'éclairage par la distillation de la houille; comme le cyanure de potassium, ils dissolvent les sels d'argent, mais avec beaucoup moins d'énergie. Ils seraient utilisables en Photographie et ils sont même conseillés dans quelques formules, mais leur prix relativement élevé et la facilité avec laquelle ils abandonnent un sulfocyanure d'argent insoluble et sensible à la lumière, dès qu'on les étend d'eau, en restreignent forcément l'emploi.

Cyanoferrure et cyanoferride de potassium. — On donne aussi indifféremment à ces corps les noms de *ferrocyanure* ou *ferricyanure de potassium,* ou de *prussiate jaune* ou *rouge de potasse.* Lorsqu'on fait bouillir une solution de cyanure de potassium avec du fer au contact de l'air, il se forme une combinaison nouvelle dans laquelle il entre une certaine proportion de fer, et la solution, mise à cristalliser, abandonne de beaux cristaux jaune citron de cyanoferrure de potassium, vulgairement prussiate jaune de potasse. Ce sel est très employé dans l'industrie pour faire le bleu de Prusse par son mélange avec une solution de sulfate de peroxyde de fer; cette réaction est utilisée en Photographie dans les procédés dits *cyanofer* et *gommoferrique*.

Si l'on fait passer un courant de chlore dans une solution de cyanoferrure de potassium, jusqu'à ce qu'un échantillon de la liqueur ne bleuisse plus par un sel de peroxyde de fer, on transforme le cyanoferrure en cyanoferride et, par l'évaporation du liquide, on obtient de beaux cristaux rouges qui sont le cyanoferride de potassium (prussiate rouge de potasse). Ce réactif donne, avec les sels de protoxyde de fer, un bleu analogue au bleu de Prusse que l'on appelle *bleu de Turnbull*. Mélangé à un sel organique de peroxyde de fer, comme l'ammoniocitrate, il sert en Photographie à préparer le papier dit *ferro-prussiate* (papier Marion). Additionné en très petite quantité à l'hyposulfite de soude, il réduit rapidement les épreuves négatives trop noires et il les ramène à des tons plus clairs.

Dextrine.

La dextrine est de l'amidon transformé par l'action de la chaleur et des acides très étendus et devenu soluble dans l'eau. Il suffit, pour opérer cette transformation, de chauffer graduellement l'amidon jusqu'à une température de 140° à 150° C.; la matière brunit, elle répand une odeur de pain cuit, elle est alors soluble dans l'eau. On obtient un meilleur résultat en mouillant préalablement l'amidon avec une eau légèrement acidulée par 10gr d'acide azotique dans 1500gr d'eau; on sèche d'abord à l'air libre pour évaporer l'eau, et, en chauffant à 110° ou 120° C., la transformation est opérée presque sans coloration. Ce produit peut remplacer la gomme arabique dans la plupart de ses applications. On l'emploie fréquemment pour le collage des épreuves; toutefois il serait bon alors, vu sa provenance acide, de neutraliser la solution par quelques gouttes d'ammoniaque. On se sert aussi d'une solution de dextrine additionnée de terre de Sienne pour badigeonner le dos des glaces, afin d'éviter les halos.

Eau.

L'eau est le milieu dans lequel se passent la majeure partie des réactions photographiques, elle sert à faire presque toutes les solutions : il est donc utile d'en étudier les diverses propriétés.

A l'état de pureté, l'eau est un liquide résultant de la combinaison de l'oxygène et de l'hydrogène qui s'unissent, avec un dégagement de chaleur considérable, dans les proportions de 1^{vol} d'oxygène pour 2^{vol} d'hydrogène; la proportion en poids est de 8 parties d'oxygène pour 1 partie d'hydrogène : c'est donc un corps composé et non un élément, comme on le croyait jusqu'à la fin du siècle dernier.

L'eau est incolore, inodore, insipide, solide à l'état de glace au-dessous de 0° C., liquide jusqu'à la température de 100° C. sous la pression ordinaire de 760^{mm}, mais, même à la température ordinaire, elle se transforme lentement en vapeurs qui se disséminent dans l'atmosphère. En passant de l'état liquide à l'état solide, elle augmente de volume et brise tous les obstacles qui s'opposent à cette dilatation; c'est ainsi que les pierres dites *gélives*, les plantes, les fruits, les vases quelconques remplis d'eau sont détruits par la congélation.

L'eau passe de l'état liquide à l'état de vapeur d'autant plus rapidement que l'air ambiant est plus sec et que la température est plus élevée; à 100° C. la production de vapeur est tumultueuse, l'eau entre en ébullition et les vapeurs, émises en grande quantité, se condensent en gouttelettes sur toutes les surfaces froides avec lesquelles elles viennent en contact; l'ébullition se produit à des températures inférieures à mesure que la pression diminue.

L'eau est un corps neutre, sans action sur le tournesol; cependant, mise en contact avec des acides énergiques, comme l'acide sulfurique ou l'acide azotique, elle forme avec eux des composés nettement définis dans lesquels elle joue le rôle de base; au contraire, avec les bases fortes, comme la potasse, la soude, la chaux, la baryte, etc., elle se combine encore en proportions définies et joue le rôle d'un acide.

L'eau dissout un très grand nombre de corps solides, liquides ou gazeux; mais ce pouvoir dissolvant varie avec la température; il est presque toujours d'autant plus grand relativement aux solides que la température est plus élevée : c'est le contraire pour les gaz qui, plus solubles dans l'eau froide, se dégagent au contraire à mesure que la température s'élève.

L'eau dissout l'oxygène et l'azote qui sont les éléments de l'air, mais la proportion de ces deux gaz dans la dissolution n'est plus la même que dans l'air : au lieu d'un quart d'oxygène pour trois quarts d'azote, l'air que l'on retire de l'eau contient un tiers d'oxygène pour deux tiers d'azote.

Les eaux recueillies à la surface du globe, même les plus pures, contiennent en solution des matières minérales et organiques qui varient suivant les terrains traversés. Ce sont généralement des carbonates et sulfates de chaux, des chlorures solubles; les matières organiques proviennent des détritus de végétaux ou d'animaux : ce sont les plus nuisibles.

Lorsque ces diverses matières sont en petite quantité dans l'eau, celle-ci est dite *potable;* elle convient pour les divers usages de l'économie domestique, pour les savonnages, la cuisson des légumes, etc. Cependant la présence de matières organiques, de ferments, de microbes peut la rendre dangereuse comme boisson; l'ébullition annule ce danger, mais il est alors nécessaire d'aérer l'eau pour qu'elle reprenne les gaz que la chaleur lui a fait perdre : une eau non aérée est lourde et indigeste; l'eau absolument pure entretiendrait mal la nutrition, parce qu'elle n'apporterait pas les sels de chaux et autres qui sont nécessaires à la formation et à l'entretien du corps.

Lorsque l'eau est très chargée de sulfate et bicarbonate de chaux, elle est dure, impropre au savonnage; le sulfate de chaux forme avec les légumes un composé qui les durcit et ne permet pas de les cuire. Ces espèces d'eau sont dites *séléniteuses.*

Si les matières minérales contenues dans les eaux sont de nature exceptionnelle, en quantités considérables, comme le soufre, les sulfures solubles, l'acide sulfhydrique, le bicarbonate de soude, des sels de fer, etc., elles constituent les eaux dites *minérales,* utilisées en Médecine, mais impropres aux autres usages.

L'opérateur photographe pourra facilement se rendre compte de la qualité des eaux qu'il a à sa disposition au moyen de quelques réactifs qui sont sous sa main. On reconnaît la présence du bicarbonate de chaux en faisant bouillir l'eau dans une fiole et la laissant reposer; le bicarbonate est décomposé par la chaleur, une partie de l'acide carbonique est expulsée et le carbonate de chaux insoluble trouble le liquide; ce trouble et l'abondance du dépôt en font apprécier la quantité. Le sulfate de chaux reste en solution; mais, en filtrant ou en ajoutant dans l'eau un peu de carbonate de soude, il se produit par double décomposition du carbonate de chaux, décelant ainsi la présence et la quantité de sulfate. On reconnaît aussi les sels de chaux en versant dans l'eau un peu d'oxalate de potasse; il se fait immédiatement un trouble, puis un précipité d'oxalate de chaux.

En versant dans un autre échantillon un peu d'azotate d'argent neutre, on précipite en même temps les chlorures et les carbonates à l'état de sels d'argent; quelques gouttes d'acide nitrique dissolvent le carbonate d'argent, laissant le chlorure insoluble; on se rend compte ainsi à peu près des quantités relatives de ces sels.

Les matières organiques pourraient être reconnues par un peu de nitrate d'argent saturé d'oxyde d'argent et par l'exposition à la lumière ou par l'ébullition; ces matières, brûlées par l'oxygène du nitrate, le réduisent et noircissent le liquide. Plus généralement, on emploie une solution étendue de permanganate de potasse dont quelques gouttes donnent à l'eau une teinte violette qui disparaît d'autant plus vite que les matières organiques existent en quantités plus considérables.

Pour l'usage photographique, ces diverses impuretés de l'eau ne sont pas sans inconvénient; la présence des chlorures et des sels de chaux trouble les solutions de nitrate d'argent, pour lesquelles il sera toujours préférable d'employer de l'eau distillée. A défaut d'eau distillée, on prendra la meilleure eau disponible; si la solution de nitrate d'argent est très trouble, on y ajoute goutte à goutte de l'acide nitrique étendu, jusqu'à ce que le liquide, bien agité chaque fois, commence à rougir faiblement un papier de tournesol, et l'on filtre. Si cette solution doit être employée neutre, on neutralise l'acide par de minimes quantités de carbonate de soude : il y a là une série de tâtonnements qui doivent être faits d'une main très légère. Si le trouble occasionné n'est pas trop considérable, on se borne à filtrer le liquide et à l'essayer au papier de tournesol pour l'amener ensuite à l'état acide, neutre, ou alcalin, suivant sa destination.

La présence des matières organiques est souvent plus préjudiciable que celle des matières minérales, parce qu'elle est une cause de voile sur les épreuves; on les détruit par les mêmes moyens qui servent à les constater, soit par l'insolation, soit par une faible solution de permanganate de potasse. Les sels de chaux sont surtout désagréables dans les procédés actuels au gélatinobromure d'argent, lorsqu'on fait le développement des épreuves au moyen de l'oxalate de fer; les sels de chaux donnent en effet avec les oxalates solubles un précipité d'oxalate de chaux qui se dépose sur les clichés sous forme de poudre blanche assez adhérente et qui en altère la limpidité. C'est pour éviter cet inconvénient que nous conseillons de ne laver les épreuves développées qu'après les avoir passées dans un bain d'alun puis dans l'hyposulfite de soude, qui enlèvent ainsi la majeure partie de l'oxalate du développement. Pour la même raison, les cuves verticales de lavage sont préférables aux cuves horizontales.

Théoriquement on devrait donc employer toujours de l'eau pure et on ne l'obtient ainsi que par la distillation.

L'eau distillée résulte de la vaporisation de l'eau à 100° et de la condensation des vapeurs. Si l'on n'en veut qu'une minime quantité, un demi-litre ou un litre, on peut se servir d'une cornue que l'on chauffe sur un fourneau (*fig.* 105) et dont le col pénètre dans le goulot d'un ballon que l'on refroidit et où la vapeur se condense; on peut remplacer la cornue par une fiole mince sur laquelle on ajuste, au moyen d'un bouchon percé, un tube deux fois coudé à angle droit et péné-

Fig. 105.

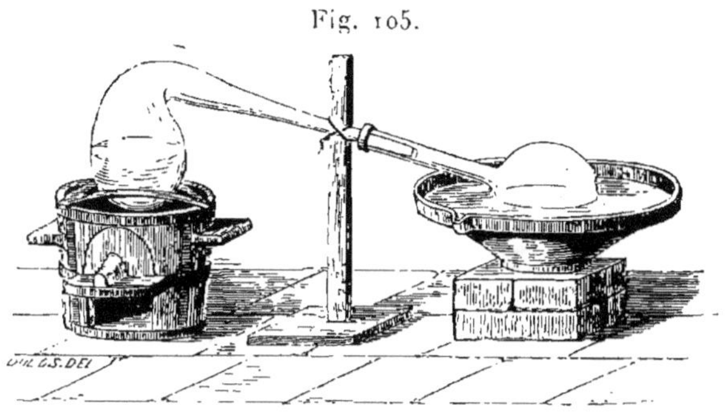

Distillation de l'eau.

trant dans une seconde fiole refroidie. Le plus souvent, on se sert d'un alambic (*fig.* 106), avec lequel on peut distiller l'eau d'une manière continue et en obtenir de grandes quantités. Il est facile de comprendre la marche de cet appareil : la marmite, hermétiquement fermée, est placée dans le fourneau; lorsque la température a atteint 100°, l'eau passe à l'état de vapeurs qui s'élèvent, franchissent le tuyau et arrivent dans le serpentin refroidi par un courant d'eau froide; la vapeur revient à l'état liquide et l'eau distillée s'écoule dans le flacon placé pour la recevoir.

L'eau de condensation des machines à vapeur est en réalité de l'eau distillée; mais on doit en proscrire l'usage, parce que, dans son passage à travers les divers organes de la machine, elle s'est chargée de matières organiques et de matières grasses dont l'action est des plus nuisibles.

L'eau distillée servira pour les solutions qui demandent des soins exceptionnels, comme celles de nitrate d'argent, de bromure soluble, d'acide pyrogallique, etc.; mais, dans un grand nombre de circonstances, on peut remplacer l'eau distillée par l'eau de pluie convenablement recueillie, lorsqu'une première averse a fait un bon lavage sur les toits. Toutefois, dans les grandes villes, les eaux de toiture sont tout à fait impures; on pourrait alors étendre dehors un grand linge soutenu par les quatre coins et, après un premier rinçage, recevoir l'eau qui s'en écoule dans des récipients propres.

Pour les lavages, on utilisera très bien les eaux les plus ordinaires, en prenant seulement la précaution de les filtrer si elles sont troubles.

Fig. 106.

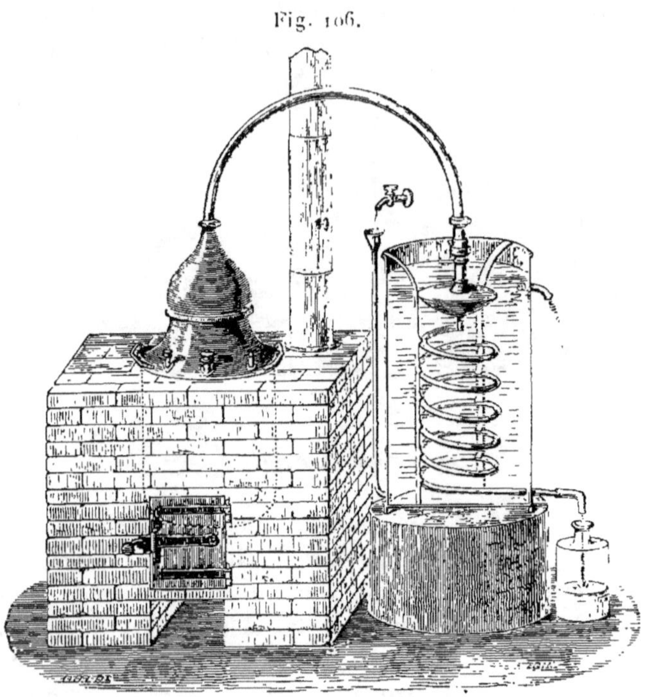

Distillation avec un alambic.

Eau régale.

L'eau régale est un simple mélange d'acide chlorhydrique et d'acide azotique. Sous l'influence de l'acide azotique qui cède son oxygène à l'hydrogène de l'acide chlorhydrique, le chlore est mis en liberté, il se forme en outre des acides chloro-azoteux et chloro-hypoazotique ; ce mélange attaque l'or et le platine qui résistent à l'un et à l'autre acide pris isolément ; de là ce nom d'*eau régale*, attaquant l'or, le roi des métaux. L'eau régale ordinairement employée dans l'industrie est formée de 4^{vol} d'acide chlorhydrique à 22° B. avec 1^{vol} d'acide azotique à 35° B., mais ces proportions varient beaucoup suivant les usages pour lesquels ce mélange est employé.

Éosine. (Voir *Couleurs dérivées des goudrons de houille*.)

Érythrosine. (Voir *Couleurs dérivées des goudrons de houille.*)

Esprit-de-bois. (Voir *Alcool méthylique.*)

Essences.

Nom général donné à des substances que l'on trouve le plus souvent toutes formées dans les végétaux aromatiques et que l'on obtient par distillation faite en présence de l'eau. Les variétés d'essences sont très nombreuses.

Essence de térébenthine. — C'est la plus importante des essences; on en emploie des quantités considérables dans l'industrie. En Photographie, son usage est à peu près limité aux préparations de bitume de Judée. On l'extrait par distillation de la matière dite *térébenthine* qui exsude de toutes les entailles faites dans l'écorce du pin maritime; l'essence se volatilise par la chaleur et laisse comme résidu la colophane.

Au contact de l'air, elle absorbe de l'oxygène et se résinifie.

L'essence de lavande et l'essence d'aspic, que l'on extrait, la première de la plante appelée *Lavandula vera*, la seconde de la *Lavandula spica*, sont indiquées dans quelques formules; mais leur usage est très restreint, et leur odeur forte rend leur emploi désagréable.

Éther.

L'éther ordinaire est un liquide incolore, d'une odeur assez agréable, caractéristique; il est plus léger que l'eau, sa densité $= 0,75$; l'eau n'en dissout qu'un dixième de son volume; il bout à la température de 34°,5 C. et il se vaporise très rapidement à l'air en produisant un grand froid. Au contact d'un corps incandescent, l'éther s'enflamme avec facilité et brûle en se combinant avec l'oxygène de l'air; un mélange d'air et de vapeurs d'éther est très explosif: il est donc dangereux de transvaser l'éther ou d'employer des préparations faites avec ce liquide dans un local où il y a du feu; les vapeurs d'éther sont lourdes : elles coulent comme de l'eau, gagnent les parties basses des pièces où elles se produisent et peuvent s'enflammer, même à un foyer très éloigné. Aussi, lorsqu'on travaille avec des préparations d'éther dans une pièce éclairée par une lumière artificielle, on doit prendre la précaution de placer le foyer lumineux dans les parties supérieures; en outre, une ouverture ménagée dans le bas devra faciliter l'écoulement au dehors des vapeurs d'éther.

L'éther mélangé à l'alcool dissout le coton-poudre; les proportions sont ordinairement de parties égales ou d'un tiers d'alcool pour deux tiers d'éther.

Souvent on donne à l'éther ordinaire le nom d'*éther sulfurique*. C'est un tort, car il ne contient pas d'acide sulfurique; celui-ci a seulement servi pour sa préparation. On obtient l'éther en traitant l'alcool ordinaire par des substances très avides d'eau, telles que les acides sulfurique, phosphorique, le chlorure de zinc, etc. La méthode

Fig. 107.

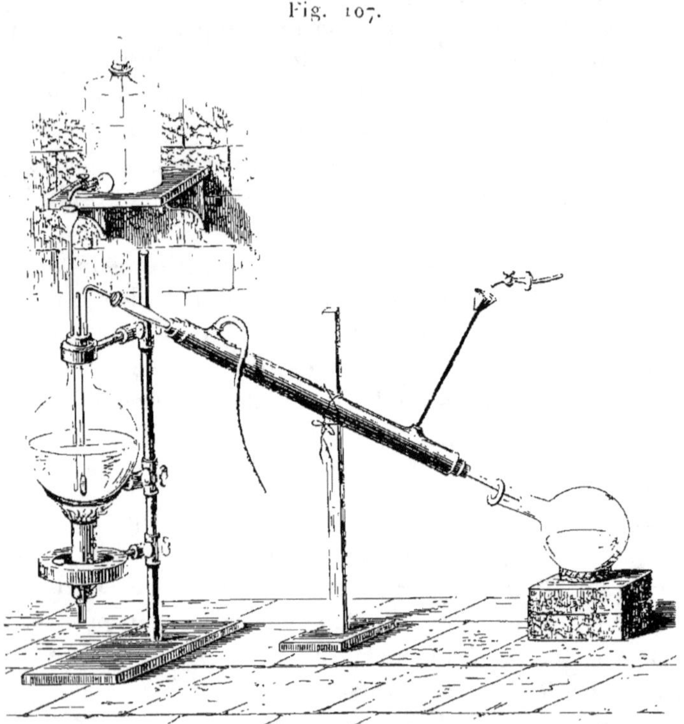

Préparation de l'éther.

industrielle est de chauffer à 90° C. un mélange de 10 parties en poids d'acide sulfurique avec 6 parties d'alcool; on élève peu à peu la température jusqu'à 140° C. environ; aussitôt formé, l'éther se volatilise et les vapeurs, condensées dans un réfrigérant, se réunissent à l'état liquide dans un récipient que l'on refroidit. On remplace l'alcool à mesure qu'il est transformé en éther; le même acide sulfurique sert pour des quantités indéterminées. La *fig.* 107 montre l'appareil au moyen duquel on fait les opérations de ce genre dans un laboratoire de Chimie; cet appareil est modifié pour les opérations en grand.

Éthers divers. — On donne le nom d'*éthers* à une série de composés résultant de l'action de divers acides sur l'alcool ou mieux sur les divers alcools; il se produit alors une combinaison avec élimination d'oxygène et d'hydrogène dans les proportions de l'eau. Ainsi l'éther acétique, quelquefois employé en Photographie, est un de ces composés

Fer.

Le fer est un métal très répandu sur toute la surface du globe à l'état d'oxyde, de carbonate, de phosphate, de silicate, de sulfure, etc. Les oxydes et les carbonates de fer constituent les minerais que l'on traite, par le charbon additionné d'un fondant variable suivant la nature du minerai, dans de vastes appareils dits *hauts fourneaux*. Sous l'influence de la température élevée, le fer, réduit par le charbon et l'oxyde de carbone, s'unit à une quantité de carbone variant de 2 à 5 pour 100; il forme la fonte, que l'on affine ensuite pour obtenir le fer que les laminoirs transforment en barres, en tôle, etc., destinées à de nombreux usages.

Le fer forme un grand nombre de composés chimiques, parmi lesquels les sels de protoxyde de fer sont principalement employés en Photographie.

Citrate de fer ammoniacal. — Ce composé est utilisé en Photographie pour préparer les papiers donnant des épreuves positives bleues. On l'obtient en attaquant du fer métallique par l'acide citrique et en dissolvant les cristaux obtenus dans l'ammoniaque. On évapore le liquide à sec en couches minces et on détache le produit sous forme d'écailles.

Sulfate de protoxyde de fer (*sulfate de fer*). — Lorsqu'on attaque le fer par l'acide sulfurique étendu d'eau, il se produit un dégagement abondant de gaz hydrogène et il se forme du sulfate de fer qui cristallise, par la concentration des liqueurs, en beaux cristaux vert émeraude; on obtient aussi ce composé par le grillage des pyrites de fer (sulfures) au contact de l'air et par leur lente oxydation.

Ce sel, d'un prix très peu élevé, est employé surtout en teinturerie; il forme la base de presque toutes les couleurs noires et bleues, il entre pour une forte proportion dans la fabrication des encres ordinaires. Il a une grande tendance à absorber l'oxygène pour passer à l'état de sulfate de peroxyde de fer; c'est donc un réducteur puissant et c'est cette propriété qui le fait employer en Photographie, ainsi que d'autres sels de protoxyde de fer, pour le développement des épreuves : ces réactifs continuent et terminent l'action commencée par la lumière.

Les solutions de sulfate de protoxyde de fer sont rapidement peroxydées, elles se troublent et jaunissent par l'action de l'oxygène de l'air; on empêche cette oxydation ou on la corrige, en mélangeant à la solution un peu d'acide tartrique sur lequel l'oxygène porte son action.

On trouvera dans le Tableau des densités pour les liquides plus lourds que l'eau le titre des solutions de fer d'après leur degré aréométrique.

Oxalate de fer. — Lorsqu'on mélange un excès d'une solution de sulfate de protoxyde de fer avec une solution d'oxalate neutre de potasse, il se forme un précipité jaune clair d'oxalate de protoxyde de fer qui se dissout dans un excès d'oxalate de potasse; la liqueur est d'un rouge très prononcé. Cet oxalate de protoxyde passe rapidement à l'état de peroxyde. C'est un réducteur énergique et sa solution est un des bons révélateurs pour les glaces au gélatinobromure d'argent.

Ferrocyanure et ferricyanure de potassium. (Voir *Cyanoferrure* et *Cyanoferride de potassium*).

Perchlorure de fer. — On trouve dans le commerce le perchlorure de fer tout préparé à l'état liquide. Lorsqu'on veut le préparer soi-même, on commence par traiter une solution de protoxyde de fer par l'acide nitrique, pour la peroxyder, et l'on précipite le tout par un excès d'ammoniaque. On obtient ainsi une masse volumineuse de peroxyde de fer hydraté; on la lave bien jusqu'à disparition de l'odeur ammoniacale, on égoutte, on comprime et l'on ajoute sur le précipité de l'acide chlorhydrique en quantité insuffisante pour dissoudre le tout. Après quelques heures de contact, on filtre et on évapore le liquide si l'on veut le perchlorure de fer sec; ou l'on voit avec l'aréomètre la densité du liquide, que l'on étend ou que l'on concentre suivant le degré aréométrique demandé dans la formule.

Formique (Acide).

L'acide formique résulte de l'oxydation de l'alcool méthylique (esprit-de-bois), comme l'acide acétique résulte de l'oxydation de l'alcool vinique (esprit-de-vin). Il fut obtenu la première fois en distillant un mélange d'eau et de fourmis rouges, d'où son nom; actuellement, on le prépare en grande quantité en chauffant un mélange de glycérine et d'acide oxalique, ou encore par l'oxydation d'un assez grand nombre de substances organiques, telles que le sucre, l'amidon, la gomme, etc.

L'acide formique est un réducteur puissant, ramenant l'azotate d'argent à l'état métallique. Il est peu employé en Photographie; il a été assez souvent proposé pour donner plus d'énergie à quelques formules de développement, principalement celles au sulfate de fer, et pour arriver ainsi à réduire le temps de pose.

Fluor.

Corps gazeux, d'une préparation extrêmement difficile; il n'a été isolé que tout récemment par M. Moissan. Il se trouve dans la nature à l'état de combinaison dans le spath fluor ou fluorure de calcium, dans la cryolithe qui est un fluorure double d'aluminium et de sodium; il est disséminé dans beaucoup d'autres composés.

Fluorhydrique (*Acide*). — Composé de fluor et d'hydrogène, il se dégage sous forme de fumées blanches excessivement acides, lorsqu'on

Fig. 108.

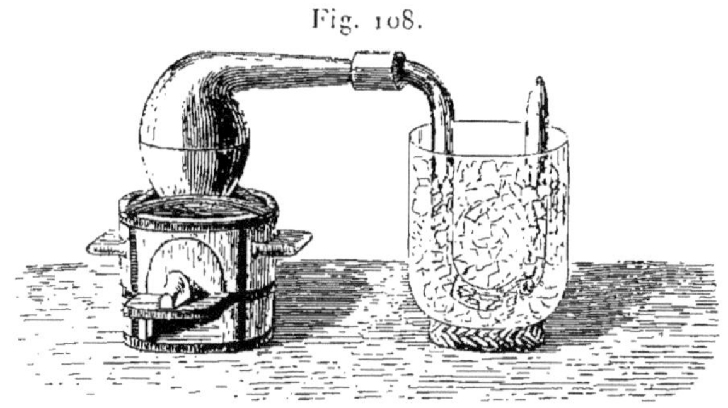

Préparation de l'acide fluorhydrique.

chauffe un mélange de spath fluor en poudre avec l'acide sulfurique. Cette opération ne peut être faite que dans des appareils de plomb; l'acide fluorhydrique, en effet, attaque immédiatement tous les composés renfermant de la silice, et par conséquent le verre et toutes les poteries. On prépare l'acide fluorhydrique au moyen de l'appareil représenté *fig.* 108; le mélange de spath fluor et d'acide sulfurique est mis dans la cornue de plomb, on chauffe doucement; les vapeurs acides viennent se condenser à l'état liquide dans le tube en U, également en plomb, qui est plongé dans un mélange réfrigérant.

L'acide fluorhydrique est un liquide incolore, répandant à l'air d'épaisses fumées blanches; il est délétère, des plus corrosifs et très dangereux à manier; lorsqu'il est concentré, il attaque immédiatement la peau et détermine des ampoules et des brûlures douloureuses dont la cicatrisation est très longue. Dans l'industrie, on met à profit pour graver le verre la propriété que possède l'acide fluorhydrique de se combiner à la silice, en produisant du fluorure de silicium; on l'emploie alors à l'état liquide ou gazeux (*fig.* 109); on recouvre

Fig. 109.

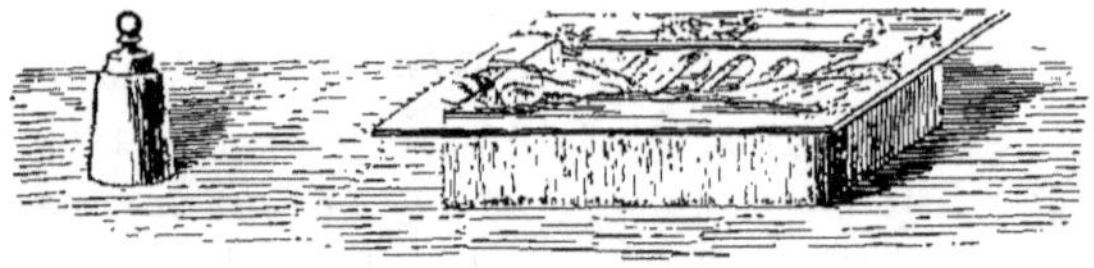

Gravure sur verre.

d'un vernis les parties du verre qui ne doivent pas être mordues, en laissant ou en mettant à nu celles qui doivent être gravées.

Il ne faut pas chercher à faire soi-même la préparation de l'acide fluorhydrique : elle est un peu dangereuse; mieux vaut acheter le produit dans le commerce qui le livre dans des flacons de plomb ou de gutta-percha. En Photographie, il peut servir pour graver sur verre des images dont les réserves ont été obtenues au moyen du bitume de Judée; on a proposé l'emploi d'une solution très étendue pour faciliter l'enlèvement des couches de gélatine des glaces sur lesquelles elles avaient été formées et leur transport à l'état de pellicules sur un autre support.

Gallique (Acide).

En traitant la noix de galle pulvérisée par l'éther aqueux, on extrait une matière astringente très soluble dans l'eau et incristallisable, qui est le tannin ou acide tannique; exposé à l'air, au contact de l'eau, le tannin subit une fermentation spéciale, il se transforme en acide gallique, celui-ci, purifié par un traitement alcoolique, cristallise en fines aiguilles soyeuses, très solubles dans l'eau bouillante, mais beaucoup moins dans l'eau froide.

L'acide gallique a été employé autrefois pour le développement des épreuves sur préparations sèches; il est encore utilisé maintenant dans quelques procédés photographiques. Chauffé à 200°, il se transforme en acide carbonique et en acide pyrogallique; il sert surtout à la fabrication de ce dernier corps. On le prépare en grand en faisant subir la fermentation gallique à des amas de noix de galle concassées.

Gélatine (Matières gélatineuses).

Lorsqu'on traite par l'eau bouillante les dépouilles animales, comme les os, la peau, les tendons, les cartilages, il se produit une transformation de la substance dite *osséine* qui fait partie de ces tissus, et on donne à la matière dissoute le nom de *gélatine*. Cette dissolution est écumée, puis soutirée et filtrée; on la verse dans des moules où elle se prend en gelée d'autant plus consistante que la proportion de gélatine est plus forte; après l'avoir démoulée, on coupe les pains en tranches plus minces que l'on fait sécher rapidement à l'air. Les feuilles solides de gélatine qui résultent de ce traitement sont livrées au commerce sous différents noms, suivant la destination du produit et les soins apportés à la préparation. Les qualités inférieures, en feuilles épaisses fortement colorées en jaune ambré, forment la majeure partie des fabrications et constituent les diverses colles fortes employées dans l'industrie; les qualités blanches, en feuilles très minces, obtenues par un traitement soigné des os frais de bœuf et de veau, sont les gélatines extra avec lesquelles on fait les gelées alimentaires. Le traitement des cartilages de jeunes animaux donne la chondrine, matière analogue à la gélatine, dont elle diffère cependant par quelques réactions chimiques.

On fait actuellement en Photographie une grande consommation de gélatine pour la fabrication des plaques sensibles, dites *au gélatino-bromure d'argent*, et l'on prépare avec le plus grand soin des qualités spéciales pour cette application et pour celle des procédés à la gélatine bichromatée.

La gélatine pure est une substance solide, très dure, transparente, incolore, inodore; elle se gonfle dans l'eau froide sans s'y dissoudre, mais elle se dissout dans l'eau tiède à des températures variables entre 20° et 30° C., suivant les qualités ou les manipulations antérieures. Il suffit d'une partie de gélatine pour faire prendre en gelée 100 parties d'eau. Les ébullitions successives ou prolongées rendent la gélatine soluble à des températures de plus en plus basses; elle finit même par ne plus faire prise par le refroidissement. Le tannin a la propriété d'insolubiliser complètement la gélatine et de former avec elle un composé imputrescible; les aluns la durcissent et la rendent insoluble.

Par le fait des divers modes de fabrication, la gélatine est tantôt acide, tantôt alcaline. Pour les emplois photographiques, l'acidité est moins à redouter que l'alcalinité, à laquelle on peut souvent attribuer le voile des surfaces sensibles.

L'*ichtyocolle* ou colle de poisson est de la gélatine presque pure. On la retire de la vessie natatoire de quelques grands poissons, et surtout du grand esturgeon. La colle de poisson est beaucoup plus longue à gonfler dans l'eau que la gélatine ordinaire; elle se dissout ensuite à une température plus basse.

Glycérine.

La glycérine est une des parties constituantes des huiles et graisses; elle s'en sépare toutes les fois que l'on saponifie le corps gras pour en obtenir l'acide : c'est donc un produit accessoire de la fabrication des bougies, de l'acide stéarique et de celle des savons. La glycérine est un liquide sirupeux, de saveur sucrée, incolore, inodore, assez lourd ($D = 1,26$), soluble dans l'eau et dans l'alcool, distillant à la température très élevée de 280° C. Sa principale propriété, celle sur laquelle sont fondés ses divers usages, est de ne pas sécher; elle conserve aux corps avec lesquels on la mélange une souplesse agréable : c'est dans ce but qu'on l'ajoute à la gélatine et au collodion pour faire des épreuves pelliculaires.

On ne doit pas oublier qu'elle est soluble dans l'eau et que, par conséquent, le dernier bain dans lequel passeront les préparations pelliculaires devra toujours être additionné de glycérine, même si l'on en a ajouté dans les préparations premières; on compense ainsi les pertes résultant des lavages qui ont suivi ces préparations.

Hydrogène.

L'hydrogène est un corps simple, gazeux, incolore, inodore quand il est pur. C'est le plus léger de tous les corps connus : la densité de l'air étant 1, celle de l'hydrogène est 0,0692, il est donc $14\frac{1}{2}$ fois plus léger que l'air. Aussi est-il employé quelquefois pour gonfler les aérostats puisqu'il leur donne la force ascensionnelle maxima; mais il se diffuse et passe facilement à travers les enveloppes les plus serrées, pendant que l'air rentre à sa place; c'est pour cette cause qu'on préfère le plus souvent gonfler les ballons avec le gaz d'éclairage, qui n'a pas cet inconvénient.

L'hydrogène brûle dans l'air avec une flamme peu éclairante, mais cette combustion développe une intensité de chaleur considérable; il se produit entre l'hydrogène et l'oxygène une combinaison qui s'effectue dans la proportion de 2 parties d'hydrogène pour 1 partie d'oxygène en volume et de 1 partie d'hydrogène pour 8 d'oxygène en poids. Le mélange des deux gaz, surtout dans les proportions ci-dessus, a une force explosive dangereuse, même pour un petit volume. Lorsque l'hydrogène est mélangé à l'air, l'explosion est un peu atténuée à cause du gaz azote; mais elle offre encore des dangers, suivant les conditions de l'expérience, dès que le volume dépasse quelques centimètres cubes.

Ces propriétés expliquent l'emploi de l'hydrogène pour obtenir la lumière dite *oxhydrique* et les précautions minutieuses prises pour éviter les accidents. On fait arriver, d'une part, l'hydrogène, d'autre part l'oxygène, que l'on tient séparés dans deux récipients, gazomètres

Fig. 110.

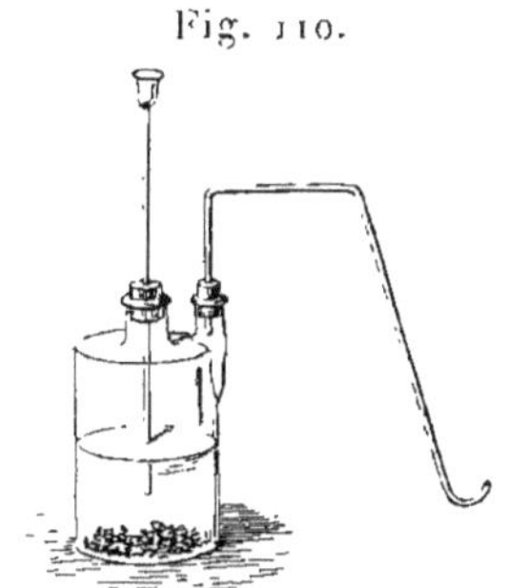

Préparation de l'hydrogène.

ou sacs de caoutchouc, et ils ne se mélangent qu'à l'orifice même du chalumeau où on les enflamme; le dard enflammé projeté sur un bâton de chaux porte le point touché au blanc éblouissant et donne une lumière excessivement vive. On doit prendre grande attention au sac d'hydrogène, ne pas laisser le robinet ouvert sans qu'il soit sous pression; car, si l'hydrogène peut s'échapper sans que le sac s'affaisse, l'air le remplace et le mélange détonant est aussitôt formé. Même lorsque le sac est fermé, ce mélange se produit par simple diffusion; on évitera donc de conserver l'hydrogène dans les sacs, on remplira ceux-ci peu de temps avant l'emploi; la substitution du gaz d'éclairage au gaz hydrogène est préférable, car elle supprime une partie de ces dangers et simplifie l'opération.

La préparation de l'hydrogène dans les laboratoires est des plus faciles. Elle résulte de l'attaque de quelques métaux, tels que le zinc ou le fer par les acides chlorhydrique ou sulfurique étendus de huit à dix fois leur volume d'eau; ces acides s'unissent au métal pour former des sulfates ou des chlorures de zinc ou de fer, tandis que l'hydrogène, qui faisait partie de leur composition, se dégage à l'état gazeux. L'acide chlorhydrique est souvent préféré à l'acide sulfurique, parce que les chlorures métalliques correspondants sont très solubles dans l'eau et n'ont pas, comme les sulfates, une tendance à cristalliser qui entrave l'action de l'acide. On fait cette attaque dans un flacon muni d'un bouchon traversé par un tube de dégagement, ainsi que le représente la *fig.* 110.

Lorsqu'on pense avoir souvent besoin de gaz hydrogène, on préfère un appareil composé de deux flacons semblables, portant chacun à la partie inférieure une tubulure que l'on unit l'une à l'autre par un fort

Fig. 111.

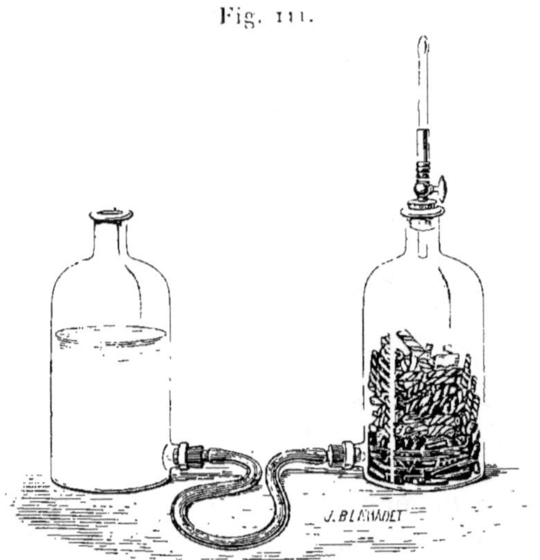

Appareil pour la production du gaz hydrogène.

tube de caoutchouc (*fig.* 111). Dans l'un des flacons, on met d'abord des fragments de verre ou de charbon jusqu'au-dessus de la tubulure, puis des rognures de zinc jusqu'aux trois quarts environ ; on bouche le goulot avec un bon bouchon de liège dans lequel passe un tube muni d'un robinet que l'on ferme. Dans l'autre flacon, on verse jusqu'aux trois quarts de la hauteur de l'acide chlorhydrique dilué à l'avance, comme il est dit plus haut. Bien que les deux flacons communiquent ensemble par le tube de caoutchouc qui relie leurs tubulures, le liquide acide ne peut arriver sur le zinc, parce qu'il en est empêché par l'air retenu dans le flacon ; mais, dès que l'on ouvre le robinet, l'air s'échappe, la solution acide touche le zinc et l'hydrogène se dégage par le tube; lorsqu'on ferme le robinet, le gaz qui se forme refoule le liquide dans l'autre flacon et le courant d'hydrogène est interrompu, pour reprendre avec la même facilité lorsqu'on tourne de nouveau le robinet.

M. Molteni a conseillé, pour produire le gaz hydrogène, un appareil qui est construit sur les mêmes principes que le précédent.

Il se compose d'une sorte de bouteille en plomb (*fig.* 112), dont le

Fig. 112.

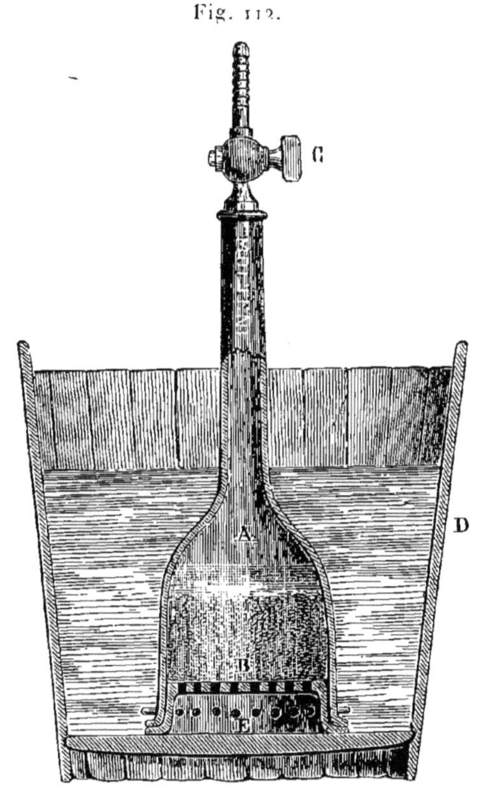

Apparcil pour les grandes quantités d'hydrogène.

goulot est fermé par le robinet de dégagement C; le fond F, qui est tenu à baïonnette et percé de trous, s'enlève; on renverse la bouteille, on la remplit aux trois quarts avec des rognures de zinc sur lesquelles on ajoute un lit de verre cassé ou de menus charbons; on replace le fond et l'on retourne la bouteille dans un grand récipient, baquet ou autre, contenant le liquide acide. Lorsqu'on ouvre le robinet, le liquide pénètre, agit sur le zinc, et l'hydrogène se dégage; lorsqu'on le ferme, l'acide est refoulé hors de la bouteille et la production du gaz cesse.

En dehors de l'application ci-dessus, le gaz hydrogène n'est pas employé en Photographie; pourtant c'est un réducteur très énergique, surtout à l'état naissant, et, dans des essais théoriques, on a obtenu sur plaque le développement d'une image fugitive en la plongeant dans l'eau acidulée et en la touchant avec un barreau de zinc.

Hypochlorites de chaux, de potasse, de soude. (Voir *Chlorures décolorants.*)

Hydroquinone.

C'est une substance dérivée de la quinone qui résulte elle-même de l'oxydation de l'acide quinique qui existe dans les quinquinas. On prépare artificiellement et industriellement l'hydroquinone par l'oxydation de l'aniline au moyen de l'acide chromique (M. Nietzky).

On dissout 1 partie d'aniline et 8 parties d'acide sulfurique dans 30 d'eau, et l'on ajoute peu à peu au mélange refroidi avec soin 2,5 parties de bichromate de potasse pulvérisé, en évitant toute élévation de température. Il se forme entre autres produits de l'hydroquinone et de la quinone. On fait passer dans le mélange un courant d'acide sulfureux qui transforme la quinone en hydroquinone. Puis on agite la masse avec de l'éther qui dissout l'hydroquinone. On purifie le produit par des cristallisations dans le toluène bouillant.

L'hydroquinone est fusible à 177°, soluble dans l'eau l'alcool et l'éther. Elle se sublime facilement par l'action de la chaleur.

Elle s'unit aux bases alcalines, et les agents oxydants la transforment en quinone.

L'hydroquinone dont l'emploi n'est pas encore généralisé donne lieu actuellement à des essais très intéressants.

Hyposulfite de soude. (Voir *Sodium et sels de soude.*)

Hydroxylamine (Chlorhydrate d').

Ce produit a été proposé comme l'hydroquinone pour développer les images latentes; les essais jusqu'à ce jour ne sont pas encore concluants.

On prépare l'hydroxylamine en dissolvant 200gr de nitrate d'ammoniaque dans 2170gr d'acide chlorhydrique d'une densité de 1,12. On ajoute 552gr d'étain par petites portions à la fois en ayant soin d'éviter toute élévation de température. On précipite ensuite l'étain par l'acide sulfhydrique et le produit est cencentré et purifié par cristallisations.

Iode.

L'iode est un corps simple, solide, se présentant sous forme de larges paillettes cristallines, d'un gris d'acier foncé; il se liquéfie à la température de 113°, mais bien avant ce point il émet de belles vapeurs violettes; on le trouve, comme le brome, dans les eaux mères des soudes de varechs, des marais salants, des nitrates de soude du Pérou, etc. (Voir *Brome, extraction du brome et de l'iode.*) Il est très peu soluble dans l'eau, mais soluble dans l'alcool et les iodures alcalins; il se comporte comme le chlore et le brome dans toutes les réactions chimiques. Sa propriété caractéristique est de former un composé bleu avec l'amidon, même lorsqu'il n'est qu'en quantité infinitésimale; on peut déceler ainsi la présence d'un millième d'iode à l'état libre.

Il sert, en Photographie, pour sensibiliser les plaques daguerriennes, et surtout pour la préparation des iodures solubles.

Lorsque l'iode en paillettes ou en poudre est mis à digérer avec l'ammoniaque, il se produit de l'iodure d'azote, composé qui détone au plus léger contact lorsqu'il est sec. Ce corps, à peu près inutile, ne doit être préparé qu'en très petites quantités, inférieures à 1gr d'iode. Lorsqu'il est additionné d'une quantité suffisante d'ammoniaque, il se décompose lentement sous l'action de la lumière et la somme du gaz azote dégagé devient une mesure photométrique.

Iodures solubles. — La méthode la plus simple pour préparer les iodures solubles est d'opérer comme il a été indiqué pour les bromures; on fait d'abord une solution d'iodure de fer en attaquant par l'iode de la limaille ou des fils de fer immergés dans une quantité d'eau suffisante; quand le liquide a perdu sa coloration rouge, on le filtre et on le sature exactement par une solution de la base carbonatée, potasse, soude ou ammoniaque, dont on veut l'iodure; il se fait un carbonate de fer insoluble, et l'iodure de potassium, de sodium ou d'ammonium reste en solution, que l'on concentre pour avoir le sel cristallisé. Les autres iodures métalliques sont préparés comme l'iodure de fer, en mettant l'iodure directement en contact avec le métal.

Iodure d'argent. (Voir *Argent et sels d'argent.*)

Kaolin.

Argile blanche, très pure, constituant la base de la porcelaine; elle est employée en Photographie pour décolorer les bains d'argent noircis par la préparation des papiers albuminés, positifs ou autres.

Magnésium.

Le magnésium se trouve abondamment dans la nature, mais toujours en combinaison avec le chlore, l'acide carbonique, l'acide silicique, etc.; jamais à l'état de corps simple. On l'obtient à l'état métallique en traitant dans un creuset le chlorure de magnésium sec par un sixième de son poids de sodium additionné d'autant de chlorure de sodium et de fluorure de calcium. Le magnésium résultant de cette opération n'est pas pur; on le volatilise alors à la température de 1000° environ dans un courant de gaz hydrogène; on recueille ainsi le magnésium pur. C'est un métal blanc très léger ($D = 1,75$), fusible vers 420° C., volatil à 1000°. On le lamine en lames minces que l'on découpe en rubans; c'est sous cette forme qu'on le rencontre le plus souvent dans le commerce. Porté à la température rouge, il s'enflamme au contact de l'air et se combine avec l'oxygène, en produisant une lumière éblouissante très riche en rayons actiniques bleus. On l'utilise en Photographie comme source de lumière artificielle, pour faire des épreuves soit pendant la nuit, soit dans les grottes, les souterrains, les cathédrales sombres, partout enfin où le jour est insuffisant; il remplace avantageusement la lumière électrique, comme facilité et économie d'emploi, pour des éclairages de courte durée. On a construit à cet effet des lampes spéciales avec réflecteur; un mécanisme d'horlogerie déroule le ruban de magnésium à mesure de sa combustion, ce qui donne un éclairage d'une intensité et d'une durée suffisantes pour faire des épreuves à la chambre noire; toutefois, cette combustion produit des fumées blanches de magnésie assez abondantes; on ne pourrait donc y avoir recours pour un éclairage régulier comme celui demandé pour les projections. Récemment on a conseillé le magnésium très divisé soit seul, soit mélangé avec des sels oxydants comme le chlorate de potasse et enflammé par le coton-poudre, l'électricité, etc., pour obtenir instantanément une lumière très intense et très photographique. Ces mélanges, qui se rattachent à la pyrotechnie demandent les plus grandes précautions dans leur confection, leur facilité à s'enflammer et même à détoner peut les rendre dangereux.

Les sels de magnésie n'ont jusqu'ici aucun emploi en Photographie, excepté le *nitrate de magnésie*, conseillé dans une formule pour la préparation et la conservation des papiers positifs sensibles.

Manganèse.

Le manganèse est un métal qui jusqu'ici n'a pas d'emploi à l'état métallique pur, les alliages de fer et de manganèse sont utilisés dans la métallurgie. Mais ses combinaisons, surtout celles avec l'oxygène ont un intérêt industriel et chimique; le peroxyde de manganèse est le minerai le plus abondant de ce corps; il sert surtout pour la préparation du chlore et de l'oxygène.

Permanganate de potasse. — On obtient ce sel en calcinant au rouge sombre un mélange de peroxyde de manganèse avec du nitrate ou du chlorate de potasse, en dissolvant par l'eau bouillante la masse refroidie et en faisant cristalliser. Il se présente sous forme de cristaux aiguillés à reflets violets presque noirs. La solution de permanganate de potasse est d'un beau rouge violacé. Ce corps est un oxydant très énergique qui détruit rapidement les matières organiques; il est employé quelquefois dans ce but en Photographie pour purifier les bains d'argent.

Mercure.

Ce métal se trouve quelquefois à l'état natif dans le sol, mais le plus souvent il est combiné avec le soufre, formant un minerai rouge, le cinabre, que l'on trouve abondamment en Espagne, en Illyrie et aussi en Californie. Il suffit de chauffer ce minerai dans des fours au contact de l'air pour brûler le soufre et pour obtenir le métal coulant, en refroidissant les vapeurs.

Le mercure est le seul métal liquide à la température ordinaire; il est blanc, brillant, d'une densité considérable, 13,59; il bout à 350°C., mais il émet des vapeurs à la température ordinaire; à 50°C., l'émission de vapeurs est suffisante pour développer rapidement les épreuves sur plaques daguerriennes.

Sauf cet usage, le mercure n'est employé en Photographie qu'à l'état de combinaison avec le chlore.

Bichlorure de mercure. — Ce sel est souvent appelé *sublimé corrosif,* quelquefois aussi *protochlorure de mercure*, d'après sa composition ; ce dernier nom, que l'on donne à tort au sous-chlorure de mercure ou calomel devrait être préféré.

C'est un composé très vénéneux, dont l'emploi demande toujours une grande attention, sa solution, toxique au plus haut degré, a une action sur l'épiderme qu'elle fait tomber; lorsqu'on en fait usage, on doit avoir la précaution de se laver les mains dès qu'elles ont été en contact avec le liquide. Le contrepoison du bichlorure de mercure est l'albumine, qui forme immédiatement avec lui un composé insoluble et inactif. On le prépare en distillant au bain de sable, dans un ballon de verre un mélange de sulfate de mercure, de chlorure de sodium et de manganèse; le chlorure de mercure se sublime et se condense dans la partie supérieure du ballon. Les vapeurs qui se dégagent étant très délétères, on fait l'opération sous une cheminée fermée ayant un fort tirage. Le bichlorure de mercure se présente le plus souvent sous la forme de masses blanches, compactes, très lourdes; il est peu soluble dans l'eau froide, plus soluble à chaud; par le refroidissement, il cristallise en belles aiguilles transparentes; l'addition d'une petite quantité d'alcool ou d'acide chlorhydrique facilite beaucoup la dissolution. On l'emploie fréquemment en Photographie pour remonter les épreuves; il forme avec l'argent réduit un chlorure d'argent et en même temps, à la même place, il se dépose du sous-chlorure de mercure insoluble; l'image prend un ton blanc bleuté. Après un lavage qui enlève tout le sel soluble, on passe sur l'épreuve un sulfure soluble qui transforme immédiatement ces deux chlorures en sulfures noirs : un cliché très transparent devient ainsi d'un noir opaque. L'ammoniaque ainsi que l'hyposulfite de soude ramènent également au noir les images passées au bichlorure de mercure, mais avec une intensité moindre que les sulfures.

Méthylène. (Voir *Alcool méthylique.*)

Nitrique (Acide). (Voir *azotique.*)

Or.

On trouve l'or à l'état métallique, paillettes ou pépites, dans un grand nombre de localités, mais toujours en petites quantités; on traite les minerais pour en séparer le plus d'impuretés possible, puis on ajoute du mercure qui dissout l'or; l'amalgame d'or que l'on retire est soumis à la distillation, le mercure est volatilisé et l'or reste encore impur; on le purifie par l'affinage.

Les sels d'or employés en Photographie sont le chlorure d'or et les chlorures doubles d'or et de potassium ou de sodium, et quelquefois l'hyposulfite double d'or et de soude (sel de Fordos et Gélis).

Chlorure d'or. — Il suffit d'attaquer l'or par l'eau régale et d'évaporer presque à sec; lorsque la masse brunit, on arrête l'évaporation, on la coule et elle se solidifie en masse cristalline. Ce chlorure d'or est toujours acide : par le fait même de sa composition, il retient $1^{éq}$ d'acide chlorhydrique; il est très hygrométrique et ne présente aucune garantie de pureté. On le remplacera très avantageusement par le chlorure double d'or et de potassium.

Chlorure double d'or et de potassium. — On l'obtient très facilement en saturant le chlorure d'or ordinaire en solution par du bicarbonate de potasse. Il est facile de le préparer en conduisant l'opération de la manière suivante :

On dissout 1^{gr} d'or pur dans l'eau régale (acide azotique 1^{vol}, acide chlorhydrique 4^{vol}), on évapore à cristallisation, on ajoute 15^{cc} à 20^{cc} d'eau distillée et, couvrant la capsule avec un entonnoir plus petit que son diamètre, on y fait tomber peu à peu $0^{gr},51$ de bicarbonate de potasse attendant, pour mettre un second fragment, que l'effervescence causée par le premier soit terminée. On évapore à sec à une douce chaleur pour chasser l'excès d'acide. On peut alors employer le produit tel quel, c'est le moyen le plus économique : 1^{gr} d'or donne ainsi $2^{gr},14$ de chlorure double; dissolvant le tout dans 200^{cc} d'eau distillée, on a une liqueur mère dont chaque centimètre cube représente sensiblement $0^{gr},01$ de chlorure d'or.

On peut remplacer les $0^{gr},51$ de bicarbonate de potasse par $0^{gr},73$ de carbonate de soude cristallisé pur; on aura ainsi le chlorure double d'or et de sodium. On peut encore ajouter directement du chlorure de potassium ou de sodium dans la solution d'or par l'eau régale; la quantité du premier sera de $0^{gr},38$, celle du second de $0^{gr},30$.

Si l'on préfère obtenir le sel à l'état cristallisé, on dissout le produit de l'opération dans l'eau distillée, on filtre et l'on concentre la liqueur jusqu'à cristallisation; les cristaux sont d'abord bien égouttés, mis à sécher sur une soucoupe, et les eaux mères sont évaporées à sec comme il est dit ci-dessus et utilisées, mais on risque ainsi de perdre une notable partie de la préparation. Toutes les eaux de lavage et tous les papiers pouvant contenir de l'or sont mis avec soin aux résidus.

Hyposulfite double d'or et de soude (sel de Fordos et Gélis). — Ce sel d'or a été surtout employé pour l'avivage des épreuves daguerriennes; on peut aussi l'utiliser pour le virage des épreuves sur papier au chlorure d'argent : c'est le seul sel de protoxyde d'or dont on puisse disposer. On le prépare en versant une solution alcoolique de chlorure d'or dans un excès d'hyposulfite de soude; on ajoute de l'éther et l'hyposulfite double qui s'est formé, devenu moins soluble, se sépare en cristaux que l'on recueille et que l'on fait sécher.

Oxalique (Acide). Oxalates de potasse.

L'acide oxalique est ainsi appelé parce qu'on le trouva pour la première fois dans le suc de l'oseille à l'état de bioxalate et de quadrioxalate de potasse. On le prépare actuellement par l'action de l'acide azotique ou autres réactifs oxydants sur la plupart des matières organiques, comme l'amidon, le sucre, etc., ou, plus économiquement encore, en chauffant un mélange de potasse, de soude et de chaux avec de la sciure de bois; on obtient par ce dernier procédé des oxalates basiques qui, décomposés par un acide dilué, donnent l'acide oxalique.

C'est un corps solide, blanc, d'une saveur aigre et piquante, soluble dans l'eau qui en dissout 7 pour 100 à froid et 100 pour 100 à la température de 100°C.; il est vénéneux, même à une assez faible dose. C'est un réducteur assez énergique : il peut remplacer l'acide tartrique dans la plupart de ses applications; il sert surtout pour la fabrication de l'oxalate neutre et du bioxalate de potasse.

Oxalate neutre de potasse. — On obtient facilement ce composé en saturant à chaud l'acide oxalique par du carbonate de potasse, jusqu'à ce que la solution ne rougisse plus immédiatement le papier de tournesol, et l'on fait cristalliser en laissant refroidir les liqueurs concentrées.

Jusqu'à ces dernières années, ce produit était sans importance; actuellement il est très employé en Photographie, comme dissolvant de l'oxalate de protoxyde de fer, et permettant de faire réagir celui-ci, qui est un réducteur énergique, sur les surfaces de gélatinobromure d'argent impressionnées par la lumière. Il sert donc à préparer le bain d'oxalate de fer révélateur pour le développement des épreuves. La solution d'oxalate de potasse et d'oxalate de fer mélangés perd rapidement ses propriétés par suite de sa peroxydation; mais on les lui rend à peu près en l'additionnant d'acide tartrique ou d'acide oxalique et en l'exposant au jour même sans aucune addition, l'oxalate ferrique revient partiellement à l'état d'oxalate ferreux par l'action de la lumière, et une vieille solution peut ainsi servir pendant très longtemps pour un premier développement des épreuves, bien qu'avec plus de lenteur; on termine alors le développement par l'addition d'un peu de bain neuf ou par une immersion complète dans un révélateur frais.

On peut aussi récupérer une grande partie de l'oxalate neutre de potasse de ces solutions; on les fait chauffer dans une capsule de porcelaine ou dans un ballon; on ajoute du carbonate de potasse jusqu'à réaction franchement alcaline; on y dissout ensuite quelques fragments de potasse caustique pour précipiter le fer; on filtre. Le liquide doit passer incolore, si la quantité de potasse est suffisante; un léger excès n'est pas à craindre, parce que l'on ajoute ensuite dans la liqueur filtrée soit de l'acide oxalique, soit du bioxalate de potasse jusqu'à ce qu'un papier de tournesol devienne rouge, c'est-à-dire jusqu'à réaction franchement acide; cette solution peut servir pour préparer un nouveau bain révélateur avec le sulfate de fer. On n'est cependant pas tout à fait dans les conditions d'une préparation entièrement neuve : cette solution régénérée, bien que composée pour la majeure partie d'oxalate neutre de potasse, contient en outre du sulfate de potasse provenant de la décomposition du sulfate de fer et du bromure de potassium qui résulte de la réduction du bromure d'argent lors du développement des épreuves.

Oxygène.

L'oxygène existe dans la nature en quantités considérables, soit à l'état de corps simple, soit à l'état de combinaison. Il représente, paraît-il, environ le tiers du poids de notre planète; il forme les $\frac{21}{100}$ du volume de l'air, les $\frac{23}{100}$ de son poids, il en est le principe actif; il entre pour $\frac{88}{100}$ dans la composition de l'eau; il fait partie de presque toutes les substances minérales, végétales ou animales. C'est un corps gazeux incolore, inodore, sans saveur; il est l'agent comburant dans presque toutes les sources de chaleur et de lumière qui ne dérivent ni du soleil ni de l'électricité, il provoque ou entretient les combustions actives ou lentes. Il intervient dans la plupart des réactions qui se produisent dans l'atmosphère; toutefois, son influence directe ne semble pas encore prouvée dans les opérations photographiques, si ce n'est sur les réactifs eux-mêmes : c'est lui qui peroxyde le sulfate et l'oxalate de fer, qui noircit les composés pyrogalliques des bains révélateurs. A l'état gazeux, il est employé principalement pour obtenir la lumière oxhydrique. (Voir *Projections* et *Hydrogène*.)

Les procédés de préparation de l'oxygène isolé et pur sont assez nombreux. Le plus pratique, sinon le plus économique, consiste à décomposer le chlorate de potasse par la chaleur : 100^{gr} de ce sel peuvent fournir 24^{lit} d'oxygène. L'opération se fait facilement et régulièrement en mélangeant le chlorate de potasse avec son poids d'oxyde de manganèse préalablement calciné. Lorsqu'on veut seulement quelques litres de gaz, on chauffe le mélange dans une cornue de verre vert munie d'un tube de dégagement, et l'on reçoit le gaz sous l'eau; pour une opération plus importante on se sert de l'appareil représenté *fig.* 113. A est une marmite de fonte dont le bord supérieur est en forme de rigole B, que l'on remplit de plâtre gâché assez liquide pour couler dans tout le pourtour; après avoir mis dans la marmite le mélange de chlorate de potasse et de peroxyde de manganèse, on place le couvercle C, dont le bord entre dans la rigole, et l'on attend que

Fig. 113.

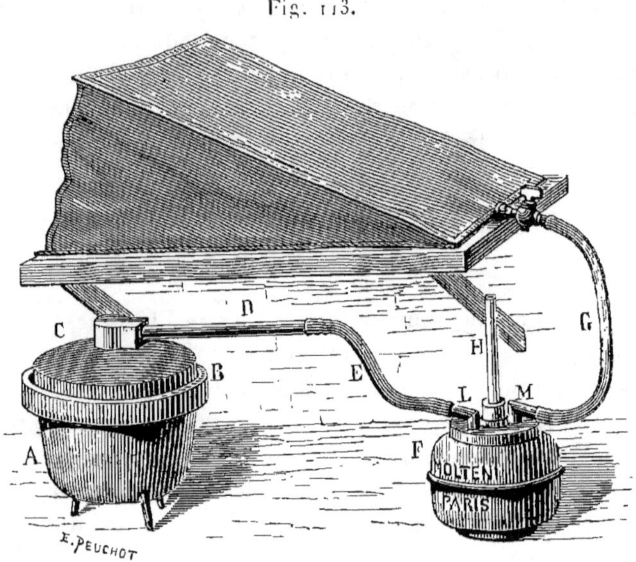

Appareil pour la production de grandes quantités d'oxygène.

le plâtre ait fait prise de manière à obtenir une fermeture hermétique. On met cette espèce de cornue sur un feu doux que l'on règle suivant le dégagement du gaz; un tube D, avec une prolonge en caoutchouc, amène l'oxygène dans l'appareil laveur F, qui est à moitié rempli d'eau; il passe dans cette eau, s'y lave rapidement et ressort en M pour se rendre dans le sac de caoutchouc dont on a retiré les poids. Le tube H, qui pénètre dans l'eau du laveur par la tubulure du milieu, est un tube de sûreté pour le cas où la pression deviendrait trop forte. On peut remplacer le ballon laveur en métal par un flacon de verre de quelques litres de capacité portant trois tubulures, l'une pour le tube adducteur du gaz qui plonge dans l'eau, l'autre pour le départ : on peut ainsi se rendre mieux compte si l'opération suit sa marche régulière; la troisième tubulure sert à introduire le tube de sûreté. Cet appareil présenterait encore quelques dangers dans le cas où, le feu diminuant et la production du gaz cessant, il se ferait une moindre pression; l'eau du flacon laveur F serait alors aspirée et, en pénétrant dans la marmite très chaude, elle pourrait occasionner une explosion. On obvie à cette éventualité par l'interposition d'un flacon vide à deux tubulures; on monte l'extrémité L du caoutchouc sur l'une, on réunit la seconde au laveur par un autre caoutchouc, de sorte que, s'il se fait une absorption, l'eau reste dans le flacon interposé et c'est l'oxygène ou l'air qui rentre dans la marmite.

Lorsqu'on a mis l'appareil en marche, on n'établit la communication avec le sac qu'après l'avoir comprimé et roulé de manière à chasser tout l'air ou tout autre gaz, puis on essaye si le gaz qui sort est bien de l'oxygène; il suffit pour cela de présenter à l'extrémité du tube à dégagement une allumette ou tout autre corps ayant quelques points en ignition; si la combustion s'active immédiatement, on ouvre le robinet du sac et l'on établit la communication. Lorsque l'opération est terminée, on laisse refroidir, on jette le résidu dans une grande terrine, où la majeure partie se dissout; on recueille seulement l'oxyde de manganèse, que l'on fait sécher et qui peut servir indéfiniment.

Palladium.

Ce métal est ordinairement mélangé aux minerais de platine, dont on le sépare à l'état de cyanure de palladium après plusieurs opérations délicates. Le chlorure de palladium pourrait être employé en Photographie; il a été indiqué à plusieurs reprises pour remplacer le platine et aussi pour donner plus d'intensité à des négatifs trop faibles.

Phosphore.

Ce corps simple n'a pas, jusqu'à présent, d'applications en Photographie. Nous le mentionnons cependant parce que, sous l'influence d'une longue exposition à la lumière, il subit une modification profonde et passe de l'état de phosphore ordinaire, qui est très actif, à l'état de phosphore rouge, qui est un corps inerte.

Le phosphore ordinaire, ou phosphore blanc cristallisable, s'obtient en calcinant au rouge vif dans des cornues de grès un mélange de phosphate acide de chaux et de charbon en poudre. C'est un corps solide, blanc, translucide, ayant l'apparence et la consistance de la cire, d'une odeur désagréable, doué de propriétés très vénéneuses, soluble dans le sulfure de carbone, répandant une lueur dans l'obscurité, s'enflammant à l'air par un léger frottement; on doit toujours le conserver sous l'eau.

Les brûlures de phosphore sont très douloureuses, la cicatrisation en est lente et difficile.

Lorsqu'il est exposé à l'action directe du soleil ou lorsqu'il est chauffé et maintenu à 240°, à l'abri de l'air, pendant un temps assez long, le phosphore blanc passe à l'état de phosphore dit *amorphe,* et toutes ses propriétés sont changées; il est rouge, infusible, sans saveur, sans odeur, insoluble dans le sulfure de carbone, non vénéneux, non phosphorescent. Le phosphore rouge détermine la combustion d'un mélange de chlorate de potasse et de sulfure d'antimoine : c'est sur cette propriété qu'est basée la fabrication des allumettes dites *de sûreté* dont la tête, formée de chlorate de potasse et de sulfure d'antimoine, s'enflamme par friction sur le côté de la boîte garni de phosphore rouge.

Platine.

Le platine est un métal que l'on trouve dans diverses mines de l'Amérique du Sud, et en Sibérie sur le versant des monts Ourals. Il est toujours mélangé d'autres métaux rares, tels que le palladium, l'iridium, le ruthénium, le rhodium, l'osmium. Il est soluble dans l'eau régale; on le précipite par le chlorhydrate d'ammoniaque à l'état de chlorure double de platine et d'ammoniaque très peu soluble; ce précipité séché et calciné laisse de la mousse de platine pur que l'on fond, par la méthode actuelle, dans un four en chaux vive chauffé par un chalumeau de gaz d'éclairage brûlé par un courant d'oxygène. Le platine fondu est coulé dans une lingotière et traité ensuite comme les autres métaux pour faire les ustensiles nécessaires à la Chimie et à l'Industrie.

Les sels de platine sont employés en Photographie pour faire des épreuves qui doivent être inaltérables.

Bichlorure de platine. — On dissout le métal dans l'eau régale et on évapore à sec de manière à éliminer l'excès d'acide, on reprend ensuite le produit par l'eau, que l'on évapore à une douce chaleur à consistance sirupeuse. Nous avons donné (t. II, 89) les manipulations assez compliquées qui sont nécessaires pour la préparation du *protochlorure double de platine et de potassium* qui sert à préparer le papier sensible des procédés de la Platinotypie.

Potasse et sels de potasse.

Les sels de potasse sont très répandus dans la nature; on les trouve en quantités notables dans les cendres des végétaux, dans les eaux mères des marais salants, dans des gisements salins au sein de la terre. La présence des sels de potasse, carbonate, azotate, chlorure de potassium semble être une condition normale du développement des êtres organisés.

Potasse caustique. — On donne souvent dans le commerce le nom de *potasse* à un produit qui n'est que du carbonate de potasse impur, et qu'il faut distinguer de la potasse caustique ou hydrate de potasse qui se vend en plaques coulées sous le nom de *potasse à la chaux;* c'est le produit commercial courant. Si l'on veut de la potasse pure, il faut demander de la *potasse à l'alcool.*

On prépare la potasse caustique en faisant une dissolution au dixième de carbonate de potasse dans l'eau et y ajoutant une même quantité de chaux éteinte; il se fait une double décomposition dont le produit est un carbonate de chaux insoluble et une dissolution de potasse caustique. Lorsque la liqueur s'est éclaircie par le repos, on décante le liquide et on l'évapore rapidement dans un vase de fonte ou d'argent jusqu'à solidification; on pousse le feu jusqu'à fusion de la masse, que l'on coule en plaques ou par pastilles détachées sur une table de fonte, ou dans une lingotière sous forme de petits cylindres. Cette potasse encore impure est cependant très bonne pour toutes les applications courantes de la Photographie, qui sont peu nombreuses. Lorsqu'on veut de la potasse pure, on dissout ce premier produit dans l'alcool qui laisse les carbonates et autres sels à l'état insoluble, et la solution alcoolique, filtrée, évaporée, chauffée rapidement à fusion, donne la potasse dite *à l'alcool.*

Des opérations identiques faites avec le carbonate de soude donnent soit la soude caustique ordinaire, soit la soude pure; l'une et l'autre peuvent remplacer la potasse dans presque toutes ses applications.

Les sels de potasse sont plus employés en Photographie que la potasse caustique.

Carbonate de potasse. — On le trouve couramment dans le commerce sous différents noms, suivant les qualités. Les sources de carbonate de potasse sont variées : on le retire des cendres des végétaux en les lessivant par l'eau, puis évaporant le liquide; le produit assez coloré que l'on obtient ainsi est appelé *potasse brute.* Si l'opération a été faite avec assez de soin pour donner un sel plus blanc, on lui donne le nom de *potasse perlasse;* en reprenant ces matières par leur poids d'eau froide et en évaporant la solution, on a un carbonate de potasse plus pur dit *potasse raffinée.* On retire des quantités considérables de carbonate de potasse par la calcination des vinasses de betteraves; on en extrait également du suint des laines de mouton. Les carbonates de potasse que l'on trouve dans le commerce sont donc très variables par leur origine et par leur pureté, ce qui explique leur différence d'action dans les applications photographiques. Si l'on veut du carbonate de potasse pur, on l'obtient facilement en calcinant dans un creuset du bicarbonate de potasse cristallisé.

Bicarbonate de potasse. — On prépare ce sel en faisant passer un courant d'acide carbonique en excès dans une solution concentrée de carbonate de potasse; par évaporation à froid de la liqueur, il se forme de beaux cristaux transparents que l'on recueille et que l'on sèche.

Sulfure de potassium (*Penta-*). — Ce produit, vulgairement appelé *foie de soufre,* se trouve à bon marché dans le commerce sous forme de plaques dont la cassure est jaune brun. On l'obtient en chauffant au rouge dans un creuset un mélange de soufre et de carbonate de potasse; la masse fondue est coulée en plaques. Il sert à préparer les bains de Barèges artificiels. La solution de foie de soufre est utilisée en Photographie, surtout pour le traitement des résidus; on précipite ainsi à l'état de sulfure tout l'argent que contiennent les bains fixateurs d'hyposulfite de soude.

Bromure et iodure de potassium. (Voir *Brome* et *Iode.*)

Prussiate jaune et prussiate rouge de potasse. (Voir *Cyanoferrure* et *Cyanoferride de potassium.*)

Pyroxyle. (Voir *Coton-poudre*).

Pyrocatéchine.

Matière que l'on obtient par la distillation sèche du cachou et aussi par l'action de la potasse sur l'iodophénol. Elle est soluble dans l'eau et possède un pouvoir réducteur suffisant pour faire apparaître les images photographiques; elle a été proposée pour remplacer l'acide pyrogallique, mais seulement comme essai.

Pyrogallique (Acide).

L'acide gallique préalablement séché, chauffé à une température de 210° à 215° C., se transforme en acide carbonique qui se dégage, et en acide pyrogallique qui se volatilise et vient se condenser sous forme d'aiguilles blanches dans les parties plus froides de l'appareil. On peut remplacer l'acide gallique par le tannin ou même par la noix de galle.

Pour la préparation en grand, on se sert d'une cornue tubulée dans laquelle on introduit l'acide gallique préalablement broyé et mélangé avec le double de son poids de pierre ponce, de manière à bien diviser la matière; cette cornue est enterrée dans un bain de sable, son col est relié avec un ballon où le produit vient se condenser et, par la tubulure, on fait arriver un courant de gaz acide carbonique sec qui balaye constamment l'appareil (*fig.* 114) et entraîne l'acide pyrogallique à mesure de sa formation. Le liquide sirupeux qui se condense dans le ballon est repris, purifié par cristallisations successives qui donnent un produit parfaitement blanc.

Fig. 114.

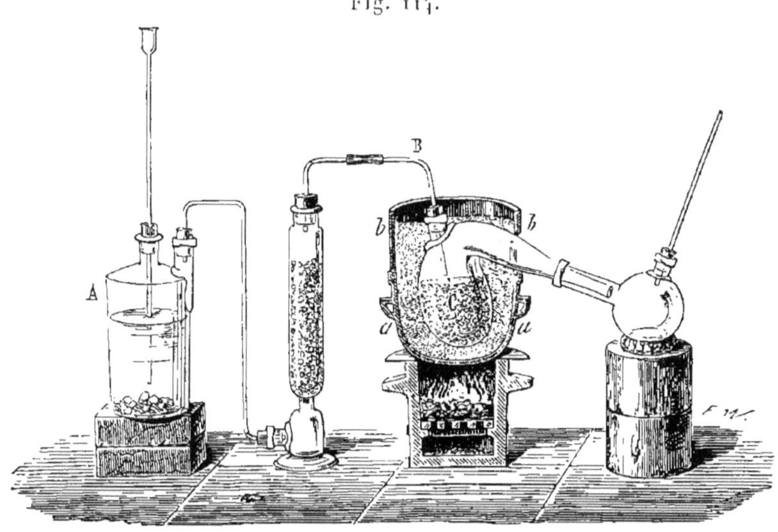

Préparation de l'acide pyrogallique.

L'acide pyrogallique se présente sous forme d'écailles ou de poudre blanche très légère; il est très soluble dans l'eau et dans l'alcool. A l'état de solution, il absorbe l'oxygène de l'air en se colorant fortement en brun; la présence des corps alcalins rend cette altération plus rapide. On peut conserver pendant assez longtemps les solutions pyrogalliques à peu près incolores en les additionnant de sulfite de soude légèrement acidifié. C'est un réducteur énergique et c'est à ce titre qu'il est employé pour la photographie en solutions tantôt acides si l'on se trouve en présence d'un sel d'argent soluble, tantôt alcalines si la surface sensible contient seulement des sels d'argent insolubles. Sous cette dernière forme, il est considéré comme le révélateur le plus énergique pour faire apparaître les épreuves instantanées reçues sur les préparations au gélatinobromure d'argent.

Résidus.

Dans les manipulations photographiques négatives ou positives, on emploie des quantités d'argent et même d'or qui sont à tout jamais perdues si l'on ne prend pas le soin de récolter celles qui ne concourent pas à la formation de l'image définitive. L'analyse a démontré que les positives sur papier au chlorure d'argent ne conservent que 4 à 5 pour 100 au plus des sels d'argent formant la préparation première et que 95 pour 100 restent en solution dans les divers bains, ce qui constitue une perte considérable. Il est facile de retrouver la majeure partie de l'argent et de l'or en prenant quelques précautions pour recueillir les résidus.

Les résidus photographiques se partagent d'abord en solides et en liquides. Les solides comprennent tous les papiers, filtres, rognures, papiers d'essuyage, épreuves de rebut et les précipités divers que l'on a recueillis. On les réunit dans un même coin et, lorsque la quantité paraît assez considérable, on les brûle sur la grille d'un fourneau sans tirage, pour ne pas entraîner une notable quantité des feuilles carbonisées; on laisse le tout en masse et, après quelques heures, les cendres, d'abord noires parce que la combustion était incomplète, ont été lentement brûlées et sont devenues grises, presque blanches; on les récolte alors et on les met de côté pour être traitées ultérieurement; ces cendres sont ordinairement très riches en métal précieux.

Les résidus liquides peuvent être tous réunis dans un même vase: c'est le mode le plus simple. Les vieux bains d'argent hors de service, les solutions d'hyposulfite de soude ayant servi au fixage des épreuves positives, celles qui ont fixé un grand nombre d'épreuves négatives, les eaux de lavage, etc., sont mélangés dans un même récipient, pot, cuve ou tonneau, et, quand il est presque plein, on y ajoute une dissolution de foie de soufre en excès : on reconnaît qu'il y a excès quand un peu du liquide filtré ne précipite plus en noir par quelques gouttes de la solution de foie de soufre. Il se fait un précipité noir de sulfure d'argent et en même temps il se dépose une grande quantité de soufre. On décante le liquide après un jour ou deux de repos, on le remplace par d'autres, et l'on continue d'amasser le sulfure d'argent dans le même récipient jusqu'au moment où, trouvant qu'il est en quantité suffisante, on le réunit sur des filtres ou sur un linge disposé sur un cadre en manière de filtre; on l'égoutte, on le sèche et on le grille. L'opération du grillage est absolument nécessaire : elle doit être faite soit par le photographe, soit par l'industriel chargé de la fonte; elle a pour but de brûler tout le soufre libre qui, sans cette précaution, formerait un mélange détonant dangereux lorsque pour la fonte il serait additionné d'azotate de potasse. Le grillage s'effectue dans une marmite de fonte ou dans une poêle; on chauffe au rouge à peine naissant, le soufre prend feu et brûle en répandant d'abondantes vapeurs d'acide sulfureux; aussi le grillage doit-il être fait sous une cheminée tirant bien ou en plein air. On remue continuellement la matière avec une cuiller de fer, pour que toutes les parties viennent successivement au contact de l'air.

On peut aussi séparer les résidus liquides en deux parts, suivant leur composition : ceux qui, ne renfermant ni hyposulfites ni cyanures en excès, sont précipités par le chlorure de sodium, et ceux qui, renfermant de l'hyposulfite de soude, sont précipités par le foie de soufre comme nous venons de le dire.

On réunit les cendres, les précipités grillés de sulfure d'argent, ceux de chlorure d'argent, et, si l'on veut faire le traitement soi-même, on y ajoute 50 pour 100 d'azotate de potasse, 50 de carbonate de soude desséché et 25 de sable ou grès en poudre; on trouve le carbonate de soude desséché tout prêt dans le commerce des produits chimiques. On fait du tout un mélange bien homogène. On chauffe, d'autre part, un creuset de capacité convenable au rouge vif dans un fourneau de fondeur et, avec la cuiller de fer, on y verse peu à peu le mélange jusqu'à ce que le creuset soit plein. On donne un coup de feu, on brasse la matière liquide avec une petite barre de fer préalablement rougie, que l'on laisse même pendant quelque temps dans le creuset; le fer réduit le sulfure d'argent non décomposé. Quand l'extrémité de la barre ne paraît plus s'attaquer, on la retire, on laisse refroidir le creuset, on le casse et l'on trouve au fond le culot d'argent, allié à de petites quantités d'or.

Ce culot est porté à l'essayeur du commerce et vendu. Si on veut le faire rentrer soi-même dans la fabrication du nitrate d'argent, on le fond au rouge vif dans un petit creuset sans rien y ajouter; puis, saisissant le creuset avec des pinces *ad hoc*, on verse doucement le métal fondu dans un grand seau d'eau froide, en formant des ronds avec le filet qui s'écoule : on a ainsi de l'argent en grenailles très facile à attaquer par l'acide nitrique.

Si l'on ne fait pas ces opérations soi-même, on portera le mélange des résidus chez le fondeur, et ce sera souvent le procédé le plus économique.

Le traitement des masses de gélatinobromure d'argent est un peu plus compliqué. Pourtant, s'il s'agit de glaces mises au rebut pour mal-façon ou accidents, il suffira de les traiter comme des épreuves à fixer et de les faire passer dans le bain d'hyposulfite de soude qui dissoudra le bromure d'argent, que l'on joindra ensuite aux résidus. Mais, lorsqu'on se trouve en présence d'un volume considérable de gélatinobromure d'argent, on ne peut opérer de même. On commence par chauffer la préparation pour l'amener à l'état liquide; on peut alors y ajouter peu à peu une solution d'iodure de potassium. Il se fait un précipité caséeux d'iodure d'argent qui tombe rapidement au fond, on le lave par décantation avec de l'eau tiède et on le réunit aux autres résidus.

M. Eder conseille de traiter à chaud la masse de gélatinobromure d'argent par une quantité égale d'acide sulfurique étendu à 1 partie pour 10 d'eau; après avoir maintenu le liquide pendant quelque temps à près de 100° C., on ajoute un volume d'eau égal, le sel d'argent se précipite et est recueilli par décantation.

Résorcine.

La résorcine est un produit que l'on obtenait autrefois en traitant par la potasse quelques résines, comme le galbanum, l'assa fœtida, etc. Actuellement, c'est un dérivé du traitement des goudrons de houille. Chauffée avec l'acide phtalique, elle donne la fluorescéine, qui sert ensuite à préparer diverses matières colorantes, entre autres la fluorescéine tétrabromée ou éosine. La résorcine est un réducteur assez énergique, qui a été proposé comme révélateur des épreuves négatives.

Sélénium.

Corps simple, solide, noirâtre par réflexion, rouge par transmission; il a de grandes analogies avec le soufre, auquel il est souvent mélangé; on le retrouve dans les dépôts qui se forment dans les chambres de plomb servant à la fabrication de l'acide sulfurique. Ce corps peut se présenter à l'état amorphe ou à l'état cristallisé. Le sélénium cristallisé frappé par la lumière devient meilleur conducteur de l'électricité que s'il est maintenu dans l'obscurité; cette conductibilité est proportionnelle à la somme de lumière. M. Vidal a utilisé cette propriété pour construire un photomètre.

Sodium, soude et sels de soude.

Le sodium n'existe pas dans la nature à l'état de corps simple; mais, combiné avec le chlore, il forme le chlorure de sodium (sel marin ou sel gemme) que l'on trouve en quantités inépuisables, soit en solution dans l'eau de la mer, soit en couches solides et épaisses dans le sein de la terre; le chlorure de sodium fait partie de tous les êtres organisés. Actuellement, on extrait le sodium en chauffant à haute température un mélange de 100 parties de carbonate de soude sec, 45 parties de houille, 25 parties de craie. Le sodium, qui est volatil, distille et est reçu dans l'huile de naphte; c'est un métal blanc d'argent, mou, malléable comme la cire, très avide d'oxygène; c'est pour cela qu'on le conserve sous l'huile de naphte : il sert surtout à préparer industriellement d'autres métaux, comme le magnésium, l'aluminium, etc., restés presque inconnus jusqu'au moment où le sodium put être utilisé économiquement à leur extraction.

Soude caustique. — La soude caustique s'obtient exactement comme la potasse caustique, en chauffant dans un vase de fer ou de fonte le liquide clair résultant d'un mélange de carbonate de soude et de chaux hydratée. Ce liquide évaporé à sec, fondu, coulé en plaques, donne la soude à la chaux, que l'on purifie par l'alcool.

La soude a les mêmes propriétés que la potasse; elle peut remplacer celle-ci dans ses diverses applications.

Chlorure de sodium. — La presque totalité des composés du sodium dérivent du chlorure de sodium, appelé *sel gemme* quand on l'extrait des dépôts considérables que l'on trouve au sein de la terre dans quelques contrées, ou *sel marin* lorsqu'il est obtenu par évaporation des eaux de la mer qui en sont une source inépuisable. Le chlorure de sodium est employé en grande quantité pour l'alimentation directe ou pour la conservation des viandes; mais la majeure partie est traitée pour fournir à l'industrie générale les sels de soude, et principalement le carbonate de soude, qui est une matière première indispensable; 100 millions de kilogrammes de sel marin sont annuellement employés en France pour la production de la soude.

Actuellement deux procédés sont employés pour la fabrication du carbonate de soude, celui de Leblanc et celui de Solvay ou procédé à l'ammoniaque.

Carbonate de soude.

1° *Procédé Leblanc.* — On commence par attaquer le chlorure de sodium par l'acide sulfurique qui le transforme en sulfate de soude, avec dégagement d'acide chlorhydrique. Le sulfate de soude, mélangé de carbonate de chaux et de charbon, est chauffé jusqu'à fusion et brassé; la masse refroidie constitue la *soude brute,* dont on extrait par dissolution le carbonate de soude. Cette dissolution, évaporée à sec, constitue le *sel de soude,* produit encore assez impur et contenant, outre le carbonate de soude, du chlorure de sodium et du sulfate de soude. On reprend le sel de soude par l'eau, on concentre la dissolution qui laisse déposer des cristaux connus dans le commerce courant sous le nom de *cristaux de soude.*

2° *Procédé à l'ammoniaque* — Ce procédé de fabrication, connu depuis 1838, n'est appliqué industriellement que depuis une vingtaine d'années; il a été mis en pratique par M. Solvay; il consiste à saturer une dissolution concentrée de chlorure de sodium par du gaz ammoniac, puis à faire passer un courant d'acide carbonique dans la solution; il se produit alors du bicarbonate de soude moins soluble qui se dépose. Le bicarbonate de soude recueilli est légèrement calciné et ramené à l'état de carbonate de soude neutre.

Suivant que l'on emploie les cristaux de soude obtenus d'après le procédé Leblanc ou d'après celui de Solvay, les résultats photographiques peuvent être différents : les premiers contiennent toujours une proportion variable de chlorure de sodium et de sulfate de soude qui peuvent réagir sur les surfaces sensibles, les seconds sont généralement plus purs; l'étude de ces produits n'a pas encore été faite à ce point de vue : leur différence de composition pourrait expliquer certaines anomalies dans les développements d'épreuves.

Voir au Tableau comparatif le titrage approximatif du carbonate de soude contenu dans une solution d'après la densité.

Le carbonate de soude cristallisé, *vulgo* cristaux de soude, contient une forte proportion d'eau, dite *de cristallisation* et s'élevant à près des $\frac{2}{3}$ du poids ($\frac{63}{100}$); l'eau froide en dissout 64 pour 100; la solution aqueuse de carbonate de soude est fortement alcaline; mélangée avec l'acide pyrogallique, elle est utilisée dans les manipulations photographiques pour préparer les bains de développement alcalin.

Elle est employée toutes les fois que l'on veut neutraliser une solution acide; elle sert aussi pour faire la lessive dans laquelle on plonge les glaces pour les nettoyer.

Acétate de soude. — Ce sel, que l'on obtient facilement dans la fabrication de l'acide acétique par la distillation du bois (acide pyroligneux), cristallise en fines aiguilles; il est indiqué dans une formule usuelle de bain d'or pour le virage des épreuves positives, mais il contient souvent des matières goudronneuses qui réduisent le chlorure d'or; aussi l'emploie-t-on de préférence après l'avoir soumis à la fusion ignée qui détruit ces matières.

Borate de soude. — On recommande le borate de soude ou borax du commerce dans quelques formules de virage. On le prépare industriellement en saturant à chaud l'acide borique naturel de Toscane ou le borate naturel de soude et de chaux par le carbonate de soude. Il se dépose, par le refroidissement, de gros cristaux de borate de soude assez peu solubles dans l'eau, qui en dissout à peine $\frac{1}{10}$ de son poids.

Hypochlorite de soude. Eau de Labarraque. (Voir *Chlorures décolorants.*)

Hyposulfite de soude. — C'est un sel composé de 1^{éq} d'acide hyposulfureux uni à 1^{éq} de soude. On le prépare en faisant bouillir une solution de sulfite de soude avec un excès de soufre; la solution, filtrée, cristallise en gros prismes transparents. On l'obtient aussi plus économiquement par le traitement des marcs de soude brute. Il est à très bas prix dans le commerce. C'est le fixateur généralement employé en Photographie; il dissout les chlorure, bromure et iodure d'argent avec une grande facilité, surtout les deux premiers. Au contact des sels d'argent, il peut former deux sels doubles : l'un composé de 1^{éq} d'hyposulfite de soude uni à 1^{éq} d'hyposulfite d'argent; l'autre formé de 2^{éq} d'hyposulfite de soude pour 1^{éq} d'hyposulfite d'argent. Le premier, insoluble dans l'eau, est très instable; il se décompose immédiatement en sulfure d'argent noir ou jaune; il se produit toutes les fois qu'il y a excès d'un sel d'argent sur l'hyposulfite de soude, ce que l'on doit éviter avec soin dans toutes les manipulations photographiques, sous peine d'avoir des taches jaunes ou noires irrémédiables. Le second, très soluble dans l'eau, prend naissance lorsqu'il y a excès d'hyposulfite de soude; il résiste longtemps à la décomposition.

L'hyposulfite de soude est facilement décomposé par les acides même peu énergiques et par l'ébullition; il se fait alors un dépôt de soufre et, s'il a servi comme fixateur, par conséquent s'il contient de l'argent, celui-ci se transforme en sulfure qui se dépose, ce qui explique les dépôts noirs des vieux bains de fixage.

Voir au Tableau comparatif des densités pour les liquides plus denses que l'eau; une colonne est consacrée au titrage des solutions d'hyposulfite de soude d'après leur densité.

Sulfite de soude. — Ce sel se prépare facilement en saturant une solution de carbonate de soude par un courant d'acide sulfureux. On l'emploie en solution pour empêcher l'oxydation et la coloration de diverses matières organiques. C'est dans ce but qu'il a été introduit dans la pratique photographique; mélangé à l'acide pyrogallique, il le maintient incolore pendant très longtemps et s'oppose à la coloration des clichés.

Soufre.

Le soufre est très abondant dans la nature, soit à l'état natif tel qu'on le trouve et le récolte dans le voisinage des volcans, soit à l'état de combinaison avec les métaux comme le fer, le zinc, le plomb, le mercure, l'argent, etc., ou combiné avec l'oxygène et les bases alcalines et terreuses, et formant des matières minérales telles que le sulfate de chaux, vulgairement gypse ou plâtre, le sulfate de potasse, de magnésie, etc.

A l'état de corps simple, le soufre n'a pas d'intérêt en Photographie. Cependant, la lumière lui fait subir une action analogue à celle qui modifie le phosphore : le soufre, soluble d'abord dans le sulfure de carbone, passe à l'état insoluble lorsqu'il a été soumis à l'action des rayons solaires.

Parmi les composés du soufre qui intéressent la Photographie, nous citerons l'acide sulfurique, le sulfite et l'hyposulfite de soude, les sulfocyanures alcalins, les sulfures de potassium et d'ammonium.

Acide sulfurique. — La fabrication très compliquée de l'acide sulfurique est basée sur l'oxydation du soufre brûlant au contact de l'air et donnant du gaz acide sulfureux; celui-ci est entraîné dans de vastes chambres de plomb : il s'y trouve soumis à la fois aux influences oxydantes de l'acide azotique, des autres composés oxygénés de l'azote, de l'air, de la vapeur d'eau. L'acide sulfurique résultant de ces réactions multiples s'écoule sur le sol des chambres; il est recueilli, concentré d'abord dans de grandes bassines de plomb, distillé ensuite dans des alambics en platine et livré au commerce à son maximum de concentration.

C'est un liquide de consistance huileuse, très lourd : sa densité est de 1,84, soit 66°B., quand il est concentré; il est très avide d'eau et il absorbe rapidement l'humidité de l'atmosphère en augmentant considérablement de volume et en diminuant de densité. Le Tableau comparatif ci-après pour les liquides plus denses que l'eau indique dans sa cinquième colonne la richesse des solutions d'acide sulfurique d'après leur densité; il est très corrosif et connu vulgairement sous le nom d'*huile de vitriol*. Lorsque, accidentellement, la peau se trouve en contact avec cet acide, il faut d'abord essuyer rapidement la partie touchée de manière à enlever l'excès d'acide, puis laver très largement. Cet acide, en se combinant avec l'eau, produit un grand dégagement de chaleur; c'est pour cette raison qu'on recommande de commencer par essuyer les places nues touchées par l'acide pour éviter la grande élévation de température que produit l'eau; et de même, lorsqu'on fait un mélange d'acide sulfurique et d'eau, on doit verser l'acide par filet dans la masse d'eau qui refroidit la combinaison : en faisant le contraire, la chaleur dégagée par la première quantité d'eau qui tombe la transforme en vapeur, ce qui occasionne souvent de dangereuses projections. La consommation de l'acide sulfurique est considérable dans l'industrie; en Photographie, il est utilisé surtout pour la fabrication du coton-poudre, quelquefois pour le nettoyage des glaces, ou en solution très étendue pour acidifier quelques préparations.

Hyposulfite de soude. (Voir *Soude* et *Sels de soude.*)

Sulfite de soude. (Voir *Soude* et *Sels de soude.*)

Sulfocyanures alcalins. (Voir *Cyanogène et ses composés.*)

Sulfure d'ammonium. (Voir *Ammoniaque* et *Sels ammoniacaux.*)

Sulfure de potassium. (Voir *Potasse* et *Sels de potasse.*)

Sucre.

Les matières sucrées ont reçu quelques emplois en Photographie Dans toutes les formules données, on peut utiliser le sucre candi blanc, qui est du sucre cristallisé très pur, ou le sucre blanc en pains, qui est du sucre dont les petits cristaux sont agglomérés et soudés par une certaine quantité de sucre non cristallisable. On sait que le sucre est extrait, pour la majeure partie des quantités consommées, soit du jus de la canne à sucre, soit de celui de la betterave.

Tableaux comparatifs des divers aréomètres.

[VOLUMÈTRE, DENSIMÈTRE, PÈSE-SELS, ALCOOMÈTRE INDIQUANT LA RICHESSE A 15° C. DE DIFFÉRENTES SOLUTIONS MOINS DENSES OU PLUS DENSES QUE L'EAU (1).]

Liquides moins denses que l'eau (alcool et ammoniaque).

DEGRÉS volumétriques.	ARÉOM. Baumé.	ARÉOM. Cartier.	DENSITÉ.	ALCOOM. Gay-Lussac. — Alcool pour 100.	AMMONIAQUE pour 100.
100,0	10	10	1,000	0	0,0
100,1			0,999	1	0,3
100,3			0,997	2	0,7
100,4			0,996	3	1,0
100,6			0,994	4	1,3
100,7	11	11	0,993	5	1,6
100,8			0,992	6	1,9
101,0			0,990	7	2,3
101,1			0,989	8	2,6
101,2			0,988	9	2,9
101,3	12		0,987	10	3,2
101,4		12	0,986	11	3,4
101,6			0,984	12	3,7
101,7			0,983	13	4,0
101,8			0,982	14	4,2
101,9			0,981	15	4,5
102,0			0,980	16	4,8
102,1	13		0,979	17	5,0
102,2		13	0,978	18	5,2
102,4			0,977	19	5,4
102,5			0,976	20	5,7
102,6			0,975	21	6,1
102,7			0,974	22	6,4
102,8	14		0,973	23	6,6
102,9			0,972	24	6,8
103,0		14	0,971	25	7,1
103,1			0,970	26	7,3
103,2			0,969	27	7,6

(1) Ces Tableaux nous ont été communiqués par M. Ad. Martin, ils complètent d'autres Tableaux que nous avons déjà donnés dans le cours de l'Ouvrage.

La colonne des degrés volumétriques indique le volume occupé par 100gr de la solution correspondante.

Liquides moins denses que l'eau (suite).

DEGRÉS volumétriques.	ARÉOM. Baumé.	ARÉOM. Cartier.	DENSITÉ.	ALCOOM. Gay-Lussac. — Alcool pour 100.	AMMONIAQUE pour 100.
103,3			0,968	28	7,8
103,4	15		0,967	29	8,1
103,5			0,966	30	8,3
103,6			0,965	31	8,6
103,7		15	0,964	32	8,8
103,8			0,963	33	9,1
104,0	16		0,962	34	9,4
104,2			0,960	35	9,8
104,3			0,959	36	10,2
104,5		16	0,957	37	10,6
104,6			0,956	38	11,0
104,8	17		0,954	39	11,4
104,9			0,953	40	11,8
105,2		17	0,951	41	12,3
105,4			0,949	42	12,7
105,5	18		0,948	43	13,1
105,7			0,946	44	13,5
105,8			0,945	45	14,0
106,0		18	0,943	46	14,6
106,3	19		0,941	47	15,2
106,4			0,940	48	15,6
106,6			0,938	49	16,2
106,8	20	19	0,936	50	16,7
107,1			0,934	51	17,3
107,3			0,932	52	17,8
107,5	21	20	0,930	53	18,5
107,8			0,928	54	19,2
108,0			0,926	55	19,8
108,2	22	21	0,924	56	20,4
108,5			0,922	57	21,0
108,7			0,920	58	21,7
108,9	23	22	0,918	59	22,4
109,3			0,915	60	23,2
109,5			0,913	61	24,0
109,8	24	23	0,911	62	24,8
110,0			0,909	63	25,6
110,4	25		0,906	64	26,5
110,6		24	0,904	65	27,3
110,9			0,902	66	28,2
111,2	26		0,899	67	29,2

Liquides moins denses que l'eau (suite).

DEGRÉS volumétriques.	ARÉOM. Baumé.	ARÉOM. Cartier.	DENSITÉ.	ALCOOM. Gay-Lussac. — Alcool pour 100.	AMMONIAQUE pour 100
111,6		25	0,896	68	30,2
112,0	27		0,893	69	32,0
112,2		26	0,891	70	33,1
112,6	28		0,888	71	34,2
112,9		27	0,886	72	35,2
113,1	29		0,884	73	36,2
113,5		28	0,881	74	37,3
113,8	30		0,879	75	
114,2			0,876	76	
114,4	31	29	0,874	77	
114,8			0,871	78	
115,2	32	30	0,868	79	
115,6			0,865	80	
115,9	33	31	0,863	81	
116,3			0,860	82	
116,7	34	32	0,857	83	
117,1	35		0,854	84	
117,5		33	0,851	85	
117,9	36	34	0,848	86	
118,3			0,845	87	
118,8	37	35	0,842	88	
119,3	38	36	0,838	89	
119,8			0,835	90	
120,2	39	37	0,832	91	
120,6			0,829	92	
121,1	40	38	0,826	93	
121,7	41		0,822	94	
122,2	42	39	0,818	95	
122,9	43	40	0,814	96	
123,5	44	41	0,810	97	
124,2	45	42	0,805	98	
125,0	46	43	0,800	99	
125,8	47	44	0,795	100	

Liquides et solutions plus denses que l'eau.

VOLUMÈTRE en centimètres cubes ou volume occupé par 100 gr.	DENSITÉ.	BAUMÉ.	ACIDE azotique (nitrique.) — Monohydraté pour 100.	ACIDE sulfurique. — Monohydraté pour 100.	ACIDE chlorhydrique. — Gaz sec pour 100 en poids.	ACIDE acétique. — Monohydraté pour 100.	SULFATE de fer. — Sulfate cristallisé pour 100.	HYPOSULFITE de soude. — Sel cristallisé pour 100.	CARBONATE de soude. — Sel anhydre pour 100.
100	1,000	0		0,9	0,4	1	»	»	»
99	1,010	1 ½		2,3	2,0	7	2	2	1
98	1,020	3		3,5	4,1	22	4	4	2
97	1,031	4 ½		5,0	6,5	14	6	6	3
96	1,042	5 ¾	7,2	6,4	8,6	31	8	8	4
95	1,053	7 ¼	9,3	7,9	10,9	41	10	10	5
94	1,064	8 ½	10,9	9,4	13,1	53 ou 96	12	12	6
93	1,075	10	12,7	10,8	15,2	78	14	14	7 ⅕
92	1,087	11 ½	14,6	12,4	17,7	maximum	16	16	8 ⅓
91	1,099	13	16,5	14,0	20,4		18	18	9 ½
90	1,111	14 ½	18,4	15,5	22,5		20	20	10 ⅔
89	1,124	16	20,5	17,2	25,0		22	22 ½	11 ¾
88	1,136	17 ¼	22,4	18,8	27,5		24	25	13
87	1,149	18 ¾	24,4	20,5	30,0		26	27 ⅓	14
86	1,163	20 ¼	26,6	22,3	32,8		28	29	
85	1,176	21 ¾	28,6	24,0	35,5		30	31 ⅓	
84	1,190	23	30,7	25,8	38,5		32 ½	33	
83	1,205	24 ½	33,0	27,7	41,2		35	36	
82	1,220	26	35,3	29,6			37 ½	38 ½	
81	1,235	27 ½	37,6	31,5			40	41	
80	1,250	29	39,9	33,3				43	
79	1,266	30 ¼	42,3	35,0					
78	1,282	31 ¾	44,8	36,8					
77	1,299	33 ¼	47,3	39,4					
76	1,316	34 ¾	49,9	41,2					
75	1,333	36	52,7	43,1					

Tableau de solubilité de divers corps employés en Photographie.

NOMS DES CORPS en solution.	DANS 100 PARTIES d'eau. Tem-pérature.	Quantité.	DANS 100 PARTIES d'alcool à 36°. Tem-pérature.	Quantité.
Acétate d'ammoniaque	Toutes proportions.		»	»
Acétate de chaux	15°C.	33,3	»	»
	100	T. proport.	»	»
Acétate neutre de plomb	15	59,0	»	»
	75	Fond.	»	»
Acide acétique	*Voir* p. 222.			
Acide citrique	15	133,0	Très soluble.	
	100	200,0	»	»
Acide gallique	15	1,0	12	25,2
	100	33,3	Ébull.	37,6
Acide pyrogallique	15	44,4	Un peu moins soluble dans l'alcool et dans l'éther.	
Alun	10	9,52	»	»
	100	357,0	»	»
Azotate d'argent	15	100,0	15	10,0
	100	T. proport.	Ébull.	25,0
Azotate de zinc	Dans l'eau en toutes proportions.		»	»
Bromure de potassium	12	63,4	»	»
	100	120,3	»	»
Carbonate de soude cristallisé	10	40,94	»	»
	104	539,63	»	»
Chlorhydrate d'ammoniaque	15	37,02	11	2,1
	100	80,27	Ébull.	4,5
Chlorure de baryum	15	43,5	»	»
	104	70,36	»	»
Chlorure (bi-) de mercure [1]	20	7,39	15	40
	100	53,96	Ébull.	66,6
Chlorure de sodium [2]	15	35,84	»	»
	110	40,38	»	»
Chlorure d'or	Soluble dans l'eau en toutes proportions.		»	»

[1] Le bichlorure de mercure est très soluble dans l'acide chlorhydrique.
[2] Le chlorure de sodium n'est guère plus soluble à chaud qu'à froid.

Tableau de solubilité de divers corps employés en Photographie (*suite*).

NOMS DES CORPS en solution.	DANS 100 PARTIES d'eau.		DANS 100 PARTIES d'alcool à 36°.	
	Température.	Quantité.	Température.	Quantité.
Chromate (bi-) de potasse	19° C.	10,0	»	Insoluble.
Chromate (bi-) d'ammoniaque	15	31,0	»	»
Cyanoferrure de potassium	20	37,17	»	»
	100	104,79	»	»
Cyanure de potassium	Toutes proportions.		15	1,00
Fluorure de potassium	Toutes proportions.		Très peu soluble.	
Hyposulfite de soude	12	81,4	»	»
	50	Fond.	»	»
Iode	15	0,007	15	7,20
Iodure d'ammonium	Très soluble.		»	»
Iodure de cadmium	15	54,9	»	»
Iodure de potassium	20	143,62	»	»
	117	223,50	15	19,0
Oxalate neutre de potasse (¹)	15	38,5	»	»
Phosphate de soude	20	37,17	»	»
	100	108,20	»	»
Protosulfate de fer	15	76,9	»	»
	100	333,0	»	»
Sucre de lait	15	20,0	»	»
	100	40,0	»	»

(¹) 100cc d'une solution saturée contiennent 33gr d'oxalate neutre de potasse.

Tartrique (Acide).

Cet acide existe à l'état de bitartrate de potasse ou de chaux dans un grand nombre de fruits, entre autres dans le raisin. Le bitartrate de potasse constitue en grande partie la lie du vin et les croûtes qui se déposent sur les parois des tonneaux. On dissout cette lie dans l'eau chaude additionnée d'un peu d'acide chlorhydrique, et l'on traite par la craie. Tout l'acide tartrique passe à l'état de tartrate de chaux que l'on décompose par l'acide sulfurique étendu ; l'acide tartrique mis en liberté est concentré à basse température et obtenu à l'état de pureté par plusieurs cristallisations successives.

Tannin.

Le tannin est une matière astringente que l'on trouve dans diverses parties d'un grand nombre de végétaux, telles que l'écorce, les feuilles, les fruits. On l'extrait plus particulièrement de la noix de galle, que l'on concasse et que l'on traite par l'éther aqueux, c'est-à-dire saturé d'eau. Le tannin s'y dissout, le liquide est filtré, évaporé à sec, et il donne une quantité de tannin qui peut s'élever jusqu'à 66 pour 100 du poids de la noix de galle.

Le produit pur est blanc, sans odeur ni saveur, inaltérable à l'air quand il est sec; mais, en solution, il s'oxyde et brunit assez rapidement. La propriété caractéristique du tannin est de former, avec la gélatine, un précipité insoluble et imputrescible; il agit de même sur presque toutes les matières animales.

Il est employé en Photographie pour la conservation des glaces sèches au collodion. Son rôle dans ces conditions n'est pas encore bien nettement déterminé; on lui attribue la propriété d'annuler toutes traces d'argent libre et de se combiner avec l'iode ou le brome que la lumière tend à séparer de l'argent; il doit aussi modifier la contexture du collodion, en maintenant sa perméabilité. Les procédés au thé et au café ne sont qu'une modification du procédé au tannin. Ces substances en renferment en effet une notable quantité.

Talc.

Le talc est un silicate de magnésie (stéatite) assez abondant; on le trouve en feuillets minces, transparents, ayant une grande analogie avec le mica, dont il diffère cependant par la composition chimique. On lui donne aussi le nom de *craie de Briançon*. Réduit en poudre impalpable, il est gras, onctueux au toucher; il sert en Photographie pour enduire les glaces d'une couche mince presque invisible, sur laquelle on fait ensuite les préparations que l'on veut détacher sous forme de pellicules.

Tripoli.

C'est une silice pulvérulente, en poudre presque impalpable, ayant cependant assez de dureté pour mordre légèrement les métaux que l'on veut polir. Le tripoli est jaune rougeâtre; celui que l'on emploie pour nettoyer les glaces est généralement bon, mais on ne doit s'en servir pour les plaques métalliques qu'après une lévigation soignée, afin de séparer les grains trop gros qui causeraient des rayures ineffaçables. La terre pourrie est une substance grise analogue au tripoli.

Vaseline.

C'est un résidu de la distillation des pétroles; on la purifie et on la décolore par le noir animal. Elle forme une matière onctueuse analogue à une pommade. Elle est employée dans l'industrie pour remplacer les matières grasses animales ou végétales. On l'a proposée au lieu de la cire pour donner de la transparence aux clichés obtenus sur papier.

FIN DU TOME SECOND.

TABLE ALPHABÉTIQUE

DES MATIÈRES DU TOME SECOND.

Action de la lumière sur le papier positif, 99.
Agrandissements et Réductions. — Principes généraux, 380.
Agrandissements, 399. — De sujets opaques, 400. — De sujets transparents, 402. — A la chambre solaire, 406. — A la chambre noire, 407. — Par les appareils de projection, 408. — Agrandissement direct, 410. — Clichés pour les agrandissements, 410.
Altéraion des épreuves positives, 109.
Ambrotypes, 32.
Amphitypes (Images), 34.
Bristols pour monter les épreuves, 125.
Bromure de chaux. — Préparation et emploi, 17.
Calques negatifs, 166. — Conseils pour faire les calques, 167.
Charbon (Procédé dit au), 177.
Châssis positif, 96.
Ciels dégradés, 116. — Rapportés, 118.
Collage des épreuves, 126, 128. — Planchette pour le collage, 129. — Collage avec coup de planche, 133.
Collodioclhorure d'argent pour épreuves positives, 60.
Contre-types par saupoudrage, 218.
Corps simples. — Tableau des corps simples, 170.
Couleurs (Les) en Photographie, 340. — Obtention directe, 341. — Sur plaques (procédé de M. E. Becquerel), 341. — Recherches et hypothèses de Niepce de Saint-Victor, 344. — Obtention directe sur papier, 345. — Procédé Poitevin, 346. — Procédé de M. de Saint-Florent, 347. — Épreuves colorées obtenues indirectement, 349. — Méthode de M. Ducos du Hauron, 352. — Méthode de M. Cros, 357. — Photochromie de M. Léon Vidal, 359.
Coupage des épreuves ordinaires, 122. — Des épreuves gélatinées, 140. — Des épreuves stéréoscopiques, 378.
Cyanofer. — Procédé dit *cyanofer*, 158.
Cylindrage des épreuves, 133. — A froid, 133. — A chaud, 134.
Daguerréotypie, 11. — Historique et théorie, 11. — Plaques daguerriennes, préparation et emploi, 14. — Polissage, 15. — Sensibilisation, 16. — Exposition, 19. — Dorure, 22. — Conservation, 24. — Reproduction, 24.
Densités (Tableaux des), 559.
Dépêches, 450.
Eastman. — Papiers positifs et négatifs, 67 et 68.
Economies et Résidus, 114, 551.
Emaillage et gélatinage, 136.
Emaux, 211.
Encausticage, 135.
Encollage pour papier sans colle, 130.
Épreuves microscopiques, 455.
Épreuves positives, 1, — Préliminaires, 5. — Par impression chimique,

7. — Épreuves aux sels d'argent, 9. — Sur plaques d'argent, Daguerréotypie, 11. — Épreuves positives directes, 25. — Par réflexion, 25. — Sur verre, 26. — Sur toile cirée, 30. — Ferrotypes, 31. — Épreuves directes transparentes, 34. — Amphitypes, 34. — Épreuves positives transparentes, d'après les négatifs, 45. — Positives sur verre copiées à la chambre noire, 46. — Par contact, 49. — Disposition des châssis, 50 et 51. — Procédé à l'albumine, 52. — Au collodion humide, 54. — Au collodion sec, 56. — Au gélatinobromure d'argent, 57. — Positives transparentes au chlorure d'argent, 60. — Au collodiochlorure, 60. — Au gélatinochlorure, 62.

Épreuves positives sur papier, 66. — Papier positif Eastman, 67. — Épreuves sur papier au chlorure d'argent, 79. — Fabrication du papier, causes des taches, 80. — Salage, 81. — Albuminage, 82. — Sensibilisation, 87. — Conservation des papiers positifs, 92. — Soins à donner aux bains d'argent, 94. — Exposition, 95. — Virage, 100. — Fixage à l'hyposulfite de soude, 105. — Aux sulfocyanures, 107. — Lavage, 108. — Séchage, 109. — Altération des épreuves positives, 109. — Taches et accidents, 110.

Épreuves aux sels de chrome (dites *au charbon*). — Observations générales, 173. — Procédé au charbon, 177. — Épreuves de traits, 177. — A l'encre grasse, 177. — Épreuves modelées, 179. — Procédé de M. Jeaurenaud, 184. — Procédé de M. Dauphinot, 186. — Procédés sans transfert, 196. — Avec transfert simple, 197. — Avec transfert double, 201. — Transfert par le caoutchouc, 207.

Épreuves aux sels de fer, 153. — Procédé au ferro-prussiate, 155. — Cyanofer, 158. — Gommoferrique, 158. — Au gallate de fer, 164.

Épreuves aux sels de platine. *Voir* Platinotypie.

Épreuves positives par saupoudrage, procédé Poitevin, 168. — Contre-types, 218.

Ferro-prussiate (Procédé dit au), 155.

Ferrotypes, 31.

Filigranes photographiques, 243.

Fixage des épreuves positives sur papier, 105. — A l'hyposulfite de soude, 105. — Aux sulfocyanures alcalins, 107.

Fonds teintés, 121.

Gallate de fer (Procédé au), 164.

Gélatinage des épreuves, 136.

Gélatinochlorure d'argent (Positives au). — Par développement, 62. — Sur verre, 62. — Sur papier, 66. — Imprimées par la lumière seule, 71.

Gillotage, 321.

Gommoferrique (Procédé dit), 158.

Gravure photographique en creux (Photogravure), 297. — Divers modes de gravure, 297.

Photogravure par réserve, 300. — Emploi du bitume de Judée, 301. — Des solutions bichromatées, 305. — Procédé Talbot, 305. — Procédé Garnier, 306. — Autres, 310.

Photogravure par moulage, 312. — Procédé de M. Rousselon, 313. — De M. Michaud, 314.

Photogravure mécanique au burin, procédé de M. Sartirana, 314.

Du grain et des réseaux, 316.

Impressions aux encres grasses, 245. — Lithographie, 249. — Gravure en creux (Photogravure), 296. — Gravure en relief (Phototypographie), 319.

Impressions photomécaniques, 221.

Isochromatisme, 362.

Lavage des épreuves positives sur papier, 108.

Lithographie photographique, 249. — Impression sur gélatine (dite à tort *Phototypie*), 252. — Presses pour la lithographie photographique, 261. — Variantes, 269. — Procédé Obernetter, 271. — Husnig, 271. — Edwards, 273. — Impression directe,

276. — Procédé Poitevin, 276. — Rodrigues, 276. — Impression sur bitume de Judée, 280. — Impression par report, 284. — Sur papyrolithe, 290. — Sur feuille d'étain, 292.

Micrographie photographique. — Généralités, 412. — Projections micrographiques, 415. — Microscope solaire, 416. — Éclairages, 418. — Photographie des images microscopiques, 420. — Dispositions diverses des microscopes, 422-424. — Microscopes verticaux, 425. — Horizontaux, 429. — Microscopes à prisme ou à miroir, 432. — Méthode de M. Aimé Girard, 437. — Stéréoscopie micrographique, 443. — Bascule stéréoscopique, 445.

Microscopie, 455.

Montage des épreuves positives sur verre, 76. — Sur papier, 122.

Notions élémentaires de Chimie, 462. — Définitions, 462. — Nomenclature, 469.

Ovale. — Manière de le tracer, 124.

Papier pour monter les épreuves, 125.

Papiers positifs, 79. — Fabrication, 80. — Salage, 81-85. — Albuminage, 82. — Sensibilisation, 87. — Conservation, 92.

Papiers positifs et négatifs Eastman, 67 et 68.

Photoglyptie, 233. — Obtention des reliefs, 224. — Moulage à la presse hydraulique, 224-228. — Impression, 230. — Moulage galvanoplastique, 238.

Photogravure. — Photogravure en creux (Photogravure), 297. — Typographique (Phototypographie), 319. — Phototypographie de teintes continues, 321. — Mise au trait, 322. — Gillotage, 323.

Plaqué d'argent (Procédé sur), 11. — Plaques daguerriennes, préparation et emploi. *Voir* Daguerréotypie.

Platinotypie, 143. — Virage au platine, 143. — Épreuves au platine, 143. — Préparation des produits, 145. — Dosages, 146. — Préparation des papiers, 147. — Exposition, 149. — Développement, 149.

Presse à satiner. — A froid, 133. — A chaud, 134.

Projections, 385. — Appareils de projection, 386. — Lanternes, 386. — Mégascopes, 391. — Éclairages, 392. — Lumière oxhydrique, 393. — Oxycalcique, 395. — Lampes à pétrole, 396. — Épreuves pour projections, 397.

Réductions, 449. — Dépêches, 450. — Épreuves microscopiques, 455.

Résidus et Économies, 114, 551.

Saupoudrage (Procédés par) aux sels de fer, procédé Poitevin, 168. — Aux sels de chrome, 211. — Émaux, 211. — Contre-types, 218.

Séchage des épreuves montées sur bristol, 131.

Soins à donner aux bains d'argent pour épreuves positives, 94.

Solubilités (Tableau des), 563.

Stéréoscopie, 371. — Théorie, 371. — Disposition des appareils, 375. — Disposition des épreuves, 378. — Stéréoscope de Brewster, 379. — De Wheatstone, 380.

Stéréoscope micrographique, 445.

Sulfocyanures alcalins. — Virage aux sulfocyanures, 62, 66, 104. — Leur emploi dans le procédé au charbon, 200.

Taches et accidents des épreuves positives sur papier, 110. — Causes des taches dans la fabrication du papier, 80.

Verre opale. — Son emploi, 77. — Verre opale artificiel, 77.

Vignettes, 119.

Virage des épreuves positives. — Sur verre 53, 62, 66. — Sur papier, 119.

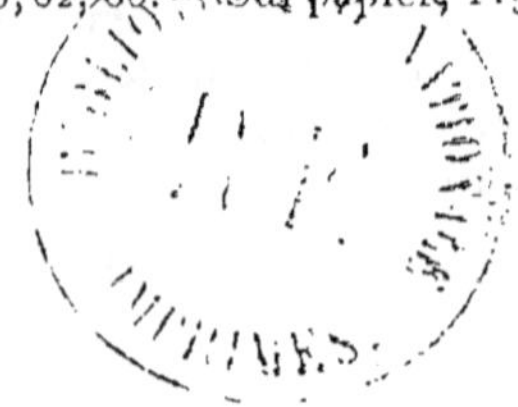

TABLE ALPHABÉTIQUE

DES NOMS PROPRES CITÉS DANS LE TOME SECOND.

A

Abney, 291.
Alauzet, 320.
Albert (de Munich), 253.
Almeida, 452.
Amand Durand, 301.
Anfossi, 130.
Arents, 301, 310.
Artigues, 166, 179.
Attout-Tailfer, 365.
Audra, 78.
Avet (Général), 301, 303.

B

Baldus, 301.
Bardy, 484, 485.
Barreswil, 450.
Bayard, 34, 36, 407.
Becquerel (Ed.), 173, 340, 341, 363.
Berchtold, 317.
Berres, 301.
Berthelot, 478.
Bertsch, 77, 417, 455.
Bezu, Hausser, 422, 430.
Biny (Capitaine), 35, 36.
Blaise, 450.
Borlinetto, 254.
Boussod et **Valadon**, 320, 335.
Braun, 207.
Brooks, 54.

C

Camarsac (**Lafon de**), 176.
Caranza, 143.
Carpentier, 357.
Chappuis, 411.
Chardon (A.), 77, 198, 348.
Chevalier, 427.
Cheysson, 158, 166.
Claudet, 12.
Clayton, 365.
Cros, 340, 349.

D

Dagron, 451
Daguerre, 11.
Davanne, 243.
Davanne et **Girard**, 72, 79, 92, 99, 100, 114.
Dauphinot, 186, 209.
Deroche (Mathieu), 176.
Despaquis, 196, 254, 260.
Donadieu, 428.
Donné, 301.
Draper, 363.
Ducos du Hauron, 340, 349.
Dujardin, 301.
Dumaige, 424.

E

Eastman, 67.
Eder, 62.
Edwards, 254, 273.

F

Fabre, 432.
Fargier, 194.
Fayel, 414, 424.

Fernique, 451.
Fisch, 155, 159, 165.
Fizeau, 12, 13, 22, 301.
Fleury-Hermagis, 290.
Florent (de Saint-), 347.
Follye (de La), 289.
Fordos, 22.
Fossarieu (de Lucy), 176, 212.
Foucault, 12.

G

Garnier, 176, 211, 246, 301.
Gauthier-Villars (Henry), 144.
Gelis, 22.
Gemoser, 254.
Geymet, 255, 270.
Geymet et **Alker**, 213, 218.
Gillot, 323, 325.
Girard (Aimé), 93, 151, 414, 436.
Girard (Jules), 414.
Gobert, 169, 301.
Gougenheim, 176.

H

Hauw, 62.
Herschel, 154.
Hübl, 143.
Hunt, 154, 174.
Hüsnig, 254, 271.
Hutinet, 67.

J

Jacobi, 254.
Jacobsen, 254.
James (Colonel), 288.
Jeanrenaud, 184, 243.
Juliot, 451.

K

Kircher, 386.
Kopp, 176.

L

Laborde, 194, 313.
Lahure, 320, 335.
Laverne, 410.
Lemaître, 301.
Léonard de Vinci, 371.
Lévy, 54, 452.
Liébert, 116, 406.
Lucas, 430.
Lucy Fossarieu (**de**), 176, 212.
Luynes (Duc Albert **de**), 173, 301.

M

Mame, 451.
Manzi, 301, 318, 335.
Maquet, 243.
Maréchal (de Metz), 252.
Marion, 67, 192.
Martin (Adolphe), 26, 31, 55
Martin (Anton), 212.
Mathieu Deroche, 176.
Maugel, 282.
Meunier (Stanislas), 385.
Meynier, 107.
Mirand, 422.
Moitessier, 414, 425, 428, 444, 445.
Molteni, 386.
Monckhoven (Van), 60, 93, 254, 406.
Morgan, 67.
Motileff (**de**), 155.
Motteroz, 320.
Mungo-Ponton, 173.
Murray, 254.

N

Nachet, 422, 432.
Nadar (fils), 67.
Nègre (Ch.), 301.
Niepce (Nicéphore), 11, 300.
Niepce de Saint-Victor, 301, 340.
Noë (**de La**), 283.

O

Obernetter, 254, 271.

P

Pector, 121.
Pellet, 159.
Perier (Paul), 211.
Petit (Ch.-Guillaume), 322.
Philippe, 176.
Piquepé, 136.
Pizzighelli, 62, 143, 159.
Placet, 301, 313.
Poisot, 451.
Poitevin, 34, 159, 168, 173, 223, 246, 252, 340, 345.

Poulenc, 144.
Prazmowski, 417, 421.
Pretsch, 174, 246.

Q

Quinsac, 265.

R

Robinson, 119.
Rodrigues, 278, 292.
Rousselon, 224, 313.
Roydeville (de), 176, 216.

S

Sabatier, 54.
Salmon, 176, 211.
Sartirana, 314.
Scammoni, 301.
Schultz Shellack, 363.
Senefelder, 249.
Soulier, 196.
Sutton, 35, 36.
Swann, 207.

T

Talbot (Fox), 174, 246, 305.
Terpereau, 451.
Tessié du Motay, 252.
Thiel, 254.
Thouroude, 414, 426, 442.
Toowey, 290.
Troost, 462.
Trutat, 414, 418.

V

Verick, 422, 424.
Viallanes, 414, 424.
Vidal (Léon), 93, 191, 225, 254, 269, 340, 359.
Villecholles (de), 78.
Vogel, 351, 364.
Voigt, 254.
Vylder (de), 62.

W

Warnercke, 67, 76, 192, 271.
Waterhouse, 254, 364.
Willis, 143.
Woodbury, 223, [illegible], [illegible], 313, 317.
Woodward, [illegible].

12141 Paris. — Imprimerie GAUTHIER-VILLARS ET FILS, quai des Grands-Augustins, 55.

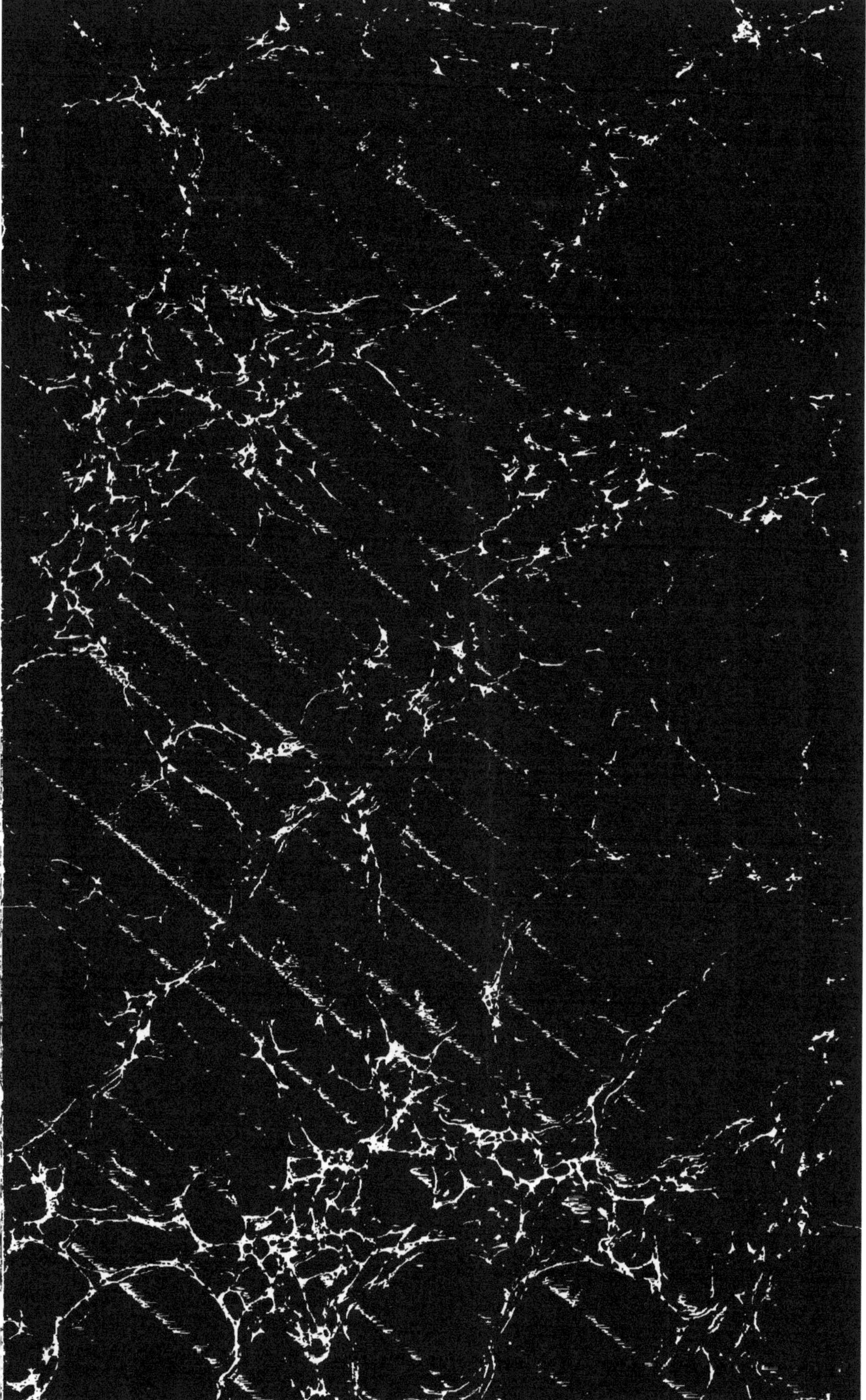

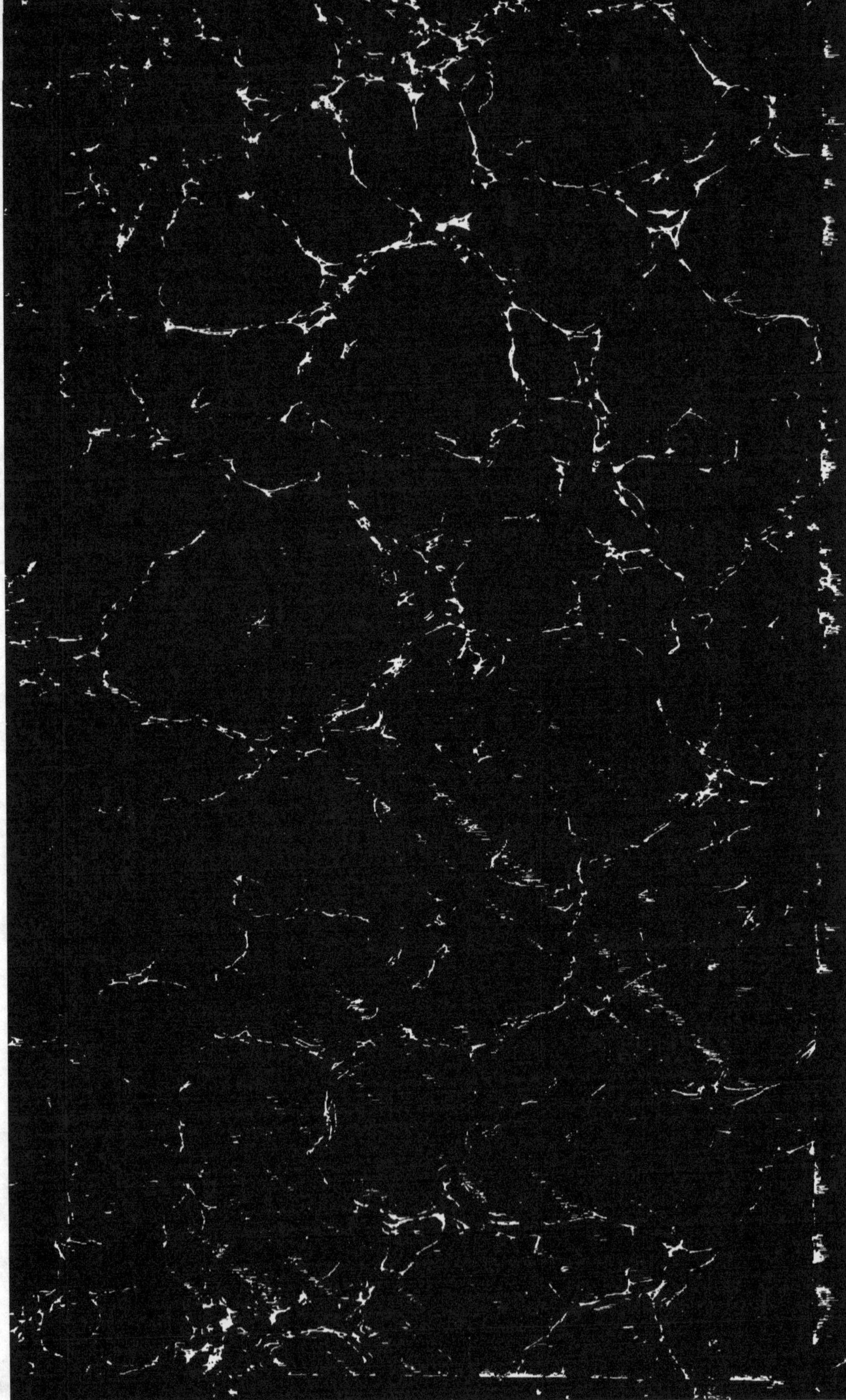

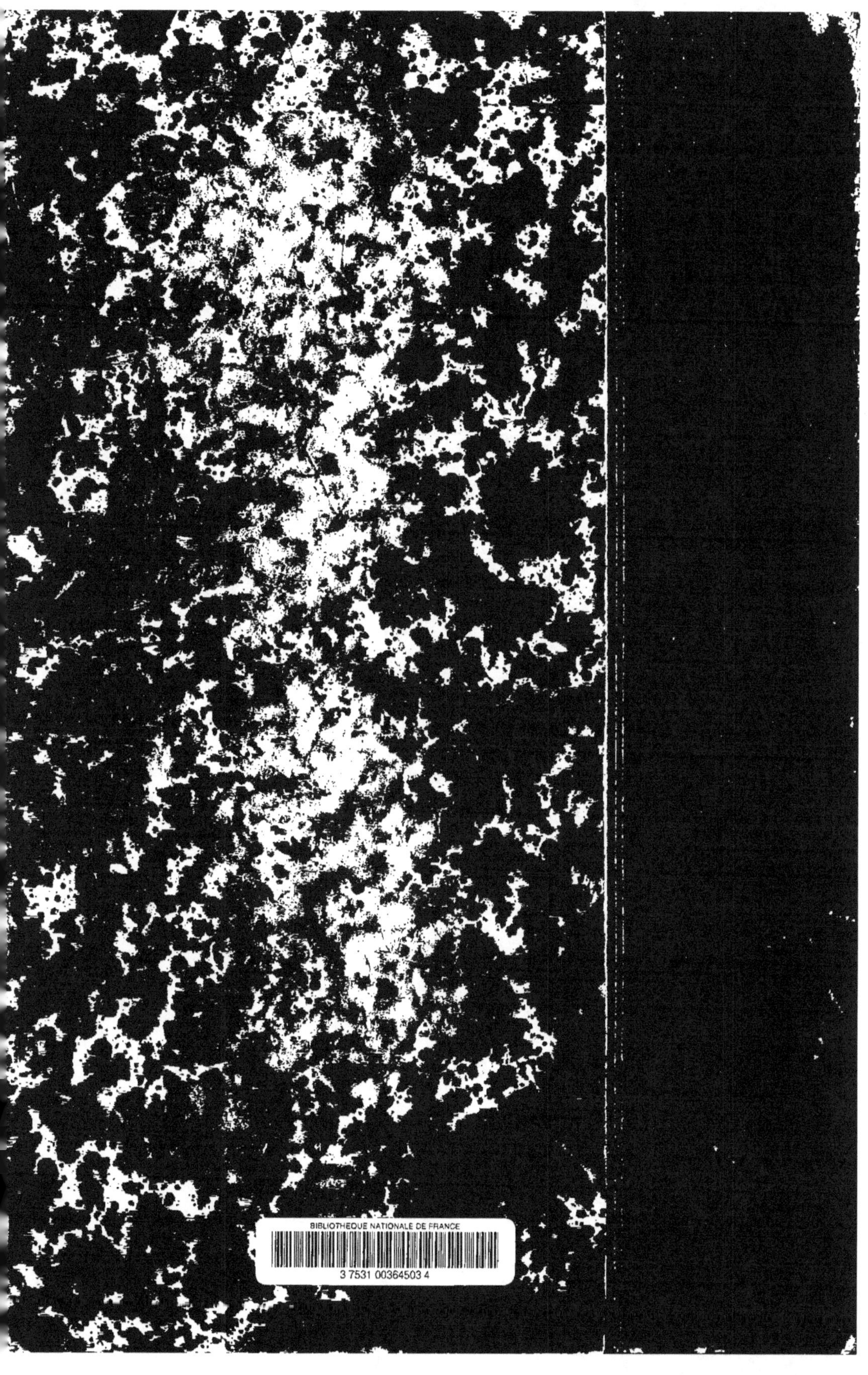

www.ingramcontent.com/pod-product-compliance
Lightning Source LLC
LaVergne TN
LVHW010519100826
845148LV00001B/44

* 9 7 8 2 0 1 2 7 2 4 4 9 5 *